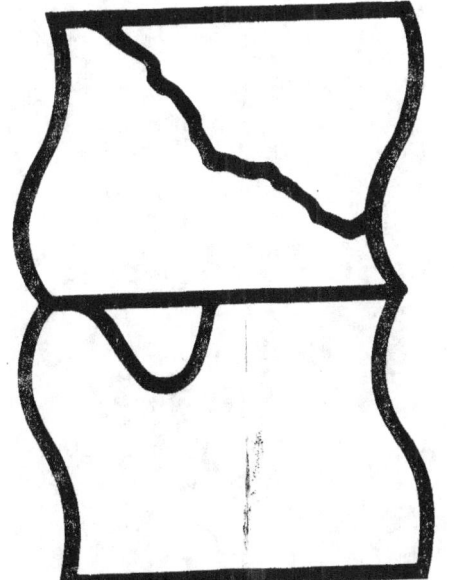

Texte détérioré — reliure défectueuse

NF Z 43-120-11

LA FILLE MAUDITE

PAR ÉMILE RICHEBOURG

F. ROY, Libraire-Éditeur, rue Saint-Antoine, 185.

LIV. 1

LA FILLE MAUDITE

PREMIÈRE PARTIE

LE CRIME D'UN AUTRE

I

AU MILIEU DE LA NUIT

A quelques lieues de Vesoul, ancienne et jolie petite ville de la province de Franche-Comté, on rencontre, en se dirigeant vers Gray, le village de Frémicourt, ombragé d'arbres magnifiques, et gracieusement assis sur le bord d'une petite rivière aux eaux limpides, qu'on nomme la Sableuse.

Cette rivière, ou plutôt ce ruisseau, est un des nombreux affluents de la Saône. Il doit, sans doute, son nom de Sableuse à son lit de sable fin, blanc et doux sous le pied nu comme celui des bains de Trouville.

Le sol de cette partie du département de la Haute-Saône est d'une fertilité remarquable et donne la richesse à ses habitants. De hautes montagnes boisées, couronnées de chênes séculaires, que la main de l'homme semble vouloir respecter toujours, s'étendent à droite, se groupent, s'échelonnent, se coupent, s'allongent et se perdent, fondues dans l'horizon bleuâtre, en fuyant vers l'Alsace et la Suisse. A gauche, une verte vallée, arrosée par des ruisseaux et de petits canaux creusés par les cultivateurs, s'ouvre et s'élargit sur toute sa longueur de trois kilomètres, puis se resserre brusquement et passe avec la rivière dans une gorge étroite, percée entre deux collines dont les pentes douces viennent s'arrêter sur les deux rives de la Sableuse.

A l'entrée de ce vallon, à vingt minutes environ du village de Frémicourt, se trouve la ferme du Seuillon.

En 1830, époque où commence notre histoire, cette riche ferme, la plus importante du pays, était exploitée par son propriétaire, nommé Jacques Mellier. Les écuries, les granges et les greniers à fourrage se trouvent dans deux grands bâtiments carrés, solidement construits en pierre. Un peu plus loin s'élève une petite maison, autre dépendance du Seuillon, qui servait alors de logement au berger et à sa famille. Le bâtiment principal, où le maître avait son appartement séparé des chambres des servantes et garçons de ferme, avec sa blanche façade, percée au premier étage de huit fenêtres hautes et larges, ressemble moins à l'habitation d'un fermier qu'à une grande et belle maison bourgeoise.

Jacques Mellier avait cinquante-cinq ans. C'était un homme grave et sévère, sombre, taciturne, et ne riant jamais. Toutefois, juste en tout, il infligeait le blâme comme il prononçait l'éloge; selon le cas ou la circonstance, il se montrait bienveillant et même bon autant qu'il était inflexible dans sa sévérité. Ses colères, rares heureusement, étaient terribles; les plus audacieux tremblaient sous son regard. Cependant on l'aimait à cause de sa justice; on ne le craignait pas, on le respectait. Sa réputation de probité était sans tache, et nul plus que lui n'était chatouilleux sur les questions d'honneur.

Pour diriger l'exploitation de la ferme et surveiller le travail des garçons et des hommes de journée, Jacques Mellier avait à côté de lui un autre lui-même. Ce n'était plus un serviteur, mais un confident, un ami, presque un frère.

Pierre Rouvenat — c'est son nom — avait quelques années de moins que son maître devenu son ami; il était né au Seuillon; son père et sa mère reposaient dans le cimetière de Frémicourt, et comme il n'avait jamais eu d'ambition, que sa chère vallée de la Sableuse était pour lui une autre terre promise, il était resté à la ferme auprès de celui dont il avait autrefois partagé les jeux et supporté souvent les caprices et les colères. Sa vie se résumait en ces trois mots : travail, dévouement, abnégation. Seul il connaissait les idées et les pensées secrètes de Jacques Mellier, et seul aussi il avait le droit, bien qu'il fût toujours prêt à obéir comme le dernier des manœuvres, en usant de son titre de vieux serviteur et d'ami, de faire des représentations au maître et de s'opposer à sa volonté lorsqu'il le jugeait nécessaire.

Jacques Mellier était veuf depuis douze ans; mais il avait une fille unique, son espoir, sa joie, son orgueil.

Mademoiselle Lucile Mellier entrait dans sa dix-neuvième année. Grande et svelte, pleine de vie comme une jeune tige où la sève abonde, gracieuse comme un sourire et gaie comme un rayon de soleil, il eût été difficile de rencontrer une plus charmante jeune fille dans tout le pays franc-comtois.

Un poëte n'aurait pas manqué de l'appeler la nymphe de la Sableuse ou la dryade du Seuillon. Ses magnifiques cheveux noirs, massés sur le haut de la tête, découvraient un front large, blanc et délicatement arrondi, sous lequel s'animaient de grands yeux noirs pleins de clarté, parfois rêveurs, mais toujours d'une douceur d'expression adorable. Sa bouche, petite, aux lèvres roses, souriante, était ornée de dents fines, bien alignées et de l'émail le plus pur. Ses joues rondes, d'une fraîcheur de printemps, légèrement estompées de carmin, et son nez délicat, insensiblement relevé, aux narines mobiles et transparentes, donnaient à sa physionomie, habituellement langoureuse et méditative, un charme inexprimable. Ses oreilles, d'un dessin correct et délicieusement attachées, étaient deux merveilles. Son cou, ses épaules et sa gorge moulée étaient admirables. Elle avait le pied petit, bien cambré, et ses mains blanches, aux doigts effilés terminés par des ongles roses, s'attachaient finement à des bras qu'on aurait dit taillés dans le marbre.

— Elle ressemble à sa mère comme une goutte d'eau à une autre goutte d'eau, disaient, en parlant d'elle, ceux qui avaient connu la défunte.

Cela devait être vrai; mais la belle jeune fille avait aussi de Jacques Mellier la fierté, le caractère indépendant et l'énergique volonté.

Placée à la ville, au couvent des Ursulines, elle était revenue chez son père, à l'âge de dix-sept ans, après avoir reçu une éducation et une instruction en rapport avec la fortune relativement considérable qu'elle devait avoir un jour.

Jacques Mellier était ambitieux pour sa fille; indépendamment de la distinction et de la beauté de Lucile, avec les cent mille francs de dot qu'il était en mesure de lui compter le jour de son mariage, il avait le droit de rêver pour elle une alliance avec une des premières familles du département.

Mais l'homme propose et Dieu dispose, dit le proverbe.

Jacques Mellier allait voir combien le rêve est souvent loin de la réalité.

Une nuit, se trouvant subitement incommodé par la chaleur, Jacques Mellier sauta à bas de son lit et ouvrit une fenêtre de sa chambre ayant vue sur les jardins de la ferme.

L'atmosphère était lourde, mais sans menace d'orage. L'œil ne découvrait aucun nuage dans le ciel brillamment semé d'étoiles scintillantes. De temps à autre, la lueur jaune d'un éclair de chaleur dansait à l'horizon. C'était vraiment une belle nuit, tiède, parfumée et phosphorescente comme une nuit des Indes. Pas une feuille ne remuait, aucun chuchotement dans les arbres. Seuls, les grillons jetaient leur cri mélancolique et monotone au-dessus des hautes herbes.

Le fermier entendit sonner minuit à l'horloge de Frémicourt.

Après avoir respiré un instant l'air imprégné des odeurs de la nuit, il allait se mettre au lit, lorsqu'il lui sembla voir une ombre glisser sous les branches pendantes des arbres du verger.

Il s'effaça dans l'embrasure, tendit l'oreille et attendit.

Bientôt, l'ombre se rapprochant, le bruit d'un pas léger, marchant discrètement, arriva jusqu'à lui, et il vit une forme noire se dessiner au milieu d'une allée bordée de pommiers nains. Elle s'avançait avec certaines précautions, comme si elle eût craint d'être aperçue.

Elle ouvrit doucement une petite porte de service et entra dans la maison.

Jacques Mellier recula jusqu'au fond de sa chambre en se frottant les yeux, comme pour s'assurer que, bien éveillé, il ne faisait pas un rêve. Il venait de reconnaître sa fille !

Il resta un moment immobile, les yeux grands ouverts, les bras inertes, sans pensée, comme un être pétrifié. Puis, retrouvant soudain ses facultés, il tressaillit et s'écria :

— Qu'est-ce que cela veut dire ?

Il était devenu pâle, et une sueur froide mouillait son front. Il bondit vers la porte de sa chambre, mais au moment de l'ouvrir il s'arrêta. Une horrible pensée venait de jaillir de son cerveau.

Sa fille se rendait la nuit à des rendez-vous coupables, sa fille le trompait !

Quelle affreuse découverte pour un père ! Et il devait le croire, car, autrement, rien ne pouvait justifier la promenade de Lucile.

Il se laissa tomber sur un siége et, la tête dans ses mains, il livra son esprit à de sombres réflexions.

Le malheur qu'il redoutait était-il complet ? Jusqu'où sa fille avait-elle poussé l'oubli de ses devoirs ? Sur quel effroyable abîme la malheureuse enfant marchait-elle ? Mais si Lucile avait indignement trahi sa confiance, non loin du Seuillon, à Frémicourt peut-être, il devait découvrir un autre coupable. Il chercha qui pouvait être ce misérable, qui avait audacieusement conspiré contre son repos, contre son honneur. Il ne put trouver un nom. Mais, en interrogeant ses souvenirs, il se rappela avoir aperçu plusieurs fois, sur les terres du Seuillon, un jeune homme inconnu, aux allures mystérieuses et vêtu comme un citadin.

Il se souvint aussi qu'ayant accompagné sa fille, un dimanche, pour entendre la messe à Frémicourt, il avait remarqué le même individu, debout contre un pilier de l'église, à quelques pas d'eux. Après l'office, il avait revu cet inconnu sur la place et même surpris un regard d'intelligence entre lui et Lucile. Le souvenir de ce regard, auquel il n'avait attaché alors aucune importance, lui revenait maintenant sans obscurité. C'était une révélation.

Ainsi, plus de doute, ce jeune homme qu'il ne connaissait pas était le complice, le séducteur de sa fille !

A cette pensée, son sang bouillonnait dans ses veines, la colère s'emparait de lui et il sentait dans son cœur les excitations de la haine, le désir de la vengeance !

Il se rappela encore qu'étant entré un jour dans la chambre de Lucile il l'avait surprise tenant un papier qu'elle s'était empressée de jeter dans les flammes du foyer.

Cela n'avait fait naître en lui aucun soupçon ; sa foi en Lucile lui fermait les yeux. Mais tous ces faits isolés devenaient des accusateurs, le mettaient en présence de la réalité, et, sans même lui laisser un instant de doute, lui montraient l'effroyable certitude.

Abusant de son aveugle confiance, sa fille recevait des lettres auxquelles, sans aucun doute, elle répondait. Quel moyen employaient-ils pour correspondre ? Ils ne devaient point se servir de l'administration des postes, le facteur rural, même à son insu, pouvant les trahir. Il n'admettait pas non plus qu'ils eussent pris pour intermédiaire une personne attachée au service de la ferme, ce qui eût été une imprudence et présentait également du danger. Il se dit avec raison qu'il est des secrets qu'on ne confie jamais à personne. Il ne pouvait deviner comment ces lettres parvenaient à Lucile ; mais il traça, instantanément, le plan d'une surveillance active à établir autour de sa fille avec l'aide de Rouvenat.

Cependant il se demanda encore s'il ne devait pas voir immédiatement Lucile afin de l'interroger sévèrement sur sa conduite. Mais, déjà dominé par son ardent désir de vengeance, il ne pouvait plus raisonner sainement.

— Non, se dit-il sourdement, elle me cacherait la vérité, et je veux tout savoir !

Il passa le reste de la nuit dans une agitation fiévreuse, sans songer à prendre du repos. Le premier rayon de soleil le trouva debout au milieu de sa chambre, pâle, les traits contractés, les cheveux hérissés sur la tête.

II

LES RENSEIGNEMENTS

Depuis plus d'une heure, tout le monde était éveillé dans la ferme ; on avait commencé le travail de la journée.

Le fermier fit appeler Rouvenat, qui ne tarda pas à se présenter.

— Pierre, sais-tu ce qui se passe ? lui demanda-t-il brusquement.

Celui-ci ouvrit de grands yeux étonnés

— Que veux-tu dire ? interrogea-t-il.

Puis, remarquant le visage pâle et défait de son maître, il reprit en s'approchant de lui avec anxiété :

— Qu'as-tu donc ? que t'est-il arrivé ? serais-tu malade ?

— Non ; je comprends ton étonnement, car tout à l'heure, en me regardant dans la glace, je me suis fait peur à moi-même. Pierre, j'ai fait cette nuit une horrible découverte.

— Pour Dieu ! explique-toi.

— Ma fille sort la nuit.

Rouvenat tressaillit.

— Allons donc ! fit-il, ce n'est pas possible ; tu as eu le cauchemar.

— Je ne dormais pas ; j'étais à cette fenêtre, et à minuit, se glissant dans le jardin comme une ombre, je l'ai vue rentrer.

— Et tu ne lui as pas demandé d'où elle venait ?

— Non, car, jusqu'à nouvel ordre, je ne veux pas qu'elle sache que je l'ai vue. D'ailleurs, ce qu'elle m'aurait caché, je l'ai deviné.

— Est-ce que tu soupçonnerais...

— Soupçonner ! répliqua Jacques Mellier avec un sourire forcé ; je ne doute pas, je suis sûr !

— Tu m'effrayes !

— Ainsi tu ne savais rien ?

— Rien. Mais prends garde de te tromper, Jacques !

— Ah ! je le voudrais, je le voudrais, je le voudrais... Mais, je te le répète, je suis sûr !

— Que crois-tu donc ?

— Je crois que Lucile a oublié tous ses devoirs et qu'elle a déshonoré son père !

— Cela n'est pas ! exclama Rouvenat indigné ; une pareille pensée est odieuse ; Jacques, tu calomnies ta fille !

— C'est une misérable, entends-tu ? une misérable !

— Oh ! l'accuser, elle si bonne, si douce, si parfaite !... elle qu'on a surnommée dans le pays la petite providence des pauvres et des malheureux ! Mais c'est épouvantable, c'est monstrueux !...

— Puisque tu la défends, pourrais-tu m'expliquer pourquoi elle court la nuit à travers champs ?

— Jacques, elle a voulu sans doute sans qu'on le sache porter des secours à quelqu'un de Frémicourt, probablement à la pauvre veuve Matelet, qui est actuellement malade et sans ressources, avec trois jeunes enfants qui piaillent et crient la faim autour d'elle.

— Ta réponse n'a pas le sens commun, dit froidement le fermier en remuant la tête. Je ne l'ai jamais empêchée de donner aux pauvres selon sa volonté ; au contraire. Tout le monde sait qu'il y a toujours eu à la ferme du pain pour ceux qui ont faim... Chez moi, on n'a pas besoin de se cacher pour venir en aide aux malheureux. Les jours sont assez longs pour que Lucile puisse consacrer une

LA FILLE MAUDITE

Je l'ai vu enlever une pierre descellée, puis la remettre. (Page 13.)

heure ou deux à la bienfaisance sans prendre celles de la nuit. Du reste, hier soir, je le sais, elle a envoyé un panier de provisions à la veuve Matelet. Va, tu cherches en vain à l'excuser; mes yeux sont ouverts, je vois.

« Une autre cause lui fait quitter sa chambre nuitamment et secrètement. Lucile est une fille indigne, elle a mis le pied dans la honte... Le mal est-il sans remède ? Je le crains. Je veux savoir... et j'ai peur d'apprendre ce que j'ignore encore. »

Le fermier s'approcha de la fenêtre et jeta un regard sombre sur la campagne.

— Tout cela est à moi, murmura-t-il amèrement; ma fortune fait bien des jaloux; ils me croient heureux, les insensés! Ah! comme ils seraient contents, comme ils riraient, s'ils apprenaient que le nom de Jacques Mellier est couvert d'opprobre!

Pierre Rouvenat restait atterré, sans mouvement, sans voix et comme cloué au parquet.

Au bout d'un instant, le fermier se rapprocha de lui.

— N'as-tu pas déjà rencontré, lui demanda-t-il, se promenant dans les environs de la ferme, un grand jeune homme blond, aux yeux bleus, à la moustache naissante, pâle de visage et vêtu avec une certaine élégance?

— Oui, plusieurs fois.

— Est-ce que tu le connais?

— Non. Ce doit être un jeune homme de la ville.

— Qui est venu passer quelque temps à la campagne. Demeure-t-il à Frémicourt?

— Je l'ignore, mais je ne le crois pas. Penses-tu donc que ce soit ce jeune homme?...

— C'est lui! Pierre, je veux connaître son nom, il faut que je sache où il demeure et d'où il vient. On se passera de toi à la ferme aujourd'hui, demain, pendant huit jours, pendant un mois s'il le faut. Tu sais ce que j'attends de toi et de ton amitié. Je n'ai pas besoin de te recommander d'agir avec une extrême prudence. Que Lucile surtout ne sache rien de ce que nous venons de dire ici, entre nous.

Une heure après, Pierre Rouvenat sortait de la ferme, son bâton de voyage à la main, et se dirigeait vers Frémicourt.

Le lendemain, vers cinq heures du soir, il était de retour au Seuillon.

Jacques Mellier l'attendait avec impatience.

— Eh bien? l'interrogea-t-il aussitôt qu'ils purent causer sans avoir à redouter les oreilles indiscrètes.

— Je n'ai pu rien apprendre à Frémicourt, pas plus qu'à Grayon, à Terroise, à Lusset et à Renoncourt où je me suis successivement rendu. Enfin j'ai été plus heureux au chef-lieu de canton, à Saint-Irun.

— Ah! il est à Saint-Irun, chez des parents?...

— Il n'a ni parent ni ami à Saint-Irun.

— Continue, je t'écoute.

— Il loge chez Bertaux, où il a loué une chambre au mois. Je connais l'aubergiste depuis longtemps, et, tout en vidant une bouteille de vin coiffée, que je lui ai offerte, j'ai pu me faire donner les renseignements que je t'apporte. J'ai eu soin, d'ailleurs, de ne pas paraître trop curieux, ce qui aurait pu l'étonner et le mettre en défiance; néanmoins, tout ce qu'il sait, il me l'a dit.

« Le jeune homme se fait appeler Edmond; il n'a pas donné son nom de famille; il est un peu sauvage, il ne parle jamais à personne, et le père Bertaux en est encore à se demander quels intérêts l'ont amené dans le pays. Il sort rarement, il reste enfermé dans sa chambre, où on lui sert ses repas, où il passe presque tout son temps à écrire. Il paye très-régulièrement ses dépenses, ce qui indiquerait qu'il a quelques moyens. »

Rouvenat s'arrêta comme s'il eût hésité à poursuivre.

— Est-ce là seulement ce que tu as appris? demanda le fermier. Ce jeune homme cache son nom, cela se comprend; il a ses raisons pour vouloir rester inconnu. Mais il est né quelque part. Depuis combien de temps est-il à Saint-Irun?

— Depuis environ deux mois.

— Et tu n'as pu savoir d'où il venait?

— Il arrivait de Reims! balbutia Rouvenat.

— De Reims, dis-tu, de Reims! exclama le fermier en fronçant les sourcils. C'est bien cela : Lucile est allée passer cinq mois aux environs de cette ville, à Firmany, chez les parents d'une de ses amies de pension... Ah! je ne voulais pas la laisser partir; j'avais le pressentiment de ce qui est arrivé... Plus de doute, c'est à Firmany ou à Reims qu'ils se sont rencontrés. Il y a deux mois que Lucile est revenue au Seuillon, il y a deux mois que son séducteur s'est installé à Saint-Irun.. Il l'a suivie, c'était convenu entre eux : peut-être même est-il venu avec elle. Et depuis deux mois ils s'écrivent, ils se voient, et je ne me suis douté de rien et je n'ai rien vu!... Mais j'étais donc aveugle! Quelle ruse infernale ont-ils employée pour réussir à me tromper ainsi? Comme il doit rire de moi, lui, ce joli-cœur, ce coureur de nuit, ce lâche qui se cache le jour parce qu'il a peur de se montrer en plein soleil!

« Pour qui me prennent-ils? continua-t-il sourdement. Pour un de ces pères de comédie dont on se moque, qu'on ridiculise, qu'on bafoue!... Je suis un Géronte, un Sganarelle!... Ah! je leur prouverai le contraire! Ainsi ils se connaissent depuis plusieurs mois, peut-être depuis l'année dernière. Pourquoi ne me suis-je pas opposé à ce fatal voyage? J'ai été faible, j'en supporte aujourd'hui cruellement la peine. »

Il resta un moment silencieux, l'œil morne, les lèvres crispées.

— Eh bien! Pierre, reprit-il, crois-tu maintenant à mon malheur?

Le serviteur ne répondit pas, mais Mellier aurait pu voir deux grosses larmes rouler dans ses yeux.

Ne voulant pas accuser sa jeune maîtresse, Rouvenat se taisait. Peut-être aussi ne la croyait-il coupable que d'une légèreté.

— Tu as convenablement rempli la mission que je t'ai confiée, continua le fermier; mais nous ne savons pas tout encore. Je puis toujours compter sur toi?

— Jacques, tu connais mon dévouement.

— Oui, mon vieil ami; oui, et je ne doute pas de toi. Je sais quel cœur bat dans ta poitrine. Ma douleur est la tienne, et je suis sûr de ne pas te trouver hésitant lorsqu'il s'agit de défendre ou de venger mon honneur.

— Jacques, dis-moi ce que tu attends de Pierre Rouvenat.

— Écoute : entre Lucile et le jeune homme inconnu de Saint-Irun, il y a échange de lettres; ils se donnent des rendez-vous; je ne puis en douter, j'en ai eu, malheureusement, la preuve sous les yeux... Il faut qu'une de ces lettres tombe dans mes mains.

— Ce sera difficile.

— Je ne veux pas admettre les difficultés. Dès à présent, à nous deux, nous allons établir une surveillance active, de tous les instants, autour de la ferme. Il ne faut pas qu'une seule personne, venant du dehors, puisse approcher de Lucile et lui parler sans que nous le sachions. Tu auras l'œil fixé sur tous les chemins, tu verras partout en même temps. Moi, mon poste est ici, je veillerai à l'intérieur. Pierre, tu m'as compris?

— Oui.

— Ah! rien ne lassera ma patience; je veux savoir, je saurai... Quelque ruse qu'ils emploient, nous la découvrirons. Ils ne me tromperont plus. Je suis à la recherche de la vérité, d'une vérité épouvantable; mais, si affreuse qu'elle soit, je veux la connaître...

Pendant qu'il parlait, de fauves éclairs jaillissaient de ses yeux.

— Si ma fille n'a pas eu plus de respect pour l'honneur de son père qu'elle n'en a pour elle-même, poursuivit-il d'un ton guttural, eh bien! goutte à goutte, je boirai ma honte...

— Jacques, Jacques, ne la juge pas encore aussi sévèrement! s'écria Rouvenat désolé.

— Oui, je boirai ma honte, ma honte et la sienne...

— Je t'en conjure, Jacques, ne parle pas ainsi, tu me fais horriblement souffrir!

— Ah! tu la défends toujours.

— Oui, parce que je ne puis admettre que ta fille, coupable d'imprudence sans doute, ait commis une faute plus grave.

— Tu veux dire un crime. Va, nous saurons bientôt lequel de nous deux a raison. D'ici là, il n'y aura plus un instant de repos, une heure de sommeil pour Jacques Mellier. Depuis deux jours, il me semble que je marche sur des charbons ardents; plusieurs fois, en la regardant, j'ai failli me trahir en laissant éclater ma colère; je me suis retenu, j'ai eu cette force. Oui, j'aurai la patience d'attendre.... Ah! Pierre, Dieu veuille que tu aies raison, pour elle, pour moi et pour lui... Oh! lui... nous verrons!

Une contraction des lèvres, accompagnée d'un regard farouche, exprima sa pensée.

III

LA LETTRE

Il est deux heures de l'après-midi. Le soleil étincelle dans un ciel sans nuages et répand sa lumière et sa chaleur dans la vallée. On est aux jours de la fenaison. Les travailleurs, après une heure de repos, viennent de se remettre à l'ouvrage.

Jacques Mellier, la tête penchée sur sa poitrine, se promène dans sa chambre avec une agitation fébrile. De sa fenêtre ouverte, il pourrait voir dans sa prairie les bœufs attelés à de lourdes charrettes, les faux briller au soleil, les faneuses armées de longues fourches répandre l'herbe fraîchement coupée, et plus loin, au flanc du coteau, ses nombreux sillons couverts d'épis déjà jaunissants.

Mais non, ce qui d'habitude réjouissait son cœur semble aujourd'hui lui être indifférent. Comme son visage, sa pensée est sombre. Malgré la résolution qu'il a prise de rester calme, une anxiété poignante le dévore et il commence à perdre patience. De temps à autre un éclair s'allume dans son regard, il est saisi d'un tremblement nerveux, qui trahit la violente colère qu'il s'efforce de contenir, et il agite au-dessus de sa tête ses poings crispés.

— Oh ! les misérables ! les misérables ! murmure-t-il entre ses dents serrées.

Soudain un bruit de pas le fit tressaillir. Il s'élança vers la porte et l'ouvrit.

Pierre Rouvenat entra dans la chambre.

Le fermier l'interrogea du regard.

— Par ton ordre, j'ai joué le rôle d'espion, répondit le vieux serviteur ; caché dans l'oseraie, j'ai vu venir le jeune homme.

— Parle plus bas, dit le fermier d'une voix sourde.

— Il s'est approché du mur de l'enclos ; je l'ai vu enlever une pierre descellée, puis la remettre.

— Alors ?

— Alors il s'est éloigné, et j'ai attendu qu'il fût assez loin pour ne pas avoir à craindre qu'il me vît. Je sortis de l'oseraie, et à mon tour je m'approchai du mur. Je découvris facilement la pierre, je la retirai du mur et dans une petite cavité, pratiquée entre deux autres pierres à l'intérieur de la maçonnerie, je trouvai une lettre.

— Enfin, dit le fermier d'une voix tremblante de fureur ; c'est un moyen ingénieux d'établir une correspondance criminelle à l'insu d'un père qu'une fille indigne et un lâche séducteur veulent tromper. Donne-moi cette lettre.

Pierre la sortit lentement de sa poche et la tendit au fermier.

Le billet était enfermé dans une enveloppe qui ne portait aucune suscription.

Jacques Mellier ferma la fenêtre, s'assura que la porte était bien close, puis, ayant déchiré l'enveloppe, il ouvrit la lettre et lut avidement ce qui suit :

« Ma bien-aimée Lucile,

« Quatre jours sans te voir me paraissent des siècles... Que serait-ce donc si je devais vivre pendant une année éloigné de toi ? Je frémis à la seule pensée du voyage que je dois entreprendre et qui est nécessaire pour notre bonheur.

« Viens ce soir, à dix heures, quand tout le monde dormira à la ferme ; viens, ma bien-aimée, j'ai besoin de te voir, de te presser contre mon cœur... Il faut qu'un regard de tes yeux adorés raffermisse mon courage et que je puise une force nouvelle dans un de tes baisers !

« Je t'attendrai près de la passerelle et nous n'aurons pour témoins, comme toujours, que les étoiles au ciel et les saules penchés, qui baignent leurs branches dans la rivière.

« EDMOND. »

En lisant, un pli s'était creusé verticalement sur le front du fermier et des éclairs sinistres jaillissaient de ses yeux. Ses traits affreusement contractés et ses lèvres pâlies et tremblantes révélaient la colère indomptable qui grondait en lui.

— Les infâmes ! les infâmes ! grommela-t-il d'une voix étranglée. Tiens, lis, lis ! continua-t-il en tendant la lettre à Rouvenat. Ai-je besoin d'une autre preuve ? Ces lignes, tracées par la main d'un misérable, disent ma honte ! La malheureuse a mis son honneur et le mien sous ses pieds et les a broyés dans la boue ! Mais qui donc est-il, ce lâche qui se cache et rôde la nuit dans l'ombre comme un bandit ?... Ah ! malheur à lui ! malheur à eux !...

Pierre Rouvenat était devenu pâle comme son maître.

— Que vas-tu faire ? lui demanda-t-il.

— Je n'en sais rien, répondit Mellier d'un ton farouche.

— Jacques, je t'en supplie, réfléchis.

— C'est ce que je fais ; je sonde l'avenir.

— Prends garde ! ne te laisse pas entraîner par la colère ; Jacques, j'ose à peine te regarder : l'expression de ton regard m'épouvante ; j'en suis sûr, tu médites quelque chose de terrible.

— Oui, ma vengeance !

— Jacques, le mal n'est peut-être pas aussi grand que tu le crois ; peut-être est-il temps encore...

— Je suis déshonoré, te dis-je ; ma fille est maintenant une créature avilie, dégradée, flétrie et souillée par le crime d'un larron d'honneur, d'un infâme ! Lucile Mellier est une fille perdue !

Rouvenat poussa un soupir et baissa la tête.

— Où est-elle en ce moment ? demanda le fermier après un instant de sombre silence.

— Dans sa chambre.

— C'est bien.

Il prit la lettre, la mit dans une autre enveloppe, qu'il cacheta, puis la tendant à Rouvenat :

— Va remettre cela à la place où tu l'as pris, lui ordonna-t-il brusquement.

Pierre Rouvenat fit deux pas en arrière, les yeux fixés sur le fermier.

— Mais que veux-tu donc faire ? s'écria-t-il avec inquiétude.

— Cela ne regarde que moi.

— Soit. Mais, si je devine ton intention, tu veux leur tendre un piége. Dans quel but ? Jacques, cela n'est pas digne de toi.

— Je ne veux pas d'observations ! répliqua le fermier en frappant violemment le parquet du pied ; je ne suis pas d'humeur à les entendre.

— Jacques, au nom de ta femme que tu as tant aimée, permets-moi d'insister. Appelle ta fille, parle-lui, interroge-la.

— Non. Laisse-moi, et fais ce que je t'ordonne. Je veux que Lucile aille cette nuit au rendez-vous qu'on lui donne.

Pierre Rouvenat comprit que tout ce qu'il essayerait de tenter pour calmer la colère de son maître serait inutile. Mais en se résignant à se taire, pour le moment, il ne renonçait pas à intervenir plus tard afin de protéger sa jeune maîtresse, pour laquelle il avait une tendresse respectueuse et pleine de dévouement.

Il baissa de nouveau la tête et sortit lentement de la chambre.

Obéissant à l'ordre qu'il venait de recevoir, il alla replacer la lettre dans le mur de l'enclos, derrière la pierre mobile. Cela fait, il rejoignit les garçons de ferme et les journaliers qui travaillaient dans la prairie.

Une heure après, Lucile venait visiter à son tour la cachette du mur et trouvait la lettre. Elle la glissa vivement dans son corsage, tout en regardant autour d'elle avec défiance. Rassurée en remarquant que personne n'avait pu la voir, elle s'éloigna rapidement pour revenir à la ferme et s'enfermer dans sa chambre, afin de lire et de relire le précieux billet sans craindre d'être surprise.

Ce n'est pas sans raison que la jeune fille était défiante et inquiète. Coupable, sa conscience ne pouvait être tranquille, et elle tremblait constamment de voir son secret découvert. Elle avait peur d'être trahie par la rougeur qui montait facilement à son front ; elle craignait que son père ne lût sa faute dans ses yeux, et elle n'osait plus le regarder.

Depuis quelques jours, — elle l'avait constaté avec effroi, — Jacques Mellier était devenu soucieux et plus sombre ; il ne lui adressait plus la parole et semblait éviter de se trouver seul avec elle.

— Mon Dieu! soupçonnerait-il quelque chose? se demandait-elle avec terreur.

Cette pensée, pleine d'angoisses, était à elle seule une horrible torture. Mais ses craintes, ses frayeurs, ses angoisses, ses pressentiments, ses inquiétudes douloureuses de l'avenir, elle les supportait bravement. C'est pour lui qu'elle souffrait, pour lui, qu'elle aimait de toute son âme, de cet amour merveilleux et sublime qui n'admet que le dévouement, qui ne veut connaître que le sacrifice !

Il était jeune, beau ; riche, elle l'ignorait. Mais il avait un noble cœur, les aspirations d'une âme élevée, les idées et les rêves enthousiastes d'un poëte, toutes choses qui parlent à l'imagination ardente d'une jeune fille.

Ils s'étaient rencontrés un jour, par hasard, à une fête de village. Le premier regard fit naître la sympathie. L'éclair n'est pas plus rapide que certaines émotions qui frappent le cœur. Il était pâle et triste ; il devait souffrir, il était malheureux... Après la sympathie, l'intérêt. Il lui raconta ce qu'il savait de son passé : une vie douloureuse, celle d'un abandonné, privée de toute affection, de la tendresse et des baisers d'une mère.

Lucile essaya de le consoler et de lui donner l'espoir de jours meilleurs dans l'avenir. Elle fit plus : elle n'avait que son cœur, elle le lui donna. Ignorante, peut-être, mais certainement inconsciente du danger, elle ne se douta point qu'il pût y avoir un abîme au bas de la pente fleurie.

L'ivresse de l'amour, du premier amour surtout, cause un éblouissement qui ravit et enchante. Après plus de six mois, l'ivresse de Lucile ne s'était pas dissipée. Dans sa naïve et généreuse confiance en lui, elle n'avait pas encore envisagé sa situation sous son véritable aspect. Elle l'aimait aveuglément, sans calcul, et de même qu'elle lui avait donné son cœur elle lui aurait donné sa vie. Son amour restait paré de fleurs, et elle ne pensait pas qu'elles pussent s'effeuiller sous les larmes.

Son seul chagrin, jusqu'alors, avait été d'être obligée de cacher son secret à son père.

— C'est nécessaire, dans l'intérêt même de notre amour, lui avait dit Edmond.

Défendre son amour, c'était défendre sa vie. Elle garda le silence.

Cependant, malgré ses pressentiments, et tout en se disant que son père pouvait avoir un doute, Lucile était loin de penser qu'il eût découvert une partie de son secret.

— Cher Edmond, se dit-elle après avoir lu la lettre, il va partir, il s'est décidé... Oui, il le faut, les jours s'écoulent, le temps presse... Oh ! il réussira, mon cœur me le dit. N'a-t-il pas suffisamment souffert? Dieu, qui veille sur toutes ses créatures, ne voudra pas le réduire au désespoir. Il redoute de s'éloigner. Ah ! je ne suis pas moins que lui inquiète et tourmentée ; mais il le faut, le bonheur vaut

LA FILLE MAUDITE

Mellier se précipita hors de la maison, tête nue, écumant de rage. (Page 23.)

bien quelques sacrifices. J'irai cette nuit à son rendez-vous, c'est le dernier... Je risque beaucoup, car si j'étais vue, reconnue... Oh! cette pensée me fait frissonner! Mais, s'il ne me voyait pas, il manquerait de force pour partir. Il m'appelle, j'irai lui porter ce qu'il me demande : le courage et l'espoir.

Elle alluma une bougie et brûla la lettre, précaution malheureusement devenue inutile.

Ses yeux s'étaient mouillés de larmes; elle les essuya avec soin, puis elle descendit au rez-de chaussée afin de donner ses ordres pour le repas du soir et vaquer aux occupations si diverses à l'intérieur d'une ferme bien tenue.

Rouvenat revenait du pré, conduisant un lourd chariot de foin. Il adressa à la jeune fille un salut affectueux. Elle fut frappée de l'expression de tristesse de son regard.

— Mon bon Pierre, qu'avez-vous donc? lui demanda-t-elle. Vous avez l'air contrarié.

— C'est vrai, mademoiselle, je ne suis pas content, mais pas content du tout.

— Est-ce que les travaux ne marchent pas comme vous le désirez? Il me semble pourtant que vos foins sèchent vite par ce beau soleil.

— En effet, mademoiselle, on peut même dire que le soleil fait les trois quarts de la besogne; mais, voyez-vous, c'est autre chose qui me préoccupe, qui me chagrine...

— Et que vous ne pouvez pas me dire? fit-elle d'une voix câline.

Le vieux serviteur se sentit remué jusqu'au fond des entrailles.

Il fit deux pas vers elle, ayant déjà sur les lèvres ces mots :

— Si vous aviez l'intention de faire une promenade ce soir, après le coucher du soleil, renoncez-y et restez dans votre chambre.

La soudaine apparition de Jacques Mellier lui ferma brusquement la bouche.

Il jeta sur la jeune fille un long regard, qui contenait comme une supplication, puis il s'éloigna en poussant un profond soupir.

— Pauvre Pierre! pensa Lucile; il éprouve réellement quelque gros chagrin ; il aura eu à supporter la mauvaise humeur de mon père.

IV

LE TUEUR DE LOUPS

Vers sept heures et demie, un homme de haute taille, coiffé d'un chapeau de feutre mou, ayant à ses pieds de gros souliers ferrés à fortes semelles et portant sur sa blouse de toile bleue un fusil de chasse en boudoulière, se présenta au Seuillon.

Comme tous les hommes des champs à cette époque de l'année, il avait le visage bruni par le hâle et brûlé par les rayons du soleil; mais malgré la rudesse de ses traits et l'expression un peu dure de sa physionomie il avait la figure sympathique. Il paraissait âgé d'une quarantaine d'années. Son large front carré, ses sourcils épais, réunis à la naissance du nez, et quelque chose de fier et de hardi dans le regard révélaient un caractère d'une énergie peu commune et, dans les idées, une grande opiniâtreté.

Sous cette enveloppe à moitié sauvage, couverte d'aspérités mal adoucies, il y avait cependant un cœur chaud pouvant montrer un courage héroïque, capable de se dévouer au delà du possible, jusqu'à l'incompréhensible, jusqu'à la folie.

On a vu souvent l'exagération de certains sentiments toucher de près à l'absurde.

Ce personnage se nommait Jean Renaud; mais il était plus connu dans le canton de Saint-Irun sous le nom de *Tueur de loups*.

En entrant dans la maison, il prit son chapeau à la main et salua respectueusement Lucile. La jeune fille mettait le couvert sur la longue table de chêne qui occupait le milieu de la grande salle de la ferme, car les travailleurs n'allaient pas tarder à revenir de la prairie.

— Ah! c'est vous, Jean Renaud, fit-elle; je suis bien aise de vous voir; il y a plus de huit jours que vous n'êtes passé au Seuillon et j'ai mis de côté un paquet de différentes choses que je destine à votre femme.

— Vous êtes toujours trop bonne, mademoiselle; c'est vrai, il y a une douzaine de jours que je ne suis pas venu vous voir. J'ai dû pendre mon fusil au clou et prendre la faux; quand l'herbe est mûre et le temps propice, il faut que tout le monde aille à la prairie. Hier soir on est venu me prévenir qu'une énorme louve et deux louveteaux avaient été vus dans le bois de Sueure; voilà pourquoi je n'ai pas travaillé aujourd'hui. Je suis sorti de bon matin et, toute la journée, j'ai inutilement battu les bois de Sueure et d'Artemont. Il est probable que, pendant la nuit, la louve et ses petits ont gagné la forêt.

— Vous devez être bien fatigué?

— Oh! la marche ne me fait rien, j'y suis habitué, répondit-il en souriant.

— Mais vous êtes tout en nage, mon brave Jean Renaud.

— J'ai eu chaud tout de même, mademoiselle.

— Voilà une chaise, asseyez-vous; je vais vous donner un bon verre de vin.

— Vraiment, ce n'est pas de refus.

— Je ne vous ai pas encore demandé des nouvelles de Geneviève; comment va-t-elle?

— Aussi bien que possible pour sa position.

— C'est vrai, fit la jeune fille qui rougit subitement.

Le tueur de loups s'était assis, son fusil entre les jambes. Lucile plaça devant lui, sur le coin de la table, une bouteille, un verre, du pain et un morceau de viande froide.

— A votre bonne santé, mademoiselle! dit-il.

Et il vida son verre avec une satisfaction évidente.

— Dimanche, si je le peux, j'irai voir Geneviève, reprit la jeune fille.

— Ah! vous la rendrez bien heureuse, mademoiselle; il n'y a personne au monde qu'elle aime autant que vous. Ma femme est comme moi, voyez-vous; elle est reconnaissante et n'oublie jamais le bien qu'on lui fait. Lorsque je suis revenu du service, il y a un peu plus de cinq ans, — je m'étais rengagé, je ne sais trop pourquoi, — j'ai retrouvé Geneviève libre et déjà vieille fille; nous nous étions aimés dans le temps, les anciennes idées nous revinrent; mais nous étions aussi pauvres l'un que l'autre, et nous ne pouvions pas nous marier, faute de quelques centaines de francs pour acheter un petit ménage. — Vous ne savez probablement pas cela, mademoiselle. Votre père apprit la chose, et un jour qu'il me rencontra à Frémicourt, il m'amena ici.

« — Tu veux te marier avec Geneviève, me dit-il brusquement, comme c'est son habitude de parler, et tu ne peux pas le faire parce que tu manques d'argent.

« — Monsieur Mellier, c'est la vérité, répondis-je.

« — Geneviève est une brave et honnête fille, reprit-il; son père a été un bon et fidèle serviteur du mien; j'ai aussi pour toi de l'estime, de l'amitié. Tu seras le mari de Geneviève. »

« Il monta dans sa chambre et revint au bout d'un instant avec un gros sac d'argent. Il y avait mille francs.

« — Tiens, me dit-il, voilà ce qui te manque. »

« Je ne pouvais en croire mes yeux et mes oreilles. Je le regardais comme un abruti. Enfin je ne fus plus le maître de mon émotion, je me mis à pleurer. Si je l'eusse osé, je me serais jeté à son cou, je l'aurais embrassé, je l'aurais appelé mon père!

« Je parlai de lui faire un billet, une reconnaissance.

« — C'est bien, c'est bien, me dit-il en me poussant doucement vers la porte; j'ai confiance en toi; tu me rendras cela plus tard, petit à petit, quand tu pourras. »

« Quinze jours plus tard, Geneviève était ma femme, et j'avais pu acheter, en payant plus de la moitié du prix comptant, la petite maison où nous demeurons à Civry. Aujourd'hui la maison est à nous, tout est payé, mais je dois toujours les mille francs à M. Mellier, qui n'a pas l'air de se souvenir qu'il me les a prêtés.

« Mais ce n'est pas là tout ce que votre père a fait pour moi, mademoiselle. Un jour, — j'avais alors dix-huit ans, — je voulus imprudemment traverser sur la glace l'écluse du moulin de Frémicourt. Au beau milieu de la rivière, la glace s'enfonça tout à coup sous mes pieds, et je coulai au fond de l'eau. Quelqu'un du moulin, qui me vit disparaître, se mit à appeler au secours! Votre père n'était pas loin, il accourut. Il passa, en l'élargissant, par le trou que j'avais fait, et plongea. L'eau, arrêtée par le barrage, ne m'avait pas entraîné, heureusement; il eut le bonheur de me saisir et de retrouver, en revenant à la surface de l'eau, l'endroit où la glace s'était brisée.

« Maintenant il fallait sortir; ce n'était pas chose facile, car chaque fois qu'il essayait de remonter sur la glace elle se rompait sous le poids. Trois fois ses bras fatigués et engourdis par le froid m'échappèrent; trois fois il me ressaisit. A la fin, plusieurs hommes arrivèrent avec une longue et forte corde à l'extrémité de laquelle ils firent un nœud coulant. Ils la jetèrent à votre père, qui me la passa autour du corps; alors les hommes tirèrent à eux, et c'est ainsi qu'on parvint à m'amener à terre.

« C'est une heure après, quand je repris connaissance, que j'appris ce qui s'était passé. On disait que vingt autres à ma place n'auraient pu être sauvés. On croyait à un miracle. L'auteur du miracle, c'était Jacques Mellier. Je dois la vie à votre père !

— J'ignorais en effet toutes ces choses, mon cher Jean Renaud, dit Lucile vivement émue.

— Aussi, mademoiselle, jugez si j'aime M. Mellier; on ne saura jamais ce qu'il y a de reconnaissance pour lui dans mon cœur. Je puis le dire à vous, mademoiselle, je me ferais tuer pour votre père !

— Il vous connaît bien, Jean; il sait que vous êtes un noble cœur.

— C'est encore grâce à lui que j'ai obtenu l'autorisation de porter mon fusil toute l'année, ce qui me permet de faire, en été comme en hiver, la chasse aux loups.

— En tuez-vous beaucoup, de ces affreuses bêtes ?

— Je n'en ai encore tué qu'un cette année, mademoiselle : c'est le onzième depuis trois ans. Mais je compte bien en tuer encore deux ou trois avant la fin de l'année. C'est en automne, par le brouillard, et en décembre et en janvier, pendant les grands froids, qu'ils deviennent plus hardis et se décident à quitter les grands bois. Si ceux que j'ai vainement cherchés aujourd'hui ont l'audace de reparaître dans le canton, je vous promets qu'ils ne m'échapperont pas; ils n'auront rien perdu pour attendre.

— Buvez donc ! vous n'avez pas encore achevé votre bouteille.

— Je m'oublie à causer, mademoiselle; j'abuse peut-être de vos instants ?

— Nullement, mon brave Jean; j'éprouve, au contraire, beaucoup de plaisir à vous écouter.

— Vous êtes bonne et pleine d'indulgence. Tenez, mademoiselle, vous avez là, dans mon cœur, une belle place à côté de votre père. Ah ! continua-t-il avec animation, s'il y a une femme sur la terre qui mérite d'être heureuse, c'est bien vous !

La jeune fille laissa échapper un soupir.

— Ma foi ! j'avais soif tout de même, reprit le tueur de loups; j'ai gaillardement vidé ma bouteille, et me voilà redevenu solide comme un carré d'infanterie.

Il se leva.

— Est-ce que vous partez ? demanda Lucile.

— Oui, mademoiselle; je ne veux pas m'attarder plus longtemps.

— Attendez une minute; je vais aller chercher le paquet dont je vous ai parlé; vous l'emporterez.

— Ne vous dérangez pas ; je viendrai plutôt le prendre demain ou dimanche matin.

— Vous ne retournez donc pas tout de suite à Civry ?

— Non ; il faut que j'aille jusqu'à Terroise faire une commission dont on m'a chargé.

— Vous pourrez prendre le paquet en repassant.

— Tout le monde sera probablement couché à la ferme, car en revenant de Terroise je m'arrêterai au moulin de Frémicourt. Il y a déjà six jours que j'ai donné deux doubles de blé à moudre, et comme nous n'avons plus qu'un peu de pain à la maison je ne serais pas fâché d'avoir ce soir même ma farine.

— En ce cas, Jean Renaud, vous avez raison.

— Je vais même laisser ici mon fusil, dont je n'ai nul besoin ce soir, car je n'espère pas rencontrer un loup sur ma route ; sans compter qu'il m'embarrasserait si le meunier me livre mon sac de farine et que je doive le rapporter sur mon dos.

— Jean Renaud, c'est bien de la fatigue.

— Oh ! c'est si peu lourd !

— Petite charge pèse de loin.

— Oui, mais j'ai les épaules robustes.

Il accrocha son fusil au manteau de la cheminée, puis il sortit de la ferme en disant :

— A bientôt, mademoiselle Lucile, et merci ! je dirai à Geneviève que vous avez pensé à elle.

Il s'éloigna rapidement.

Le soleil venait de se coucher. Un instant après, les garçons de ferme et les gens de journée arrivèrent. Le souper était prêt, ils se mirent à table.

A neuf heures, les gens de journée, qui demeuraient presque tous à Frémicourt, avaient quitté la ferme. Les bestiaux étaient rentrés dans les étables et le troupeau de moutons dans la bergerie. Les garçons faisaient boire les chevaux et garnissaient les râteliers pour la nuit.

Lucile était remontée dans sa chambre ; elle attendait le moment où tout le monde serait couché pour sortir sans bruit et courir à son rendez-vous. La mantille de soie noire qu'elle devait jeter sur ses épaules était toute prête sur son lit. Elle avait éteint sa bougie ; on pouvait croire qu'elle était couchée.

Elle entendit fermer successivement toutes les portes, puis les voix des domestiques s'envoyant le bonsoir.

A dix heures moins un quart, un silence profond régnait dans la ferme.

L'heure était venue. Lucile pensa que tout le monde dormait. Elle se trompait. Deux hommes veillaient et attendaient comme elle : son père et Pierre Rouvenat. Elle s'enveloppa dans sa mantille et se glissa hors de sa chambre. Elle descendit l'escalier d'un pas léger, retenant sa respiration, traversa rapidement la grande salle, ouvrit une porte qu'elle ne prit pas la peine de refermer, et pénétra dans un corridor étroit, au bout duquel se trouvait la petite porte de sortie dont nous avons déjà parlé. Elle tira le verrou avec précaution, ouvrit la porte sans bruit et s'élança dehors.

Derrière elle, Jacques Mellier avait ouvert la porte de sa chambre et, comme elle, était descendu silencieusement, à pas de loup. A ce moment, s'il eût pu se voir dans une glace, il ne se serait pas reconnu. Il avait la figure d'un cadavre.

Dans la grande salle, à tâtons, il s'empara d'un des fusils accrochés au manteau de la cheminée; puis, poussant une sorte de rugissement sourd, il bondit vers le corridor.

Pierre Rouvenat se trouva devant lui, barrant le passage.

— Jacques, où vas-tu? lui demanda-t-il.
— Laisse-moi, répondit le fermier d'une voix rauque.
— Non, tu ne sortiras pas!
— Laisse-moi, te dis-je! retire-toi, laisse-moi passer!
— Non.
— Misérable! hurla Mellier que la fureur rendait fou.

Et se ruant sur le serviteur fidèle, sur l'ami dévoué, il le saisit à la gorge et le repoussa avec une violence et une brutalité sauvages.

Rouvenat perdit l'équilibre; en tombant, sa tête rencontra l'angle de la table, et il roula sur le carreau, où il resta étendu, tout de son long, sans connaissance.

Sans même avoir conscience de ce qu'il venait de faire, Mellier se précipita hors de la maison, tête nue, écumant de rage, aveuglé, fou, et prit sa course à travers les jardins.

V

LE RENDEZ-VOUS

Lucile, ayant franchi la haie du jardin, se dirigea rapidement vers la Sableuse. Le jeune homme inconnu l'attendait sur l'autre rive, à quelque distance de la passerelle. En un instant, elle fut près de lui. Sans prononcer une parole, il l'entoura de ses bras et la pressa fortement contre son cœur. Leurs lèvres se rencontrèrent. Ce n'était pas seulement un baiser, mais aussi la réunion de deux âmes l'une à l'autre données. Ce fut un moment d'extase et de délicieuse ivresse.

Enfin il l'entraîna plus loin dans un quinconce de peupliers au milieu duquel ils s'arrêtèrent.

— Ma chère bien-aimée, lui dit-il, quand je songe aux dangers que tu affrontes pour venir me donner un instant de joie et de bonheur, je me fais d'amers reproches; je ne me trouve plus digne de toi, de ton amour, qui est toute ma vie; et si, après avoir interrogé mon cœur, je lis dans le tien, le dévouement sans bornes qu'il contient me fait rougir de mon égoïsme. Oh! tu dois me trouver bien exigeant!

— Je t'aime! répondit-elle dans un adorable chuchotement.

— Cher ange adoré, reprit-il d'une voix émue, au lieu d'entendre une plainte sortir de ta bouche, c'est un mot qui m'ouvre le ciel... Tu connais les douleurs de ma vie; tu sais combien ma pauvre âme est tourmentée; à cela s'ajoute encore la contrainte que tu es forcée de t'imposer... Jusqu'à présent, Lucile, j'ai tout reçu de toi : j'étais dans la nuit de la désespérance; belle et souriante, tu t'es levée à l'horizon de ma vie comme une radieuse aurore et, aussitôt, je me suis vu environné de lumière. Je maudissais mon existence misérable, le monde tout entier; tu m'as montré le ciel, et j'ai appris à bénir Dieu; comme le vent qui chasse le nuage, d'un regard, d'un mot, tu as dissipé mes sombres pensées. Dans mon cœur, il y avait du mépris pour les hommes, peut-être de la haine; tu y as fait naître l'amour... Il me suffit de penser à toi pour voir tout resplendir. La nuit, si des songes gracieux viennent me visiter, c'est toi, c'est ma bien-aimée qui me les envoie... Enfin, les seules joies que j'ai connues, c'est toi qui me les as données... Que t'ai-je rendu en échange de cela? Rien. Si, des soucis, de la tristesse, des craintes...

— Edmond, tais-toi, tais-toi! cela n'est pas!

— Oh! tu es trop bonne et trop généreuse pour en convenir. Mais, tiens! à l'instant même, tu viens de tressaillir en entendant du bruit, le battement d'ailes d'un oiseau de nuit dans les arbres... Je suis un homme, et il faut que ce soit toi qui me donnes l'exemple du courage. Non, non, je n'ai encore rien su faire pour toi...

— N'est-ce donc rien de m'avoir aimée, de m'aimer?

— Oh! oui, je t'aime! Et seule, tant qu'il battra, tu occuperas mon cœur... Mais t'aimer n'est pas suffisant; mon devoir est d'assurer ton repos, de rendre à tes lèvres le sourire, à ton front la fierté! Chère Lucile, tu n'es pas heureuse, et ce que je veux, c'est ton bonheur.

— Va, je ne suis pas malheureuse comme tu le crois. Ma confiance est si complète, si illimitée, qu'elle me permet de tout supporter, et si grand est mon amour qu'il met en moi un courage que rien ne saurait briser... Si le bonheur était trop facile, on l'apprécierait moins. Cependant, je ne veux pas te le cacher, depuis quelques jours je suis inquiète : mon père ne me parle plus, son regard est devenu sévère; il est agité, soucieux, il me semble qu'il a deviné quelque chose...

— Ah! cela devait arriver, je le redoutais... Et je ne puis encore me présenter à lui! Avant tout, il faut vaincre la fatalité qui me poursuit.

— Edmond, la situation est grave, les instants sont précieux, chaque minute vaut un jour; il faut agir immédiatement, agir avec énergie... ma pensée te suit,

Le jeune homme poussa un cri étouffé, en portant ses mains à sa poitrine. (Page 28.)

elle sera avec toi, et ce que tu n'aurais peut-être jamais fait pour toi-même, tu l'accompliras pour moi...

— Oui, car c'est assez de faiblesse; j'ai trop longtemps hésité. Pour toi, Lucile, c'est assez de dissimulation; tromper n'est pas dans ta noble nature; imposer à ton cœur la fausseté, c'est un crime contre ta loyauté; ton regard si pur proteste contre le mensonge!

— Ne pense pas cela; c'est pour protéger notre amour que j'ai gardé mon secret, que je le garderai encore. Edmond, ne te reproche rien ; si j'ai mis un masque sur mon visage, c'est que je l'ai voulu ; j'ai appris à mentir ; hélas! il le fallait. Va, je n'ai aucun regret ; ce que j'ai fait, je sens que je le ferais encore. Mais tu es bien décidé, n'est-ce pas? Tu pars demain?

— Oui, demain, et c'est pour cela que j'ai voulu te voir et causer un instant avec toi.

— Edmond, c'est plus que le mystère de ta naissance que tu vas dévoiler, c'est notre bonheur que tu vas conquérir! Ne recule devant rien, livre notre secret... Que ma pensée te soutienne, que mon amour te donne la force.

— Je t'ai vue, j'ai senti ton cœur battre contre le mien, je ne manquerai pas de courage.

— Pars donc, cher Edmond, mon époux, pars, et reviens vite apporter le bonheur à la pauvre Lucile.

— Après-demain, je serai à Paris.

— A Paris! fit la jeune fille avec surprise ; pourquoi à Paris?

— Parce que c'est maintenant à Paris que se trouve le mystère.

— Quoi! cette vieille femme qui t'a élevé a quitté le village?

— Non, répondit-il tristement ; elle est morte!

— Morte! répéta Lucile comme un écho.

— Oui, et je ne sais pas encore si la pension que je recevais, et qui m'a été servie régulièrement jusqu'à ce jour, me sera continuée.

— Oh! mon Dieu! mon Dieu! soupira la jeune fille.

— Mais rassure-toi, ma chérie, rassure-toi ; si la mort inattendue de cette pauvre Marianne, qui a pris soin de mon enfance et a été si longtemps seule à m'aimer, est une douleur pour mon cœur reconnaissant, je crois pouvoir considérer cet événement comme un rapprochement vers le but que je poursuis.

— Hélas! elle ne peut plus parler... Nous avions mis tout notre espoir en elle, et elle a emporté dans la tombe ce que nous avons un si grand intérêt à connaître.

— C'est vrai ; mais, avant de mourir, Dieu lui a envoyé une inspiration. Marianne n'a pas emporté dans la tombe son secret tout entier.

— Edmond, que veux-tu dire? s'écria Lucile.

— Il y a quinze jours, malade déjà et ayant le pressentiment de sa fin prochaine sans doute, Marianne a écrit elle-même une lettre à mon adresse, laquelle a été confiée provisoirement à une voisine avec ordre de me la faire parvenir après sa mort. Cette lettre, Lucile, je l'ai reçue hier, en même temps qu'une autre, écrite par une personne de la commune, qui m'apprenait tout à la fois la maladie et la mort de ma pauvre nourrice.

« Dans sa lettre, Marianne me donne le nom et l'adresse d'un notaire de Paris qui lui envoyait tous les trois mois la somme d'argent nécessaire à notre existence à tous les deux. Savoir cela est déjà quelque chose ; mais ce notaire n'est évidemment qu'un intermédiaire. Marianne n'a pas cru devoir me le cacher. Derrière lui se tient dans l'ombre un représentant plus direct de ma famille. Dans la lettre, il y a un nom, un grand nom, précédé d'un titre de comte... Je te demande la permission de ne pas le prononcer encore, tellement j'ai peur de me tromper et de te donner un trop brillant espoir. C'est à lui que je dois m'adresser, c'est lui que je dois voir, suivant le conseil de la morte. Bientôt je serai en sa présence. Ah! je le sens, cet homme riche et puissant tient ma destinée entre ses mains! Qui je suis, il le sait. Il sait également ce que je devrais être, il sait ce que je dois être! Qu'est-ce que je veux, après tout? Réclamer un droit. Je veux le nom qui m'appartient, quel qu'il soit. S'il est humble, qu'importe! si je suis pauvre, qu'importe encore!... Mais il me le faut, ce nom sans lequel je ne puis me présenter devant ton père; à tout prix, je veux qu'on me le rende.

« Sur mon berceau d'enfant, on a jeté le voile du mystère, et toujours, sans cesse, on m'a enveloppé de ténèbres épaisses. J'ai grandi comme l'arbre de l'oasis, au milieu d'un désert, et jusqu'au jour où j'ai eu le bonheur inespéré de te rencontrer j'ai marché le front courbé comme un paria.

« Ma naissance a-t-elle été maudite? Mais y aurait-il là un crime, l'innocent ne doit pas expier toute sa vie le crime qu'il n'a pas commis. Mon Dieu! je ne suis pas trop exigeant; que je puisse seulement revenir vers toi avec un nom et le droit d'avouer mon amour hautement et fièrement!

— Edmond, dit Lucile de sa voix douce et émue, quelque intérêt qu'on ait eu à te cacher jusqu'ici le secret de ta naissance, cet intérêt doit disparaître lorsqu'il s'agit, je ne dis pas seulement du bonheur, mais de l'existence même de plusieurs êtres. Je reste donc, comme toujours, pleine de confiance et d'espoir.

« Jusqu'à ton retour, je compterai toutes les heures. Ah! puisses-tu bientôt m'envoyer une bonne nouvelle! Mais quoi qu'il arrive, Edmond, que tu aies réussi ou non, tu m'écriras de Paris, ouvertement, cette fois... Ma résolution est prise, nous ne nous verrons plus secrètement. Que ce soit un peu plus tôt ou un peu plus tard, il faut que mon père soit instruit. Je m'agenouillerai devant lui, et, courbée sous son regard terrible, je lui ferai ma confession. Je le sais, sa douleur sera plus grande que sa colère, mais comme il s'agira de notre amour je trouverai des accents pour le défendre et nous faire pardonner.

« Maintenant, cher Edmond, séparons-nous ; je vais rentrer, et seule dans ma chambre, à genoux près de mon lit, je prierai Dieu pour qu'il prépare le succès de ton voyage. »

Il l'attira à lui, elle jeta ses bras autour de son cou et ils restèrent un instant enlacés dans les bras l'un de l'autre.

— Ah! murmura-t-il dans une indicible ivresse, tu es le souffle qui m'anime ; c'est le divin rayonnement de ton regard qui éclaire ma pensée; tu es plus que ma vie, tu es toute mon âme!... J'emporte ce dernier baiser que je prends sur tes lèvres; il sera pour moi un talisman.

Elle s'échappa de ses bras et fit quelques pas; puis, d'un bond, elle s'élança de nouveau à son cou, l'embrassa une fois encore et s'éloigna rapidement.

Le jeune homme sortit du quinconce à son tour et s'arrêta après avoir fait une vingtaine de pas.

Lucile traversait la rivière sur la passerelle.

Il la suivit des yeux jusqu'au moment où il la vit disparaître dans l'ombre des premiers arbres qui entouraient la ferme. Alors il se décida à quitter la place. Traçant une ligne oblique à travers le pré, il gagna rapidement la route de Saint-Irun, qui a un embranchement sur le chemin du Seuillon à Frémicourt, en franchissant la Sableuse sur un pont de pierre, à deux cents mètres en aval du village.

Tout à coup il s'arrêta, croyant avoir vu la silhouette d'un homme se dresser à cinquante pas devant lui, à une faible distance de la route.

Son cœur se mit à battre violemment.

— Ah ça! se dit-il, est-ce que j'aurais peur? Ce que je prends pour un homme n'est évidemment qu'un buisson. Il arrive souvent, quand on marche la nuit dans la campagne, qu'on croit voir dans les arbres des fantômes qui courent.

Complétement rassuré par cette réflexion, il continua son chemin en allongeant le pas.

Quand il ne fut plus qu'à une faible distance de la masse noire, qu'il prenait pour un buisson, une détonation retentit au milieu du silence de la nuit.

En même temps le jeune homme poussa un cri étouffé, en portant les deux mains à sa poitrine. Il chancela, fit trois pas de travers, cherchant un appui, qu'il ne trouva point, et tomba en arrière sur le bord de la route, où il resta étendu sans mouvement.

VI

APRÈS LE CRIME

Lucile n'était pas encore rentrée. Elle entendit l'explosion de la poudre, et aussitôt un frisson glacial courut dans tous ses membres, en même temps que la sueur qui couvrait son front se refroidissait. Et cependant rien ne pouvait lui faire penser que ce coup de feu eût été tiré sur celui qu'elle venait de quitter. Du reste, elle pouvait s'expliquer l'impression qu'elle éprouvait par sa surprise au bruit d'un coup de fusil troublant le silence à cette heure de la nuit.

Pierre Rouvenat venait de reprendre connaissance, et il se relevait lorsque la détonation sinistre, traversant l'espace, arriva également jusqu'à lui.

Le malheureux prit sa tête dans ses mains et s'arracha les cheveux de douleur et de désespoir. Hélas! le malheur épouvantable qu'il avait voulu prévenir était arrivé. Il avait essayé en vain d'arrêter son maître ivre de colère et de rage, altéré de vengeance... Le crime horrible était commis !

— Trop tard ! trop tard ! gémit-il en se tordant convulsivement les bras... Oh ! Jacques, Jacques Mellier devenu un assassin !

Soudain, par les deux portes du corridor restées ouvertes, un bruit de pas précipités parvint jusqu'à lui.

— C'est Lucile, pensa-t-il, car trop peu de temps s'est écoulé depuis le coup de fusil pour que ce pût déjà être lui.

La jeune fille entrait.

Il n'eut que le temps de se blottir dans un coin. Il entendit la porte se fermer doucement et le faible grincement du verrou de fer entrant dans le mur, poussé par Lucile. Presque aussitôt elle sortit du corridor et passa devant lui comme une ombre ; on aurait dit que ses pieds légers ne posaient pas sur le sol. Elle se dirigea vers l'escalier et monta rapidement, effleurant à peine les marches, sans que Pierre pût entendre même un craquement du bois.

Lucile rentra furtivement dans sa chambre, tomba sur ses genoux et se mit à prier.

Pensant bien que son maître ne tarderait pas à rentrer à son tour, Pierre Rouvenat alla tirer le verrou de la petite porte et, debout au milieu du corridor, il attendit.

Dix ou douze minutes s'écoulèrent. Enfin le pas du fermier, qui arrivait en courant, résonna sur la terre sèche. Bientôt Rouvenat le vit apparaître à l'entrée du verger. Il sortit précipitamment du corridor et se cacha de nouveau dans le même coin de la grande salle, le dos collé au mur.

Mellier arriva. Un tremblement nerveux le secouait de la tête aux pieds. Malgré la course qu'il venait de faire, son visage conservait sa lividité ; on aurait pu croire que le sang s'était figé dans ses veines ou qu'il n'en restait plus une seule goutte dans sa tête. Pourtant la sueur coulait à flots sur son visage et sa poitrine. Ses cheveux, plaqués sur son crâne et collés à ses tempes, dégouttaient d'eau, comme s'ils eussent reçu une pluie battante. Il était oppressé, haletant, et pouvait à peine se soutenir sur ses jambes. Il se débarrassa du fusil, qu'il plaça debout contre la muraille, puis il se jeta dans l'escalier, pressé de gagner sa chambre.

Rouvenat s'élança derrière lui. Il ne se souvenait déjà plus de la façon brutale dont le fermier l'avait traité.

— Jacques, malheureux ! qu'as-tu fait ? lui dit-il après avoir vivement refermé la porte de la chambre.

Mellier le regarda avec effarement.

— Hein, quoi ? fit-il ; je ne sais pas.

— Jacques, Dieu, te prenant en pitié, aurait-il fait dévier le coup ?

Une lueur sombre passa dans le regard du fermier.

— Non, murmura-t-il d'une voix creuse ; j'ai visé au cœur et... il est tombé!...
— Mort? s'écria Pierre avec terreur.
— Mort! répéta la voix étranglée de Mellier.
Rouvenat s'affaissa sur un siége et cacha sa figure dans ses mains.
— Eh bien! après? reprit le fermier; il a séduit ma fille, il m'a déshonoré; c'était un voleur, je me suis vengé, je l'ai tué!...
Le serviteur releva la tête.
— Oui, assassiné! dit-il.
— Si tu le veux, cela m'est égal.
— Et la justice, Jacques? tu ne penses donc pas à la justice?
— La justice, c'est moi, quand je défends mon bien, quand je venge mon honneur!
— Jacques, tu ne raisonnes plus; c'est de la folie...
— Quand je rencontre une vipère sur le coteau, je l'écrase; quand une bête nuisible, loup ou chien enragé, fait invasion sur mes terres, je prends mon fusil et je la tue... c'est mon droit. Voilà ce que j'ai fait ce soir.
— Ah! il ne comprend pas, il ne veut pas comprendre! s'écria Rouvenat avec désespoir. Mais c'est horrible, Jacques, horrible!... et ton calme m'épouvante! Malheureux! quelqu'un peut t'avoir vu, reconnu...
— Qu'est-ce que cela me fait?
— Jacques, toutes tes réponses sont insensées. Ah! tu es fou, tu es fou!..... Sans doute personne ne t'a vu ; à cette heure, aussi bien à la ferme qu'à Frémicourt et ailleurs, tout le monde dort... Mais, je t'en conjure, réfléchis, examine ta situation; Jacques, tu as commis un crime épouvantable, et, si tu es découvert, on t'en demandera un compte terrible. Tu n'es pas plus qu'un autre, pas plus que le dernier de tes manœuvres, à l'abri des atteintes de la loi. Elle est égale pour tous, et la justice des hommes est impitoyable, comme celle de Dieu. Tu auras beau crier : « Il avait séduit ma fille, j'ai vengé l'outrage fait à mon honneur! » on te répondra que nul n'a le droit de se faire justice soi-même. Jacques, voilà la vérité.

« Mais on ne t'a pas vu, personne ne t'accusera, à moins que tu ne te trahisses toi-même... Puisque je n'ai pas pu retenir ton bras, maintenant que le malheur affreux est arrivé, il faut bien que je songe au moyen de te sauver... Non, on ne saurait t'accuser ; d'ailleurs, il faudrait des preuves, et il n'y en a pas; non, il n'y en a pas... »

Il y eut un moment de silence pendant lequel Rouvenat parut réfléchir profondément.

Mellier, appuyé contre un meuble, restait immobile, comme pétrifié, la tête baissée et les yeux dilatés, fixés à ses pieds. Peut-être réfléchissait-il aussi

Soudain Rouvenat se dressa d'un bond sur ses jambes.

Ses yeux étaient devenus hagards et l'expression de son visage tourmenté révélait les plus cruelles angoisses.

Il s'approcha du fermier et, lui mettant la main sur l'épaule :

— Jacques, lui dit-il à voix basse, il vient de m'arriver une pensée qui me glace d'épouvante. Écoute-moi, au nom du ciel ! Jacques, écoute-moi : si une autre personne seulement sait que des relations existaient entre ce jeune homme et ta fille, qu'ils se rencontraient la nuit secrètement, nous sommes perdus !

Mellier releva brusquement la tête. Ses yeux, dont la flamme s'était éteinte, se fixèrent sur Rouvenat.

— Il y aura une enquête, continua ce dernier; quand il y a un crime, on en cherche d'abord la cause pour en découvrir l'auteur. Il suffit d'un mot ou d'une parole dite volontairement ou même imprudemment pour faire naître le soupçon et amener ici les gens de justice... Jacques, il faut penser à tout cela.

— J'attends, répondit froidement Mellier.

— Mais ce n'est pas assez, il faut être prêt à te défendre.

Mellier fit un brusque mouvement de tête en arrière, et un sourire singulier glissa sur ses lèvres pâles.

— Mais comprends donc, Jacques ! les gendarmes, la prison, la cour d'assises...

— Eh bien ! on me condamnera.

— Mais c'est le bagne, malheureux ! Entends-tu ? le bagne, le bagne à perpétuité !

— Et quand ce serait l'échafaud ! répondit le fermier avec un accent farouche.

Rouvenat le regarda avec stupeur et recula jusqu'au milieu de la chambre.

— La vie ! une belle chose, vraiment, que la vie ! reprit le fermier d'une voix sifflante, pendant qu'un sourire ironique crispait ses lèvres; faut-il que les hommes soient stupides pour y tenir autant !... Tous ils courent après cette fumée, cette chimère qu'ils appellent le bonheur, les fous ! Ils ont la richesse ; de leur or ils font un dieu ! ils sont misérables, ils maudissent le ciel !... Les fous !... les fous !... La maladie, les infirmités rendent les uns dignes de pitié; aux vices, à la honte, à l'opprobre des autres on jette le mépris... L'ambition dévore ceux-ci, la jalousie déchire ceux-là. L'honnêteté n'est plus qu'un mot, l'égoïsme devient une vertu. Partout la lâcheté, l'hypocrisie, l'infamie ! Les cœurs sont vils, la gangrène s'est mise dans les âmes. Le mal l'emporte sur le bien, et la scélératesse des uns exploite la loyauté des autres. Ah ! ah ! ah ! la pauvre chose que la vie ! Les heureux, ce sont ceux qui n'ont fait que passer sur la terre, ce sont ceux qui sont morts !... Mort, voilà ce que je voudrais être. Je ne suis plus rien, je ne possède plus rien, je ne crois plus à rien. Je suis déjà replongé dans le néant, d'où je n'aurais jamais dû sortir.

Il se jeta dans un fauteuil et y resta affaissé comme une masse inerte.

Rouvenat le contemplait avec une profonde commisération.

— Oh! le malheureux! pensait-il; quel écrasement!

Au bout d'un instant, la tête de Mellier tomba dans ses mains et le vieux serviteur l'entendit sangloter. Il le laissa pleurer. Il savait que les larmes soulagent et sont souvent un dérivatif qui ramène à de plus saines pensées.

Il s'assit à quelques pas de son maître, son regard désolé fixé sur lui.

C'est ainsi qu'ils attendirent le jour silencieusement.

. . . .

Jean Renaud, le tueur de loups, était allé à Terroise. Ayant rempli la mission dont il s'était chargé, on lui offrit une place à la table autour de laquelle s'asseyait la famille pour prendre son repas du soir. Il accepta, mais en disant qu'il avait mangé une heure auparavant et qu'il boirait seulement un verre de vin. Il en vida trois ou quatre, car il dut trinquer à la santé du père, de la mère, de la fille aînée, nouvellement mariée, et à l'espoir d'une prochaine augmentation de famille. Ajouté à la bouteille qu'il avait vidé au Seuillon, cela faisait un petit coup de trop. Or il n'y a rien comme la gaieté que donne le vin pour délier la langue. Elle ferait parler un muet.

Jean Renaud quitta Terroise enchanté de son sort et fredonnant, le long du chemin, une joyeuse chanson des soldats d'Afrique. Il n'oublia point, en arrivant à Frémicourt, qu'il avait à réclamer au moulin son sac de farine.

Son blé était moulu, le sac prêt. Il manifesta son intention de l'emporter.

— C'est inutile, répondit le meunier, attendu que demain, avant midi, ma voiture passera à Civry faisant sa tournée.

— Alors, c'est bien, fit Renaud.

Et comme il était d'humeur gaie, tout à fait guilleret et trop poli aussi pour désobliger un honnête meunier qui ne puisait pas dans son blé avec une main trop lourde, il ne fit aucune difficulté pour accepter un petit verre d'eau-de-vie de marc. Ce liquide ne se boit pas tout d'un coup, comme le vin; on l'apprécie, on le déguste, on le hume, tout en causant de diverses choses : farine, mouture, tirant d'eau, calamité de la sécheresse, toutes choses enfin dont on peut parler dans un moulin hydraulique.

C'est ainsi qu'on ne s'aperçoit pas que l'aiguille tourne sur le cadran qui marque les heures.

La demie de dix heures sonnait lorsque Jean Renaud sortit du moulin, ayant attaché un grelot de plus à sa gaieté.

Cependant, une fois sur la route, il pensa à Geneviève qui l'attendait, inquiète peut-être, et il convint en lui-même qu'il était un abominable flâneur.

Au souvenir de ses courses en Algérie à la poursuite de l'émir, dernier commandeur des croyants, il prit le pas gymnastique.

Tout à coup un gémissement frappa son oreille. Il s'arrêta net.

LA FILLE MAUDITE

— Vous ne pouvez me sauver, vous dis-je; je suis frappé à mort. (Page 34.)

VII

SUR LA ROUTE

Jean Renaud n'était pas peureux. Aucun bruit dans la nuit ne pouvait le faire trembler. Plus d'une fois il avait entendu les glapissements de joie des chacals autour d'un cheval mort ou déterrant le cadavre d'un Bédouin, le grognement des hyènes au regard féroce et louche, et les mugissements terribles du lion dans les gorges de l'Atlas. Dans maintes circonstances, bravant le danger, il avait jeté un défi à la mort. Certes, il eût été difficile de trouver sur les deux rives de la Saône un cœur plus solide, une âme mieux trempée.

Il regarda autour de lui, et, à quelques pas, il vit un homme replié sur lui-même, qui semblait faire des efforts suprêmes pour se relever. Il courut à lui, se mit à genoux, le souleva en le prenant sous les bras, et parvint à le mettre sur son séant.

Le blessé respira avec force, puis sa tête retomba lourdement sur la poitrine de Jean Renaud. Le tueur de loups s'aperçut alors que les vêtements de l'inconnu étaient couverts de sang. Il ne put s'empêcher de frissonner.

Le malheureux qu'il voulait secourir tremblait : il sentait les palpitations de sa chair, il entendait à peine sa respiration courte, oppressée, qui ressemblait à un râle étouffé.

Tout près il y avait un tas de pierres amassées pour le service de la voie. Il le traîna jusque-là. Avec une large pierre, il lui fit une espèce d'oreiller.

Au bout d'un instant, le blessé ouvrit ses yeux brillants de fièvre, qui s'arrêtèrent sur Jean Renaud avec une fixité effrayante.

— Merci ! merci ! murmura-t-il d'une voix faible.

— Pouvez-vous m'entendre ? demanda le tueur de loups.

Le blessé répondit par un mouvement de tête.

— Alors, dites-moi qui vous êtes, dites-moi ce qui vous est arrivé.

L'inconnu mit la main sur sa poitrine.

— Coup de fusil, prononça-t-il d'une voix saccadée, là... frappé... une balle.

— Oh ! un assassinat ! fit sourdement le tueur de loups.

Puis, après avoir jeté un regard rapide autour de lui, il reprit :

— Nous ne sommes pas bien loin de la ferme du Seuillon ; j'y cours, je réveillerai tout le monde.

Ces paroles produisirent sur le blessé un effet extraordinaire. Tout son corps tressaillit et sa tête se redressa.

— Non, dit-il avec énergie, et comme s'il eût recouvré ses forces subitement, non, ne vous éloignez pas, je vous en prie... D'ailleurs, à quoi bon ?... Tout secours est inutile : dans un instant : je le sens... je serai mort !

— Mais je ne veux pas vous laisser mourir ainsi !

— Vous ne pouvez me sauver, vous dis-je ; je suis frappé à mort.

— Par qui ? Le savez-vous ?

— Non.

— Oh ! je le découvrirai, moi ! je saurai son nom ! exclama Jean Renaud d'un ton menaçant.

— Vous ne découvrirez rien ; je veux qu'on n'accuse personne... Dites-moi, comment vous appelez-vous ?

— Jean Renaud, le tueur de loups.

Le visage de l'inconnu parut s'illuminer.

— Ah! je sais, fit-il, je sais... Jean Renaud, un brave homme... Lucile m'a parlé de vous.

— Lucile! vous connaissez mademoiselle Mellier?

— Oui, mais silence... ne prononcez pas son nom, on pourrait entendre... Elle est bonne, n'est-ce pas? plus encore que belle!... Oui, elle m'a parlé de vous, de Geneviève votre femme, et aussi d'un petit être adoré que vous allez avoir... Elle doit être sa marraine... Jean Renaud, aimez-vous sincèrement Lucile?

— Autant que ma femme! répondit-il avec feu.

— Eh bien! au nom de Lucile et de votre femme, Jean Renaud, voulez-vous me rendre un service?

— Un service?

— Oui, un service de la plus haute importance.

— Il suffit que vous invoquiez le nom de mademoiselle Lucile pour que je n'aie rien à vous refuser.

Le regard du blessé eut un éclair de joie et de reconnaissance.

— Ainsi, reprit-il, vous consentez?

— Que faut-il faire? Je suis à vos ordres.

— Êtes-vous allé quelquefois à Saint-Irun?

— Souvent.

— En ce cas, vous connaissez l'auberge tenue par M. Bertaux?

— Parfaitement. On l'appelle l'*hôtel des Deux Chiens*. Devant l'entrée principale, il y a un grand escalier de pierre, et, de chaque côté de l'escalier, deux énormes chiens, également de pierre, couchés sur le ventre.

— C'est bien cela. Jean Renaud, il faut que vous alliez à Saint-Irun tout de suite, avant qu'on ait appris ma mort.

— J'irai.

— Quelle heure est-il maintenant?

— Onze heures doivent être sonnées.

— Il sera une heure du matin quand vous arriverez à Saint-Irun; à l'hôtel, tout le monde dormira. C'est ce qu'il faut. Je ne veux pas qu'on vous voie, qu'on vous entende. L'auberge a une petite entrée qu'on laisse ouverte toute la nuit.

— Oui, je la connais.

— On pénètre dans une allée qui conduit aux écuries; mais à droite on trouve un escalier par lequel on arrive au premier étage, au milieu d'un long corridor qui s'étend à droite et à gauche. A gauche se trouvent les greniers; à droite sont les chambres destinées aux voyageurs. Vous comprenez bien, n'est-ce pas?

— Oui, oui, j'entends.

— Ma chambre est la première...

— La première, très-bien. Mais je n'ai pas besoin de tous ces renseignements, le père Bertaux sera là.

— Ah! vous ne m'avez pas compris. Jean Renaud, je ne veux pas qu'on vous voie, entendez-vous; cela éveillerait la curiosité, et demain on vous appellerait; vous seriez obligé de parler, et vous devez être muet; rappelez-vous bien cela, mon ami, muet. Autrement, vous causeriez un malheur épouvantable; c'est assez de ma mort!...

« Je sens que ma voix s'affaiblit, continua-t-il péniblement; le peu de forces qui me reste va s'éteindre, et je ne vous ai pas dit tout encore. Écoutez-moi bien. Avez-vous des allumettes?

— Oui, je suis fumeur.

— C'est bien. Sur la porte de ma chambre il y a un numéro, — quatre. — Vous l'ouvrirez et vous entrerez... Là, dans cette poche, il y a deux clefs... prenez-les.

Jean Renaud obéit passivement.

— La plus grosse est celle de la porte, poursuivit le blessé dont la voix baissa encore; l'autre appartient à un petit bureau à deux tiroirs. Vous ouvrirez celui de droite, dans lequel vous trouverez une large enveloppe. Dans cette enveloppe, il y a divers papiers très-importants, qui ne peuvent et ne doivent être lus que par une seule personne : mademoiselle Lucile. Ils contiennent un secret que nul ne doit connaître et dont la révélation à la justice aurait une effroyable gravité.

« Jean Renaud, vous prendrez ces papiers pour les remettre à mademoiselle Lucile, à elle seule, sans témoin.

— Oui, à elle seule.

— Ah! si vous voulez me donner la dernière joie que je peux avoir en ce monde, faites-en le serment, et je vous bénirai.

— Je vous le jure! dit solennellement le paysan.

— Merci, mon ami, merci!... Je vous dois la dernière et suprême consolation. Me promettez-vous, me jurez-vous aussi, que la mission dont je vous charge et que vous allez accomplir, ainsi que tout ce que je viens de vous dire, resteront un secret enseveli au fond de votre cœur?

— Oui.

— Jean Renaud n'oub...

Un hoquet lui coupa la parole. La tête retomba en arrière sur la pierre.

Jean Renaud voulut le prendre dans ses bras.

— Non, dit-il en le repoussant doucement, laissez-moi, je suis bien ainsi..... Je ne respire déjà plus... mes yeux se voilent... la pensée m'échappe... le froid monte... il arrive au cœur... C'est mon dernier instant...

Sa voix s'était tout à fait éteinte. Mais, faisant un dernier et suprême effort, il ajouta :

— N'oubliez pas qu'il s'agit du bonheur de Lucile. Maintenant, partez... partez!

— Mais je ne peux pas vous laisser comme ça, seul! s'écria Jean Renaud.

— Si, si, laissez-moi, je... je le veux.

Il avait fermé les yeux; plusieurs tressaillements le secouèrent avec violence; puis, se roidissant sous l'étreinte de la douleur et de l'agonie, il perdit son point d'appui et roula sur le sol. Il poussa un soupir, et le nom de Lucile glissa entre ses lèvres, dans un souffle; c'était le dernier.

Jean Renaud se pencha sur lui pour le relever.

Il le toucha. Le contact du froid le fit frissonner. Il souleva un bras, qui retomba lourdement. Il mit sa main devant la bouche; elle n'avait plus d'haleine. Il approcha son oreille; il n'entendit rien.

Alors il poussa un cri rauque et se redressa d'un bond. Il était livide.

Il jeta un regard du côté de Civry, un autre sur la ferme et il s'élança sur la route dans la direction de Saint-Irun.

Vers deux heures du matin, un marchand forain qui se rendait à Frémicourt vit en passant le cadavre étendu sur la berge. Toutefois, après s'être assuré que l'individu avait cessé de vivre, il continua son chemin.

Arrivé au village, l'esprit encore troublé de son affreuse rencontre, il s'empressa de raconter qu'un crime horrible avait été commis à un quart de lieue de Frémicourt et qu'il avait vu et touché sur la route le cadavre roide et sanglant d'un homme.

On courut prévenir le maire, qui se leva aussitôt et s'habilla à la hâte. Quand il sortit de chez lui, une douzaine d'hommes l'attendaient dans la rue; parmi eux se trouvaient l'adjoint et le garde champêtre. Tous étaient terrifiés. Ils se rendirent précipitamment à l'endroit indiqué par le marchand forain et trouvèrent le cadavre.

Le sang dont les vêtements du malheureux jeune homme étaient souillés, ne laissait aucun doute sur la cause de sa mort. Évidemment il avait été assassiné. Le crime devait remonter à quelques heures.

Un peu plus loin, le garde champêtre découvrit une mare de sang. Donc la victime était tombée à cette place.

L'aube blanchissait, le jour venait rapidement.

On put voir dans la poussière l'empreinte des mains du blessé cherchant à se relever. Cela indiquait que la mort n'avait pas été instantanée et expliquait pourquoi le cadavre se trouvait à quelques pas de la mare de sang.

Au premier abord, on pouvait croire que la victime était parvenue à se mettre sur ses jambes pour aller retomber bientôt près du tas de pierres. Mais en examinant plus attentivement le sol, de la mare de sang aux pierres, on remarqua deux lignes parallèles, parfaitement rayées sur la couche de poussière, et qui ne pouvaient avoir été tracées par la victime marchant même en se traînant. Ensuite ces deux lignes passaient sur des empreintes faites par de larges semelles de souliers dont les clous à fortes têtes étaient profondément marqués. On fit aussi la remarque que les pas étaient très-rapprochés et que les talons se trouvaient tournés du côté du tas de pierres. On reconnaissait ainsi que la victime avait été traînée par le meurtrier ou une autre personne marchant à reculons.

Ces constatations faites, on examina le cadavre avec plus d'attention; mais le maire fit en vain appel à la mémoire des hommes présents. Aucun d'eux ne connaissait la victime.

Après une assez longue hésitation, le maire se décida enfin à faire enlever le cadavre.

Trois hommes robustes le prirent et on revint lentement à Frémicourt.

La victime fut déposée dans une salle de la mairie, sur une table, et un long châle noir fut étendu sur le corps.

Le garde champêtre et deux hommes restèrent près de lui. Un autre montait à cheval pour courir à Saint-Irun afin de prévenir le juge de paix et le brigadier de gendarmerie.

VIII

LE PÈRE ET LA FILLE

Au mois de juin, on est sur pied de bonne heure à la campagne. Le soleil lui-même se lève avant quatre heures. Les faucheurs sont particulièrement matinals; ils aiment à profiter de la fraîcheur, car l'herbe est plus tendre et se coupe plus facilement avec la rosée.

Les premiers faucheurs qui arrivèrent à la ferme annoncèrent le crime qui avait été commis dans la nuit sur la route, non loin de Frémicourt et tout près du Seuillon.

Ils racontèrent comment le maire prévenu était allé chercher le cadavre, accompagné de plusieurs hommes; comment on l'avait rapporté et déposé à la mairie en attendant la justice et les gendarmes, qu'on était allé chercher.

— C'est épouvantable! c'est horrible! crièrent les deux servantes affolées de peur.

Lucile, qui n'avait pu fermer l'œil de la nuit, étant en proie à toutes sortes de pressentiments qu'elle ne pouvait repousser, Lucile, entendant des éclats de voix et des cris au-dessous d'elle, sauta à bas de son lit, passa un peignoir, entr'ouvrit la porte de sa chambre et écouta.

— Sait-on qui a commis le crime? demanda un des garçons.

— Pas encore. Naturellement, il n'est pas venu le crier dans les rues de Frémicourt. Mais il aura beau se cacher, le brigand, les gendarmes sauront bien le trouver.

— Connaît-on la victime?

— Non. Il paraîtrait que c'est un étranger.

— Ah!... Avec quoi l'a-t-on assassiné?

— On croit qu'on a tiré sur lui, à bout portant, un coup de fusil ou un coup de pistolet.

— Et c'était pour le voler?

— Cela va sans dire. On ne tue pas un homme pour le seul plaisir de tuer.

— Est-il jeune?

— Tout jeune, paraît-il; pas plus de vingt ans.

— Oh! le pauvre jeune homme! s'écria une des servantes.

Les exclamations et les cris recommencèrent. C'était un concert de malédictions et d'injures à l'adresse de l'assassin.

Lucile poussa un cri terrible et tomba roide, tout de son long, sur le parquet.

Rouvenat qui, l'oreille tendue, écoutait lui aussi ce qui se disait en bas, entendit le cri de Lucile et presque en même temps le bruit de sa chute. Il s'élança hors de la chambre de son maître et courut au secours de la jeune fille qu'il trouva inanimée. Il l'enleva dans ses bras, la porta sur le lit et lui prodigua les soins les plus tendres.

Pendant ce temps, les faucheurs et les domestiques avaient quitté la salle basse, ceux-ci pour aller à la prairie, les autres aux écuries.

Lucile commençait à revenir à elle. Redoutant peut-être les questions que la jeune fille pouvait lui adresser, Rouvenat s'éloigna précipitamment et descendit au rez-de-chaussée.

Le premier objet qui frappa sa vue fut le fusil dont Mellier s'était servi pour le crime. Il s'empressa de le remettre à la place qu'il occupait la veille au manteau de la cheminée. Puis, les deux mains dans ses poches, calme, ayant l'air satisfait d'un homme qui vient de quitter son lit où il a fait un bon somme, il sortit de la maison, traversa la cour et entra dans les écuries, qu'il parcourut en jetant de tous côtés, comme d'habitude, son coup d'œil de maître.

Cependant Lucile reprit l'usage de ses sens. D'abord elle regarda autour d'elle avec étonnement, puis tout à coup elle se souvint. Elle vit se dresser devant elle l'impitoyable vérité, comme un spectre hideux; elle se sentit broyée sous son effroyable malheur. Une expression de douleur, de désespoir, de colère et d'horreur en même temps se peignit sur son visage blême. Ses yeux restèrent secs, mais ils avaient des lueurs étranges, desquelles semblaient jaillir des étincelles.

Elle bondit au milieu de sa chambre, en faisant entendre un grondement de panthère irritée.

Par un mouvement fébrile, elle rejeta sur ses épaules les longues boucles de ses cheveux dénoués, et à plusieurs reprises elle pressa fortement son front dans ses mains.

Enfin, prenant soudain une énergique résolution, elle sortit de son armoire un vêtement de demi-saison : robe de laine noire, petit manteau de drap noir, et s'habilla avec une rapidité extraordinaire.

Elle achevait de fixer un chapeau de velours sur sa tête, lorsque la porte de sa chambre s'ouvrit brusquement.

Elle se retourna. Son père était devant elle.

Elle ne vit point ses yeux renfoncés dans l'orbite, son front qui s'était en une nuit couvert de rides, son visage affreusement ravagé ; elle ne pensa qu'au crime.

Ses yeux s'enflammèrent et deux éclairs terribles sillonnèrent son regard.

Le buste en arrière, le bras tendu vers son père, elle lui cria d'une voix rauque :

— Assassin !

Mellier, qui ne s'attendait pas à ce cri d'implacable rage, chancela comme si un coup violent l'eût frappé en plein cœur. Mais retrouvant bientôt son indomptable énergie :

— Malheureuse ! exclama-t-il.

Lucile ne changea pas d'attitude.

— Oui, assassin ! reprit-elle avec une nouvelle violence, assassin ! assassin !...

— Misérable ! hurla Mellier exaspéré ; cet homme était ton amant, un lâche !... Il m'avait déshonoré, je me suis vengé !...

— Oui, oui, il était mon amant.

— Infâme ! Et tu oses l'avouer devant moi ?

— Je l'aimais ! cria Lucile.

— Un aventurier !...

— Je l'aimais !

— Un vagabond !

— Je l'aimais ! je l'aimais ! je l'aimais !...

— Oh ! la misérable ! exclama Mellier sourdement, elle est tombée si bas qu'elle se fait un orgueil de sa honte !

— Jacques Mellier, reprit la jeune fille avec exaltation en marchant vers lui, votre vengeance n'est pas complète... Je suis coupable aussi, moi !... Mais assouvissez donc votre rage !...

— Oh ! ne me tente pas ! ne me tente pas !

— Allons, tuez-moi, tuez-moi, mais tuez-moi donc !...

Le fermier bondit sur une chaise, qu'il leva sur la tête de sa fille !

Pierre Rouvenat arriva à temps pour le repousser et arrêter son bras.

— Tu as raison, dit froidement Mellier en jetant sur sa fille un regard plein de mépris ; cette fille est folle !

LA FILLE MAUDITE

Le buste en arrière, le bras tendu vers son père, elle lui cria d'une voix rauque : «Assassin!» (Page 40.)

— Oui, je suis folle, répliqua Lucile, folle de douleur, folle de désespoir!
— Jacques, implora la voix du vieux serviteur, sois moins dur pour elle : c'est ton enfant.
— Cette misérable ne m'est plus rien.
— Jacques, Jacques, insista Rouvenat, après cette horrible nuit, peux-tu rester impitoyable? N'est-ce pas le moment de pardonner?
Mellier tressaillit, et il eut un moment d'indécision pendant lequel une lutte se

fit dans son cœur entre deux sentiments opposés. Enfin, s'adressant à sa fille, il lui dit :

— En souvenir de votre mère, qui était une honnête et digne femme, elle, je veux bien avoir pitié de vous... Je ne vous pardonne pas, mais je vous permets de rester dans cette maison.

— Vous, avoir de la pitié! répondit-elle d'un ton amer et plein d'ironie ; ah! ce sentiment-là n'est jamais entré dans votre cœur!... Mais je ne vous demande rien, je ne réclame rien. De la pitié! Mais si vous pouviez en éprouver pour moi, je la refuserais, je la repousserais...

Le fermier se tourna vers Rouvenat.

— Tu l'as entendue, dit-il d'une voix sombre; ce n'est pas seulement une malheureuse égarée, c'est une fille perdue!

— Après m'avoir pris mon bonheur, reprit Lucile d'une voix étranglée, après l'avoir tué, lui, vous croyez être généreux en me laissant la vie... et vous appelez cela de la pitié! Ah! je vous trouve plus cruel que le lion, que le tigre, que toutes les bêtes féroces! Voyons, est-ce que j'ai besoin de vivre, maintenant que je n'ai plus rien à espérer? Vivre, pourquoi faire? Pour pleurer et gémir éternellement, pour maudire l'existence! Vous aviez découvert mon secret, vous me saviez coupable; je vous avais trompé, gravement offensé, c'est vrai, et vous aviez le droit de me demander compte de ma conduite. Il fallait m'interroger, je vous aurais tout dit... Oh! votre colère eût été terrible, je le sais; mais vous êtes mon père, vous avez le droit de me punir; j'aurais supporté le châtiment sans proférer une plainte. Cela, vous ne l'avez point fait. Votre cruauté sans égale a mieux aimé frapper lâchement, dans l'ombre... Vous avez préféré la vengeance atroce, vous avez préféré le crime!... Ah! vous disiez la vérité tout à l'heure en m'appelant fille perdue; ah! oui, je suis perdue, bien perdue! je n'ai plus d'avenir, plus d'espoir, plus rien à désirer, plus rien... que la mort!... Et pourtant je pouvais avoir une vie heureuse... Il m'aimait, il serait devenu votre fils.

— C'était un misérable, il vous trompait!

— C'est faux!

— Personne ne le connaît, il cachait son nom.

— Il ne le cachait pas, il l'ignorait lui-même. Mais ce nom, il était au moment de le découvrir. Il allait partir, plein d'espoir et de confiance. Il serait revenu bientôt avec un nom, une famille, peut-être une fortune, pour vous demander ma main.

— Mensonge! mensonge!

— C'est la vérité!... Le malheureux ne pouvait se douter que vous l'attendiez sur la route pour lui donner la mort.

En achevant ces mots, elle éclata en sanglots.

— Je ne veux pas que vous pleuriez, lui dit durement le fermier; vos larmes sont pour moi un nouvel outrage.

Elle se redressa les yeux étincelants, superbe d'indignation.

— M'empêcher de pleurer! s'écria-t-elle d'une voix vibrante; arrachez-moi donc le cœur!... Elles ne se sècheront jamais, mes larmes... Je suis condamnée à pleurer éternellement le père de mon enfant!...

Cette déclaration inattendue fut un nouveau coup de foudre pour Jacques Mellier, qui ne savait pas encore toute l'étendue du malheur de sa fille. Il poussa un rugissement de rage, et, les lèvres tremblantes, les dents serrées, l'œil en feu, il s'avança sur elle le poing levé.

Rouvenat intervint encore en se jetant devant lui.

Lucile n'avait pas fait un mouvement pour se soustraire au coup qui la menaçait. Son calme, plus effrayant encore que sa colère, semblait provoquer et braver l'orage.

— Pierre, s'écria le fermier avec fureur, je n'ai plus de fille!

Puis, s'adressant à elle :

— Misérable, lui dit-il, tu as bien fait tout à l'heure de repousser ma pitié! Va, je n'en ai plus pour toi... Je t'abandonne, je te renie, je te chasse! Va-t'en, va-t'en! Emporte avec toi ma malédiction, je te maudis!...

Et d'un geste menaçant il lui montra la porte.

— Ah! c'est impossible, s'écria le vieux serviteur désespéré; tu ne chasseras pas ta fille ; je m'y oppose!

— Tais-toi, reprit le fermier d'une voix sombre. Je ne veux plus la voir! Qu'elle parte, je l'ai maudite... Qu'elle aille cacher où elle voudra sa honte et son infamie!

Lucile marcha vers la porte d'un pas ferme et résolu.

Rouvenat voulut l'empêcher de sortir.

— Non, non, dit-elle, je ne resterai pas une minute de plus dans cette maison.

— Mais, malheureuse enfant, s'écria le vieux serviteur en pleurant, où voulez-vous aller?

— Je n'en sais rien.

— Oh! non, vous ne partirez pas... Jacques, au nom du ciel, retiens-la !

Mellier ne fit pas un mouvement et resta muet.

— Mon bon Pierre, reprit la jeune fille, ne cherchez pas à me retenir, c'est inutile,, je veux partir... Je suis chassée, je suis maudite!... Pierre, Pierre, ne m'oubliez pas, pensez quelquefois à la malheureuse Lucile !

Elle s'élança hors de la chambre et descendit rapidement l'escalier.

Rouvenat voulut courir après elle.

— Reste! lui ordonna son maître d'un ton impératif.

Le vieux serviteur baissa la tête.

La jeune fille sortit de la maison par la petite porte de derrière, traversa les jardins, prit un sentier entre deux haies et ne tarda pas à se trouver hors du domaine du Seuillon.

Pierre était resté près du fermier, espérant encore qu'il lui dirait : «Rappelle-la, cours après elle.» Mais le mot qu'il attendait ne fut pas prononcé.

Cependant, au bout d'un instant, Mellier fut pris d'un tremblement nerveux d'une violence extrême. Ses cheveux se hérissèrent et ses dents claquèrent.

— Jacques, tu es malade, tu souffres, dit Rouvenat.

— Malade, non. Mais je ne sais ce que j'éprouve : j'ai la tête en feu, les membres comme brisés; et puis là, dans ma poitrine, il y a quelque chose qui me déchire, qui me brûle... Ma vue se trouble et je vois, je vois... du sang!...

— Est-ce le remords ? murmura Pierre Rouvenat.

Ce ne fut qu'un moment de faiblesse contre laquelle se roidit le fermier et qu'il parvint à vaincre.

Il rentra dans sa chambre où Pierre le suivit.

Il s'assit près de son bureau et ouvrit un tiroir d'où il sortit deux pistolets chargés qu'il posa devant lui.

— Que veux-tu faire de cela? demanda Rouvenat avec terreur.

Mellier eut un sourire farouche.

— J'attends les gendarmes, dit-il froidement. Crois-tu donc que je me laisserai emmener comme un voleur, comme un vulgaire assassin? Je te l'ai déjà dit, la justice, c'est moi! Les gens du parquet peuvent venir, je les attends; je leur jetterai mon cadavre!

Pierre retint un cri prêt à s'échapper de sa poitrine.

— Mais on ne sait rien, dit-il ; personne ne t'accuse, on ne te soupçonnera même pas.

Le fermier laissa éclater un rire effrayant.

— La misérable que j'ai chassée, qui est partie, ira me dénoncer, répliqua-t-il sourdement.

— Jacques, s'écria Rouvenat frissonnant, ce que tu viens de dire est monstrueux!

Mellier eut un mouvement brusque des épaules.

— C'est son droit, reprit-il d'une voix creuse; j'ai tué son amant, elle se venge!!...

— Jacques, s'écria l'honnête serviteur indigné, en se redressant plein d'une superbe audace, c'est trop, c'est trop!... Tu as eu pour ta fille moins de pitié que pour un chien ; tu l'as chassée, tu l'as maudite, maintenant tu l'insultes!... Je te savais irritable, emporté, violent, colère jusqu'à la frénésie, jusqu'à la rage, tu l'as été jusqu'à la férocité... Ah! malgré mon dévouement, malgré mon affection, j'ai peur aujourd'hui de te trouver odieux!...

L'éclair qui s'alluma dans les yeux du fermier s'éteignit aussitôt.

Cette fois Rouvenat le dominait. Il laissa tomber sa tête dans ses mains.

IX

UNE VISITE MATINALE

Rouvenat sortit de la chambre et descendit dans la grande salle.

Presque aussitôt la porte s'ouvrit et le tueur de loups entra dans la ferme.

Le brave homme paraissait exténué de fatigue.

— Bonjour, monsieur Pierre, dit-il en se découvrant ; comment vous portez-vous ce matin?

Le domestique avait eu le temps déjà de se composer un visage de bonne humeur.

— Très-bien, ami Jean Renaud, très-bien, comme un homme content de voir se préparer une belle journée de soleil pour nos foins.

— Il fera encore chaud tantôt tout de même, monsieur Pierre.

— Quel vent vous amène par ici de si bonne heure, Jean Renaud?

— Je suis allé déjà jusqu'à Frémicourt où j'avais une commission à faire ; et en revenant j'ai pris le chemin de la ferme : vous savez, l'habitude...

— C'est bien aimable à vous, mon cher Renaud ; vous n'oubliez jamais vos amis.

— Si j'ai des défauts, monsieur Pierre, ce n'est pas celui de l'ingratitude.

— C'est vrai. Voulez-vous boire une petite goutte?

— Non, merci ; il est encore trop matin, je ne prendrai rien.

— Qu'est-ce qu'on dit de bon à Frémicourt?

— Rien de bon, monsieur Pierre, au contraire.

Rouvenat ne put s'empêcher de tressaillir.

— Comment, au contraire ; que voulez-vous dire? fit-il en jouant l'étonnement...

— Vous ne savez donc pas encore?...

— Quoi?

— La commune est en grande émotion.

— Qu'est-il donc arrivé?

— Oh! un grand malheur.

— Un incendie?

— Non, plus affreux encore.

— Vous m'effrayez, Jean Renaud!

— C'est vraiment épouvantable, monsieur Pierre.

— Enfin, qu'est-il arrivé?

— Un crime, monsieur Pierre.

— Un crime?
— Un crime abominable ! Il a été commis pendant la nuit.
— A Frémicourt ?
— Non, sur la route, à un quart d'heure d'ici, avant d'arriver au pont de pierre.
— C'est affreux !
— Horrible, monsieur Pierre! Un pauvre jeune homme a été assassiné.
— Mon Dieu ! mon Dieu ! fit Rouvenat donnant les signes d'une profonde émotion ; c'est la première fois qu'une chose pareille arrive dans notre honnête vallée si tranquille.
— C'est vrai ; mais ça n'en est que plus malheureux.
— On doit déjà connaître l'assassin?
— Non. J'ai même dans l'idée qu'on ne le découvrira pas.
— La justice a de bons yeux, Jean Renaud, et elle sait chercher.
Le tueur de loups secoua la tête.
— Elle ne trouvera pas, murmura-t-il.
Rouvenat s'approcha de Jean Renaud et son regard scrutateur essaya de lire dans sa pensée. Mais celui-ci avait couvert son visage d'un masque impénétrable.
— Au fait, reprit-il d'un ton presque indifférent, ne parlons plus de cela. Un jeune homme a été assassiné la nuit dernière : voilà le fait. Pourquoi? par qui? Ceci ne nous regarde pas. Nous ne pouvons rendre la vie à la victime, n'est-il pas vrai?
— Malheureusement, répondit Rouvenat avec un accent douloureux qui n'échappa point au tueur de loups.
— Comment va M. Mellier? demanda-t-il.
— Très-bien, Jean Renaud.
— Est-ce qu'il est déjà dans la prairie?
— Non, il est en train de faire ses comptes là-haut.
« Est-ce que vous avez quelque chose à lui dire? Je vais...
— Non, monsieur Pierre, non, ne le dérangez pas. Et mademoiselle Lucile?
— Elle va bien aussi, très-bien.
— Elle doit être levée; elle ne tardera pas à descendre, n'est-ce pas? Je vais l'attendre un moment.
— Est-ce que avez besoin de la voir?
— Oui, une petite commission à lui faire, de la part de Geneviève.
— Oh ! c'est tout à fait contrariant, dit Rouvenat.
— Comment cela?
— Vous arrivez un peu tard.
— J'avais peur d'arriver trop tôt, monsieur Pierre. Je sais que mademoiselle Lucile, sans reproche, bien sûr, n'est jamais la première levée à la ferme.

— Aujourd'hui, par extraordinaire, elle a dû être la première sur pied afin de se préparer pour son voyage, et elle est partie avant le jour.

La figure de Jean Renaud exprima la plus vive contrariété.

— J'ai vu mademoiselle Lucile hier soir, reprit-il ; elle ne m'a point dit qu'elle devait faire un voyage.

— Elle ne le savait pas encore. La lettre qui l'a obligée à partir lui a été remise très-tard dans la soirée.

Jean Renaud tourmentait son chapeau entre ses mains. Il paraissait atterré.

— Est-ce qu'elle sera longtemps absente? demanda-t-il.

— Huit jours, peut-être quinze.

— Elle est donc allée bien loin?

— En Champagne. Une de ses amies de pension est dangereusement malade ; elle appelle Lucile près d'elle. Vous comprenez, Jean Renaud, une amie qui se meurt, il est difficile de refuser. Mellier s'est fait tirer l'oreille, mais il a fini par consentir, et la jeune maîtresse est partie.

— Si j'avais su ! si j'avais su ! murmura le tueur de loups.

— Eh bien ?

— Je serais arrivé une heure plus tôt, je le pouvais.

— Elle était encore à la ferme, vous l'auriez vue.

— Enfin...

— Votre femme ne sera probablement pas contente?

— Je le crois. Mais je ne pouvais prévoir... Non, ce n'est pas ma faute.

— C'était donc bien important?

— Assez, à ce qu'il paraît.

— Mon cher Jean Renaud, ce n'est qu'un retard, et, quand la jeune maîtresse reviendra...

— Au fait, vous avez raison, monsieur Pierre, il sera toujours temps... C'est égal, il y a comme ça des jours où rien ne vous réussit. Voilà le soleil qui commence à monter ; allons, je m'en vais ; au revoir, monsieur Pierre !... Dites le bonjour de ma part à M. Mellier.

— Je n'oublierai pas ; au revoir, Jean Renaud ! à bientôt !

— Ah ! fit tout à coup le tueur de loups, où donc ai-je la tête ? J'allais oublier mon fusil.

— Hein ? fit Rouvenat qui tressaillit.

— Hier, j'avais affaire à Terroise, continua Jean Renaud, et comme il ne pouvait me servir qu'à m'embarrasser, je l'ai laissé ici.

Il s'approcha de la cheminée, au manteau de laquelle l'arme était accrochée, la prit et passa la bretelle sur son épaule gauche.

Rouvenat sentit le sang battre ses tempes en même temps qu'une sueur froide perlait à son front.

Il découvrait alors seulement que son maître s'était servi du fusil de Jean Renaud pour commettre le crime.

Une horrible angoisse le saisit au cœur. Le malheureux crut qu'il allait défaillir. Cependant il se tint ferme sur ses jambes.

Heureusement Jean Renaud n'avait plus rien à dire. Il envoya un dernier salut de la main à Rouvenat, accompagné de ces mots :

— Au revoir !

Et il sortit de la ferme.

Le pauvre Pierre essuya la sueur de son front, but un grand verre d'eau et se laissa tomber sur un des bancs de bois près de la table.

— Mon Dieu! se disait-il, mon Dieu! que va-t-il arriver? Si Jean Renaud s'aperçoit que son fusil a été déchargé, il comprendra que quelqu'un s'en est servi ; il aura un doute ; il le dira... On voudra savoir... il faudra expliquer... On viendra ici, on interrogera... Et lui, lui qui veut se suicider!... Que faire, mon Dieu, que faire? Oh! j'ai peur, oui, maintenant j'ai peur!

Il fut subitement distrait de ses lugubres pensées par l'entrée d'un garçon de ferme qui venait lui demander des ordres pour le charriage de la matinée.

Après que Rouvenat l'eut quitté, Jacques Mellier avait chargé ses deux pistolets jusqu'à la gueule ; puis, ayant pris une feuille de papier blanc, il s'était mis à écrire d'une main fiévreuse.

C'était quelque chose comme un testament ou ses dernières volontés.

X

LA CACHE

En rentrant chez lui, à Civry, Jean Renaud trouva sa femme en proie à une inquiétude mortelle.

Geneviève avait évidemment pleuré une partie de la nuit, ses yeux rouges l'attestaient. Du reste, on voyait encore sur ses joues des larmes mal essuyées.

Jean Renaud mit son fusil dans un coin, jeta son chapeau sur le lit et s'assit. Il n'en pouvait plus.

— Eh bien! dit-il à sa femme, est-ce que tu ne viens pas m'embrasser?

— Tu ne le mérites pas, répondit-elle.

— Oh! la vilaine boudeuse! fit-il ; allons, viens.

Elle s'approcha et se laissa embrasser.

— Comme te voilà fait! reprit-elle ; on dirait que tu t'es roulé dans la poussière ; tes vêtements, ta barbe et jusqu'à tes cheveux en sont couverts.

LA FILLE MAUDITE

Alors il reprit la pince, creusa la terre et attaqua une pierre de la muraille. (Page 52.)

— La poussière ne manque pas sur les chemins.
— Et puis tu es tout pâle, tout défait.
— Parbleu! la fatigue.
— Jean, tu n'es pas raisonnable. Me laisser ainsi, inquiète, t'attendre toute une nuit! Il ne m'a pas été possible de m'endormir; toutes sortes de craintes me venaient et me revenaient sans cesse.
— Ça, c'est de l'enfantillage; tu devais bien penser que je n'étais pas perdu.

— Jean, tu étais parti avec ton fusil pour chasser le loup; j'avais peur... un malheur est si vite arrivé !
— C'est vrai, murmura-t-il.
Puis élevant la voix :
— Maintenant, te voilà rassurée?
— Oui; mais cela ne m'apprend pas où tu as passé la nuit.
— Serais tu jalouse? fit-il en essayant de sourire.
— Tu sais bien que non. Cependant...
— Ne t'es-tu pas souvenue que je devais aller à Terroise?
— Je ne l'ai pas oublié; mais, en admettant tous les retards possibles, tu devais être rentré ici avant onze heures du soir.
— Diable! tu sais mieux calculer que moi.
— Tâche de ne pas te moquer.
— Je t'assure, ma chère Geneviève, que je n'en ai nullement l'intention.
— Enfin, tu ne me dis pas ce que tu as fait?
— Je suis passé à la ferme, où j'ai bu, ma foi! une bouteille tout entière à la santé de la demoiselle... et à la tienne. A propos, mademoiselle Lucile est partie ce matin pour la Champagne.
— Encore?
— Il paraît qu'une de ses amies de pension est très-malade.
— Ah!... Ensuite?
— Ensuite, en passant à Frémicourt, je suis allé au moulin. Tu auras ta farine tantôt, tu pourras cuire ce soir ou demain matin. Enfin je suis allé à Terroise et...
— Tu y es resté.
— Voilà; j'y suis resté.
— Sans songer à moi, sans te demander si je n'allais pas beaucoup souffrir en ne te voyant pas rentrer. Ah! je te le dis encore, Jean, tu n'es pas raisonnable.
Il paraissait contraint, embarrassé.
— Tu seras entré dans un cabaret, et tu t'es amusé à jouer aux cartes; tu avais chaud, tu as bu un peu plus que d'ordinaire et tu t'es peut-être grisé.
— Eh bien! tu l'as deviné, je me suis trouvé indisposé et... je n'ai pas pu revenir.
— Tu vois bien, Jean, tu vois bien que je n'avais pas tort d'être inquiète. Mais tu n'es pas remis encore, tu souffres... Ton regard me semble tout drôle.
— C'est vrai... Je ne suis pas à mon affaire.
— Tu as besoin de manger; qu'est-ce que tu veux? Il y a là un restant de lard, du fromage... Je puis te faire une bonne soupe.
— C'est cela, une bonne soupe.
— Avec des oignons?

— Oui.
— Et un peu de lait que j'irai chercher.
— Comme tu voudras.

La maison se composait uniquement de deux pièces au rez-de-chaussée, avec le grenier au-dessus, dans lequel on montait au moyen d'une échelle mobile.

Jean Renaud passa dans la seconde pièce, où il n'y avait pour tout mobilier que le pétrin, quatre chaises rempaillées et un vieux bahut en bois de tremble peint avec de la couleur rouge.

Geneviève s'était mise en devoir de préparer le modeste déjeuner.

Jean Renaud ayant fermé la porte derrière lui se trouva seul.

Il tira de sa poche un paquet assez volumineux. C'étaient les papiers qu'il avait été prendre, pendant la nuit, dans la chambre que le jeune homme assassiné occupait à Saint-Irun. N'ayant pu remettre ces papiers si importants à mademoiselle Mellier, ainsi qu'il s'y était engagé, Jean Renaud se trouvait pour le moment dans un véritable embarras.

Les paroles de l'inconnu mourant résonnaient encore à ses oreilles, et il ne se dissimulait pas que, dépositaire de ces papiers et surtout du secret terrible qu'ils contenaient, une grosse responsabilité pesait sur lui.

Certes, il ne pouvait les porter dans ses poches au risque de les perdre, et il craignait en même temps, s'il les plaçait dans l'armoire, un placard, le bahut ou ailleurs, que sa femme ne les trouvât facilement. Il avait une grande confiance en Geneviève, il la croyait même capable de conserver un secret ; mais il avait promis de garder le silence, d'être muet ; il l'avait même juré. Or, comme il ne pouvait pas révéler l'existence des papiers mystérieux, il fallait absolument qu'il les dérobât aux regards de Geneviève pendant tout le temps que durerait l'absence de mademoiselle Mellier.

Assurément Geneviève devait être curieuse, comme toutes les filles d'Ève, et un grand avantage qu'elle avait sur son mari, elle savait lire.

Jean Renaud, obligé de se taire, avait donc à redouter la découverte du secret dont il était le gardien, et ensuite les indiscrétions qui pourraient suivre.

Cette pensée le faisait frissonner, car le mourant lui avait dit que la révélation du secret aurait des conséquences épouvantables.

On comprend combien le brave Jean Renaud devait être tourmenté et perplexe.

Il n'était pas homme d'imagination et ne possédait nullement ce qu'on appelle le génie de l'invention. Depuis quelques heures, l'esprit violemment surexcité, il avait fait plus de réflexions que pendant toute sa vie. Le pauvre homme avait le cerveau fort troublé et presque incapable de donner l'éclosion à une idée.

Cependant, à tout prix, il voulait mettre les précieux papiers en sûreté. Machinalement il ouvrit le bahut peint en rouge.

Il n'espérait certainement pas découvrir dans ce meuble une cachette selon ses désirs. Mais il y trouva une boîte cylindrique en tôle, dont sa femme se servait pour conserver ses semences de plantes potagères. Pour le moment, la boîte était vide. Il s'empressa d'y placer les papiers et de la coiffer de son couvercle. Mais aussitôt il se dit avec raison que sa femme pourrait avoir besoin de la boîte prochainement. Cela le fit retomber dans sa perplexité.

Alors il concentra toutes les facultés de son esprit trop peu inventif et fit un dernier et prodigieux effort pour imaginer quelque chose de satisfaisant.

Au bout d'un instant, l'idée jaillit.

Il fut si content de lui-même qu'il laissa glisser sur ses lèvres un sourire de triomphe. Certes, après une semblable difficulté vaincue, il avait le droit d'être fier.

Il allait mettre immédiatement son idée à exécution, lorsque sa femme l'appela.

La soupe était trempée et l'attendait fumante sur la table.

Le mari et la femme déjeunèrent presque gaiement.

Le repas dura à peine un quart d'heure.

— Jean, dit Geneviève en se levant de table, je vais aller à la rivière, où j'ai du linge à laver. Pendant ce temps, tu devrais te mettre sur le lit et dormir une heure ou deux. Tu es encore très-fatigué, cela te reposerait.

— Oui, mais ça ne ferait pas l'affaire de notre voisin, à qui j'ai promis de faucher son pré des Thiés.

— Tu le commenceras tantôt, et si tu ne peux pas finir ce soir, tu y retourneras demain matin. Un peu de retard n'est rien ; ce n'est pas comme si le temps menaçait de se mettre à la pluie.

— Allons ! je ferai ce que tu veux. Es-tu contente ?

— Oui. Je m'en vais. A bientôt !

Elle prit son seau rempli d'eau chaude, son paquet de linge, sa palette, son savon, et partit.

— Maintenant je peux travailler sans avoir peur d'être dérangé, se dit Jean Renaud.

Il passa dans l'autre chambre.

L'aire de la première pièce était un composé de terre glaise, de sable et de ciment, le tout fortement battu. La seconde pièce avait le luxe d'un plancher.

Jean Renaud prit dans le bas d'un placard un ciseau, une pince, une tenaille et un marteau, et il se mit en devoir d'enlever une des planches qui touchaient au mur. Il y parvint au bout d'un instant.

Alors il reprit la pince, creusa la terre et attaqua une pierre de la muraille, qu'il ne tarda pas à faire sortir de son alvéole. Cela fait, il courut au bahut, prit la boîte de tôle et revint la placer dans le mur à l'endroit que la pierre occupait. Il la scella avec de la terre et des débris de mortier, remplit le trou qu'il avait creusé, nivela aussi bien que possible cette partie du sol et recloua la planche.

Cinq minutes plus tard, la pierre jetée sur d'autres dans un enclos, et un coup de balai donné sur le plancher, il eût été difficile à l'œil le mieux exercé de soupçonner l'opération qui venait d'être faite.

Cette fois, Jean Renaud était bien sûr que sa femme ne trouverait pas ses papiers. Il pouvait dormir sur ses deux oreilles.

Soit qu'il eût réellement cette pensée ou qu'il voulût suivre le conseil que lui avait donné Geneviève, il se jeta tout habillé sur le lit.

Malgré l'horrible souvenir du drame de la nuit et les paroles de l'inconnu mourant, qui résonnaient toujours à ses oreilles comme dans un teintement de sang, la fatigue finit par l'emporter. Il ferma les yeux et s'endormit.

Quand, deux heures après, Geneviève revint du lavoir, il dormait d'un sommeil de plomb.

Il était alors neuf heures. Elle le laissa dormir encore. Il se réveilla un peu avant dix heures. Geneviève travaillait assise près du lit.

— Est-ce que tu n'es pas passé à Frémicourt ce matin ? lui demanda-t-elle.

— Pourquoi me fais-tu cette question ?

— Parce que tu ne m'as rien dit, et qu'il y a eu un crime épouvantable commis la nuit dernière.

Jean Renaud sauta à bas du lit.

— Est-ce que tu n'as pas appris cela ? reprit la femme.

— Si, je le savais, répondit-il un peu brusquement; seulement, pour ne pas t'effrayer, j'ai voulu ne te rien dire.

— On raconte que c'est un tout jeune homme qui a été assassiné sur la route, pas bien loin du Seuillon.

— Oui, on le dit.

— Voilà un bien grand malheur !

— C'est vrai, fit-il devenant tout à coup soucieux. Mais nous n'y pouvons rien, n'est-ce pas ? Donc il n'est pas nécessaire que tu te fasses du mauvais sang pour rien.

Sur ces mots, il prit sa faux et s'en alla.

XI

L'ENQUÊTE

Après avoir pris ses mesures pour que le parquet de Vesoul fût prévenu le plus vite possible, le juge de paix de Saint-Irun se mit en route pour Frémicourt où il arriva vers huit heures, vingt minutes après les gendarmes qui, par son ordre, s'étaient déjà mis à la disposition du maire. Celui-ci ne put utiliser leur bon vouloir qu'en les chargeant de défendre aux curieux l'entrée de la mairie.

Le juge de paix s'installa dans une des salles de la maison commune et, en attendant l'arrivée des magistrats de Vesoul, il crut devoir procéder à un commencement d'enquête.

Il entendit successivement le maire, le garde champêtre et deux ou trois hommes de ceux qui les avaient accompagnés à l'endroit où se trouvait le cadavre, ayant grand soin de prendre note des remarques évidemment fort judicieuses qui avaient été faites.

Toutefois il pensa qu'il devait se rendre compte par lui-même de l'exactitude des choses observées. En conséquence, il se rendit sur le lieu du crime suivi seulement du maire, du garde champêtre et du brigadier de gendarmerie. Il constata, notes en mains, que le rapport du maire était rigoureusement exact. Mais il voulut trouver autre chose.

La victime avait été frappée à la poitrine. Avant l'arrivée des magistrats, il ne s'était pas permis de la faire dépouiller de ses vêtements; mais il avait pu reconnaître facilement que l'instrument du crime était un fusil chargé d'une balle. L'assassin attendait donc sur la route ou à côté de la route sa victime se dirigeant vers lui. Restait à savoir si le voyageur venait de Civry ou s'il se rendait dans cette commune. Dans le premier cas, il s'était posté en avant de la tache de sang, du côté de Civry; dans le second cas, du côté de Frémicourt.

Ces messieurs descendirent dans le pré et se livrèrent à des recherches minutieuses. Ils ne découvrirent rien. Ils passèrent de l'autre côté de la route, et se mirent également à explorer le terrain.

A gauche comme à droite, c'était du pré, et l'herbe ayant été coupée depuis deux ou trois jours seulement, ils ne pouvaient guère espérer trouver la trace du passage de l'assassin.

Le juge de paix faisait donc cette réflexion avec un certain dépit, lorsque le brigadier poussa tout à coup une exclamation.

Il venait de ramasser, à peu de distance de la tache de sang, du côté de Frémicourt, un morceau de papier à moitié brûlé. Il n'y avait pas à en douter, ce papier était la bourre de la balle. Le brigadier le remit triomphalement au juge de paix, qui s'empressa de le serrer dans son portefeuille.

On venait de découvrir en même temps que la victime, au moment où elle avait été frappée mortellement, marchait vers Frémicourt.

— Monsieur le maire, demanda le juge de paix, quelles sont ces personnes qui travaillent là-bas près de la rivière?

— Ce sont les gens du Seuillon.

— Ah! Nous allons passer près d'eux, nous les interrogerons.

Et, à travers la prairie, les quatre hommes se dirigèrent du côté des travailleurs. Ceux-ci, voyant qu'on venait à eux, suspendirent leur travail et se réunirent en un seul groupe au milieu duquel se trouvait Pierre Rouvenat.

Le juge de paix le connaissait et savait aussi quelles importantes fonctions il remplissait à la ferme.

— Comment va M. Mellier ? lui demanda-t-il.

— Très-bien, monsieur le juge de paix, je vous remercie.

— Vous lui souhaiterez le bonjour de ma part, je vous prie.

— Je n'y manquerai pas.

— Il a connaissance déjà, sans doute, du terrible événement de la nuit dernière ?

— Nous l'avons appris ce matin par nos faucheurs de Frémicourt, et M. Mellier et nous tous en sommes encore tout bouleversés.

— Je comprends cela ; notre pays, heureusement, n'est pas habitué à ces violentes émotions. Nous ne pouvons préciser à quelle heure juste le crime a été commis ; mais, dites-moi, mes amis, n'avez-vous rien entendu pendant la nuit ?

Les domestiques se regardèrent comme pour s'interroger.

— Rien, absolument rien, répondirent-ils.

— A la ferme, en ce temps-ci, monsieur le juge de paix, reprit Rouvenat, on se couche de bonne heure afin de pouvoir être debout avant le soleil levé ; à dix heures, tout le monde dort ; je n'ai pas besoin de vous dire comment dorment les gens qui ont travaillé dur pendant seize heures, sous le soleil de juin.

— Je m'en doute, fit le juge de paix avec un sourire bienveillant.

« Et hier, dans la soirée, continua-t-il, vous n'avez pas remarqué, vous n'avez pas vu par ici quelque figure suspecte ? »

Plusieurs voix répondirent non.

— Un individu ayant un fusil ? ajouta le juge de paix.

Il y eut des mouvements de tête négatifs.

— Moi, dit une femme, j'ai vu Jean Renaud, de Civry ; il portait son fusil.

Rouvenat tressaillit.

Mais le juge de paix eut un mouvement d'épaules significatif qui le rassura.

— J'ai vu aussi Jean Renaud, reprit un des garçons de ferme, et je suis sûr qu'il n'avait pas son fusil.

— J'étais avec toi, dit un autre ; Jean Renaud nous a causé ; il n'avait pas son fusil.

— Je suis pourtant bien sûre de ce que je dis, reprit la femme ; à preuve que Jean Renaud m'a raconté qu'il avait couru toute la journée après une grosse louve dans le bois de Sueure.

— Qu'importe ! répliqua le juge de paix ; il n'est pas question du tueur de loups dans la grave affaire qui nous occupe. Ainsi, poursuivit-il, vous n'avez rien entendu, rien vu ? vous ne savez rien ?

— Rien, monsieur le juge de paix.

— Eh bien ! au revoir, mes amis ; bon courage !

Le juge de paix et ses compagnons retournèrent à Frémicourt en suivant le bord de la Sableuse.

A midi, le procureur de la République, le juge d'instruction et son greffier arrivèrent, accompagnés d'un médecin de Vesoul. Le juge de paix leur remit ses notes, en affirmant leur exactitude, ayant lui-même vérifié les lieux. Il montra ensuite la bourre, en disant comment elle avait été trouvée.

Il était facile de voir que ce morceau de papier appartenait à un numéro de journal; une parcelle, collée dans une partie de la longueur de ce débris, indiquait encore que cette portion de journal avait été préparée en forme de cornet. Mais il devenait impossible de deviner à quel usage avait précédemment servi ce petit sac et quelle substance lui avait été confiée.

Toutefois, le juge d'instruction ayant prononcé les mots « tabac à fumer », tout le monde partagea son opinion.

Donc, en supposant qu'on ne se trompât point, l'assassin était fumeur.

— Je me réserve de continuer ultérieurement l'étude de ce papier, dit le juge; en cherchant bien, peut-être ne nous sera-t-il pas impossible de découvrir à quel journal il appartient et dans quelle maison de débit le cornet a été fabriqué. Il ne faut rien négliger, ne rien perdre de vue; les plus infimes détails ont leur utile importance.

On procéda ensuite à l'examen du cadavre.

La parole était au médecin.

Il écarta les vêtements de la victime, coupa une partie de la chemise collée sur le corps, enleva des plaques de sang coagulé et découvrit le trou fait par la balle. Il expliqua la position que le corps devait avoir au moment où il fut frappé, et parla avec beaucoup de savoir des désordres immédiats causés dans l'organisme par l'entrée du projectile, lesquels ne pouvaient manquer de déterminer la mort au bout de quelques instants.

— Il s'agit, maintenant, d'extraire la balle, dit le procureur de la République.

Le docteur prit sa sonde et la plongea dans la plaie. Il ne tarda pas à sentir le projectile, qui s'était logé un peu au-dessous du cœur. Il fit deux incisions profondes, afin d'élargir le trou, puis il prit dans sa trousse un nouvel instrument et, deux minutes après, il remettait la balle dans la main du juge d'instruction.

Ensuite on fouilla les poches du mort. De l'une, on tira un mouchoir blanc, sans marque; de l'autre, un canif. Dans une des poches du gilet, on trouva quelques pièces de menue monnaie formant ensemble la somme de six francs cinquante centimes. C'était tout.

On devait supposer que le voyageur présumé avait sur lui une somme beaucoup plus importante et probablement des bijoux, sans cela le mobile du crime n'existait pas, ou du moins le crime n'avait plus de cause saisissable.

On examina la chemise et les chaussettes de fil écru que portait la victime.

LA FILLE MAUDITE

— Approchez, monsieur, lui dit le juge d'instruction, et veuillez répondre à mes questions. (Page 62.)

Comme le mouchoir, elles étaient sans marques. Rien sur lui ne pouvait servir à établir son identité.

Les magistrats se trouvaient devant un cadavre inconnu, ne pouvant tirer de lui aucun indice, et en présence d'un crime qui, tout d'abord, semblait s'entourer d'un mystère impénétrable. Ils étaient fort soucieux.

Le juge d'instruction réfléchissait, ne se dissimulant pas les énormes difficultés qui allaient se dresser devant lui.

— N'avez-vous pas déjà recueilli quelques propos? demanda le procureur de la République en se tournant vers le maire.

— Non, monsieur, aucun.

— Il faut que les gendarmes montent à cheval, dit le juge d'instruction, et qu'ils se rendent à Civry et, successivement, dans toutes les communes des environs. Dans la journée d'hier, il est impossible que ce jeune homme n'ait pas été vu quelque part.

Puis s'adressant à son greffier :

— Veuillez prendre une feuille de papier, continua-t-il, et tracer le signalement de la victime.

Le greffier se disposa à obéir.

A ce moment, le garde champêtre entr'ouvrit la porte et dit :

— Il y a devant la mairie un homme de Saint-Irun, qui demande à voir le cadavre.

— Faites-le entrer, dit le procureur de la République après avoir consulté du regard le juge d'instruction.

Un instant après, un petit homme court, replet, à la figure enluminée, aux yeux vifs et clignotants, parut sur le seuil de la chambre funèbre, son chapeau à la main.

Le juge d'instruction alla à lui et l'empêcha d'avancer.

— Vous êtes de Saint-Irun? lui demanda-t-il.

— Oui, monsieur.

— Quelle est votre profession?

— Aubergiste de père en fils, à l'hôtel des *Deux Chiens blancs*, vous savez bien? c'est moi le père Bertaux.

— C'est bien. Vous demandez à voir la victime. Pourquoi?

L'aubergiste, un peu interloqué, regarda craintivement autour de lui.

— Monsieur Bertaux, reprit le magistrat, je suis le juge d'instruction ; répondez.

Le bonhomme fit un pas en arrière et se ploya en deux.

— Monsieur le juge, dit-il en se redressant, je vais narrer la chose. Comme j'ai eu l'honneur de le déclarer à monsieur le juge, je suis aubergiste de père en fils et je loge à pied et à cheval. Donc, il y aura bientôt deux mois, j'ai loué une de nos chambres à un jeune étranger, que je crois un garçon fort bien, vu qu'il m'a toujours bien payé et ne m'a jamais causé aucun ennui. Ce matin, à l'heure habituelle de son déjeuner, j'envoyai Suzanne, la servante, une grosse rouge, vous savez, pour lui demander s'il fallait le servir. Suzanne l'appela. Il ne répondit pas. Alors, tout en colère, la rouge vint me dire d'aller trouver moi-même M. Edmond?

— Ah! fit le magistrat, il se nomme Edmond?

— Oui, monsieur le juge, Edmond...

— Edmond qui?

— Qui?... Ah! je comprends, c'est son autre nom que vous me demandez. Je ne le connais pas, j'ignore même s'il a un nom de famille.

— Continuez, je vous prie.

— Pour lors, je dis à Suzanne qu'elle était une imbécile; oui, j'ai dit cela, monsieur le juge, sauf votre respect. Enfin je monte, je frappe; pas de réponse. La clef était sur la porte... je la tourne, j'ouvre, j'entre... personne... Je regarde autour de moi, tout était parfaitement en ordre dans la chambre, le lit même n'avait pas été défait. « Tiens, voilà qui est drôle ! » me suis-je dit. Et je restai là un instant, tout bête, planté comme un poteau au milieu de la chambre. Tout à coup une idée me passa dans la tête, et je me sentis la chair de poule.

« Il faut vous dire, monsieur le juge, qu'on venait de me raconter qu'un homme avait été trouvé assassiné sur la route, près de Frémicourt.

— Et vous avez pensé que cet homme pouvait être votre locataire?

— Voilà.

Le juge d'instruction s'écarta, et, lui montrant le cadavre étendu sur la table, il lui dit :

— Approchez, regardez.

L'aubergiste fit quelques pas, jeta les yeux sur le corps et s'écria aussitôt :

— C'est lui !

XII

LE JUGE D'INSTRUCTION

On passa dans la pièce à côté de la chambre du mort; les magistrats s'assirent autour d'une table, et le juge d'instruction continua à interroger l'aubergiste.

— Ainsi, lui dit-il, vous êtes bien sûr que le cadavre que vous venez de voir est celui de votre locataire?

— Absolument certain, monsieur le juge.

— Vous nous avez dit que vous ne saviez que son nom d'Edmond.

— C'est la vérité.

— Il est donc inutile de vous demander si vous connaissez sa famille. Pouvez-vous nous dire où il demeurait, il y a deux mois, avant de devenir votre locataire?

— Je l'ignore, mais je sais qu'il arrivait de Reims, en Champagne.

— C'est un renseignement. Écrivez et n'oubliez rien, monsieur le greffier. Recevait-il des lettres?

Le père Bertaux secoua la tête.

— Je crois qu'il en écrivait beaucoup qui restaient sans réponse, répondit-il. Pourtant, à ma connaissance, il en a reçu une. C'était, je crois, avant-hier.

— Il ne l'avait pas sur lui ; nous la retrouverons probablement dans la chambre où il logeait, dit le juge d'instruction en se tournant vers le procureur de la République.

« Savez-vous pourquoi ce jeune homme était venu s'installer chez vous, à Saint-Irun? continua-t-il en s'adressant de nouveau à l'aubergiste.

— Non, monsieur le juge.

— Que faisait-il?

— Rien. Quand je dis rien, je me trompe; mais c'est à peu près la même chose : il écrivait... En usait-il, du papier !

Le greffier fit une grimace ; le procureur de la République et le juge d'instruction ne purent s'empêcher de sourire.

— D'après sa mise, la beauté de son linge et ses mains fines et blanches, il devait être riche, reprit le magistrat instructeur.

— Je n'en sais rien

— Cependant, vous l'avez dit vous-même, il vous payait très-exactement.

— Oui, tous les quinze jours, et rubis sur l'ongle. Mais c'était un garçon rangé, pas de dépenses folles; son nécessaire, voilà tout.

— Possédait-il des bijoux? une montre, par exemple?...

— Je ne lui en ai jamais vu.

— Est-ce que vous ne pensez pas que le vol a été le mobile du crime?

— Je ne peux pas dire.

— Savez-vous où il est allé hier dans la journée?

— Non, monsieur. Il est parti après son déjeuner et il était rentré à six heures pour dîner. Vous savez ce que je vous ai dit tout à l'heure; ce matin, je croyais qu'il était dans sa chambre.

— Est-ce qu'il sortait souvent la nuit?

— La nuit, je ne sais pas: je ne m'en suis jamais aperçu. Mais, le jour, il sortait quelquefois.

— Était-il longtemps absent?

— Plusieurs heures, parfois toute la journée.

— Et vous ignorez où il allait?

— Je l'ignore.

— Je vous remercie, monsieur Bertaux. Avez-vous autre chose à communiquer à la justice?

Le bonhomme se gratta la tête derrière l'oreille, puis le bout du nez, et se décida à répondre :

— Oui, monsieur le juge d'instruction.

— Nous vous écoutons, parlez.

— On sut bientôt à Saint-Irun que mon locataire avait disparu. Pour lors, une vieille femme qu'on appelle la Suissesse, parce qu'elle est native de par là, de l'autre côté des montagnes, vint me trouver et me dit :

« — Père Bertaux, on raconte que le jeune homme qui demeure chez vous a été assassiné la nuit dernière, près de Frémicourt.

« — Il n'a pas couché ici ; ça se pourrait, » répondis-je.

« Alors elle me dit tout bas :

« — Savez-vous ce que j'ai vu dans la nuit, à peu près vers une heure?

« — Ma foi ! non. Comment le saurais-je ? A une heure, je dormais comme un sabot.

« — Eh bien ! père Bertaux, j'ai vu un homme sortir de chez vous mystérieusement, par la petite porte.

« — C'était lui, mon locataire !

« — Pas du tout. »

Les auditeurs écoutaient avec une curiosité anxieuse.

— Elle baissa encore la voix, continua l'aubergiste ; elle me dit à l'oreille :

« — C'était le tueur de loups. »

Le juge d'instruction se dressa sur ses jambes. Le maire et le juge de paix échangèrent un regard de surprise ; seul, le procureur de la République resta impassible.

— Qui est-ce, cet individu que vous appelez le tueur de loups ? demanda le juge d'instruction.

Le maire prit la parole.

— C'est un ancien militaire, un brave homme, bien connu dans tout le canton ; il se nomme Jean Renaud et demeure au village de Civry.

— Pourquoi ce surnom bizarre de tueur de loups?

— Depuis quelques années, les loups font de fréquentes apparitions dans nos contrées et ont déjà causé de grands dommages à nos cultivateurs en décimant leurs troupeaux. Jean Renaud, qui est un homme robuste, courageux et très-bon tireur, a eu l'excellente idée de faire la chasse à ces carnassiers. Depuis trois ans environ, il en a tué déjà au moins une dizaine.

Le juge d'instruction resta un moment silencieux.

— Ainsi, reprit-il, cet homme demeure à Civry, et il aurait été vu à Saint-Irun au milieu de la nuit, sortant de la maison de M. Bertaux mystérieusement, c'est-à-dire en cherchant à ne pas être aperçu ou reconnu. Ceci, messieurs, est d'une extrême gravité.

— Je ne crois pas qu'un soupçon seulement puisse atteindre Jean Renaud, répliqua vivement le maire.

— Jusqu'à plus ample informé, monsieur le maire, nous respectons votre opinion, sans doute justement favorable à cet homme ; mais un crime atroce a été commis, il y a un coupable... nous le cherchons, et notre devoir est de le trouver.

La révélation inattendue de l'aubergiste avait, en effet, un caractère de gravité exceptionnelle.

Le juge de paix pensa qu'il ne pouvait garder le silence sur ce qui avait été dit devant lui, le matin, dans le pré du Seuillon, au sujet de Jean Renaud. Il rapporta fidèlement les paroles de la femme et des deux domestiques.

L'expression de sévérité du visage du juge d'instruction s'accentua encore.

— Encore Jean Renaud! dit-il; vous le voyez, cet homme semble apparaître fatalement. Déjà même on parle du fusil. La victime a été frappée d'une balle, ce qui est une nouvelle prévention contre Jean Renaud, dont l'arme doit être naturellement chargée pour la chasse au loup. Une femme dit : « J'ai vu Jean Renaud, il avait son fusil; » deux hommes qui l'ont vu également affirment qu'il ne l'avait pas; ceci est à éclaircir.

Un des hommes que le maire avait chargés de garder le mort s'avança alors près de la table des magistrats.

— Messieurs, dit-il, hier soir j'ai vu Jean Renaud à Frémicourt; il allait au moulin; je puis certifier qu'il n'avait pas son fusil.

— Quelle heure était-il?

— Je ne sais pas au juste, mais il faisait nuit.

— Monsieur le maire, dit le juge d'instruction, voulez-vous avoir l'obligeance de prier une personne du dehors d'aller dire au meunier qu'on l'attend immédiatement à la mairie?

Le maire sortit de la salle.

Dix minutes après, il rentra avec le meunier, qui était accouru tout enfariné.

— Approchez, monsieur, lui dit le juge d'instruction, et veuillez répondre aux questions que je vais vous adresser en disant toute la vérité. Vous avez eu hier soir la visite d'un habitant de Civry appelé Jean Renaud?

— Oui, monsieur.

— A quelle heure?

— Il devait être plus de neuf heures.

— Quel était le motif de cette visite?

— Il venait voir si du grain qu'il m'avait donné était moulu.

— Savez-vous s'il venait directement de Civry?

— Il arrivait de Terroise, où il était allé pour affaires.

— Portait-il un fusil?

— Non, monsieur.

— A quelle heure est-il sorti de chez vous?

— Ma foi! il était bien dix heures et demie; nous nous sommes un peu amusés à causer en buvant un petit-verre.

— Merci; c'est tout ce que j'avais à vous demander; vous pouvez vous retirer.

La sortie du meunier fut suivie d'un instant de profond silence.

— Jusqu'à présent, dit le procureur de la République, tout indiquerait que Jean Renaud est l'auteur du crime. L'assassinat a eu lieu évidemment après dix heures, alors que tout le monde est couché à la ferme du Seuillon, puisque, d'après le rapport de M. le juge de paix, on n'y a rien entendu. Or Jean Renaud sort du moulin à dix heures et demie, il s'achemine vers Civry, et bientôt il est en face du jeune homme. Il savait probablement que ce malheureux devait passer sur la route à cette heure de la nuit.

« Examinons maintenant la question du fusil. Il ne l'avait pas en allant à Terroise, il ne l'avait pas en sortant du moulin ; c'est prouvé ; plusieurs témoins l'affirment. Mais une femme dit le contraire ; elle prétend avoir vu Jean Renaud dans la soirée avec son fusil. Je crois au témoignage de celle-ci comme à celui des autres.

« Cette femme peut avoir rencontré Jean Renaud à six heures et demie, à sept heures et même plus tard ayant son fusil, et on peut parfaitement l'avoir vu un quart d'heure, dix minutes après ne l'ayant plus. Si Jean Renaud est le coupable que nous cherchons, il avait prémédité son forfait, et il y a lieu de supposer qu'il a caché dans les champs l'arme qui devait lui servir à commettre le crime.

« Suivons-le à son départ du moulin : il sort de Frémicourt, il est dix heures et demie ; il va prendre son fusil à l'endroit où il l'a caché, vient s'embusquer au bord de la route et attend...

« Le crime accompli, il s'approche de sa victime pour s'emparer sans doute de ce qu'elle porte sur elle. Le malheureux respire encore ; son meurtrier le soulève, le traîne ; dans quel but? Je ne puis le deviner. Peut-être a-t-il déjà le remords de son crime et cherche-t-il à secourir celui qu'il vient de frapper mortellement. Mais la victime retombe, ce n'est plus qu'un cadavre...

« Si le meurtrier a eu un moment de regret, de repentir, c'est déjà passé. Déçu dans son espoir de s'emparer d'une somme importante, il dédaigne les pièces de monnaie qui sont dans la poche du gilet ; il sait ou il espère qu'il trouvera ailleurs ce qu'il convoite. Il s'éloigne, il marche, il arrive à Saint-Irun, et à une heure, comme nous venons de l'apprendre, une femme voit Jean Renaud sortir furtivement de la maison de l'aubergiste Bertaux.

« D'où venait-il? D'achever son œuvre... à moins que sa visite dans la chambre de la victime n'ait été suivie d'une nouvelle déception. »

Le maire de Frémicourt baissa la tête. Comme lui, le juge de paix était consterné. Tous deux connaissaient Jean Renaud et lui portaient un véritable intérêt ; mais, après ce qu'ils venaient d'entendre, il était impossible qu'ils essayassent d'élever la voix afin de protester contre la terrible accusation qui pesait sur lui.

Les preuves les plus accablantes s'étaient subitement accumulées contre le malheureux Jean Renaud, et les paroles du procureur de la République venaient de démontrer sa culpabilité avec une clarté, une logique impitoyables, qui ne laissaient même pas subsister un doute.

Le procureur de la République se leva, fit un signe au juge de paix, et les trois magistrats, s'étant retirés au fond de la salle, causèrent un instant à voix basse. Puis le juge d'instruction appela le brigadier.

— Combien avez-vous de gendarmes? lui demanda-t-il.
— Deux.
— Vous en laisserez un de planton à la porte de la mairie. Accompagné de l'autre, vous allez vous rendre à Civry et vous arrêterez Jean Renaud, le tueur de loups.
— Et si nous ne le trouvons pas?
— Il faut espérer qu'il n'a pas déjà pris la fuite. Dans le cas contraire, vous reviendriez immédiatement et nous aviserions.
— Où faudra-t-il le conduire?
— Vous l'amènerez ici, et si nous ne sommes pas encore revenus de Saint-Irun, où nous allons nous rendre, M. le maire voudra bien mettre une nouvelle pièce du bâtiment communal à votre disposition, et vous y garderez à vue le prisonnier.
« Allez, brigadier, allez, et faites diligence. »
Le gendarme sortit en faisant le salut militaire.

XIII

L'ARRESTATION

Les gendarmes arrivèrent à Civry à quatre heures. Ils se rendirent chez le maire, lui donnèrent connaissance du mandat dont ils étaient chargés, et se firent indiquer par lui la demeure de Jean Renaud.
Ils laissèrent leurs chevaux attachés à une palissade et se dirigèrent vers la maison du tueur de loups, qu'il était facile de reconnaître, car elle se trouvait isolée d'une cinquantaine de pas environ des autres habitations.
Jean Renaud venait de rentrer. Il se disposait à prendre une heure de repos pour retourner au pré à la fraîcheur.
Les gendarmes entrèrent.
Jean Renaud ne pensa point qu'ils venaient pour l'arrêter, mais seulement pour lui demander des renseignements qu'il était bien décidé, d'ailleurs, à ne pas leur donner.
Il se leva et s'avançant vers eux :
— Bonsoir, messieurs, dit-il; qu'y a-t-il pour votre service?
Geneviève regardait les deux agents de la force publique avec une surprise effarée.
— Jean Renaud, dit le brigadier d'une voix légèrement émue, car lui aussi connaissait le tueur de loups et sa bonne réputation, je viens vous arrêter.
Le malheureux fit deux pas en arrière et devint livide.
Geneviève bondit sur ses jambes et s'élança vers les gendarmes.

Elle recula avec horreur en disant d'une voix étrange : « Là, sur ta chemise, du sang !... » (Page 68.)

— Arrêter mon mari! exclama-t-elle; pourquoi?
Puis, aussitôt, elle poussa un cri perçant.
— Ah! le crime, le crime de la nuit dernière! fit-elle d'une voix sourde.
Elle attacha sur les gendarmes son regard affolé et recula à son tour.
Jean Renaud revint de sa stupeur.
— On arrête les voleurs, dit-il ; pas moi!
— Les voleurs et les assassins! répliqua le gendarme.

Geneviève fit entendre un gémissement et tomba sur une chaise.

— Et c'est pour cela que vous êtes ici? reprit Jean Renaud; qu'est-ce que cela veut dire?... Est-ce qu'on croit que c'est moi?... Par exemple, ce serait trop fort!... Moi, un voleur, un assassin! Il n'y a pas de gens qui me connaissent pour le penser. C'est une plaisanterie, n'est-ce pas? On sait bien que je suis innocent, que je ne peux pas être un criminel.

— Ce n'est pas à nous de juger si vous êtes innocent ou coupable, dit le brigadier.

— Ainsi on me soupçonne, on m'accuse, moi?

— Oui.

— Mais c'est impossible, c'est absurde !

— Vous vous expliquerez devant le juge d'instruction.

— Ainsi, reprit le malheureux d'une voix qui, malgré lui, trahissait son émotion, c'est donc bien vrai, vous venez m'arrêter?

— C'est notre mandat. Si vous voulez emporter quelque chose avec vous, prenez-le vite, car nous sommes pressés.

Geneviève restait immobile sur sa chaise et comme pétrifiée. Mais quelque chose d'horrible serrait sa gorge et pesait lourdement sur sa poitrine. Elle avait les yeux secs, ardents et d'une fixité effrayante.

— Mais je suis innocent! s'écria Jean Renaud ne pouvant pas admettre que, n'étant pas coupable, on eût cependant le droit de l'arrêter.

— Tant mieux pour vous, Jean Renaud, répondit le brigadier ; nous n'en sommes pas moins obligés de vous emmener, et même d'employer la force si vous refusez de nous suivre volontairement.

Le malheureux jeta un regard sur sa femme, et deux grosses larmes roulèrent dans ses yeux.

Le gendarme tournait autour de la chambre, paraissant faire l'inventaire du pauvre mobilier.

— Ah! voilà le fusil! s'écria-t-il tout à coup en découvrant l'arme dans le coin où Jean Renaud l'avait mise le matin.

Il la prit et l'examina, tout en faisant jouer la batterie. Puis s'approchant vivement de son chef :

— Brigadier, dit-il, regardez... La capsule est brûlée, le coup droit est déchargé!...

Jean Renaud entendit.

— Hein? fit-il en s'avançant brusquement, vous dites que mon fusil est déchargé?...

— Parbleu! vous le savez bien, répondit ironiquement le gendarme.

Jean Renaud regarda ; il vit la capsule écrasée sur la lumière du fusil.

Ce fut pour lui une minute horrible.

— Oh! oh! oh ! fit-il sur trois tons différents.

Ses traits se contractèrent affreusement, révélant une grande souffrance intérieure; le sang frappa violemment ses tempes et ses yeux se couvrirent d'un nuage; il lui semblait que la terre s'enfonçait sous ses pieds.

Geneviève se leva, droite et roide, pâle comme une morte, et les yeux toujours démesurément ouverts.

— Défends-toi donc, Jean! s'écria-t-elle d'une voix étrange; mais défends-toi donc, malheureux!

Il répondit:

— Pourquoi me défendre? Je suis innocent!

Geneviève eut un cri qui ressemblait à un râle.

— Je suis innocent! je suis innocent! reprit-elle en se tordant les mains; il n'a que ces paroles-là dans la bouche... Il faut dire aux gendarmes ce que tu as fait cette nuit; il faut leur dire aussi pourquoi ton fusil est déchargé.

— Je ne sais pas, balbutia-t-il.

— Tu ne sais pas? répliqua Geneviève d'une voix rauque. Ah! mon Dieu, je tremble, j'ai peur!...

Ces paroles firent sortir Jean Renaud de l'espèce de torpeur qui l'avait saisi.

— Geneviève, Geneviève, dit-il avec un accent de douleur navrante, est-ce que tu me soupçonnerais? Est-ce que tu douterais de Jean Renaud, ton mari? Voyons, est-ce que tu m'accuses, toi aussi?...

— A mon tour je réponds: Je ne sais pas!

Le malheureux chancela tout étourdi.

— Ah! Geneviève, reprit-il d'une voix frémissante, des gens qui ne me connaissent pas peuvent m'accuser; mais toi, toi!... Non, ce n'est pas possible, ce n'est pas vrai! Quand mille voix crieraient contre moi, quand le monde entier croirait que je suis un scélérat, un assassin, il resterait une voix pour protester et crier à tous: « Cela n'est pas vrai, Jean Renaud est innocent! » Cette voix serait la tienne, Geneviève, ma chère femme! Toi, tu me connais, tu sais bien que je ne suis pas un méchant homme. Ah! c'est dur tout de même d'être innocent et de se voir emmené par les gendarmes comme un criminel... Je n'ai plus ma tête à moi. Mon Dieu! que va-t-il se passer? C'est affreux!... Et notre cher petit enfant qui va bientôt venir au monde!... Allons, j'aurai du courage, je serai fort, je le veux! Mais ne doute pas de moi, Geneviève, ah! ne doute pas de moi; car, vois-tu, ce serait plus horrible que tout!

Il passa rapidement et successivement ses deux mains sur son front et regarda les gendarmes, qui attendaient, sans paraître d'ailleurs trop impatients.

— Je ne peux pourtant pas les faire attendre comme ça jusqu'à la nuit, reprit-il tristement. Allons, Geneviève, ils vont m'emmener, embrasse-moi.

Elle n'entendit pas; la pauvre femme éprouvait comme un commencement de folie.

Il marcha vers elle en ouvrant les bras.

Tout à coup elle poussa un cri déchirant, épouvantable. Puis elle recula avec une sorte d'horreur, en disant d'une voix étranglée :
— Là, sur le poignet de ta chemise... du sang!...
Et elle tomba à la renverse, sans connaissance.
Les gendarmes frissonnèrent.
Jean Renaud se précipita au secours de sa femme, l'enleva dans ses bras robustes et la porta sur le lit.
Alors il se mit à l'embrasser avec fureur, comme un insensé, couvrant de baisers son front, ses joues, ses yeux, ses cheveux, pendant que de sourds gémissements s'échappaient de sa poitrine gonflée.
Au bout d'un instant, il se redressa, jeta autour de lui un regard éperdu, et bondit entre les deux gendarmes en leur criant :
— Emmenez-moi ! emmenez-moi !
Il sortit de sa maison en sanglotant.

. . . .

La visite faite dans la chambre que le jeune homme, connu seulement sous le nom d'Emond, occupait dans la maison de l'aubergiste Bertaux, ne donna lieu à aucune découverte pouvant aider à établir son identité.

En vain les meubles furent fouillés, les effets d'habillement visités, on ne trouva aucune lettre, aucun papier.

Dans une boîte en bois, grossièrement sculptée, qui se trouvait sur la cheminée et qu'on ouvrit, il y avait trois billets de cent francs, sept pièces d'or de vingt francs et six de cinq francs en argent.

Cette somme réunie dans le coffret semblait indiquer que le jeune homme ne possédait que cela.

On devait supposer dès lors que, dans son trouble, le voleur n'avait pas aperçu le coffret, et qu'après avoir vraisemblablement cherché dans les meubles il s'était retiré sans rien emporter.

— Cependant, fit observer le procureur de la République, d'après les renseignements que nous avons pris en passant au bureau des postes, ce n'est pas seulement une lettre, comme nous l'a dit M. Bertaux, mais deux lettres que la victime a reçues avant-hier ; nous devrions les trouver ici. D'un autre côté, l'aubergiste prétend que son locataire écrivait beaucoup, non pas seulement des lettres à telles ou telles personnes, mais quelque chose comme un mémoire, un récit. Or, voilà bien du papier blanc, des plumes, de l'encre, mais pas d'écrit quelconque. Cela ne vous semble-t-il pas extraordinaire ?

— Il y a évidemment là quelque chose de mystérieux qui nous échappe, répondit le juge d'instruction.

A ce moment, le juge de paix appela leur attention sur une assez grande quantité de cendres dans le foyer de la cheminée, qui ne pouvaient provenir que de papiers brûlés.

— D'après cela, dit le juge d'instruction, nous avons le droit d'admettre que ce jeune homme livrait aux flammes ses écrits à mesure qu'il les produisait, de même que les lettres qui lui étaient adressées.

— A défaut d'autres explications, il faut bien nous contenter de celle que vous venez de trouver, répliqua le procureur de la République. Mais le mystère est toujours là.

— Il y a bien des choses qui échappent à la pénétration de l'homme; si on pouvait tout savoir, c'est qu'on aurait trouvé le moyen de faire parler Dieu.

Les magistrats n'avaient plus rien à voir chez l'aubergiste. Ils se rendirent à la maison du juge de paix, où ils étaient attendus pour dîner.

C'est là qu'ils firent venir la vieille femme que le père Bertaux leur avait désignée sous le nom de Suissesse.

— C'est vous qui avez vu, la nuit dernière, un homme sortir de la maison de M. Bertaux? lui demanda le juge d'instruction.

— Oui, monsieur.

— Quelle heure était-il?

— Oh! il pouvait ben être par là devers une heure.

— Cet homme, vous l'avez reconnu?

— Oui, monsieur. Oh! j'ai bien vu que c'était le grand Jean Renaud, le tueur de loups.

— Vous êtes sûre de ne pas vous être trompée?

— Ma fine! monsieur, ça pourrait ne pas être lui tout de même; mais il lui ressemble d'une jolie manière.

— C'est bien, madame; nous n'avions pas autre chose à vous demander.

La Suissesse se retira en faisant force révérences.

Un instant après, les magistrats remontèrent dans la voiture et reprirent la route de Frémicourt, où ils arrivèrent à huit heures.

XIV

L'INTERROGATOIRE.

Plusieurs fenêtres de la maison commune sont éclairées. Un gendarme fait faction devant la porte. Sur la place, une cinquantaine de personnes causent, gesticulent, discutent avec animation.

Les magistrats viennent de rentrer en séance.

Le fusil de Jean Renaud, complètement déchargé, est devant eux, sur la table. Les balles sont placées l'une à côté de l'autre, sur les fragments de papier qui ont servi de bourres.

Comme le tantôt, ces messieurs sont assistés du médecin, du juge de paix de Saint-Irun et du maire de Frémicourt.

Le brigadier debout, attentif, appuyé sur son sabre, attend qu'on lui fasse un signe ou qu'on lui donne un ordre.

Le troisième gendarme se tient, à gauche, devant une porte fermée.

La chambre où se trouve le cadavre est à droite. Deux hommes continuent à veiller près de lui.

— Gendarme, faites entrer Jean Renaud, ordonne le procureur de la République.

Le gendarme ouvre la porte, fait un signe, et Jean Renaud paraît sur le seuil.

Le gendarme le prend par le bras et le pousse doucement vers la table.

Le malheureux est affreusement pâle, il a les yeux mornes, l'attitude douloureuse. Il reconnaît le juge de paix et le maire ; il leur adresse à chacun un regard empreint d'une profonde tristesse, puis il s'incline devant les autres personnages, qu'il ne connaît pas, mais dont il devine la qualité.

— Vous vous nommez Jean Renaud, lui dit le juge d'instruction, vous avez été militaire, vous êtes marié et vous demeurez avec votre femme au village de Civry. Quel âge avez-vous ?

— Quarante ans.

— Vous êtes très connu dans le canton de Saint-Irun où, jusqu'à ce jour, vous avez joui d'une bonne réputation. Vous avez même rendu de sérieux services à la population en détruisant un certain nombre de bêtes malfaisantes, ce qui vous a valu votre surnom, honorable d'ailleurs, de tueur de loups. L'administration a voulu vous récompenser en vous autorisant à porter un fusil, même pendant que la chasse est prohibée. Nous savons que vous n'avez pas abusé de cette faveur exceptionnelle : vous n'êtes pas un braconnier.

« Aujourd'hui, Jean Renaud, une accusation des plus graves, terrible, pèse sur vous. Donnez-nous exactement l'emploi de votre journée d'hier.

— Je suis sorti de chez moi à cinq heures du matin.

— Avec votre fusil ?

— Oui, monsieur, avec mon fusil. J'avais appris qu'une louve et deux jeunes loups avaient été vus dans le bois de Sueure. J'ai parcouru le bois en fouillant tous les fourrés. Je vis bien les traces du passage des bêtes ; mais elles n'y étaient plus. Je gagnai les bois d'Artemont, que je parcourus inutilement. Les loups ne m'avaient pas attendu. J'étais harassé, j'avais faim ; je me reposai en dînant à Artemont.

— A quelle heure êtes-vous sorti de cette commune ?

— Vers quatre heures.

— Vous n'êtes pas rentré chez vous, à Civry ?

— Non, monsieur.

— Pourquoi ?

— J'avais affaire à Terroise et à Frémicourt, où je voulais voir le meunier.

— Il y a près de trois lieues d'ici à Artemont ; c'est donc entre six et sept heures du soir qu'on vous a vu, non pas à Frémicourt, mais sur le domaine du Seuillon. Vous souvenez-vous d'avoir parlé à une femme qui travaillait près de la ferme ?

— Je me le rappelle.

— Vous aviez votre fusil ?

— Je l'avais.

— Peu de temps après, vous vous trouvez en présence de deux hommes avec lesquels vous avez échangé quelques paroles. Or ces deux hommes disent, affirment que vous n'aviez pas votre fusil. Est-ce vrai ?

Jean Renaud tressaillit, mais il resta muet.

— Vous voilà embarrassé, reprit le magistrat. Oui, vous n'aviez plus votre fusil : qu'en aviez-vous fait ?

Le malheureux poussa un soupir et baissa la tête.

— Eh bien ! parlez, répondez.

— Je ne peux pas répondre ; non, je ne le peux pas.

— Je répondrai donc pour vous, Jean Renaud : après avoir causé avec la femme, avant de rencontrer les deux garçons de ferme, vous aviez eu le temps de cacher votre fusil.

L'accusé resta calme en apparence.

— Jean Renaud, regardez : reconnaissez-vous cette arme ?

— Oui, monsieur.

— C'est bien votre fusil, celui qui a été saisi chez vous par les gendarmes ?

— Oui, monsieur.

— Sur la crosse et sur le canon il y a encore de la terre ; mais nous n'avons pas besoin de cette preuve pour démontrer que l'arme a été cachée, nous en avons assez d'autres. En effet, vous allez à Terroise et vous revenez à Frémicourt, où vous êtes rentré au moulin. Vous n'aviez pas votre fusil. Suivant la déposition du meunier, vous êtes sorti de chez lui à dix heures. Qu'avez-vous fait ensuite ?

Jean Renaud resta silencieux.

— Ces messieurs, comme moi, comprennent votre système, Jean Renaud ; il consiste à ne pas vouloir répondre. Écoutez-moi : si excellents que soient vos antécédents, votre crime est tellement odieux que vous ne pouvez compter sur l'indulgence de la justice qu'autant que vous témoignerez un regret profond, un repentir sincère... Mais, avant tout, la justice vous demande la vérité ; elle a le droit d'exiger l'aveu de votre crime, et vous refusez de lui répondre !

Deux larmes vinrent aux yeux de Jean Renaud.

— Je n'ai qu'une chose à dire, prononça-t-il d'une voix vibrante d'émotion ; je suis innocent !

Le juge d'instruction fronça les sourcils.

— C'est cela, répliqua-t-il sévèrement, lorsque vous vous sentez écrasé sous tant de preuves que vous ne pouvez combattre, vous appelez à votre secours la dénégation. Je vous le répète, ce système est absurde, et au lieu de vous servir il vous perd tout à fait.

— Je suis innocent, reprit doucement Jean Renaud; je n'ai que cette seule protestation à faire entendre.

— Ainsi vous refusez de nous faire savoir ce que vous avez fait hier soir à partir de dix heures?

— Ce n'est pas que je refuse, monsieur; je ne peux pas, je ne peux pas!

— C'est absolument la même chose : *je ne peux pas* signifie pour nous *je ne veux pas!* Soit, je vais vous le dire, moi. Vous êtes allé reprendre votre fusil où vous l'aviez caché, puis vous êtes allé attendre sur la route votre victime. Elle arriva, se dirigeant vers Frémicourt; vous étiez à sa gauche, dans le pré. Vous avez tiré le coup de droite de votre fusil, et le jeune homme est tombé frappé mortellement en pleine poitrine.

« Voici la balle qu'il a reçue; elle est absolument du même calibre que cette autre, qu'on a retirée tout à l'heure de votre fusil, dont le canon de gauche restait seul chargé. Ce n'est pas tout, cette bourre à demi brûlée, qui a été retrouvée sur le lieu du crime, appartient au même morceau de papier que celle-là, extraite de votre fusil en même temps que la balle. Le doute n'est pas possible; c'est une balle de votre fusil qui a frappé, c'est vous qui avez tué!...

« Le crime accompli, la malheureuse victime respirait encore, elle faisait même des efforts pour se relever! Alors vous vous êtes approché. Pourquoi faire? Pour lui enlever l'argent ou les valeurs que vous supposiez qu'elle avait sur elle, pour la voler!...

Jean Renaud sursauta et deux éclairs jaillirent de son regard.

— Oh! moi, un assassin! moi, un voleur! exclama-t-il d'une voix qui révélait toute son indignation.

Cette énergique protestation impressionna les magistrats eux-mêmes.

— Mais je ne vous empêche pas de vous défendre, reprit le juge d'instruction visiblement ému; dites-nous ce que vous avez fait après votre départ du moulin.

— Je ne peux pas, je ne peux pas! s'écria-t-il en joignant convulsivement ses mains au-dessus de sa tête.

— C'est toujours la même chose, reprit froidement le juge d'instruction. Nous verrons si votre déplorable système continuera jusqu'au bout. Je ne puis pas dire si la victime a été volée; vous seul et Dieu le savez. Cependant... Jean Renaud, faites-nous voir la semelle d'un de vos souliers.

Il obéit en levant sa jambe droite.

— Vous voyez, messieurs, dit le juge; forte semelle ferrée de clous à grosses

LA FILLE MAUDITE

Jean Renaud se trouva en présence du cadavre, dont le visage était vivement éclairé par la lampe. (Page 75.)

têtes. Eh bien! Jean Renaud, continua-t-il, vous avez saisi la victime et, marchant à reculons, vous l'avez traînée à quelques pas, où elle est restée sans vie.

Le malheureux baissa de nouveau la tête.

— Il ne répondra pas, dit le juge d'instruction avec un certain dépit.

— Qu'importe! répondit le procureur de la République; il ne pourrait rien nous dire que nous ne sachions aussi bien que lui.

Liv. 10. F. ROY, éditeur.

Le regard de Jean Renaud eut une lueur étrange. On crut voir au mouvement de ses lèvres qu'il allait parler ; mais il reprit aussitôt son impassabilité.

— Jean Renaud, continua à interroger le juge d'instruction, à quelle heure êtes-vous rentré chez vous à Givry?

— Ce matin, à six heures, répondit-il.

— Voilà, enfin, une réponse et une vérité. Mais de Frémicourt à Givry il n'y a qu'une bonne heure de chemin. Vous auriez dû être chez vous à onze heures, à minuit, si vous voulez. Où donc avez-vous passé le reste de la nuit?

Nouveau silence de Jean Renaud.

— Vous ne pouvez pas nous le dire non plus, cela se comprend. Jean Renaud, à une heure du matin, deux heures environ après le crime, le temps qu'il faut pour faire le chemin à pied, vous étiez à Saint-Irun.

Le malheureux homme promena autour de lui ses yeux égarés.

— Cela, vous ne pouvez pas le nier, reprit le magistrat ; on vous a vu, on vous a reconnu.

Cette fois, Jean Renaud parut complétement accablé.

Le juge d'instruction poursuivit :

— Vous vous êtes introduit dans la maison de l'aubergiste Bertaux...

Jean Renaud se mit à trembler.

— Soit que vous ayez pris la clef dans la poche de la victime, soit qu'elle fût restée dans la serrure, sur la porte, vous avez pénétré dans la chambre. Vous y avez pénétré, car avant de trouver la bougie pour l'allumer vous avez usé trois allumettes, — les voilà, — lesquelles ont été ramassées sur le parquet, qu'on avait balayé dans la journée. Jean Renaud, quel était votre but? Que cherchiez-vous?

— Ils ne savent rien, pensa le tueur de loups.

Aussitôt il se redressa, et on aurait pu voir sur son visage comme un rayonnement.

Il reprit son attitude calme.

Voyant qu'il gardait le silence, le juge d'instruction continua :

— Voyons, Jean Renaud, répondez : vous êtes devant la justice, montrez-lui un peu de courage.

— Oh! le courage ne me manque pas, fit-il.

— Eh bien! dites-nous donc ce que vous êtes allé faire à Saint-Irun, pourquoi vous vous êtes introduit dans la chambre de la victime.

La bouche de l'accusé resta fermée.

— Enfin, s'écria le juge d'instruction perdant patience, oui ou non, étiez-vous à Saint-Irun la nuit dernière à une heure du matin?

— J'y étais.

— Vous refusez de nous dire dans quel but?

— Mon Dieu! monsieur, fit Jean Renaud tristement, si je ne vous réponds point, c'est que, comme je vous l'ai déjà dit, je ne peux pas.

Le magistrat ne put se défendre d'un mouvement de colère. Il mordit ses lèvres blêmissantes et se levant :

— Je n'ai jamais rencontré une semblable opiniâtreté, murmura-t-il.

Presque aussitôt il ajouta d'un ton brusque :

— Montrez-nous les manches de votre chemise.

Jean Renaud tendit ses deux bras.

Tout le monde put voir facilement sur le poignet de la manche droite de la chemise plusieurs taches de sang.

Certes, il y avait assez de charges accablantes contre le pauvre tueur de loups pour qu'on n'eût pas besoin de cette nouvelle preuve qui à elle seule n'aurait absolument rien prouvé, car on peut très-bien avoir du sang à sa chemise et sur ses vêtements sans être pour cela un criminel; mais la justice ne néglige rien, elle s'empare des moindres détails.

— Ce sang est évidemment celui de la victime, dit le juge d'instruction.

— Sans aucun doute, appuya le procureur de la République.

Les autres se contentèrent de faire un mouvement de tête qui disait la même chose.

Le juge d'instruction tendit la main vers la chambre où se trouvait le cadavre et dit au brigadier :

— Ouvrez cette porte.

Puis s'adressant à Jean Renaud :

— Entrez dans cette salle, lui dit-il.

Le tueur de loups entra. Les magistrats le suivirent. Sur un signe, le brigadier enleva le châle qui couvrait le corps. Jean Renaud se trouva en présence du cadavre, dont le visage était vivement éclairé par la lampe.

Au lieu de se rejeter en arrière avec terreur comme on s'y attendait, il fit, au contraire, un pas de plus en avant, et, pendant un instant, il contempla le jeune et beau visage du mort avec une tristesse profonde.

On vit de grosses larmes sortir de ses yeux et descendre lentement le long de ses joues.

— Mort que je ne connais pas, se disait Jean Renaud, tu dois être content de moi; autant que je l'ai pu, j'ai rempli tes dernières volontés et je garde mon serment!

Il passa la manche de sa blouse sur ses yeux et on l'entendit murmurer ces mots :

— Pauvre jeune homme!

Puis il ajouta dans sa pensée :

— Pauvre Lucile!

Si le juge d'instruction avait compté que Jean Renaud aurait à ce moment une défaillance, il fut déçu dans son espoir. Loin de là, la vue du cadavre donna à l'accusé une énergie nouvelle et il se sentit plus fort.

— Jean Renaud, persistez-vous à ne pas répondre? lui demanda le magistrat.

— Oui, monsieur, répondit-il d'un ton pleinement résolu.

Le juge frappa le plancher du pied et s'écria :

— Gendarmes, faites rentrer cet homme dans sa prison.

Un instant après, on lui apporta à souper. Il avait faim et soif; il mangea d'assez bon appétit.

A dix heures, on le fit monter dans une voiture qui allait le conduire à Saint-Irun. Un gendarme prit place à côté de lui, les deux autres l'escortèrent. Il passa le reste de la nuit à la gendarmerie, et le lendemain matin il fut dirigé sur Vesoul, où il arriva à midi. Il fut écroué à la prison de la ville et immédiatement mis au secret.

XV

LES RÉFLEXIONS DE PIERRE ROUVENAT

La présence à Frémicourt du procureur de la République et du juge d'instruction n'était pas ignorée à la ferme du Seuillon.

Jacques Mellier, toujours dans sa chambre et ses pistolets à portée de sa main, prêt à se faire sauter le crâne, les attendit toute la journée. A six heures, il apprit l'arrestation du tueur de loups, contre qui, disait-on, s'élevaient des charges terribles.

Si la surprise des domestiques de la ferme fut grande, ce fut pour Jacques Mellier plus que de l'étonnement, mais de la stupéfaction.

— Allons donc! se dit-il, il est impossible que Jean Renaud ne soit pas mis immédiatement en liberté. La justice, comme cela lui arrive souvent, a mal dirigé son enquête et a pris une fausse piste; mais elle reconnaîtra son erreur. D'ailleurs Jean Renaud n'aura pas de peine à prouver son innocence. Allons, attendons toujours; grâce à cette étrange bévue de MM. les magistrats, j'ai eu quelques heures de plus à vivre. Mais ils ne tarderont pas à arriver ici avec les gendarmes.

Il se mit à sa fenêtre et plongea son regard sur le chemin de la ferme à Frémicourt, croyant voir apparaître à chaque instant les grands feutres galonnés des agents de la force publique.

Il est bon de dire que, jusqu'alors, rien de ce qui s'était passé dans la salle de la mairie, avant l'arrestation de Jean Renaud, n'avait transpiré au dehors.

Pierre Rouvenat n'était pas moins anxieux que son maître; l'arrestation du tueur de loups ne l'avait pas surpris ; il savait qu'il avait passé la nuit hors de chez lui et qu'ayant été vu après dix heures à Frémicourt, c'est-à-dire au moment du crime, des soupçons devaient se porter sur lui ; mais il fut saisi d'une nouvelle épouvante.

Dans la matinée, comme un grand nombre d'autres personnes, il était allé sur le lieu du crime, et il avait pu voir les pas marqués sur la route et l'empreinte des semelles ferrées. Sans aucun doute, Jean Renaud, se dirigeant vers sa demeure, était passé là ; il avait trouvé la victime et peut-être causé avec elle, si, comme cela se disait, le jeune homme n'était pas mort immédiatement. Qu'avait pu lui dire le malheureux Edmond ?

Jean Renaud venant à la ferme, dès le matin, pour voir Lucile, ne lui apportait-il pas les dernières paroles prononcées par le mort ? Rouvenat restait à peu près convaincu que le tueur de loups était instruit des relations qui existaient entre le jeune homme et Lucile Mellier.

Or cette seule révélation faite aux magistrats était la perte du fermier. On comprend au milieu de quelles terreurs s'agitait le serviteur dévoué.

Et puis il y avait encore quelque chose d'également terrible : le fusil qui avait joué un rôle si important dans le drame de la nuit.

Jean Renaud, faussement accusé, n'avait qu'à dire ces seuls mots pour prouver son innocence :

— Pour aller à Frémicourt et à Terroise, je n'avais pas besoin de mon fusil ; je l'ai laissé à la ferme du Seuillon, où je l'ai repris ce matin.

Sans être une dénonciation directe, ceci provoquait une enquête. Il faudrait répondre. L'absence de Lucile, si on l'interrogeait à ce sujet, devrait être expliquée. Il avait pu, répétant le mensonge fait à Jean Renaud, satisfaire les gens de la ferme, mais la justice est moins facile à tromper.

Le pauvre Rouvenat croyait entendre déjà les détonations des pistolets de son maître désespérément décidé au suicide.

Cependant dix heures du soir approchaient. Jacques Mellier, terrassé par la fatigue, venait de s'assoupir dans un fauteuil.

— Que se passe-t-il donc au village ? se demanda Rouvenat.

N'y pouvant tenir plus longtemps, il quitta Jacques endormi, mit son chapeau, sortit de la maison et courut à Frémicourt. Il arriva devant la mairie au moment où Jean Renaud montait dans la voiture qui devait le mener à Saint-Irun.

La voiture partit. Rouvenat s'approcha successivement, tendant l'oreille, de tous les groupes d'hommes et de femmes qui stationnaient sur la place. On parlait du crime, de Jean Renaud, et on discutait à tort et à travers. Mais ce qui ressortait clairement de toutes les conversations, c'est que le tueur de loups avait été reconnu coupable d'assassinat, puisque les gendarmes l'emmenaient.

Et déjà le pauvre Jean Renaud, la veille encore estimé et aimé de tout le monde, était traité comme le plus vil scélérat.

Là-dessus Rouvenat savait à quoi s'en tenir; il voulait apprendre autre chose.

Il aperçut le maire qui, sortant le dernier de la mairie, — les magistrats étaient partis, — se dirigeait vers sa demeure. Il courut après lui.

— Pardon, monsieur le maire, dit-il, je viens de voir partir le pauvre Jean Renaud dans une voiture accompagnée des gendarmes : où donc le mène-t-on?

— Ah! c'est vous, Pierre Rouvenat. Ce pauvre Jean, comme vous dites, est un fieffé coquin; on le mène à Saint-Irun, où il passera la nuit, et de là à Vesoul où il verra les prochaines assises.

— Mon Dieu, mon Dieu! gémit Rouvenat ; mais il est donc coupable?

— Coupable! je le crois bien; c'est lui l'assassin!

— Lui, monsieur le maire, lui?

— Oh! son affaire est claire ; s'il sauve sa tête, il aura de la chance.

— Ainsi il est reconnu coupable?

— Cent fois plutôt qu'une.

— Et il a avoué?...

— Rien. Il se borne à dire : « Je suis innocent! » Et quand on l'interroge, quand on lui met sous les yeux les preuves matérielles les plus irrécusables, les plus convaincantes...

— Eh bien?...

— Il ne répond pas. On l'a mis en présence du cadavre; oh! il n'a pas tremblé; il l'a regardé avec une effrayante audace! Joignant à cela la plus lâche hypocrisie, le croiriez-vous, Rouvenat? il a pleuré... oui, il a pleuré, le misérable!... Alors M. le juge d'instruction lui a demandé s'il persistait à ne pas avouer son crime.

— Et il a répondu?

— Qu'il ne répondrait pas.

Mais, ayant sous la main un auditeur qui ne demandait qu'à savoir et à l'écouter, le maire de Frémicourt oublia que la discrétion est une vertu.

Il raconta à Rouvenat l'interrogatoire qu'avait subi l'accusé.

Le maire était à sa porte. Rouvenat lui souhaita une bonne nuit et reprit le chemin de la ferme.

Tout en écoutant le maire, il avait, lui aussi, avec le juge d'instruction, suivi Jean Renaud pendant cette nuit terrible.

Il l'avait vu trouvant le blessé sur la route et cherchant à le secourir, puis courir à Saint-Irun, obéissant à une des dernières volontés du mort, pour aller prendre chez lui... quoi? Sa visite du matin à la ferme était une réponse. Quelque chose à remettre à Lucile, probablement les lettres que la jeune fille lui avait écrites.

Et ces lettres, n'ayant pu remplir complétement sa mission, il les avait détruites ou cachées afin qu'on ne découvrît point le secret de Lucile, peut-être aussi pour détourner de Jacques Mellier une accusation.

Et Rouvenat pouvait croire cela, d'autant plus qu'ayant peu de choses à dire pour prouver son innocence le tueur de loups refusait absolument de parler.

— Tiens! fit-il tout à coup en s'arrêtant sur le chemin, il me semble que je pleure!...

Il pleurait vraiment, il pleurait à chaudes larmes.

— O Jean Renaud, Jean Renaud, se disait-il, quel brave homme! quel noble cœur! Et dire que les gens de Frémicourt l'appellent scélérat... les imbéciles!... Je le connais, moi : quand on devrait lui trancher la tête, il a refusé de parler, il ne dira rien.

XVI

LE SERVITEUR ET LE MAITRE

Quand Pierre Rouvenat rentra à la ferme, le fermier ne dormait plus.

— Jacques, lui dit-il, j'arrive de Frémicourt; les magistrats et les gendarmes sont partis; tu peux te mettre au lit et prendre le repos dont tu as besoin; tu n'as plus rien à craindre, tu es sauvé.

— Hein, que veux-tu dire?

— Jean Renaud a été reconnu coupable; demain il sera dans la prison de Vesoul.

Le fermier regarda Rouvenat avec stupéfaction.

— Mais c'est impossible! exclama-t-il, cela ne se peut pas!

— C'est pourtant la vérité. Jean Renaud ira en cour d'assises et sera condamné.

— Ah çà! voyons, répliqua Mellier en se démenant avec agitation, lequel de nous deux est fou?

— Tu as toute ta raison, comme j'ai la mienne.

« Tu ne comprends pas; eh bien! écoute. Quatre personnes connaissent le secret de ce qui s'est passé la nuit dernière : toi, ta fille qui ne te dénoncera pas, moi qui serai muet comme la tombe, et Jean Renaud.

— Jean Renaud, dis-tu? Jean Renaud sait?...

— Tout.

— Rouvenat, qu'est-ce que cela veut dire? Explique-toi.

— Hier soir, le tueur de loups est passé à la ferme; il avait son fusil; comme il voulait aller à Terroise, et que son arme l'embarrassait, il l'a laissée ici. La nuit dernière, sans y voir, croyant prendre ton fusil, c'est celui de Jean Renaud que tu as emporté. Comprends-tu, maintenant?

— Non, pas encore.
— Eh bien! ce matin, Jean Renaud a repris son fusil, qui a été saisi chez lui par les gendarmes. Un coup déchargé, la balle retirée du corps de la victime...
— Ah! oui, je comprends! s'écria Mellier en passant fiévreusement ses doigts dans ses cheveux.
— Enfin Jean Renaud a deviné que c'était toi.
— Pourquoi ne l'a-t-il pas dit?
— Il n'a pas voulu.
— Ah! il n'a pas voulu! répéta lentement Mellier comme se parlant à lui-même.

Il s'élança vers une armoire, l'ouvrit et en retira un habillement complet.
— Qu'est-ce que tu fais donc? demanda Rouvenat étonné et inquiet.
— Tu le vois bien, je vais m'habiller, répondit le fermier d'une voix sombre.
— A l'heure qu'il est? pour aller où?

Jacques Mellier marcha vers le vieux serviteur, les yeux étincelants.
— Ah çà! s'écria-t-il, me crois-tu assez lâche, assez infâme, pour laisser condamner à ma place un innocent? J'ai tué l'homme qui m'avait volé mon honneur... On appelle cela un crime, un assassinat, soit. Mais qu'un autre en supporte la peine, le châtiment, jamais, jamais!... Tu me demandes où je vais? Je vais à Saint-Irun. Je crierai de toutes mes forces que Jean Renaud est innocent et... je me tuerai après.

Rouvenat croisa ses bras sur sa poitrine.
— Cela, tu ne le feras pas, répliqua-t-il froidement.
— Qui donc aurait l'audace de m'en empêcher?
— Moi.
— Et pourquoi, s'il te plaît?
— Parce que je ne le veux pas.

Jacques Mellier laissa éclater un rire convulsif.
— Non, je ne le veux pas, reprit Rouvenat en se dressant devant son maître, magnifique d'énergie. Je ne le veux pas, parce que le suicide est aussi une lâcheté, est aussi un crime!... Tu en as commis un, c'est trop. Hier, je n'ai pu retenir ton bras homicide; aujourd'hui je t'arrêterai, je te le jure! Tu as attendu sur la route un pauvre garçon sans défiance, coupable seulement d'aimer ta fille, et, sans pitié, tu l'as frappé... Jacques, voilà ce qui est lâche, voilà ce qui est infâme! Ce n'était pas assez... avec une cruauté inouïe, tu as chassé ta fille! Elle est partie, la malheureuse enfant, partie, et nous ne la reverrons peut-être jamais!... Et, après avoir fait cela, tu voudrais trouver l'oubli dans la mort! Vrai Dieu! ce serait trop commode! Jacques, réponds-moi: si c'était à recommencer, tuerais-tu ce jeune homme?
— Non, non, répondit le fermier en frissonnant.
— Et ta fille, la chasserais-tu?

En la voyant pâle, les yeux cernés, Rouvenat éprouva un douloureux serrement de cœur. (Page 83.)

— Elle, oui.
— Eh bien! sais-tu ce que je vois dans tes réponses? c'est que si tu commences à te repentir du crime horrible que tu as commis, rien encore n'a pu émouvoir tes entrailles de père. Et pourtant tu l'aimais, ta fille. Va, tu as beau vouloir te tromper toi-même, tu l'aimes toujours! Il est plus facile de s'ôter la vie d'un seul coup, en se faisant sauter la cervelle, que de tuer son cœur seulement.

« Tu n'iras pas à Saint-Irun; tu laisseras Jean Renaud accomplir son sacrifice.

Quant à toi, tu vivras pour regretter et te repentir. Le remords, tu entends, Jacques, le remords sera ton châtiment... Je te verrai brisé dans ta douleur profonde et, d'une voix suppliante, à grands cris, je t'entendrai appeler ta fille !

— Rouvenat, tais-toi, tu me fais mal !

— Mais un jour viendra, poursuivit le vieux serviteur, où Dieu aura pitié de tes larmes ; alors, comme il n'est pas inflexible, lui, il te pardonnera. Il pardonne toujours aux plus grands coupables qui ne se révoltent pas contre sa volonté et savent mériter sa clémence par le repentir.

— Rouvenat, laisse-moi partir.

— Non, te dis-je, non !

— Ainsi, toi, l'homme généreux, l'homme sage, l'homme parfait, tu veux faire condamner un innocent !

— Je ne m'oppose pas à la volonté de Dieu.

— Qu'ai-je donc à faire maintenant sur la terre ?

— Je te l'ai dit : Te repentir !

— Mais Jean Renaud a une femme, un enfant bientôt, tandis que moi je suis seul, je n'ai plus personne.

— Malheureux, et ta fille ?

— Elle est morte, morte pour moi !

— En ce moment, soit ; mais ce que je fais, entends-tu, Jacques, ce que je fais, c'est pour elle plus encore que pour toi ! Va, je n'oublie pas Geneviève et l'enfant qui va naître. Le fermier du Seuillon est riche, il donnera du pain à la femme, il élèvera l'enfant... Voilà ce que Pierre Rouvenat, le domestique, a décidé, voilà ce que fera Jacques Mellier, le maître !

Depuis un instant les rôles étaient changés ; le serviteur avait pris l'autorité du maître ; il commandait, il voulait ; et le coupable essayait en vain de retrouver sa volonté aux ressorts détendus ; il était vaincu, dompté, terrassé, et malgré lui il subissait cette domination nouvelle, qui s'imposait si audacieusement.

Il fit entendre un gémissement ; soudain le feu de son regard s'éteignit, sa tête tomba lourdement sur sa poitrine et il s'affaissa sur un siége.

Rouvenat prit les deux pistolets et les mit dans ses poches.

Puis, d'une voix redevenue douce et affectueuse :

— Il ne doit pas être loin de minuit, dit-il, nous devons penser à prendre du repos. Allons, bonne nuit, Jacques, et à demain. Quand tu te lèveras, l'herbe qui reste encore debout dans ta prairie sera coupée.

Et Pierre Rouvenat sortit gravement de la chambre de son maître.

Le surlendemain, qui était un dimanche, Rouvenat, après le déjeuner, mit ses habits des beaux jours, glissa dans sa poche une bourse bien garnie, prit son bâton et s'achemina vers Civry. Il allait faire une visite à la femme de Jean Renaud.

Depuis trois jours, Geneviève était bien changée; elle n'était plus que l'ombre d'elle-même, la pauvre femme.

En la voyant pâle, les joues amaigries, les yeux cernés et sans regard, Rouvenat éprouva un douloureux serrement de cœur.

— Bonjour, Geneviève! dit-il; je viens à Civry tout exprès pour vous voir.

Elle se mit à pleurer.

— Allons, reprit-il, il faut avoir du courage : vous avez des amis, Geneviève, ils ne vous abandonneront pas.

— Votre présence me dit qu'il m'en reste encore un, monsieur Pierre.

— Vous oubliez M. Mellier, Geneviève?

— Oh! non, je ne l'oublie pas; il a toujours été si bon pour moi, pour nous... car lui aussi, le malheureux, devait à M. Mellier toute sa reconnaissance. Ah! il avait aussi bien l'amitié des riches que celle des pauvres; cela ne l'a pas retenu, cela ne l'a pas arrêté... Ah! monsieur Pierre, tout est fini pour moi, bien fini!

— Vous avez là une vilaine idée, Geneviève.

— C'est possible; mais, voyez-vous, je suis frappée là, au cœur; je me sens bien, allez... Je me serais déjà laissée mourir, sans le pauvre petit être que je sens remuer dans mon sein et qui m'ordonne de vivre encore... Et pourtant, monsieur Pierre, je me demande s'il est bien nécessaire que je le mette au monde. Je lui ferai là un triste cadeau... l'enfant d'un criminel, d'un assassin!...

— Geneviève, vous êtes sévère pour Jean Renaud.

— Sévère! Mais, monsieur Pierre, s'il n'était pas coupable, est-ce qu'il serait aujourd'hui dans la prison de Vesoul? Jean Renaud est un malheureux. Il a tué l'homme sur la route, et, du même coup, il a tué sa femme!

— Cependant, Geneviève, s'il était faussement accusé?

— Vous le défendez, vous êtes bien bon, je vous en remercie... Je sais ce qui s'est passé à Frémicourt devant le juge. Jean Renaud est resté absent pendant toute cette horrible nuit, et quand on lui a demandé où il était allé, ce qu'il avait fait, il n'a pas osé répondre... Mais ici, là, devant moi, quand les gendarmes ont trouvé son fusil déchargé, a-t-il trouvé un mot pour se défendre? Non, il n'a rien dit; il commençait à avoir peur... Ah! il est bien perdu, allez, monsieur Pierre! Mais il n'a pas volé, oh! cela, j'en réponds. Quand il est rentré le matin, s'il avait eu de l'argent, de l'or, des bijoux, il aurait caché cela ici, n'est-ce pas?

— Sans doute.

— Eh bien, la justice est venue hier; ils ont cherché partout : dans l'armoire, dans les placards, dans les greniers, jusque dans la paillasse et les matelas du lit... Ils n'ont rien trouvé.

— Brave Jean Renaud! pensa Rouvenat; il a brûlé les lettres.

La jeune femme s'était remise à pleurer, le visage caché dans un coin de son tablier.

— Geneviève, reprit Rouvenat, à la ferme nous prenons vivement part au malheur qui vous frappe, et M. Mellier ne veut pas que vous puissiez manquer de quelque chose. Tenez, prenez cette bourse, il y a dedans cent cinquante francs.

Elle voulut refuser.

— Je le veux, insista Rouvenat, je le veux. Du reste, Geneviève, je viendrai vous voir souvent; je vous le répète, M. Mellier ne vous laissera manquer de rien. Plus tard, c'est lui qui se chargera d'élever et de faire instruire votre enfant.

XVII

LE CONDAMNÉ.

L'affaire Jean Renaud, dit le tueur de loups, fut vite instruite. Cela dura huit jours et tout fut dit. L'accusé, reconnu coupable du crime d'assassinat avec préméditation, ayant le vol pour mobile, allait être jugé aux prochaines assises, qui devaient s'ouvrir dans quelques jours.

L'attitude de Jean Renaud, dans le cabinet du juge d'instruction, avait été la même que dans la salle de la mairie de Frémicourt. Il persista dans son système, qui consistait à garder le silence chaque fois qu'une question à laquelle il ne pouvait pas répondre lui était posée. Enfin ses réponses furent exactement les mêmes; on aurait pu croire qu'il les avait apprises par cœur.

Malgré les recherches faites à Reims et celles du parquet de Vesoul, on n'avait pu rien apprendre, concernant la victime, qui pût établir son identité.

L'enterrement de celui qu'on connaissait sous le nom d'Edmond seulement se fit par les soins des autorités de Frémicourt. Une grande partie de la population assista à la cérémonie funèbre. Le corps fut inhumé dans un coin du cimetière du village.

Quelques jours après, on planta sur la tombe une énorme pierre grossièrement taillée. Elle portait pour épitaphe ces mots et cette date disposés ainsi :

MORT ASSASSINÉ

24 *Juin* 1850.

Quand l'instruction de l'affaire fut close et que le parquet eut décidé que l'accusé passerait devant les prochaines assises, on invita Jean Renaud à désigner l'avocat qu'il désirait charger de sa défense.

— Un avocat, répondit-il; pourquoi faire? C'est inutile, je n'en ai pas besoin.

On essaya de lui faire comprendre qu'il était absolument nécessaire qu'il eût un défenseur.

Rien ne put vaincre son obstination. On dut lui donner un avocat d'office.

C'était un jeune homme appartenant à une des meilleures familles de la ville, instruit, intelligent, ayant toutes les ardeurs de la jeunesse et de sa profession, et surtout plein de cœur.

La défense qui lui était offerte, en raison du mystère qui entourait la victime et des réserves inexplicables de l'accusé, ne s'appliquait pas à une cause criminelle vulgaire. Il comprit qu'il avait, ce que tant d'autres attendent longtemps en vain, l'occasion de se distinguer.

Lorsqu'il se présenta dans la prison pour parler avec Jean Renaud, celui-ci le reçut assez froidement.

— Mon bon monsieur, lui dit le prisonnier, c'est bien de la peine que vous prenez inutilement. Je ne vous apprendrai pas autre chose que ce que vous savez déjà; tout ce que je pouvais dire, M. le juge d'instruction l'a entendu. Comme il vous sera impossible de prouver à messieurs les jurés que je suis innocent, malgré tout votre talent et toute votre bonne volonté, vous n'empêcherez pas Jean Renaud d'être condamné.

Le jeune avocat voulut lui adresser quelques questions.

Il répliqua vivement :

— Si j'avais eu l'intention de répondre, croyez-vous que j'aurais attendu jusqu'à ce jour pour le faire? Je n'ai rien caché de ce que je pouvais dire; quand j'ai gardé le silence, c'est que j'ai cru devoir ne pas parler. J'aurai beau répéter : Je suis innocent! vous pourrez crier à votre tour : Il est innocent! on ne nous croira ni l'un ni l'autre. Innocent, je ne peux pas le prouver; donc je suis coupable.

Il changea la conversation et parla avec une vive émotion de sa femme et du cher petit qu'elle allait mettre au monde.

Il eut un souvenir pour les loups, qui ne manqueraient pas d'avoir beau temps, maintenant qu'il ne serait plus là pour leur faire la chasse.

Le jeune avocat sortit de là fort perplexe. Quelque chose lui disait qu'il venait de voir un innocent.

Il prit l'affaire à cœur, l'étudia patiemment et sérieusement, dans ses moindres détails, et travailla scrupuleusement son plaidoyer dans l'intérêt de son client.

Certes, il n'avait pas la présomption de croire, ni même de supposer qu'il obtiendrait l'acquittement de l'accusé; mais il y avait là matière à donner la mesure de son jeune talent. Il pouvait mettre en œuvre toutes les ressources de l'art oratoire avec ses nuances diverses, le sentiment, la douleur, le pathétique, les larmes, la comparaison, la hardiesse, l'exaltation, l'emportement, l'audace.

Enfin le jour fatal arriva. Il fut pour le jeune avocat un véritable triomphe. Il fit tour à tour frissonner et verser des larmes, et pendant plus d'une heure il tint son auditoire, choisi dans la société féminine la plus distinguée de la ville, haletant sous le charme de son éloquence.

Quant à Jean Renaud, il fut condamné aux travaux forcés à perpétuité.

Après avoir écouté l'effroyable condamnation, il joignit les mains et regarda le ciel. C'est dans cette position qu'il entendit ces paroles du président :

— Vous avez trois jours pour vous pourvoir en cassation.

Il ramena son regard sur la cour et un sourire plein de tristesse et de résignation passa rapidement sur ses lèvres.

— Oh! c'est bien inutile, murmura-t-il.

Les deux gendarmes qui se trouvaient derrière lui s'étaient levés; pendant que l'un ouvrait la petite porte des accusés, l'autre posait doucement sa main sur l'épaule du condamné.

Jean Renaud comprit que c'était fini; mais, avant de sortir, il voulut une dernière fois se donner la joie de contempler des honnêtes gens. Lentement, il promena son regard sur la cour, le jury et dans toute l'étendue de la salle. Il put voir beaucoup de dames essuyant leurs yeux.

Mais ce qu'il vit surtout, et ce qui lui causa une émotion extraordinaire, ce fut, dans un coin reculé, Pierre Rouvenat, debout, appuyé contre le mur, pâle et pleurant à chaudes larmes.

Il le salua par un mouvement de tête, et Rouvenat, voyant qu'il l'avait aperçu, lui tendit ses deux bras.

Jean Renaud sortit entre les deux gendarmes.

Un quart d'heure plus tard, ramené à la prison, le geôlier refermait sur lui la porte massive de sa cellule.

Il avait peut-être oublié les prières que sa mère lui avait apprises dans son enfance; toutefois il se mit à genoux, et pensant à sa femme, dont il était sans nouvelles, pensant à tout ce qu'il avait aimé, il éleva son âme vers Dieu et pria.

Il était encore à genoux lorsque, soudain, un bruit de pas dans le corridor attira son attention. Presque aussitôt, la grosse clef grinça dans la serrure de sa porte. Il se dressa d'un bond sur ses jambes. La porte s'ouvrit et il poussa un cri de surprise et de joie en voyant entrer dans la cellule Pierre Rouvenat.

Celui-ci lui sauta au cou et l'embrassa sur les deux joues.

La porte s'était refermée et le geôlier s'éloignait.

— Ainsi, dit Jean Renaud en proie à une violente émotion, vous venez me voir... Ah! cela me rend bien heureux, monsieur Pierre. Pourtant vous étiez là, tout à l'heure, vous avez entendu... je suis maintenant un forçat.

— Oui, parce que tu l'as voulu.

— Hein! que voulez-vous dire?

— Jean Renaud, penses-tu donc que je te crois coupable? Est-ce que je ne sais pas que tu es innocent?

— Plus bas, plus bas... Si on vous entendait!

— Va, mon brave Jean Renaud, que les autres pensent et disent de toi ce qu'ils voudront; moi, je t'admire, tellement tu es grand, et je tomberais à genoux devant toi comme devant Dieu !

— Alors vous avez deviné pourquoi je n'ai pas voulu répondre?

— Je connaissais déjà ton noble cœur, Jean Renaud; j'ai compris ton admirable dévouement et je vois ton sacrifice.

— Et M. Mellier sait-il ?

— Oui.

— Ah ! cela me contrarie, fit Jean Renaud d'un air désolé.

— J'ai dû lui dire la vérité.

— Pourquoi ?

— Afin qu'il sache bien ce qu'il te doit.

— Ce n'était pas nécessaire.

— Quand il a su que tu te laissais accuser et que tu refusais de répondre, pour ne pas trahir le secret de la nuit du 24 juin, que toi seul as découvert, il a voulu se dénoncer lui-même.

— Alors?...

— Je m'y suis opposé.

— Ah ! vous avez bien fait, monsieur Pierre.

— Je m'étais dit : Il faut laisser faire Jean Renaud.

— Eh bien ! oui, reprit le prisonnier, je me suis laissé accuser, je me suis laissé condamner, je l'ai voulu... Me défendre, prouver que je suis innocent, c'était trop facile ! Je n'avais qu'à dire la vérité au juge d'instruction. Ne voulant pas mentir, et ayant peur aussi de m'embrouiller, de dire des bêtises, j'ai préféré ne pas répondre. D'ailleurs j'avais fait un serment au pauvre mourant ! et puis, quoi?... je ne voulais pas que la justice découvrît le vrai coupable ; non, je ne le voulais pas !... Ah ! il m'a fallu du courage, de l'énergie. Ces messieurs les juges sont terribles, ils feraient parler un mort !...

« Mais, voyez-vous, monsieur Pierre, je n'avais pas seulement le souvenir de ce que je dois à M. Mellier, pour m'empêcher de parler ; j'avais au cœur — elle y est toujours — une plaie saignante : Geneviève a douté de moi, ma femme me croit coupable!... Ah ! quand on est venu chez nous pour m'arrêter, si Geneviève s'était dressée devant les gendarmes en leur criant : « Mon mari est innocent, je jure que Jean Renaud n'est pas un assassin ! » eh bien ! voyez-vous, monsieur Pierre, le courage m'aurait manqué... Quoique je doive la vie à M. Mellier, malgré ce qu'il a fait pour moi depuis, je ne me serais pas laissé accuser, condamner ; non, je n'aurais pas pu me taire !

« Ah ! continua-t-il amèrement, quand Geneviève, qui me connaît, m'a elle-même accusé, je n'ai pas besoin, pour le savoir, d'entendre ce que les autres disent de moi !... Je suis un gueux, un assassin, un voleur !... Ah ! ah ! ah ! un galérien ! C'est vrai, je suis un forçat : mais je ne suis ni un voleur ni un assassin. Pourtant Geneviève, ma femme, le croit... Elle sait écrire, elle; ce n'est pas comme moi; eh bien! je n'ai pas reçu d'elle la plus petite lettre ; elle m'a oublié déjà...

— Tu te trompes, Jean Renaud, Geneviève pense à toi constamment et pleure toujours.

Les yeux du prisonnier s'animèrent et son visage prit une expression de tendresse infinie.

— Vous l'avez vue? interrogea-t-il d'une voix tremblante; comment va-t-elle?

— Elle souffre, elle est désolée...

— Pauvre Geneviève ! Si elle était seule, elle pourrait se tirer d'affaires ; mais l'enfant viendra bientôt, et alors... comment fera-t-elle ?

— Que cela ne te préoccupe ni ne t'inquiète, répondit Rouvenat ; ta femme et ton enfant ne manqueront de rien... Je suis là!

Le prisonnier saisit les mains de Pierre Rouvenat et les serra fiévreusement dans les siennes.

— Ah! dit-il, vous ne savez pas tout le bien que vos paroles viennent de me faire; maintenant que je vous ai vu et entendu, il me semble que je ne suis même pas à plaindre. Et dire que je suis père, que je vais avoir un enfant!... Ah! c'est égal, monsieur Pierre, ça, c'est dur... Pauvre petit! je ne le verrai jamais, mais comme je vais penser à lui, et, sans qu'il le sache, comme je vais l'aimer!... Quand il sera grand et qu'il aura l'âge de comprendre, on ne manquera pas de lui dire : « Jean Renaud, ton père, est au bagne! » Oh! comme il sera malheureux!... Mais un jour, monsieur Pierre, quand il sera capable de garder un secret, vous irez le trouver, et vous lui direz, vous lui direz... la vérité.

— Jean Renaud, quand il sera un homme, si c'est un garçon; quand elle aura vingt ans, si c'est une fille, je ferai cela, je te le jure!

— Je ne serai probablement plus de ce monde, mais au moins mon fils ou ma fille ne maudira pas la mémoire de son père.

« Monsieur Pierre, continua Jean Renaud en changeant de ton, c'est assez parler de moi et des miens; après ce qui s'est passé, comment va mademoiselle Lucile? »

Rouvenat, subitement embarrassé, baissa les yeux.

— Avant qu'on ne m'envoie je ne sais où, reprit le prisonnier, je voudrais bien voir mademoiselle Lucile; j'ai quelque chose à lui dire.

— Mademoiselle Lucile est toujours absente, répondit Rouvenat. Il s'agit des lettres que vous êtes allé prendre à Saint-Irun dans la chambre du jeune homme, n'est-ce pas?

— Oui. Ces papiers étaient-ils des lettres, je l'ignore; je ne sais pas lire; et, quand même, je n'aurais pas regardé...

— Ces papiers, vous les avez brûlés?

Jean Renaud hésita un instant et répondit :

— Oui.

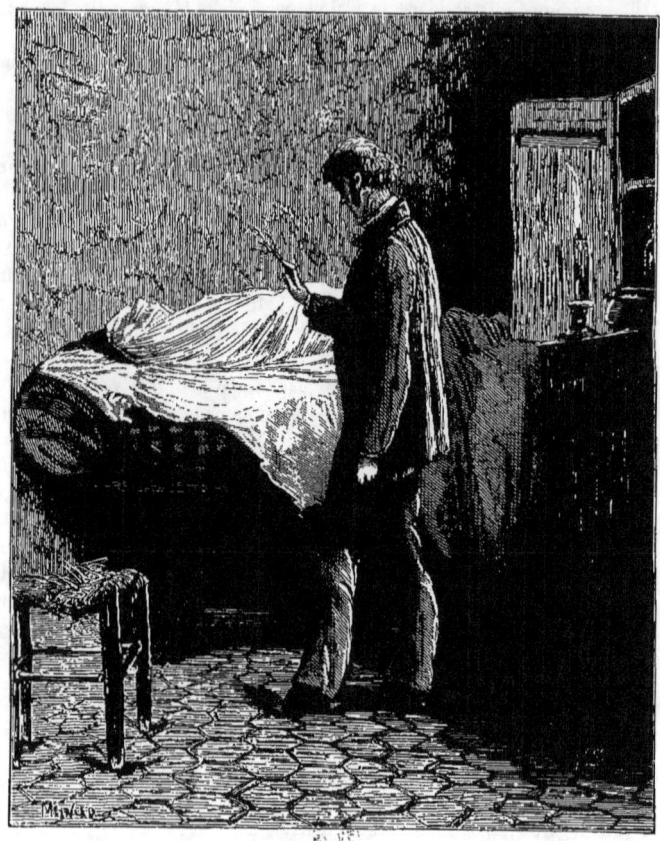

Rouvenat s'était découvert en entrant; il fit tomber quelques gouttes d'eau sur le drap qui cachait la morte. (Page 91.)

— Ne pouvez-vous pas me confier ce que vous voudriez dire à mademoiselle Lucile? demanda Rouvenat.
— Non. J'ai une entière confiance en vous, monsieur Pierre, mais je ne peux pas; c'est mon serment!

L'heure accordée au visiteur pour causer avec le condamné était écoulée.

Le grincement dans la serrure se fit entendre, la porte s'ouvrit et le geôlier, silencieux, se montra sur le seuil.

Les deux hommes tombèrent dans les bras l'un de l'autre en sanglotant.

— N'abandonnez pas ma femme et mon enfant, s'écria Jean Renaud, et n'oubliez pas la promesse que vous m'avez faite!

— Tu peux compter sur moi, répondit Pierre Rouvenat.

Et, obéissant à un signe expressif de l'homme au lourd trousseau de clefs, il sortit de la cellule.

XVIII

L'ORPHELINE

Trois jours après son retour au Seuillon, Pierre Rouvenat se disposait à aller porter à Geneviève des nouvelles de son mari, lorsqu'une femme de Civry s'arrêta à la ferme en passant.

Elle apportait une affreuse nouvelle.

Jacques Mellier était présent. Ce fut pour lui un autre écrasement.

Tout de suite après avoir appris la condamnation de Jean Renaud, Geneviève, déjà bien malade, s'était mise au lit. Deux voisines, se remplaçant constamment l'une après l'autre, s'offrirent avec empressement pour lui donner les soins dont elle avait besoin. Elles ne la laissèrent pas une minute seule, aussi bien le jour que la nuit.

Enfin, pendant la nuit précédente, Geneviève fut prise tout à coup par les douleurs de l'enfantement, bien qu'elle ne fût encore enceinte que de sept mois.

On courut chercher la sage-femme et le médecin.

Avant le jour, Geneviève mit au monde une fille, petite et mignonne comme une poupée, et belle à ravir, que le médecin déclara parfaitement constituée et pleine de vie.

La jeune mère ayant demandé à voir son enfant, on le lui mit dans les bras; aussitôt elle fut en proie à un violent désespoir et versa des larmes abondantes; puis elle se prit à sangloter très-fort.

Voyant cela, on crut devoir lui retirer sa petite fille.

Rien alors ne faisait prévoir l'horrible malheur qui allait arriver.

Deux heures plus tard, Geneviève, prise de convulsions nerveuses effroyables, mourut dans les bras du médecin.

— Tout le monde est bien embarrassé, ajouta la femme de Civry; on se demande ce qu'on pourra bien faire de la pauvre petite orpheline. On dit, et je suis aussi un peu de cet avis-là, qu'il eût mieux valu qu'elle ne vînt pas au monde ou qu'elle ferait bien d'aller rejoindre sa mère.

Un double éclair jaillit des yeux de Rouvenat, et la main qu'il avait passée sous son gilet se crispa sur sa poitrine. Cependant il ne dit rien.

Le fermier, sombre comme toujours, paraissait atterré.

La femme s'en alla.

Mellier et Rouvenat se trouvèrent seuls.

— Quand cette femme a souhaité la mort de l'enfant de Geneviève et de Jean Renaud, dit ce dernier, si je ne m'étais retenu, je l'aurais étranglée.

— Cette femme, comme bien d'autres, voit la position telle qu'elle est, répondit le fermier; elle a dit devant nous franchement ce qu'elle pense, voilà tout.

— Soit. Mais toi, Jacques, que vas-tu faire?

— C'est toi, maintenant, qui commandes ici, tu es le maître; décide, agis... Ce que tu feras, je le trouverai bien.

— Alors en cette circonstance tu me laisses tout pouvoir?

— Oui.

— Cependant je dois te prévenir que, comme toujours, j'agirai en ton nom.

— Je ne m'y oppose pas.

— Ce que je ferai, tu l'accepteras?

— J'approuve tout d'avance. Fais donc ce que tu jugeras convenable. Veux-tu que je te donne un écrit?

— Par exemple, est-ce que je n'ai pas confiance en toi? D'ailleurs il ne s'agit pour le moment que de mettre l'enfant en nourrice; c'est plus tard que nous nous occuperons de son avenir.

Pierre Rouvenat prit immédiatement le chemin de Civry.

Il trouva quatre ou cinq femmes dans la maison mortuaire.

Sur la table, près du lit, il y avait une lampe allumée et un vase de faïence rempli d'eau bénite, dans laquelle trempait une branche de buis.

Rouvenat s'était découvert en entrant; il s'approcha lentement, prit la branche de buis et fit tomber quelques gouttes d'eau sur le drap blanc qui cachait la morte.

— Geneviève, pauvre femme, dit-il tout bas, avant qu'elle ne s'envole loin de la terre, que ton âme inquiète soit rassurée! Devant toi qui ne peux plus m'entendre, je jure de ne jamais abandonner ton enfant, de veiller sur elle sans cesse; je jure de l'aimer comme si elle était ma fille!

Il remit la branche de buis dans le bénitier, puis se tournant vers les femmes :

— Où est l'enfant? demanda-t-il.

L'une d'elles répondit :

— Nous ne pouvions pas la garder ici, la pauvre petite; en attendant que l'on sache ce qu'on en fera, c'est moi qui l'ai portée chez la femme Claude Perny, qui n'a pas encore sevré son dernier-né.

— C'est bien, dit Rouvenat. Mais que les gens de Civry ne se mettent pas en peine au sujet de l'enfant de Geneviève Renaud. M. Jacques Mellier, du Seuillon, s'en charge.

— C'est bien ce que nous disions entre nous tout à l'heure. M. Mellier a toujours été trop bon pour la Geneviève et même pour Jean Renaud, pour laisser aller la pauvre petite aux Enfants-Trouvés ; sans compter que la bonne demoiselle du Seuillon avait promis d'être sa marraine.

— Je reviendrai dans la soirée, reprit Rouvenat ; mon intention est de passer la nuit ici, près de la morte, avec celles d'entre vous qui voudront rester.

Il sortit et se rendit immédiatement chez le maire, avec lequel il causa pendant plus d'une heure. De là, il alla trouver la femme Perny, qu'il surprit tenant la petite dans ses bras et remplissant son devoir de nourrice.

Rouvenat s'assit près de la femme et contempla le cher petit être, les yeux voilés de larmes.

— Elle est bien délicate, bien faible, dit la femme Perny ; voyez comme ses petits membres sont mignons, et gentils, et roses... A-t-elle de jolis yeux bleus ! Les yeux de sa mère : elle sera blonde comme elle. Elle ne demande qu'à vivre, la pauvre chérie, elle tète que c'est une bénédiction !... Monsieur Rouvenat, savez-vous ce qu'on va en faire ?

— Je ne sais pas encore ; cependant, si vous vouliez la garder...

— Vrai, on me la laisserait ?...

— Pas pour toujours, mais au moins pendant quinze mois.

— Je la garde, monsieur Rouvenat, je la garde ; mon lait est bon et j'en ai beaucoup ; elle poussera comme un champignon, vous verrez... Claude Perny n'est pas riche et nous avons déjà trois mioches ; n'importe, ça fera quatre. J'aimais beaucoup la pauvre Geneviève ; en souvenir de la mère, j'élèverai l'enfant pour rien... Mais voyez donc, monsieur Rouvenat, comme elle me regarde avec ses petits yeux éveillés !... Oh ! Dieu Seigneur, le chérubin, on dirait vraiment qu'elle comprend.

— Ce n'est pas ainsi que je l'entends et que le voudrait M. Mellier, répondit Rouvenat. Vous êtes la nourrice de la petite, c'est convenu ; mais il ne faut pas qu'elle devienne pour vous une gêne ; au contraire. Chaque mois vous recevrez quarante francs.

— Quarante francs ! s'écria-t-elle abasourdie ; mais c'est trois fois plus qu'il n'en faut.

— C'est possible, mais M. Mellier le veut.

— Alors, au lieu qu'elle soit une gêne, elle va nous enrichir.

— Ses mois de nourrice vous aideront à élever vos trois enfants.

Rouvenat tira deux pièces d'or de sa poche et les mit dans la main de la femme en disant :

— Voilà le premier mois.

Claude Perny rentra. Sa femme lui apprit ce qui venait de se passer.

— Je savais déjà que ma femme désirait garder la petite; elle l'aurait élevée pour rien, dit-il simplement.

— Monsieur Rouvenat, reprit la nourrice, nous devrons la baptiser.

— C'est vrai; eh bien! nous la baptiserons demain, après l'enterrement de sa mère.

— Quel nom lui donnera-t-on?

— Je n'en sais rien encore; j'y penserai.

Ayant quitté Claude Perny et sa femme, Rouvenat s'occupa activement de tout ce qui concernait les obsèques de Geneviève. Comme il l'avait annoncé, il veilla toute la nuit auprès de la morte, en compagnie de plusieurs femmes.

A neuf heures, Geneviève fut ensevelie et mise dans le cercueil. L'enterrement eut lieu à onze heures. Dans l'après-midi, l'enfant fut porté à l'église pour y être baptisé.

Pierre Rouvenat était le parrain, la marraine une des femmes qui avaient veillé avec lui près de la morte.

La petite fille reçut le nom de Blanche.

Rouvenat fit un cadeau à la marraine, acheta quelques livres de bonbons, qui furent distribués aux enfants du village par les soins de cette dernière, et tout fut dit.

Rouvenat revint à la maison de Jean Renaud, ferma les volets de toutes les fenêtres, puis la porte à double tour, mit la clef dans sa poche et reprit le chemin du Seuillon.

Il raconta au fermier ce qu'il avait fait.

— C'est bien, répondit Jacques Mellier.

. . . .

La petite Blanche resta chez sa nourrice jusqu'à l'âge de deux ans. Alors elle vint à la ferme. Elle fut confiée aux soins d'une gouvernante que Rouvenat était allé chercher à Lure.

Sous peine d'être immédiatement renvoyés du Seuillon, il fut défendu aux domestiques, ainsi qu'aux gens du dehors, de parler jamais devant l'enfant de Jean Renaud et même de sa mère.

Rouvenat avait son idée. La petite Blanche l'appelait parrain; on l'habitua à donner à Jacques Mellier le nom de papa.

Le fermier laissa faire. Il ne pouvait pas s'opposer à ce que Rouvenat voulait. Depuis plus d'un an déjà, courbé sous le poids du remords, allant et venant sans volonté, comme une machine, il avait volontairement remis toute son autorité dans les mains de son vieux serviteur, de son fidèle ami.

Du reste, ce que Rouvenat avait prévu arriva: Jacques Mellier ne tarda pas à éprouver pour l'enfant de l'homme qui s'était fait condamner à sa place une tendresse passionnée. Ne sortant presque jamais, il aimait à l'avoir près de lui;

c'étaient ses meilleurs instants; il ressentait alors comme de la joie. Il la prenait volontiers sur ses genoux, et souvent, subitement attendri, il l'embrassait fiévreusement, probablement en pensant au malheureux Jean Renaud.

Entourée de soins et d'affection, Blanche grandit et s'épanouit comme une fleur plantée en bonne terre. A cinq ans, toujours délicate et frêle, mais vive, gaie, gracieuse, aimante, ayant déjà des reparties charmantes, elle était gentille à croquer. Mellier ne pouvait plus se passer d'elle. Rouvenat l'adorait, il en était fou!

Cependant le vieux serviteur n'oubliait pas la fille de son maître. On n'avait plus entendu parler d'elle. Qu'était-elle devenue? La malheureuse jeune fille, dans sa douleur, poursuivie par la misère, avait-elle mis fin à ses jours?

Souvent on rencontrait Rouvenat au milieu des champs, rêveur, le front incliné vers le sol. C'est qu'alors il pensait à Lucile.

A la ferme, on ne prononçait plus son nom. Les domestiques ne l'osaient pas, sans savoir pourquoi. Jacques Mellier l'avait-il oubliée complétement ou regrettait-il de l'avoir chassée? Rouvenat n'aurait su le dire.

Dans les premiers temps, à Frémicourt et plus loin, la disparition de la demoiselle du Seuillon, comme on l'appelait, causa une assez vive émotion; on parla tout bas, on fit de nombreuses suppositions, mais on se garda bien d'élever la voix trop haut. Puis cela s'effaça comme le souvenir du crime dont Jean Renaud subissait la peine.

Ce dernier, d'après des renseignements certains, transmis à Rouvenat, avait été compris dans le nombre de quarante forçats extraits du bagne de Toulon et récemment transportés à Cayenne.

Or plus de cinq ans s'étaient écoulés depuis le crime du 24 juin 1850. On était en décembre; il faisait un grand froid et la neige couvrait la vallée de la Sableuse.

Un matin, Pierre Rouvenat reçut une lettre, ce qui lui arrivait quelquefois depuis qu'au nom de son maître il traitait les affaires de la ferme.

Il l'ouvrit, et nous n'avons pas besoin de dire avec quelle surprise et quelle émotion il lut les lignes suivantes :

« Mon bon Pierre,

« Je suis à Saint-Irun, hôtel des *Chiens blancs*. Si vous avez encore un peu d'amitié pour moi, venez me voir; vous demanderez la dame étrangère. Ne dites rien à mon père.

« Lucile. »

Rouvenat porta la lettre à ses lèvres et se mit à sangloter.

Une heure après, il était en route pour Saint-Irun.

XIX

OU L'ON REVOIT LUCILE MELLIER.

Le père Bertaux, l'honnête aubergiste de Saint-Irun, était mort subitement, l'année précédente, d'une attaque d'apoplexie foudroyante. Son neveu et unique héritier, qui portait aussi le nom de Bertaux et demeurait alors à Port-d'Atelier, où il ne faisait pas de brillantes affaires, était venu s'installer à Saint-Irun en prenant possession de l'auberge de son oncle. Il ne connaissait pas Pierre Rouvenat et encore moins Lucile Mellier.

C'est à lui que Rouvenat s'adressa en entrant dans l'auberge.

Bertaux II, successeur de Bertaux Ier, son bonnet de coton à la main, salua gracieusement, comme un aubergiste sérieux, qui veut se faire une bonne clientèle, et répondit avec empressement :

— Je vais vous conduire à la chambre de la jeune dame.

Ils montèrent au premier, et, s'arrêtant devant une porte, le complaisant aubergiste cria :

— Madame, c'est une visite pour vous.

Puis, sans attendre qu'on le remerciât, il descendit rapidement l'escalier pour retourner à ses occupations.

La porte s'ouvrit. Rouvenat entra.

Lucile Mellier jeta un cri de joie et se précipita dans ses bras en pleurant.

Il regardait sa jeune maîtresse, sans pouvoir se rassasier du plaisir qu'il éprouvait.

Lucile était bien changée ; elle avait les joues creuses, les traits tirés, et on découvrait déjà de nombreuses rides sur son front. Il était facile de constater les ravages causés par la douleur, la misère peut-être.

— Ma chère Lucile, ma pauvre enfant, dit Rouvenat avec des larmes dans la voix, c'est bien vous, je vous revois... Ah! méchante, méchante enfant, pourquoi êtes-vous restée si longtemps sans me donner de vos nouvelles? Voyons, est-ce que vous avez douté un instant de votre ami dévoué Pierre Rouvenat?

— Oh! non, mon bon Pierre, je vous le jure!...

— Eh bien! il fallait m'écrire, me dire où vous étiez...

— Je n'ai pas osé.

— Cela, c'est mal. Mais n'en parlons plus ; maintenant je sais ce que j'ai à faire.

— Pierre, que voulez-vous dire ?

— Ce que je veux dire? que je vous emmène à la ferme, voilà tout.

— Jamais! s'écria Lucile en frissonnant.

— Lucile, avez-vous donc peur d'être mal reçue? reprit Rouvenat tristement. Vous viendrez avec moi, et il faudra bien que votre père vous ouvre ses bras. Est-ce que vous croyez qu'il vous chasserait encore? Non, non, il ne le fera pas... D'ailleurs je suis là, il ne l'oserait...

— Pierre, vous oubliez ce qui s'est passé, vous ne vous souvenez plus que je suis une fille maudite, et que Jacques Mellier, mon père, en brisant mon bonheur, m'a condamnée pour toujours à une vie de souffrances et de misères. Je subirai jusqu'au bout ma fatale destinée! Mais quand il serait tout prêt à m'accorder son pardon, non-seulement je ne ferais pas un mouvement pour l'obtenir, mais je le repousserais...

— Oh! Lucile!

— Oui, je le repousserais, continua-t-elle avec animation, car moi je ne veux pas pardonner! Mais n'aurais-je pas été chassée de la maison où ma mère m'a malheureusement mise au monde, je l'eusse quittée volontairement. Pierre, je ne remettrai jamais les pieds sous le toit de Jacques Mellier!

— Lucile, vous ne savez pas comme il souffre, le malheureux! le remords l'accable, le tue.

— Il l'a mérité. Cependant, Pierre, je n'oublie pas qu'il est mon père. J'aurais éprouvé de la satisfaction, de la joie, en apprenant le contraire, en le sachant heureux.

— Hélas! malgré sa grande fortune, il n'y a plus de bonheur possible pour lui.

— Comme pour moi, Pierre; partout où j'irai, je continuerai à traîner le poids de la malédiction dont je suis frappée! Je n'ai pas même l'espoir d'inspirer toujours un peu de pitié aux étrangers, et de recevoir d'eux le pain qu'ils me donnent en échange du travail de mes mains.

— Mon Dieu! mon Dieu! gémit Rouvenat.

— Oh! je ne me plains pas, reprit Lucile avec une sorte d'égarement; je ne veux pas me plaindre! Quelque triste qu'il soit, il faut que mon sort s'accomplisse. La mort, qui serait pour moi la délivrance, la mort me fait peur, m'épouvante... Oh! ce n'est point parce que je trouve qu'il est bon de vivre; un peu plus tôt, un peu plus tard, il faut bien qu'on meure. La mort, je la désirerais, je la souhaiterais ardemment si je le pouvais, si j'en avais le droit; mais je ne le peux pas. Je ne suis pas seule, Pierre, je dois vivre... pour lui.

Rouvenat tressaillit et la regarda avec étonnement.

Sans rien remarquer, elle poursuivit d'une voix vibrante:

— Si j'étais seule, misérable, brisée, meurtrie, sans espoir, mais sans crainte, calme et résignée, je m'en irais droit devant moi, jusqu'à ce que j'arrive au bout du chemin; il n'en est pas ainsi; pour lui, je suis inquiète, tourmentée, et je me demande avec angoisse quel sort affreux lui est réservé.

LA FILLE MAUDITE

Lucile Mellier jeta un cri de joie, se précipita dans ses bras en pleurant. (Page 96.)

— Lucile! s'écria Rouvenat, de qui parlez-vous donc?
— Ah! c'est vrai, vous ne savez pas... Je parle de mon enfant, Pierre, de mon fils!...
— Votre fils! exclama le vieux serviteur en proie à une vive agitation. Ainsi, Lucile, vous êtes mère et vous refusez de revenir au Seuillon!
— Pierre, je vous en ai dit la raison.
— Quoi! reprit Rouvenat en marchant à grands pas dans la chambre et

comme se parlant à lui-même, Lucile a un enfant, un fils, et ce pauvre petit innocent serait renié, abandonné, livré à la misère, déshérité de tout, quand il y a une fortune qui devrait être à lui!...

— Pierre, l'enfant de Lucile héritera de sa mère; comme moi il sera malheureux!

Elle se mit à pleurer.

— Tonnerre! jura-t-il en agitant ses grands bras, voilà ce que je ne souffrirai pas... Non, c'est impossible, cela ne peut pas être, ce serait inique, abominable, odieux! Ah! mais je suis là!... Il faudra bien qu'on m'entende...

— Pierre, vous ne direz rien, vous ne ferez rien.

— Lucile, je ne vous écoute pas. Il ne s'agit plus de vous seulement en ce moment, mais aussi de votre enfant. Où est-il?

Lucile marcha vers le lit dont les rideaux étaient tirés et les écarta.

— Le voilà, dit-elle.

Le bruit fait autour de lui avait réveillé l'enfant, et, depuis un instant, il écoutait assis sur le lit.

Rouvenat s'approcha vivement. Il se sentit remuer jusqu'au fond du cœur en voyant la charmante figure du petit garçon, ronde, fraîche, animée, mutine.

— Quel est son nom? demanda-t-il.

— Je lui ai donné celui de son père.

— Edmond!

Il prit le *bambino* dans ses bras et le mangea de caresses.

— Maman, qui donc est ce monsieur? demanda tout à coup le petit garçon.

— Un ami, répondit Lucile.

— Il m'embrasse, il n'est pas méchant: pourquoi te fait-il pleurer?

— Mais tu te trompes, je ne pleure pas.

— Si, si, tu pleures! je le vois bien.

— Oh! le cher amour! fit Rouvenat saisi d'admiration et redoublant ses caresses; mais il est adorable!

La jeune mère ébaucha un sourire au milieu de ses larmes.

Le petit ayant manifesté le désir d'être libre, Rouvenat le posa sur une peau de mouton qui servait de descente de lit.

Lucile s'étant assise devant le feu, il prit un siège en face d'elle.

— Maintenant, ma chère maîtresse, dit-il, — car rien n'est changé, je suis toujours votre vieux et dévoué serviteur, — apprenez-moi donc ce que vous êtes devenue depuis ce jour terrible où vous avez quitté le Seuillon.

— Je vais vous le dire, Pierre; ce n'est pas bien long. Je marchai pendant plusieurs jours, sans aucune idée et sans même songer à me demander où j'allais. J'étais comme folle. Je ne m'arrêtais dans le jour que pour prendre un peu de nourriture, et la nuit pour dormir pendant deux ou trois heures, ce qui suffisait à mon repos. Quelque chose comme une grande surexcitation nerveuse me soutenait et me donnait une force que je ne croyais pas avoir en moi.

« J'avais emporté les quelques bijoux qui me venaient de ma mère et ma bourse de jeune fille. Cela m'a été d'un grand secours, car, trop peu hardie pour oser mendier un morceau de pain le long de la route, je serais certainement morte de faim.

« Un jour, mes souliers usés, déchirés, mes pieds enflés, meurtris, sanglants, mes jambes brisées refusant de me porter plus loin, exténuée, rompue, mourante, je tombai sur la route à l'entrée d'un petit village. De braves gens me recueillirent chez eux.

« J'aurais été bien embarrassée pour dire le chemin que j'avais fait et pour nommer les villages ou seulement les villes que j'avais traversés avant d'arriver là. Je me trouvais au milieu des montagnes du Jura.

« Les bonnes gens qui m'avaient prise en pitié purent mettre un lit à ma disposition et je pris pension chez eux, tout en cherchant à me rendre utile autant que possible dans la maison. Non moins discrets qu'hospitaliers, ils ne me questionnèrent point ; je pus donc facilement leur cacher qui j'étais et d'où je venais. Je ne leur livrai que mon nom de Lucile. Mais ma position avait sauté aux yeux de la femme, et un jour j'entendis qu'elle disait à son mari : « Bien sûr, c'est « une jeune demoiselle de bonne maison ; elle a été trompée par un de ces jolis « cadets comme il y en a partout, qui, après avoir fait le mal, manquent de « courage et surtout de cœur pour le réparer; la pauvre chère a eu honte et, dé- « sespérée, elle s'est enfuie loin du toit paternel. » Je devins mère, je voulus nourrir moi-même mon enfant ; mon argent s'épuisa et, successivement, je fis vendre tous mes bijoux.

— Lucile, pourquoi ne m'avez-vous pas écrit ? demanda Rouvenat très-ému. Vous saviez que je n'ai jamais touché à la ferme le prix de mon travail et que j'ai des économies.

— Oh! j'étais bien sûre, mon bon Pierre, que tout ce que je vous aurais demandé, vous vous seriez empressé de me l'envoyer ; mon père lui-même ne m'aurait rien refusé. Mais je ne l'ai pas voulu.

— D'ailleurs vous avez le droit, dès aujourd'hui, de réclamer la fortune de votre mère.

— Pierre, je ne réclame rien ; je ne me reconnais et ne veux jamais me reconnaître aucun droit. Plus je suis malheureuse, plus ma détresse devient grande, plus je me roidis dans ma fierté. Pierre, il y a Dieu au-dessus de tout ; ce que je suis, il le veut ; ce que je deviendrai, il le sait. La malédiction de mon père pèse lourdement sur ma tête ; si parfois l'esprit de révolte essaye de parler en moi, pour lui imposer silence je jette ce cri douloureux : « Je suis maudite ! je suis maudite ! »

— Oh ! c'est affreux ! murmura Rouvenat.

— Quand je n'eus plus d'argent, que toutes mes ressources furent épuisées, continua Lucile, je dus songer à gagner ma vie et celle de mon enfant. Je travaillai. Mes mains s'y sont habituées. Avec les femmes et les filles du village, j'allai aux champs récolter la gentiane et au bois faire l'écorce.

Rouvenat s'empara de ses deux mains, qui n'étaient plus douces et blanches comme autrefois, et, silencieusement, les couvrit de baisers.

XX

L'ÉPARGNE DE ROUVENAT

Après un moment de silence, Lucile continua :

— On ne gagne guère à ce métier que font les femmes des pays de montagnes ; cependant on vit tout de même parce qu'on sait se contenter de peu. Toutes les semaines, je parvenais à mettre quelques sous de côté, en me privant, par exemple ; il y a tant de petites dépenses imprévues à faire pour les enfants ! Voilà, Pierre, voilà comment j'ai vécu, pensant au Seuillon souvent, et pleurant toujours le père de ce pauvre petit.

« L'unique plaisir que je me sois donné pendant ces cinq ans et demi a été de lire et relire une douzaine de vieux livres, qui se trouvaient au village et qu'on voulut bien me prêter. Sachant que j'aimais la lecture et désireuses de m'être agréable, de temps à autre, des femmes m'apportaient toutes les feuilles imprimées qu'elles trouvaient ; c'étaient presque toujours de vieux journaux achetés à la ville ou venus de Paris et d'ailleurs, par hasard.

« Un jour, dans un numéro de journal, vieux déjà de plusieurs mois, je lus avec stupéfaction et terreur le compte rendu de l'affaire Jean Renaud aux assises de la Haute-Saône. Je compris tout : pour qu'on ne cherchât point le vrai coupable, il souffrit qu'on l'accusât et qu'on l'appelât assassin ! Pour sauver mon père, Jean Renaud se fit condamner ! C'est l'héroïsme du dévouement !..

« Je tombai sur mes genoux en sanglotant, et je priai pour lui toute la journée. Hélas ! je pensais aussi à la pauvre Geneviève. Pierre, que fait-elle ?

— Geneviève est morte, répondit Rouvenat.

Lucile laissa échapper un gémissement et baissa la tête.

— Et tout cela à cause de moi, murmura-t-elle d'un ton douloureux. Pierre, Pierre, vous le voyez, je suis bien maudite !... Et son enfant, s'écria-t-elle, son enfant ?...

— Une petite fille, tout à fait gentille ; elle est à la ferme. Votre père l'élève et se chargera de son avenir

— Ah! c'est bien, c'est très-bien! s'écria-t-elle avec une soudaine explosion de joie. Pierre, mon père ne fera jamais assez pour cette enfant. Rien, rien ne remplace une mère! Ah! veillez sur elle, aimez-la bien et faites-lui une vie heureuse!

— Elle est ma filleule, dit Rouvenat; je suis un peu son père.
— Comment l'appelez-vous?
— Blanche..
— Blanche, un joli nom!
— Lucile, reprit Rouvenat, ne parlons pas des autres en ce moment, mais de vous et de votre cher enfant. Vous ne m'avez pas encore dit pourquoi vous êtes venue à Saint-Irun.
— C'est vrai, Pierre. Je vous ai dit que chaque semaine je mettais une petite somme de côté, extraite du prix de mes journées, afin d'avoir à un moment donné une réserve. Il y a quelques jours, je comptai mes économies; j'avais plus de cent francs. Alors, Pierre, l'idée me vint d'un pieux pèlerinage au cimetière de Frémicourt. C'est là qu'on l'a enterré, n'est-ce pas?
— Oui.
— A quel endroit?
— Dans le coin, derrière le vieux tilleul.
— Merci, Pierre; je vois d'ici la place qu'il occupe.
— Du reste, à l'endroit, il y a une pierre. Mais, Lucile, irez-vous donc à Frémicourt au risque d'être reconnue? Et, si cela arrive, que ne dira-t-on pas? Lucile, les méchants sont bien à craindre.
— Rassurez-vous, Pierre; c'est la nuit que j'irai à Frémicourt; c'est à l'heure où tout le monde dort que j'entrerai au cimetière et que je m'agenouillerai avec mon enfant sur la terre qui recouvre son père; je veux aussi dire une prière sur la tombe de ma mère.
— Ainsi, Lucile, c'est pour cela seulement que vous êtes venue? Je croyais...
— Que croyiez-vous, Pierre?
— Que vous me demanderiez quelque chose, sinon pour vous, Lucile, mais pour ce pauvre petit innocent.
— Je vous l'ai déjà dit, Pierre, répliqua-t-elle d'un ton bref, je ne veux rien, et jamais, jamais je ne demanderai rien à mon père.
— Je trouve cela déraisonnable, dit Rouvenat tout contrit, et si je vous connaissais moins, Lucile, je penserais que vous êtes une mauvaise mère.
— Dieu voit dans mon cœur, répondit-elle.
Le vieux serviteur comprit qu'il combattrait en vain sa résolution.
— Combien de jours resterez-vous à Saint-Irun? lui demanda-t-il.
— Maintenant que je vous ai vu, mon bon Pierre, je n'ai plus rien à faire ici; je partirai la nuit prochaine.

— Lucile, vous resterez un jour de plus, je vous le demande comme une grâce.
— Pourquoi, Pierre?
— Pourquoi? Une idée que j'ai ; je veux revenir vous voir demain.
— Eh bien! pour vous revoir, je serai encore ici demain toute la journée.

Rouvenat se leva, serra Lucile dans ses bras tremblants, embrassa le petit Edmond et sortit en disant :
— A demain.

Il était nuit quand il rentra au Seuillon. Sans entendre la voix de la servante, qui l'invitait à se mettre à table, il monta à la chambre du fermier.
— Où donc es-tu allé aujourd'hui? lui demanda ce dernier ; tu es parti sans rien dire à personne.
— Je suis allé à Saint-Irun.
— Pour affaire?
— Pour voir ta fille, répondit brusquement Rouvenat.
— Lucile! exclama le fermier en tressaillant.
— Oui, Lucile qui souffre, qui est malheureuse, qui est dans la misère, et qui, pour gagner le morceau de pain qui la fait vivre, en est réduite à aller dans les bois arracher l'écorce des arbres.

Le visage du fermier s'assombrit encore.
— Jacques, continua le vieux serviteur, si tu allais la trouver toi-même, peut-être consentirait-elle à revenir ici. Dis, Jacques, le veux-tu ?
— Non, répondit-il sourdement.
— Ainsi, tu n'es pas touché de son malheur; quand je te dis qu'elle est dans la plus effroyable misère, qu'elle souffre du froid, de la faim, de toutes les privations, tu ne sens pas ton cœur se briser!... Et si encore elle était seule!... mais elle a un enfant, Jacques, un enfant, un fils, beau comme le jour.

Le fermier releva brusquement la tête, des lueurs fauves passèrent dans son regard et ses mains se crispèrent sur les bras de son fauteuil.
— Je comprends, reprit tristement Rouvenat, l'heure n'est pas encore venue ; mais souviens-toi de ce que je vais te dire, Jacques : un jour, qui n'est peut-être pas bien éloigné, c'est aux genoux de ta fille, versant des larmes, sanglotant, que tu la supplieras de venir reprendre la place qui lui appartient dans cette maison !

Mellier garda un sombre silence.
— Quoi ! poursuivit Rouvenat avec violence, Lucile Mellier, la fille de mon maître, serait condamnée à travailler comme une mercenaire, pour ne pas mourir de faim, quand il y a ici abondance de tout, la richesse !... Non, c'est impossible ! c'est impossible !
— Je suis prêt à lui rendre la dot de sa mère, dit froidement le fermier.
— Ce qu'il faudrait lui rendre d'abord, Jacques, c'est ton cœur. La dot de sa

mère, de l'argent! mais elle le refuserait avec indignation, avec colère!... Elle ne veut rien, entends-tu, Jacques, rien!... Ah! elle te ressemble bien, va... Elle a ta fierté superbe, ta volonté terrible, ton orgueil funeste! Comme toi, elle est impitoyable, même pour elle!

— Alors, qu'elle fasse ce qu'elle voudra.

Ces paroles cruelles furent suivies de quelques minutes de silence.

— Jacques, reprit Rouvenat d'une voix oppressée, j'ai commencé à rendre des services à la ferme dès l'âge de douze ans; or, depuis plus de quarante ans, j'ai servi ton père d'abord, toi ensuite. On m'a mis à l'école, on m'a logé, habillé, nourri... Cela me suffisait, je n'avais pas besoin d'autre chose, je n'ai jamais rien demandé. Cependant, Jacques, ne crois-tu pas qu'il m'est dû quelque chose?

— Oui, certes, sans compter ma reconnaissance pour toutes les preuves d'amitié et de dévouement que tu m'as données. Mais où veux-tu en venir?

— Je désirerais que nous fissions mon compte ensemble.

— Ah! est-ce que tu veux me quitter?

— Te quitter, Jacques! y penses-tu? A moins que tu ne me chasses, j'espère bien mourir au Seuillon, comme mon père et ma mère y sont morts!

— Je croyais... Enfin, tu réclames ce qui t'est dû, c'est ton droit. Fais ton compte toi-même.

— Si je dis cinq cents francs par an depuis quarante ans, cela ferait vingt mille francs.

— Et tu calculerais fort mal, Pierre, car il reste les intérêts accumulés de ton capital successivement augmenté.

— Alors?...

— Tes vingt mille francs sont au moins triplés.

Rouvenat eut un éblouissement.

— Est-ce que tu veux changer le placement de ton argent? demanda Mellier.

— Non, répondit le vieux serviteur avec embarras; mais, vois-tu, je voudrais avoir dans les mains une assez forte somme; je le ferais peut-être valoir... Tu sais, Jacques, on ne peut pas prévoir ce qui peut arriver...

Le fermier n'eut pas de peine à deviner ce qu'il voulait cacher, et, malgré lui, il se sentit profondément ému.

— Tiens, dit-il, voilà la clef du coffre-fort; prends ce que tu voudras.

Rouvenat ouvrit la caisse, où des valeurs diverses se trouvaient entassées, et prit douze rouleaux d'or de mille francs, qu'il posa sur la table devant Mellier.

— Trouves-tu que c'est trop? lui demanda-t-il timidement.

— Non, puisque je te dois bien davantage.

Le visage du vieux serviteur s'illumina.

Il referma le coffre-fort et rendit la clef à son maître.

Ce dernier ne lui fit aucune question et ne laissa point voir qu'il avait deviné sa pensée.

Un instant après, Rouvenat se retira emportant son trésor, qu'il cacha sous le traversin de son lit.

Il se coucha de bonne heure, mais il ne put fermer l'œil de la nuit. Il avait toujours devant lui Lucile et son enfant, et il croyait toujours entendre résonner à ses oreilles ces cris désespérés de sa malheureuse maîtresse :

— Je suis maudite! je suis maudite!

Il se leva avec le jour, s'habilla, fourra les rouleaux d'or dans toutes ses poches, et sans rien dire à personne, comme la veille, il se mit en route pour Saint-Irun.

Lucile l'attendait. Le petit Edmond, l'ayant reconnu, vint se jeter dans ses jambes en lui tendant ses petits bras.

— Cher mignon, dit Rouvenat attendri en l'embrassant, toute la nuit j'ai pensé à toi; va, pas plus que ta mère, je ne t'oublierai jamais. En attendant que j'aie le bonheur de te voir courir et te rouler dans la prairie du Seuillon, je t'ai apporté un petit cadeau.

Il s'assit, tenant l'enfant sur ses genoux, et commença à vider ses poches sur la robe de la jeune mère.

— Pierre, vous m'avez trahie! s'écria-t-elle; reprenez cet or, je n'en veux pas; je vous ai pourtant dit que je n'accepterais rien de mon père!

— Cet or est à moi, Lucile, répondit fièrement Rouvenat; je l'ai gagné par mon travail, et vous me reconnaîtrez, j'espère, le droit de le donner à votre enfant.

Lucile éclata en sanglots.

Le petit garçon s'échappa des bras de Rouvenat, glissa sur le plancher, et s'accrochant à sa mère :

— Maman, lui dit-il d'une voix touchante, qui révélait une sensibilité exquise, voilà encore que tu pleures comme hier et toute la nuit. Tu veux donc toujours pleurer?...

Lucile prit l'innocent dans ses bras et le pressa contre son cœur avec une tendresse passionnée. Puis, tendant la main à Rouvenat :

— Pierre, mon seul ami, dit-elle d'un ton pénétré, ce pauvre petit saura votre dévouement et ne vous oubliera jamais. Eh bien! oui, mon bon Pierre, j'accepte votre don pour lui. Merci, merci!

— Lucile, est-ce que vous allez retourner là-bas, au pays des montagnes?

— Oui, c'est mon intention.

— C'est bien loin.

— En effet, mais j'y ai trouvé un peu de tranquillité.

— Ma chère maîtresse, je voudrais vous demander de me faire une promesse.

— Laquelle, Pierre?

— Celle de m'écrire quelquefois.

— Où donc es-tu allé aujourd'hui? lui demanda Mellier ; tu es parti sans rien dire à personne. (Page 102.)

— Je vous le promets.
— Et, si vous aviez besoin de quelque chose, de ne pas craindre de me le dire.
— Pierre, je vous le promets encore.
Un éclair de joie éclata dans le regard du vieux serviteur.
Il était plus de deux heures lorsqu'il songea à retourner au Seuillon.
Les adieux furent touchants.

XXI

UNE NUIT DE DÉCEMBRE

— Brave et bon cœur ! pensait Lucile ; je ne le reverrai probablement jamais.

Dans la soirée, elle paya ses dépenses et, à huit heures, elle quitta l'auberge, au grand ébahissement de maître Bertaux, qui ne comprenait point qu'une femme pût avoir la folle idée de voyager par une nuit d'hiver avec un jeune enfant.

Certes, c'était pour le moins une grande imprudence ; mais, poursuivie par son idée fixe, Lucile ne raisonnait pas.

Le ciel était couvert, la nuit sombre, le froid humide et pénétrant.

Lorsqu'elle arriva à Frémicourt, une neige fine commençait à tomber.

La mère et l'enfant pénétrèrent dans le cimetière. Tous deux s'agenouillèrent sur une tombe, puis sur une autre. Ils restèrent là moins de dix minutes. La neige continuait à tomber, toujours fine, mais plus serrée.

L'enfant grelottait, ses petites dents battaient l'une contre l'autre ; mais il montrait un courage extraordinaire. La mère le prit dans ses bras, l'enveloppa le mieux qu'elle put dans un pli de son châle de laine et s'élança dans la direction de Terroise.

En traversant ce village, l'idée de s'y arrêter et d'y passer la nuit lui vint. La crainte d'être reconnue lui fit poursuivre son chemin.

Déjà fatiguée, hors d'haleine, elle essaya de faire marcher l'enfant ; mais ses jambes et ses pieds engourdis par le froid ne pouvaient plus le porter. Elle reprit dans ses bras ; il pleurait silencieusement. A son tour elle pleura. Elle commençait à reconnaître combien elle avait été imprudente.

La neige tombait toujours, chassée avec violence par un vent d'est qui s'était mis à souffler très-fort. A chaque instant elle était aveuglée et la force de la bourrasque la faisait chanceler. Elle n'avançait plus qu'avec peine. Le reste de ses forces s'épuisait dans cette lutte contre les éléments déchaînés. La malheureuse sentait son enfant frissonner contre elle ; elle l'entendait pousser des gémissements qui étaient pour son cœur autant d'atroces déchirements. Elle regardait devant elle aussi loin que sa vue pouvait porter, mais elle ne voyait rien sur la route déserte et glissante ; pas une maison, pas un être humain, pas un abri. Son âme était torturée par d'horribles angoisses.

L'enfant poussa un cri auquel elle répondit par un cri d'épouvante. Elle éleva le visage glacé du pauvre petit jusqu'à ses lèvres et le couvrit de baisers délirants.

— Je voudrais dormir, murmura l'enfant d'une voix à peine distincte.

Elle poussa une sorte de rugissement et cria :
— Maudite! maudite!

Elle ôta complétement son châle; elle avait sur les épaules un fichu de laine noire fait au crochet, elle l'enleva aussi et le noua autour du cou de l'enfant, puis elle l'enveloppa dans le châle, laissant juste l'ouverture nécessaire pour qu'il pût respirer.

Mais elle n'était plus couverte, la neige tombait maintenant sur son cou et, fondant lentement, coulait en eau glacée dans son dos et sa poitrine haletante. Le froid la saisit tout à coup, elle se sentit glacée jusqu'à la moelle des os. Il se fit dans ses oreilles un bourdonnement étrange, comme un bruit de cloches lointaines sonnant un glas funèbre. Sa vue s'obscurcit, il lui sembla que devant elle dansaient des spectres grimaçants.

Alors la peur, à son tour, s'empara d'elle. Oui, elle eut peur, peur de la mort!...

Elle remplit d'air ses poumons, et avec un reste d'énergie désespérée elle appela :
— Au secours! au secours!

Sa voix se perdit dans un sifflement du vent.

Elle fit encore quelques pas en chancelant; puis le nuage qui couvrait ses yeux s'épaissit, elle ne vit plus rien. Ses deux jambes fléchirent ensemble; dans un râlement, elle jeta ce dernier cri :
— Maudite!

Et elle tomba en travers de la route, sans lâcher son enfant, qu'elle étreignait dans ses bras roidis.

La secousse fut violente. Le petit se réveilla en sursaut. Bien garanti du vent, de la neige et du froid, il s'était peu à peu réchauffé. Ne se sentant plus bercé par le mouvement de la marche, il glissa dans son enveloppe et sortit sa tête. Il vit sa mère sans mouvement étendue sur la neige.

Aussitôt il se mit à pousser des cris perçants, sans écho sur ce coin de terre désolé.

Mais, comme si le ciel se fût subitement trouvé satisfait, la neige cessa de tomber; une dernière bourrasque tourbillonna sur le lieu du drame et la tempête passa, allant porter plus loin son souffle furieux.

Sur la même route, en arrière, deux voitures bien fermées, traînées par des chevaux efflanqués, s'avançaient lentement. Les sabots des chevaux, mal ferrés, s'enfonçaient dans la neige et glissaient sur la terre gelée. Ces deux voitures appartenaient à des saltimbanques qui, revenant d'une foire, se rendaient à Gray.

Dans la première voiture, enveloppés dans de vieux manteaux, des couvertures de laine trouées, des lambeaux d'étoffes de toutes couleurs, des hommes, des femmes, des enfants étaient couchés pêle-mêle, les uns sur de minces matelas, les autres sur de la paille.

C'était un mélange bizarre de visages vieux et jeunes, plutôt laids que beaux, de regards sombres, de traits contractés par la souffrance ou les soucis du lendemain, de tristesse profonde et de gaieté stupide ou navrante ; l'image, enfin, de ce que la misère peut montrer de plus douloureux.

C'était bien la misère, en effet, qui avait rassemblé ces hommes et ces femmes déclassés, destinés fatalement à souffrir ensemble.

Cependant la troupe entière n'était pas dans la voiture. Deux hommes, dont le plus âgé pouvait avoir trente ans, en étaient descendus. Ils marchaient en avant, les mains dans leurs poches, la tête baissée, et à si peu de distance du premier cheval qu'ils sentaient par instants la vapeur chaude qui s'échappait de ses naseaux.

Tout en marchant, ils causaient. Naturellement ils se plaignaient de leur triste destinée.

Le plus âgé était le paillasse, le pitre de la troupe, celui qui recevait les coups de pied des uns, les gifles des autres avec force grimaces, contorsions, pleurs ou éclats de rire. Il faut bien amuser le public qui regarde !

L'autre, un grand garçon de vingt-cinq ans environ, jouait les premiers rôles : Buridan dans la *Tour de Nesle*, le comte de *Geneviève de Brabant*, et je ne sais plus quoi dans la *Pie voleuse ou la Servante de Palaiseau*.

Il portait des moustaches et avait les cheveux coupés courts.

Son compagnon, au contraire, avait la figure rasée et ses cheveux longs et plats tombaient sur son cou tout autour de sa tête.

Autant le plus jeune avait l'air fier, content et sûr de lui, autant le paillasse paraissait humble, timide, désolé. Il y avait de l'amertume dans le pli de ses lèvres, quelque chose de triste et de résigné dans l'éclat de son regard. Si bas qu'il fût tombé, ce malheureux n'avait pas perdu toute conscience de sa dignité ; un peu de l'homme subsistait encore en lui.

— Tu te plains, Paillasse, dit le Buridan continuant la conversation, et cependant tu manges à peu près tous les jours ; quand la recette a été bonne, n'as-tu pas, comme moi, ton demi-setier de vin et ta tasse de café ?

— Oui, je me plains, parce que ma mère, une brave femme qui demeurait à la Chapelle, près Paris, ne m'a pas mis au monde pour ce chien de métier que je fais.

— Madame ta mère était donc une princesse ?

— Non, mais c'était une honnête femme.

— Ah çà ! mon bel ami, te croirais-tu déshonoré parce que, quand la baraque est montée, tu fais une heure de parade afin d'allécher les bonnes gens qui ont quelques gros sous dans leurs poches ?

— Non, mais cela ne me plaît pas ; j'aimerais mieux faire autre chose.

— As-tu un autre état ?

— Hélas ! non ; seulement j'ai été à l'école et je sais lire et écrire.

— Aujourd'hui, mon pauvre Paillasse, tout le monde sait lire et écrire ; cela ne suffit pas, il faut du talent. Est-ce que tu crois que je n'ai pas travaillé pour arriver à remplir les premiers rôles dans la troupe du père Croquefer?

— Du talent, j'en ai peut-être, répondit modestement le paillasse.

L'autre haussa les épaules en riant.

— Si seulement tu avais fait tes classes... reprit-il ironiquement.

— Est-ce que tu es bachelier, toi?

— Non, mais je sais lire le latin.

A son tour, le paillasse ébaucha un sourire.

— Enfin quel serait ton rêve? interrogea le Buridan.

— Je voudrais pouvoir me mettre à mon compte.

— Et vendre?

— Je ne m'entendrais pas au négoce. Ce que je voudrais, ce serait d'avoir à moi, à moi seul, une petite voiture avec un cheval, une mule ou seulement un âne.

— Tu n'es pas dégoûté... Et avec cela?

— Avec cela, une douzaine de marionnettes habillées que j'irais faire causer de village en village pour amuser les petits enfants.

— Parbleu! répliqua l'autre avec son ton narquois, voilà un beau rêve, vraiment ; mais, mon cher Paillasse, il faudrait les faire parler, tes marionnettes. Premièrement, il faut avoir des pièces ; deuxièmement, il faut en savoir par cœur tous les rôles ; ensuite, faire la voix du vieillard, de l'enfant, celles de la mère, de la duègne, de l'amoureux, du traître, de la jeune fille...

— Oh! je saurais contrefaire ma voix ; quant à des pièces, j'en ai déjà trois ou quatre dans ma tête, toutes faites.

— Ah! c'est différent ; du moment que monsieur est auteur... M. Bouchardy et M. d'Ennery n'ont qu'à se bien tenir.

— Malheureusement...

— Achève, Paillasse, achève ; va! pendant que tu y es, ne te gêne pas ; il ne t'en coûtera pas davantage.

— Eh bien! ce qui me manque, c'est l'argent.

— Ah! la bonne histoire! s'écria le jeune homme en riant aux éclats. De l'argent! est-ce que nous savons le poids qu'il pèse, nous autres? Paillasse, si j'en avais, moi, est-ce que tu t'imagines que je serais sur la route à cette heure de la nuit, marchant dans la neige et grelottant de froid?

Le paillasse poussa un profond soupir et serra frileusement autour de lui son quart de manteau rapiécé.

A ce moment, les cris de l'enfant, à genoux près de sa mère immobile, frappèrent leur oreilles.

XXII

LA PAILLASSE

Les chevaux, sentant que quelque chose d'extraordinaire se passait sur la route, avaient dressé leurs oreilles, reniflé bruyamment, puis, finalement, s'étaient arrêtés.

Le paillasse et son compagnon étaient déjà auprès de l'enfant, qui continuait à remplir l'air de ses cris et de ses gémissements.

Ils virent la pauvre Lucile glacée, roide. Ils la relevèrent, ne pouvant dire si elle était morte ou s'il lui restait encore un souffle de vie.

Le paillasse, remarquant qu'elle avait à son bras un sac de cuir, le prit et le passa au sien.

Trois hommes étaient sautés lestement à bas de la voiture, que l'un d'eux fit avancer. Alors, sur l'ordre du chef, qui portait le nom caractéristique de Croquefer, la mère et l'enfant furent reçus dans la voiture par les femmes, qui s'empressèrent de donner des soins à Lucile et de réchauffer le pauvre petit qui était, lui aussi, dans un fort piteux état.

La malheureuse vivait encore ; mais on croyait à chaque instant qu'elle allait exhaler son dernier soupir.

Sous l'action de frictions énergiques et de quelques gouttes d'eau-de-vie qu'on parvint, non sans peine, à lui faire avaler, un peu de chaleur revint à ses membres paralysés. Elle ouvrit même les yeux, mais ils restèrent sans regard et sans lumière. Elle ne voyait pas. Entendait-elle ? On n'aurait pu le dire ; mais il y a lieu d'en douter. Son corps conservait la rigidité d'un cadavre, et son visage sans mouvement, mort ou paralysé comme le reste, ne pouvait indiquer qu'elle eût retrouvé la sensation.

Le petit Edmond, réchauffé, s'était endormi entre les pattes d'un gros chien de montagne à longs poils, qui lui léchait, sans s'arrêter, avec une sollicitude touchante, la figure et les mains.

Les hommes de la troupe devaient marcher en tête du premier cheval, probablement pour l'exciter, deux par deux, à tour de rôle, pendant une heure ou deux heures.

Buridan et Paillasse avaient été remplacés. Le premier était monté dans la première voiture. Encore un avantage, dû à la supériorité de son emploi, sur le pauvre paillasse qui n'était pas admis dans l'appartement roulant de l'aristocrate Croquefer.

Paillasse avait donc grimpé dans la seconde voiture, où, tant bien que mal, il s'était arrangé une niche parmi les toiles de la tente, les décors du théâtre et les bois du baraquement. Il était fort impressionnable, et il fut assez longtemps à se remettre de l'émotion que lui avait causée la douloureuse rencontre de tout à l'heure.

Alors il se souvint du sac de cuir qu'il avait pris au bras de la jeune femme, sans que son camarade, fort troublé d'ailleurs, s'en fût aperçu. Qu'en avait-il fait? Il ne se souvenait pas de l'avoir jeté dans la première voiture ; il l'avait donc apporté avec lui. Comme il lui était absolument interdit d'avoir de la lumière, par respect pour la propriété ambulante de l'honorable Croquefer, il sortit de sa niche et chercha dans la voiture, à tâtons, en rampant comme un boa. Au bout de quelques minutes sa main rencontra le sac. Il s'aperçut qu'il était peu rempli et cependant assez lourd. Il le secoua ; mais il n'y eut à l'intérieur qu'un bruit sourd. Peu à peu le démon de la curiosité s'empara du paillasse ; le sac était fermé, mais il avait senti la clef d'acier qui pendait attachée à l'anse. Après un moment d'hésitation, il mit la clef dans la serrure et le sac s'ouvrit.

Une voix lui criait :
— C'est mal, ce que tu fais !

Mais la curiosité fut plus forte que le cri de sa conscience ; il plongea sa main audacieuse jusqu'au fond du sac et palpa les rouleaux d'or.

— Je m'en doutais, murmura-t-il en frissonnant.

Il en prit un et le pesa dans sa main.

— C'est lourd, pensa-t-il ; ce doit être de l'or !

Il compta les rouleaux, il en mesura la longueur. Sa respiration était haletante. Malgré le froid, de grosses gouttes de sueur perlèrent sur son front. Il était comme pris de vertige. Il resta un instant immobile, accroupi, palpitant sur le sac ouvert.

— De l'or, un tas d'or, une fortune ! murmura-t-il.

Un nouveau frémissement passa sur tout son corps.

— J'ai pris le sac au bras de la femme, reprit-il ; personne ne m'a vu, j'en suis sûr ; l'enfant est trop jeune pour savoir, pour parler : il ne dira rien ; si la femme est morte, si elle meurt, on ne saura jamais... l'or est à moi !

Après un moment de silence, il continua :

— Et lui, lui, l'enfant? L'or de sa mère lui appartient, je le vole... Oh! voler un enfant!... Est-ce que je suis devenu un coquin? Est-ce que je suis un voleur?... Jérôme Greluche un voleur !... Cela n'est pas vrai ; celui qui dit cela en a menti ! Non, non, je ne suis pas un voleur !...

Il appuya fortement sa main sur son front brûlant. Il reprit :

— Voyons, réfléchissons : dois-je remettre le sac et ce qu'il contient à Croquefer? C'est ce que je devrais faire. Mais je le connais, le patron ; si la femme meurt, il prendra tout, et le pauvre petit n'aura jamais un liard de son héritage. Croquefer le gardera avec lui, ne le rouera pas de coups comme les autres, en considération de l'or qu'il lui aura volé, mais il l'enrôlera dans sa troupe et il en fera quoi? Un saltimbanque! Eh bien! non, Croquefer n'aura pas l'or, je le garde. Si la femme ne meurt pas, je lui rendrai son bien ; si elle meurt...

Ici Jérôme Greluche se trouva de nouveau très-embarrassé et fort perplexe, Mais il n'était pas dépourvu d'imagination. Il créait, dans son cerveau, certaines *machines*, qu'il appelait des pièces de théâtre, destinées au jeu de ses marionnettes rêvées, afin d'amuser les petits enfants.

Appelant à son aide toutes les ressources de son esprit inventif, il se mit à réfléchir sur la situation et chercha laborieusement quel parti raisonnable et honnête il pouvait prendre.

Sa méditation dura un bon quart d'heure.

Alors il referma le sac, coupa le cordon qui retenait la clef et mit celle-ci dans sa poche. Toujours à tâtons, il ouvrit une vieille valise, — la sienne, — qui contenait quelques loques ayant la prétention vaine de s'appeler du linge, et son costume de parade en toile de coton écrue, à raies rouges.

La valise était petite et malgré cela loin d'être pleine. Elle contenait toute la fortune de Jérôme Greluche. Sous sa défroque de paillasse, il plaça le sac aux rouleaux d'or et referma la valise. Cela fait, il regagna sa niche, s'allongea sur les haillons et les oripeaux hors d'usage qui lui servaient de matelas, et ne tarda pas à s'endormir.

Quand il se réveilla, le jour était venu. Les voitures entraient dans la ville de Gray. Un instant après, on s'arrêta devant une auberge. Pendant qu'on dételait les chevaux, impatients de trouver un râtelier bien garni et de mettre leurs pieds dans une litière fraîche, Jérôme s'approcha timidement de l'appartement ou, si vous le préférez, du sérail du patron, et d'une voix inquiète demanda des nouvelles de la jeune femme ramassée sur la route.

— Elle n'est pas encore morte, mais elle n'en vaut guère mieux, lui répondit-on. Elle a les yeux ouverts, elle respire, mais elle ne remue ni les bras ni les jambes, et elle n'a pu encore prononcer un mot.

— Est-ce qu'on ne va pas la mettre dans une chambre et la faire soigner?

— Des bêtises! le patron a décidé qu'on allait la porter à l'hôpital.

— Ah! fit le paillasse qui parut contrarié.

— Le patron l'aurait bien gardée, attendu que c'est une très-belle fille, qui aurait pu jouer les amoureuses et même faire les recettes, s'il y avait quelque espoir de la sauver; mais il y a mille à parier contre un qu'elle n'a pas plus d'un jour à vivre encore.

Le paillasse étouffa un soupir.

— Et le petit garçon? demanda-t-il.

— Oh! lui, c'est différent; il est complètement remis. En ce moment, couché à côté de sa mère, tenant une de ses mains, il attend qu'elle se réveille; il croit qu'elle dort... Son avenir est assuré : le patron a déclaré qu'il le gardait; le gamin

Ils virent la pauvre Lucile glacée, roide ; ils la relevèrent. (Page 114.)

est embauché ; on va lui apprendre à mettre ses deux talons sur son cou et à faire le saut périlleux.

— Superbe perspective ! pensa Jérôme Greluche en frissonnant.

Croquefer, qui était entré dans l'auberge, revint en ce moment.

— Çà ! dit-il de sa voix enrouée, il faut savoir ce qu'on va faire. D'abord, je ne veux pas qu'elle tourne de l'œil chez moi. Il va falloir que deux d'entre vous la portent tout de suite à l'hôpital ; vous trouverez un brancard en face, à la caserne.

Pendant ce temps, j'irai, moi, faire une visite à M. le maire, à l'effet d'offrir au public intelligent de cette noble cité le spectacle intéressant, saisissant et étourdissant des grands succès dramatiques du jour. Si je suis content, tantôt, dans cet hôtel splendide, je vous réunirai tous à la même table; on boira du vin et il y aura le café et le pouce-café. En avant la grosse caisse !

« Diable ! fit-il en devenant tout à coup soucieux, ce qui va être embarrassant pour le moment, c'est le moutard; quand il va voir enlever sa mère, il voudra la suivre, il criera... Comment faire? L'éloigner? Oui, c'est urgent. Toi, Paillasse, mon ami, toi qui adores les enfants, je vais te confier le bambin, et pendant qu'on se débarrassera de la mère tu feras avec lui un tour de promenade dans la ville. S'il lui prenait envie de pleurer... tiens, voilà un sou, tu lui fourrerais une brioche dans la bouche pour étouffer ses cris... Voilà l'ordre ; à l'œuvre tous ! En avant la grosse caisse ! »

L'enfant fut sorti de la voiture, malgré sa résistance, et jeté dans les bras de Jérôme Greluche dont le cœur battait à se briser. Il le serra contre son cœur, l'embrassa sur les deux joues et s'éloigna rapidement.

Un instant après, Lucile, toujours inerte, étendue sur un brancard, était portée à l'hôpital, où elle fut immédiatement admise.

Les saltimbanques déclarèrent, ce qui était la vérité, que cette jeune femme leur était inconnue, qu'ils l'avaient trouvée sur la route ne donnant plus signe de vie ; mais, se conformant aux instructions de Croquefer, ils ne parlèrent point du petit garçon.

Le médecin qui examina la jeune femme secoua tristement la tête en disant :

— A moins d'un miracle, cette malheureuse est perdue !

Ces paroles furent rapportées à Greluche, qui était venu avec l'enfant rôder autour de l'hôpital.

— Allons, se dit-il, il n'y a plus d'espoir.

Il regarda l'enfant, qui à chaque instant lui disait : « Retournons près de maman. » Et ses yeux se remplirent de larmes.

— Un orphelin de plus au monde, se dit-il; pauvre enfant !... Mais va, je ne t'abandonnerai pas... Ta mère est là, couchée sur le lit où elle va mourir, elle ne peut pas m'entendre ; mais je lui jure que je veillerai sur toi, que je t'aimerai et que je serai pour toi un père.

Il revint vers les voitures. La troupe tout entière s'était installée dans l'auberge. Il prit sa valise sans qu'on le vît, la mit sur son dos et, tenant le petit garçon par la main, il s'empressa de gagner une ruelle déserte.

Au bout de quelques minutes, il arriva au bureau des voitures publiques. Celle d'Auxonne et de Dijon allait partir. Il y prit place avec l'enfant chaudement enveloppé dans le châle de sa mère.

La diligence roulait depuis environ vingt minutes quand le célèbre Croquefer revint à l'auberge en se frottant les mains de plaisir. Il avait obtenu du maire de Gray l'autorisation de séjourner dans la ville pendant huit jours et de planter sa tente sur un des quais au bord de la Saône.

— En avant la grosse caisse! cria-t-il à sa troupe en entrant dans la salle de l'auberge. Après le déjeuner, que je paye sans retenue sur les appointements, nous monterons notre théâtre, le premier du monde, et demain soir, première grrrande représentation du *Chevalier Macaire ou le Chien de Montargis*. Tout le monde sur la scène. Grand premier rôle, Azor... Boum! levez la patte. Très-bien! vous aurez deux os à ronger au lieu d'un, et, si vous ne ratez pas vos entrées, un morceau de sucre pour dessert. Boum!... Nous sommes, ici, dans une ville riche, je ne sais pas combien d'habitants, mais il y en a, distingués, généreux, aimables et grands appréciateurs du vrai talent et de la haute littérature... Boum! Nous ferons des recettes fabuleuses et il y aura bombance sur toute la ligne.

« Ah çà! je ne vois pas Greluche, Jérôme Greluche; qu'on aille me le chercher; on ne se mettra pas à table sans lui. Mon paillasse, mesdames et messieurs, est le plus précieux de nos pensionnaires! c'est lui qui appelle le public et qui fait remplir la salle... et la caisse. Boum! boum!

On se mit à la recherche du paillasse; on parcourut vainement la ville dans tous les sens.

Jérôme Greluche et l'enfant avaient disparu.

Croquefer ne devina point que la diligence les emportait sur la route de Dijon.

FIN DE LA PREMIÈRE PARTIE

DEUXIÈME PARTIE

LE VIEUX MARDOCHE

I

LE REMORDS

Le gai soleil de mai rayonne sous un ciel splendide. Dans les haies du coteau, où l'aubépine est en fleur, chantent les linots et les fauvettes. La vallée de la Sableuse, émaillée de fleurs, est magnifique. Entre les saules qui la bordent, et dont le feuillage vert agité par la brise a des reflets gris perle, la rivière coule et serpente semblable à un large et long ruban d'argent pailleté d'étincelles d'or.

Au Seuillon, rien ne paraît changé : les bestiaux mangent l'herbe tendre dans la grande pâture, les coqs crient, les brebis bêlent ; un garçon, les bras nus, armé d'une fourche de fer, chante dans la grange, à gorge déployée, une vieille chanson comtoise.

A une fenêtre, une jeune fille montre sa tête éveillée, curieuse et ravie.

Ce n'est plus Lucile ; c'est Blanche.

L'autre était brune, celle-ci est blonde comme Cérès, la déesse des moissons ; mais on l'appelle, comme autrefois Lucile, la demoiselle du Seuillon.

On a gardé le secret de sa naissance. On lui a dit que sa mère était morte, sans rien ajouter ; elle n'en sait pas davantage. Elle croit que Jacques Mellier est son père, comme Pierre Rouvenat est son parrain.

Le nom de Jean Renaud n'a peut-être jamais été prononcé devant elle.

De fait, ce nom est bien oublié, et c'est à peine si à Civry et à Frémicourt quelques-uns parmi les anciens se souviennent du tueur de loups. Depuis l'assassinat du 24 juin 1850, la neige a couvert la terre bien des fois ; que de choses nouvelles, que d'événements se sont passés, lesquels ont été aussi l'un après l'autre oubliés !

Une génération tout entière a disparu, faisant place à une autre. — Où donc sont-ils, les vieillards d'il y a vingt ans? Dans la tombe. — Et les enfants d'alors ? Ils sont grands, ce sont les hommes d'aujourd'hui. Inutile de les interroger, ils ne se souviennent pas.

Cependant, quand ils passent sur la route à l'endroit où le cadavre a été trouvé, ils disent :

— Là un homme a été assassiné.

Si un étranger entend ces paroles et veut interroger, on lui répond :

— Je ne saurais pas vous dire... il y a si longtemps de cela !

Voilà comme l'oubli tombe sur chaque chose. Les plus grands événements de l'histoire n'ont-ils pas le même sort souvent? Et pourtant chacun d'eux a sa page écrite : mais si peu se donnent la peine de lire et d'apprendre ! Quand les faits éclatants et mémorables restent dans le souvenir du peuple, c'est qu'ils sont passés à l'état de légendes.

Blanche n'a pas encore dix-neuf ans; mais on lui en donnerait quinze à peine, tellement son visage rose est fraîchement épanoui, son joli petit corps délicat et mignon, son regard, son sourire, ses mouvements pleins de grâce enfantine. C'est que les années ont passé près d'elle sans qu'elle s'en aperçoive autrement que par les dons que chacune lui a faits, renouvelant en sa faveur les coups de baguette des bonnes fées du temps jadis.

Certes, la nature ne lui a rien refusé; elle lui a donné l'intelligence, la beauté, une voix mélodieuse, l'amabilité, la grâce, la bonté : tout ce qui attire, tout ce qui plaît, tout ce qu'on admire, tout ce qui enchante, tout ce qui charme !

Cette délicieuse réalité est l'idéal rêvé du poëte. On croirait voir en elle un ange animé sorti d'une toile de l'Albane.

Un rayon de tendresse et d'amour suave éclaire le doux regard de ses grands yeux bleus, qui paraissent toujours ravis. Le dessin de sa figure, légèrement allongée, est d'une correction parfaite ; tous les traits sont d'une délicatesse exquise. La bouche petite, toujours souriante, aux lèvres estompées de rose, renferme les plus jolies dents du monde. Le menton rond est orné d'une fossette adorable, qui se retrouve sur les joues, discrètement indiquée, quand la physionomie s'anime. Le nez, petit et droit, aux narines mobiles, doucement teintées de rose, est délicieux. Elle tresse ses beaux cheveux blonds en nattes et les retient captifs sur le haut de sa tête, parfois en couronne, mais formant le plus souvent plusieurs torsades. Quand, dénoués, elle les laisse glisser sur son cou, ils ruissellent, tombent en cascade jusqu'à ses hanches et la couvrent comme un manteau.

Sa taille est moyenne, mais svelte, élégante, charmante dans toutes ses proportions. Le cou, les épaules, la gorge sont délicieux; un buste admirable.

Sur tout cela, une adorable candeur répandue, le parfum de l'innocence ; en plus, l'étonnement naïf de la beauté qui s'ignore et cette pudeur instinctive et ravissante qui voile le regard et cache des trésors qu'on ne connaît pas soi-même.

Si nous pénétrons dans la chambre de Jacques Mellier, dont il ne sort plus que rarement, nous aurons de la peine à reconnaître le vieux fermier. Le malheur l'a frappé impitoyablement. On ne se rend pas coupable impunément d'un crime odieux. Plus encore que les années, le remords qui déchire son âme l'a affreusement vieilli et courbé vers la terre. Il n'a plus de volonté, plus de désir ; plus d'espoir. Il est sans force ; ses yeux se sont éteints dans les larmes ; il est brisé, anéanti ; ce n'est plus qu'une masse inerte ; il ne marche pas, il se traîne. Mais il lui reste la faculté de penser et de se souvenir. Le souvenir est épouvantable, ses pensées le torturent sans cesse. Voilà son châtiment !...

Il passe des nuits sans sommeil, et lorsqu'il parvient à s'assoupir le cauchemar s'abat sur lui et l'écrase, le broie... Il se réveille alors haletant, inondé d'une sueur froide, et pousse des gémissements, des cris de terreur, sans pouvoir se débarrasser de l'horrible poids qui pèse sur sa poitrine.

Sa chambre se peuple de fantômes et de spectres menaçants. Dans ceux-ci, il reconnaît ses victimes. L'un a un trou à la place du cœur, duquel le sang jaillit comme d'une source et se répand à flots sur le parquet ; l'autre s'approche lentement, les yeux baissés ; il a sur la tête un bonnet vert portant un numéro ; tout à coup il étend les bras et d'une voix caverneuse il prononce ces paroles : « Qu'as-tu fait de ma femme ?... » Alors un cercueil s'ouvre, le suaire se déchire, et Mellier voit le cadavre horrible, sans yeux, sans nez, avec des vers grouillant dans la chair en putréfaction. Puis c'est encore une femme, pâle, maigre, décharnée, presque un squelette, qui se dresse devant lui ; à la place de ses yeux, il y a deux flammes rouges ; elle lui jette ce cri comme un anathème : « Assassin !... »

Le malheureux, frissonnant d'épouvante et d'horreur, ferme les yeux ; mais les spectres restent dans la chambre, se groupent autour du lit, et, toujours de plus en plus menaçants, se penchent sur lui. C'est le cauchemar qui continue, la terrible hallucination qui le poursuit sans pitié, avec acharnement...

Ce que lui avait prédit Pierre Rouvenat s'est réalisé : sa tendresse pour sa fille n'était pas éteinte dans son cœur ; en regardant autour de lui, malgré la gracieuse enfant qui grandissait sous la protection de Rouvenat et qui lui prodiguait ses caresses, il se vit seul, abandonné, marchant sans consolation vers la tombe, avec des biens amassés par plusieurs générations de travailleurs, que des collatéraux avides viendraient se disputer sur son cercueil à peine cloué ; peu à peu l'amour paternel se réveilla en lui, et un jour, c'est avec des larmes et des sanglots qu'il dit à Rouvenat :

— Je veux que ma fille revienne près de moi ; va la chercher, ramène-la, je lui ouvrirai mes bras !

Le vieux serviteur laissa tomber sa tête sur sa poitrine et pleura silencieusement.

Alors le fermier se leva et s'écria :
— Pierre, réponds... où est ma fille?

Rouvenat poussa un gémissement et répondit :
— Je n'en sais rien.
— Ah! tu ne dis pas la vérité! Elle est morte, n'est-ce pas, elle est morte?
— Je n'en sais rien. Depuis le jour où elle est venue à Saint-Irun avec son enfant, je n'ai plus entendu parler ni d'elle ni de lui. Son intention, m'avait-elle dit, était de retourner dans le Jura; j'ai écrit au village où elle a vécu pendant plus de cinq ans, j'y suis même allé il y a trois ans, sans que tu le saches; on ne l'avait pas revue... Que sont-ils devenus? Lucile est-elle morte ou vivante? Je n'en sais rien!

Jacques Mellier laissa échapper un cri douloureux et se roula sur son lit avec désespoir en s'arrachant les cheveux.

Et depuis nul n'aurait su dire toutes les larmes qu'il a versées en pensant à la malheureuse enfant qu'il a chassée et maudite!... Ah! il comprenait enfin, mais trop tard, hélas! que, quelle que soit la faute commise, un père ne doit jamais être sans pitié pour son enfant!

Maintenant qu'il se tord comme un damné au souvenir de son crime et des malheurs irréparables qu'il a causés, il voudrait racheter tout. Avec quelle joie il donnerait ce qu'il possède, sa ferme, son or, ses valeurs, tout, tout, pour que sa fille seulement lui soit rendue!

Est-elle morte, est-elle vivante? « Je n'en sais rien, » lui a dit Rouvenat. Ces paroles lui reviennent sans cesse : elles résonnent lugubrement à ses oreilles et sont comme une lame d'acier qui s'enfonce toujours plus avant dans son cœur.

Pierre Rouvenat est depuis longtemps le véritable chef de l'exploitation de la ferme; il a toute l'autorité du maître, dont celui-ci s'est volontairement dessaisi en sa faveur. Il en use avec bienveillance, mais sans faiblesse. Il a encore augmenté la fortune de Jacques Mellier, et il en est le gardien économe et fidèle.

Tel nous l'avons vu il y a dix-neuf ans, tel nous le retrouvons aujourd'hui : toujours droit comme un I, le visage austère, fort, vigoureux et ardent à l'ouvrage, encourageant les uns, stimulant les autres, servant d'exemple à tous.

On ne croirait pas qu'il a vieilli, si sa barbe et ses cheveux n'avaient blanchi, si des rides ne s'étaient point creusées sur son front et ses joues.

S'il n'a pas le remords qui ronge et brûle son maître, il a aussi son mal sans remède. La douleur qu'il porte en lui est vivace et profonde. Il regrette. Il pense continuellement à Lucile, à son enfant, quelquefois aussi à Jean Renaud. Voilà sa peine, voilà son mal! Et quand il est seul, enfermé dans sa chambre, après une rude journée de travail, au lieu de se reposer et de dormir, il pleure...

Il aime beaucoup sa filleule, c'est une sorte de passion qu'il a pour Blanche; il l'entoure de soins, de prévenances, d'attentions, de tendresse; il enlève lui-même les cailloux du chemin afin qu'elle puisse y courir sans blesser ses pieds mignons; il voudrait que partout où elle passe on semât des fleurs; il veille sur elle comme sur un trésor précieux confié à son dévouement, à sa fidélité, à son honneur! Eh bien! si elle adoucit parfois ses longues heures d'amertume, son chagrin, elle ne parvient pas à lui faire oublier les autres... Quand il regarde Blanche et que ses yeux deviennent humides, c'est à eux qu'il pense.

Où sont-ils? Que font-ils? Hélas! il l'ignore. Peut-être sont-ils morts tous deux. N'importe, il les attend!...

Pierre Rouvenat a un grand projet dans la tête. Aucune puissance au monde ne pourrait le forcer à y renoncer.

II

LE BEAU FRANÇOIS

Blanche aimait les promenades matinales. Presque toujours avec son parrain, de loin en loin, appuyée sur le bras du fermier, et toute seule quelquefois, on la rencontrait sur les sentiers, mouillant ses pieds dans la rosée et faisant sa moisson des plus belles fleurs de la vallée. Les fleurs! Blanche les adorait.

Or, un matin, elle descendit de sa chambre prête à sortir. Un chapeau de paille d'Italie, orné d'un large ruban bleu aux extrémités flottantes, était coquettement posé sur ses beaux cheveux blonds.

Quand elle parut dans la cour, un grand jeune homme, assez bien de figure, à l'œil vif et hardi, mais ne pouvant cacher entièrement sous des manières cauteleuses quelque chose de faux et de rusé, vint à sa rencontre avec empressement.

— Ma jolie cousine se dispose à faire une petite promenade? dit-il, pendant qu'un sourire équivoque passait sur ses lèvres minces.

— Oui. Vous ne savez pas où est mon parrain?

— Je crois bien qu'il est allé à Frémicourt.

— En ce cas, je vais attendre son retour.

Greluche, tenant le petit garçon par la main, s'empressa de gagner une ruelle déserte. (Page 114.)

— Si vous le vouliez, je serais heureux de vous offrir mon bras.

— Non, merci, répondit-elle assez sèchement ; si mon parrain tarde à revenir, je préfère me promener seule.

Le jeune homme pinça une de ses lèvres entre ses dents et son regard eut un rapide éclair de colère.

— Il est certain que vous me traitez assez mal, reprit-il avec dépit ; ce n'est pas d'aujourd'hui seulement que je m'en aperçois ; je ne suis pas ici, pourtant, un simple garçon de ferme ; mon père est un des plus proches parents de M. Mellier.

— Je ne l'ignore pas, répliqua la jeune fille avec vivacité, mais je ne vois pas ce qui vous donne le droit de vous plaindre de moi. Je n'ai certainement jamais eu l'intention de vous causer ici des ennuis.

— Assurément, vous êtes bonne, Blanche ; mais vous ne m'aimez pas.

— Monsieur François, je ne déteste personne.

— Oh ! vous n'avouerez pas que je vous déplais !

— Non, car si cela était, ce serait vous dire une chose désagréable.

— Mais je vous aime, moi, Blanche, je vous aime, et si vous le vouliez... si vous le vouliez, il y aurait une belle noce au Seuillon avant les foins.

Une vive rougeur colora les joues de la jeune fille. Elle était stupéfiée.

Elle se disposait à faire à l'audacieux parent de Jacques Mellier une réponse peu gracieuse, lorsqu'elle aperçut Pierre Rouvenat.

Le vieillard venait de s'arrêter à quelques pas, les sourcils froncés. Il avait entendu.

— Ah ! mon parrain ! s'écria Blanche.

Et elle s'élança vers lui, laissant l'amoureux cousin tout interdit, planté sur ses deux jambes.

Elle présenta son front à Rouvenat. Il y mit un baiser.

— Viens-tu avec moi ? lui demanda-t-elle.

— Non, pas aujourd'hui. Va faire ta promenade, ma mignonne. Seulement ne t'éloigne pas trop, il y a encore de la rosée. Moi, j'ai à causer avec François.

La jeune fille le prit par le cou, et tout bas à son oreille :

— Est-ce que tu as entendu ce qu'il m'a dit ? demanda-t-elle.

— Oui.

— Alors tu lui répondras pour moi. Me marier avec lui ! j'aimerais mieux rester fille toute ma vie.

Elle colla ses lèvres sur la joue du vieux Pierre, puis elle partit en bondissant comme une jeune gazelle.

François allait quitter la place. Rouvenat le retint.

— J'ai quelque chose de très-sérieux à vous dire, François.

— J'écoute.

— Depuis quelque temps, reprit Rouvenat d'un ton sévère, vous vous permettez avec Blanche des libertés qui me déplaisent.

— Est-ce qu'il est défendu de lui parler ? D'ailleurs je ne crois pas avoir manqué au respect que je lui dois.

— Tonnerre ! fit Rouvenat avec violence, si vous aviez seulement essayé, c'est moi qui vous aurais pris par les deux épaules pour vous jeter à la porte de la ferme.

François blêmit et un méchant sourire erra sur ses lèvres.

— Il me semble, dit-il avec une nuance d'ironie, que mon cousin Mellier est ici un peu plus le maître que vous.

— Je sais ce qu'est Jacques Mellier et je sais ce que je suis. Vous n'êtes ici qu'un garçon de ferme ; c'est à ce titre seulement que j'ai consenti à vous y recevoir, rappelez-vous-le. Je vous préviens charitablement qu'à la première parole malsonnante adressée à mademoiselle Blanche vous aurez à faire votre paquet et à aller retrouver M. votre père dans les Vosges.

— Vous n'avez pas, je suppose, monsieur Pierre Rouvenat, la prétention de m'empêcher d'aimer mademoiselle Blanche ?

— Ah ! prenez garde !

— Mes intentions sont honnêtes, je n'ai pas à les cacher ; ce que je veux, c'est que Blanche soit ma femme.

— Oui, mais Blanche ne veut pas de vous.

— C'est ce que nous verrons.

Rouvenat fut saisi d'une colère subite, qui fit trembler tous ses membres. Il saisit le bras du jeune homme, et le serrant rudement :

— Ni toi, entends-tu, dit-il d'une voix sourde, ni toi, ni aucun de ceux qui l'ont déjà demandée, ni aucun de ceux qui viendront la demander encore ne sera le mari de Blanche.

— Eh ! que m'importent les autres ? je ne m'occupe que de moi ; je ne vois pas pourquoi mon cousin Mellier me la refuserait... Au surplus, je la vaux bien.

— Qu'est-ce à dire ?

— Jusqu'à présent, elle n'est pas plus riche que moi ; si elle peut compter sur une partie de la fortune du cousin Mellier, mon père et moi, ne vous en déplaise, monsieur Rouvenat, nous avons sur cette fortune des droits qui valent au moins les siens.

Rouvenat, le regard enflammé, croisa ses bras sur sa poitrine.

— Au moins, voilà de la franchise, répliqua-t-il d'une voix contenue ; mais va, mon garçon, il y a déjà longtemps que je connais le fond de ta pensée. C'est la fortune de Jacques Mellier que ton père convoite. La première fois que vous êtes venus ici tous les deux, je l'ai compris. — « Lucile a disparu, Lucile est morte, s'est-il dit ; à moi le Seuillon, à moi tout ce que possède mon cousin Mellier ! » — Dans la crainte que Jacques, par un testament, ne donne tout à Blanche, — il en a le droit, — ton père s'est encore dit : « Il faut que Blanche soit la femme de François. » Et voilà pourquoi tu es à la ferme, où je t'ai reçu malgré moi, je l'avoue, mais pour ne pas contrarier un des rares désirs de Jacques Mellier. Le calcul de ton père, qui est aussi le tien, mon garçon, est joli et assez bien arrangé ; seulement il n'est pas juste : Blanche ne sera pas ta femme, et ton père, pas plus que toi, vous n'aurez jamais un sou de la fortune de Jacques Mellier. Ça, mon garçon, c'est moi qui te le dis!

— J'ai entendu, riposta le jeune homme avec une rage mal déguisée et les dents serrées, et c'est vous, Pierre Rouvenat, l'honnête homme, qui nous ferez déshériter !

— Pierre Rouvenat n'a à rendre compte à personne de ce qu'il dit ou de ce qu'il fait; il laisse aller les choses et attend tout de la justice de Dieu!

— La vôtre est au moins douteuse.

— Comment l'entendez-vous, monsieur François Parisel?

— Après tout, continua le jeune homme perdant toute mesure, vous avez certainement vos intentions qu'il sera curieux de connaître plus tard; vous n'êtes peut-être pas aussi désintéressé que vous voulez le paraître, et il faudra bien qu'on sache à la fin quelle raison vous fait agir et pourquoi vous vous faites si généreusement le protecteur de la fille d'un forçat.

A ces paroles, qui étaient un double outrage pour Blanche et pour lui, Rouvenat se sentit prêt à suffoquer. Tout son sang monta à sa tête en bouillonnant et frappa son cerveau comme un coup de massue.

Ses traits se contractèrent affreusement, son regard devint terrible.

— Ah! misérable! cria-t-il d'une voix éclatante, tais-toi, tais-toi!... Un mot de plus, et je ne répondrais pas de moi !

— Je n'ai plus rien à dire, répliqua le jeune Parisel d'un ton sarcastique.

Et il s'éloigna rapidement, craignant sans doute de sentir peser sur son épaule la main de fer du vieillard.

— Ah! serpent, murmura sourdement Rouvenat, tu as enfin laissé tomber ton masque; j'ai l'œil sur toi : si tu essayes de mordre, te t'écraserai!

Pendant que ceci se passait dans la cour de la ferme, Blanche, joyeuse et légère, enivrée d'air et de liberté, courait au milieu de la prairie. Elle traversa la Sableuse et, tout en suivant le bord de la rivière, elle se mit en devoir de faire sa moisson fleurie.

Des rumeurs lointaines, insaisissables, glissaient dans l'air chargé de parfums. Le soleil, s'élevant du sommet de la montagne, versait dans la vallée profonde des gerbes de lumière. Les insectes bourdonnaient, les oiseaux voletaient dans les branches comme les papillons autour des fleurs, l'alouette égrenait dans l'espace les notes perlées de ses trilles matinales, et la brise, en courant, prodiguait ses caresses à la nature entière.

Insoucieuse et ravie, Blanche marchait toujours. Le bouquet grossissait dans ses mains.

Tout à coup elle poussa un cri de surprise et d'effroi.

Un homme venait de se dresser devant elle.

L'aspect de ce personnage n'avait vraiment rien de rassurant.

D'une main, il tenait un énorme bâton et de l'autre son vieux chapeau de feutre bossué, défoncé, et qui avait dû être gris quelque vingt ans auparavant. Son pantalon de treillis, souvent rapiécé déjà, montrait encore plusieurs déchirures. Son gilet à raies rouges s'attachait par devant au moyen de petites cordelettes qui remplaçaient les boutons disparus. Avec cela, il portait une veste ronde en gros drap marron sur laquelle on pouvait compter également de nombreux accrocs. Ses souliers usés, à jour en plusieurs endroits, laissaient voir ses pieds nus. Autour de son cou, une guenille de laine d'un bleu passé avait la prétention de s'appeler une cravate. Un sac de peau, qui paraissait peu garni, pendait à son côté, retenu par une courroie de cuir passée sur l'épaule.

De longs cheveux gris, presque blancs, tombaient jusque sur ses épaules, cachant son cou, et couvraient une partie de son visage pâle, d'une maigreur affreuse, en se mêlant à sa longue barbe inculte, grise, semée de poils entièrement blancs, qui s'éparpillait sur sa large poitrine.

De sa figure, on ne pouvait voir que les pommettes des joues, le bas du front sillonné de rides profondes et les yeux dont le blanc ressortait avec vigueur, ce qui leur donnait un éclat singulier.

Quant à son âge, il eût été difficile de le deviner; mais on pouvait supposer hardiment qu'il avait au moins soixante-dix ans.

III

LE VIEUX MENDIANT

A la vue de cet homme, qui venait la troubler dans son innocente occupation, la première impression de Blanche fut la terreur; sans l'émotion subite dont elle fut saisie et qui la cloua en quelque sorte sur le sol, elle se serait enfuie à toutes jambes.

Mais à son effroi succéda immédiatement un sentiment de curiosité. Alors elle regarda le vieillard, qui lui-même la contemplait avec admiration. Elle vit tout de suite qu'il avait le regard bienveillant et doux, et elle sentit qu'il était malheureux. Son cœur se serra douloureusement, plein de compassion et de pitié.

L'homme venait à elle, elle marcha vers lui; ils se trouvèrent l'un près de l'autre.

— Je vous ai fait peur, ma belle enfant, dit le vieillard d'une voix douce et émue.

— J'ai été si surprise, répondit-elle, que d'abord vous m'avez effrayée.

— Oui, vous ne vous attendiez pas à rencontrer ici un pauvre homme comme moi ; et puis je peux bien faire peur à un enfant qui ne me connaît pas. Je vous demande bien pardon, mademoiselle ; mais, rassurez-vous, je ne suis pas méchant.

— Oh! je le vois bien ; non, vous n'êtes pas méchant, vous êtes malheureux.

— C'est vrai, je suis malheureux.

— Et vous mendiez!

— Il le faut bien, pour ne pas mourir de faim.

— Comment se fait-il que je ne vous aie jamais vu? Je connais tous les pauvres du pays.

Le mendiant parut vivement impressionné.

— Ah! vous connaissez tous les pauvres du pays? reprit-il ; cela prouve qu'ils s'adressent à vous souvent.

La jeune fille baissa les yeux en rougissant.

— On n'a qu'à vous regarder, mademoiselle, continua le vieillard, pour savoir que vous êtes aussi bonne que jolie. Vous ne me connaissez pas parce que j'arrive seulement dans ce pays. Je viens de loin, je marche depuis plusieurs jours. Ce matin, comme je suivais le bord de l'eau, je me suis senti très-fatigué ; je me suis assis là, sous ce vieux saule ; j'ai mangé un morceau de pain trempé dans l'eau, puis je me suis endormi, couché dans l'herbe. Je me réveillais et j'ouvrais les yeux lorsque vous m'êtes apparue. J'ai cru voir un ange!... Bien sûr, mademoiselle, vous me porterez bonheur.

— Est-ce que vous avez encore beaucoup de chemin à faire?

— Non, je serai bientôt arrivé.

— Si vous vouliez venir avec moi jusqu'à la ferme, — c'est tout près, vous voyez la maison, — vous pourriez vous reposer encore une heure. Vous y serez bien reçu ; il y a toujours à boire et à manger pour ceux qui ont besoin. Un bon verre de vin vous rendrait plus fort pour continuer votre voyage.

— Merci, ma belle enfant, merci ; je n'ai plus loin à aller, et j'ai hâte d'être arrivé.

La jeune fille plongea sa main dans sa poche et la retira avec quelques pièces de menue monnaie qu'elle présenta au mendiant en disant :

— Je ne puis vous donner que cela ; c'est tout l'argent que j'ai sur moi.

Les yeux du vieillard se mouillèrent de larmes.

— Je ne voudrais pourtant pas faire tort aux pauvres que vous connaissez, dit-il.

— Oh! n'ayez pas cette crainte ; quand je n'ai plus d'argent, j'en demande : on ne refuse jamais de m'en donner. Si un jour vous repassez par ici, il faudra venir jusqu'à la ferme.

— Est-ce donc à la ferme que vous demeurez?

— Sans doute, puisque je vous invite à y venir.

— Ah! vous êtes tout à fait charmante... Laissez-moi prendre votre main, permettez-moi de l'embrasser.

Et, joignant l'action à la parole, il s'empara de la main de la jeune fille sur laquelle il colla ses lèvres.

— Oui, reprit-il avec émotion, j'irai à la ferme, pour avoir le bonheur de vous revoir encore une fois.

— Je vous attendrai, répondit la gentille enfant, qui éprouvait pour ce vieillard inconnu une sympathie étrange.

— Dites-moi votre nom.

— Blanche.

— Je me souviendrai toujours de ce joli nom et de la belle demoiselle qui le porte.

— Et vous, quel est votre nom?

— Je m'appelle Mardoche.

— Vous avez peut-être des enfants?

Le vieillard tressaillit, puis, après un moment d'hésitation, il répondit :

— Je ne sais pas.

— Je comprends, fit la jeune fille attristée; vous étiez pauvre, vous n'avez pu conserver vos enfants près de vous, et vous ne savez pas aujourd'hui ce qu'ils sont devenus.

— Oui, c'est bien cela, mademoiselle, vous avez deviné.

— Oh! je vous plains de tout mon cœur!

— Je suis à plaindre, en effet; et pourtant, depuis un instant, depuis que vos jolis yeux se sont fixés sur moi, il me semble que je suis moins malheureux. Oh! j'en suis sûr, vous me porterez bonheur; il y a dans mon cœur quelque chose qui me le dit! Si, comme je l'espère en ce moment encore, je me fixe dans ce pays, je viendrai à vous, mademoiselle, et je vous demanderai votre protection.

— Moi, je ne peux rien ; mais si vous avez besoin d'être aidé, d'être protégé, je dirai un mot, et vous aurez au Seuillon des amis : mon père et mon parrain.

— Est-ce que la ferme n'appartient plus à M. Jacques Mellier?

— Vous connaissez donc M. Jacques Mellier?

— Non, mais autrefois, il y a bien longtemps, j'ai souvent entendu parler de lui.

— Jacques Mellier est toujours au Seuillon, monsieur; c'est mon père.

— Votre père !

— Oui, puisque je suis sa fille.

Le mendiant porta la main à son front et parut réfléchir.

— Si mes souvenirs ne me trompent pas, reprit-il, M. Mellier doit avoir près de soixante-quinze ans.

— C'est son âge.

— Et vous, mademoiselle, vous en avez quinze à peine.

— On me croit toujours plus jeune parce que je ne suis pas grande ; j'aurai bientôt dix-neuf ans.

— Dix-neuf ans, répéta le vieillard comme se parlant à lui-même. Excusez-moi, mademoiselle, continua-t-il, si je vous parais étonné et si je me montre trop curieux ; je savais, en effet, que M. Mellier avait une demoiselle charmante, belle à ravir ; on disait aussi qu'il était veuf. Il est vrai que ces souvenirs datent de loin. Dans tous les cas, la demoiselle Mellier dont je vous parle ne peut être vous, puisqu'il y a vingt et des années elle était déjà, comme vous aujourd'hui, bonne à marier.

— C'était Lucile.

— Oui, Lucile ; je me souviens de son nom, maintenant.

La physionomie de la jeune fille prit une expression de tristesse profonde.

— Je ne l'ai jamais connue, dit-elle ; elle n'était plus au Seuillon quand je suis venue au monde. J'ai appris, l'année dernière seulement, que Lucile était partie un jour de la ferme — on ne m'a pas dit pourquoi — et qu'elle n'était jamais revenue. On n'a plus eu de ses nouvelles, on ignore ce qu'elle est devenue, on la croit morte !

Le mendiant put voir de grosses larmes couler lentement sur les joues de la jeune fille ; lui-même était sous le coup d'une émotion extraordinaire.

— Mademoiselle, dit-il, pardonnez-moi de vous interroger encore ; je suis si heureux de causer un moment avec vous ! Votre mère, qui doit bien vous aimer, est-elle avec vous au Seuillon ?

— Hélas ! non ; il en est de ma mère comme de Lucile, je ne l'ai pas connue non plus : elle est morte en me mettant au monde.

— Tout cela est étrange, pensa le mendiant.

Puis il reprit tout haut :

— Il y avait dans le temps à la ferme un vieux serviteur, un brave homme, qui était en même temps l'ami de M. Mellier.

— Vous voulez parler de Pierre Rouvenat ?

— Oui, Pierre Rouvenat. Vit-il toujours ?

— Certainement, et il n'a pas envie de mourir, mon parrain ?

— Ah ! c'est Pierre Rouvenat qui est votre parrain ?

— Oui. Si un jour, vous qui êtes pauvre et malheureux, vous avez besoin de quelqu'un, d'un homme toujours prêt à rendre service, à faire du bien, vous pourrez vous adresser à lui sans crainte ; quoi que vous lui demandiez, si c'est juste et s'il le peut, il le fera.

« Mon parrain ? continua-t-elle avec enthousiasme, c'est l'homme le meilleur qu'il y ait au monde, c'est le cœur dévoué par excellence, le protecteur des faibles, l'ami de tous... Toujours bienveillant, généreux, affectueux, il passe

LA FILLE MAUDITE 129

Soudain il tressaillit et son corps voûté parut se redresser. (Page 133.)

sa vie à s'occuper des autres; plein d'indulgence pour tous, il n'est sévère que pour lui-même.

— Je n'ai pas besoin de vous demander si vous l'aimez, votre parrain.

— Oh! oui, je l'aime!... Tenez, il est souvent triste; eh bien! quand je le vois ainsi, sans savoir pourquoi, malgré moi, je me mets à pleurer... Alors il me prend dans ses bras, il essuie mes yeux et il m'embrasse... Oh! comme il m'embrasse!... Et il se gronde lui-même de m'avoir fait pleurer. Ah! c'est qu'il m'aime bien aussi, allez! Parfois — je ne m'explique pas cela — il me semble que je l'aime mieux que mon père; cela n'est pas naturel, n'est-ce pas! Mais mon parrain est si bon, si plein de tendresse pour moi!

« Regardez : voyez-vous, là-bas, un homme qui vient de ce côté?
— Oui.
— C'est mon parrain; je suis sûre qu'il trouve que je suis trop longtemps à cueillir des fleurs et qu'il est impatient de me voir. Pour que je sois plus tôt près de lui, il vient au-devant de moi.
— Allez donc le rejoindre, mademoiselle, et merci d'avoir bien voulu causer un instant avec le pauvre vieux Mardoche.
— N'oubliez pas la promesse que vous m'avez faite de venir à la ferme.
— J'irai certainement.
— Alors, au revoir! vous viendrez me dire si je vous ai porté bonheur.

Le jeune fille s'éloigna rapidement. Un instant après, elle était au bras de Rouvenat.
— Je n'ai pas reconnu l'homme avec qui tu causais, lui dit-il; qui est-ce donc?
— Il n'est pas de nos pays; il vient de loin, m'a-t-il dit.
— Blanche, reprit gravement Rouvenat, il est souvent imprudent de causer avec des gens qu'on ne connaît pas.
— Tu me grondes?
— Non, je te donne un conseil; tu es sans défiance parce que tu es la bonté même et que tu ne crois pas au mal; mais, vois-tu, ma mignonne, il y a malheureusement dans le monde beaucoup de méchants.
— Pas celui-là; il a l'air bon et il l'est, j'en suis sûre. Et puis il est vieux, pauvre et malheureux.
— Pourquoi n'est-il pas venu à la ferme?
— Il est pressé de continuer sa route. Je lui ai donné un peu d'argent que j'avais sur moi.
— Tu as bien fait.
— Et vous ne me grondez plus, monsieur mon parrain?
— Non, puisque je vous embrasse, mademoiselle la Providence.

IV

LA MASURE

Le vieux mendiant s'était remis en marche, et, suivant le cours de l'eau, il descendait lentement vers Civry, s'appuyant sur son bâton.

Il pensait à Blanche et réfléchissait.

— Non, c'est impossible ! s'écria-t-il en s'arrêtant brusquement ; cette charmante enfant que je viens de quitter ne peut pas être la fille de M. Mellier. Elle va avoir dix-neuf ans, m'a-t-elle dit : or, il y a dix-neuf ans, M. Mellier, veuf depuis longtemps, n'était pas remarié. Non, non, elle n'est pas sa fille. Pourtant elle l'appelle son père. Pierre Rouvenat est son parrain. Ne serait-elle pas plutôt la fille de Lucile Mellier ? Sa mère est morte en lui donnant le jour, c'est du moins ce qu'on lui a dit, et Lucile a disparu ; il est évident qu'on lui a caché une partie de la vérité. Allons, il n'y a pas à en douter, elle est bien la fille de Lucile... Et Lucile est morte !

Il continua son chemin d'un pas un peu plus pressé. Cependant, après avoir fait environ deux cents pas, il s'arrêta encore. On aurait dit que, touchant au but de son voyage, il avait peur d'arriver trop tôt. Quelque chose d'inquiet, de troublé, d'hésitant, passait dans son regard. Il était en vue du village de Civry, dont un rideau de peupliers lui cachait les maisons ; mais, au-dessus des panaches verts des grands arbres, la flèche du clocher surmontée du coq traditionnel se dressait majestueusement vers le ciel bleu.

Tous ses membres tremblèrent, sa respiration devint plus difficile, et il y eut dans sa gorge comme un sanglot étouffé.

Au bout d'un instant, comme si, ayant honte de sa faiblesse, il eût pris soudain une résolution énergique, il rejeta sa tête en arrière par un brusque mouvement, ses yeux étincelèrent et il reprit sa marche, cette fois d'un pas rapide.

Il atteignit bientôt les premières maisons du village. Des paysans, debout sur le seuil de leur porte, le regardaient curieusement. Sans se préoccuper des regards plus ou moins bienveillants qui se fixaient sur lui, il avança et traversa le village sans regarder ni à droite ni à gauche.

Quand il s'arrêta, il était à l'autre extrémité de Civry devant la maison ou plutôt ce qui restait de la maison où demeurait autrefois Jean Renaud le tueur de loups.

Son bâton s'échappa de sa main et il resta un instant immobile, les yeux fixes, les bras ballants, comme pétrifié.

Il était en présence d'une ruine, d'un monceau de décombres.

Quelques mois après la mort de Geneviève, Pierre Rouvenat, agissant au nom de sa filleule mineure, avait fait vendre tous les objets mobiliers que contenait la maison, puis celle-ci fut immédiatement mise en vente. Aucun acquéreur ne se présenta. Vainement, tous les trois mois, on baissa successivement la mise à prix, personne ne voulait de cette maison où était morte Geneviève et qui avait servi d'abri à un assassin. Il y a encore dans les campagnes des superstitions fortement enracinées et beaucoup de gens qui croient aux apparitions de fantômes et au mauvais œil.

Bref, la maison, décidément invendable, resta inhabitée avec ses volets fermés, et Rouvenat lui-même ne s'en occupa plus.

Avec le temps, la pluie fit tomber le crépi des murs, qui se lézardèrent; les grands vents d'orage, la gelée et la neige continuèrent l'œuvre de dévastation; la maison, d'ailleurs, n'était pas très-solidement construite.

Un jour, la toiture s'effondra; alors un mur pencha en dedans, un autre en dehors, et l'année suivante, dans une nuit de tempête, toute la partie supérieure de l'habitation s'écroula, un mur entraînant les poutres et les planches, l'autre emplissant de pierres le vide à l'intérieur de la masure.

Et depuis nul n'avait seulement songé à toucher aux planches brisées, aux solives noires qui se montraient au milieu des pierres amoncelées parmi lesquelles poussaient les orties et grimpaient les ronces.

Le mendiant regarda autour de lui avec effarement. Il ne vit personne. Alors il marcha vers la ruine et, lentement, la tête baissée, il en fit le tour. Ce qui restait encore des volets n'était plus que du bois pourri. Les croisées, aux vitres brisées, se trouvaient dans le même état. Par l'une des deux fenêtres, celle de derrière, qui ouvrait sur les champs, il plongea son regard à l'intérieur; comme autour des murs à demi renversés, il vit des pierres, des plâtras, des planches brisées.

Un sourd gémissement s'échappa de sa poitrine. Une fois encore il regarda autour de lui. Bien certain que nul ne l'observait, il monta sur la fenêtre; d'un coup d'épaule, il força la croisée à s'ouvrir, pénétra dans la masure et marcha sur les décombres. Pour entrer dans l'autre chambre, il dut détourner une quantité de pierres et de plâtras qui barricadaient la porte. Qu'espérait-il? Rien. Il voulait voir. Il vit, comme à côté, des décombres entassés, la dévastation.

Il tomba sur ses genoux et, la tête dans ses mains, il pleura, il sanglota comme un enfant.

Il resta longtemps ainsi. A la fin, il se leva. Son regard avait des lueurs étranges.

— Oh! il faut que je sache tout, murmura-t-il, tout!

Il rentra dans l'autre pièce afin de sortir, comme il était entré, par la fenêtre.

Soudain il tressaillit et son corps voûté parut se redresser. Sa vue se promena lentement autour de lui, pendant qu'il faisait un calcul mental. Puis, le bras tendu, regardant en bas, il prononça ces mots :

— C'est là !

Sans s'arrêter plus longtemps, il sortit de la masure en se disant :

— C'est bien ; quand il le faudra, je reviendrai.

Il regarda le ciel, poussa un soupir et s'éloigna des ruines avec l'intention de revenir au milieu du village. Cette fois, il levait la tête, regardait, et au lieu de marcher sur la route il passait tout près des maisons.

Il n'alla pas bien loin. Il vit une porte ouverte et une vieille femme seule dans la maison, filant sa quenouille. Il entra.

— La charité, s'il vous plaît, ma bonne dame, dit-il de cette voix dolente et chevrotante que savent prendre les mendiants.

La vieille leva la tête, le rouet cessa de tourner.

— Eh ! pauvre homme, fit-elle, vous vous adressez bien mal, je ne peux rien vous donner : je suis peut-être plus vieille que vous et j'ai bien du mal à gagner le pain que je mange ! mais, Dieu merci ! il y a dans le pays des gens plus riches que moi ; vous ne frapperez pas inutilement à leur porte.

— Je tombe de fatigue, reprit le mendiant ; voulez-vous me permettre de m'asseoir et de me reposer un instant sous votre toit ?

— Ça, mon cher homme, il faudrait que je fusse une bien méchante femme pour vous le refuser. Voilà un escabeau, asseyez-vous.

Il s'assit. La roue du rouet se remit à tourner.

Mais le bruit de cette petite machine, que le pied fait mouvoir, est assez doux et n'empêche nullement la personne qui s'en sert de causer.

— Vous avez l'air bien vieux ; quel âge avez-vous ? demanda la fileuse.

— Je suis si vieux, en effet, que vraiment je ne sais plus mon âge, répondit-il.

— Est-ce que vous êtes des environs ?

— Non, ma bonne dame, je ne suis pas de ces pays-ci.

— Si ce n'est pas le hasard qui vous amène chez nous, c'est donc que vous y venez pour affaire ?

— Oh ! mon Dieu non ; mais je vas vous dire : Quand on est vieux et misérable comme moi, qu'on a encore des jambes pour marcher et qu'on vit grâce à la charité des bonnes âmes, tous les pays sont à soi, et l'on s'en va à l'aventure, sans savoir où, à la garde de Dieu.

— Vous n'avez donc pas de famille ?

— Je n'ai pas de famille. Cependant je me suis acheminé vers ce pays de la Comté avec l'espoir d'y retrouver quelqu'un, un ancien camarade, un ami. Si j'ai bien compris ce qu'on m'a dit à Frémicourt, où je suis passé ce matin, le nom de ce village est Civry ?

— Oui, mon brave homme, vous êtes à Civry.
— Cet ancien camarade, dont je viens de vous parler, était de Civry.
— Ah!
— Il faut vous dire que j'ai été soldat, en Afrique. — Ah! il y a longtemps de ça. — Je suis un de ceux qui ont pris le fameux chef arabe Abd-el-Kader. C'est en Afrique, au régiment, que nous nous sommes connus. Un jour il m'a sauvé la vie; un peu plus tard, ce fut mon tour d'empêcher un Bédouin de lui couper la tête. Après ça, voyez-vous, on devient frères. Voilà ce que nous étions lorsque nous nous sommes séparés; depuis, nous ne nous sommes jamais revus. Et je suis venu jusqu'ici, bien sûr que, si mon vieux camarade de guerre existe encore, il me donnera un petit coin dans sa maison, une petite place à sa table.
— Comment l'appelez-vous, votre ancien ami?
— Jean Renaud.
La quenouille tomba sur les genoux de la vieille femme.
— Bienheureuse sainte Anne! exclama-t-elle.
— Qu'avez-vous donc, ma bonne dame?
— Quel nom vient de sortir de votre bouche?
— Eh bien! le nom de mon vieux camarade Jean Renaud.
La vieille femme se signa comme pour conjurer un danger imaginaire, puis d'une voix lente et grave :
— Vous avez fait un voyage bien inutile, mon pauvre homme, dit-elle; vous ne trouverez pas celui que vous venez chercher; il n'y a plus de Jean Renaud.
— Mon Dieu! il est mort?
— Probablement.
— Pourquoi dites-vous probablement?
— Parce que, moi, je ne sais pas ce qui se passe là-bas : Jean Renaud est aux galères.
— Aux galères!
— Oui, aux galères pour avoir assassiné un homme afin de le voler.
— Jean Renaud un voleur! Jean Renaud un assassin! Allons donc! c'est impossible! Moi qui l'ai connu, je ne croirai jamais cela.
— C'est pourtant la vérité, mon cher homme, à preuve que l'homme assassiné est enterré dans le cimetière de Frémicourt, et que Jean Renaud a été arrêté, jugé et condamné.
— Aux galères?
— A perpétuité.
— Ah! le malheureux!...
— Oui, vous pouvez dire le malheureux et aussi le misérable!... C'était la nuit, sur la route où vous êtes passé en venant à Civry. Jean Renaud attendit l'homme, et il l'a tué roide d'un coup de fusil... Tout cela est bien oublié aujourd'hui, et c'est à peine si à Civry, comme à Frémicourt et ailleurs, on se sou-

vient de Jean Renaud l'assassin. Mais, moi, j'ai la mémoire bonne, je me rappelle tout. Et puis, je n'ai aucune raison de le cacher, j'avais de l'amitié pour sa femme.

Les yeux du mendiant étincelèrent.

— C'est vrai, fit-il avec un tremblement dans la voix, Jean Renaud était marié.

— Avec une bonne femme, on peut le dire. La Geneviève était sage, honnête, laborieuse, économe ; elle aimait beaucoup son mari, qui le méritait si peu.

— Est-ce qu'elle demeure toujours à Civry?
— Qui? Geneviève?
— Oui, Geneviève, la femme de Jean Renaud.

La vieille femme secoua la tête.

— Geneviève est morte, dit-elle tristement.

Le mendiant se dressa sur ses jambes en jetant un cri et retomba aussitôt sur son siége en répétant d'une voix étranglée :

— Morte ! morte !...

V

OU MARDOCHE APPREND BIEN DES CHOSES

La vieille paysanne regarda son auditeur, mais elle ne comprit pas ; elle ne pouvait deviner, en effet, la cause réelle de son trouble et de sa violente émotion.

— Ce que je vous raconte là n'est pas bien gai, n'est-ce pas? fit-elle.
— Oui, c'est bien triste !
— Vous me croirez si vous voulez, quoique ces choses soient passées depuis longtemps, quand j'en parle ou que j'y pense seulement, cela me fait encore frissonner.
— Il y a donc déjà longtemps qu'elle est morte, la pauvre femme de Jean Renaud ?
— Ah ! le scélérat, c'est encore lui qui l'a tuée !

Le mendiant sursauta, mais il parvint à se contenir en faisant un violent effort sur lui-même.

— Geneviève est morte trois ou quatre jours après le jugement de la cour d'assises, qui envoyait Jean Renaud au bagne pour toute sa vie, continua la paysanne; j'étais à son lit de mort...

— Ah! vous étiez là, près d'elle? vous l'avez vue mourir?

— C'est dans mes bras qu'elle a rendu le dernier soupir.

Le mendiant joignit ses mains et murmura quelques paroles dont la vieille ne put saisir le sens.

— Dites-moi, ma bonne dame, reprit-il d'une voix oppressée, est-ce que la femme de ce malheureux Jean Renaud n'était pas enceinte?

— Si, vraiment.

— Alors, fit-il en hésitant, l'enfant est mort avant de naître?

— Du tout; l'enfant est venu au monde.

— Bonté divine!

— Oh! oui, car ce fut un vrai miracle.

— Et cet enfant, dites, cet enfant vit-il?

— Il vit.

— Oh! oh! oh! fit le mendiant.

Et il laissa échapper plusieurs sanglots sans larmes.

Une seconde fois la vieille femme l'examina avec surprise.

— Décidément, mon brave homme, dit-elle, vous êtes trop sensible.

— Mon Dieu! cela se comprend, répliqua-t-il; ne vous ai-je pas dit que Jean Renaud était comme mon frère? Et puis, ce que vous me racontez me rappelle mes propres souvenirs... Je n'ai pas toujours été malheureux comme maintenant; j'ai eu aussi une femme, un enfant; je les aimais, je les ai perdus... Vous voyez bien que j'ai le droit de pleurer.

Il cessait enfin de retenir ses larmes; elles jaillirent de ses yeux.

— Pauvre homme! dit tout bas la vieille femme.

— Mais, reprit-il, il ne s'agit pas de mes regrets et de mes douleurs, que je veux oublier. Ah! parlez-moi plutôt de l'enfant de la pauvre Geneviève. C'est un garçon?

— Non, une fille.

— Ah! c'est une fille!... Elle est forte, elle est grande, elle est belle, n'est-ce pas?

— Pour ce qui est d'être belle, elle l'est; grande, forte... pas trop; mais c'est bien la plus mignonne créature du bon Dieu.

— Elle n'est pas heureuse, sans doute; on la regarde mal... La fille d'un forçat!

— Elle, mal regardée! Oh! que non... On l'estime, on la respecte, au contraire, et elle est aimée de tous ceux qui la connaissent.

— Ah! c'est bien; il y a toujours de bonnes gens dans ce monde. Malgré tout, allez, ma bonne dame, la fille de Geneviève ne peut pas être heureuse.

— Pourquoi donc?

— Parce que, si elle est aussi gentille que vous le dites, elle doit souffrir beaucoup en pensant qu'elle est la fille d'un assassin.

— Monsieur, dit Mardoche, c'est ce bouquet que j'apporte. (Page 142.)

— On n'a pas raconté ces choses-là à l'enfant, répliqua la vieille paysanne en branlant la tête ; je suis bien sûre qu'elle ne sait même pas le nom de Jean Renaud.
— Quoi ! on ne lui a pas dit qui était son père ?
— Ni qui était sa mère ; on lui a tout caché.
— Mais pourquoi ? pourquoi ?
— Pour qu'elle ne soit pas ce que vous disiez tout à l'heure : malheureuse...

— Oui, je comprends.

— Et elle ne saura jamais rien, voyez-vous, car on n'oserait pas dire devant elle une parole qui pût faire tomber une larme de ses yeux.

— Qui donc a pris soin de son enfance ?

— De plus riches que vous et moi, mon brave homme.

— Est-ce qu'elle demeure à Civry ?

— Non. Une femme d'ici, qui est morte ces années dernières, l'a nourrie de son lait. Elle avait deux ans et elle était déjà forte et grandelette quand on l'a emmenée.

— Où cela ?

— Je n'ai pas besoin de vous le dire, puisque vous ne pouvez pas aller la voir.

— C'est vrai, je ne réfléchissais pas... Je ne pourrais me présenter à elle que comme l'ancien ami de son père, et elle ne sait pas qu'elle est la fille de Jean Renaud. Vous disiez donc qu'on l'a emmenée quand elle avait deux ans ?

— Oui, et comme elle était déjà jolie comme un amour, je n'ai pas besoin de vous dire si on se mit tout de suite à l'aimer, à l'adorer. Il y a des filles de grand seigneur pour lesquelles on ne fait pas autant. Il n'y avait jamais rien d'assez beau pour elle. Son enfance a été entourée des soins les plus tendres, on l'a comblée de caresses ; si sa mère lui manquait, elle ne s'en est pas aperçue. Ah ! l'orpheline n'a pas été sevrée de baisers !... Et elle a grandi, entourée de sourires comme une plante précieuse sous les rayons du soleil. Aujourd'hui la fille de Geneviève et de Jean Renaud est une demoiselle, et autant la mère a été à plaindre, autant la fille est heureuse.

Le vieillard écoutait avidement, les mains tendues, tremblantes, les yeux rayonnants, la bouche ouverte ; on aurait dit qu'il buvait les paroles de la vieille femme.

— Du reste, continua-t-elle, tout cela, elle le mérite, car elle est aussi bonne que belle ; elle a le cœur et la figure d'un ange !

— Mon Dieu ! murmura le mendiant, je ne croyais pas qu'un homme aussi malheureux que moi pût encore éprouver autant de joie !

Il se leva, prit les mains de la vieille femme et les serra dans les siennes.

— Ma bonne dame, dit-il, je n'ai plus qu'une chose à vous demander : dites-moi le nom de la fille de Geneviève.

— Elle se nomme Blanche.

— Blanche ! s'écria-t-il.

Il se redressa et ses deux mains s'appuyèrent sur son cœur.

— Ah ! ne soyez pas étonnée, reprit-il d'une voix pleine de larmes ; l'enfant que j'ai perdu était une petite fille et elle s'appelait Blanche aussi.

« Je me suis bien reposé, continua-t-il ; maintenant je vais me remettre en route ; merci, ma bonne dame, merci de votre hospitalité ! »

Il ramassa son chapeau, le replaça sur sa tête en l'enfonçant jusque sur ses yeux, et marcha vers la porte.

— Avant de vous en aller, mon pauvre homme, fit la vieille femme, dites-moi donc comment vous vous appelez.

Il se retourna et répondit :

— Je me nomme Mardoche.

Le mendiant, que le lecteur a déjà reconnu, mais que nous continuerons à appeler Mardoche, puisque c'est le nom qu'il se donne lui-même, le mendiant quitta la vieille paysanne et ne tarda pas à se trouver au centre du village. Il avait faim. Il entra dans une auberge et demanda à manger.

L'aubergiste regarda de travers ce singulier client et parut hésiter à le recevoir.

— Je vois ce que c'est, dit tristement Mardoche ; vous avez peur que je ne puisse pas vous payer.

Il tira de sa poche quelques pièces d'argent, et les faisant sonner dans sa main :

— Vous voyez, continua-t-il, que je peux manger chez vous en buvant un verre de vin, qui me fera grand bien, car je n'en bois pas tous les jours. Cet argent, c'est la belle demoiselle du Seuillon qui me l'a donné ce matin.

L'aubergiste rougit malgré lui, balbutia quelques paroles d'excuse et s'empressa de servir lui-même le pauvre homme.

Quand il eut mangé, avec un appétit qui faisait plaisir à voir, Mardoche demanda combien il devait.

— Vous ne devez rien, répondit le cabaretier.

Le mendiant ne put cacher son étonnement. Quoi ! ce même homme qui, tout à l'heure, ne voulait pas lui donner à manger, refusait maintenant de recevoir ce qui lui était dû ! C'était difficile à comprendre.

L'aubergiste ne lui fit pas attendre l'explication qu'il désirait.

— Gardez votre argent, dit-il, pour vous acheter des souliers meilleurs que ceux que vous avez aux pieds, car c'est pour cela sans doute que mademoiselle Blanche vous l'a donné. Dans ce pays-ci, voyez-vous, mon brave homme, quand un malheureux prononce le nom de la demoiselle du Seuillon, aucune porte ne se ferme devant lui, et on le ferait asseoir aussi bien à la table du riche qu'à celle du pauvre. Gardez donc votre argent, et quand vous repasserez par Civry ne craignez pas de revenir ici.

— Vous l'aimez donc bien, la demoiselle du Seuillon ?

— Comme tout le monde l'aime. Seulement, moi, j'ai pour l'aimer une raison que tout le monde n'a pas.

— Laquelle ?

— Ma vieille mère, qui vit encore, grâce à Dieu, est sa marraine.

Le pauvre homme chancela, de grosses larmes roulaient dans ses yeux. Il ne pouvait plus supporter tant d'émotions successives. Son cœur débordait et il sentait sa poitrine pleine de sanglots. Mais il se roidissait, il se faisait violence pour empêcher sa douleur et sa joie de faire explosion.

Il sortit du cabaret et traversa le village à grands pas. Il connaissait bien la contrée; il prit un sentier à travers champs, et se dirigea rapidement vers la montagne, du côté du bois de Sueure. Il était déjà tard quand il y arriva. Il s'enfonça dans le taillis épais et s'assit au pied d'un chêne. Il avait déjà pleuré beaucoup le long du chemin, il pleura encore. Pleurer, cela fait parfois tant de bien!

Pourquoi était-il venu dans le bois? Peut-être pour s'y cacher, mais il n'aurait su le dire; c'est sans réflexion, instinctivement, qu'il s'était dirigé de ce côté. D'ailleurs, pourquoi se cacher? Il avait pu constater maintes fois les ravages faits sur son visage par la souffrance bien plus encore que par les années, et il était sûr que ceux-là mêmes qui avaient le mieux connu Jean Renaud ne pourraient plus reconnaître le mendiant Mardoche. Et puis, qui donc irait retrouver ses traits flétris sous la barbe épaisse qu'il avait laissée croître exprès?

Jean Renaud, condamné à perpétuité, et libre aujourd'hui, avait-il peur des gendarmes? Non. Bientôt nous dirons pourquoi il se trouvait en liberté.

Après avoir dégonflé son cœur et s'être soulagé en versant toutes les larmes trop longtemps retenues, il se mit à réfléchir.

Qu'allait-il faire?

VI

LE BOUQUET

— Ainsi je l'ai vue, se disait-il, la tête dans ses mains, appuyée sur ses genoux; elle s'est approchée de moi, je ne lui ai pas fait peur, elle m'a parlé, j'ai entendu sa douce voix, ses jolis yeux m'ont regardé... Elle m'a fait l'aumône : tout ce qu'elle avait d'argent, elle me l'a donné; j'ai mis un baiser sur sa main, elle l'a bien voulu... En me quittant, elle m'a dit : « Vous viendrez me dire si je vous ai porté bonheur! » Et ce cher trésor, cet ange, que j'admirais, que je trouvais si belle et qui est si bonne, c'est l'enfant de la pauvre Geneviève, c'est ma fille!... Ma fille! Et mon cœur, qui battait bien fort cependant, ne me l'a pas dit!... Je ne pouvais pas savoir, je ne pouvais pas deviner, en la voyant si charmante et si jolie... Ils disent que tout le monde l'aime : je le crois bien!...

« Pierre Rouvenat a tenu la promesse qu'il m'a faite; il n'a pas abandonné l'orpheline, il a voulu être son parrain pour avoir plus le droit de la protéger, et si Blanche appelle M. Mellier son père, c'est aussi parce que Rouvenat l'a voulu. Ils lui ont caché le nom de ses parents, ils ont jeté un voile sur sa naissance... C'est une bonne inspiration, c'était pour son bonheur. Ah! ils ont bien fait!... Et moi, d'un mot, en disant à Blanche : « Enfant, on t'a trompée; c'est moi, Jean Re-« naud, le forçat, qui suis ton père, » je détruirais l'œuvre de Jacques Mellier et de Pierre Rouvenat, je rendrais ma fille malheureuse!... Comme tout le monde, comme Geneviève elle-même, elle me repousserait avec horreur, me maudirait, car, pas plus aujourd'hui qu'autrefois, je ne peux prouver que je ne suis pas un assassin ! Non, non, plutôt que de faire cela, j'aimerais mieux mourir... Mourir! Est-ce que je ne suis pas déjà mort? Il n'y a plus de Jean Renaud, je suis le mendiant Mardoche !

« Est-ce que j'ai le droit de me plaindre ? Est-ce que Dieu ne m'a pas pris en pitié ? J'ai perdu ma pauvre Geneviève, mais à sa place je retrouve son enfant, ma fille... Je la verrai souvent, personne ne m'en empêchera et, sans qu'elle sache rien, je pourrai l'aimer de toute mon âme. Et je ne mentirai pas quand je lui dirai : « Mademoiselle Blanche, vous avez porté bonheur au vieux Mar-« doche ! »

Il tira de son sac de toile une petite pièce d'étoffe enroulée, qu'il ouvrit avec précaution, et de l'or brilla sous ses yeux. Il compta son petit trésor : huit pièces de vingt francs.

— Pour ne pas toucher à cet argent, qu'on m'a donné là-bas, dit-il, tout le long du chemin j'ai mendié; je le gardais pour Geneviève. Maintenant j'ai le droit d'y toucher. Je suivrai le conseil de l'aubergiste de Civry, je m'achèterai des souliers et un pantalon; je veux me faire beau pour aller voir ma fille !

Il remit l'or dans son sac, puis, la nuit venant, il coupa trois ou quatre brassées de fougère et se fit un lit au pied du chêne.

Le lendemain, le soleil levant le trouva debout au pied d'un amas de roches énormes, qui sortaient des entrailles de la terre sur le versant du coteau. De là, son regard plongeant dans la vallée de la Sableuse, couverte encore d'une brume légère, il découvrait Frémicourt à gauche, Civry à droite et, droit devant lui, les hauts pignons du Seuillon.

— Oui, murmura-t-il, c'est ici que j'établirai ma demeure; j'y serai bien. Dès que le jour paraîtra, je n'aurai qu'à sortir de mon trou et je verrai, comme en ce moment, le toit sous lequel elle dort encore.

Une grotte naturelle, creusée sous les roches au fond d'une large crevasse, allait devenir l'habitation de Mardoche.

— Je serai chez moi, s'était-il dit, et j'aime mieux cela que de dormir tantôt dans une grange, tantôt dans une autre.

Tranquille sur ce point, qui était le commencement de la vie nouvelle qu'il voulait se créer, Mardoche rentra dans le bois, où il cueillit un gros bouquet de muguet. Il l'entoura de feuilles vertes, lia la botte, le mieux qu'il put, avec un fil d'écorce d'osier, et prit tout joyeux le chemin de la vallée.

— Elle aime les fleurs, se disait-il; à son réveil, elle trouvera ce bouquet près d'elle.

Son intention était de le remettre à une servante, où au premier domestique qu'il rencontrerait aux alentours de la ferme. Mais personne ne se présenta sur son chemin ; il fut obligé d'entrer dans la cour.

Rouvenat s'y promenait, les mains derrière le dos, en fumant sa pipe.

Mardoche se sentit vivement ému, ses membres tremblaient; il eut un mouvement d'hésitation, se demandant s'il devait reculer ou avancer.

— Allons, se dit-il, il ne faut pas avoir peur, ni trembler comme un enfant : puisque je dois tenter l'épreuve, autant que ce soit aujourd'hui que demain.

A ce moment, Rouvenat en se retournant l'aperçut.

Mardoche s'avança vers lui. Rouvenat s'arrêta et attendit, tout en examinant avec curiosité ce singulier visiteur.

— Monsieur, dit Mardoche, c'est ce bouquet que j'apporte.

— Ah! fit Rouvenat, et pour qui est-il, ce joli bouquet?

— Je l'ai cueilli ce matin pour la demoiselle, qui aime les fleurs.

— Ah! très-bien. C'est vous que mademoiselle Blanche a rencontré hier près de la rivière?

— Oui, c'est moi.

— Elle m'a parlé de vous, vous l'avez intéressée ; elle acceptera avec plaisir votre bouquet. Mais elle n'est pas encore levée ; si vous voulez attendre, vous pourrez le lui offrir vous-même.

— Non, merci, je ne peux pas attendre. Voilà le bouquet, soyez assez bon pour le lui remettre.

— De votre part?

— Oui, de la part du pauvre Mardoche.

— Que faudra-t-il que je lui dise encore?

— Oh! rien. Seulement, si vous le permettez, je viendrai quelquefois à la ferme.

— Aussi souvent que vous le voudrez, mon ami.

— A la façon dont vous me parlez, je devine que vous êtes le parrain de la demoiselle.

— Mademoiselle Blanche vous a donc parlé de moi?

— Oui, pour me dire que vous êtes le meilleur des hommes. Au revoir, monsieur Rouvenat ! je reviendrai.

Mardoche s'éloigna rapidement.

— Il ne m'a pas reconnu! fit-il quand il fut sorti de la cour.

Et il poussa un soupir de soulagement.

Rouvenat le suivit un instant des yeux ; puis, passant la main sur son front, il murmura :

— C'est drôle ! ce pauvre homme m'a remué jusqu'au fond du cœur.

Il rentra dans la maison, monta au premier étage et frappa doucement à la porte de la chambre de Blanche, qui avait été autrefois celle de Lucile.

Un bruit de pas légers se fit entendre à l'intérieur, la porte s'ouvrit et la jeune fille se montra dans un peignoir de mousseline blanche. Elle venait de se lever.

— Oh ! le joli bouquet ! s'écria-t-elle en sautant au cou de Rouvenat ; tu l'as cueilli pour moi ? Comme tu es bon !

— Enfant, répondit-il en souriant, tu sais bien que le matin je n'ai pas le temps d'aller au bois chercher le muguet ; c'est le vieux mendiant que tu as vu hier qui vient de t'apporter ce bouquet.

— Mardoche ?

— Oui, Mardoche.

— Est-ce qu'il est en bas ?

— Il n'a pas voulu attendre, il est parti.

— Mais il reviendra ?

— Il me l'a dit. Tu t'intéresses donc bien à ce pauvre homme ?

— Oui, beaucoup. Hier, toute la journée j'ai pensé à lui, et cette nuit il s'est trouvé dans un vilain rêve que j'ai fait.

— Tu fais donc quelquefois de vilains rêves, ma chérie ?

— Mais non, parrain, et pour cause.

— Pour cause ?

— Oui, je ne rêve presque jamais.

— Enfin la nuit dernière tu as eu un rêve, un vilain rêve, dans lequel le vieux mendiant jouait un rôle ?

— Oui.

Rouvenat eut un regard de colère.

— Est-ce que, dans ton rêve, cet homme te faisait du mal ? demanda-t-il brusquement.

Le visage de la jeune fille s'éclaira et son front parut rayonnant.

— Non, répondit-elle, au contraire. Veux-tu que je te raconte mon rêve ?

— Oui, raconte.

— Eh bien ! je me trouvais au bord de la rivière, occupée à cueillir des fleurs. Tout à coup je vis sortir de terre et se dresser, menaçantes, autour de moi, des têtes hideuses de serpents. Saisie d'épouvante, je jetai un grand cri et je voulus me sauver. Impossible ; les queues des horribles reptiles s'étaient liées autour de mes jambes et retenaient mes pieds attachés au sol. Les corps des serpents s'allongeaient et, toutes ensemble, les têtes montaient, montaient jusqu'à mon visage. Je me vis perdue. Mais, soudain, le vieux mendiant accourut à mon secours et, à grands coups de bâton, frappa toutes les têtes... Je me réveillai, les serpents avaient disparu, j'étais dans mon lit.

« Je me rendormis bientôt ; alors, parrain, c'est toi que je vis, marchant dans la prairie, les mains derrière le dos, comme c'est ton habitude. Un homme, que je ne pus reconnaître, s'avança traîtreusement derrière toi et leva son bras armé d'un poignard pour te frapper. Il n'en eut pas le temps : le vieux Mardoche parut, et d'un coup de son terrible bâton il étendit le méchant homme roide mort à ses pieds.

« Voilà mon rêve, parrain ; il est assez laid, n'est-ce pas ?

— Ma foi ! oui, et il est heureux que tu ne rêves pas souvent.

Il prit la jolie tête de la jeune fille et la baisa au front.

— Parrain, reprit-elle, quand le vieux mendiant viendra, il faudra qu'on le reçoive bien.

— Certainement, puisqu'il est ton protégé.

— Et mon ami. Juge donc ! il m'a dit que je lui porterais bonheur !

— Comme tu portes bonheur à tous ceux qui t'approchent, ma chérie ; ton sourire fait naître la joie ; quant au bonheur, c'est ton regard qui le donne. Je te laisse t'habiller. A tout à l'heure !

Et Rouvenat sortit de la chambre.

La jeune fille regarda un instant le bouquet, puis l'approcha de son visage pour en aspirer le parfum.

— Pauvre Mardoche ! murmura-t-elle ; il a pensé à moi... Lui ai-je donc déjà porté bonheur ?

Elle mit le bouquet de muguet dans un vase de porcelaine imagée, rempli d'eau, et le plaça bien en vue sur le marbre de la cheminée.

VII

DEUX VIEUX AMIS

Un matin, M. Nestor Dumoulin, un des plus célèbres jurisconsultes de Paris, reçut la lettre suivante :

« Mon cher ami,

« Ce billet va t'apprendre que je ne suis plus aux antipodes ou dans les mers de glace ; je suis rentré en France depuis cinq jours et à Paris depuis hier.

LA FILLE MAUDITE

Jean Renaud enfonça son pieu dans la gorge de l'animal. (Page 150.)

« Fais-moi l'amitié de venir déjeuner avec moi aujourd'hui même, si tu n'en es pas absolument empêché. Je veux me donner le bonheur de te revoir ; j'ai aussi un service à te demander.

« Ton vieux camarade,
« Comte DE BUSSIÈRES. »

Le signataire de cette lettre et l'illustre avocat Dumoulin, dont le nom est glorieusement attaché à tout ce qui regarde la jurisprudence du droit français, étaient deux véritables amis, deux anciens camarades de collége.

Suivant dans la vie chacun un chemin différent, ils avaient été forcément séparés, et souvent pendant des années, mais sans s'oublier, et ils se revoyaient toujours avec cette satisfaction, cette joie, qui rappelle les souvenirs pleins de charme de l'âge heureux.

A onze heures et demie, l'avocat entrait dans l'hôtel du comte de Bussières, rue Bellechasse. Celui-ci l'attendait. Le couvert était mis. Les deux amis se jetèrent dans les bras l'un de l'autre et s'embrassèrent avec effusion. Puis, s'étant éloignés un peu, ils se regardèrent.

— Vraiment, mon cher Nestor, dit le comte, tu ne vieillis pas ; je te retrouve tel que je t'ai laissé il y a quatre ans.

— Il me semble, mon cher Adolphe, que, sous ce rapport, tu n'as pas le droit de te plaindre non plus ; je te trouve une figure magnifique.

— Le plaisir de te voir, sans doute; ne cherche pas à me flatter, c'est inutile... Va, je ne me fais pas illusion ; bien que je n'aie que soixante-cinq ans, trois ans moins que toi, Nestor, je suis loin d'avoir ta force et ta vaillance. J'ai vieilli vite.

— Aussi, pourquoi, au lieu de vivre tranquillement à Paris ou dans un de tes châteaux, passes-tu ta vie à courir à travers tous les mondes?

Le front du comte se rembrunit subitement.

— Tu me fais cette question et pourtant tu connais une partie de mes secrets !

— C'est vrai, mon ami, pardonne-moi. Tu cherches l'oubli...

— Oui, je l'ai cherché partout; mais j'ai vainement promené mes sombres souvenirs et mes douleurs d'un pôle à l'autre, je ne l'ai pas trouvé. Je reviens brisé, mécontent de tout, et peut-être plus malheureux encore; cette fois, c'est fini... souffrir ici ou ailleurs, c'est toujours la même chose, je ne voyage plus. Je veux mourir en regardant le ciel de mon pays.

— As-tu des nouvelles de madame la comtesse de Bussières?

— Oui.

— Bonnes ?

— Elle ne se plaint jamais.

— Elle vit toujours dans sa terre du Nivernais ?

— Où elle est respectée, aimée, vénérée...

« Depuis le jour où nous avons été fatalement séparés par l'événement que tu connais, elle n'a pas quitté le vieux château où elle est née ; son renoncement au monde a été complet. Et cette solitude qu'elle s'est imposée, qu'elle a voulue, est la même depuis bientôt quarante ans. Ah! la comtesse est une femme bien étrange !...

— Elle a tenu à expier courageusement sa faute.

— Sa faute! murmura le comte. Je vais te faire une confidence. J'en suis venu à douter que Valentine ait été réellement coupable, et ce doute me frappe d'épouvante!

L'avocat garda le silence. Connaissant les faits auxquels le comte venait de faire allusion, il avait toujours eu la pensée que les époux étaient l'un et l'autre victimes d'une erreur. Malheureusement il n'avait été que le confident du mari; il ne connaissait aucune des circonstances qui auraient pu lui démontrer l'innocence de la comtesse.

Nous dirons plus tard à la suite de quelle catastrophe le bonheur du comte et de la comtesse de Bussières avait été à jamais détruit.

— Le vicomte voit-il quelquefois sa mère? demanda M. Dumoulin après un moment de silence.

— Pas plus qu'il ne voit son père. Frappé si cruellement dans mon amour pour Valentine, je n'ai pu même trouver une compensation, un refuge dans l'affection de mon fils. Et pourtant, Dieu sait si je l'ai aimé et avec quelle tendresse et quelle sollicitude j'ai veillé sur son enfance! Tu sais comme il m'a récompensé... Il n'aime ni son père ni sa mère; il ne s'aime peut-être pas lui-même. Il n'y a plus en lui aucun bon sentiment. Esclave de ses passions, de ses instincts mauvais, il est capable de leur tout sacrifier. En le séparant de sa mère, autrefois, je voulais l'avoir tout à moi; j'ai cru bien faire, je me suis trompé... Auprès de l'enfant, rien ne remplace une mère. J'ai une immense fortune, un grand nom, et je dois le transmettre à un homme que je juge indigne de le porter. Quel écrasement pour mon orgueil!

— Je te trouve bien sévère pour ton fils.

Le comte sourit amèrement.

— Mais que fait-il, dis, que fait-il? Rien. Si, viveur éhonté et sans frein, il traîne sa vie ennuyée, inutile, fatale, dans toutes les fanges.

— Pourquoi ne l'as-tu pas marié?

— Eh! il ne l'a pas voulu!... Le mariage impose des devoirs et il n'en veut connaître aucun. Cela vaut mieux, pour lui, de courir les boudoirs des femmes galantes et de fréquenter les coulisses de certains théâtres où l'on joue des *machines* ou grotesques ou ridicules et toujours malsaines, qui ne sont qu'un prétexte pour exhiber les beautés plus ou moins réelles d'un troupeau de filles impudiques.

« Le jeu, les soupers fins, les femmes, voilà ce qui occupe et intéresse le vicomte de Bussières. Avili, méprisé, flétri, vieux avant l'âge, tel est l'héritier de ma fortune et de mon nom. Qu'en fera-t-il? Je n'ose m'arrêter à cette pensée. Heureusement, les aïeux sont morts!... Va, il n'y a plus d'espoir, le malheureux est bien perdu... Et pour la société, pour lui, pour moi, pour l'honneur, je n'ai qu'une chose à désirer : c'est qu'il ne vive pas trop longtemps!

« Mais c'en est assez sur ce sujet douloureux; viens, le déjeuner est servi. »

Le comte et l'avocat passèrent dans la salle à manger.

A en juger par sa haute stature et la coupe régulière de son visage, le comte de Bussières avait dû être un fort bel homme. Malgré les chagrins qui étaient venus l'assaillir et dont ses traits portaient l'empreinte ineffaçable, sa physionomie conservait un grand air de noblesse et d'extrême distinction. Ce qu'au premier abord on aurait pu prendre pour de la fierté, de la morgue, n'était qu'une très-grande dignité : son sourire et son regard avaient un cachet tout particulier de bienveillance et de bonté. La façon gracieuse et courtoise, seulement, dont il tendait sa main révélait le gentilhomme de race, rappelait l'élégance des cours royales et certains grands seigneurs dont on retrouve les noms dans l'histoire.

Le déjeuner fini, le comte emmena son ami dans son cabinet, et là, ayant allumé chacun un cigare de la Havane, ils s'assirent en face l'un de l'autre.

— Dans ma lettre, dit M. de Bussières, je te parle d'un service que j'ai à te demander.

— Comme toujours, je suis à tes ordres. De quoi s'agit-il?

— Il s'agit d'un homme qui a été condamné à perpétuité pour crime d'assassinat.

L'avocat regarda le comte avec étonnement.

— Et tu veux? interrogea-t-il.

— Je veux... je voudrais trouver la possibilité de demander et d'obtenir sa grâce.

— Voilà qui est fort difficile, dit le jurisconsulte. Si le condamné dont il s'agit est vraiment digne d'intérêt, si sa conduite actuelle est irréprochable, s'il regrette le crime qu'il a commis, s'il se repent, il peut obtenir une réduction de sa peine, mais non la remise entière.

— Mais s'il est innocent! Crois-tu qu'il n'y en a pas au bagne?

— Il y a assez d'exemples qui l'ont prouvé; cela peut exister, malheureusement; mais depuis que nous avons les cours d'assises, le jury, ces sortes d'erreurs judiciaires deviennent extrêmement rares. Mais si le condamné dont tu me parles est victime d'une de ces déplorables erreurs, on peut réclamer la révision du procès.

— Ce malheureux a été condamné en présence de preuves indiscutables de culpabilité ; il n'a cherché à détruire aucune de ces preuves ; il s'est borné à protester de son innocence, ce qui n'était pas suffisant aux yeux de ses juges.

— Un système pour ne rien avouer.

— Peut-être. La vérité est — il le dit lui-même — que, pour un motif qu'il a refusé de faire connaître et qu'il cache encore, il est resté muet à toutes les interrogations.

— Depuis combien de temps est-il au bagne?

— Depuis environ dix-huit ans; il est actuellement dans notre colonie pénitentiaire de la Guyane.

— Il se nomme?

— Jean Renaud.

— Jean Renaud! Il me semble que je me souviens de ce nom-là. N'a-t-il pas été condamné par les assises de la Haute-Saône?

— C'est cela même. Quelle admirable mémoire tu possèdes!

— Mon état exige que je connaisse à peu près tous les procès qui ont une certaine importance, et je ne dédaigne pas les affaires criminelles. Celle de Jean Renaud, précisément, m'a frappé par son côté mystérieux.

— Ne pourrais-tu pas me préparer sur l'affaire Jean Renaud un mémoire que je soumettrais au ministre de la justice, dont, comme tu le sais, je suis l'ami?

— Sans doute; pour cela, il faut que j'aille dans la Haute-Saône, à Vesoul, afin d'examiner toutes les pièces du procès.

— Eh bien?

— Tu tiens beaucoup à faire une tentative en faveur du condamné Jean Renaud?

— Oui.

— En ce cas, je terminerai demain et après-demain ma besogne pressée, et dans trois jours je serai à Vesoul.

— Merci, dit le comte en tendant la main au célèbre avocat.

— Je te conseille, toutefois, de ne pas trop espérer.

— Nous verrons. Je vais te dire, maintenant, comment je me suis si vivement intéressé à ce malheureux Jean Renaud, conséquence de l'idée qui m'est venue de demander sa grâce.

« Avant de revenir en France, j'ai parcouru en dernier lieu le Brésil et j'ai tenu à visiter les Guyanes, notre colonie particulièrement. Rien de bien remarquable, si ce n'est la merveilleuse fécondité du sol, qui permettrait à la France de tirer un immense profit de cette colonie américaine si elle le voulait. Mais, comme j'ai eu plusieurs fois l'occasion de le constater, le génie de la colonisation nous manque. Quelle différence, sous ce rapport, entre nous et les Anglais! Comme ils nous sont supérieurs!

« La Guyane française a une superficie d'environ soixante-dix à quatre-vingts lieues carrées; eh bien! c'est à peine si on trouverait dans toute la colonie, qui est de trente-cinq mille habitants, quatre mille blancs, y compris les déportés; le reste de la population se compose de nègres et de quelques tribus indiennes. Cayenne, sa capitale ou plutôt son chef-lieu, est une petite ville sans importance, dont la population n'excède pas celle d'un de nos gros villages français. La colonie est arrosée par plusieurs rivières et quatre beaux fleuves, entre autres le Sinnamary.

« Je fus très-cordialement reçu par le directeur de la colonie pénitentiaire, qui me donna très-complaisamment tous les renseignements que je lui demandais.

« — Monsieur, lui dis-je, je vais rentrer en France, j'ai l'honneur d'être l'ami de Son Excellence le ministre de la justice; si vous aviez parmi ces malheureux condamnés quelqu'un qui en fût digne, je serais heureux de le recommander à sa haute bienveillance.

« — Je m'empresse de profiter de votre offre, me répondit-il, et je vous demande votre généreuse protection pour un condamné qui mérite certainement qu'on s'intéresse à lui. »

« Alors il me parla de Jean Renaud.

« — Cet homme n'a jamais encouru une punition, pas même un reproche, me dit-il; jamais une plainte n'est sortie de sa bouche : sa résignation est admirable. Maintes fois il a donné à ses compagnons d'infortune des preuves d'un rare dévouement. Pendant une épidémie qui, l'année dernière, a affligé la colonie, il est resté quinze jours et quinze nuits sans prendre un instant de repos, ne s'occupant que des malheureux frappés par la maladie; on le vit à leur chevet, les secourant, les encourageant, les consolant, leur donner des soins avec une patience, une douceur dignes d'une vraie sœur de charité.

« Un jour, plusieurs dames se promenaient au bord du Sinnamary, lorsque, tout à coup, un monstrueux crocodile — ces amphibies sont communs dans la colonie — sortit des roseaux et s'élança vers les promeneuses, parmi lesquelles le hideux lézard voulait choisir une proie.

« Elles poussèrent de grands cris d'épouvante et prirent la fuite. L'une d'elles, une toute jeune femme, fit un faux pas et tomba. Le monstre avança, ouvrant sa gueule énorme. La pauvre femme terrifiée, incapable de se relever, se sentit perdue. Elle semblait destinée à un horrible festin. Mais les cris poussés par les femmes affolées furent entendus de Jean Renaud qui, heureusement, travaillait à peu de distance. Il accourut armé seulement d'un pieu de fer avec lequel il venait de remuer des blocs de rocher. Il se jeta entre la jeune femme et le reptile, sur la tête duquel il asséna d'abord un coup formidable. Le monstre recula, mais pour prendre son élan et bondir sur son terrible ennemi. Alors, avec un sang-froid, une présence d'esprit et une audace extraordinaires, Jean Renaud enfonça son pieu dans la gorge de l'animal, qui battit la terre de sa queue en vomissant des flots de sang.

« La lutte continua encore pendant quelques minutes; mais la victoire resta à Jean Renaud. Le crocodile fut forcé de battre en retraite et de chercher un refuge dans les roseaux, où on le trouva mort quelques jours après. »

« Tel fut, en substance, le récit que me fit le directeur, continua le comte de Bussières. Je manifestai le désir de voir le condamné. On le fit venir

« Autant que ce qu'on m'avait dit de lui, un visage honnête, sympathique, un regard franc, loyal, me prévinrent en sa faveur.

« Je l'interrogeai sur le crime auquel il devait sa condamnation.

« — C'est le crime d'un autre, me répondit-il; mais toutes les charges étaient contre moi; je ne voulus rien dire, je ne pouvais pas parler... le jury m'a reconnu coupable et je suis ici.

« — Est-ce que vous connaissez le véritable coupable? lui demandai-je.

« — Oui; mais excusez-moi, monsieur, car sur ce sujet je ne peux pas plus vous répondre qu'aux juges. »

« Alors je lui parlai de son pays, des parents, des amis qu'il pouvait y avoir laissés.

« Il pleura, et je t'assure, mon cher Nestor, que ce n'étaient point de fausses larmes.

« — Des amis! me dit-il amèrement; quand un homme a été condamné seulement à de la prison, il n'en a plus; à plus forte raison un forçat. Mais j'ai une femme... ah! je donnerais avec bonheur les quelques tristes années que j'ai encore à vivre pour savoir seulement si elle se porte bien. »

« Je ne lui fis aucune promesse; mais je me jurai à moi-même que, aussitôt revenu à Paris, je mettrais tout en œuvre afin d'obtenir sa grâce. Les certificats qui m'ont été remis aplaniront, je l'espère, les principales difficultés. »

VIII

CONTRE-ENQUÊTE

Le sixième jour après l'entretien des deux amis, M. Dumoulin, de retour de son voyage dans la Haute-Saône, arrivait chez le comte de Bussières pour lui rendre compte de la mission dont il l'avait chargé dans l'intérêt de Jean Renaud.

— Mon cher comte, je crois pouvoir affirmer que ton protégé est innocent. Telles furent ses premières paroles.

— Ah! fit M. de Bussières, il y a longtemps que je n'ai éprouvé une aussi agréable émotion.

— Mais ce n'est pas dans le dossier des archives du parquet de Vesoul, lequel a été complaisamment mis à ma disposition, que j'ai puisé cette conviction. J'y ai trouvé une procédure parfaitement claire, où la culpabilité de Jean Renaud est démontrée, au contraire, d'une façon à ne laisser aucun doute. Il n'y a de vague et d'hésitant que la recherche du mobile du crime, car il n'a pu être prouvé suffisamment que l'assassin voulait voler sa victime.

« Cela ne me satisfaisant point, il me fallait autre chose : des renseignements précis sur l'existence et les habitudes du condamné avant le crime. Je songeais déjà à me rendre à Frémicourt, où le forfait a été commis, et à Civry, où demeurait Jean Renaud, lorsque dans le volumineux dossier de l'affaire, qui ne contient pas moins de cent cinquante pièces, j'en trouvai deux signées Geoffroy, juge de paix. Ce nom me frappa. J'interrogeai mes souvenirs et je me rappelai avoir connu autrefois, à l'École de droit, un étudiant qui portait ce nom. Était-ce le même ? Ma mémoire, si fidèle qu'elle fût, ne pouvait résoudre cette question.

« Je m'informai auprès du greffier que le procureur impérial avait chargé de m'aider dans mes recherches.

« — M. Geoffroy existe encore, me dit-il ; il demeure toujours à Saint-Irun ; mais depuis une dizaine d'années il n'exerce plus les fonctions de juge de paix. Tout ce que je peux vous dire, c'est qu'il est licencié en droit et que c'est à Paris qu'il a fait ses études. En ce qui concerne l'affaire Jean Renaud, je suis sûr qu'il peut vous donner de précieux renseignements, car il est un des magistrats qui l'ont instruite ; de plus, il connaissait particulièrement le criminel. »

« Le lendemain, mon cher comte, j'étais à Saint-Irun, chez l'ancien juge de paix. C'était bien l'étudiant mon ancien camarade. Nous nous reconnûmes ; je n'ai pas besoin de te dire comment je fus accueilli et fêté.

« Ne voulant point lui faire connaître le véritable but de mon voyage, et moins encore lui laisser deviner ton projet, je lui dis que, travaillant à un ouvrage considérable, *les Annales judiciaires de France*, j'avais l'intention, à côté de procès criminels plus retentissants sans doute, de placer celui de Jean Renaud.

« — Et vous avez raison, me dit-il vivement ; car cette affaire, qui a fait si peu de bruit au delà du département, a peut-être plus de droits à la célébrité que les causes fameuses : Papavoine, Lafarge, Bocarmé, Fualdès, Dumolard, Tropmann, etc.

« — Vous avez beaucoup connu Jean Renaud, m'a-t-on dit?

« — Oui, je le connaissais ; je dirai plus, je l'estimais.

« — Êtes-vous bien convaincu qu'il était coupable ?

« — Assurément.

« — Pensez-vous également qu'il ait commis le crime pour dépouiller ensuite sa victime ? »

« L'ancien juge de paix secoua la tête.

« — Non, me répondit-il, Jean Renaud est un assassin, mais ce n'est pas un voleur !

« Cet événement, dans lequel j'ai eu mon rôle, fort modeste d'ailleurs, poursuivit-il, date déjà de longtemps, mais j'y ai pensé souvent ; je ne pouvais comprendre ni admettre que cet homme honnête, probe et même bon fût devenu subitement un misérable assassin. Je cherchai et je découvris que Jean Renaud n'avait été que l'instrument d'un autre. »

« Ici j'ouvris bien grandes mes deux oreilles, et je vais te faire le résumé de l'étrange histoire que me raconta l'ancien juge de paix Geoffroy.

LA FILLE MAUDITE

— Ma grâce? répéta Jean Renaud ahuri et croyant avoir mal entendu. (Page 156.)

— Sur le territoire de la commune de Frémicourt, il existe une ferme très-importante qui porte le nom de Scuillon. Elle est encore exploitée aujourd'hui, comme il y a vingt ans, par son propriétaire, un homme fort riche, dit-on, qui s'appelle Jacques Mellier. Or ce Jacques Mellier avait une fille unique, qui a disparu le jour même ou le lendemain du crime et dont on n'a plus entendu parler depuis. Cela pourrait n'être qu'une coïncidence singulière, sans aucun rapport direct avec le crime. Mais considérant que la victime n'était pas du pays, qu'elle était restée inconnue, que rien ne justifiait sa présence à Saint-Irun depuis deux mois et moins encore sur le domaine du Seuillon à l'heure de la nuit où elle avait été frappée, l'ancien juge de paix en conclut que cet homme était l'amant de la demoiselle Mellier.

« Le père de celle-ci étant un homme emporté, violent, il veut naturellement venger son honneur. On voit venir le crime

« Mais Jacques Mellier n'agira pas lui-même. Il y a à Civry un brave homme du nom de Jean Renaud ; c'est ce malheureux à qui il a autrefois sauvé la vie, à qui il a rendu encore d'autres services, qu'il va charger de le débarrasser de ce jeune homme inconnu dont il a juré la mort.

« En effet, la victime a été frappée par une balle du fusil de Jean Renaud qui, le jour même, était allé chasser le loup. Jean Renaud est arrêté ; il a été absent de son domicile pendant vingt-quatre heures, et, à partir d'une certaine heure de la nuit, il refuse absolument d'indiquer l'emploi de son temps. On l'a vu à Saint-Irun, à deux lieues du théâtre du crime, sortir de l'auberge où demeurait la victime ; il l'avoue ; mais quand on lui demande ce qu'il est allé faire à Saint-Irun au milieu de la nuit il continue à garder le silence. Et il ne parlera pas, car il ne veut point livrer le nom de son complice.

« Certes, ce n'est pas pour voler que Jean Renaud court à Saint-Irun après le crime ; il y va pour détruire tous les papiers qui pourraient mettre la justice sur la trace de l'instigateur du crime, particulièrement les lettres que la demoiselle Mellier a dû écrire à son amant. Une assez grande quantité de cendres de papiers brûlés, qu'on trouve dans la cheminée, atteste qu'il y a eu hécatombe de pièces plus ou moins compromettantes.

« Jean Renaud est condamné, il prend la route du bagne. Sa femme meurt de chagrin en mettant une petite fille au monde. Que devient l'orpheline ? Elle est recueillie par Jacques Mellier et remplace d'une façon absolue sa fille disparue. Il est à peu près certain qu'il laissera à la fille de Jean Renaud toute sa fortune. Il paye à celle-ci la dette qu'il doit à son père !

« Comme tu le vois, continua M. Dumoulin, le raisonnement de l'ancien juge de paix ne manque pas de justesse et, grâce à une logique serrée, semble révéler le secret du drame de Frémicourt.

« Tout en écoutant M. Geoffroy avec la plus grande attention, je faisais aussi mes réflexions et mon raisonnement, que je me gardai bien, d'ailleurs, de lui faire connaître.

« Mes conclusions, à moi, sont que Jean Renaud est innocent et que le crime a été commis par Jacques Mellier lui-même, qui s'est servi pour l'accomplir du fusil du tueur de loups.

« La préméditation du crime par Jean Renaud n'est pas admissible, si l'on songe qu'il se montre avec son fusil non loin de l'endroit où il va être commis...

« Il l'avait caché, » dit l'enquête. Non. Il l'avait laissé à la ferme pour aller à Terroise et revenir au moulin de Frémicourt avec l'intention de prendre un sac de farine.

« S'il était coupable, on ne l'aurait point vu dans la soirée du crime ; il serait resté caché quelque part. S'il était coupable, après avoir frappé sa victime, qui respirait encore et qui faisait de vains efforts pour se relever, ainsi que l'a constaté l'enquête, il ne serait point venu à elle pour la traîner près d'un tas de pierres, contre lequel il voulait sans doute l'appuyer ; non, épouvanté de son forfait, il se serait immédiatement enfui pour aller à Saint-Irun détruire les papiers compromettants.

« Ce qui s'est passé, le voici :

« Le crime venait d'être commis lorsque Jean Renaud quitta Frémicourt, se dirigeant vers Civry. Sur son chemin, il trouve la victime encore vivante. Le malheureux a reconnu son assassin ; mais il a séduit la fille de Jacques Mellier, il se dit qu'il a mérité le châtiment et à tout prix il veut sauver le père de celle qu'il aime. Mais, pour cela, il faut que les écrits dénonciateurs disparaissent : il donne des indications à Jean Renaud et le charge, en mourant, d'aller les brûler.

« Jean Renaud, qui est attaché au fermier par une vive reconnaissance, qu'il exagère lui même, et qui ne suppose point qu'on peut l'accuser du crime, entre complaisamment dans les vues de la victime et part pour Saint-Irun. Ayant rempli sa mission, il revient, passe à la ferme, où il reprend son fusil qu'il a laissé la veille, et rentre chez lui.

« Ce qui prouve une fois de plus qu'il n'est pas coupable, c'est que le coup droit du fusil reste déchargé.

« Quand nous avons saisi le fusil, dit la déposition des gendarmes, et que
« nous avons constaté devant Jean Renaud que le coup était déchargé, il a joué
« un grand étonnement. »

« Non, il n'a pas joué l'étonnement ; sa surprise était réelle, car on lui découvrait que son arme avait été l'instrument du crime.

« Dans toute cette mystérieuse affaire, une seule chose reste inexplicable, pour ne pas dire invraisemblable, c'est que Jean Renaud, époux et bientôt père, se soit laissé condamner.

— C'est vrai, répliqua le comte de Bussières ; Jean Renaud, seul, pourrait expliquer l'étrange sentiment qui l'a fait agir ; mais sur cela, comme sur le reste, il garde un silence obstiné.

— Dans tous les cas, si ce sentiment n'est que celui de la reconnaissance qui se dévoue, il est fortement exagéré chez cet homme. Cependant il y a des exemples de ce curieux phénomène.

— Dans tout ce que tu viens de dire, reprit le comte, je ne vois point la preuve que la demoiselle Mellier était la maîtresse de l'homme assassiné.

— Si ; sa disparition l'explique déjà, répondit l'avocat. Ayant fait une faute, apprenant le crime de son père et se condamnant elle-même, elle, la cause de cet épouvantable malheur, elle s'est enfuie loin du toit paternel pour aller au loin cacher sa honte et sa douleur. La présence du jeune homme à Saint-Irun et ses sorties la nuit, faisant deux lieues pour se rendre sans aucun doute à un rendez-vous, en fournissent une seconde preuve. Mais il y en a une troisième peut-être encore plus concluante : la demoiselle Mellier était allée passer quelques mois dans un village près de Reims ; or l'arrivée à Saint-Irun du jeune homme inconnu, qui, paraît-il, venait de Reims ou des environs, coïncidait avec le retour de la demoiselle Mellier chez son père.

— Ah ! ce jeune homme venait des environs de Reims ? fit le comte d'une voix visiblement émue. A-t-on pu à peu près constater son âge ?

— Oui ; une vingtaine d'années.

Le trouble du comte augmenta.

— Et son nom ? demanda-t-il avec une sorte d'hésitation anxieuse.

— Un prénom seulement : Edmond.

M. de Bussières ne put retenir un cri. Devenu très-pâle, il se dressa d'un bond, les yeux hagards, comme saisi d'une terreur subite.

M. Dumoulin stupéfié regardait le comte avec effarement et n'osait l'interroger.

M. de Bussières retomba sur son siége et resta un instant immobile, le visage incliné, caché dans ses mains.

Cependant, étant parvenu à vaincre son émotion, il releva la tête et laissa voir à son ami sa physionomie empreinte d'une douleur poignante.

— Ne m'interroge pas, lui dit-il ; en ce moment surtout, je ne pourrais te rien dire. Sans t'en douter, mon cher Nestor, tu viens de toucher cruellement au seul secret de ma vie que tu ne connaisses pas. Un jour je te dirai tout, mais pas aujourd'hui, non, pas aujourd'hui ; je n'en aurais pas la force... Plus que jamais je veux obtenir la grâce de Jean Renaud ; mais le puis-je, dis, sans dénoncer le véritable assassin ? Oh ! je ne veux point jouer le rôle de dénonciateur ! Quel conseil me donnes-tu ?

— Demain je te remettrai le mémoire que tu m'as demandé, accompagné d'une demande en grâce, laquelle sera appuyée par les certificats attestant l'excellente conduite et les actes de dévouement du condamné à Cayenne. Ces pièces plaideront en sa faveur, ton crédit auprès du ministre fera le reste, je l'espère.

« Près de vingt ans se sont écoulés depuis le crime ; considérons-les comme le délai de prescription et laissons à ses remords le véritable criminel. Le livrer à la justice aujourd'hui pour faire proclamer l'innocence de Jean Renaud serait rendre inutile le sacrifice de ce brave homme, qui ne réclame rien, qui ne fait entendre aucune plainte et qui, ne la demandant point, serait capable de refuser la grâce qu'il obtiendrait par la perte de celui qu'il a voulu sauver de l'infamie!

Mon avis est qu'il faut absolument laisser dans l'ombre le nom de Jacques Mellier et ne point chercher à détruire ce qui a été jugé par la cour d'assises.

— Ton avis répond à ma pensée.

— Si Jean Renaud est gracié, eh bien ! justice sera enfin rendue à l'innocent et on ne lui causera point ce chagrin de s'être inutilement sacrifié pour le coupable.

— Oui, tu as raison ; il nous suffit de savoir que Jean Renaud n'a pas commis le crime dont il subit la peine pour plaider chaleureusement sa cause.

Le lendemain, le comte de Bussières remettait au ministre la demande en grâce, les certificats et le mémoire rédigé par le célèbre jurisconsulte, dans lequel, sans aucune critique du jugement rendu par la cour d'assises de la Haute-Saône, et tout en faisant l'éloge du magistrat instructeur, devenu président de chambre à Paris, il soulevait un doute sérieux sur la culpabilité de Jean Renaud.

Un jour le directeur de la colonie pénitentiaire de Cayenne fit appeler le condamné dans son cabinet.

— Le courrier de France vient de m'apporter deux plis d'une grande importance pour vous, lui dit-il. Le premier, que voilà, contient votre grâce signée de l'empereur.

— Ma grâce ? répéta Jean Renaud ahuri et croyant avoir mal entendu.

— Oui, votre grâce pleine et entière. Un personnage très-influent, qui ne veut pas se faire connaître, s'est employé pour vous auprès de Son Excellence le ministre de la justice, et vous avez été jugé digne de la haute faveur que le chef de l'État vous a accordée. Mais je dois vous le dire, Jean Renaud, c'est surtout à votre bonne conduite et à des actions de dévouement, qui ont attiré l'attention sur vous, que vous devez votre grâce.

Jean Renaud ne pouvait plus douter. La joie lui causa un saisissement extraordinaire et il éclata en sanglots.

— Dès à présent vous êtes libre, continua le directeur avec bienveillance ; voyez ce que vous voulez faire. Si vous désirez vous fixer dans la colonie, à Cayenne ou dans les environs, vous pouvez compter sur mon aide et sur ma protection. Du reste, vous trouverez encore ici d'autres personnes qui seront heureuses de pouvoir vous être utiles.

— Je vous remercie de tout mon cœur de votre grande bonté, monsieur le directeur, répondit Jean Renaud. Je ne désire point rester en ce pays, et puisque je suis gracié, puisque je suis libre, c'est en France que je voudrais retourner... si rien ne s'y oppose.

— Vous en avez le droit, Jean Renaud ; votre grâce est accordée sans condition ; vous n'êtes même pas soumis à la surveillance de la haute police.

— En ce cas, monsieur le directeur, aussitôt que vous voudrez bien m'y autoriser, je partirai pour la France. C'est là seulement que je puis retrouver, j'espère, quelques jours de bonheur. Vous l'ignorez sans doute, monsieur le directeur, j'ai en France, au village où je suis né, une femme, et peut-être un enfant; je dis peut-être, car il n'était pas encore au monde le jour où j'ai été condamné. Ah! Dieu est bon, et mon cœur me dit que je retrouverai ma pauvre Geneviève vivante!

— Je comprends mieux encore que vous teniez à revoir la France, reprit le directeur avec émotion; vous devez être, en effet, impatient d'embrasser votre femme. Eh bien! vous pouvez partir demain à bord du paquebot qui retourne en France. C'est le moment de vous parler de la deuxième dépêche qui vous concerne. On a sûrement pensé que votre désir serait de revenir en France immédiatement; or, comme il faut de l'argent pour voyager, on m'a envoyé un mandat de trois cents francs, dont je vais vous remettre la valeur en or.

Jean Renaud, complétement étourdi, ne savait plus que dire. Mais tout bas, dans sa pensée et dans son cœur, il remerciait son bienfaiteur inconnu, qui, après avoir obtenu sa grâce, lui fournissait encore le moyen de se rapatrier.

— Ce soir, poursuivit le directeur, vous recevrez les papiers qui vous sont nécessaires pour pouvoir quitter la colonie et circuler librement en France.

Il compta ensuite au gracié la somme de trois cents francs en pièces de vingt francs.

Jean Renaud balbutia quelques paroles de remerciement et, le directeur le congédiant, il se retira, la poitrine oppressée, mais le cœur inondé d'une immense joie.

Le soir même, il retenait une place de troisième classe sur le paquebot, et le lendemain il quittait Cayenne.

IX

LE THÉÂTRE DE RIGOLO

A Paris, aux Champs-Élysées, dans cet admirable jardin auquel les Parisiens conservent le nom de carré Marigny, s'ouvrent, avec les premiers beaux jours et les premières fleurs, les théâtres en plein air des Guignol, des Bobino, des Gringalet, etc., qui sont les délices des enfants. Petits garçons aux joues roses, aux regards étonnés; petites filles aux cheveux flottants, gracieuses, déjà coquettes, quels adorables spectateurs! Et comme ils sont pleins d'indulgence pour ces têtes de bois enluminées, plus ou moins grimaçantes, qu'ils croient entendre parler!

La toile vient de se lever, le spectacle va commencer; Polichinelle salue ses petits amis, faisant entendre sa voix inimitable : Brrr! brrr!... Les retardataires s'empressent d'accourir, abandonnant sans regret la petite calèche traînée par six chèvres blanches. Ils franchissent l'enceinte de la salle, indiquée par une corde tendue, et prennent place sur les bancs disposés devant le théâtre, les plus petits sur les premiers bancs, les plus grands en arrière.

Soudain les spectateurs deviennent silencieux, sérieux même, car ils regardent et écoutent. Ils s'enthousiasment aussi bien pour Polichinelle rossant le commissaire que pour Pierrot à la mine piteuse prenant sa revanche sur Arlequin. Ils s'extasient devant Colombine se donnant des airs audacieux en harmonie avec sa toilette extravagante. Et à chaque instant, charmés, ravis, émerveillés, ils applaudissent, ils battent des mains, et de tous côtés éclatent les rires joyeux et argentins.

Au commencement de l'année 1869, l'un de ces théâtres de marionnettes jouissait depuis environ trois ans d'une grande popularité dans le monde des enfants. Il se nommait le *Théâtre de Rigolo*. Décors brillants, figurines sculptées et coloriées artistement, richesse des costumes, intérêt des farces jouées, où les saillies et les mots piquants abondaient, tout cela justifiait sa vogue et la célébrité acquise par son propriétaire, connu sous le nom de père Rigolo. Inutile de dire que le père Rigolo faisait chaque jour d'excellentes recettes.

Comme ses voisins Guignol et Gringalet, le père Rigolo avait son Polichinelle et les principaux personnages de la comédie italienne : Arlequin, Pierrot, Cassandre et Colombine, Gripandouille, la mère Trifouillon, le gendarme et l'apothicaire; mais chaque personnage en représentait plusieurs autres, grâce aux changements de costume. Ainsi Cassandre devenait facilement un gros fermier normand, ou un marquis d'autrefois, ou un bon bourgeois de notre époque; Pierrot lui-même, Pierrot, la figure pâle, transformé en petit crevé, était la victime d'un apothicaire qui lui faisait avaler des pilules à l'infini; son visage se trouvait de circonstance

Mais au *Théâtre de Rigolo* le personnage qui rivalisait d'entrain, de laisser-aller avec Polichinelle, et qui, presque toujours, avait l'avantage du triomphe, c'était Rigolo lui-même. Coiffé d'une calotte verte, vêtu d'une blouse bleue serrée à la ceinture au moyen d'un ruban d'or, chaque fois qu'il montrait sa figure espiègle et rusée de gamin de Paris, c'étaient des acclamations à n'en plus finir et des trépignements d'allégresse. Jamais artiste à la Comédie-Française, à la Porte-Saint-Martin ou à l'Opéra ne fut plus choyé, admiré, adulé que Rigolo, le gamin de Paris, par son public fanatisé. C'était le personnage attendu, le héros nécessaire, l'acteur dont on ne pouvait se passer. On jouissait d'avance des bonnes farces qu'il ne manquait pas de faire aux autres et des choses drôles qu'il allait dire, car, en fait de joyeusetés bouffonnes, il était intarissable.

Et ce n'était pas seulement sur les enfants que Rigolo exerçait son prestige et sa puissance fascinatrice; souvent les mamans et même les papas les plus graves se tordaient de rire en écoutant ses facéties, ses discours burlesques et ses étonnantes subtilités d'esprit.

Rigolo était aussi le personnage de prédilection de l'homme caché à l'intérieur de la cabine, et l'on savait qu'il se dépensait et se montrait lui-même tout entier dans la marionnette chérie qu'il faisait mouvoir et parler.

Or, un jour de juin, en dépit du soleil qui étincelait, au grand étonnement et à la grande contrariété de ses habitués, le *Théâtre de Rigolo* resta fermé.

Qu'était donc devenu le père Rigolo?

On questionna les voisins et les gardiens des Champs-Élysées. Ils ne savaient rien.

La veille, le père Rigolo avait détaché ses décors, mis ses marionnettes dans un grand panier et s'en était allé sans rien dire à personne. Quelques-uns supposèrent que, se trouvant assez riche, l'homme aux marionnettes avait définitivement abandonné son théâtre. Cela pouvait être; mais, dans ce cas, pourquoi ne l'avait-il pas vendu? On savait que des propositions lui étaient faites et qu'il n'aurait eu que l'embarras du choix pour se donner un successeur.

X

L'HOMME AUX MARIONNETTES

Le père Rigolo est une ancienne connaissance de nos lecteurs, qui n'ont pas oublié Jérôme Greluche, le paillasse de la troupe du saltimbanque Croquefer.

Le pauvre paillasse avait eu le bonheur de réaliser son rêve en empruntant seulement deux mille francs sur l'or remis à Lucile Mellier par Pierre Rouvenat. Il avait tenu à ne pas toucher trop fortement à cette petite fortune, qui lui était tombée du ciel, mais qu'il considérait comme un dépôt sacré, dont il aurait un jour à rendre compte à l'enfant qu'il avait adopté.

Les dix autres mille francs furent placés par les soins d'un notaire, et sérieusement garantis sur hypothèques. Les intérêts payèrent la pension, le linge et les effets d'habillement du petit Edmond, admis comme interne dans la meilleure institution de Dijon.

Pendant onze ans, Jérôme Greluche parcourut les départements de la Côte-d'Or, de la Haute-Marne, de l'Aube, de l'Yonne et de la Nièvre, allant de village en village et faisant jouer partout par ses marionnettes de petites pièces composées

— Edmond, je ne veux pas mentir ; je ne puis affirmer que ta mère est morte. (Page 164.)

par lui. Les commencements furent difficiles ; les deux premières années ne donnèrent aucun bénéfice. S'il ne fut pas obligé de revendre sa petite carriole et son mulet, c'est qu'il sut être économe et qu'il ne craignit pas de s'imposer des privations. Mais, dès les premiers mois de la troisième année, la situation devint beaucoup meilleure. Jérôme Greluche avait déjà une certaine réputation; dès qu'il faisait annoncer une représentation dans un village, la foule accourait au théâtre des marionnettes. Le succès s'affirma de plus en plus, et le pauvre Greluche s'aperçut un jour, avec un naïf étonnement, que la fortune, si capricieuse et si dédaigneuse d'habitude, se mettait à lui faire les yeux doux.

Il ne se laissa point entraîner à de folles prodigalités ; la prospérité ne le rendit ni vaniteux ni orgueilleux ; il resta ce qu'il était auparavant, le pauvre paillasse. Il ne changea point sa manière de vivre ; s'il acheta de nouveaux costumes pour sa troupe d'acteurs, si le mulet eut, de temps à autre, son picotin d'avoine ou quelques poignées d'orge broyée, il continua pour lui son système de privations, mangeant le plus souvent son pain sec et ne buvant jamais que de l'eau.

Quand les bons Bourguignons, tous vignerons et joyeux lurons, s'étonnaient de ne lui point voir fêter le produit des vendanges, il leur disait :

— Comme vous, j'aimerais le vin des coteaux ; mais il rend la voix enrouée, et j'ai besoin de la conserver claire et souple afin de faire parler tour à tour toutes mes marionnettes.

Greluche ne disait pas la vérité. Il ne buvait pas de vin par économie, en pensant à l'enfant devenu son unique préoccupation, seul être vivant qui, maintenant, l'attachait à la vie en lui faisant connaître le bonheur de vivre.

Le jour où il rendit au capital d'Edmond la somme qu'il lui avait empruntée, il éprouva une immense satisfaction.

L'exploitation du théâtre des marionnettes continuant à être prospère, c'est chez le même notaire, qui avait toute sa confiance, qu'il plaça successivement ses économies. N'ayant même plus besoin des intérêts, ni pour l'enfant, ni pour lui, il les laissa s'accumuler en augmentation du capital.

Quand Edmond eut fait sa première communion, Jérôme Greluche, qui rêvait pour lui une brillante destinée, le retira du pensionnat de Dijon, dont il était un des meilleurs élèves, le conduisit à Paris et le fit audacieusement entrer au collège Sainte-Barbe.

Il loua et meubla, très-modestement d'ailleurs, un petit logement rue de la Montagne-Sainte-Geneviève. Mais ce ne devait être pour le moment qu'un pied-à-terre, car, après une quinzaine de jours de repos, Greluche allait retrouver ses chères marionnettes, qui dormaient dans une auberge à Clamecy.

Près de trois années s'écoulèrent encore.

Alors, éprouvant le désir de se rapprocher d'Edmond et le besoin de le voir plus souvent, Greluche se trouva subitement fatigué de ses pérégrinations à travers la province. Il vint s'installer dans son logement de la rue de la Montagne-Sainte-Geneviève, à la grande joie de l'élève de Sainte-Barbe, qui allait enfin avoir près de lui l'ami sûr et dévoué que, dans sa reconnaissance, il appelait son père.

Cependant, pour subvenir à toutes les dépenses du collégien sans toucher à son capital, qui devait avoir plus tard sa destination, ne voulant pas non plus toucher à ses épargnes, il fallait que Greluche travaillât. Mais, sorti de ses marionnettes, il ne savait plus rien faire. Quant à reprendre son ancien métier de pître, il n'y songea même pas. D'ailleurs, d'année en année, les dépenses avaient augmenté ; il fallait compter maintenant plus de deux mille francs par an, et encore en allant doucement, avec économie. Il s'agissait donc de trouver un emploi ou du travail qui lui rapportât au moins cette somme. La chose était difficile.

Quand il eut bien examiné la situation et longuement réfléchi, il écrivit une demande pour solliciter l'autorisation d'établir un petit théâtre de marionnettes aux Champs-Élysées. Il envoya sa lettre au préfet de police, accompagnée d'une vingtaine d'excellents certificats.

Un mois après, l'autorisation lui était accordée.

Jérôme Greluche devenait le père Rigolo.

Edmond sortit de Sainte-Barbe, ayant terminé ses classes brillamment. Il était bachelier ès lettres et ès sciences. Il pouvait, dès lors, se livrer complétement aux études spéciales d'une profession en rapport avec ses goûts et son tempérament. Il ne dépendait que de lui d'entrer à l'École normale supérieure, à l'École centrale ou à l'École polytechnique.

Mais, hésitant, doutant peut-être de lui-même, il ne prenait aucune décision, bien qu'il fût convaincu de la nécessité et de l'obligation pour lui d'entrer sans faiblesse dans la vie active.

Depuis plus d'un an déjà, Edmond avait en lui une grande tristesse ; il ne riait plus, ne prenait plaisir à rien ; c'était comme une lassitude d'esprit qui le rendait soucieux, inquiet et craintif.

Il avait ses pensées sombres, et, nous pouvons le dire, sa douleur secrète et profonde, qu'il cachait soigneusement au bon Greluche, lequel n'avait pas remarqué sans effroi le changement rapide qui s'était opéré dans les manières et les idées de son cher enfant.

Ce changement avait sa cause, cette douleur contenue sa raison. Edmond avait fouillé dans ses souvenirs d'enfant, interrogeant sa mémoire et la forçant à lui répondre. Il revit sa mère par une nuit de tempête froide et noire, étendue sans vie sur un lit de neige.

Et, depuis, la sombre vision ne l'avait plus quitté ; elle le suivait partout. Toujours, sans cesse, il voyait le corps d'une femme couché dans la neige ; ses oreilles entendaient les sifflements lugubres du vent et il sentait sur son visage le froid glacé de l'horrible nuit de décembre.

Cette femme, sa mère, était morte sans doute ; mais elle avait un nom, une famille... Avant de songer à être quelque chose, avant de désirer être un homme utile, c'est ce nom, c'est cette famille qu'il voulait connaître.

Il se trouvait dans la même situation que son malheureux père. La fatalité l'avait voulu ainsi.

Un matin, après une nuit d'insomnie, pendant laquelle il avait versé des larmes brûlantes, il dit à Greluche :

— Je suis tourmenté par le désir de voyager, je te demande la permission de m'en aller.

—Quoi! s'écria le brave homme frappé en plein cœur, tu veux m'abandonner?

—Pas pour toujours ; mais j'étouffe ici, je ne vis plus, il faut que je parte.

Greluche essuya rapidement une larme.

— Je comprends, dit-il tristement, tu t'ennuies avec moi ; c'est vrai, je ne suis pas gai ici ; je ne trouve rien à te dire d'amusant ; toute ma gaieté, je la laisse là-bas, dans ma cabine, avec mes marionnettes ; ce n'est pas ma faute si je ne sais que faire rire les petits enfants... Et puis, c'est tout de même un drôle de métier que le mien ; je te fais honte peut-être...

— Oh! tu ne penses pas cela ! s'écria le jeune homme avec émotion en jetant ses bras autour du cou du vieillard. Moi, je rougirais de toi et de ton métier, qui t'a permis de m'élever, de me faire instruire, auquel je dois tout !... Mais si cela était, non-seulement je serais un ingrat, mais je me trouverais encore méprisable à mes yeux!

— Et pourtant tu veux me quitter !

— C'est vrai.

— Pourquoi? Dis-moi au moins pourquoi.

— Une idée, une folie, peut-être.

— Est-ce que tu veux aller bien loin ?

— Je ne le sais pas encore ; mais c'est toi qui vas me le dire en me nommant le pays où tu m'as trouvé.

Greluche poussa un cri de surprise et fit deux pas en arrière.

— Qui donc t'a parlé de cela? exclama-t-il.

— Personne ; je me suis souvenu.

Le vieillard parut consterné.

— Et moi qui croyais bien faire en ne te disant rien, reprit-il. Ah! maintenant je m'explique tout ; voilà la cause de ta grande tristesse.

— Mon vieil ami, mon père, c'est sur une route que tu m'a recueilli, n'est-ce pas?

— Oui.

— Je n'étais pas seul? il y avait près de moi une femme étendue sans mouvement dans la neige ?

— Quoi ! tu te souviens aussi de cela !

— C'était ma mère ; je cherche en vain à me rappeler les traits de son visage, mais je la vois toujours devant moi, roide et glacée... Dis-moi la vérité : elle est morte?

— Je le crois.

— Tu n'en es donc pas sûr ?

—Edmond, je ne veux pas mentir ; je ne puis affirmer que ta mère est morte.

Un éclair de joie passa dans les yeux du jeune homme.

— Avant de te réjouir, écoute-moi, reprit Greluche. Voulant avoir à tout prix une certitude à ce sujet, un jour, au bout de trois ans, je suis retourné à Gray...

— C'est donc près de cette ville ?....

— Oui, c'est sur la route de Gray à Vesoul, dans la Haute-Saône, que je t'ai trouvé, jetant au milieu de la nuit des cris désespérés. Je faisais partie, alors, d'une troupe de saltimbanques. La femme qui était près de toi, ta mère, veux-je dire, respirait encore ; mais, vraiment, elle n'avait plus qu'un souffle de vie.

— Ma mère, ma pauvre mère ! murmura Edmond.

— Elle fut placée dans une de nos voitures, où les femmes lui donnèrent des soins et firent tous leurs efforts pour la rappeler à la vie. Dès que nous fûmes arrivés à Gray, elle fut portée à l'hôpital. Après l'avoir examinée, le médecin déclara qu'il n'y avait pas d'espoir de la sauver. Ainsi tu étais orphelin, et comme ta mère n'avait sur elle aucun papier, que nous ignorions absolument d'où elle venait, nous ne pouvions songer à te rendre à sa famille. Mon patron aurait fait de toi volontiers un petit saltimbanque ; mais je t'avais déjà pris en amitié et je ne l'entendis pas de cette oreille-là. Je me jurai à moi-même que je ne t'abandonnerais pas et que je te dévouerais ma vie tout entière. Je ne crois pas avoir manqué à mon serment.

« Pour te soustraire au sort qu'on te réservait parmi les saltimbanques, je leur tirai ma révérence et décampai avec toi sans tambour ni trompette.

« Mais comme je ne veux pas que tu t'exaltes mon mérite, ni me donner des qualités que je ne possède pas, je vais, en te disant toute la vérité, t'apprendre comment la tâche que je m'imposais me fut rendue facile.

« Dans un sac de cuir que ta mère avait à son bras, et dont je m'emparai à l'insu des autres saltimbanques, j'avais trouvé douze rouleaux d'or de mille francs chacun. Sur cette somme, je confiai dix mille francs à un notaire qui en opéra le placement. Avec les deux autres mille francs, auxquels j'avais déjà touché, j'achetai le petit trousseau complet avec lequel tu entras dans le pensionnat de Dijon. J'avais bien fait mon calcul ; il me restait seize cents francs qui me servirent à monter mon premier théâtre de marionnettes. Faire jouer ces petits personnages de bois, habillés et articulés, avait été le rêve de toute ma vie. D'ailleurs il fallait travailler, gagner mon pain quotidien et même pourvoir à tes besoins, afin de te conserver intacte ta petite fortune.

« Je pouvais manger mon établissement — j'eus un moment cette crainte — et me retrouver gros Jean comme auparavant ; mais le bon Dieu me protégea, j'eus toutes les chances... c'est toi qui me portais bonheur. Enfin je réussis au delà de toutes mes espérances, et un jour je me trouvai assez riche et assez sûr de moi pour t'amener à Paris et te placer à Sainte-Barbe.

« Depuis dix ans, Edmond, je n'ai plus touché aux intérêts de ton argent ; tu possèdes aujourd'hui un peu plus de vingt mille francs, sans compter les petites économies que j'ai pu faire et qui sont à toi également, encore une quinzaine de mille francs. »

Le jeune homme se jeta en pleurant dans les bras du vieillard.

— Va! lui dit-il d'un ton affectueux, je ne suis pas ingrat. Je t'admire autant que je t'aime : tu mérites bien ce nom de père que tu m'as permis de te donner.

Le regard du bon Greluche devint étincelant; la joie inondait son cœur.

— Ah! tu me rends trop heureux! murmura-t-il.

— Je ne peux que t'aimer, car je ne pourrai jamais te rendre ce que tu as fait pour moi. Mais parlons de ma pauvre mère ; tu allais me dire quelque chose, tu n'as pas achevé... Voulant savoir si elle était morte à l'hôpital, trois ans après, tu es retourné à Gray?...

— Oui.

— Eh bien ?

— Je n'ai rien appris; j'ai interrogé, on n'a pas eu l'air de me comprendre : on n'a pu ou on n'a voulu me rien dire.

Le jeune homme poussa un soupir et baissa la tête.

— Hélas! je le vois, reprit-il au bout d'un instant, je ne puis me faire illusion, ma mère n'existe plus ; mais je veux connaître cette contrée qui lui a été si fatale, cette ville où elle est morte, ce département de la Haute-Saône où probablement je suis né, où j'ai peut-être une famille; je veux passer sur cette route où ma malheureuse mère est tombée en me tenant dans ses bras. Mon père, demain soir, je serai à Gray ; mais il me vient une idée : veux-tu m'accompagner?

Greluche ne chercha pas à dissimuler son contentement.

— Quoi! fit-il tout rayonnant, tu consens à m'emmener avec toi?... Je n'aurais pourtant pas osé te le demander.

— Eh bien! c'est dit; demain matin nous partirons ensemble.

— J'ai aussi une idée, dit Greluche avec hésitation.

— Laquelle?

— Non, c'est inutile, tu ne voudras pas.

— Dis toujours.

— Je pensais à emporter mes marionnettes, surtout le petit Rigolo.

— Mais je ne m'y oppose pas, si cela te fait plaisir.

— Vrai, bien vrai, cela ne te contrarie pas?

— Nullement. Je me demande seulement pourquoi tu désires t'embarrasser de MM. Rigolo, Polichinelle et Pierrot.

— Tu ne comprends donc pas?

— Non.

— Je les ferai travailler. Nous parcourrons ainsi, à petites journées, sans oublier un village, un hameau, la Haute-Saône et, si tu le veux, toute la Franche-

Comté. Polichinelle et Rigolo sont de bons enfants; ils recevront sur la tête et dans le dos quelques coups de bâton de plus, mais ils payeront les frais du voyage sans se faire tirer l'oreille.

Le jeune homme ne put s'empêcher de sourire.

— Décidément, dit-il, tu ne saurais vivre un jour sans tes marionnettes.

— C'est vrai; l'habitude... Mais, va, si je les aime tant, c'est encore à cause de toi : je n'oublie pas qu'elles m'ont donné le moyen de t'élever et de faire de toi un homme.

XI

LA FOIRE

Il y a à Gray un important marché de céréales. De quinze et même de vingt lieues à la ronde, les cultivateurs y amènent les grains de leurs récoltes. Ses foires, généralement fort belles, attirent un nombre considérable d'étrangers et donnent à cette petite ville, habituellement très-calme, un mouvement, une animation extraordinaires.

— Après-demain jeudi, c'est jour de foire à Gray, dit un soir Pierre Rouvenat à ses garçons de ferme; il faudra mettre dans les sacs tout ce qui reste de blé dans les greniers; on chargera les chariots dans la soirée et on se mettra en route à une heure du matin afin d'arriver sur le champ de foire avant dix heures. Est-ce bien compris?

— Oui, monsieur Rouvenat. Est-ce que vous viendrez avec nous?

— Non, je ne partirai qu'à quatre heures, pour arriver à Gray une heure ou une demi-heure avant vous; j'aurai le temps suffisant pour choisir ma place sur le marché, pour voir les marchands, et le grain sera probablement vendu quand vous arriverez.

Blanche avait entendu. Le mot foire sonna agréablement à son oreille; pour elle, il disait : amusement, plaisir... Cela se comprend : elle sortait si peu et les distractions étaient si rares au Seuillon!

Un instant après, se trouvant seule avec Rouvenat, elle s'assit sur ses genoux et lui dit tout bas, d'une voix câline :

— Parrain, je ne suis pas encore allée à Gray. Si tu étais bien gentil, tu m'emmènerais avec toi.

— Heu! heu! fit-il en souriant, voyager la nuit n'est pas gai.

— **Je t'assure que j'aime beaucoup la nuit.**

— Oui, lorsque tu dors.
— Oh ! tu es méchant !
— Cela te ferait donc bien plaisir de venir avec moi?
— Oui, bien plaisir.
— Allons ! je ne sais rien te refuser; c'est convenu, je t'emmènerai.

Deux gros baisers retentirent sur les joues de Rouvenat.

— Il n'y a pas moyen, se dit-il ; il faut qu'on fasse ce qu'elle veut ; je crois vraiment que si elle me demandait la lune j'essayerais de la lui donner.

Nous sommes à Gray. Il est deux heures de l'après-midi ; c'est le plus beau moment de la foire. Attirée par le bruit des tambours, des cymbales, des clarinettes et des trombones, la foule se porte sur la place réservée aux amusements ; elle entoure les jeux divers : manéges de chevaux de bois, tir au pigeon, tir à l'arbalète, loteries, tourniquets, billards anglais, marchands de pain d'épice et de sucreries ; elle se pousse et se presse devant les baraques des saltimbanques.

Il y a l'hercule des Vosges, lutteur fameux ; les figures de cire, tellement ressemblantes qu'on croirait voir des personnes naturelles ; la belle Écossaise, jeune fille de dix-huit ans pesant 180 kilogrammes ; le prince et la princesse Colibri, un nain et une naine, qui n'ont pas à eux deux 1 mètre de hauteur ; le veau à deux têtes ; mademoiselle Paméla, somnambule lucide ; enfin, occupant un côté de la place, le théâtre de maître Croquefer, qui donnait ce jour-là plusieurs grandes représentations d'un drame superbe : *Victor ou l'Enfant de la forêt*.

C'est surtout devant la tente de Croquefer que la foule curieuse, alléchée par une affiche mirobolante, se bousculait, s'entassait. Le drame était sans doute pour quelque chose dans cet empressement ; mais ce qui piquait au plus haut point la curiosité du public crédule et bon enfant, c'est que l'affiche lui promettait encore la vue d'une véritable femme sauvage et anthropophage, la grande reine des Okanda, nouvellement arrivée en France.

En attendant l'ouverture de la salle de spectacle, le pitre de la troupe, un successeur de Jérôme Greluche, par ses grimaces et ses contorsions, faisait prendre patience à la foule ; trois musiciens, vêtus de vieux uniformes de hussards, soufflaient à pleins poumons, l'un dans un trombone, l'autre dans une clarinette, le troisième dans une trompe. Un grand nègre, qui paraissait bon teint, frappait à tour de bras sur la peau d'une grosse caisse. Une jeune fille, portant un costume court, bariolé de couleurs vives et brodé d'argent, faisait sonner une cloche.

C'était une musique étourdissante, atroce, un vacarme épouvantable, un charivari infernal.

Croquefer, vieilli et engraissé, le visage vermillonné, superbe dans sa défroque de marquis de la cour de Louis XV, les mains jointes sur son large abdomen, promenait sur la foule son regard radieux et satisfait.

Au milieu de cette foule compacte, qui s'extasiait plus à voir les singeries du Bobèche qu'elle n'éprouvait de satisfaction à entendre le son rauque du trombone

— Bonjour, Polichinelle ! bonjour, Rigolo ! dit-il avec tendresse. (Page 173.)

et les couacs de la clarinette, se trouvait Pierre Rouvenat, accompagné de Blanche et d'une autre jeune fille. Celle-ci était la fille de l'aubergiste chez lequel Rouvenat descendait chaque fois qu'il venait à Gray ; elle avait facilement obtenu de ses parents l'autorisation de se promener avec Blanche sur le champ de foire.

Blanche exprima le désir de voir la femme sauvage. C'était un ordre pour Rouvenat. Et ils attendaient, comme tout le monde, le moment d'entrer dans la salle de Croquefer.

Les deux jeunes filles prenaient un vif plaisir ; le nègre et le pître grimaçant les amusaient beaucoup ; elles riaient jusqu'aux larmes.

Tout à coup, sur un signal de Croquefer, le charivari cessa de se faire entendre ; une dernière gifle résonna sur la figure du paillasse, et un silence relatif s'établit.

Alors, prenant son air le plus majestueux, Croquefer débita son boniment au public :

— Je n'ai plus à vous faire mon éloge, messieurs et dames ; il y a longtemps que les honorables habitants de cette noble ville ont été à même de m'apprécier, et ils m'ont toujours rendu cette justice que je ne promets rien que je ne puisse tenir. Donc, aujourd'hui, vous allez avoir une grande représentation de *l'Enfant de la forêt*, drame en cinq actes et huit tableaux, du célèbre Ducray-Duminil, dans lequel vous applaudirez des artistes d'élite, dont plusieurs, oui, messieurs, plusieurs ont appartenu aux principaux théâtres de la capitale.

« Après le drame, et pour terminer le spectacle, j'aurai l'honneur de vous présenter moi-même la grande reine des Okanda, que j'ai fait venir, par terre et par mer, de plus de trois mille lieues d'ici.

« Oulaminilili est une véritable reine, une reine anthropophage. Dans son pays, à elle seule, depuis qu'elle est au monde, elle a mangé soixante petits enfants, pas un de plus, pas un de moins... Devant vous, tout à l'heure, elle dévorera un plat de viande crue ; vous la verrez, la grande reine des Okanda !

« Allons, entrez ! c'est cinq sous pour les grandes personnes, trois sous pour les enfants... Ne vous culbutez pas, il y a de la place pour tout le monde... Cinq sous ! cinq sous !... Entrez !... entrez !... En avant la grosse caisse !... Boum, boum ! »

Et le tapage recommença pendant que la foule se précipitait dans la salle, prenant d'assaut toutes les places.

La pièce, jouée par les artistes d'élite si pompeusement annoncés, n'obtint peut-être pas un succès aussi vif qu'on pouvait le désirer, mais la recette était magnifique ; cela suffisait pour que maître Croquefer passât sur bien des choses.

Maintenant on attendait l'exhibition de la reine des Okanda, que Croquefer avait promis de présenter lui-même à la société.

Enfin la toile se leva, et dans une sorte de cage ouverte, près de laquelle se tenait le saltimbanque, on vit une femme qu'à son regard étonné, presque farouche, on pouvait prendre facilement pour une sauvage. Elle était vêtue d'une tunique de laine blanche, pincée à la taille, sur laquelle tombait, flottante, sa longue chevelure noire.

Son visage, ses jambes et ses bras nus étaient couverts de dessins bizarres qui ressemblaient assez à un tatouage. Ses jambes et ses bras étaient en outre ornés de bracelets et de perles bleues, et son costume chargé de verroteries de toutes les couleurs. De grandes boucles d'or ou de cuivre pendaient à ses oreilles et à son nez.

L'illusion paraissait aussi complète que possible; des gens, d'ailleurs peu difficiles, pouvaient très-bien s'y tromper et voir dans cette malheureuse créature une véritable femme sauvage.

Elle sortit de sa cage, qui n'était évidemment qu'un objet de mise en scène, et s'avança timidement sur le devant du théâtre. Pendant une minute, elle promena lentement ses yeux effarés sur l'assistance. On aurait dit qu'elle cherchait à y reconnaître quelqu'un.

Soudain son regard s'arrêta, un tremblement convulsif secoua ses membres et ses yeux hagards, effrayés, restèrent fixés devant elle sur le banc occupé par Rouvenat et les deux jeunes filles qu'il accompagnait.

A ce moment, Croquefer s'approcha d'elle et lui présenta un plateau sur lequel il y avait de la viande crue.

D'un mouvement brusque, elle le repoussa.

Le saltimbanque devint pâle de colère, car il tenait à ne rien changer à son programme. Il grommela avec animation quelques paroles qu'on ne put entendre, et dardant sur la femme sauvage son regard impérieux, cruel, il lui présenta de nouveau la viande crue.

Il y eut dans la salle un mouvement de curiosité inquiète.

— Parrain, dit Blanche vivement émue, que regarde-t-elle donc ainsi?
— Je ne sais pas.
— On dirait que c'est toi.
— Quelle idée! Je crois plutôt qu'elle ne regarde rien.

La femme sauvage repoussa encore le plateau avec horreur et dégoût.

Cette fois, Croquefer ne fut plus maître de lui; il poussa un grognement sourd et leva sur la pauvre femme une cravache qu'il tenait à la main.

Aussitôt un murmure d'indignation courut parmi les spectateurs. Rouvenat se dressa debout, l'œil enflammé, menaçant, le poing tendu.

Mais sous un regard terrible de la femme sauvage le saltimbanque eut peur et recula. Alors la malheureuse fit entendre un cri perçant, bondit en arrière et disparut.

Certes, les spectateurs ne s'attendaient pas à ce dénouement aussi étrange qu'imprévu. Ce fut pour Croquefer un coup affreux; terrifié, il chancela comme un homme ivre, tourna ses yeux glauques d'une façon lamentable et laissa échapper le plateau, qui roula sur les planches du théâtre.

Un formidable éclat de rire retentit dans toute la salle. Alors on s'empressa de faire tomber la toile, pendant que le public, mis en belle humeur, battait des mains, trépignait, se pâmait de rire et criait de toutes ses forces :

— Vive la femme sauvage!

Le spectacle était terminé.

XII

LA RENCONTRE

Pierre Rouvenat ramena à l'auberge Blanche et sa compagne; puis, ayant à voir encore une ou deux personnes dans la ville, il sortit seul.

La scène de la femme sauvage l'avait vivement impressionné. Il sentait encore peser sur lui le regard étincelant de cette créature étrange.

Cependant il ne lui vint point à la pensée que cette malheureuse pouvait être Lucile Mellier, la fille maudite.

Si quelqu'un le lui eût dit, peut-être n'aurait-il pas voulu le croire. Comment supposer, en effet, que Lucile eût pu tomber dans une situation aussi misérable, aussi douloureuse?

Croquefer continua toute la soirée, et jusqu'à une heure assez avancée de la nuit, les représentations de *Victor ou l'Enfant de la forêt;* mais il ne parla plus de la femme sauvage. Celle-ci, profitant du désarroi jeté parmi les saltimbanques par son refus de jouer son rôle, s'était lestement dépouillée de son costume de sauvage pour reprendre ses vêtements ordinaires, et avait pris la fuite.

Quand Croquefer songea à elle pour une nouvelle présentation au public, il était trop tard; sa femme sauvage avait déjà quitté la ville.

L'auberge où Rouvenat avait laissé Blanche était pleine de monde. Dans les trois grandes salles destinées au public, les buveurs entouraient toutes les tables chargées de verres et de bouteilles. C'étaient des cris, des chants, un brouhaha à faire frémir.

— Je suis obligé de vous laisser seule un instant, dit la fille de l'aubergiste à Blanche; ma mère et les servantes ne savent où donner de la tête, il faut que j'aide à servir. Mais, comme vous ne seriez pas bien au milieu de tout ce monde, venez par ici.

Elle ouvrit une porte et fit entrer Blanche dans un petit salon réservé, où il n'y avait qu'un voyageur. Cet homme, les coudes appuyés sur une table et la tête dans ses mains, paraissait réfléchir profondément. Cependant, au bruit que fit la porte en s'ouvrant, il leva la tête et salua les deux jeunes filles. Elles lui rendirent son salut.

La fille de l'aubergiste ouvrit une petite armoire dans laquelle elle prit un livre.

— Tenez, dit-elle en le mettant dans la main de Blanche, vous pourrez lire; comme cela, vous trouverez le temps moins long.

— Oh! je ne crains pas de m'ennuyer, je ne m'ennuie jamais; d'ailleurs mon parrain ne tardera pas à revenir.

La fille de l'aubergiste sortit. Blanche s'assit près de la fenêtre et ouvrit le livre.

A l'autre extrémité de la salle, le voyageur était retombé dans ses réflexions. Il avait déjà oublié qu'il n'était pas seul.

Au bout d'un instant, il se leva brusquement, tira de sa poche une petite clef et ouvrit une énorme caisse en bois, recouverte de cuir, qui était placée, avec d'autres moins grandes, dans un coin de la salle.

Il sortit de la caisse deux marionnettes habillées, qu'il se mit à contempler avec une joie d'enfant. Ses yeux pétillaient, son visage était rayonnant. Ses mains passées sous les costumes, il faisait saluer, tourner et danser les deux figurines.

Blanche lisait.

— Bonjour, Polichinelle! bonjour, Rigolo! dit-il avec tendresse; voyons, est-ce que vous n'allez pas remercier papa de vous avoir réveillés?

Trois fois de suite, les deux têtes de bois s'inclinèrent pour témoigner leur satisfaction.

— Allons, allons, c'est assez... Maintenant, causez un peu. Vite un petit dialogue pour égayer le bon papa Rigolo.

Polichinelle se redressa et, le buste en arrière, lança les notes les plus aiguës de son sifflement : *piii, psieu, brrr, crrr, brrr, brrr!*

La jeune fille, surprise par ce bruit singulier, qui n'imitait aucun des sons qui jusqu'alors avaient frappé son oreille, leva la tête et regarda curieusement.

La voix flûtée et railleuse du petit Rigolo se fit entendre.

— Polichinelle, mon ami, disait-il, il me semble que tu as attrapé froid la nuit dernière; tes souliers percés ont pris l'eau.

Et Rigolo, riant aux éclats, se démenait comme un possédé.

Polichinelle, dodelinant de la tête, lâcha encore ses fameux : *brrr, brrr, crrr, crrr!*

— Pourrais-tu me dire où nous sommes ici? reprit Rigolo; j'ai beau écarquiller les yeux, je ne vois rien qui ressemble à mes grands arbres des Champs-Élysées.

— Tu es où il faut que tu sois, répliqua Polichinelle avec importance; ne sois pas curieux et tâche de te bien tenir.

— Parbleu! tu en parles bien à ton aise; tous les pays te sont bons, à toi, vieux coureur; tu tiens à rouler ta bosse partout. Moi, je suis un gamin de Paris, et je ne me trouve bien que dans mon joli petit théâtre du carré Marigny.

— Rigolo, mon ami, tu n'es qu'un imbécile!

— Ah! vraiment! riposta le gamin furieux; eh bien! voilà pour t'apprendre à choisir tes expressions.

Et, vlan! un coup de poing sur la bosse de Polichinelle.

— Ah! ah! fit celui-ci, il me semble que tu me manques de respect, à moi, ton aîné... On voit bien que je ne tiens pas mon bâton; mais attends! attends!...

Il eut l'air de chercher autour de lui; puis, tombant à bras raccourcis sur Rigolo, il lui administra une merveilleuse volée de claques et de coups de poing.

La jeune fille ne put rester sérieuse plus longtemps; elle partit d'un joyeux éclat de rire.

Rappelé subitement à lui, l'homme aux marionnettes rougit et baissa les yeux comme un enfant pris en faute.

— Oh! excusez-moi, je vous demande pardon, mademoiselle! dit-il humblement; je n'ai plus pensé que vous étiez là, je me suis oublié; pardonnez-moi.

— Mais vous ne m'avez pas offensée, monsieur, répondit la jeune fille; je prenais même beaucoup de plaisir à vous entendre et à voir vos marionnettes s'animer et vivre dans vos mains; ce serait peut-être à moi de m'excuser de vous avoir interrompu, mais je n'ai pu m'empêcher de rire... C'était si drôle!...

— Je suis un vieux fou, n'est-ce pas? Je m'amuse avec mes poupées comme le ferait une petite fille. Que voulez-vous? en vieillissant, on redevient enfant; et puis je les aime, mes chères marionnettes, je ne puis me passer de les voir, de les faire parler... Nous sommes de vieux amis; c'est un peu pour elles que je vis, et, depuis des années, ce sont elles qui m'ont fait vivre, ce sont elles qui me feront vivre encore, je l'espère. Quand je suis contrarié, quand il me vient des pensées tristes, je les regarde, ça m'égaye, j'oublie et je suis content. Il y a des gens qui ne comprennent pas cela, ils me trouvent ridicule. Cela m'est égal : je ne m'inquiète ni de ce qu'on pense ni de ce qu'on dit; je ne tiens pas à expliquer pourquoi j'ai presque de l'amour pour mes marionnettes; on ne raconte pas son histoire à tout le monde.

Ces singulières paroles impressionnèrent vivement la jeune fille. Sans chercher à s'en expliquer la raison, l'homme aux marionnettes l'intéressait.

— Vous me faites regretter de vous avoir dérangé, lui dit-elle; je vous en prie, monsieur, continuez et agissez comme si vous étiez seul.

— Non, non, fit-il, c'est assez pour aujourd'hui; Polichinelle et Rigolo vont aller dormir.

Il replaça ses deux acteurs favoris dans la boîte et fit retomber le couvercle sur eux.

— Si j'ai bien compris ce qu'a dit M. Rigolo, reprit Blanche en souriant, vous êtes de Paris.

— Oui, mademoiselle; je suis arrivé ici il y a deux heures, venant de Paris.

— Pour la foire, sans doute?

— Mon Dieu! non; j'ignorais même qu'il y eût foire aujourd'hui dans cette ville.

La jeune fille n'eut pas le temps d'adresser à Greluche une nouvelle question. La porte du salon s'ouvrit et un jeune homme entra.

D'un coup d'œil, Blanche remarqua qu'il était jeune, grand, élégamment vêtu et d'une tournure distinguée. Elle vit aussi qu'il avait les cheveux noirs, une moustache naissante, le front large et bien découvert, de grands yeux expressifs, le visage noble et beau, quoique extrêmement pâle, une physionomie qui reflétait les meilleurs sentiments de l'âme et du cœur et appelait la sympathie.

Déjà émue et attendrie, Blanche se trouvait en ce moment dans une position d'esprit qui allait faire naître, de l'examen auquel elle se livrait innocemment, un danger sérieux pour son cœur.

Mais on ne lui avais jamais appris à se contraindre et à se défier de ses impressions toujours très-vives. Elle s'était épanouie en pleine liberté, les yeux ouverts pour admirer la nature tout entière et le cœur ouvert aussi pour tout aimer.

N'ayant pas près d'elle une mère pour lui révéler graduellement la raison de certains mystères, elle avait appris par intuition féminine à peu près tout ce qu'elle savait des choses de la vie. Rouvenat avait assisté, spectateur passif et muet, à cette éclosion charmante qui, peu à peu, fait sortir une femme d'une enfant.

Blanche, suivant toujours les impulsions de son cœur, ne cherchait point à se rendre compte des impressions qu'elle éprouvait; elle s'y abandonnait. D'ailleurs, ne connaissant que ce qui est bien, et trop pure pour concevoir seulement la pensée du mal, elle ne soupçonnait pas que cette pensée pût exister chez les autres. Ses yeux, pas plus que ses lèvres, ne savaient mentir.

Et certes, en regardant ce beau jeune homme, peut-être déjà entrevu dans un rêve, elle ne se douta même pas qu'elle commettait une imprudence. Son cœur ne sut point l'avertir, et pourtant il battait doucement et recevait une sensation délicieuse. Non, Blanche ne fut point prévenue par son cœur qui, seul, pouvait lui crier : Prends garde !

Cependant, après avoir refermé la porte, le jeune homme s'avança vers l'homme aux marionnettes, qui l'interrogeait du regard avec anxiété.

— Rien, rien, dit-il d'un ton désespéré; je n'ai pas été plus heureux que toi... Ah! ma mère, ma pauvre mère est morte! Avoir eu un moment d'espoir et être obligé d'y renoncer, c'est cruel!... On a cherché dans les anciens registres de l'hôpital sans pouvoir trouver une inscription se rapportant à ma malheureuse mère; c'est à croire qu'un oubli déplorable et inexplicable a été fait. J'ai interrogé tout le monde; mais le personnel a été renouvelé plusieurs fois; ils ne savent rien... tant d'années se sont écoulées depuis ! Maintenant je me sens profondément découragé, et je me demande si je dois me livrer à des recherches qui, je le pressens, n'auront aucun résultat. Je me suis mis à la poursuite d'une chimère, et j'ai encore le regret de t'avoir entraîné à partager ma folie.

— Tu sais bien que tout ce que tu veux, je le veux, répondit Greluche ; partout où tu iras, j'irai, à moins que tu ne me dises : Je n'ai pas besoin de toi. Je mets ma joie à t'obéir ; il n'y a que si tu m'ordonnais de cesser de t'aimer et de me dévouer pour toi que je te répondrais : Non, c'est impossible!... Va, le pauvre Greluche n'a qu'un chagrin, celui de ne pouvoir te donner le bonheur.

— Ah! je n'ai que toi seul au monde! s'écria le jeune homme.

Il appuya sa tête sur l'épaule du vieillard, et un sanglot déchirant s'échappa de sa poitrine.

Ce qui venait d'être dit était assz incompréhensible pour Blanche ; elle ne comprit qu'une chose, c'est que le jeune homme n'avait plus de mère et qu'il était malheureux.

Nature essentiellement sensible, elle prit aussitôt part à son chagrin. Des larmes qu'elle ne put retenir jaillirent de ses yeux et coulèrent lentement sur ses joues.

Toutefois elle sentit qu'elle n'avait pas le droit de surprendre les secrets de ces deux inconnus, et que la discrétion et les convenances lui faisaient un devoir de se retirer.

Sans bruit, elle se dirigea vers la porte avec l'intention de sortir.

Mais Edmond l'aperçut et se tourna vivement vers elle. Elle s'arrêta toute tremblante. Le jeune homme restait immobile, comme en extase. Il se disait, sans doute, que jamais une figure aussi charmante, aussi gracieuse, aussi suave, ne s'était offerte à sa vue. Et il la contemplait avec une admiration croissante, un délicieux ravissement.

Il vit ses yeux mouillés de larmes.

— Mademoiselle, lui dit-il, vous pleurez?...

— Oui, répondit-elle d'une voix émue ; je pleure, parce que je vous ai entendu parler de votre mère qui n'est plus.

— Quoi! s'écria-t-il enivré, c'est moi qui ai fait couler ces belles larmes!

Et la lumière de son regard irradié enveloppa la jeune fille.

Une rougeur subite colora ses joues, et, troublée, elle baissa les yeux.

— Ainsi, reprit Edmond avec enthousiasme, vous avez compris que je souffrais et vous avez eu pitié de moi!

Elle releva les yeux sur lui.

— J'ai pensé, répondit-elle d'une voix adorable, que Dieu, dans sa bonté, ne vous abandonnerait pas.

La situation devenait difficile pour tous les deux. Heureusement la porte s'ouvrit et la fille de l'aubergiste parut sur le seuil en disant :

— Mademoiselle Blanche, votre parrain est revenu ; il vous attend pour dîner.

La jeune fille adressa de la tête un salut aux deux voyageurs et sortit.

— Blanche, elle s'appelle Blanche! murmura Edmond comme se parlant à lui-même.

Bertaux, sur le seuil, son bonnet de coton à la main, lui souhaitait la bienvenue. (Page 178.)

Puis se tournant vers Greluche le visage rayonnant :

— Je me reprends à espérer, dit-il, puisqu'il y a encore des anges sur la terre !

Une heure après, comme Rouvenat et Blanche sortaient de l'auberge pour monter en voiture, ils rencontrèrent Edmond qui les salua.

La jeune fille répondit par un mouvement de tête.

— Blanche, est-ce que tu connais ce jeune homme ? demanda Rouvenat.

— Non, mais tantôt le hasard nous a fait nous rencontrer et nous avons échangé quelques paroles.

Rouvenat se retourna pour jeter encore un regard sur Edmond.

— Il est fort bien, ce garçon-là, murmura-t-il.

Blanche était devenue pensive.

L'amour, ce sentiment tout nouveau pour elle, venait de pénétrer en germe dans son cœur.

XIII

LES CHIENS DE PIERRE

On dit qu'il y a un dieu pour les ivrognes ; on peut dire aussi qu'il y en a un pour les amoureux. Les anciens le croyaient lorsqu'ils élevaient des temples à Vénus.

Quoi qu'il en soit, le surlendemain de la foire de Gray, c'est-à-dire le samedi, Edmond, conduit par le hasard, arrivait à Saint-Irun vers deux heures de l'après-midi, se rapprochant, sans s'en douter, de Blanche qu'il n'espérait plus revoir.

Il avait laissé Greluche à Gray, occupé à faire construire un nouveau théâtre d'un poids léger, commode à transporter et facile à installer.

Sur le conseil du conducteur de la voiture publique, Edmond mit pied à terre devant une auberge.

Sur la façade de la maison, nouvellement blanchie, il lut ces mots en grosses lettres noires : *Bertaux, aubergiste. Loge à pied et à cheval*. La même enseigne était reproduite sur l'un des côtés d'une plaque de tôle qui grinçait au vent, pendue à une potence. Sur l'autre côté, un peintre du pays avait peint de son mieux, et avec plus de bonne volonté que de talent, deux chiens blancs.

Le jeune homme marcha vers la porte de l'auberge, sur le seuil de laquelle un homme, son bonnet de coton à la main, semblait lui souhaiter la bienvenue.

Mais, soudain, Edmond tressaillit et s'arrêta brusquement, les yeux grands ouverts, fixés sur les deux gros chiens de pierre couchés à plat ventre de chaque côté des marches qu'il fallait monter pour entrer dans la maison.

Sa physionomie exprimait en même temps la surprise et la stupéfaction. Il porta ses deux mains à son front, cherchant à saisir un souvenir vague et confus. Bien que sa mémoire ne lui rappelât rien d'exact, il n'en pouvait douter, ce n'était pas la première fois qu'il voyait ces deux animaux qui dressaient fièrement la tête et avaient l'air de le regarder...

Un travail rapide se fit dans sa pensée, et il conclut que, dans son enfance, il était venu à Saint-Irun avec sa mère.

Un sourire doux et triste effleura ses lèvres ; puis, rejetant sa tête en arrière, il grimpa lestement l'escalier de pierre et entra dans la maison.

— Monsieur veut déjeuner ? lui dit l'aubergiste. Que faut-il vous servir ?

— Tout à l'heure, répondit-il ; est-ce vous qui êtes le maître de cet hôtel ?

— Oui, monsieur, et je me nomme Bertaux, comme mon oncle, monsieur, un bien honnête homme dont je suis le successeur.

— Eh bien ! monsieur Bertaux, si vous pouviez disposer d'un moment, il me serait agréable de causer avec vous.

— Je suis à vos ordres, répondit l'aubergiste avec empressement.

Ils entrèrent dans une petite pièce qui servait de bureau.

— Monsieur, je suis prêt à vous écouter, dit Bertaux indiquant un fauteuil à son client et s'asseyant lui-même sur une chaise.

— Vous m'avez dit tout à l'heure que vous aviez succédé à M. Bertaux, votre oncle : y a-t-il longtemps de cela ?

— Oui, monsieur, environ quinze ans.

— En ce cas, vous allez pouvoir, peut-être, répondre à mes questions au sujet d'un fait qui m'intéresse vivement.

— Je vous assure d'avance que j'ai le désir de vous obliger.

— Ce sont vos souvenirs, surtout, que je vais interroger ; vous rappelez-vous avoir logé chez vous, il y a eu treize ans au mois de décembre dernier, une femme avec son enfant ?

— Nous logeons ici beaucoup de voyageurs, fit l'aubergiste en souriant. Cependant, attendez... il me semble que je me souviens. C'était au mois de décembre, oui, c'est bien cela, au mois de décembre... une jeune femme, un jeune enfant qui pouvait avoir quatre ou cinq ans. Elle a quitté l'hôtel le soir, il faisait nuit, un froid de loup ; j'ai voulu l'en empêcher, impossible ; elle est partie quand même. Oh ! maintenant, je me rappelle très-bien : l'enfant, un petit diable, — c'était un garçon, — montait à cheval sur les chiens de pierre qui sont devant la porte ; je dus même me fâcher pour le faire finir, car j'avais peur qu'il ne se cassât un membre en tombant.

Edmond écoutait avidement, la poitrine oppressée.

— Sont-ils restés longtemps chez vous? demanda-t-il.

— Non, quatre ou cinq jours, je ne sais pas au juste. La dame avait pris une chambre au premier, celle qui se trouve au-dessus de cette pièce.

— Est-ce que cette chambre est libre?

— Oui, pour le moment.

— Mon intention étant de passer quelques jours à Saint-Irun, si vous le voulez bien, monsieur Bertaux, je vous loue cette chambre pour un mois.

— Je puis vous en offrir une plus jolie.

— Non, non, c'est celle-là que je veux.

— C'est bien, je comprends; vous connaissez la dame en question.

Le jeune homme poussa un soupir.

— Hélas! dit-il d'un ton douloureux, je l'ai connue en effet, mais trop peu... D'ailleurs je n'ai pas à vous en faire un mystère, monsieur Bertaux, je suis son fils; je suis cet enfant, ce petit diable, qui montait à cheval sur vos chiens de pierre au risque de se casser le cou.

— Quoi! c'est vous! s'écria l'aubergiste ébahi. Tout de même, en vous regardant bien, il me semble que je vous reconnais.

Le jeune homme ébaucha un sourire.

— Cela prouve que vous êtes bon physionomiste, monsieur Bertaux, dit-il, et combien votre mémoire est excellente. Vous allez pouvoir me dire sans doute si je ressemble à ma mère?

Bertaux se gratta le bout du nez.

— On se ressemble de plus loin, fit-il croyant donner satisfaction au jeune homme par cette réponse évasive.

— Assurément, reprit Edmond; mais je serais bien aise de savoir...

— Mon Dieu! je ne saurais dire!... il y a si longtemps!... Et puis, tous les jours, nous voyons ici de nouvelles figures. Pourtant je me rappelle qu'elle avait de beaux cheveux noirs comme les vôtres. Elle était pâle, maigre et d'une tristesse!... Tenez, il me semble que je la vois encore : grande, fière, le regard clair, brillant, profond, les lèvres pâles, sans sourire; avec cela, une voix douce, très-douce, surtout quand elle vous parlait... Non, je ne puis dire que vous ressemblez à votre mère; mais c'était une belle personne, monsieur, une belle femme!

Le jeune homme était vivement ému; de grosses larmes roulaient dans ses yeux.

— Monsieur Bertaux, reprit-il, mes questions doivent vous sembler singulières, et cependant vous me répondez sans même paraître surpris ; je vous en remercie sincèrement ; cela me prouve une chose : c'est que vous êtes un brave et honnête homme et que vous méritez ma confiance. Peu de temps après le séjour de ma mère à Saint-Irun, le lendemain peut-être, j'ai eu le malheur de la perdre...

— Oh! pauvre jeune homme! murmura l'aubergiste avec compassion.

— Un brave homme m'a trouvé sur la route à quelques lieues d'ici ; il m'a recueilli et élevé...

— Et c'était au mois de décembre ?

— Oui, au milieu d'une nuit de tempête et de neige.

— Ah! je devine tout, allez! J'avais raison de ne pas vouloir la laisser partir ; pauvre malheureuse femme, je pressentais ce qui est arrivé !

— Aujourd'hui, monsieur Bertaux, j'ignore jusqu'au nom que portait ma mère, et je suis à la recherche de ma famille, de mes parents inconnus, s'il en existe. Jugez de quelle importance peuvent être pour moi les renseignements que vous voudrez bien me donner.

— C'est vrai ; malheureusement je ne sais rien.

— Ainsi le nom de ma mère ne vous revient pas à la mémoire ?

— Non.

— Vous devez l'avoir écrit sur un livre, un registre quelconque ?

— C'est une formalité qu'on néglige souvent ; d'ailleurs mes livres de cette époque n'existent plus depuis longtemps.

— Ne pensez-vous pas qu'elle était des environs de Saint-Irun ?

— Je l'ignore absolument. Mais je crois me rappeler qu'elle venait de loin, de très-loin.

— De très-loin? répéta Edmond ; c'est étrange ! Pour avoir entrepris ce voyage avec moi, en hiver, il fallait nécessairement qu'elle y fût forcée.

Il pensa aux rouleaux d'or trouvés par Greluche dans le sac de cuir et il se dit tout bas :

— Pauvre mère! Elle était venue chercher cette somme dans ce pays, probablement un héritage.

Puis s'adressant à l'aubergiste :

— Elle ne vous a point dit quel était le but de son voyage? demanda-t-il.

— Non, monsieur, non ; votre mère, voyez-vous, n'était pas communicative ; elle ne disait pas ses affaires à tout le monde. Mais attendez donc, je me souviens encore de quelque chose : le lendemain ou le surlendemain de son arrivée ici, un homme est venu la voir.

Une nouvelle lumière se fit dans les souvenirs confus du jeune homme.

— Oui, oui, s'écria-t-il, je me souviens, un homme est venu voir ma mère! Il m'a pris dans ses bras, il m'a embrassé, il pleurait, ma mère pleurait aussi.

Il se leva brusquement et fit le tour de la chambre en pressant sa tête dans ses mains

— Rien! murmura-t-il d'une voix brisée; je cherche, je cherche et je ne trouve rien; je ne peux pas me souvenir!... Une clarté soudaine jaillit de mon cerveau, puis aussitôt l'ombre revient, s'épaissit, et je me retrouve dans les ténèbres!

— Pauvre garçon! fit Bertaux.

— Oh! oui, vous avez raison : pauvre garçon, pauvre fou!

Il se laissa tomber sur son siége avec accablement.

Au bout d'un instant, il reprit :

— Cet homme, monsieur Bertaux, cet homme, vous l'avez vu, vous devez le connaître?

— Non, cet homme, un paysan, autant que je puis me rappeler, m'était inconnu.

— Il venait peut-être de loin, lui aussi?

— Je crois, au contraire, qu'il était de nos pays, et même du canton de Saint-Irun. Mais j'étais ici depuis peu de temps et je ne connaissais pas encore beaucoup de monde.

— Depuis, vous ne l'avez jamais revu?

— Je ne puis vous répondre ni oui ni non; je l'ai peut-être rencontré sans le reconnaître. Prenez un de nos paysans, prenez-en vingt, habillés de la même manière, plus ou moins grands, plus ou moins maigres, osseux et larges des épaules, ils se ressemblent tous, c'est toujours le même homme.

Edmond resta un moment silencieux, la tête inclinée, les yeux mouillés de larmes. De tristes pensées l'assiégeaient. Chaque fois qu'il croyait saisir un indice, il lui échappait. Il éprouvait une nouvelle et cruelle déception. En face de l'inconnu, il voyait se dresser devant lui d'insurmontables difficultés, et il se demandait avec terreur quelle destinée serait la sienne et si, comme sa malheureuse mère, il ne succomberait pas sous les coups de la fatalité avant d'arriver au but qu'il voulait atteindre.

Il releva la tête et regarda tristement l'aubergiste.

— Vous n'êtes pas satisfait? dit celui-ci.

— C'est vrai; je ne vous en suis pas moins reconnaissant, monsieur Bertaux. Vous m'avez parlé de ma mère, vous m'avez dit qu'elle était belle et qu'elle m'aimait, c'est déjà beaucoup. Merci! merci!

— Je regrette bien de ne pouvoir vous donner de meilleurs renseignements.

— J'aurais encore une question à vous adresser : mais c'est inutile, vous ne pouvez pas me répondre.

— Dites toujours.

— Quand ma mère a quitté votre maison, savez-vous où elle allait?

— Elle avait probablement l'intention de retourner au pays où elle demeurait.

— Soit; mais il est difficile de comprendre pourquoi elle est partie la nuit et à pied.

— Oui, d'autant mieux qu'elle pouvait attendre le lendemain et prendre à huit heures la voiture de Vesoul ou celle de Gray. J'ai supposé qu'elle avait quelqu'un à voir à Frémicourt.

— Frémicourt?

— Oui : du reste, je me souviens qu'au moment de partir elle m'a prié de lui indiquer le chemin qui conduit à cette commune.

— Frémicourt, répéta Edmond ; est-ce loin de Saint-Irun?

— Deux petites lieues.

— Ceci peut être un renseignement précieux, monsieur Bertaux ; demain j'irai à Frémicourt.

XIV

LA BONNE ÉTOILE

Pour faire plaisir à son hôte, dont il était déjà devenu l'ami, Edmond se mit à table et mangea un peu. Il prit ensuite possession de sa chambre. Il ne la reconnut point, mais son imagination n'eut pas de peine à la peupler de souvenirs chers à son cœur.

Il y revit sa mère, pâle, maigre et triste, mais belle, très-belle, telle que l'aubergiste venait de la lui dépeindre, et aussi l'homme inconnu qui était venu la voir et qui, il se le rappelait mieux encore maintenant, l'avait tenu sur ses genoux et longuement embrassé. Qui était-il, cet homme? Pour le savoir, que n'aurait-il pas donné? La pensée lui vint que ce pouvait être son père...

Un sourire amer crispa ses lèvres.

Son père! Allait-il avec cette idée nouvelle se plonger plus avant dans sa nuit?

— Tout autour de moi, se disait-il, c'est l'ombre et le mystère, un voile impénétrable qui dérobe tout à mes yeux. Si je regarde en arrière, je vois la nuit; si ma vue se porte en avant, c'est encore les ténèbres épaisses; partout le néant!... Que suis-je? Rien. Et je ne puis rien être... Enfant perdu, le hasard m'a jeté dans la vie comme une raillerie à l'humanité! Mon enfance a été sans sourire, ma jeunesse est sans joie, sans plaisir, et c'est ainsi que je vieillirai, si je dois vivre...

« Mais qui donc me montrera la route qu'il faut suivre, qui donc me donnera la lumière! » s'écria-t-il avec une énergie farouche.

Soudain ses traits s'animèrent, son regard s'illumina.

Il crut voir passer devant lui une forme vaporeuse et légère entourée de rayons éblouissants.

Adorable vision! Une bouche gracieuse lui souriait, deux jolis yeux bleus le regardaient avec une douceur infinie. Et il entendit une voix mélodieuse et suave murmurer à son oreille :

« Dieu, dans sa bonté, ne vous abandonnera pas. »

Tout bas il prononça le nom de Blanche.

Ce n'était qu'un mirage des yeux, une illusion de l'esprit; mais il faut si peu de chose, souvent, pour réconforter une âme défaillante!

Il n'avait fait qu'entrevoir cette jeune fille qui lui apparaissait comme la fée de l'espérance, et déjà son image était gravée dans son cœur, et elle occupait sérieusement sa pensée. Quelque chose lui disait qu'ils n'étaient pas séparés pour toujours, qu'il la reverrait et qu'elle était appelée à jouer un rôle important dans son existence.

Le lendemain, vers onze heures, il arrivait à Frémicourt avec l'intention seulement de voir ce village où sa mère avait dû s'arrêter avant de continuer sa route, par cette nuit épouvantable de vent et de neige dont le souvenir lui revenait sans cesse.

Il suivit la rue qui lui parut la plus belle; deux ou trois personnes le saluèrent avec cette curiosité de gens qui n'ont pas l'habitude de voir des visages inconnus.

Il arriva sur une petite place ombragée de tilleuls en fleur. Il était devant l'église. La voix sonore de l'orgue, à laquelle se mêlaient celles des chantres et des enfants de chœur, frappa son oreille.

— C'est aujourd'hui dimanche, pensa-t-il; je l'avais oublié.

— Oui, dit Mardoche, ce pays est fatal aux jeunes gens qui, comme vous, viennent de loin. (Page 189.)

Alors il comprit pourquoi le village lui avait paru presque désert. On était à la messe.

Il entra dans l'église. Il vit le prêtre à l'autel, les têtes inclinées des fidèles, spectacle imposant dans sa touchante simplicité, mais qui lui rappelait la grandeur et la toute-puissance de Dieu. Il sentit que, lui aussi, il avait besoin de prier, et il se mit à genoux sur un banc. Recueilli, le front courbé, il pria avec ferveur. Il pensa à sa mère, à sa famille inconnue, à son passé, à son avenir incertain.

Une voix mystérieuse, cette même voix douce et charmante, qu'il avait entendue à Gray, dans la salle d'auberge, lui criait encore :

« Prends courage et espère ! »

— Oh ! oui, murmura-t-il en se levant, oui, je veux croire et espérer.

— Celui qui ne croit pas n'espère jamais, dit gravement une voix derrière lui.

Il se retourna et se trouva en face d'un vieillard ayant de longs cheveux blancs et une longue barbe grise, qui tenait à la main un énorme bouquet de chèvrefeuille et de jasmin.

— Il est bon de prier quelquefois, n'est-ce pas, monsieur ? dit le vieillard.

— Quand la prière console, répondit le jeune homme.

Le prêtre, tourné vers l'assistance, chantait : « *Ite, missa est.* »

Le vieillard et le jeune homme sortirent ensemble de l'église.

Ils échangèrent un salut, et Edmond s'éloigna de quelques pas pour voir sortir le monde.

Tout à coup il poussa un cri de surprise et de joie ; il lui sembla que tout resplendissait autour de lui. Il venait de voir apparaître à la porte de l'église une radieuse figure de jeune fille. C'était elle, Blanche, sa fée de l'espérance ! Oh ! cette fois ce n'était plus une vision, mais la réalité, la réalité charmante qui se présentait à ses yeux émerveillés !

— Mon Dieu ! comme elle est belle ! murmura-t-il.

Et il restait immobile, le regard brillant fixé sur la jeune fille. C'était une contemplation délicieuse, dont il savourait le charme, dont son cœur palpitant s'enivrait.

Blanche s'avançait lentement, répondant par des mouvements de tête gracieux aux saluts et aux sourires qu'on lui adressait. Elle tenait son livre de messe dans sa main gantée. Elle paraissait rêveuse et préoccupée ; mais l'air sérieux de son ravissant visage était un charme de plus, qui augmentait encore son incomparable beauté.

Une des servantes du Scuillon l'accompagnait.

— Mademoiselle, dit celle-ci, votre parrain a envoyé la voiture pour nous ramener.

En effet, une voiture attendait à quelques pas ; son conducteur, un garçon de ferme, tenait le cheval par la bride.

La jeune fille marcha vers la voiture.

Edmond sortit alors de son immobilité et s'élança pour se trouver sur son passage.

A ce moment, Blanche s'arrêtait pour prendre le bouquet que lui présentait Mardoche. Un adorable sourire s'épanouit sur ses lèvres.

— Merci, mon bon Mardoche, dit-elle ; vous ne vous lassez pas : presque chaque jour un nouveau bouquet.

— Vous aimez les fleurs, répondit le vieillard avec émotion, et c'est tout ce qu'un pauvre homme comme moi peut vous offrir.

— Est-ce que vous ne viendrez pas au Seuillon aujourd'hui ?

— J'irai certainement, mademoiselle ; mais je suis venu jusqu'ici pour me donner la joie de vous voir sortir de l'église.

— Eh bien ! à tout à l'heure, Mardoche. Séraphine mettra votre couvert.

Elle releva la tête et aperçut Edmond qui l'enveloppait de son regard de feu. Elle éprouva un saisissement extraordinaire et un rouge vif colora subitement ses joues.

Le jeune homme vint à elle.

Mardoche recula de surprise.

— Mademoiselle, dit Edmond d'une voix mal assurée, je n'espérais pas avoir le bonheur de vous revoir si tôt ; c'est ma bonne étoile qui m'a conduit ici.

— Vous croyez donc, maintenant, qu'il y a pour vous une bonne étoile ? répliqua la jeune fille dont le cœur battait à se briser.

— Oui, répondit-il, et c'est vous qui me l'avez fait voir étincelante au-dessus de ma tête dans un beau ciel que je n'osais regarder. Ah ! comme un baume bienfaisant, vos douces paroles sont entrées dans mon cœur pour y mettre l'espérance ! Vous souvenez-vous de ce que vous m'avez dit, mademoiselle ?

— Oui, et je vous le répète : Dieu ne vous abandonnera pas ! Au revoir, monsieur !

— Au revoir ! c'est encore une bonne parole ; oui, au revoir, à bientôt !

Il s'inclina profondément.

La jeune fille se dirigea précipitamment vers la voiture, dans laquelle elle s'empressa de prendre place à côté de la servante. Le conducteur grimpa lestement sur son siège, saisit les rênes, et la mèche de son fouet piqua le flanc du cheval, qui partit au galop.

Blanche n'eut que le temps de se retourner; son regard se croisa encore avec celui d'Edmond, qui était resté immobile à la même place.

Le jeune homme se perdait dans un rêve, lorsqu'il sentit une main s'appuyer lourdement sur son épaule.

Rappelé brusquement à lui-même, Edmond fit un demi-tour et se trouva devant Mardoche.

Le vieillard semblait le dévorer des yeux.

— Éloignons-nous un peu, dit Mardoche; j'ai quelque chose à vous dire, et je ne veux pas qu'on m'entende.

Quoique très-intrigué, le jeune homme le suivit sans hésiter et sans faire aucune observation.

Quand ils furent assez loin des personnes qui causaient sur la place, Mardoche s'arrêta. Edmond l'interrogea du regard.

— Jeune homme, dit le vieillard, vous parliez tout à l'heure de votre bonne étoile qui vous a conduit ici; est-ce bien votre bonne étoile? Je crois plutôt, moi, que c'est votre mauvaise étoile.

— Que voulez-vous dire? s'écria Edmond surpris et inquiet.

— Qu'il faut vous empresser de quitter ce pays-ci pour n'y revenir jamais.

— Je ne vous comprends pas.

— Si je vous dis cela, croyez-le, c'est dans votre intérêt.

— Je n'ai aucune raison d'en douter. Il me semble, toutefois, qu'une explication serait nécessaire.

— Voulez-vous me répondre franchement?

— Je le peux, n'ayant rien à cacher.

— Vous connaissez la demoiselle?

— A qui j'ai parlé tout à l'heure? Certainement, sans cela je ne me serais point permis de lui adresser la parole.

— Depuis longtemps?

— Depuis trois jours. Jeudi dernier nous nous sommes rencontrés à Gray.

Mardoche parut éprouver une vive contrariété.

— Savez-vous son nom? reprit-il.

— Oui, Blanche.

— Blanche est son nom de baptême; l'autre?

— Je l'ignore encore.

— Je vais vous l'apprendre. Blanche, on appelle aussi la demoiselle du

Seuillon, est la fille unique de M. Jacques Mellier, le plus riche propriétaire du canton, peut-être de l'arrondissement. Votre regard, l'expression de votre physionomie m'ont fait découvrir un secret que vous croyez bien caché : vous aimez mademoiselle Blanche...

Le jeune homme ne put cacher son trouble.

— Mon Dieu! je ne vous en fais pas un crime, reprit Mardoche; on ne saurait la voir sans l'aimer ; elle répand la joie autour d'elle et on se trouve heureux en entendant seulement le son de sa voix. Vous l'avez regardée, vous l'avez aimée, cela devait être. Mais, jeune homme, écoutez bien ceci : pour une ou pour plusieurs raisons, que je ne connais pas, mais qui existent, il est défendu d'aimer mademoiselle Blanche Mellier. Croyez-vous que les amoureux lui manquent? Non. Je ne saurais dire combien de fois déjà elle a été demandée en mariage. Mais tous ceux qui ont essayé de tourner autour d'elle, en faisant les jolis cœurs, en ont été pour leurs frais. On les a froidement éconduits. Je crois vous en avoir dit assez pour vous faire comprendre que vous avez tort d'aimer mademoiselle Blanche.

Edmond, stupéfié, ne trouvait pas un mot à dire.

— Vous êtes de la ville, continua Mardoche; eh bien! monsieur, vous pouvez me croire, l'air de ce pays ne vous est pas bon.

Puis, d'une voix sombre il ajouta :

— Oui, ce pays est fatal aux jeunes gens qui, comme vous, viennent de loin, croient à leur bonne étoile et s'oublient sur le chemin à admirer une belle jeune fille brune ou blonde qui passe. A votre âge, on n'a pas encore l'expérience des choses de la vie, et j'ai pensé qu'un vieillard avait le droit de vous donner un conseil. Maintenant je n'ai plus rien à vous dire ; je vous quitte. Adieu, monsieur!

Et il s'éloigna, laissant le jeune homme tout étourdi et cherchant à saisir le sens énigmatique du discours bizarre qu'il venait d'entendre.

— Voilà un singulier personnage ! murmura-t-il. Que signifie son avertissement et pour quel motif me l'a-t-il donné? Ah! il a bien deviné ce qui se passe en moi. Il a lu dans mon cœur ce qui n'était pas encore dans ma pensée... Oui, je l'aime, je l'aime !... Et je m'éloignerais, je m'en irais loin d'ici quand, enfin, le rayon de lumière que j'attendais vient de m'éclairer! Non, non, c'est impossible ! Quelque chose de plus fort, de plus puissant que ma volonté me pousse en avant ; je marche... j'irai jusqu'au bout.

XV

OU L'ON VOIT ROUVENAT MÉCONTENT

Quand la voiture, qui était venue chercher Blanche, entra dans la cour de la ferme, François Parisel, qui guettait le retour de la jeune fille, s'avança rapidement pour lui tendre la main et l'aider à descendre. Mais Blanche le prévint en sautant lestement à terre.

— Mon cousin, ce sera pour une autre fois, lui dit-elle en riant.

Le beau François se mordit les lèvres de dépit. Mais il avait dans son regard une intention ironique, un air de satisfaction qui frappèrent la jeune fille.

Le jeune Parisel était un grand gars de vingt-huit ans, taillé en hercule; mais cela ne justifiait pas suffisamment le qualificatif « beau » que les gens du pays accolaient à son nom; il le devait à sa fatuité, à ses manières prétentieuses, à l'importance qu'il croyait devoir se donner.

Blanche entra dans la ferme, confia son bouquet à la servante, jeta son livre et son chapeau sur un meuble et courut au jardin où, de loin, elle avait aperçu Rouvenat se promenant en fumant sa pipe.

— Je viens te remercier, dit-elle en lui tendant son front, de nous avoir envoyé chercher; mais tu me gâtes trop, vraiment; par ce temps magnifique, nous pouvions très-bien revenir à pied.

— Bah! fit-il en souriant, tu es revenue plus vite; puis tu as des chaussures légères, et les cailloux du chemin sont durs pour tes petits pieds.

La jeune fille eut un de ses ravissants sourires.

— Avec cela, dit-elle en passant son bras sous celui de Rouvenat, j'ai oublié plusieurs achats que j'avais à faire à Frémicourt.

— Tu les feras un autre jour. Rien ne t'empêche d'aller au village demain.

— Avec des souliers moins légers, répliqua la jeune fille affectueusement railleuse.

— Assurément.

— Parrain, il me semble que tu es préoccupé ; tu n'es pas gai comme d'habitude : est-ce que tu es contrarié?

— Oui.

— Pourquoi?

— Des idées qui me passent dans la tête, des lubies...

— Tes souvenirs? c'est cela qui t'attriste?

— Oui, et autre chose encore.

— Ah!

— D'abord, depuis la foire de Gray, tu n'es plus la même, Blanche ; je te vois songeuse, agitée, inquiète.

La jeune fille tressaillit.

— Je cherche à m'expliquer pourquoi tu es ainsi et je n'y parviens pas, continua Rouvenat. Vois-tu, mignonne, quand il s'agit de toi, tout me réjouit ou me fait peur.

— Mais je t'assure que jamais je ne me suis trouvée aussi heureuse.

— Je le crois ; d'ailleurs tu n'as rien à désirer, rien à envier. Pourtant il y a des instants où je m'imagine que tu ne te plais pas à la ferme, que tu t'ennuies.

— Cela n'est pas, je te le jure, cela n'est pas! répliqua-t-elle vivement pendant que des larmes mouillaient ses paupières. Mon Dieu! comme tu viens de le dire, je n'ai rien à désirer, rien à envier.

Blanche aurait pu dire tout le contraire; mais elle sentait que le moment n'était pas venu encore de faire à Rouvenat la confidence de ses secrètes pensées.

— Va, continua-t-elle d'une voix émue, j'ai l'affection de mon père et la tienne ; je suis sûre de votre tendresse et je vous aime !

— Chère enfant, se dit Rouvenat ; ah! puisse-t-elle rester encore longtemps ainsi !

— Ce n'est pas tout, reprit-il à haute voix en fronçant ses épais sourcils. M. Joseph Parisel est arrivé au Seuillon il y a une heure; chaque fois que je vois la figure de cet homme, je ne sais ce qui se passe en moi, mon sang bout dans mes veines et la colère me monte au cerveau. Voilà, mignonne, voilà surtout pourquoi tu m'as trouvé contrarié, de mauvaise humeur.

— Je m'explique maintenant l'air joyeux de François, dit Blanche; c'est le bonheur de voir son père.

— Le père et le fils, je les hais autant l'un que l'autre, grommela Rouvenat.

— Pourtant ils ne t'ont rien fait, parrain?

— Soit, mais j'ai le pressentiment qu'ils nous seront funestes, qu'ils causeront ici quelque malheur.

— Comment, toi, si bon toujours, peux-tu avoir de pareilles idées?

— Cela ne s'explique pas; mais, va, j'ai le flair d'un bon chien de garde, je sens de loin venir le loup. Parisel, avec ses allures cauteleuses, son sourire faux et son regard de fouine, a la figure d'un véritable coquin...

— Oh!

— Je l'ai dit : on verra bien plus tard si je l'ai mal jugé. En attendant, rien ne m'ôtera de l'idée que ce cousin de Jacques Mellier a déjà fait plus de mauvais tours que de miracles. Heureusement je suis là.

— Décidément, parrain, tu vois aujourd'hui tout en noir.

— Excepté quand je te regarde, répondit-il en l'enveloppant d'un regard de tendresse infinie.

A ce moment, la servante vint leur dire qu'on les attendait pour dîner.

Ils rentrèrent dans la maison et passèrent dans la salle à manger, où Mellier et les deux Parisel se trouvaient déjà.

Habituellement, le beau François prenait ses repas dans la grande salle avec les autres domestiques; Rouvenat le voulait ainsi, afin, disait-il, de ne pas faire de jaloux. Il n'admettait pas que François pût être dans la maison autre chose qu'un garçon de ferme. Exceptionnellement, quand son père venait au Seuillon, le jeune homme était admis à la table des maîtres.

— Ah! enfin, voilà ma jolie petite cousine! s'écria le père Parisel avec sa voix de trombone; vrai, je la trouve encore embellie!

Il la prit dans ses bras sans façon et l'embrassa sur les deux joues.

François regardait de travers en souriant. Il se disait sans doute que son père jouissait d'un agréable privilége et qu'il voudrait bien en faire autant.

Quant à Rouvenat, il s'était tourné du côté de la fenêtre pour dissimuler son vif mécontentement.

On se mit à table. Le repas ne fut pas silencieux, grâce au père Parisel qui, mis en belle humeur par un excellent bourgogne, disait tout ce qui lui passait par la tête et, sans s'en douter, des bêtises grosses comme des montagnes. Du reste, toute cette loquacité rustique n'égayait ni Blanche, qui ne comprenait pas, ni Mellier, ni Rouvenat. Seul, le beau François faisait à son père l'honneur d'approuver, en se tortillant sur sa chaise comme s'il allait se pâmer d'aise.

A un moment, poussant M. Mellier du coude :

— Prenez garde, monsieur Rouvenat ! s'écria Parisel avec fureur. (Page 198.)

— Regardez donc Blanche et François, mon cousin, dit le père Parisel en jetant sur Rouvenat un regard sournois; n'est-ce pas que cela fait un joli couple? Il a vingt-huit ans, elle bientôt dix-neuf...

Et il se mit à rire.

Un éclair jaillit des yeux de Rouvenat; mais il resta calme en apparence et il se contenta de hausser dédaigneusement les épaules.

XVI

LE PÈRE PARISEL

Après le dîner, Blanche monta dans sa chambre. Elle éprouvait le besoin de se trouver seule avec ses pensées. Depuis trois jours, que de changements en elle ! Elle avait subitement perdu son insouciance, mais elle se sentait vivre. Il lui semblait qu'elle venait de découvrir un monde nouveau avec de vastes horizons. Elle aimait toujours les fleurs, mais celles-ci ne parlaient plus à son cœur le même langage. La verdure, si belle au mois de juin, réjouissait encore ses yeux, les chants des oiseaux joyeux charmaient encore ses oreilles ; mais en regardant et en écoutant elle se sentait attendrie et, sans savoir pourquoi, elle pleurait.

Dans sa sollicitude inquiète, Rouvenat avait vu tout cela, mais sans rien deviner encore.

Le père Parisel avait suivi Jacques Mellier dans sa chambre.

— Maintenant, dit le père du beau François, si vous le voulez bien, mon cousin, nous allons causer.

— Eh bien ! Parisel, causons ; qu'avez-vous à me dire ? Je pense bien que vous n'êtes pas venu au Seuillon seulement pour voir votre fils. Est-ce que vous avez encore besoin d'argent ?

— Hé ! hé ! quand on n'est pas riche, on en a toujours besoin. Je vous dois déjà une grosse somme, mon excellent cousin ; pourtant, si ça ne vous gêne pas trop, un billet de mille francs me ferait aujourd'hui grand plaisir.

— C'est bien ; je vous le donnerai.

— C'est toujours ça d'attrapé, pensa Parisel.

— N'aviez-vous donc que cela à me dire ? demanda Mellier.

— Cela, je le réservais pour la fin ; c'est vous, mon cousin, qui m'avez fait commencer par là. Je désire vous parler de François.

— Parlez-moi de François.

— Hein ! n'est-ce pas que c'est un gaillard bien bâti ?

— Oui, il est robuste.

— Un roc, cousin Mellier, un vrai roc. Ça vit cent ans, des hommes comme ça. Dites-moi, êtes-vous content de lui ?

— C'est à Rouvenat qu'il faut demander cela.

Parisel fit une assez laide grimace.

— Du reste, reprit-il, je sais ce que vaut mon garçon ; c'est un travailleur, un vrai cheval à la besogne, avec ça pas mal ambitieux et une volonté... de fer. Quand il a dit : « Je veux ! » il faut que ça marche ou que ça casse. Enfin il est intelligent, adroit, capable ; il s'est mis vite au courant des travaux et des affaires de la ferme, et il en sait assez maintenant pour pouvoir remplacer Pierre Rouvenat.

— On ne remplace jamais un homme comme Rouvenat, dit brièvement Mellier.

— Oh ! c'est bien sûr ; mais, vous savez, nous sommes tous mortels : un malheur est si vite arrivé !...

— Rouvenat se porte comme un charme, il est solide sur ses jambes et a toujours le bras fort, l'œil bon. Vous pouvez vous rassurer, Parisel, mon vieux Rouvenat n'a pas envie de mourir ; je m'en irai avant lui.

— Oui, mon cousin, mais vous avez beau dire, Rouvenat vieillit, et, ne serait-ce que pour lui-même, pour le seconder, le soulager, il faudrait à la ferme quelqu'un qui partageât son autorité.

— Rouvenat trouve qu'il est suffisamment secondé ; il a des garçons qui travaillent et sur lesquels il a le droit de compter, car il les choisit lui-même. Je parle de votre fils comme des autres, Parisel.

— Oui, j'entends ; pourtant François est ici un peu plus que les autres. M. Rouvenat ne peut pas empêcher qu'il ne soit votre parent, cousin Mellier.

— Sans doute, et je suis certain qu'il ne l'oublie pas.

— Soit. Mais je reviens à mon idée : je dis donc, et il y aurait avantage pour tout le monde, qu'il serait nécessaire de confier à François une partie de la direction de la ferme.

— Rouvenat est très-jaloux de son autorité, qu'il doit à de nombreux services rendus, répliqua le vieillard en hochant la tête ; je ne vois pas le moyen...

— Il y en a un bien facile, mon cousin.

— Lequel ?

— Blanche est en âge d'être mariée, et François se meurt d'amour pour elle.

— Ah ! fit Mellier en s'agitant sur son fauteuil.

— Vous comprenez... un bon mariage...

— Oui, si Blanche le veut.

— Quand une jeune fille arrive à dix-neuf ans, elle a toujours envie de se marier.

— Avec l'homme qui lui plaît, répondit le vieillard.

— François est assez beau garçon, il me semble.

— Cela ne suffit pas toujours; du reste, je ne sais pas quelles sont les idées de Blanche. Dans tous les cas, c'est à Rouvenat qu'il faut parler de cette grosse affaire.

— Rouvenat! Rouvenat! fit Parisel qui ne put cacher son dépit; ah çà! mon cousin, Rouvenat fait donc ici la pluie et le beau temps?

— Mon vieil ami est tout au Seuillon.

— Mais le Seuillon vous appartient, vous êtes le maître! répliqua Parisel avec une rage contenue.

— Moi, dit froidement Mellier, je ne suis plus rien.

— Vieillard stupide et lâche! se dit Parisel en roulant des yeux farouches; avec quel plaisir je lui tordrais le cou!

— Voyons, mon cher cousin, dit-il en reprenant subitement son ton patelin, examinons la situation : vous ne voulez pas mourir, je pense, avant d'avoir assuré l'avenir de Blanche, soit en lui donnant un dot en la mariant, soit en faisant un testament en sa faveur.

— Je ne ferai pas de testament, dit brusquement Mellier.

Un éclair de joie sillonna le regard de Parisel.

— Ça, fit-il, c'est d'un bon et honnête parent. Après vous, votre fortune doit aller à vos héritiers directs; c'est justice. Je suis un de ces héritiers, mon cousin. Or, si Blanche devient la femme de François, vous n'avez plus à vous inquiéter sur le sort de cette chère petite; vous pourrez même, sans que personne ait rien à dire, lui faire une petite donation, qui permettra à François de continuer l'exploitation du Seuillon, car il ne faut pas que la ferme passe en des mains étrangères.

Le visage de Mellier s'était assombri.

— Je verrai, quand il sera temps, ce que je devrai faire pour Blanche, dit-il d'une voix creuse; mais vous pensez un peu trop tôt à mon héritage, Parisel.

— N'allez pas croire que je souhaite votre mort! répliqua-t-il vivement.

— Mon pauvre Parisel, ma mort ne vous avancerait guère.

Le paysan regarda le vieillard avec stupeur.

— Vous avez donc fait un testament? murmura-t-il.

— Je vous ai dit que je n'en voulais pas faire; mais vous oubliez ma fille.

— Lucile?

— Oui, Lucile Mellier.

— Mais elle est morte!

Le vieillard retrouva un peu de sa force et de son énergie d'autrefois; il se dressa debout, le corps secoué par un tremblement nerveux, une flamme dans le regard, et s'écria d'une voix frémissante :

— Qu'en savez-vous?

Puis, poussant un sourd gémissement, il retomba pantelant sur son fauteuil.

Parisel avait l'air consterné.

— Lucile morte, morte! murmura le vieillard se parlant à lui-même... Mais non, rien ne le prouve... J'attends, je veux attendre encore; il ne faut pas que je meure!

Un sourire singulier passa sur les lèvres de Parisel.

— Décidément le vieux tombe en enfance et devient fou! pensa-t-il. Tonnerre! il m'a tout de même fait peur!

Mellier restait immobile, écrasé sous le poids de son malheur.

— Mon cher cousin, reprit Parisel d'un ton larmoyant, je regrette bien d'avoir prononcé ce nom qui vous rappelle les jours heureux du passé. Vous le savez j'ai toujours pris part à votre peine; comme vous, pendant longtemps, j'ai pensé que la belle cousine reviendrait.

Un sourire amer crispa les lèvres du vieillard.

— Hélas! poursuivit le paysan en s'efforçant de faire venir une larme qui s'obstina à ne point paraître, dix-neuf années se sont écoulées; il n'y a plus d'espoir.

— Plus d'espoir, répéta douloureusement Mellier.

— Parbleu! pensa Parisel, j'en étais bien sûr : c'est une idée qui lui est venue. Lucile est morte, bien morte!

Disons que ce paysan avide, qui convoitait pour lui seul l'héritage de Jacques Mellier, ne savait ni pourquoi ni comment Lucile avait quitté la maison paternelle.

Après un moment de silence, Mellier releva lentement la tête.

— C'est bien, dit-il, ne parlons plus de cela; mes chagrins sont à moi seul, je les garde et ne veux point en attrister les autres... Mais vous m'avez fait une demande, Parisel, il vous faut une réponse, vous l'aurez. Ayez l'obligeance de faire appeler Rouvenat.

Il hésita. Il se décida pourtant, malgré lui, à faire ce qu'on lui demandait.

Mais il était sûr d'avance de perdre la partie, du moment que Mellier prétendait rester neutre. Rouvenat, il le savait, était le seul obstacle sérieux placé en travers de ses projets ambitieux; aussi lui avait-il voué depuis longtemps une haine implacable. Il sentait, d'ailleurs, qu'il était lui-même profondément antipathique au vieux serviteur de Jacques Mellier et que le parrain de Blanche, non moins malin que lui, voyait clair dans son jeu. Cela ne l'empêchait pas de poursuivre son but ténébreux.

Il y a des hommes fatalement prédestinés, qui ont toutes les audaces ; Joseph Parisel était un de ceux-là. Il aurait pu s'appliquer à lui-même ce qu'il disait en parlant du caractère de son fils : « Il faut que ça marche ou que ça casse! »

Du reste, pour une lutte, il avait un grand avantage sur Rouvenat : celui qu'un gredin a toujours sur un honnête homme.

Rouvenat, se rendant à l'appel de Jacques Mellier, entra dans la chambre.

— Pierre, dit le fermier, d'après ce que vient de me dire mon cousin Parisel, François, paraît-il, est amoureux de Blanche, et il la demande en mariage. A toi de répondre.

Le visage de Rouvenat exprima le plus profond dédain. Cependant il dit avec beaucoup de calme :

— Je n'ai que ceci à répondre à M. Parisel : il a perdu son temps et ses paroles.

Le père du beau François trembla de colère.

— Pourtant, monsieur Rouvenat, mon fils...

— Votre fils, monsieur Parisel, l'interrompit-il d'un ton railleur, votre fils, dont je n'ai pas à discuter ici les rares qualités, peut aller ailleurs chercher une femme; il ne sera jamais le mari de Blanche, vous entendez, jamais!

— Ah! prenez garde, monsieur Pierre Rouvenat! s'écria Parisel avec fureur, sortant de sa prudence habituelle.

Un double éclair s'alluma dans les yeux du vieux serviteur ; il croisa ses bras sur sa poitrine et répliqua fièrement :

— Monsieur Parisel, une menace ne m'a jamais fait peur.

Le père Parisel fit un mouvement comme s'il allait sauter à la gorge de Rouvenat; mais, reprenant subitement son rôle hypocrite, il imposa silence aux excitations de la rage qui grondait en lui.

Jacques Mellier, impassible, les regardait tous les deux.

— Mademoiselle Blanche est en âge de se marier, reprit Parisel d'un ton moins aigre, et si vous n'avez pas des raisons inconnues pour vouloir qu'elle reste fille, monsieur Rouvenat, il me semble que notre demande n'est pas de celles qu'on repousse sans examen.

Rouvenat ne daigna pas répondre.

— Dans tous les cas, continua Parisel, Blanche a au moins le droit d'être consultée.

— C'est sa réponse à elle que vous voulez avoir, monsieur Parisel? dit Rouvenat. Eh bien! soit, vous allez être satisfait.

Il s'élança hors de la chambre et appela de toutes ses forces :

— Blanche! Blanche!

La jeune fille sortit précipitamment de chez elle et accourut. Elle vit Parisel et Rouvenat debout, et le fermier affaissé dans son fauteuil. Croyant à un accident, elle bondit vers ce dernier en s'écriant :

— Mon père, mon père, qu'avez-vous?

— Rien, répondit le vieillard en souriant

Il l'attira vers lui, elle s'inclina, et il mit un baiser sur le haut de son front.

— Chère petite! murmura-t-il ; elle est toute tremblante.

— J'ai eu peur, dit-elle ; j'ai cru que vous étiez malade. Mais mon parrain m'a appelée : pourquoi ?

— Demande-le-lui.

Elle se tourna vers Rouvenat.

— Blanche, dit-il, il s'agit d'une demande en mariage. M. Parisel, que voilà, voudrait que tu devinsses la femme de son fils.

La jeune fille pâlit.

— Tu peux dire toi-même à M. Parisel si la demande qu'il vient de faire t'est agréable.

— Mais je ne veux pas!... Je ne veux pas me marier! s'écria-t-elle éperdue.

Et, des larmes dans les yeux, elle se serra contre Rouvenat comme pour lui demander de la protéger, de la défendre.

— Maintenant, monsieur Parisel, dit froidement Rouvenat, vous savez à quoi vous en tenir.

Puis, conduisant la jeune fille jusque sur le seuil de la porte restée ouverte, il lui dit :

— Rentre dans ta chambre, ma chérie ; nous n'avions pas autre chose à te demander.

Et tout bas, lui parlant à l'oreille, il ajouta :

— Sois sans crainte, je suis là et je veille.

Blanche rentra chez elle.

Alors Rouvenat, se tournant vers Parisel :

— Vous avez sans doute beaucoup de choses à dire encore à votre cousin, fit-il, je ne veux pas vous gêner ; tâchez d'être plus heureux. Au revoir, monsieur Parisel !

Et il s'en alla.

Le père du beau François sentit toute l'ironie contenue dans les dernières paroles du vieux serviteur ; mais il se dit qu'il devait dévorer sa rage jusqu'au jour où il pourrait se venger et répondre à ces coups d'épingles par des coups de dents.

XVII

LE COMPLOT

Vingt minutes plus tard, il rejoignait son fils qui se promenait aux alentours de la ferme.

— Je vois à ta figure que tu n'as pas réussi, dit François.

— Je suis dans une colère épouvantable ; si je tenais ce maudit Rouvenat dans un coin, je ne sais pas ce qui arriverait.

— Je le hais autant et peut-être plus que toi, répliqua le fils d'une voix sourde.

— Tant que cet homme existera ou qu'il sera à la ferme, nous n'arriverons à rien. Il est vraiment le maître ; sa volonté est tout. Jacques Mellier n'est plus qu'un corps sans âme, qui se meut comme un automate ; il n'y a rien à attendre de lui. Complétement dominé par Rouvenat, on dirait qu'il tremble sous son regard. Oh ! ce Rouvenat, ce Rouvenat !... Il a une idée, qu'il cache à tout le monde, même à son maître. Que veut-il ? Qu'attend-il ? Qu'espère-t-il ? Nous faire déshériter ?

— Je le crois.

— Oui, au profit de Blanche. Pour lui, il n'y a qu'elle au monde. Cet exécrable Rouvenat est une statue, un homme de bronze ; on ne peut ni le faire parler

Une femme échevelée et d'une maigreur affreuse sortit tout à coup... (Page 203.)

ni deviner sa pensée. Heureusement que Mellier m'a déclaré qu'il ne voulait pas faire de testament. Quant à la fille de Jean Renaud, l'assassin, nous ne pouvons pas compter sur elle; rien à faire de ce côté, elle ne t'aime pas.

— Mais je l'aime, moi, je l'aime!

— Du moment qu'elle n'est plus un moyen pour nous, tu dois cesser de penser à elle. Quand nous serons les maîtres au Seuillon, nous verrons... Après tout, ce n'est qu'une petite fille et tu es un homme, toi; si elle ne veut pas être ta femme, eh bien! tu en feras ta maîtresse... Comprends-tu?

— Oui, répondit François qui se sentit frissonner.

Il baissa la tête. Le père eut un horrible sourire.

Ils marchaient en dehors des jardins, le long du mur de clôture, et se trouvaient à quelque distance d'un petit bois, de trois hectares environ, qui, sans être clos, ressemblait à un parc faisant suite aux jardins.

— Viens par ici, dit Parisel à son fils en lui montrant le bois.

Ils traversèrent des terres nouvellement ensemencées et pénétrèrent dans le taillis. Au bout d'un instant, ils se trouvèrent au milieu d'une sorte de clairière entourée de fourrés épais.

— Nous sommes bien ici pour causer, dit Parisel en s'arrêtant; personne ne peut nous voir ni nous entendre.

Cependant ils tendirent l'oreille et écoutèrent. Un silence profond régnait autour d'eux.

— On ne vient jamais ici que quand les noisettes sont mûres, dit François.

— Eh bien! j'ai dans l'idée que cette année nous les cueillerons ensemble, répondit Parisel d'un ton mystérieux.

Son fils se rapprocha de lui et l'interrogea du regard.

— Rouvenat nous gêne, dit-il; il faut que Rouvenat disparaisse.

François tressaillit.

— Depuis longtemps je pense à cela, répliqua-t-il; mais comment? Je n'ai pas trouvé...

— Quand on veut se débarrasser d'un ennemi, reprit le père, tous les moyens sont bons; il n'y a qu'à attendre le moment, l'occasion...

— Et quand l'occasion ne se présente pas?

— On la fait naître, répondit Parisel d'une voix sinistre.

— C'est difficile, pour ne pas dire impossible.

— Il n'y a de difficultés réelles que pour les poltrons. Nous chercherons. Rouvenat est notre ennemi, Rouvenat est l'obstacle dressé devant nous; il faut le renverser. Alors nous serons les maîtres, et Jacques Mellier sera trop heureux de compter sur nous. Alors, puisque tu y tiens, qu'elle le veuille ou non, la fille de Jean Renaud sera à toi. Nous tenons la fortune de Mellier dans nos mains, pour ainsi dire, et elle nous échapperait! Allons donc, ce serait trop bête! Je te le répète, Rouvenat seul peut nous nuire; il faut que Rouvenat meure!

— Il a le crâne solide et la vie dure, grommela François.

— Dis donc, est-ce qu'il n'y a pas dans la rivière quelque trou profond où il peut tomber en s'approchant trop près du bord? Est-ce qu'il ne peut pas se trouver en travers de la route sous les roues de sa voiture chargée? Dans quelques jours, quand il grimpera en haut du grand cerisier pour cueillir les premières cerises mûres afin de les offrir à sa filleule, est-ce qu'une branche sur laquelle il s'appuiera ne peut pas se rompre sous ses pieds? Quand il fume sa pipe, adossé à la muraille, une pierre ne peut-elle pas se détacher et lui tomber sur la tête? Tu le vois, les moyens ne manquent pas; l'instant venu, on agit. Du sang-froid, de l'adresse, de l'audace, il ne faut que ça !

— On verra, répondit François d'une voix rauque.

— Je quitterai la ferme ce soir, reprit le père; mais je n'irai pas loin; personne ne me connaît dans le pays, je puis m'arrêter où je voudrai, à Artemont ou ailleurs. J'ai dans ma poche mille francs que m'a prêtés Mellier, — un à-compte sur son héritage; — avec ça, je peux attendre les événements. Mais nous ne devons ni nous voir ni nous écrire; d'ailleurs je prendrai un nom quelconque. Prudence est mère de sûreté, dit-on; c'est vrai. Il n'y a que les imbéciles qui se compromettent. Pourtant, si tu avais besoin de moi... Il faut tout prévoir. C'est bien; ce soir, avant de nous quitter, nous conviendrons d'un moyen d'établir une correspondance, soit avec des pierres placées à un endroit que nous choisirons, soit par un chiffre ou une lettre gravée dans l'écorce d'un arbre.

Ils sortirent de la clairière, tout en continuant à causer, et bientôt ils se trouvèrent hors du bois.

A quinze pas de l'endroit où ils s'étaient arrêtés, une femme échevelée, pâle et d'une maigreur affreuse, sortit tout à coup d'une espèce de nid de verdure dans lequel elle était couchée, et se dressa au milieu du fourré.

Son regard avait un éclat étrange. Elle étendit les bras en levant ses yeux vers le ciel ; puis d'une voix lugubre :

— Seulement parmi les humains, prononça-t-elle, que de monstres sur la terre !

Les deux Parisel, si dignes l'un de l'autre, se rapprochaient des bâtiments. Ils arrivèrent devant la maison du berger.

Le berger actuel du Seuillon était garçon; il venait de l'Alsace, comme la plupart des autres bergers de nos départements de l'Est. Depuis quelques jours déjà il ne couchait plus dans sa maison, car on était à l'époque où l'on fait parquer les moutons sur les jachères qui ont besoin d'engrais.

Lui et ses chiens passaient la nuit dans le parc, prêts à défendre le troupeau contre une attaque des loups.

— Tiens, dit François en s'arrêtant, regarde !

— Quoi?

— Là.

— Je vois un puits.

— Un vieux puits, dont on ne se sert plus depuis longtemps; mais il est profond et il a bien encore trois mètres d'eau. Rouvenat a déjà dit plusieurs fois qu'il le ferait remplir pour prévenir un accident. Cela sera fait un jour; mais, en attendant, l'accident peut arriver. Examine : la manivelle est brisée; il n'y a plus de chaîne à l'arbre, qui est pourri; les pierres de la margelle sont descellées, rongées, prêtes à tomber; celle-ci, par exemple : d'un coup de pied, on la jetterait au fond du puits.

Le père Parisel se mit à rire.

— Continue, dit-il en baissant la voix, je commence à comprendre.

— Souvent Rouvenat, après avoir fait le tour des écuries et avant de se coucher, vient ici; il s'assied sur la margelle, et pendant un quart d'heure ou vingt minutes il fume tranquillement sa pipe.

— De sorte que si, un matin, on le trouvait au fond du puits, noyé, on mettrait sa mort sur le compte de la margelle en ruine.

— Naturellement.

— Hé! hé! je ne te croyais pas si fort; décidément tu as oublié d'être bête.

— J'aime et je hais, répondit le beau François d'une voix sombre.

— Moi, je hais et je veux être riche, murmura le père.

Rouvenat était condamné.

Les deux misérables échangèrent un regard farouche, puis ils se séparèrent pour entrer à la ferme l'un après l'autre.

XVIII

AMOUR

Le lendemain, vers dix heures, après avoir embrassé Jacques Mellier, Blanche sortit de la ferme, ayant à son bras un panier d'osier léger et coquet.

Elle allait à Frémicourt.

Au lieu de prendre le chemin vicinal, qui était cependant le plus direct, elle gagna le sentier de la Sableuse, lequel serpente à travers les saules, les peupliers et les aulnes, suivant les méandres du cours d'eau. Instinctivement la jeune fille cherchait la solitude. Et puis, au printemps, quand tout est vert, que tout bourdonne, chante et fleurit, on préfère aux chemins poussiéreux les étroits sentiers que bordent les églantiers, la clématite, la mancienne et l'aubépine en fleur. On cherche la fraîcheur et l'ombre, n'aurait-on pas comme Blanche le désir de s'isoler afin de pouvoir parler à son âme ou reprendre un beau rêve interrompu.

Comme le boudoir de la grande dame, le sentier a ses mystères.

Blanche cheminait lentement, la tête légèrement inclinée, pour ne pas être distraite sans doute, et pour mieux regarder en elle-même.

Soudain un jeune homme, qui suivait également le bord de l'eau, venant en sens opposé, se trouva devant elle.

C'était Edmond.

Blanche laissa échapper un cri de surprise, dans lequel il y avait peut-être bien aussi un peu de joie.

Le jeune homme s'avança, son chapeau à la main. Ils s'arrêtèrent en même temps. Les soulèvements de sa poitrine trahissaient l'émotion de Blanche.

— Vous êtes étonnée de me voir ici, mademoiselle, dit Edmond d'une voix vibrante, mais vous le serez davantage en apprenant que j'étais presque certain de vous rencontrer. Hier, continua-t-il avec un doux sourire, je vous ai parlé de ma bonne étoile; elle marche devant moi, me guide, comme autrefois celle des Mages, et je la suis.

— Je ne savais pas vous trouver sur ce sentier, répondit-elle très-émue ; pourtant vous n'étiez pas loin de moi ; je pensais à vous.

— Ainsi j'ai ce bonheur inespéré ! vous vous intéressez à moi qui vous suis inconnu ! j'occupe votre pensée !

— Je vous sais bien malheureux ; c'est pour cela, sans doute, que je pense à vous.

— Oh ! que vous êtes bonne, murmura-t-il, et comme vous méritez d'être aimée !

Il l'entoura d'un regard d'ineffable tendresse.

La jeune fille éprouva une sensation indéfinissable.

— Oh ! oui, reprit-il avec animation, vous méritez bien l'affection que tout le monde a pour vous; mais qui donc pourrait ne pas vous aimer? Il ne faut que vous regarder pour lire dans votre âme et votre cœur où sont renfermés les plus précieux trésors. On vous admire parce que vous êtes la grâce et que tout rayonne autour de vous. Ah ! vous n'êtes pas seulement la plus belle et la plus parfaite créature de Dieu; vous avez encore la puissance de tout embellir; vous avez le sourire qui charme, le regard qui donne la lumière, et la voix qui rassure et fait évanouir le doute.

« Oui, j'étais malheureux, sans courage, perdu dans la vie, ne sachant où aller, ne voyant devant moi que des chemins arides, et au bout, rien. Alors vous m'êtes apparue, votre voix a frappé mon oreille comme un écho du ciel. Aussitôt je me suis senti plus fort, je n'ai plus vu mon isolement, une route s'ouvrait devant moi, large et facile; rassuré, j'osai interroger l'avenir, et il m'a répondu que je pouvais avoir ma part des joies et du bonheur de ce monde.

« Je l'ai cru. Avec la confiance, la foi est rentrée en moi, et l'âme rassérénée, le cœur plein d'espoir, j'ai relevé la tête. Vous ne me connaissez pas, mademoiselle; nous n'avons échangé que quelques paroles, et voilà déjà ce que vous avez fait pour moi. D'après cela, jugez de votre puissance.

« Blanche est votre nom, mademoiselle; moi, je vous en donne un autre : je vous appelle la fée de l'Espérance. »

La jeune fille, les yeux baissés, écoutait avec une sorte de ravissement ce langage nouveau pour elle.

— Maintenant, poursuivit Edmond avec exaltation, je ne doute plus, je crois. Je crois que Dieu, comme vous me l'avez dit, ne m'abandonnera pas; je crois qu'il vous a envoyée vers moi, vous, un de ses anges! Je crois à l'avenir, à la vie, au bien, à la réalisation de mes rêves, au succès, au bonheur!.. Où est-il, le bonheur? Il ne faut pas le chercher bien loin. Il est partout où vous êtes, dans l'air que vous respirez, sur ce chemin où vous passez, dans tout ce que vous regardez, dans tout ce qui vous voit, dans tout ce qui vous approche, dans tout ce qui vous entend! Votre sourire le fait naître, votre regard le donne!

Blanche leva sur le jeune homme ses yeux humides.

Il lui prit la main. Elle ne la retira point, mais son trouble augmenta encore.

— Êtes-vous pour longtemps dans ce pays? demanda-t-elle.

— Je ne veux plus le quitter, répondit-il.

Sous le regard ardent du jeune homme, elle baissa de nouveau les yeux en retirant doucement sa main.

— Vous allez à Frémicourt? dit-il.

— Oui.

— Permettez-moi de vous accompagner jusqu'au bout du sentier.

Elle ne répondit pas; c'était dire qu'elle le voulait bien.

Ils marchèrent un instant silencieux, tout près l'un de l'autre.

Les fleurs épanouies semblaient sourire en les voyant passer.

— Est-ce que vous avez des parents à Frémicourt? demanda la jeune fille.

— Je n'y connais personne, répondit-il; c'est le hasard, ou plutôt, comme je vous l'ai dit, ma bonne étoile qui m'a conduit à Saint-Irun, à Frémicourt ensuite, où j'ai eu le bonheur inespéré de vous revoir. Hier, ce pays qui a été fatal à mon enfance, à ma jeunesse, et que j'avais des raisons de détester, m'était indifférent et me semblait froid et ennuyeux comme tous les autres; aujourd'hui il a complétement changé d'aspect; il m'apparaît comme une nouvelle terre promise; c'est l'oasis que cherche la caravane égarée au milieu des sables brûlants du désert; je le trouve beau, animé, vivant; ses sites sont pittoresques, ses paysages charmants; enfin je l'admire et je l'aime. C'est le pays que vous habitez, mademoiselle; n'est-ce pas tout dire? C'est ici que j'ai retrouvé l'espoir, c'est ici que je voudrais vivre toujours.

Un doux sourire effleura les lèvres de Blanche.

— Pour celui qui vient de Paris, dit-elle, notre pays, avec ses arbres et sa verdure toujours la même, ne tarde pas à devenir monotone. L'ennui vient vite.

— L'ennui ne peut naître auprès de vous, répliqua-t-il vivement.

— C'est à Saint-Irun que vous demeurez?

— Oui, mademoiselle, jusqu'à nouvel ordre.

— Hier, à Frémicourt, on vous a parlé de moi?

— Oui, un vieillard, cet homme qui vous a donné un bouquet de fleurs à la porte de l'église.

— Mardoche; je l'ai vu hier soir, il me l'a dit.

— Le vieux Mardoche est un de vos pauvres?

— Il est aussi mon ami.

— Oh! il vous aime!... Il m'a parlé de vous avec enthousiasme; j'ai su par lui que vous étiez la providence des malheureux : à ceux qui ont faim, vous donnez du pain; à ceux qui souffrent, aux désespérés de la vie, votre sourire et vos douces paroles et donnent la consolation. C'est ce que vous avez fait pour moi...

« Je sais aussi par Mardoche que votre père possède une grande fortune et que cette belle ferme qu'on aperçoit d'ici est à lui, à vous... Je vois, hélas! la distance qui nous sépare. Vous êtes placée sur un sommet auquel je ne puis atteindre. Si on ne peut me défendre de vous élever un autel dans mon cœur, de me trouver sur votre passage, de vous admirer, de penser à vous sans cesse, de vous aimer, de vous adorer enfin, je ne puis avoir l'audacieuse prétention de devenir votre époux; oui, ce que je voudrais surtout m'est interdit : je voudrais vous consacrer ma vie tout entière ; une nouvelle existence commence pour moi ; vivant par vous, c'est pour vous que je voudrais vivre... Ah! vous pouvez me croire, mademoiselle, ce n'est pas seulement mon dévouement, c'est mon cœur, mon âme, mon sang qu'il me serait doux de vous donner. Mon sang, je le verserais jusqu'à la dernière goutte, avec ivresse, pour votre bonheur!... Mais vous êtes riche, vous êtes riche ! » ajouta-t-il tristement.

Le front de la jeune fille parut rayonner.

— On dit en effet que je serai riche un jour, répondit-elle ; mais la fortune de mon père ne peut que me rendre plus facile le choix d'un mari.

— C'est vrai. Mais celui-là sera agréé par votre père, qui, étant riche, exigera aussi la fortune.

— On calcule souvent ainsi dans les familles, paraît-il ; mon père et mon parrain n'ont point cette manière de voir. Ils consulteront moins le rang, la position et la fortune du mari qu'ils me donneront que les qualités de son cœur. Ils m'aiment; ce qu'ils veulent, avant tout, c'est mon bonheur.

— Si le vieux Mardoche m'a dit la vérité, plusieurs fois déjà vous avez été demandée en mariage.

— C'est vrai.

— Par des jeunes gens riches, de familles honorables, très-considérées dans le pays?

— Oui.

— Ces diverses demandes ont été repoussées.

La jeune fille eut un délicieux sourire.

— Savez-vous pourquoi, mademoiselle? Vous a-t-on alors consultée?

— Non, c'était inutile, je n'aimais pas, répondit-elle d'un ton adorable.

Le visage d'Edmond s'illumina.

— Oh! merci! merci! s'écria-t-il; c'est un nouvel et radieux espoir que vous mettez en moi!

Elle arrêta sur lui son regard brillant, et répondit avec un doux sourire :

— Ne suis-je pas la fée de l'Espérance?

— Mais c'est le ciel que vous m'ouvrez! s'écria-t-il avec transport... Seulement il me faut trois ans de travail pour conquérir une position, me rendre digne de vous et vous mériter... Trois ans, c'est bien long...

— J'attendrai, dit-elle.

— Quoi ! vous logez au milieu de ces pierres ? s'écria Edmond. (Page 217.)

— Ah ! s'écria-t-il enivré, vous avez vaincu la fatalité, aucune douleur ne peut plus m'atteindre !... Dans huit jours, je serai à Paris et j'aurai repris mes études interrompues.

— Ce soir, reprit Blanche, je parlerai de vous à mon père et à mon parrain et, je l'espère, demain vous pourrez vous présenter au Seuillon.

— Comment serai-je prévenu ?

— A midi, à Frémicourt, vous trouverez Mardoche à l'endroit où vous vous êtes rencontrés hier.

— J'attendrai le messager de joie, dit-il.

Ils arrivaient au bout du sentier, qui ne se continuait pas au delà du pont de pierre sur la Sableuse.

Leurs mains se joignirent dans une étreinte rapide et ils se séparèrent.

XIX

L'ESPOIR S'EN VA

Blanche continua son chemin vers Frémicourt, dont elle n'était plus qu'à une faible distance. Le jeune homme la suivit des yeux jusqu'au moment où elle disparut à l'angle de la première maison du village.

Alors il leva vers le ciel son regard irradié, dans lequel éclatait une reconnaissance infinie.

Puis, s'éloignant comme à regret, il traversa le pont, se dirigeant vers la route de Saint-Irun.

Il avait à peine fait vingt-cinq pas, lorsqu'un homme, sortant d'un bouquet d'arbustes, s'élança sur le chemin.

Ce nouveau personnage, qui n'était autre que Rouvenat, s'arrêta, faisant face à Edmond, avec l'intention évidente de lui barrer le passage.

Le visage du vieillard était encore plus grave, plus sévère, plus triste que d'habitude, et il y avait dans son regard plus de douleur que de colère. Quand le jeune homme s'arrêta devant lui, il fit un mouvement de surprise.

— Je vous reconnais, monsieur, lui dit-il ; jeudi dernier vous étiez à Gray, n'est-ce pas ?

— J'y étais.

— Et moi, me reconnaissez-vous.

— Si je ne me trompe, vous êtes le parrain de mademoiselle Blanche Mellier.

— Je suis en effet le parrain de cette jeune fille à qui vous causiez tout à l'heure en suivant le sentier au bord de l'eau. De loin, je vous ai aperçus ; j'aurais pu interrompre votre causerie; j'eusse bien fait peut-être, mais j'ai préféré vous attendre ici. Je ne veux pas que Blanche sache que je vous ai vus ensemble, et elle doit ignorer toujours ce que je vais avoir l'honneur de vous dire.

Le jeune homme sentit son cœur se serrer douloureusement; il comprit qu'un malheur inattendu allait le frapper. Il regarda Rouvenat avec inquiétude.

Le vieillard reprit :

— Vous avez une figure qui parle en votre faveur; je n'ai pas l'habitude des villes, moi! je ne suis qu'un homme des champs; mais quand j'ai devant moi une physionomie honnête, un regard franc et loyal comme le vôtre, je ne m'y trompe pas; aussi je ne vous ferai pas l'injure de supposer que vous êtes venu dans ce pays avec l'intention de séduire une innocente jeune fille, notre enfant.

— Oh! monsieur, merci! s'écria Edmond d'un ton pénétré; si seulement vous aviez eu cette mauvaise pensée, vous l'avez compris, vous m'auriez fait en effet la plus sanglante injure.

— Maintenant, voulez-vous me répondre avec sincérité?

— Le parrain de mademoiselle Blanche a le droit de m'interroger, je suis prêt à lui répondre.

— Eh bien! est-ce que vous aimez Blanche? demanda-t-il brusquement.

— De toutes les forces de mon âme, répondit le jeune homme sans hésiter.

Rouvenat tressaillit et un nuage passa sur son front.

— Le mal est plus grave que je ne le pensais, se dit-il.

Puis, avec une anxiété visible, il reprit :

— Et elle, Blanche?

— Mademoiselle Mellier ne m'a pas donné le droit de répondre pour elle, prononça le jeune homme d'une voix tremblante.

Ces paroles augmentèrent les perplexités de Rouvenat.

Il y eut un moment de silence.

Les deux hommes étaient également émus, embarrassés. Edmond sentait la terreur pénétrer en lui; il comprenait instinctivement que Blanche dépendait absolument de l'homme qui était devant lui, qu'il pouvait d'un mot détruire son bonheur et effacer tous ses rêves.

— Écoutez-moi, reprit le vieillard, écoutez-moi! Vous aimez Blanche? je l'aime aussi, moi; je l'aime autant et plus peut-être que si elle était ma fille... Je l'ai vue venir au monde, toute petite je l'ai bercée sur mes genoux, dans mes bras; sa mère est morte deux heures après sa naissance, et près du lit sur lequel la pauvre femme venait d'expirer, ayant à peine eu le temps d'embrasser son enfant, j'ai juré à la morte que je veillerais sans cesse sur sa fille, que je serais toujours là pour la protéger, pour la défendre... Ah! Dieu est bon, il ne permettra pas que Blanche soit malheureuse! Si je pouvais tout vous dire, vous comprendriez, mais je ne peux pas... Voyez-vous, une larme qui tomberait de ses yeux serait pour moi comme un coup de poignard; pour lui éviter une douleur, un chagrin, je donnerais avec joie les jours qui me restent à vivre, et ce serait peu, car, arrivé au bout de ma course, donner ma vie pour un doux regard ou un sourire de ma Blanche bien-aimée ne serait pas un grand sacrifice. Mais, je le répète, Dieu est bon; il me conservera près de Blanche jusqu'au jour où je pourrai dire en mourant : « Elle est heureuse! »

Edmond écoutait avec une agitation fiévreuse.

— Si j'eusse pu prévoir ce qui est arrivé, poursuivit-il avec un accent de profonde tristesse, je ne l'aurais pas emmenée à Gray, à cette foire maudite, et vous ne vous seriez pas rencontrés. Le mal est fait, il s'agit maintenant de le réparer; il le sera, il le faut, pour elle, pour vous, monsieur, à qui je ne puis en vouloir d'avoir trouvé Blanche jolie, d'avoir cru que vous pouviez l'aimer... Non, je ne vous en veux pas. Hélas! on ne peut rien contre ce qui est fatal. Mais il n'est pas trop tard; quand on connaît le danger, on l'évite. Nous rétablirons la paix où, sans le vouloir, vous pourriez tout bouleverser. Seul, je serais impuissant peut-être, mais vous m'aiderez; oui, votre regard me dit que je peux compter sur vous.

L'inquiétude du jeune homme redoubla.

— Je vous en prie, monsieur, fit-il, ayez pitié de mes angoisses, dites-moi vite ce que vous exigez de moi.

— Vous aimez Blanche, reprit Rouvenat d'un ton grave, je vous crois; je ne veux même pas m'étonner que l'amour vous soit venu si vite ; vos intentions sont avouables et vous êtes un honnête jeune homme, je le crois aussi. Et cependant je suis forcé de vous dire : Oubliez Blanche, ne pensez plus à elle! vous ne devez pas l'aimer.

— Oh! vous pouvez tout me demander, excepté cela! s'écria le jeune homme.

Rouvenat secoua la tête.

— Il faut cela pour vous, dit-il, puisque vous ne pouvez pas être son mari.

Edmond poussa un soupir et laissa tomber sa tête sur sa poitrine.

— Pauvre garçon! il l'aime réellement, pensa le vieillard.

Mais les intérêts qu'il croyait défendre en ce moment étaient là pour prémunir son cœur contre toute faiblesse, tout attendrissement dangereux.

— Eh bien! reprit-il d'une voix ferme en posant sa main sur l'épaule d'Edmond, vous voyez la situation : qu'allez-vous faire?

— Ah! je n'en sais rien! s'écria le jeune homme relevant brusquement la tête.

Il était devenu affreusement pâle.

— Je n'ai plus une pensée; continua-t-il d'une voix brisée, je souffre cruellement, tout s'effondre autour de moi. Ah! le vieux mendiant avait raison... J'espérais... Insensé! Est-ce que l'espoir est permis aux déshérités?... Je l'appelais la fée de l'Espérance... dérision! C'est mademoiselle Blanche Mellier, une fille unique, et son père est riche. J'ai osé croire que je pourrais me rendre digne d'elle : quelle audace! Allez, monsieur, vous pouvez achever de m'écraser; on ne lutte pas contre sa destinée...

Rouvenat n'avait pas l'idée d'un semblable découragement; il regardait le malheureux jeune homme avec compassion.

— Ah! reprit amèrement Edmond, vous n'avez pas besoin de me dire pourquoi vous me conseillez d'oublier mademoiselle Blanche, de ne plus penser à elle; je le comprends, je le devine...

— Jeune homme, répliqua froidement Rouvenat, vous pouvez tout supposer sans découvrir la vérité.

— M. Mellier veut pour sa fille un brillant mariage; il n'accordera sa main qu'à un homme riche, bien posé...

— Vous vous trompez absolument. Tenez, je veux bien vous le dire, à vous, — c'est une preuve de sympathie que je vous donne, — Blanche n'avait pas encore six ans lorsqu'elle a été fiancée. Voilà. Je ne puis vous en dire davantage.

— Quoi! c'est pour cette raison?

— Il n'y en a pas d'autre. Aucune puissance au monde ne saurait rien changer à ce qui a été décidé.

— Cependant, monsieur, permettez-moi de vous le dire, un enfant ne s'engage pas; le cœur de mademoiselle Blanche peut être en désaccord avec vos projets. Si elle aimait un autre homme que celui que la volonté de son père et la vôtre croient avoir le droit de lui imposer?

— Oh! alors, ce serait un grand malheur.

— Un grand malheur?

— Oui.

— Ainsi celui-là qui aurait le bonheur d'être aimé de mademoiselle Blanche serait repoussé?

— Oui, comme vous, comme tous ceux qui, déjà, l'ont demandée en mariage.

Le jeune homme regarda le vieillard avec effarement. Il était stupéfié.

— Et vous dites que vous l'aimez? s'écria-t-il.

Rouvenat eut un sourire étrange.

— Je sais bien que vous ne pouvez pas me comprendre, répondit-il; mais je ne peux rien vous expliquer; c'est mon secret, à moi, je le garde. Le cœur de Blanche est et doit rester encore libre de toute affection. En supposant qu'elle éprouve déjà pour vous de la sympathie, l'impression produite en elle ne saurait être bien profonde; elle s'effacera facilement. Vous ne voulez pas la rendre malheureuse, n'est-ce pas?

— Vous me demandez cela, à moi! s'écria le jeune homme, à moi qui donnerais ma vie pour elle!

— Eh bien! au nom du bonheur de Blanche, que vous voulez comme moi au nom de votre affection pour elle, au nom de votre honneur et de tout ce qui vous est cher, il faut que vous vous éloigniez, que vous ne paraissiez plus sur le domaine du Seuillon, qu'on n'entende plus parler de vous; il faut que Blanche ne vous revoie jamais!

Le jeune homme laissa échapper un sourd gémissement.

— J'ignore qui vous êtes, je ne vous le demande pas, je ne veux pas le savoir, continua le vieillard; mais vous seriez le fils d'un millionnaire, d'un marquis ou d'un prince que ce serait la même chose. Je vous le répète, vous ne pouvez pas devenir le mari de Blanche.

Edmond restait atterré.

— Je m'adresse à votre cœur, à votre générosité, à tous les bons sentiments qui sont en vous, reprit le vieillard dont la voix devint suppliante; il s'agit du repos d'une innocente enfant, qui ne sait rien encore des choses de la vie; ah! vous ne voudrez pas compromettre son avenir, ni détruire son bonheur. Ce serait mal et vous n'êtes pas méchant; non, vous ne l'êtes pas... Vous êtes ému, je vois des larmes dans vos yeux. Il me semble que je vais pleurer aussi... C'est drôle, ce que j'éprouve!... Je vous le dis et vous pouvez me croire, si c'était possible et que Blanche vous aimât, je vous dirais : Venez... Vous l'épouseriez. Mais cela ne se peut pas. Vous vous éloignerez, n'est-ce pas? Vous ne chercherez plus à la revoir, vous me le promettez?

Edmond fit entendre un nouveau gémissement et répondit :

— Je partirai.

Rouvenat lui prit les deux mains.

— Oh! je vous ai bien jugé, dit-il; vous êtes un grand et noble cœur!

— Adieu, monsieur, adieu! dit le jeune homme d'une voix presque éteinte.

Il jeta autour de lui un regard désespéré et s'éloigna rapidement.

— Un malheureux de plus sur la terre, murmura tristement Rouvenat.

XX

VISITE A MARDOCHE

Le malheureux Edmond venait d'être frappé d'un coup aussi terrible qu'inattendu. De nouveau l'obscurité l'enveloppait. Il retombait dans la nuit, dans le néant... Il lui semblait à chaque instant que la terre allait s'enfoncer sous ses pieds et qu'il marchait entraîné dans un tournoiement vertigineux.

Un abîme se serait ouvert devant lui qu'il n'aurait pas fait un pas en arrière pour l'éviter...

Au bout de quelques minutes, il quitta brusquement la route et s'élança à travers champs.

Où allait-il? Il n'en savait rien. Cela lui était égal.

Les désespérés n'ont plus rien qui les guide.

Comme le paria, Edmond cherchait à s'isoler : il fuyait la clarté du jour, il aurait voulu se dérober même aux rayons du soleil.

La mort dans l'âme, l'esprit en délire, il se mit à courir comme un insensé, sautant les fossés, franchissant les haies; aucun obstacle ne semblait pouvoir l'arrêter dans sa course effrénée. On aurait dit qu'il était poursuivi par une troupe de démons invisibles.

Sa pauvre tête n'avait plus une idée, il ne réfléchissait plus; mais son cœur gardait son horrible douleur.

Le son d'une cloche, puis d'une autre, arriva jusqu'à lui. On sonnait midi à Frémicourt et à Civry. Il se trouvait presque en haut du coteau qui fait face au Scuillon. Il s'arrêta et pendant un instant sa vue erra dans la verte vallée. Il vit les saules et les grands peupliers qui bordent la rivière, puis, derrière ce rideau de verdure, les pignons blancs et les toitures rouges des bâtiments de la ferme.

Il poussa un cri déchirant. Ses bras tendus s'agitèrent convulsivement.

— C'est fini, je ne la verrai plus ! gémit-il. Blanche, Blanche, adieu !...

Il se remit à marcher.

Sur sa gauche s'étendait le bois de Sueure et devant lui se dressaient imposantes, dans leur aspect sauvage, les masses grisâtres d'énormes roches amoncelées ; çà et là, prenant racine on ne sait comment, on voyait sur les roches un arbuste rabougri, un bouquet de ronces.

Ces roches géantes, pierres monstrueuses de forme bizarre, crevassées, pointues, dentelées, menaçantes, ressemblaient aux murailles sombres d'une forteresse du moyen âge avec ses tourelles, ses aiguilles, ses meurtrières et ses créneaux.

L'œil d'Edmond mesura la hauteur du colosse de pierre qui, debout depuis la création du monde et sûr de son éternité, semble jeter à l'homme un perpétuel défi.

Quelque chose d'irrésistible attirait le jeune homme de ce côté. Il y alla. Il cherchait la solitude : tout ce qui était sombre et sauvage devait lui plaire. Il se trouva bientôt au pied des roches.

— Hé ! bonjour, monsieur, comment allez-vous ? dit tout à coup une voix derrière lui.

Edmond tressaillit et se retourna vivement.

Il reconnut le vieux mendiant.

Mardoche, assis sur une pierre, au soleil, une autre pierre lui servant de table, était en train de prendre son modeste repas.

— Vous avez l'air consterné, vous n'êtes pas content, reprit le vieillard ; êtes-vous contrarié de me rencontrer ici ? C'est une surprise à laquelle vous ne vous attendiez pas. Je la partage, car j'avoue que je ne pensais guère vous voir aujourd'hui. Je ne vous remercie pas d'avoir dirigé votre promenade de ce côté ; c'est évidemment sans vous en douter que vous venez me faire une visite.

— Que voulez-vous dire ?

— Comment ! vous ne comprenez pas que c'est ici que je demeure !

Le jeune homme regarda autour de lui.

— Je ne vois aucune habitation, dit-il.

— Voyez cette montagne de pierre, dit Mardoche en souriant ; c'est mon château. Abandonnées aux hiboux, aux lézards et aux couleuvres, je me suis emparé de ces roches ; j'en ai fait ma propriété. Regardez, là, cette large fente ; c'est l'entrée de la galerie qui conduit à mon appartement : une grande salle d'abord, puis une autre, puis une troisième.

— Jeune homme, dit-il d'une voix vibrante, levez les yeux et regardez le ciel. (Page 227.)

— Quoi! vous logez au milieu de ces pierres? s'écria Edmond.

— Et je m'y trouve à merveille, répondit le vieillard; j'y suis libre comme les oiseaux de proie qui, eux aussi, y cachent leurs nids. Je n'y crains ni le vent, ni la pluie, ni l'éclair, ni la foudre. Si le jour y vient à peine, si les rayons du soleil n'y pénètrent jamais, on y est bien tout de même... D'ailleurs je n'ai qu'à sortir et je suis ici, sur ma terrasse, qui a une vue magnifique comme vous pouvez le voir.

Aussitôt qu'il se lève, le soleil vient éclairer ma terrasse et me dire bonjour. Je suis déjà là, car j'ai mon réveille-matin, le rossignol qui chante toujours de bonne heure et me fait la gracieuseté de se percher sur cet arbre, à l'entrée de ma demeure. Il sait mes habitudes. Quand il juge que j'ai assez dormi, il m'appelle.

« Enfin le bois est à ma porte, c'est mon parc ; je m'y promène avec plaisir ; j'ai toujours aimé les bois ; on y trouve le silence, la fraîcheur et l'ombre ; c'est là qu'on peut rêver à son aise... Voyez-vous, tout vieux que je suis, j'éprouve encore parfois le besoin de m'égayer par un rêve.

« Les bonnes gens du Seuillon, — voyez dans la plaine, comme on le découvre d'ici au milieu de la verdure, — les bonnes gens du Seuillon m'ont offert une petite chambre dans la maison du berger ; il y a trois pièces, et le berger, qui est garçon, n'en a besoin que d'une. Pour ne pas contrarier mademoiselle Blanche, je n'ai pas refusé ; mais, bien que j'aie là un bon lit et la facilité d'entrer dans la maison n'importe à quelle heure du jour et de la nuit, puisque j'ai une clef, je n'y couche presque jamais ; je me trouve mieux ici. Il y a des gens qui disent en parlant de moi :

« — C'est un vieux fou ! »

« Ils ont peut-être raison.

« Maintenant, jeune homme, parlons de vous. Vous me plaisez, cela se comprend : vous êtes jeune, joli garçon, poli ; vous n'avez pas, heureusement pour vous, cet air fier, dédaigneux, important, impertinent et fat de certains jeunes gens de la ville que je connais ou que j'ai connus. Mais ce que je ne m'explique pas, c'est que, vous voyant aujourd'hui pour la deuxième fois, j'aie déjà pour vous une véritable amitié.

« Voyons, avez-vous réfléchi à ce que je vous ai dit hier à Frémicourt? Je sais un peu ce qui se passe au Seuillon. Vous pouvez me croire, mon jeune ami : songer à mademoiselle Blanche, avec l'espoir de l'épouser, serait de votre part une folie.

— Hélas! je ne le sais que trop maintenant! dit Edmond d'un ton douloureux.

Mardoche bondit sur ses jambes.

— Malheureux! s'écria-t-il, vous êtes allé au Seuillon?

— Je ne suis pas allé jusque-là.

— Alors vous n'avez pas revu mademoiselle Blanche?

— Si, je l'ai rencontrée au bord de la rivière.

— Ah! après ce que je vous ai dit!.... Tenez, c'est mal, ce que vous avez fait.

— Ne me jetez pas votre malédiction, Mardoche ; je suis assez puni de n'avoir pas suivi votre conseil, assez châtié de mon audace...

— Que vous a donc dit la demoiselle du Seuillon ?

— Mademoiselle Blanche m'a dit d'espérer.

Le vieillard parut très-agité.

— Mais elle vous aime, exclama-t-il, elle vous aime !

Edmond secoua tristement la tête.

— Je ne souhaite point que cela soit, dit-il.

— Enfin pourquoi avez-vous cet air désolé, désespéré ? Que s'est-il passé ? Dites-moi tout, ne me cachez rien, j'ai besoin de savoir...

— Mademoiselle Blanche allait à Frémicourt où elle avait affaire ; je venais à peine de la quitter, le cœur rempli de confiance et d'espoir, lorsqu'un homme, qui se tenait caché derrière des arbres, se jeta brusquement devant moi.

— C'était Pierre Rouvenat ?

— Oui, le parrain de mademoiselle Mellier.

— Alors ?

— Alors, sans colère, sans menace, il m'a répété ce que vous m'avez dit vous-même.

— Toujours la même chose, pensa Mardoche ; que veut-il donc ?

— Il ne m'a pas défendu d'aimer sa filleule, continua le jeune homme ; il m'a supplié au nom de son avenir, de son bonheur, de ne plus chercher à la revoir... Ah ! un poignard plongé dans ma poitrine ne m'aurait pas fait plus de mal ! Mais il s'agit du bonheur de mademoiselle Blanche, j'ai promis à son parrain que je partirais et qu'on n'entendrait plus parler de moi. Si elle est heureuse, il importe peu que je traîne ici ou là ma misérable existence, fatalement condamnée.

— Ainsi Rouvenat vous a dit, comme à d'autres déjà, que vous deviez renoncer à l'espoir d'épouser sa filleule ?

— Oui.

— Si elle vous aimait cependant !

— La situation serait la même ; il me l'a fait comprendre.

— Ah çà ! s'écria Mardoche, il ne veut donc pas la marier ! Oh ! il y a dans sa tête une idée fixe, une volonté que rien ne fera fléchir ! Quelle est donc cette idée ?...

— C'est son secret.

— Oui, c'est son secret... Ah ! il le garde précieusement, puisque j'ai vainement essayé de le pénétrer. Je cherche et je ne trouve rien. Si inexplicable que soit la conduite de Rouvenat, il n'y a pas à douter, cependant, qu'il ne veuille le bonheur de sa filleule; elle est tout pour lui, il l'adore... Je connais bien quelqu'un qui aurait le droit de lui demander une explication et d'opposer sa volonté à la sienne : mais celui-là veut et doit se taire encore.

« Enfin, jeune homme, vous n'avez pas voulu suivre le conseil que je vous ai donné hier, et aujourd'hui Rouvenat lui-même vous a confirmé mes paroles.

— Hélas! oui.

— Il a dû vous donner au moins un semblant de raison?

— Oui.

— Parlez! parlez! Qu'a-t-il dit?

— Il prétend que mademoiselle Blanche n'avait pas encore six ans lorsqu'elle a été fiancée, et c'est pour cela...

— Fiancée à l'âge de six ans! fit Mardoche avec surprise; qu'est-ce que cela veut dire?

Il porta la main à son front, ferma les yeux et parut réfléchir profondément. Mais au bout d'un instant il hocha la tête en murmurant :

— Je ne comprends pas.

Puis s'adressant à Edmond :

— Vous avez promis à Rouvenat de ne plus revoir sa filleule, dit-il; qu'allez-vous faire?

— Partir.

— Vous n'êtes pas de ce pays?

— Non, et je n'y connais personne.

— C'est donc le hasard...

— Oui.

— Eh bien! vous avez raison, il faut que vous partiez. Où allez-vous?

— Où je vais? Je n'en sais rien; où ma mauvaise chance me conduira. Le ressort de ma vie s'est brisé, je suis sans courage, je n'ai plus de volonté, l'avenir m'épouvante. Celui qui me précipiterait du haut de ces roches, au bas desquelles je tomberais sans vie, me rendrait un immense service.

Mardoche lui saisit le bras.

— Quel âge avez-vous? demanda-t-il.

— Je ne saurais le dire exactement : dix-neuf ou vingt ans.

— Et vous osez parler comme vous le faites! répliqua le vieillard d'un ton moitié affectueux, moitié sévère; jeune homme, vous êtes fou! vous êtes fou!

— Non, je suis désespéré.

Mardoche haussa les épaules.

— Avant de vous plaindre, dit-il, attendez donc que vous ayez souffert.

— Mais que voulez-vous donc que je devienne? s'écria le malheureux d'une voix déchirante.

— Un homme, répondit froidement Mardoche.

Edmond ne put supporter la fixité de son regard; il baissa les yeux.

— Avez-vous de la fortune? interrogea le vieillard

— Non.

— Alors vous avez un emploi?

— Pas davantage.

— Et vous songiez à épouser Blanche Mellier! s'écria Mardoche avec emportement.

— Ne me jugez pas sans m'entendre, répondit vivement le jeune homme; pour avoir droit à ce bonheur, il fallait m'en rendre digne. Je le voulais. J'ai fait à Paris de sérieuses études; au bout de trois ans, j'aurais pu être avocat, médecin ou ingénieur. A défaut d'une fortune que je n'ai pas, c'est un état, une position honorable que je pouvais offrir à mademoiselle Mellier.

— Oui, je comprends... Eh bien! mon jeune ami, votre voie est toute tracée: voilà ce qu'il faut être. Reprenez courage, retournez à Paris et mettez-vous hardiment au travail.

Edmond secoua tristement la tête et un sourire amer crispa ses lèvres.

XXI

L'ESPOIR REVIENT

Après un court silence, Mardoche reprit :

— La vie n'est pas toujours facile, jeune homme; pour tous, elle a des douleurs et des larmes; il y a plus de jours sombres que de jours de soleil. Croyez-vous être seul à vous déchirer aux épines qui poussent partout? Comme les plus pauvres et les plus humbles, les riches et les puissants ont leurs chagrins, leurs tourments, leurs misères! Croyez-moi, la vie est une lutte continuelle, le bonheur s'achète quelquefois bien cher, et il faut souffrir, oui, souffrir beaucoup, pour avoir droit au repos. Marcher à travers les obstacles, lutter, lutter sans cesse, voilà le sort de chacun... Ce sont les forts, ce sont les courageux, ce sont ceux qui ont la foi qui arrivent au but. A eux le triomphe; ils ont combattu, ils l'ont mérité !...

« Vous êtes jeune, intelligent, instruit, plein d'avenir, et vous vous plaignez et vous désespérez!... Ce n'est être ni fort, ni courageux, ni croyant. Jeune homme, il faut croire, entendez-vous? il faut croire!

— A quoi? soupira Edmond.

— En Dieu et en votre jeunesse, répondit Mardoche d'un ton solennel. Allez, continua-t-il en branlant la tête, vous vous croyez bien malheureux; mais à chaque pas que vous ferez, si vous prenez la peine d'examiner autour de vous, vous verrez des malheurs autrement grands que le vôtre. Regardez un peu moins en haut et un peu plus en bas...

« Moi, voyez-vous, je suis devenu philosophe; pourtant je ne sais ni lire ni écrire; mais, à force de me trouver seul avec mes pensées en contemplation devant l'immensité de la création, j'ai senti que la nature, livre ouvert pour tous, contenait toutes les grandes vérités. Et je l'ai étudié, ce livre merveilleux, et mon cœur et mon âme se sont pénétrés de ses enseignements. Un malheur épouvantable, inouï, m'avait frappé; avec la pensée de Dieu, la plaie s'est peu à peu cicatrisée et je suis parvenu à me consoler.

— Vous avez donc été bien malheureux, Mardoche?

— Plus que vous ne le serez jamais, répondit lentement le vieillard. Mais c'est de vous qu'il s'agit, et non de moi dont la vie doit bientôt finir. Je voudrais vous voir renaître à l'espoir, et si j'ai fait allusion à mes malheurs passés, c'est afin de bien vous faire comprendre que chaque être humain a sa croix à porter et que pour avoir droit au repos, au bonheur, comme je le disais tout à l'heure, il faut avoir beaucoup et quelquefois longtemps souffert.

« Comment vous appelez-vous ?

— Edmond.

— Edmond! Edmond! répéta Mardoche rêveur.

Ce nom, il ne l'avait jamais oublié. A ce moment encore, que de souvenirs horribles il évoquait!

— Edmond est votre prénom, reprit-il; c'est votre nom de famille que je vous demandais.

— Je n'ai pas de famille, répondit le jeune homme.

Mardoche tressaillit.

Edmond continua :

— Ma naissance est un mystère ; j'ignore où je suis né et je n'ai jamais connu mon père.

— Mais votre mère ?

— J'avais cinq ans, six ans au plus lorsque je l'ai perdue.

— Pauvre enfant ! dit Mardoche.

— Comprenez-vous, maintenant, que j'ai le droit de me plaindre de ma destinée ? soupira Edmond.

— Oui, sans doute ; mais cela ne justifie pas le découragement que je vois en vous. Vous habitez Paris ?

— Oui.

— Pourquoi êtes-vous venu dans ce pays ?

— Pourquoi ? Je vais vous le dire. C'est à quelques lieues d'ici, sur la route de Gray, par une épouvantable nuit de décembre, que ma mère, saisie par le froid et me tenant dans ses bras, est tombée dans la neige.

— Morte ?...

— Non, sans connaissance, mourante...

— Alors ?...

— Des saltimbanques vinrent à passer avec leurs voitures ; ils nous ramassèrent, ma mère et moi. Ils se rendaient à Gray. Dès qu'ils furent arrivés dans cette ville, ils transportèrent ma mère à l'hôpital.

— Où elle est morte ?

— Je le crois ; personne n'a pu me le dire.

— C'est étrange ! se dit Mardoche.

Puis il reprit à haute voix :

— Que firent de vous les saltimbanques ?

— L'un d'eux, le plus pauvre, le plus infime, — un paillasse, un pître, — eut pitié de moi. Craignant que son maître ne fît de l'orphelin un acrobate, un misérable, il quitta ses compagnons le même jour et m'emmena avec lui. Jérôme Greluche — c'est son nom — depuis treize ans travaille pour moi ; il m'a élevé, m'a fait instruire, il est devenu mon père.

Du revers de sa main, Mardoche essuya furtivement une larme.

— En peu de mots, voilà toute mon histoire, dit Edmond.

— Mais comment Jérôme Greluche, comment ce brave homme, qui était pauvre, a-t-il pu vous nourrir, vous élever, vous faire instruire ?

— La Providence avait songé à cela.

— Ah! ah! vous avez dit la Providence : vous croyez donc à quelque chose ?

Le rouge monta au front du jeune homme.

— Continuez, reprit Mardoche, continuez; tout cela m'intéresse vivement.

Quand les saltimbanques relevèrent ma mère, tombée comme je vous l'ai dit, elle avait à son bras un sac de cuir dont Jérôme Greluche s'empara à l'insu de ses camarades. Or dans ce sac de cuir il trouva douze mille francs.

— Douze mille francs! exclama Mardoche.

— Oui, douze mille francs en or. Greluche confia à un notaire, qui en fit le placement, dix mille francs. Il me mit en pension à Dijon. Puis il acheta une petite voiture, une mule et un théâtre de marionnettes avec lesquels il courut les campagnes afin de gagner sa vie et de subvenir aux dépenses qu'il était obligé de faire pour moi. Il ne voulait plus toucher à l'argent qu'il considérait comme un dépôt dont il aurait à me rendre compte un jour. Il fit si bien que, depuis dix ans, les rentes de cet argent se sont accumulées et ont presque doublé ma petite fortune. Greluche a pu, par son travail, non-seulement payer tous les frais de mon éducation, mais encore économiser, d'autre part, une quinzaine de mille francs qui, selon lui, m'appartiennent aussi.

— C'est superbe! s'écria Mardoche.

— En interrogeant mes souvenirs d'enfants, reprit Edmond, je me suis rappelé cette nuit fatale qui m'a fait orphelin. Et, depuis, j'ai constamment devant les yeux ma pauvre mère étendue sur la neige, pâle, inanimée, sans vie... C'est dans l'espoir de recueillir quelques renseignements sur elle, c'est dans l'espoir, bien vague, il est vrai, de retrouver une famille que je suis venu dans ce pays. A l'hôpital de Gray, où je suis allé, on n'a pu rien me dire. Premier espoir détruit; je n'ai plus le droit de croire que ma mère existe encore !

— Dans le sac, avec l'or, il n'y avait donc pas de papier? demanda Mardoche.

— Aucun.

— En vérité, tout cela est bien extraordinaire, murmura le vieillard. Enfin, continua-t-il, vous êtes parti de Gray pour venir à Frémicourt afin de revoir mademoiselle Blanche ?

— Non, j'ignorais que mademoiselle Blanche habitât dans ce pays, et je n'espérais plus la rencontrer.

— C'est donc le hasard qui vous a fait entrer dans l'église du village ?

— Le hasard, non, mais plutôt le besoin de prier.

— Oui, je vous ai entendu; alors vous n'étiez pas découragé comme en ce moment, vous vouliez croire et espérer.

— Puisqu'il faut tout vous dire, vous êtes la fille de Jean Renaud ! (Page 234.)

Le jeune homme baissa la tête.

— Je pensais à elle, dit-il tristement,

— Vous ne m'avez pas dit le motif qui vous amenait à Frémicourt, reprit Mardoche.

— J'y suis venu sur une indication que m'a donnée l'aubergiste Bertaux, de Saint-Irun.

— Ah! fit le vieillard ; un renseignement ?

— Oui. Il faut vous dire que ma mère, avant la catastrophe terrible, avait passé quelques jours à Saint-Irun, chez M. Bertaux, dans une chambre que j'ai louée, il y a trois jours, pour un mois...

La tête de Mardoche se pencha lentement.

— Il n'a qu'un nom, Edmond, comme l'autre, se disait le vieillard ; il loge chez Bertaux, à Saint-Irun, comme l'autre ; il aime la demoiselle du Seuillon, comme l'autre encore ; oh! c'est étrange, étrange !...

Edmond, surpris de l'attitude de Mardoche, s'était interrompu.

Celui-ci releva la tête et, d'une voix émue :

— Comment avez-vous su que votre mère était venue à Saint-Irun ? demanda-t-il.

— Un autre souvenir qui m'a frappé comme une clarté subite au moment d'entrer dans l'auberge.

— Ce souvenir ?...

— De chaque côté de la porte d'entrée il y a deux énormes chiens de pierres.

— Oui.

— Eh bien ! je me suis rappelé tout à coup que je les avais déjà vus.

Mardoche leva vers le ciel ses mains tremblantes.

— J'interrogeai l'aubergiste, continua Edmond ; il se souvient très-bien d'avoir logé chez lui une femme avec son jeune enfant.

— A-t-il pu vous dire comment elle était, cette femme, votre mère ?

— Oui, grande et belle, figure pâle, les lèvres sans sourire, le regard brillant et sévère.

— Avec de beaux cheveux noirs, peut-être ?

— Oui, elle avait, dit-il, de beaux cheveux noirs.

— Est-ce là tout ce qu'il vous a dit ?

— Non il m'a dit encore qu'un homme des environs de Saint-Irun était venu voir ma mère.

— Le nom de cet homme ?

— Depuis peu de temps dans le pays, Bertaux ne le connaissait pas.

— Et il n'a pu vous dire ce qui s'est passé entre votre mère et cet inconnu ?

— Non ; mais, moi, je me suis souvenu encore : cet homme m'a pris dans ses bras, m'a mis sur ses genoux, m'a embrassé... Ma mère sanglotait, il pleurait aussi.

« Ah! j'en ai la conviction, c'est cet homme qui a remis à ma mère l'or trouvé par Jérôme Greluche dans le sac de cuir. »

Mardoche était en proie à une agitation extraordinaire. Un travail énorme se faisait dans sa pensée. Bien qu'il y eût, dans tout ce qu'il venait d'entendre, plusieurs points obscurs et incompréhensibles pour lui, il ne doutait plus que la mère du jeune homme qui était devant lui ne fût la malheureuse Lucile Mellier. Alors s'expliquait, pour lui, la véritable cause de l'assassinat pour lequel il avait été condamné, ainsi que la disparition de Lucile, jusqu'alors inexpliquée.

S'efforçant de ne pas trahir son émotion, il reprit :

— Vous ne m'avez pas dit par suite de quelle indication de l'aubergiste vous êtes venu hier à Frémicourt.

— Ma mère a quitté Saint-Irun à la nuit noire, par un froid glacial ; or Bertaux m'a assuré qu'en sortant de chez lui elle a pris le chemin de Frémicourt où, prétend-il, elle avait quelqu'un à voir. Hier j'y suis allé, espérant y trouver un nouveau souvenir.

— Et rien?...

— Rien. Je me trompe : pour compléter mon malheur, j'ai revu mademoiselle Blanche Mellier...

Mardoche se redressa. Ses yeux étincelaient. Ce n'était plus le même homme. Il paraissait transfiguré. Ne pouvant se contenir plus longtemps, des larmes jaillirent de ses yeux et se perdirent dans sa longue barbe.

Ses bras frémissants entourèrent le jeune homme et il l'attira sur sa large poitrine.

— Jeune homme, dit-il d'une voix vibrante, levez les yeux et regardez le ciel ; l'étoile dont vous parliez hier n'y brille pas en ce moment, mais elle y est toujours. Fixée au firmament par la volonté de Dieu, elle y restera. Vous ne vous trompiez pas en disant qu'elle vous a conduit ici, près de moi.

— Mon Dieu! que voulez-vous dire ? interrogea Edmond stupéfié.

— Tout à l'heure vous étiez découragé, brisé, sans force ; chassez loin de vous les sombres pensées et que de nouveau votre cœur s'ouvre à l'espoir !

« Hier je vous disais : « Ce pays vous sera fatal, partez; » je vous dis aujourd'hui : « Restez ! » Hier je vous disais : « Vous ne pouvez pas épouser mademoiselle Blanche ; » aujourd'hui, moi, Mardoche, le vieux mendiant, je vous dis : « Si Blanche vous aime, elle sera votre femme ! »

— Oh! vous me rendez la vie ! exclama Edmond éperdu ; mais, de grâce, expliquez-moi...

— Plus tard, quand le moment sera venu; je ne puis rien vous dire encore.

— Mais j'ai promis de partir.

— Vous resterez, j'ai besoin de vous.

— Mais qui donc êtes-vous? s'écria le jeune homme avec exaltation; quelle est donc votre puissance?

— Qui je suis? Vous me connaissez comme tout le monde; je suis le vieux mendiant Mardoche! Si vous le voulez, je suis encore votre ami.

— Oh! oui, mon meilleur ami, mon protecteur, mon...

— C'est tout, l'interrompit le vieillard.

— Ah! laissez-moi vous embrasser! s'écria Edmond ivre de joie.

Et il se jeta au cou du mendiant.

— Allons! murmura Mardoche, il y a encore de bons instants dans la vie.

— Nous allons nous quitter, reprit-il; je vais aller faire ma promenade dans la vallée.

— Quand devrai-je vous revoir? demanda le jeune homme.

— Ce soir.

— Ici?

— Non, à Frémicourt. Vous m'attendrez à neuf heures devant l'église. J'ai dans l'idée qu'à nous deux nous retrouverons encore un de vos souvenirs. C'est ce que je veux voir.

Quand Edmond l'eut quitté, Mardoche, le front rayonnant, se tourna du côté du Seuillon.

— Ah! Rouvenat, grand cœur! s'écria-t-il; maintenant je connais ton secret!

« Pauvre Rouvenat! continua-t-il en souriant; il ne se doute guère en ce moment que ce matin il a repoussé, presque chassé, l'enfant qu'il a fiancé à sa filleule dans la chambre d'auberge de Saint-Irun, le fils de Lucile Mellier, l'héritier de son maître, qu'il cherche depuis si longtemps, le mari de Blanche, de ma fille, qu'il attend toujours! »

XXII

RÉVÉLATION

Blanche, ayant fait ses achats à Frémicourt, rentra au Seuillon avant midi. Rouvenat ne lui dit rien.

Elle remarqua qu'il était sombre, préoccupé, inquiet. Depuis quelque temps surtout, elle le voyait ainsi. Elle ne se douta point de la véritable cause de ce nouvel accès de tristesse.

L'heure du dîner était arrivée. On se mit à table. Les deux vieillards, pas plus que la jeune fille, n'éprouvaient le besoin de parler. Comme toujours, le vieux Mellier restait plongé dans ses idées noires. Rouvenat observait Blanche à la dérobée, cherchant à se convaincre que le mal qu'il redoutait n'existait pas.

La jeune fille surprit plusieurs fois, attaché sur elle, le regard perçant de son parrain, qui semblait vouloir scruter sa pensée.

— Pourquoi me regardes-tu ainsi? lui demanda-t-elle.

— Mais je te regarde comme toujours, répondit-il en essayant de sourire.

Blanche secoua la tête, et avec une petite moue charmante :

— Non, dit-elle, il y a quelque chose dans ton regard que je ne puis définir.

— Trouves-tu donc qu'il est moins affectueux ?

— Oh! non, au contraire.

— Mon Dieu! quand je te regarde, je ne sais pas ce qu'il y a dans mes yeux, mais ils ne peuvent exprimer autre chose que le contentement. Les tiens sont comme un miroir dans lequel j'aime à regarder; aujourd'hui tes joues sont fraîches et roses comme la rose elle-même; il me semble que tu es, en ce moment, mille fois plus jolie que les autres jours.

Mellier leva la tête, regarda la jeune fille et dit :

— C'est vrai. Blanche est allée à Frémicourt ce matin ; cette promenade a été pour elle un plaisir qu'elle éprouve encore.

Rouvenat tressaillit. La jeune fille baissa les yeux.

Sans le savoir, Mellier venait de se faire l'écho de leurs pensées.

En sortant de la salle à manger, Blanche dit à son parrain :

— Ce soir, après le souper, quand nous serons réunis dans la chambre de mon père, j'aurai une confidence à vous faire à tous les deux.

Rouvenat se sentit frissonner.

— Une confidence? balbutia-t-il.

— Oui.

— Est-ce donc un secret ?

— Ce n'en sera plus un ce soir.

Les yeux de Rouvenat se voilèrent. Il avait compris.

Il s'éloigna rapidement, en proie aux plus cruelles appréhensions.

Il avait une affaire à traiter dans les environs de Saint-Irun ; il attela lui-même un cheval au cabriolet et il partit.

Blanche prit son ouvrage et alla s'asseoir sous un berceau au fond du jardin.

Elle pensait à Edmond et se laissait entraîner doucement par le charme d'une délicieuse rêverie.

Soudain le beau François, qui guettait sans doute le moment de trouver la jeune fille seule, apparut à l'entrée du berceau.

Le mécontentement de Blanche fut visible.

Cela ne déconcerta point le fils Parisel. Il pénétra sous le berceau et s'assit hardiment sur le banc à côté de la jeune fille. Elle voulut se lever pour s'en aller. Il lui saisit le bras presque violemment et la força à rester assise. En même temps, il lui dit d'une voix creuse :

— Il faut que nous causions.

— Mais je n'ai rien à vous dire! s'écria-t-elle prise d'un effroi subit en sentant peser sur elle le regard faux et étincelant du paysan.

— Si vous ne dites rien, je parlerai seul, répliqua-t-il d'un ton aigre.

— Non, non, je ne veux pas vous écouter! vous n'avez rien à me dire...

Elle essaya de nouveau de quitter la place.

Il la retint encore.

— Je vous dis qu'il faut, que je veux que vous m'entendiez, reprit-il d'une voix farouche.

Elle lui jeta un regard dédaigneux, superbe.

— Eh bien! soit, dit-elle résolûment; parlez !

— Vous savez que je vous aime?

— Votre façon d'agir ne le prouve guère, répondit-elle sèchement ; vous le dites, mais je ne vous crois pas.

— Si je ne vous aimais pas, mon père ne serait point venu exprès au Seuillon hier pour vous demander en mariage.

Elle eut un haussement d'épaules significatif.

— Vous savez ce qui s'est passé, continua-t-il. Rouvenat et vous avez fait à mon père et à moi la plus mortelle injure.

— Parce qu'il vous plaît d'interpréter ainsi la réponse qui a été faite à M. Parisel. Sans vous ôter aucune de vos qualités, vous devez bien admettre que je ne me sente pas disposée à unir ma vie à la vôtre.

François pâlit et une contraction nerveuse fit grimacer ses lèvres.

— D'ailleurs, ajouta-t-elle, je ne veux pas me marier.

— En attendant, répliqua-t-il avec ironie, vous avez des rendez-vous amoureux sous les tilleuls de Frémicourt et au bord de la Sableuse.

Blanche sursauta.

— Que voulez-vous dire ? exclama-t-elle.

— Oh ! vous le savez bien... Vous étiez moins fière, moins dédaigneuse ce matin, quand vous causiez avec lui dans le chemin près de la rivière... Qu'il prenne garde à lui aussi, ce freluquet, ce mirliflore ! continua-t-il d'un ton plein de menace. Voyez-vous, je vous aime avec fureur, avec passion, avec rage, avec... je ne sais pas comme je vous aime... Je suis jaloux, oui, jaloux, et si vous en aimiez un autre... eh bien ! je ne répondrais pas de moi ! Écoutez bien ceci : je ne peux pas vous forcer à m'aimer, mais je vous jure que, si je ne puis être votre mari, vous ne serez pas la femme d'un autre !

— Mais vous êtes fou ! s'écria-t-elle éperdue, vous êtes fou !

Il arrêta sur elle un regard fauve.

— Vous êtes prévenue, dit-il sourdement.

— Par exemple, c'est trop fort ! exclama la jeune fille en se redressant ; on croirait, en vérité, que vous avez des droits sur moi !

— Oh ! vos grands airs ne m'effrayent pas, fit-il.

La jeune fille était à bout de patience.

— A vos menaces, à vos insolences, je répondrai seulement par ces mots : Monsieur François Parisel, vous êtes un méchant homme !

— C'est votre faute, riposta-t-il brutalement.

— Tenez, reprit-elle froidement, jusqu'à ce jour je n'éprouvais pour vous qu'un éloignement dont je ne me rendais pas compte ; mais maintenant que vous vous êtes dépouillé de votre masque de fourbe je m'aperçois que ce n'est pas seulement de l'antipathie que vous m'inspirez, mais de l'aversion et du dégoût.

Elle se leva et le couvrit d'un regard écrasant de mépris.

Il se dressa à son tour, livide, le regard chargé d'éclairs.

— Vous êtes bien imprudente, lui dit-il d'une voix sifflante ; vous ne savez donc pas que du jour au lendemain l'amour le plus violent peut se changer en une haine implacable ?

Il tenait la jeune fille sous son regard comme le vautour prêt à fondre sur sa proie.

A ce moment, il était repoussant, hideux à voir. Blanche sentit un frisson courir sur tout son corps.

— Il me fait peur, murmura-t-elle, il me fait peur !...

Elle voulut s'éloigner, il se jeta devant elle pour lui barrer le passage. Elle recula comme à la vue d'un reptile.

— Oh ! fit-elle d'une voix railleuse, et cet homme voudrait m'épouser ! cet homme prétend qu'il m'aime !

Rien ne saurait rendre le mépris avec lequel ces paroles furent prononcées. Le beau François les reçut en plein visage comme un coup de cravache.

— Allons, laissez-moi passer ! lui dit-elle d'un ton impérieux.

Il croisa ses bras sur sa poitrine et resta immobile, fermant l'entrée du berceau. Il avait sur les lèvres un sourire de démon, et ses yeux ardents, fixés sur elle, brillaient comme ceux d'un tigre dans la nuit.

La jeune fille trépignait d'impatience et de colère. Tout en elle se révoltait en présence d'une pareille audace.

— Je veux bien vous laisser passer, dit le beau François conservant son méchant sourire, mais à une condition : il faut que vous m'embrassiez !

La jeune fille le regarda avec effarement.

— Ah ! il ne vous manquait plus que de m'insulter ! s'écria-t-elle avec indignation ; mais vous êtes donc tout à fait un misérable !

Il se mit à rire.

— Un peu plus tôt, un peu plus tard, reprit-il, il faudra bien en venir là. Et pour que vous ne soyez pas surprise, ajouta-t-il cyniquement, je vous préviens que ce que vous ne me donnerez pas, je le prendrai.

Blanche était atterrée ; elle jeta autour d'elle, à travers le feuillage, un regard plein d'angoisse. Elle espérait peut-être voir venir quelqu'un à son secours.

— Jeune homme, découvrez-vous, vous êtes sur la tombe de votre père.

Le beau François marcha vers elle les bras ouverts. Il voulut la saisir. Elle échappa à son étreinte en se rejetant brusquement en arrière.

— Monsieur François, s'écria-t-elle d'une voix frémissante, vous ne méritez aucune pitié ; je me plaindrai, je dirai tout à mon père !

— Ah ! ah ! ah ! votre père, ricana-t-il ; il est bien loin, votre père.

— Mais il est fou, murmura Blanche de plus en plus effrayée, il est fou !...

— Si vous tenez à aller lui faire une visite, à monsieur votre père, reprit la voix sardonique du beau François, je puis vous dire où il est. Ce n'est pas près d'ici, par exemple ; mais une bonne fille comme vous n'hésitera pas à traverser la mer pour aller embrasser son père, un si honnête homme !

— Mais que dit-il donc ? que dit-il donc ? s'écria Blanche en le regardant avec stupeur.

— Ah ! ah ! continua-t-il, votre parrain ne vous a pas dit cela, le vieux cachottier ; il vous a fait croire que vous étiez la fille de Jacques Mellier... La bonne histoire !... c'est drôle tout de même. Et vous avez cru cela, vous ! Il y a plus de trente ans que Jacques Mellier est veuf ; il n'a jamais eu qu'une fille ; elle se nommait Lucile ; elle est morte... Quant à vous, vous n'êtes rien à Jacques Mellier, pas même sa parente. Si vous êtes ici au Seuillon, c'est qu'un jour, sans qu'on sache bien pourquoi, il a plu au vieux Rouvenat de vous y amener.

« Comme vous le voyez, ma chère, vous n'avez pas le droit d'être si fière, et en vous demandant en mariage je ne vous faisais pas une si grande injure. »

Blanche, pâle comme un suaire, les yeux démesurément ouverts, les membres agités par un tremblement convulsif, restait immobile et comme foudroyée.

— Est-ce vrai, cela, est-ce vrai ? s'écria-t-elle tout à coup d'une voix étranglée.

— L'honnête Rouvenat, qui ne ment jamais, répondit-il de sa voix moqueuse, n'osera pas vous dire que j'ai menti.

— Et, mon père, mon père ? reprit-elle avec égarement.

— Ah ! cela, c'est une autre histoire. Vous avez dû entendre raconter qu'un homme, il y a de cela dix-neuf ans, a été assassiné sur la route non loin du Seuillon...

— Oui, oui, je me souviens.

— L'assassin se nommait Jean Renaud.

— Jean Renaud ? répéta-t-elle comme un écho.

— Ce Jean Renaud a été arrêté, condamné et envoyé au bagne pour toute sa vie. S'il n'est pas mort depuis, il est encore à Cayenne parmi les forçats.

La malheureuse enfant entrevit l'horrible vérité. Mais la fatalité la poussait à interroger.

— Eh bien ? eh bien ? fit-elle.

— Eh bien ! puisqu'il faut tout vous dire, voilà : vous êtes la fille de Jean Renaud !

Blanche porta ses mains à son front, ferma les yeux, chancela et s'affaissa sur le sol en faisant entendre un sourd gémissement.

Le misérable la contempla un instant froidement, d'un œil sec et dur. Il n'y avait plus en lui aucun bon sentiment ; peut-être n'avait-il jamais connu celui de la pitié

— Bah ! dit-il en relevant brusquement la tête, elle n'en mourra pas.

Il s'élança hors du berceau, prit sa course à travers le verger et ne tarda pas à disparaître.

XXIII

GRANDE DOULEUR

En revenant à elle, Blanche, surprise de se trouver étendue sous le berceau, promena d'abord autour d'elle ses yeux hagards.

Mais presque aussitôt elle se souvint. Elle poussa un cri aigu, et accroupie sur ses genoux, roulant sa tête dans ses mains frémissantes, elle se prit à sangloter.

Ce qui se passait en elle était horrible. Il lui semblait qu'elle n'était plus rien et qu'elle venait d'être ensevelie dans un effroyable écroulement. Elle se voyait isolée, perdue, chassée, fuyant cette maison où jusqu'alors on l'avait aimée, où, pleine de confiance, croyant à ce qu'on lui avait dit, son enfance s'était écoulée heureuse et tranquille.

Il lui semblait que, déjà, des voix hostiles la poursuivaient de leurs cris, de leurs malédictions ; et elle entendait résonner à ses oreilles ces mots terribles :

— C'est la fille de Jean Renaud, c'est la fille de l'assassin, c'est la fille d'un forçat !

Et elle fuyait pour ne plus entendre ces clameurs, pour se dérober aux regards moqueurs d'un monde sans pitié. Elle fuyait, cherchant des yeux une forêt assez profonde, un trou noir où elle pût cacher sa douleur, sa honte et son désespoir.

— Ainsi, se disait-elle, ce nom, qui m'a été donné, ne m'appartient pas ; je l'ai volé. On m'a élevée, on me nourrit, on m'habille, on me loge par charité. Sans le vouloir, sans le savoir, je trompe tout le monde. Sourires, hommages, saluts, respect, affection, caresses, amitiés, tout ce qu'on donne à mademoiselle Mellier, je le vole. Je suis un mensonge... Ah! malheureuse! malheureuse!

Cependant, quand elle eut bien pleuré, elle se trouva plus calme. Elle se leva, essuya ses yeux et rentra dans la maison.

En la voyant, la servante ne put retenir un cri de surprise.

— Mon Dieu! mademoiselle, comme vous êtes pâle! dit-elle; que vous est-il donc arrivé?

— Rien, répondit-elle tristement, rien

Elle monta l'escalier et s'arrêta devant la porte du fermier; sa main toucha le bouton de cuivre pour l'ouvrir, mais son bras retomba aussitôt. Elle poussa un gémissement et bondit vers sa chambre, où elle se précipita affolée, frissonnante.

Elle s'arrêta devant le bouquet que Mardoche lui avait donné la veille et le regarda avec un sourire navrant sur les lèvres.

— Tous, tous, murmura-t-elle amèrement, jusqu'au pauvre mendiant Mardoche, voient en moi ce que je ne suis pas!

Alors sa pensée quitta le Seuillon, traversa la France, les mers, et sur un coin de terre de l'Amérique du Sud, qu'elle avait vu souvent en étudiant la carte géographique, elle alla chercher l'assassin condamné, son père!

Elle crut le voir pâle, décharné, les yeux mornes, sans regard, tourmenté par le remords du crime et le front courbé, traînant encore et toujours sa chaîne de galérien.

Elle tomba sur ses genoux, joignit ses mains, et, les yeux tournés vers le ciel, l'enfant pure et innocente implora pour le malheureux la clémence du Dieu de miséricorde.

Elle pleura et pria longtemps.

Le soleil se coucha. Sept heures sonnèrent. Rouvenat était revenu. Sa première question avait été de demander où était Blanche.

— Dans sa chambre, répondit la servante.

— C'est bien, fit-il.

Et il était allé aux écuries.

Au moment de se mettre à table pour le repas du soir, il causait avec son maître dans la salle à manger. La servante apporta la soupière.

— Est-ce que mademoiselle Blanche n'est pas descendue? lui demanda-t-il
— Pas encore.
— Appelez-la.

La servante s'empressa d'obéir. La jeune fille ne répondit pas. La servante revint et dit à Rouvenat :

— Je ne sais pas si mademoiselle m'a entendue, mais elle n'a pas répondu
— Je vais la chercher, dit Rouvenat.

Et il sortit de la salle à manger.

Toute la journée il avait été agité, troublé, comme s'il eût eu le pressentiment de quelque malheur.

Dans la grande salle, les gens de la ferme, y compris le beau François, étaient à table.

L'un des garçons se pencha vers son voisin et lui dit tout bas à l'oreille :

— Regarde donc François; a-t-il une drôle de tête !
— Il a encore l'air plus sournois que d'habitude, répondit l'autre.
— Il est blanc comme s'il eût mis son visage dans un sac de farine.
— On dirait vraiment qu'il vient de faire quelque mauvais coup.
— Es-tu bête !

Les deux domestiques se mirent à rire.

Rouvenat ouvrit la porte de la chambre de la jeune fille et entra. Il la vit assise près de la fenêtre, la tête inclinée sur sa poitrine.

— Blanche ! l'appela-t-il doucement.

Elle parut sortir d'un rêve et se dressa sur ses jambes comme poussée par un ressort.

Rouvenat vit sa figure décomposée, ses lèvres pâlies, ses yeux rouges, sans éclat, sa chevelure en désordre, tombant sur ses épaules, et, sur ses joues, comme deux ruisseaux de larmes.

Il sentit en lui un affreux déchirement. Il se précipita vers elle et l'entoura de ses bras. Elle se pressa contre lui, sa tête tomba sur la poitrine du vieillard et elle éclata en sanglots.

— Mon Dieu! mon Dieu ! gémit-il, pourquoi cette grande douleur ? Qu'as-tu? Que t'a-t-on fait ?

Elle se redressa, mit ses deux mains sur les épaules de Rouvenat, et le regardant fixement, les yeux dans les yeux :

— Es-tu réellement mon parrain? lui demanda-t-elle.

— Pourquoi me fais-tu cette singulière question? répondit-il avec une douloureuse surprise.

— Ah! parce que je ne sais plus ce que je peux croire, parce que je doute de tout, de tout! Réponds! réponds-moi! es-tu mon parrain?

— Oui, je suis ton parrain; c'est moi qui t'ai donné le nom de Blanche. La main sur ton front, devant Dieu et le prêtre qui t'a baptisée, j'ai juré de t'aimer, de te protéger.

— C'est bien, je te crois. Maintenant, dis-moi le nom de mon père.

La foudre tombant aux pieds de Rouvenat n'aurait pas produit un effet plus terrible. Il recula en chancelant comme un homme ivre.

— Ah s'écria-t-elle, tu n'oses pas le prononcer, ce nom! il te fait peur, il t'épouvante!...

— Ce qui me fait peur, Blanche, répliqua-t-il d'une voix tremblante, ce qui m'épouvante, c'est de te voir ainsi, c'est d'entendre tes paroles étranges.

— Mais tu ne réponds pas, reprit-elle tristement.

— Tu es la fille de mon maître, tu es la fille de Jacques Mellier.

Elle secoua la tête.

— Ce matin, dit-elle, je le croyais encore; mais cela n'est pas, c'est un mensonge!

— Malheureuse enfant! exclama Rouvenat; mais qui donc as-tu vu? Qui donc t'a parlé?

— Qu'importe, puisque je sais la vérité!

— Oh! non, non, c'est impossible! on ne t'a pas dit...

— Quoi? que j'étais la fille d'un forçat, la fille de Jean Renaud l'assassin?

Rouvenat se laissa tomber sur un siége. Il était terrifié.

Blanche se mit à genoux devant lui, lui prit les mains et les couvrit de baisers.

— Je n'ai plus que toi au monde, dit-elle.

— Ingrate enfant! Et Jacques Mellier?

— Il n'est pas mon père; toi, tu es mon parrain.

— Nous t'aimons également tous les deux; pour lui, comme pour moi, tu es la consolation et l'espoir.

Elle reprit d'une voix suppliante et pleine de larmes :

— Je voudrais bien savoir l'histoire de mon malheureux père ; tu me la raconteras, n'est-ce pas ?

Rouvenat tressaillit. Il se rappelait la promesse faite au condamné dans sa prison.

— Oui, je te dirai tout, je l'ai juré.

— Quand ?

— Le jour où tu auras vingt ans.

La jeune fille laissa tomber sa tête sur les genoux du vieillard, et de nouveaux sanglots s'échappèrent de sa poitrine.

— Oh ! le misérable ! l'infâme ! murmura Rouvenat sourdement.

Blanche tourna vers lui son doux regard.

— Ah ! devant moi, ne le traite pas ainsi, dit-elle ; il est mon père !...Si grand que soit son crime, qu'il expie, je prierai pour lui tous les jours et Dieu lui pardonnera.

A son tour, Rouvenat sanglota. Il prit la tête de la jeune fille dans ses mains, se baissa, et ses lèvres se collèrent sur le front de l'enfant.

— Blanche, Blanche, dit-il, tu m'as entendu prononcer ces mots : misérable ! infâme ! et tu as cru que je parlais du pauvre Jean Renaud ? Ah ! ne le crois pas, ne le crois pas !... Je pensais à ce misérable hypocrite, haineux et méchant, qui, trompé dans son odieux calcul, a voulu se venger en s'attaquant lâchement à toi... Tu n'as pas besoin de me dire son nom, je le connais... Mais va, il sera fait prompte justice, le misérable ne souillera pas plus longtemps de sa présence l'air que tu respires. Ah ! il y a longtemps, il y a longtemps que j'éprouvais pour toi l'horreur de ce contact impur.

Il se leva, une lueur sombre s'alluma dans ses yeux. Il marcha vers la porte.

Blanche courut à lui.

— J'ai encore quelque chose à te demander, dit-elle.

— Je t'écoute.

— Tu m'as dit que ma mère s'appelait Geneviève...

— C'est la vérité.

— Qu'elle était morte...

— Oui, quelques heures après t'avoir mise au monde.

— Demeurait-elle loin d'ici ?

— Non. Elle demeurait à Civry.

— Et c'est dans le cimetière de Civry que ma mère repose ?

— Oui.

— Merci ; voilà ce que je désirais savoir.

— Mais pourquoi?...

— Comment! tu ne comprends pas que je veux aller prier pour mon père sur la tombe de ma mère !

— Mon Dieu! pensait Rouvenat, si j'osais lui dire... Mais non, pas encore ; plus tard, quand elle aura vingt ans, comme je le l'ai promis.

Il sortit de la chambre, descendit rapidement l'escalier et se précipita dans la salle à manger, où le vieux fermier commençait à s'étonner de ne point le voir revenir avec Blanche. Il ne s'aperçut pas d'abord que Rouvenat était pâle et tremblait de tous ses membres.

— Eh bien! Blanche ne descend donc pas? demanda-t-il ; est-ce qu'elle est malade?

— Blanche pleure, Blanche est désolée, répondit le vieux serviteur d'une voix creuse.

— Que me dis-tu là? s'écria Mellier effrayé.

— Tantôt, reprit Rouvenat, un misérable a profité de mon absence pour lui apprendre ce que nous lui avions caché avec tant de soin : que tu n'es pas son père, qu'elle est la fille de Jean Renaud !

Le vieux fermier redressa sa haute taille et un de ces terribles éclairs d'autrefois sillonna son regard.

— Qui a fait cela? demanda-t-il sourdement.

— Ton cousin François Parisel.

— Ah ! faux et lâche comme son père! murmura Mellier les dents serrées.

— J'attends que tu me dises ce qu'il faut faire.

— N'es-tu pas le maître?

— François est ton parent...

— Je ne le connais plus ; je n'ai plus de parents, je n'ai qu'un ami, toi, et il ne me reste qu'une fille, qui m'a consolé, que j'aime et à qui je veux rendre le bonheur que j'ai pris, comme un larron, à ceux qui lui ont donné la vie. François Parisel a touché au bonheur de notre enfant, c'est un misérable, un lâche !... Il ne doit pas rester ici une heure de plus. Chasse-le, Pierre, chasse-le, continua-t-il avec une énergie farouche, et, s'il ne s'en va pas assez vite, prends ton fouet et frappe, frappe comme un jour tu frappais le loup qui ne voulait pas lâcher le mouton qu'il emportait.

Il sortit de la salle, et s'adressant à François qui achevait de souper :

— Rouvenat a à vous parler, lui dit-il d'un ton sévère ; il vous attend.

— Mon père se nomme Jean Renaud, continua la jeune fille. (Page 237.)

Ensuite il monta au premier et entra dans la chambre de la jeune fille.

Blanche fit deux pas vers lui, puis elle s'arrêta, n'osant avancer, et baissa tristement la tête.

— Blanche, mon enfant, dit le vieillard en lui tendant les bras, viens pleurer sur le cœur de Jacques Mellier, de ton père, tu entends, ma fille? de ton père!

Blanche se jeta dans ses bras toute en larmes.

XXIV

L'EXPULSION

Au ton dont le fermier venait de lui parler, François Parisel comprit que la révélation faite à la jeune fille avait produit tout son effet. Loin d'éprouver un regret, son cœur haineux se réjouit. Ce que Rouvenat allait lui dire, il le savait d'avance, et il se prépara à faire bonne contenance.

Le front haut, l'œil hardi, l'attitude pleine de défi, il entra dans la salle à manger.

Rouvenat debout, les mains derrière le dos, avait l'air très-calme.

— Il paraît que vous avez quelque chose à me dire? interrogea le beau François d'un ton impertinent.

— Oui, monsieur Parisel, j'ai quelque chose à vous dire.

— Alors, dépêchez-vous.

— Ce ne sera pas long. Le mois dernier, vous avez reçu d'avance la moitié de vos gages de l'année; on ne vous doit rien, au contraire.

— Je le sais; où voulez-vous en venir?

— A vous dire ceci, monsieur Parisel : Je n'ai plus besoin de vos services; à partir de ce moment, vous n'êtes plus employé à la ferme : montez donc dans votre chambre, prenez-y ce qui vous appartient et allez-vous-en.

— Ah! ah! vous me renvoyez? fit-il avec un rire forcé.

— Je vous renvoie.

— J'ai le droit, il me semble, d'en demander la raison.

Rouvenat haussa les épaules.

— La raison est que je ne veux plus de vous au Seuillon, dit-il froidement; je vous renvoie parce que telle est ma volonté, voilà tout.

— Et si je ne veux pas m'en aller? riposta-t-il effrontément.

Rouvenat fronça les sourcils.

— J'ai prévu ce cas, dit-il, et j'ai déjà pensé au moyen que j'emploierais pour vous forcer à déguerpir.

Le beau François eut un éclair de colère.

— C'est bien, fit-il sourdement ; demain je verrai ce que j'aurai à faire.

— Ce n'est pas demain que vous partirez, c'est ce soir.

— Vous êtes expéditif, monsieur Rouvenat, répliqua-t-il d'un ton narquois ; habituellement, quand on renvoie quelqu'un, on lui donne ses huit jours.

— Ou on les lui paie. On est en avance avec vous de plus de deux mois, vous n'avez rien à réclamer. Enfin vous partirez ce soir parce qu'il ne me plaît pas que vous restiez une nuit de plus à la ferme.

Le beau François se mordit les lèvres avec rage.

— Après tout, reprit-il ironiquement, je suis vraiment bon enfant de vous répondre et de discuter avec vous ; vous n'êtes ici qu'un domestique ; je n'admets pas que vous ayez des ordres à me donner et je ne vous reconnais pas le droit, que vous prenez, de parler et d'agir toujours au nom de Jacques Mellier, dont je suis le parent.

La porte s'était ouverte, le fermier venait d'entrer dans la salle.

Sa large main s'abattit sur l'épaule du beau François, qui pirouetta comme s'il eût été vissé sur un pivot.

Pour un instant, le vieillard était sorti de sa léthargie ; ses yeux étincelaient de colère ; il se dressa en face du jeune paysan et lui dit d'une voix dure :

— Quand Jacques Mellier, dont vous êtes le parent malheureusement, donne son amitié, sa confiance, son autorité entière à Pierre Rouvenat, il sait qu'il en est digne, et il lui donne cette confiance et cette autorité pour que toujours, quelles que soient les circonstances, il parle et agisse en son nom. Aujourd'hui, cependant, j'ai un reproche à adresser à Pierre Rouvenat, c'est de ne vous avoir pas déjà pris par les épaules pour vous jeter à la porte comme un valet infidèle ou une bête malfaisante.

« Vous n'êtes pas seulement un mauvais parent, continua le vieillard en haussant la voix, vous êtes un misérable, un lâche ! Possesseur d'un secret que votre père a dû vous révéler, vous vous êtes fait une joie de le jeter comme une insulte à la face d'une enfant, afin de satisfaire je ne sais quel besoin de basse vengeance. Frapper le cœur d'une femme, l'insulter dans son malheur, afin de jouir de sa douleur, de son désespoir, ah ! c'est digne d'une âme comme la vôtre ! Et vous disiez l'aimer, menteur !... Votre cœur, pétri de boue, ne sait pas ce que c'est qu'un noble sentiment ; il ne contient que du fiel et les plus vils instincts...

« Vous ne méritez aucune pitié, ni même mon mépris. De la pitié ! j'en ai manqué autrefois ; mais si j'en ai aujourd'hui, elle n'est pas pour vous !

« Pierre Rouvenat vous a dit qu'il vous congédiait, vous lui avez répondu avec insolence qu'il n'avait pas d'ordre à vous donner ; j'étais là, j'ai entendu... Eh bien ! c'est moi, Jacques Mellier, le maître encore, puisqu'il le faut, qui vous chasse... Vous entendez, je vous chasse ! Il faut que dans une heure vous ayez quitté la ferme. »

Et, lui montrant la porte d'un geste impérieux, il ajouta d'une voix éclatante :

— Allez-vous-en, allez-vous-en !

Le beau François se dirigea vers la porte, ne perdant rien de son audace de démon révolté.

Sur le seuil, il se retourna et lança aux deux vieillards un regard plein de menace.

— Enfin, nous en voilà débarrassés, dit Rouvenat.

— J'aurais dû suivre ton conseil, dit Mellier, et ne point consentir à garder ici ce misérable. Je ne l'avais pas encore examiné comme tout à l'heure : il a dans le regard quelque chose de funeste.

— J'ai toujours dit qu'il finirait mal.

— Mais que veut-il ? que veut-il ?

— Ce que veut son père : ta fortune.

— Je ne suis pas encore mort, murmura le fermier.

— Les autres reviendront-ils ? soupira Rouvenat. Et Blanche, reprit-il, tu l'as vue ?

— Oui, je l'ai un peu consolée ; nous ferons le reste ensemble. S'il faut lui dire la vérité, Pierre, je n'hésiterai pas.

Rouvenat tressaillit.

— Non, non, dit-il, pas encore. Ne va-t-elle pas descendre ?

— Elle désire être seule ; elle soupera dans sa chambre.

A neuf heures, le beau François s'éloignait du Seuillon, ayant sur son dos un paquet de hardes.

Au bord de la rivière, il rencontra son père qui venait rôder aux alentours de la ferme. Il lui raconta son exploit de la journée, lequel avait eu pour conséquence son expulsion de la ferme.

Joseph Parisel ne chercha pas à dissimuler son mécontentement.

— Pourtant, fit-il, je t'avais recommandé d'être prudent, de ne rien dire à Blanche.

— Ce qui est fait est fait, répliqua le fils d'une voix sombre.

— Oui, mais ta sottise de tantôt peut nous coûter cher.

— C'est ce que nous verrons.

Parisel saisit le bras de son fils et s'arrêtant brusquement :

— Tu n'as pas vu? dit-il à voix basse.
— Quoi?
— Une ombre glisser à travers les arbres.
— Je n'ai rien vu du tout; je ne crois pas aux fantômes.
— Je suis sûr de ne pas m'être trompé.
— Allons donc! tu as vu, comme je la vois en ce moment, l'ombre mouvante de ce peuplier dont le vent agite la cime.

Neuf heures sonnaient à l'horloge de la paroisse de Frémicourt lorsque Mardoche arriva sur la petite place de l'église.

Edmond se détacha d'un arbre auquel il était adossé et s'avança vers lui.

Le vieillard lui prit la main.

— Est-ce qu'il y a longtemps que vous m'attendez? demanda-t-il.

— Non, mais j'ai hâte de savoir dans quel but vous m'avez donné ce rendez-vous. Qu'allons-nous faire? Où allons-nous?

— Mon jeune ami, répondit Mardoche en souriant, il faut savoir calmer votre impatience. N'est-ce pas déjà quelque chose de s'offrir une promenade par cette belle nuit? Les bonnes gens de Frémicourt sont en train de se mettre au lit; dans une demi-heure, ils dormiront tous comme des bienheureux; il n'y aura plus dans le village, debout et éveillés, que les chats qui courent et miaulent sur les toits. Voyez-vous, les habitants des campagnes se soucient peu de la fraîcheur et des parfums d'une nuit étoilée; ils aiment mieux voir le soleil, qui brûle les visages, mais qui chauffe la terre et fait mûrir les blés. Moi, je préfère la lune; sa clarté est discrète... Regardez comme elle est belle! Le soleil est trop brillant pour moi; la nuit, je m'aperçois moins de ma misère, et s'il me prend des envies de pleurer je ne me gêne pas, je pleure sans avoir peur qu'on me voie et qu'on m'entende.

« Dans cette maison, en face de nous, continua-t-il, tout à l'heure il y avait une fenêtre ouverte et de la lumière : la fenêtre vient d'être fermée, on a éteint la lumière ; c'est ce que j'attendais.

« Jeune homme, reprit-il d'un ton plein de gravité, maintenant, pensez à votre mère et interrogez vos souvenirs.

« Supposez que nous sommes en décembre. Il fait froid, le ciel est couvert, sombre, c'est un affreuse nuit d'hiver. Votre mère sort de Saint-Irun, elle prend le chemin de Frémicourt, la bise siffle dans les arbres, la neige tombe... Elle arrive ici, sur cette place, devant l'église. Vous marchez à côté d'elle, la tenant par la main, ou elle vous porte dans ses bras... Où va-t-elle? Où allez-vous?...

« Venez, suivez-moi ! »

Ils marchèrent pendant quelques minutes, gardant un profond silence.

Mardoche ouvrit une porte ou plutôt un grille et ils entrèrent dans un terrain entouré de murs.

Les rayons de la lune éclairaient des massifs sombres, et çà et là des pierres blanches debout, d'autres couchées.

Edmond tressaillit.

— Un cimetière ! murmura-t-il.

Sa respiration devint difficile ; mais, sans rien comprendre encore, il continua à suivre le vieux mendiant.

Enfin celui-ci s'arrêta à l'endroit le plus sauvage et le plus désolé du champ des morts. Sur ce coin de terre, la lune jetait toute sa clarté et frappait en plein une grosse pierre grise, dont une main inconnue avait écarté les hautes herbes, les ronces et les lierres rampants.

Mardoche toucha le bras du jeune homme.

— Vous voyez cette pierre? dit-il.

— Oui.

— Elle porte une inscription. Baissez-vous et lisez.

Le jeune homme obéit.

Il lut d'une voix tremblante :

MORT ASSASSINÉ

24 juin 1850.

XXV

SUR UNE TOMBE

Edmond se redressa brusquement. Son regard effaré interrogea Mardoche.

Mardoche lui dit :

— Il y a dix-neuf ans, un jeune homme inconnu dans le pays fut assassiné sur la route, entre Frémicourt et Civry. Ce jeune homme, dont il a été impossible de découvrir la famille, avait loué une chambre au mois à Saint-Irun, chez l'aubergiste Bertaux, l'oncle du Bertaux que vous connaissez. Pourquoi était-il venu à

Saint-Irun? Pourquoi se trouva-t-il un soir à dix heures entre Civry et Frémicourt pour recevoir une balle en pleine poitrine? Je ne vous le dirai pas. Sa destinée était de finir ainsi... Ah ! il n'était pas né sous une heureuse étoile, lui !

« Il pouvait avoir vingt ans ; c'était un grand et beau jeune homme comme vous, comme vous il était distingué ; comme vous il était instruit, comme vous il avait un noble cœur, comme vous, enfin, il se nommait Edmond. »

La main du jeune homme se crispa sur le bras du vieillard.

— Eh bien ? eh bien ? balbutia-t-il.

Mardoche répondit :

— Jeune homme, découvrez-vous, vous êtes sur la tombe de votre père !

Le chapeau d'Edmond tomba à terre, sa tête s'inclina lentement ; puis, la redressant aussitôt, il porta la main à son front.

— Je me souviens, je me souviens, dit-il d'une voix oppressée, la nuit de décembre !...

« Là, devant cette pierre, je me suis agenouillé à côté de ma mère... »

Les yeux de Mardoche étincelèrent.

— Attendez ! attendez ! reprit Edmond ; ma mère m'avait appris une prière.

Il tomba sur ses genoux et resta un instant immobile, silencieux, concentrant sa pensée, faisant un effort de mémoire prodigieux.

Soudain sa voix se fit entendre. Il disait :

« Seigneur, Dieu de puissance et de bonté infinies, donnez à mon père le repos du ciel, pardonnez à celui qui m'a fait orphelin, consolez celui qui porte la peine des coupables, prenez en pitié ma mère infortunée, protégez l'enfant du malheur ! »

— Il me fallait cette dernière preuve, se dit Mardoche ; le doute maintenant n'est plus permis.

Edmond restait à genoux, absorbé dans ses pensées, le visage baigné de larmes.

Mardoche lui prit le bras en disant :

— Venez !

Edmond ramassa son chapeau et se leva.

Ils s'éloignèrent silencieusement, passant à travers les croix de bois, les pierres tombales, et sortirent du cimetière dont Mardoche referma la grille. Ils suivirent un chemin creux qui les conduisit hors du village. Ils étaient en pleine campagne, ils pouvaient causer.

Edmond était impatient de questionner le vieillard.

— Mardoche, vous avez connu mon père ? lui demanda-t-il.

— Oui.

— Beaucoup ?

— Non, je l'ai vu deux fois seulement : au moment de sa mort et le lendemain, quand ce n'était plus qu'un cadavre.

Le jeune homme cacha son visage dans ses mains.

— Au moment de sa mort, reprit-il après un court silence, vous a-t-il parlé ?

— Il m'a parlé.

— Ah ! dites-moi ce qu'il vous a dit, dites-le-moi.

— Il y a dix-neuf ans de cela ; j'ai oublié.

— Vous m'avez pas oublié, Mardoche ; vous ne voulez rien me dire.

— Peut-être. Dans ce cas, ne me demandez pas ce que je crois devoir vous cacher. Si je ne vous dis pas immédiatement tout ce que je sais, c'est que j'ai des raisons pour me taire. Prenez patience, le moment viendra où vous devrez tout savoir, tout connaître...

« Dans quelques jours, vous aurez appris sans doute des choses que j'ignore moi-même.

— Par quel moyen, si vous refusez de me guider, de m'éclairer ?

— Écoutez : il existe des papiers qui ont appartenu à votre père ; ce qu'ils contiennent, je n'en sais rien. Peut-être vous révéleront-ils le secret que, seul, je suis parvenu à découvrir. Ce secret, je voudrais que vous ne le connussiez jamais... Si les papiers dont il s'agit vous le disent, tant pis ! vous saurez tout, mais ce n'est pas moi qui aurai parlé.

— Ces papiers, Mardoche, vous savez où ils sont ?

— Oui.

— Et vous me le direz ?

— Ils sont cachés dans un trou, sous les décombres d'une maison écroulée.

— Loin d'ici ?

— Au village de Civry. Nous irons les chercher ensemble.

— Tout de suite, Mardoche, tout de suite.

— Non, la nuit prochaine ; j'aurai eu le temps de me procurer des instruments pour remuer les pierres.

— Je n'ose plus vous faire de questions, Mardoche ; cependant...

— Je comprends votre curiosité. Eh bien ! que voulez-vous savoir encore ? Demandez, nous verrons si je peux vous répondre.

LA FILLE MAUDITE

La jeune fille s'était mise à genoux et priait de toute son âme.

— Vous avez connu ma mère?

— Oui, je l'ai connue. Elle avait alors vingt ans; elle était la meilleure et la plus belle, comme qui dirait mademoiselle Blanche, la demoiselle du Seuillon.

— Est-ce à elle ou à mon père que je ressemble?

— De figure? Non, vous ne ressemblez ni à votre père ni à votre mère.

— Ah!... Mardoche, ma mère était-elle des environs de Saint-Irun?

— Pas précisément, mais elle est née en Franche-Comté.

— Vous l'avez connue, vous avez également connu sa famille?

— Oui.

— Ai-je encore des parents en Franche-Comté?

— Oui.

— Ah! c'est Dieu qui vous a placé sur mon chemin!... Mardoche, dites-moi le nom de famille de ma mère.

— Impossible; c'est le secret auquel je ne veux pas toucher.

Le jeune homme baissa tristement la tête.

Après avoir fait une quinzaine de pas, il reprit:

— Mardoche, voulez-vous que nous parlions de mon père?

— Parlons de votre père.

— Il n'était pas de la Franche-Comté, lui?

— Non; il venait de la Champagne, paraît-il, de la ville ou des environs de Reims.

— Et il est resté inconnu?

— Je vous l'ai dit.

— Mais ma mère savait son nom; elle a dû le dire.

— Votre mère avait quitté son pays; ce n'est que longtemps après, probablement, qu'elle a été instruite de la mort de votre père.

— Je pense à cette prière que ma mère m'avait apprise et que j'ai retrouvée en partie dans ma mémoire; j'y pense, et malgré mes efforts je ne puis parvenir à en saisir le sens complétement. « Pardonnez à celui qui m'a fait orphelin, consolez celui qui porte la peine des coupables. » Qu'est-ce que cela veut dire? Je ne comprends pas.

— Ah! je comprends, moi, se dit Mardoche.

Puis tout haut:

— Il peut se faire que vous ne vous rappeliez pas exactement les paroles.

Edmond secoua la tête.

— Enfin, c'est possible, dit-il.

Il reprit:

— Je n'ai pas oublié vos paroles d'hier, Mardoche; quand vous m'avez dit:

« Partez, éloignez-vous, l'air de ce pays n'est pas bon pour ceux qui s'oublient sur un chemin à admirer une jeune fille qui passe, » vous pensiez sans doute à la mort tragique de mon père ?

— Vous ai-je vraiment dit cela ? Au fait, c'est possible. Dans tous les cas, n'attachez aucune importance à ces paroles ; je n'ai point voulu faire allusion à la mort de votre père.

— Mardoche, il a été assassiné : il avait donc un ou plusieurs ennemis dans ce pays ?

— Il n'avait pas d'ennemis ; d'ailleurs je vous ai dit que personne ne le connaissait.

— Soit. Mais, alors, quel a été le mobile de ce crime épouvantable ?

— Mon Dieu ! je ne peux vous dire là-dessus que ce que j'ai entendu raconter ; d'autres peuvent vous en dire autant que moi. On a assuré que l'assassin avait commis le crime afin de voler sa victime.

— Est-ce que ce misérable a échappé à la justice ?

— Non, ce misérable, comme vous dites, a été arrêté le lendemain. Il a été jugé et condamné...

— A mort ?

— Presque ; aux travaux forcés à perpétuité.

— Vit-il encore ?

— Peut-être. On n'a plus entendu parler de lui.

— Quel était son nom ?

— Jean Renaud.

— Jean Renaud ! répéta Edmond d'une voix sourde ; voilà un nom maudit, que je n'oublierai jamais.

Mardoche souriait tristement.

— Est-ce que ce monstre était de Frémicourt ? reprit le jeune homme.

— Non, mais des environs.

— Était-il marié ?

— Oui, avec une brave et digne femme.

— Existe-t-elle toujours ?

— Elle est morte de chagrin trois jours après la condamnation de son mari, en mettant au monde une petite fille.

— Et cette fille ?

— J'ai quitté le pays à cette époque, j'ai voyagé... je ne sais pas ce que la fille de Jean Renaud est devenue.

— Avant de nous séparer, Mardoche, je voudrais vous demander encore quelque chose.

— Je vous écoute.

— Je vous ai raconté, d'après ce que m'a dit l'aubergiste Bertaux et un souvenir qui m'est revenu, qu'un homme, un paysan, était venu faire une visite à ma mère à Saint-Irun ; j'ai ajouté que les douze mille francs trouvés par Jérôme Greluche dans le sac de cuir avaient été remis à ma mère par cet homme : le croyez-vous ?

— J'en suis sûr.

— Vous le connaissez donc aussi, Mardoche, cet homme qui m'a tenu sur ses genoux, qui m'a embrassé ?

— Oui, je le connais.

— Oh ! je vous en prie, dites-moi où il demeure, dites-moi son nom !

Mardoche resta muet.

— Vous ne me répondez pas, insista le jeune homme.

— Monsieur Edmond, répliqua Mardoche, je vous ai répondu en gardant le silence.

— Toujours le secret ?

— Vous le connaîtrez assez tôt. Tout ce que je pouvais vous apprendre, vous le savez. Pour le moment, n'en exigez pas davatage. Demain soir, à neuf heures, nous nous retrouverons.

Où ?

— Sur le pont de Frémicourt.

— J'y serai. Mais j'ai oublié de vous dire que demain vous deviez m'apporter à Frémicourt un message de la part de mademoiselle Blanche Mellier.

— Ah ! fit Mardoche étonné.

Puis il ajouta vivement :

— Je verrai mademoiselle Blanche demain matin ; si elle me charge d'une lettre pour vous, je vous la remettrai le soir.

XXVI

JOIE ET LARMES

Le lendemain, Mardoche arrivait de bonne heure au Seuillon.

Obéissant aux ordres qu'elle avait reçus, Séraphine, la servante-cuisinière, s'empressa de lui servir à déjeuner.

Le vieillard avait probablement fait la veille très-mauvaise chère, car il mangea, sans se faire prier, avec un superbe appétit. Quand il eut fini :

— Est-ce que M. Rouvenat est sorti ? demanda-t-il.

— Oui, il est en voyage.

— Pour plusieurs jours ?

— M. Rouvenat ne s'absente jamais pour longtemps ; il reviendra ce soir.

— Et M. Mellier ?

— Le maître ne descend jamais avant midi.

— C'est vrai. Il va bien ?

— Comme d'habitude.

— Est-ce que je pourrai voir mademoiselle Blanche ?

— Je pense que oui ; elle m'a même chargée de vous dire, pensant bien que vous viendriez ce matin, de ne point partir sans lui avoir parlé.

— En ce cas, je vais l'attendre.

— Hier soir elle s'est trouvée indisposée...

— Gravement ? s'écria Mardoche avec inquiétude.

— Je ne pense pas. Un peu de fatigue peut-être ; elle a eu tort de travailler dans le jardin, au soleil. Il est plus de huit heures, elle doit être levée ; je vais aller lui dire que vous êtes là.

Séraphine grimpa l'escalier et revint presque aussitôt disant :

— Mademoiselle Blanche va descendre.

Un instant après, la jeune fille parut.

Ses joues pâlies et ses yeux languissants portaient encore la trace des larmes versées la veille, et probablement aussi pendant la nuit.

En la voyant ainsi changée, Mardoche ne put s'empêcher de tressaillir, et son cœur se serra douloureusement.

— Oh! il s'est passé ici, hier, quelque chose d'extraordinaire, pensa-t-il. Est-ce Rouvenat qui l'a fait pleurer, en lui disant qu'elle ne reverrait plus Edmond? Mais alors elle l'aime! elle l'aime!...

Cette pensée le rassura.

La jeune fille le salua d'un mouvement de tête. Puis, ouvrant la porte de la salle à manger :

— Venez, Mardoche, lui dit-elle, venez, j'ai quelque chose à vous dire.

Le vieillard ferma la porte derrière lui et s'approcha vivement de la jeune fille. Son regard inquiet était si plein de sollicitude et de tendresse que Blanche en fut pénétrée jusqu'au fond de son cœur.

— Vous m'aimez? dit-elle avec un sourire doux et triste.

— Oh! oui, je vous aime, répondit-il; autant, plus peut-être que votre parrain.

Il s'empara de ses deux mains, et, l'une après l'autre, les couvrit de baisers.

— Vous êtes mon ami, je le sais, reprit-elle, et vous m'êtes dévoué; aussi j'ai en vous la plus grande confiance.

— Oui, je suis votre ami, oui, je vous suis dévoué, et vous pouvez avoir confiance en moi. Pour vous, chère enfant, il n'y a rien que je ne puisse faire. Si, pour vous sauver d'un danger, vous me disiez : « Mardoche, il me faut ta vie, » ce serait fait tout de suite; ma vie! elle vous appartient tout entière. Tout vieux et tout pauvre que je sois, pour vous, je puis encore quelque chose... Je ne suis rien, mais, s'il le fallait, — ne l'oubliez pas, — je saurais vous protéger et vous défendre contre tous, contre Jacques Mellier et contre Pierre Rouvenat lui-même.

« Mademoiselle Blanche, continua-t-il, vous avez été indisposée hier soir, m'a-t-on dit; je n'en crois rien. Vous êtes triste, vos joues sont pâles, vos yeux fatigués, rouges, comme si vous n'aviez pas dormi de la nuit... Vous avez pleuré, n'est-ce pas? Eh bien! pour me prouver que vous avez confiance en moi, dites-moi la cause de votre chagrin. »

Elle ne répondit pas, mais de grosses larmes roulèrent dans ses yeux.

— Voyons, dit Mardoche tout bas, ne s'agirait-il pas de ce jeune homme qui vous a parlé dimanche sur la place de l'église et que vous avez reçu hier dans le sentier au bord de l'eau?

— Comment savez-vous?...

— C'est tout simple, je l'ai aussi rencontré dans la journée d'hier. Il m'intéresse à cause de vous. Je l'ai fait causer et j'ai pu me convaincre qu'il vous aimait sincèrement.

Blanche poussa un soupir.

Mardoche crut ne plus douter de la cause réelle de sa douleur. Ce ne pouvait être que l'œuvre de Rouvenat.

— Mademoiselle Blanche, reprit-il, est-ce que vous aimez ce jeune homme?

— Je n'en sais rien, répondit-elle tristement; d'ailleurs, qu'importe, puisque je ne dois plus penser à lui?

— Ah! j'en étais sûr! s'écria Mardoche; Pierre Rouvenat s'est placé entre vous et ce jeune homme, il vous a dit que vous ne pouviez devenir sa femme, il vous a défendu de l'aimer!

La jeune fille secoua la tête.

— Mon parrain ne sait rien encore, dit-elle.

— Comment! il ne vous a pas dit?...

— Je devais lui parler de cela hier soir, mais j'ai senti que c'était inutile.

Mardoche ne comprenait plus.

— Écoutez, reprit-elle; je désirais vous voir ce matin pour prier d'aller à Frémicourt.

— Chargé d'une commission à lui faire.

— Il vous a prévenu?

— Oui.

— Eh bien! vous irez, n'est-ce pas, mon ami? Vous le verrez et vous lui direz qu'il ne doit plus chercher à me revoir, qu'il ne doit plus penser à moi.

— Je ne sais pas à quel sentiment vous obéissez en ce moment, répondit-il d'une voix émue; mais vous ne songez pas, sans doute, que vos paroles peuvent le désespérer?

— Je lui ai promis une réponse aujourd'hui, Mardoche, et c'est la seule que je puisse lui faire.

— Soit, fit le vieillard attristé; mais il est inutile que j'aille à Frémicourt; pour une cause que je ne puis vous faire connaître, M. Edmond ne s'y trouvera pas à l'heure que vous lui avez indiquée.

— Mardoche, savez-vous où il demeure?

— A Saint-Irun, chez M. Bertaux, aubergiste.

— Merci! Je lui écrirai ce soir ou demain.

— Permettez au vieux Mardoche de vous donner un conseil, mademoiselle Blanche; croyez-moi, ne vous hâtez pas d'écrire à ce jeune homme, si votre lettre doit lui porter une douleur. Sa vie est assez malheureuse déjà sans qu'il reçoive de vous ce coup terrible, qui serait un complet écrasement. Réfléchissez, je vous en prie, réfléchissez. Dans quelques jours, il sera encore temps.

— Mais il le faut, il le faut! s'écria-t-elle.

— Vous ne l'aimez donc pas?

— Est-ce que je puis aimer? exclama-t-elle avec un accent désespéré ; est-ce que j'ai le droit d'aimer?

Mardoche la regarda avec une douloureuse surprise.

— Mon Dieu! fit-il d'une voix tremblante, pourquoi parler ainsi? Que se passe-t-il donc en vous?

Elle se mit à pleurer.

— Ah! je suis bien malheureuse! gémit-elle.

— Malheureuse! vous êtes malheureuse! s'écria Mardoche en se redressant, un éclair dans le regard. Que vous a-t-on fait? Dites-le-moi. Est-ce Jacques Mellier? Est-ce Pierre Rouvenat? Oh! quoi qu'il puisse arriver, je vous l'ai promis, je vous défendrai; parlez, parlez!

— Je n'ai pas à me plaindre d'eux, Mardoche, au contraire ; ils ont tout fait pour me consoler.

— Mais, alors, pourquoi ces pleurs? pourquoi ce désespoir?

— Mardoche, dit-elle, un jour j'ai fait un rêve épouvantable, et ce même rêve m'est revenu la nuit dernière. Mon parrain et moi, nous courions un effroyable danger; un homme accourut à notre secours et nous délivra, mon parrain d'un scélérat prêt à lui plonger dans le dos la lame d'un poignard, moi des hideux serpents qui s'élançaient sur moi pour me dévorer... Cet homme qui vint nous sauver, c'était vous, Mardoche. Depuis mon premier rêve, je crois que Dieu vous a envoyé dans le pays pour nous protéger tous. C'est pour cela, sans doute, que j'éprouve pour vous une si grande affection.

— Chère enfant, chère enfant! murmura le vieillard sous le coup d'une émotion extraordinaire.

— Je ne veux rien vous cacher, reprit la jeune fille ; je vais tout vous dire : j'ai appris hier que je n'étais pas la fille de M. Jacques Mellier.

Mardoche devint pâle comme un mort.

— Qui donc vous a dit cela? demanda-t-il d'une voix étranglée.

— Le cousin de M. Mellier, François Parisel.

— Et Rouvenat n'a pas broyé sous le talon de son soulier la tête de ce misérable! s'écria Mardoche avec fureur.

— Il n'est plus à la ferme; on l'a chassé.

— Voilà le passé, murmura-t-elle ; où est l'avenir ? Une voix lui répondit : — Espère ! (Page 262.)

— Ainsi, c'est la vérité, vous n'êtes pas la fille de Jacques Mellier ?
— Je ne suis pas sa fille.
— Dans ce cas, reprit Mardoche anxieux, ce François Parisel, qui sait tant de choses, a dû vous dire qui était votre père.
— Oui.
— Alors votre père...

— Mardoche, vous allez frémir...

Le malheureux tremblait déjà de tous ses membres.

— Mon père se nomme Jean Renaud, continua la jeune fille d'une voix entrecoupée par les larmes ; il y a environ dix-neuf ans, il fut condamné pour crime d'assassinat et envoyé au bagne. Je suis la fille d'un forçat !

Un cri, qui ressemblait à un râle, s'échappa de la gorge de Mardoche.

— Maintenant, reprit-elle, comprenez-vous pourquoi M. Edmond ne doit plus penser à moi, pourquoi je n'ai pas le droit d'aimer ?

Mardoche sentait son cœur se briser.

— Mais Rouvenat ne vous a donc pas dit?... balbutia-t-il.

— Hélas ! que pouvait-il me dire ?

— Je ne sais pas, moi ; il aurait pu vous raconter, par exemple, dans quelles circonstances le crime a été commis.

— Je n'ai pas besoin de savoir cela : mais il y a autre chose que je voudrais connaître... Mon parrain m'a promis de me raconter l'histoire de ma pauvre mère et de mon malheureux père, le jour où j'aurai vingt ans.

Mardoche baissa la tête.

— Oui, se dit-il, quand elle aura vingt ans ; c'est la promesse qu'il m'a faite ; il a le droit d'attendre.

Ah ! comme il aurait voulu lui crier :

— Blanche, ton père a été condamné, c'est vrai, mais pour le crime d'un autre ; il est innocent !... Tu n'es plus la fille d'un forçat, car Jean Renaud, ton père, est devant toi !...

Ces paroles étaient dans son cœur et se pressaient sur ses lèvres. Prêtes à lui échapper, il eut peur des conséquences multiples qu'elles pouvaient avoir.

S'il se faisait connaître à sa fille, il ne lui était plus possible de continuer son rôle de mendiant. Il lui faudrait fournir les preuves de son innocence. Après s'être sacrifié pour Jacques Mellier, pouvait-il, maintenant, devenir son accusateur ? Et puis Blanche, sachant la vérité, consentirait-elle à accepter plus longtemps les bienfaits du fermier ? Autant de choses dont il fallait tenir compte.

D'ailleurs il ne croyait point que ce fût à lui de parler. Du moment que Mellier et Rouvenat se taisaient, il devait garder le silence.

Du reste, si l'heure de se faire connaître n'était pas venue encore, elle approchait. Le fils de Lucile Mellier, qu'il avait retrouvé, allait forcément changer la situation.

Ces réflexions passèrent rapidement dans sa pensée et il eut assez de force, en présence de la douleur de sa fille, pour ne pas écouter la voix de son cœur et résister aux déchirements de son âme.

Blanche pleurait silencieusement.

— Ah! je comprends votre désolation, lui dit-il; le nom de Jean Renaud est pour vous, comme pour ceux qui l'ont connu, un nom maudit!

Le visage de la jeune fille prit soudain une expression indéfinissable.

— Jean Renaud est mon père, répondit-elle; la justice des hommes l'a condamné, ce n'est pas à moi, sa fille, à le juger aussi. Mon devoir est de prier pour lui, ce que je ferai tous les jours, afin que Dieu le prenne en pitié et lui pardonne.

— Quoi! fit Mardoche d'une voix vibrante, si Jean Renaud revenait un jour, vous ne le repousseriez pas?

— Ah! s'écria-t-elle avec exaltation, je me jetterais dans ses bras et il me serait doux de pleurer sur son cœur!

Le vieillard porta vivement la main à sa poitrine; une joie indicible venait de pénétrer en lui.

Ne pouvant plus se contenir, il la prit dans ses bras et l'embrassa avec passion.

— Ah! noble enfant, cœur généreux! s'écria-t-il dans son ivresse, sois à jamais bénie!

Elle ne s'étonna point de cet excès de tendresse.

— Ainsi, Mardoche, dit-elle, vous m'approuvez?

— Vous êtes un ange! exclama-t-il.

XXVII

ESPÈRE!

Le même jour, dans l'après-midi, Blanche se rendit à pied à Civry. Elle entra chez sa marraine.

— Quelle heureuse surprise! s'écria la vieille paysanne en l'embrassant. On va bien au Seuillon? M. Mellier, le bon Pierre, tout le monde...

— Oui, ils vont bien, merci!

— Mais asseyez-vous donc, mon cher trésor, que je vous regarde !... Il y a plus de deux mois que je ne vous ai vue. C'est bien gentil d'être venue... Mais vous n'êtes pas gaie comme d'habitude, vous êtes triste. Qu'est-ce que vous avez, ma chérie ?

— Marraine, répondit Blanche, vous avez connu ma mère, la pauvre Geneviève ; elle était de Civry et elle repose dans le cimetière du village.

— Quoi ! on vous a dit cela ? s'écria la vieille femme.

— Oui.

— Votre parrain ?

— Oui. Mais je ne sais pas où se trouve la tombe de ma mère, sur laquelle je veux aller prier aujourd'hui. Voulez-vous être assez bonne pour venir avec moi au cimetière ?

— Je suis bien surprise, dit la marraine ; mais je n'ai rien à dire et je ne veux pas vous faire de questions indiscrètes. Je vais aller avec vous au cimetière.

Elle ouvrit son armoire, et au bout d'un instant, ayant mis une coiffe blanche et jeté sur ses épaules un châle noir, elle dit à Blanche :

— Je suis prête.

Dix minutes plus tard, elles entraient au cimetière. Blanche était vivement émue. Toute tremblante, elle s'appuyait sur le bras de la paysanne. Celle-ci s'arrêta, fit le signe de la croix et dit :

— Nous sommes arrivées ; c'est là.

Elles étaient en présence d'une tombe de granit des Vosges veiné de rose et de bleu, poli et luisant comme une pierre de marbre.

Sur la tombe, il y avait des fleurs et des couronnes, les unes fanées, les autres fraîches encore.

— Sans que je le sache, dit la vieille femme, Rouvenat a dû charger quelqu'un de renouveler souvent les fleurs sur la tombe de Geneviève. Cette couronne et ce bouquet n'étaient pas là dimanche.

La jeune fille s'était mise à genoux et priait de toute son âme, la tête inclinée, les mains jointes.

A sa mère elle demanda de veiller sur elle ; à Dieu elle demanda de prendre en pitié son malheureux père et de lui accorder le pardon.

Pendant ce temps, la marraine avait écarté les fleurs et les couronnes qui cachaient l'inscription gravée sur la pierre. Blanche put lire :

CI-GIT
LE CORPS DE GENEVIÈVE RENAUD
PAUVRE FEMME ! PAUVRE MÈRE !
PRIEZ POUR ELLE.

Un sanglot s'échappa de sa poitrine. Elle se baissa et ses lèvres touchèrent le granit. Elle resta ainsi longtemps prosternée, mouillant la pierre de ses larmes.

— Venez, ma chérie, venez ! lui dit sa marraine.

Elle lui prit le bras et l'aida à se relever.

— Maintenant que vous savez où repose votre mère, nous reviendrons près d'elle.

— Oh ! oui, souvent, murmura la jeune fille.

Son pieux pèlerinage était accompli. Elle se sentit plus forte, plus vaillante. Elle n'était pas consolée ; mais la prière avait fortifié son âme ; elle éprouvait un calme relatif, du soulagement.

Elle passa son bras sous celui de sa marraine et elles sortirent du cimetière.

— J'ai encore quelque chose à vous demander, fit Blanche.

— Dites, ma mignonne, dites.

— Je voudrais voir la maison où je suis née, où ma pauvre mère est morte.

La vieille femme secoua la tête.

— Elle n'existe plus, dit-elle ; on l'a abandonnée, les murs se sont dégradés, et comme on ne jugea pas à propos de lui faire des réparations, un jour le toit s'est effondré, puis, quelque temps après, les murs sont tombés d'eux-mêmes. La maison où vous êtes née, où Geneviève est morte, n'est plus qu'un monceau de pierres entassées, une ruine.

Blanche poussa un soupir.

— Je verrai la ruine, dit-elle.

Elles prirent un sentier entre deux haies, qui tourne autour du village, en suivant les jardins, et se trouvèrent au bout d'un quart d'heure devant la masure.

Blanche en fit le tour et regarda tristement ce qui restait des murs et des fenêtres. Mais cette ruine était pleine de souvenirs chers à son cœur. C'est là que sa mère et son père avaient vécu, c'est là qu'elle était venue au monde.

Pour un instant, oubliant la réalité, elle s'imagina voir la maisonnette telle qu'elle était autrefois, avec ses murs blanchis à la chaux, ses persiennes vertes, le soleil y entrant gaiement par sa porte et ses fenêtres ouvertes. Il lui sembla aussi qu'elle entendait des voix à l'intérieur et qu'elle voyait Geneviève se livrer heureuse et active à ses occupations de ménagère.

Puis la vision s'effaça et elle ne vit plus que les décombres amoncelés, la pierre du cimetière sous laquelle reposait sa mère, et Cayenne, la colonie pénitentiaire où Jean Renaud, son père, subissait le châtiment de son crime.

Elle eut un sourd gémissement et sa tête tomba sur son sein.

— Voilà le passé, murmura-t-elle; où est l'avenir?

Une voix lui répondit :

— Espère !

Elle tressaillit et regarda autour d'elle avec effroi, comme si un fantôme allait se dresser au milieu des décombres. Elle ne vit rien que les pierres noircies par la pluie et la masure désolée.

Cependant, le mot « espère » avait été prononcé. Mais ce pouvait être un nouvel effet d'hallucination. Elle le crut. N'importe ! le mot venait de jaillir comme une clarté soudaine ; tout bas elle répondit :

— J'espère.

Elle jeta un dernier regard sur la ruine et s'empressa de rejoindre sa marraine, qui l'attendait à quelque distance.

— Je demanderai à mon parrain de faire rebâtir la maison de ma mère, lui dit-elle.

— Il le fera, répondit la paysanne.

Elles rentrèrent dans le sentier et s'éloignèrent rapidement.

Alors la tête de Mardoche s'encadra dans la fenêtre près de laquelle Blanche s'était arrêtée. Un sourire s'épanouissait sur ses lèvres. Il mit ses doigts sur sa bouche et envoya un baiser à la jeune fille, dont il voyait encore la tête à travers les branches.

— Blanche, voulez-vous venir vous reposer un instant chez moi? lui demanda sa marraine.

— Non, merci, répondit-elle; voyez, le soleil descend, et je veux rentrer de bonne heure au Seuillon où, peut-être, on est déjà inquiet, car je suis partie sans rien dire à personne.

— Je ne veux pas vous contrarier, ma chérie ; mais je vais vous accompagner un bout de chemin.

En vue du Seuillon, la vieille paysanne embrassa la jeune fille avec effusion et elles se séparèrent.

Grâce à Rouvenat, la marraine de Blanche jouissait d'une certaine aisance ; grâce à lui encore, son fils aîné, simple domestique dans la meilleure auberge de Civry, en était devenu le propriétaire.

Après avoir touché une première fois à son épargne, Rouvenat ne s'était plus gêné pour y faire des emprunts chaque fois qu'il en avait trouvé l'occasion. Ce qu'il faisait, c'était pour Blanche. Pour Blanche, il aurait tout donné.

La jeune fille était rentrée depuis une heure, lorsque Rouvenat revint de son voyage.

Après avoir causé un instant avec son maître, il entra dans la chambre de Blanche.

— Lorsque je suis parti, ce matin, tu dormais encore, lui dit-il ; me voilà revenu et je viens t'embrasser.

Elle se jeta à son cou.

— Allons! reprit-il, je vois avec bonheur que tu es moins désolée ; Mellier et moi, nous te rendrons ta gaieté; notre affection te consolera et nous te ferons oublier.

— Vous me consolerez peut-être, répondit-elle, mais vous ne me ferez pas oublier.

— Si, avec le temps, et en te donnant le bonheur qui t'appartient.

Elle hocha tristement la tête.

— Tu es sortie aujourd'hui? l'interrogea-t-il.

— Je suis allée à Civry ; ma marraine m'a menée sur la tombe de ma mère, où j'ai prié pour elle et pour lui... Cela m'a fait du bien, je me trouve maintenant moins malheureuse. Parrain, la tombe de ma mère est jonchée de fleurs ; on renouvelle souvent les bouquets et les couronnes, un soin pieux confié à une autre main que la mienne, mais que je me réserve maintenant ; c'est toi, n'est-ce pas, qui as chargé quelqu'un de porter des fleurs à ma mère?

Rouvenat rougit.

— Non, répondit-il, et si c'est un oubli de ma part, ne me le reproche point; mais Geneviève avait des amies à Civry, et il n'est pas surprenant que quelques-unes se souviennent et lui portent des fleurs.

— Savoir cela est une joie pour moi, dit la jeune fille. Ensuite, continua-t-elle, j'ai voulu voir la maison de Jean Renaud.

— Ta marraine t'a dit?...

— Ma marraine a bien voulu me conduire, et j'ai vu ce qui reste de la maison où ma mère est morte. Parrain, j'ai une prière à t'adresser.

— Dis un ordre à me donner.

Elle s'appuya sur son épaule.

— Je voudrais que la maison fût reconstruite.

— Dans huit jours, j'y mettrai les maçons.

— Il faut que rien n'y soit changé ; je veux la revoir telle qu'elle était autrefois.

— Tu seras satisfaite.

— Comme tu es bon !

— Maintenant, permets-moi de t'interroger. Cette confidence que tu devais nous faire hier, est-ce pour ce soir?

Blanche devint très-pâle.

— Non, répondit-elle, je n'ai plus rien à vous dire.

— J'ai peut-être deviné ton secret.

— Je ne le crois pas.

— Voyons, ne s'agirait-il pas de ce jeune homme que tu as rencontré à Gray ?

Elle le regarda avec surprise.

— Blanche, est-ce que tu l'aimerais ? reprit-il d'une voix troublée.

— Parrain, si j'étais Blanche Mellier, je te dirais peut-être oui ; Blanche Renaud te répond : Je ne dois pas l'aimer.

Rouvenat ne sentit peut-être pas ce qu'il y avait de douloureux dans ces paroles.

Il serra la jeune fille dans ses bras.

— C'est bien, mignonne, dit-il, c'est bien ; oui, tu ne dois pas l'aimer, tu l'as compris. Écoute : le voyage que j'ai fait aujourd'hui, c'est pour toi ; je suis allé à Vesoul voir les hommes de loi ; ce n'est pas la première fois, mais je trouve qu'ils ne vont pas assez vite, qu'ils ne font pas tout ce qui est utile... Enfin ils vont se remuer, ils vont agir, ils vont chercher en France, en Europe, partout. Il y a des journaux, ils s'en serviront... Tu ne comprends pas ce que je veux dire, n'importe. Vois-tu, c'est ton mari que nous cherchons... Oh ! nous le trouverons, j'en suis sûr, nous le trouverons !

En effet, Blanche ne pouvait pas comprendre.

— Je ne me marierai jamais ! s'écria-t-elle.

— Veux-tu bien ne pas dire cela? répliqua-t-il ; si, tu te marieras, parce qu'à une belle jeune fille comme toi il faut un mari. Va ! Pierre Rouvenat veut que tu sois heureuse, et il espère vivre assez longtemps pour te donner le bonheur.

La jeune fille baissa la tête et poussa un long soupir en pensant à Edmond qu'elle ne devait plus revoir.

— Oh! le fantôme! dit Joseph Parisel d'une voix étranglée. (Page 268.)

XXVIII

LE PUITS

A neuf heures, deux hommes se glissaient comme deux ombres, avec précaution, sans bruit, le long des bâtiments de la ferme. Le soin qu'ils mettaient à profiter des accidents de terrain et à se dissimuler dans les endroits couverts révélait assez leurs mauvaises intentions. Les deux Parisel avaient associé leur haine, et après avoir longuement médité leur vengeance, en calculant froidement ce qui pouvait assurer leur impunité, ils guettaient leur proie, attendant le moment de se jeter sur elle.

L'occasion allait-elle se présenter?

Rouvenat, nous le savons, se couchait toujours le dernier, et jamais sans avoir fait le tour des écuries.

Après avoir assisté au pansage des chevaux et vu fermer toutes les portes, il sortit en même temps que les domestiques.

— A-t-on donné ce qu'il faut pour la nuit aux bêtes de la maison du berger ? demanda-t-il.

— Oui, répondit l'un des garçons, mais je puis tout de même y aller voir.

— J'y vais avec vous.

S'étant assuré par lui-même qu'aucun oubli n'avait été fait, et que dans la maison du berger comme dans les écuries tout était dans l'ordre et tranquille, Rouvenat donna au garçon de ferme quelques instructions pour le lendemain et le congédia.

— Est-ce que vous ne rentrez pas encore, monsieur Rouvenat? demanda le domestique.

— J'ai le temps d'être dans ma chambre, répondit-il ; je veux jouir un instant de la fraîcheur.

— Voulez-vous que je vous laisse la lanterne?

— Pourquoi faire? Je n'en ai plus besoin.

— Alors, bonsoir, monsieur Rouvenat !

— Bonsoir !

Le domestique s'éloigna.

Rouvenat tira de sa poche son tabac et bourra sa pipe. Ensuite il l'alluma. Il se trouvait près du vieux puits abandonné.

Les Parisel étaient sortis de derrière une palissade et s'approchaient en rampant dans l'ombre comme des serpents.

Rouvenat tout à ses pensées, et d'ailleurs sans défiance, ne voyait et n'entendait rien. Certes, il était loin de supposer qu'il pût être l'objet d'une attaque nocturne à une si faible distance de la ferme.

— Voilà un puits qui devrait être rempli depuis longtemps, se dit-il, puisqu'il ne sert plus à rien. On dit : Nous ferons cela la semaine prochaine; mais d'autres travaux plus urgents se présentent et on remet à plus tard ; c'est constamment la même chose ; les jours ont beau être longs, il reste toujours quelques travaux inachevés. J'ai promis à Blanche de faire reconstruire la maison de Jean Renaud ; excellente occasion pour combler le puits. Avec deux tombereaux, je ferai enlever les plâtras et les pierres qui ne pourront plus servir pour la bâtisse ; on les amènera ici, on jettera le tout dans ce trou et ce sera une besogne faite.

Il s'assit sur une énorme pierre détachée de la margelle, comme cela lui arrivait souvent. De là, il pouvait voir la fenêtre de la chambre de Blanche, et quand la jeune fille n'était pas encore couchée il prenait plaisir à suivre les mouvements de sa gracieuse silhouette, qui se dessinait sur les rideaux blancs de la fenêtre éclairée.

Ce soir-là, la chambre était sans lumière. La jeune fille s'était mise au lit de bonne heure avec un peu de fièvre. Cela n'avait rien d'étonnant après les secousses violentes qu'elle venait d'éprouver.

— Pauvre petite ! murmura Rouvenat ; elle dort !

Une fois de plus, pensant à Lucile et à son fils, il reprit son rêve unique.

La fumée du tabac, sortant de sa bouche, formait un petit nuage autour de sa tête.

Tout à coup un bruit léger, qui se fit à côté de lui, attira son attention. Il se retourna vivement, mais sans frayeur. Il n'eut que le temps d'apercevoir une masse sombre qui se mouvait près de la margelle.

Aussitôt il reçut en plein visage et dans les yeux une poignée de sable fin lancée par une main non moins adroite que brutale.

Il poussa un rugissement de colère et de douleur et bondit sur ses jambes.

Complétement aveuglé, il tendit instinctivement les bras afin d'être prêt à répondre à une nouvelle attaque plus directe.

Malgré son âge, Rouvenat était encore d'une force peu commune ; si l'un de ses ennemis fût tombé entre ses mains, il n'en serait probablement pas sorti vivant.

Ils le savaient, les misérables ! aussi avaient-ils combiné leur plan de façon à frapper la victime sans danger pour eux.

— Lâche ! lâche ! disait Rouvenat, viens donc me frapper ! viens donc si tu l'oses !...

Il fit un pas en avant.

Le bout d'une perche s'appuya fortement sur sa poitrine. Ses deux mains saisirent le bois, mais il n'eut pas le temps de s'en débarrasser. Poussé violemment en arrière, il chancela, perdit l'équilibre et tomba à la renverse en poussant un cri horrible, dont la note aiguë s'éteignit au fond de l'abîme.

Les mains de Rouvenat, crispées sur la perche, ne l'avaient point lâchée ; il l'entraîna avec lui dans son effroyable chute.

Les deux scélérats se penchèrent sur le puits.

Un gémissement monta jusqu'à eux.

— Il a la vie dure, grommela Joseph Parisel.

— Il ne remontera pas, répondit la voix sinistre du beau François.

— Soit, répliqua le père, mais il faut pousser cette pierre et la faire tomber dans le puits.

— A quoi bon ?

— Tu ne comprends pas ? On s'expliquera ainsi la cause de sa chute.

— Oui, c'est vrai.

Réunissant leurs efforts, ils poussèrent la lourde pierre qui, tombant, devait écraser Rouvenat au fond du puits. Elle penchait déjà au bord du gouffre, un dernier effort et elle était précipitée, lorsque, soudain, une forme noire se dressa en face d'eux.

D'une voix rauque, elle leur jeta ce mot :

— Assassins !

Ils se redressèrent avec terreur. La lune sortant d'un nuage leur fit voir une femme aux longs cheveux épars, au visage blanc comme du marbre. Sous son large front, ses yeux étincelants ressemblaient à deux tisons enflammés.

— Oh ! le fantôme ! dit Joseph Parisel d'une voix étranglée et tremblant de tous ses membres.

La femme jeta une seconde fois son cri lugubre :

— Assassins !

Saisis d'épouvante, les deux misérables s'enfuirent à toutes jambes et disparurent dans la nuit.

La voix de Rouvenat, sortant du puits, criait :

— A moi ! au secours !

La femme l'entendit. Alors, rapide comme une flèche, elle s'élança dans la direction de la ferme en criant à son tour d'une voix éclatante :

— Au secours ! au secours !

Elle se trouva brusquement arrêtée par deux hommes.

C'étaient Mardoche et Edmond.

— Qu'avez-vous ? qu'y a-t-il ? lui demanda Mardoche.

— Là, dans le puits du berger... Rouvenat... Sauvez-le! répondit-elle d'une voix haletante.

Frappé par le son de cette voix, le vieillard porta vivement la main à son front, il voulut faire une nouvelle question. Mais la femme avait déjà repris sa course folle et filait avec une telle rapidité qu'on aurait pu croire que ses pieds ne touchaient pas le sol.

— Vous avez entendu ? dit Edmond ; cette femme a parlé d'un puits, de Rouvenat ; elle appelait au secours...

— Oui, oui, courons!

Arrivés près du puits, ils entendirent un gémissement.

Mardoche retrouva vite sa présence d'esprit.

— C'est Rouvenat, dit-il d'une voix étranglée. Oh ! il faut le sauver à tout prix !

La perche, dont s'étaient servis les Parisel pour renverser le vieux serviteur et qu'il avait entraînée avec lui dans le puits, avait heureusement rencontré une brèche dans la maçonnerie et s'y était solidement enfoncée ; l'autre bout s'appuyait contre la partie opposée du cercle. L'instrument du crime, placé ainsi comme un soliveau en travers du puits, un peu au-dessus du niveau de l'eau, s'était transformé momentanément en une branche de salut.

En effet, Rouvenat, après avoir touché le fond du puits, était remonté à la surface de l'eau. En jetant désespérément ses mains au-dessus de sa tête, prêt à disparaître de nouveau, il avait saisi la perche et s'y était cramponné avec cette énergie qu'ont toujours au moment d'un péril extrême ceux qui ne veulent pas mourir.

Ses pieds parvinrent aussi à rencontrer les alvéoles de pierre détachées de la maçonnerie et à s'y fixer. Il put ainsi, le haut du corps appuyé sur la traverse providentielle, se tenir en équilibre, la tête au-dessus de l'eau.

Mais le malheureux ne se faisait pas illusion : sentant le froid qui engourdissait ses membres et ses forces s'épuiser, ne pouvant espérer que sa voix serait entendue et qu'on viendrait assez tôt à son secours, il voyait déjà le spectre de la mort étendre son cadavre au fond du puits.

Alors il pensa à Lucile et aux deux autres orphelins : Blanche et Edmond. Ainsi il allait mourir sans avoir accompli la grande œuvre de réparation à laquelle il avait juré de consacrer le reste de sa vie. Il allait mourir, Mellier ne tarderait pas à le suivre dans la tombe, et des héritiers infâmes viendraient s'emparer du bien de Lucile, et, sans pitié, jetteraient à la porte, comme une étrangère, comme une autre maudite, la fille de Jean Renaud, l'innocent qui avait porté la peine du coupable.

Lui mort, qu'allaient-ils devenir, ces trois êtres qui occupaient constamment sa pensée et qui se partageaient toute la tendresse, tout l'amour renfermé dans son cœur ?

Aveuglé par la poussière, il n'avait pu voir son lâche agresseur, et il ignorait qu'ils eussent été deux contre lui ; mais il devinait que François Parisel était son meurtrier. Il n'avait pas besoin de se demander pourquoi le misérable n'avait pas reculé devant un crime pour se débarrasser de lui. Il le savait. La fortune de Jacques Mellier, convoitée par le père et le fils, devait faire de l'un ou de l'autre un criminel. Il comprenait aussi que sa mort serait attribuée à un accident. Alors c'était l'impunité pour le coupable. Cette idée remplissait son cœur d'une rage sourde.

— Après moi, les misérables frapperont Jacques, se disait-il avec terreur ; ils s'empareront de tout, et Blanche, Blanche, que deviendra-t-elle ? Quel sort horrible les infâmes lui ont-ils réservé ?

« Non, non, je ne veux pas mourir ! s'écria-t-il en se tordant avec désespoir sur le morceau de bois qui lui servait d'appui et qui, craquant à chaque instant, ployant déjà, menaçait de se rompre sous le poids de son corps. »

Il rassembla toutes ses forces et jeta encore un cri d'appel désespéré. Puis, d'une voix éperdue, navrante :

— Ils sont tous couchés, ils dorment, dit-il ; d'ailleurs d'ici personne ne pourrait m'entendre. Plus d'espoir, plus d'espoir !...

« Mon Dieu, gémit-il, vous qui êtes la justice, pourquoi me faites-vous mourir si tôt ? »

Sa tête alourdie s'inclina, prête à retomber dans l'eau.

A ce moment, Mardoche et Edmond arrivaient près du puits.

Rouvenat entendit un bruit de pas et des voix au-dessus de sa tête. Mais un sourire douloureux crispa ses lèvres. Ses oreilles bourdonnaient ; il crut s'être trompé.

— Plus d'espoir ! dit-il encore.

Et il poussa un sourd gémissement.

XXIX

LE SAUVETAGE

Nous savons que Mardoche avait donné rendez-vous à Edmond sur le pont de Frémicourt. Ils furent exacts l'un et l'autre ; neuf heures n'avaient pas encore sonné à la paroisse lorsqu'ils se rencontrèrent.

— Partons vite, dit le jeune homme ; je voudrais être déjà à Civry, car j'ai hâte de posséder ces précieux papiers que vous m'avez promis.

— J'ai fait une visite tantôt à l'endroit où ils sont cachés, dit Mardoche ; le travail que nous allons avoir à faire sera moins difficile que je ne l'avais supposé d'abord : toutefois il nous faut une pince de fer et une lanterne ; nous trouverons ces deux objets dans la maison du berger du Seuillon. Donc, au lieu de nous rendre à Civry par la route, nous allons prendre le sentier de la Sableuse, que vous connaissez déjà, et nous passerons derrière les bâtiments afin d'éviter quelqu'un de la ferme.

— Vous avez donc peur aussi de M. Rouvenat ?

— Non, mais j'ai mes raisons pour ne pas vouloir qu'on nous voie ensemble.

Ils prirent le sentier au bord de l'eau, qui rappelait à Edmond de si doux souvenirs, et ils marchèrent aussi vite que possible dans la direction du Seuillon, dont les masses grises leur apparurent bientôt à travers les arbres.

Ils débouchaient de derrière les écuries lorsque le premier cri : « Au secours ! » retentit tout à coup au milieu du silence de la nuit. Ils pressèrent le pas et ils se trouvèrent en présence de la femme échevelée, dont la voix, sans qu'il l'eût reconnue, pourtant, avait si vivement impressionné Mardoche.

Tous deux penchés sur le puits, ils entendirent le gémissement de Rouvenat. Mais ils ne pouvaient le voir.

— Rouvenat, cria Mardoche, c'est moi, Mardoche ! M'entendez-vous ?

Ces paroles arrivèrent cette fois distinctement aux oreilles du malheureux. L'espoir lui revint aussitôt, il releva la tête et étreignit la perche avec une nouvelle énergie.

— Oui, répondit-il.

Il vit passer devant lui, comme une fantasmagorie, le rêve de Blanche.

— Courage ! cria de nouveau la voix de Mardoche ; nous allons faire l'impossible pour vous sauver.

— Une corde ! une corde ! répondit Rouvenat d'une voix faible ; jetez-moi une corde !

— Où faut-il la prendre?

— Dans l'armoire du berger.

— Au nom du ciel ! s'écria Edmond, ne perdons pas de temps !

Ils s'élancèrent vers la maison. Mardoche ouvrit la porte, pendant que le jeune homme allumait une allumette-bougie dont il avait une boîte dans sa poche.

— J'ai préparé ce matin la lanterne, dit Mardoche; elle est sur l'évier.

Elle s'y trouvait en effet. Edmond la prit et alluma la mèche qui baignait dans l'huile.

L'armoire du berger était fermée. Mais Mardoche ne se donna pas la peine de chercher la clef. D'un coup d'épaule, il brisa la porte, qui d'ailleurs n'était pas très-solide.

Edmond l'éclairait.

Dans le fond de l'armoire, Mardoche découvrit une longue et forte corde, à l'extrémité de laquelle était encore attaché un grappin, ce qui indiquait suffisamment qu'elle avait servi autrefois à retirer les seaux tombés au fond du puits. L'ancienne chaîne était là également. Il prit la corde et la chaîne et ils revinrent au puits.

Edmond posa la lanterne sur la margelle.

Ensuite il aida Mardoche à dérouler la corde. Après s'être assurés de sa solidité, ils préparèrent un nœud coulant et la firent descendre dans le puits.

— Attention! la corde descend ! cria Mardoche.

— J'entends, répondit Rouvenat.

Edmond avait repris la lanterne et cherchait à éclairer le fond du puits.

La corde arriva à fleur d'eau. Mardoche sentit que Rouvenat venait de la saisir.

— Il y a un nœud coulant, dit-il, tâchez de vous le passer autour du corps, sous les bras.

Rouvenat essaya ; mais la position qu'il occupait lui ôtait presque complétement la liberté de ses mouvements; d'un autre côté, il ne se soutenait sur la traverse de bois que par une merveille d'équilibre, et un mouvement un peu brusque pouvait ou rompre la perche ou le faire couler à fond.

— Je ne peux pas ! cria-t-il avec désespoir, je ne peux pas !

En remettant les papiers à Edmond, la main de Mardoche trembla. (Page 280.)

— Je m'en doutais, dit Edmond.
— Que faire? fit Mardoche avec anxiété.
— Je le sais, moi, répondit le jeune homme.

Il avait déjà pris la chaîne et il se mit en devoir de l'attacher solidement à un des montants de fer ou de fonte scellés dans la margelle, et qui supportaient encore l'arbre vermoulu autour duquel elle s'enroulait autrefois.

Cela fait, il tendit la lanterne à Mardoche en disant :

— Maintenant, autant que possible, tâchez de m'éclairer.

Il se dressa debout sur la pierre.

— Mon Dieu ! qu'allez-vous faire ? s'écria Mardoche avec terreur.

— La chaîne est solide, cette tige de fer aussi : ne craignez rien.

— Malheureux ! vous voulez descendre dans le puits ?

— Oui, répondit Edmond.

Ses mains étreignirent la chaîne et son corps se suspendit à l'ouverture du trou profond.

— Vous ne pourrez pas remonter ! cria Mardoche éperdu.

Le jeune homme descendait.

— Je n'ai pas encore oublié les leçons de gymnastique qu'on m'a données, répondit-il.

Au bout d'un instant, il cria :

— Lâchez de la corde.

Une lumière suffisante arrivait jusqu'à lui. Voyant l'impossibilité d'exécuter lui-même ce que Rouvenat n'avait pu faire, toujours en raison de la position périlleuse de ce dernier, il attacha son corps à la chaîne, en s'enroulant autour d'elle, afin de pouvoir se servir de ses deux mains.

Il était dans l'eau jusqu'à la poitrine. Mais il avait assez de force pour agir.

Rouvenat attendait, n'osant faire un mouvement.

Le jeune homme saisit la corde qui flottait sur l'eau, défit le nœud coulant, puis après lui avoir fait former un double anneau autour du corps de Rouvenat, il fit un nouveau nœud, qui serra fortement le lien.

Quelques minutes s'étaient écoulées, terribles et pleines d'angoisses pour Mardoche.

Couché à plat ventre au bord du puits, tenant la lanterne d'une main, s'accrochant de l'autre à la margelle, il écoutait, respirant à peine, pendant que de grosses gouttes de sueur mouillaient son front.

Enfin la voix d'Edmond se fit entendre.

— C'est fait, dit-il, je n'ai plus besoin de lumière. Attachez solidement la corde, je suis à vous.

Mardoche poussa un soupir de soulagement. Il se releva, et, obéissant à l'ordre qu'il venait de recevoir, il fixa la corde au second montant de fer.

La perche pouvait se rompre maintenant. Rouvenat n'avait plus à craindre de retomber au fond du puits.

Edmond grimpa le long de la chaîne et reparut à l'orifice du trou, pâle, les cheveux hérissés, dégouttant d'eau, mais ayant dans le regard le rayonnement du triomphe.

En le revoyant, Mardoche poussa un cri de joie.

— Il est attaché, dit le jeune homme, mais il faut le faire monter; le pourrons-nous, à nous deux?

— Oh! j'ai encore de bons bras, répondit Mardoche; vous allez voir.

— Eh bien! achevons notre œuvre.

Ils saisirent la corde à quatre mains, et debout sur la margelle, le corps rejeté en arrière, pour ne pas risquer d'être entraînés par le poids, ils tirèrent à eux.

Rouvenat ne faisait aucun mouvement et n'avait plus ni plainte ni gémissement; il venait de perdre connaissance. C'était une difficulté de plus pour le sauvetage.

— C'est lourd, dit Mardoche haletant.

— Je n'ai plus de force, dit Edmond d'une voix mourante.

Rouvenat n'avait pas encore monté d'un mètre. Mardoche poussa un cri de douleur.

A ce moment, les deux garçons de ferme, guidés par la lumière, arrivaient près du puits.

Déjà couchés, ils s'étaient élancés hors de leurs lits en entendant appeler au secours. Après s'être habillés à la hâte, ils coururent aux écuries, où ils ne virent rien qui pût justifier les cris d'alarme qu'ils avaient entendus. Ils en sortirent, croyant déjà que quelqu'un de Frémicourt, passant devant la ferme, avait trouvé plaisant de troubler leur repos, lorsqu'ils aperçurent la lumière de la lanterne. Et ils s'étaient empressés d'accourir.

— Ah! c'est le ciel qui vous envoie, leur dit Mardoche.

— Qu'y a-t-il donc?

— M. Rouvenat est tombé dans le puits. Venez vite, aidez-nous!

Les deux domestiques ne demandèrent pas d'autre explication. Ils prirent la corde des mains de Mardoche et d'Edmond, et un instant après le corps inerte de Rouvenat était hors du puits.

— Mort! il est mort! exclama Edmond.

Mardoche se mit à genoux et approcha son oreille de la poitrine de Rouvenat, en même temps qu'il appuyait sa main à la place du cœur.

— Non, fit-il en se relevant, son cœur bat; il n'est qu'évanoui.

Puis, s'adressant aux domestiques, il leur dit avec une certaine autorité :

— Il ne faut pas que mademoiselle Blanche sache ce qui vient de se passer. Vous allez transporter M. Rouvenat dans la maison du berger, vous le coucherez, vous lui donnerez les soins dont il a besoin et vous resterez près de lui jusqu'à ce qu'il soit en état de rentrer à la ferme sans le secours de personne.

Les deux hommes ne firent aucune objection.

Dix minutes plus tard, Rouvenat, déshabillé et toujours sans connaissance, était couché dans le lit du berger.

XXX

DANS LES RUINES

Mardoche avait fouillé dans l'armoire et trouvé un vêtement complet pour Edmond. Le jeune homme dut remplacer son habillement trempé d'eau contre le costume des dimanches de l'Alsacien. Il ne lui allait pas dans la perfection ; mais il fallait bien se contenter de ce qu'on était encore trop heureux d'avoir sous la main.

Rouvenat, à qui on venait de faire avaler un demi-verre de vin, commençait à s'agiter.

— Tout va bien, dit Mardoche ; dans un instant il ouvrira les yeux : nous n'avons plus rien à faire ici.

Puis, s'adressant à Edmond, il ajouta tout bas :

— Partons!

Il mit la pince de fer sous son bras, prit la lanterne, qu'il éteignit, et il sortit de la maison suivi du jeune homme.

Dix minutes ne s'étaient pas écoulées depuis le départ de Mardoche et d'Edmond, lorsque Rouvenat rouvrit les yeux et reprit connaissance.

Il se souleva sur le lit et regarda autour de lui.

Une lampe jetait dans la chambre une clarté tremblante et blafarde.

Rouvenat vit deux hommes dans la pénombre et ne reconnut pas d'abord ses garçons de ferme.

— Mardoche, murmura-t-il, Mardoche!...

Puis élevant la voix :

— Vous m'avez sauvé, reprit-il, je vous dois la vie!
Et il tendit une de ses mains.
Alors l'un des domestiques s'approcha.
— C'est nous, monsieur Rouvenat, dit-il; le vieux mendiant est parti.
— Comment êtes-vous ici? demanda le vieillard avec une surprise inquiète; qui vous a appelés?
— Nous avons entendu crier au secours!
— Et Jacques Mellier, et Blanche?...
— Ils dorment, sans doute.
— Alors ils ne savent pas?...
— Non, et c'est pour cela que le vieux Mardoche nous a dit de vous transporter dans la maison du berger plutôt que dans votre chambre.
Rouvenat poussa un soupir de soulagement.
— Ah! vous avez bien fait, fit-il. Vous ne direz rien à personne, vous entendez? vous ne direz rien, je ne veux pas qu'on sache...
— Nous avons compris, monsieur Rouvenat; cela effrayerait M. Mellier et mademoiselle Blanche...
— Oui, oui! vous êtes deux braves garçons; merci!
— Vous êtes notre maître, monsieur Rouvenat; nous devons vous obéir, et puis vous savez que nous vous sommes tout dévoués.
— C'est vrai. Aussi, soyez tranquilles, je ne l'oublierai pas.
— Comment vous trouvez-vous maintenant?
— Encore un peu faible... mais ce n'est rien; tout à l'heure je pourrai me lever... C'est un miracle, reprit-il d'une voix pleine de reconnaissance; je devais périr et je me retrouve vivant, sauvé, sauvé!... Et c'est Mardoche, c'est ce pauvre homme... Pourquoi est-il parti? Je comprends, pour que je n'aie pas à le remercier. C'est bien, c'est bien, je sais ce que j'aurai à faire... La respiration m'a manqué tout à coup, j'ai cru que c'en était fait de moi. A partir de ce moment, je ne me rappelle plus rien. Dites-moi donc ce qui s'est passé.
— Nous ne le savons pas, répondit le domestique; nous sommes arrivés près du puits juste à temps pour prendre la corde qui vous liait et vous enlever à la force des bras. Le jeune homme qui était avec le mendiant a dû descendre dans le puits, car ses vêtements, qu'il a laissés ici, sont à tordre.
— Oui, je me souviens, encore un brave cœur; c'est lui qui m'a passé la corde autour du corps. Comment a-t-il fait? Je ne saurais le dire. Ah! c'est bien un miracle!... Ils sont partis ensemble?

— Oui. Le jeune homme a pris les habits du berger.

— Il ne pouvait pas s'en aller avec un vêtement mouillé sur le dos.

— Bien sûr.

— Le connaissez-vous, ce jeune homme?

— Non.

— Moi, je l'avais déjà vu une fois, dit l'autre domestique. Il connaît mademoiselle Blanche, car dimanche dernier il lui a parlé devant l'église de Frémicourt.

Rouvenat fut pris d'une émotion extraordinaire. Laissant tomber sa tête sur le traversin, il resta silencieux. Il réfléchissait. Les paroles du domestique venaient de l'éclairer. Il n'en pouvait douter, ce jeune inconnu, qui aimait Blanche, à qui il avait enlevé tout espoir, dont il avait brisé le cœur, était un de ses sauveurs... Comment se trouvait-il avec Mardoche? Il ne parvenait pas à se l'expliquer.

Il eut une autre pensée. Il soupira et se dit :

— Si Lucile est morte, si celui que j'attends ne vient jamais... il faudra bien que je me décide à marier Blanche, je n'ai pas le droit de l'empêcher d'aimer. Celui-là l'aime, j'en suis sûr, il a des accents du cœur auxquels on ne se trompe pas : oui, il l'aime et il pourrait la rendre heureuse...

Mais aussitôt il frissonna et chassa cette pensée, qui venait détruire son rêve caressé depuis treize ans.

— Non, murmura-t-il, non, c'est impossible! il faut attendre, ils reviendront!

Comme tous les vieillards, Rouvenat était tenace dans ses idées; esclave de son rêve, il s'accrochait énergiquement à son dernier espoir comme à une dernière illusion.

— C'est égal, reprit le domestique, il est fâcheux tout de même que le puits n'ait pas été rempli, comme vous en avez eu plusieurs fois l'intention.

— Il le sera dans quinze jours, répondit Rouvenat.

— Par exemple, voilà une besogne que nous ferons avec plaisir.

— Comme cela, il n'y aura plus d'accident à redouter, dit l'autre.

— Monsieur Rouvenat, comment donc êtes-vous tombé dans le puits?

A cette question, le vieillard tressaillit. Un sombre éclair traversa son regard. Mais simplement, avec un grand accent de vérité, il répondit :

— Voilà, je m'étais assis sur la margelle et je prenais plaisir à regarder les étoiles en fumant ma pipe, quand tout à coup je vis danser devant moi trente-six chandelles. C'était un étourdissement. Je me levai en poussant un grand cri, mais les jambes me manquèrent... je fis la culbute. Je ne peux pas vous en dire davantage.

— Heureusement pour vous, monsieur Rouvenat, le vieux Mardoche, qui passait par ici, vous a entendu.

— Mâtin! fit l'autre, le Seuillon lui doit un beau cierge.

— Oh! je ne serai pas ingrat, murmura Rouvenat.

Pendant que ceci se passait dans la maison du berger, Mardoche et Edmond se dirigeaient rapidement vers Civry, où ils furent reçus par les aboiements de quelques chiens en liberté. Les habitants dormaient depuis longtemps.

Ils arrivèrent devant la masure; Mardoche s'arrêta en disant :

— C'est ici.

Le jeune homme le regarda avec étonnement.

— Suivez-moi, reprit le vieillard.

Ils tournèrent autour des décombres. Alors Mardoche s'assit sur les pierres et alluma la lanterne.

— Maintenant que nous pouvons y voir, dit-il à son compagnon en lui montrant une fenêtre, nous allons entrer par cette ouverture.

— Je ne comprends pas, fit le jeune homme; mais j'ai une telle confiance en vous que je vous suivrais en enfer.

— Venez donc!

Mardoche escalada la fenêtre le premier et plaça sa lanterne à un endroit qu'il avait préparé d'avance. Puis il dit à Edmond :

— Sous ces pierres et ces plâtras, il y a un plancher ; il faut que nous le mettions à découvert. Voilà le travail que nous avons à faire.

— Travaillons, fit Edmond.

Alors ils se mirent à enlever les pierres qu'ils jetèrent sur les autres autour d'eux.

Au bout d'une demi-heure, Mardoche dit :

— C'est assez.

Près d'un mètre carré du plancher était débarrassé.

Mardoche prit la pince et la fit tomber sur une planche.

— C'est là que sont les papiers, dit-il.

Il avait calculé avec tant de soin qu'il était sûr de ne pas se tromper.

Edmond attendait, frémissant d'impatience.

— Maintenant, mon jeune ami, reprit Mardoche d'un ton grave, avant de vous remettre ces papiers, qui ont pour vous, sans doute, une grande importance, écoutez-moi. Ils m'ont été confiés par votre père lui-même à l'heure de sa mort, après qu'il m'eut fait jurer de ne m'en dessaisir que pour les remettre à votre mère. Quand je voulus remplir la mission dont je m'étais chargé, votre mère avait disparu du pays qu'elle habitait. Cela vous dit pourquoi ces papiers sont restés cachés ici pendant dix-neuf ans. Si j'eusse été certain que la malheureuse fût encore de ce monde, peut-être ne vous aurais-je rien dit; mais je ne crois pas trahir mon serment en remettant au fils ce qui était destiné à la mère.

« L'existence de ces papiers n'a jamais été connue que de moi et j'aurais encore gardé mon secret longtemps, peut-être toujours, si je ne vous avais pas rencontré. Dans un instant, ils seront entre vos mains : vous les lirez dans votre chambre, à Saint-Irun. J'ignore ce qu'ils contiennent, je vous l'ai déjà dit; mais ils peuvent vous révéler un secret terrible. Je l'avoue, cela me rend inquiet, et ce matin encore j'hésitais à vous amener ici. Mais je me suis dit que je n'avais pas le droit de conserver plus longtemps ce dépôt précieux que m'a confié votre père. J'ai obéi à ma conscience. Seulement j'exige de vous une promesse.

— Laquelle ?

— Quoi que ces papiers vous apprennent, promettez-moi de ne rien dire, de ne rien faire avant de m'avoir vu, de ne tenter aucune démarche sans me demander mon avis ; promettez-moi, enfin, de suivre mes conseils.

— Je vous le promets, je vous le jure ! dit Edmond.

— Alors, demain, quand vous aurez lu, vous viendrez me trouver ?

— Oui. Où serez-vous ?

— Je vous attendrai toute la journée sur la terrasse de mon château, répondit le mendiant avec son doux sourire.

— C'est convenu.

Le plancher n'étant pas dans un meilleur état de conservation que le reste de la masure, d'un seul coup Mardoche enfonça la planche. Il se baissa et sans grands efforts il retira, du trou creusé dans le mur, la boîte de tôle couverte de rouille.

Le corps penché en avant, le jeune homme suivait d'un regard avide tous les mouvements de Mardoche.

Au bout d'un instant, il parvint à enlever le couvercle de la boîte. Les papiers, préservés par le fer, étaient intacts. En les remettant à Edmond, la main de Mardoche trembla.

— Mardoche, vous serez mon conseil et mon guide, répondit le jeune homme avec émotion. Je ne vous interroge pas, parce que vous voulez garder le silence ;

— Voulez-vous vous charger d'élever ce pauvre petit? (Page 285.)

sans vous, cependant, je serais encore en face de l'inconnu, et ce que je sais aujourd'hui de ma naissance, de ma famille, vous seul peut-être pouviez me le dire. Cela encore, Mardoche, je ne l'oublierai pas. Vous avez soulevé un coin du voile épais qui me cache tant de choses que je dois savoir ; le moment venu, je n'en doute pas, vous enlèverez le voile entier. Ah! Mardoche, Mardoche, vous pouvez compter sur mon éternelle reconnaissance !

— Quand vous aurez lu ces papiers, répliqua le vieillard, nous causerons

Ils sortirent des ruines, et, silencieusement, traversèrent le village. Mardoche, toujours prudent, avait de nouveau éteint la lanterne.

Quand ils furent en vue de la ferme, ils virent une fenêtre éclairée.

— C'est la chambre de Rouvenat, dit Mardoche ; il est rentré chez lui. Il se souviendra de ce que vous avez fait pour lui cette nuit, continua-t-il en souriant, et plus que jamais vous pouvez aimer ma filleule.

Edmond ne répondit pas, mais un soupir s'échappa de sa poitrine.

Un instant après, il se séparèrent. Mardoche monta vers les roches et Edmond continua son chemin d'un pas rapide.

Il pouvait être deux heures du matin lorsqu'il se retrouva dans sa chambre. Il avait le corps fatigué, les jambes brisées ; mais, surexcité par les émotions de la soirée et plus encore par le désir de prendre connaissance des mystérieux papiers que sa main serrait fiévreusement, il ne songea même pas à prendre le repos qui lui était nécessaire ; il ne se sentait, d'ailleurs, nulle envie de dormir.

Assis près de sa table, devant une bougie allumée, les yeux fixés sur l'enveloppe jaune qui renfermait les papiers, son cœur battait violemment. Qu'allait-il apprendre ?

Mardoche avait parlé d'un secret terrible et, malgré lui, il éprouvait une angoisse indéfinissable.

Enfin il parvint à vaincre son hésitation. Il sortit les papiers de l'enveloppe et les posa sur la table.

XXXI

LES PAPIERS

Ces papiers, qui étaient restés cachés pendant près de dix-neuf ans, se composaient uniquement d'un manuscrit de trente pages, formant un cahier, et de deux lettres d'une écriture différente, mais également lourde, indécise, tremblée et bizarre, rendue plus pittoresque encore par les fautes d'orthographe qui semblaient en faire l'ornement. Le manuscrit, au contraire, était écrit d'une main hardie, qui révélait son habitude de tenir une plume.

Le jeune homme prit d'abord le manuscrit et commença à en faire la lecture.

Dès les premières pages, il fut vivement impressionné et il dut souvent essuyer ses yeux voilés de larmes. Il lisait l'histoire de son père écrite par lui-même. C'était une sorte de poëme en prose où un cœur meurtri, une âme désespérée se tordaient dans une lente et sombre agonie.

Il racontait son enfance isolée, il se plaignait amèrement de n'avoir point eu une mère à aimer, alors que son cœur débordait de tendresse et d'amour, et il exhalait ses regrets et sa douleur avec des accents déchirants. L'esprit en délire, avide d'aspirations et désirant s'élever, il se courbait sous le poids d'un sombre découragement; alors il se révoltait contre la fatalité, maudissait sa destinée et jetait une imprécation exprimant avec fureur son dégoût de la vie.

Il comparait sa misérable existence sans avenir, sans espoir, sans soutien, à celle de tant d'autres qui, plus heureux que lui, avaient une famille, une mère... Il baissait la tête, lui, quand ceux-là montraient un front rayonnant et passaient fiers, joyeux, le rire et la chanson aux lèvres.

Et il les enviait. Et l'esprit tourmenté, l'âme ulcérée, il se demandait pourquoi Dieu avait ainsi arrangé la vie, que toute la peine était pour les uns, tout le bonheur pour les autres.

A mesure qu'il lisait, le jeune homme retrouvait toutes ses pensées : c'était le même découragement, les mêmes regrets, la même douleur. Il croyait lire sa propre histoire écrite avant sa naissance, tellement sa situation ressemblait à celle de son père.

Mais après avoir fait entendre toutes les notes aiguës de sa désespérance, l'auteur de manuscrit envoyait à Dieu, tout à coup, un cri d'ineffable reconnaissance. Lucile était apparue, et soudain son cœur s'était ouvert à l'espoir. Devant lui les horizons s'élargissaient, devenaient lumineux. Il connaissait enfin les joies d'un premier amour ; ayant maintenant un but dans la vie, un être à chérir, à aimer, son dévouement à offrir, son âme à donner, il sortait de son isolement, de son découragement, et saluait avec enthousiasme l'aurore radieuse d'une existence nouvelle.

Le jeune homme dévora ces pages brûlantes, où l'amour exhalait tour à tour son admiration, ses ravissements, ses extases.

Là, encore, Edmond se reconnaissait. Cet amour, si vivement exprimé, c'était le sien. Comme son père, il éprouvait le même enthousiasme, les mêmes joies, le même ravissement. Tout cela, il le pensait et il aurait pu l'écrire. A la place du nom de Lucile, souvent répété dans le manuscrit, il mettrait celui de Blanche, et rien ne serait changé.

Après avoir achevé la lecture du manuscrit, il resta un moment silencieux, réfléchissant aux étranges hasards de la vie, qui lui avaient fait, à lui, une destinée à peu près pareille à celle de son malheureux père.

Cependant, comme il s'était attendu à découvrir le secret dont Mardoche devait être aussi le dépositaire, il se trouva fort désappointé. En effet, le manuscrit ne lui avait livré que le nom de Lucile. Évidemment, c'était celui de sa mère; mais ce prénom seul ne lui apprenait rien qu'il ne sût déjà. Son père était un enfant abandonné, il n'avait jamais connu ses parents, soit; mais c'est la famille de sa mère qu'il cherchait, c'est cette famille qu'il voulait connaître. Or, sur ce point, il ne se trouvait pas plus avancé qu'avant la lecture du manuscrit.

— Je ne puis en vouloir à Mardoche, se dit-il; il ne m'a pas trompé puisque, comme il me l'a assuré, il ignore ce que contiennent ces papiers. Sans aucun doute, il avait supposé que mon père s'était montrée moins réservé.

Il s'aperçut alors qu'il avait encore à lire les deux lettres.

Il prit la première qui lui tomba sous la main. La voici :

« Chevrigny, 20 juin 1850.

« Monsieur,

« C'est un grand malheur qui vient d'arriver, et qui me rend pour mon compte bien désolée. La pauvre Marianne Sudre, qui vous aimait comme si vous étiez son enfant, est morte ce matin. Que le bon Dieu veuille avoir son âme !

« Je ne sais pas si le pays où vous êtes est loin de Chevrigny, mais je vous écris tout de suite dans le cas où vous pourriez venir pour l'enterrement, qui doit avoir lieu demain matin. Il y aura beaucoup de monde, attendu que Marianne était aimée dans le pays.

« Quand vous avez quitté Chevrigny, elle était déjà souffrante; cela n'a fait qu'empirer, et le mal a fini par l'emporter.

« Sentant bien qu'elle n'irait pas loin, elle vous a écrit une lettre, il y a quelques jours, et me l'a remise en me recommandant de vous l'envoyer si le malheur qu'elle prévoyait déjà arrivait.

« Vous recevrez la lettre de la pauvre Marianne en même temps que la mienne.

« Rien de plus à vous marquer. Les deux nièces de Marianne sont arrivées pour l'ensevelir. Tout le monde chez nous se porte bien et je souhaite que la présente vous trouve de même.

« Je ne sais pas si vous pourrez me lire; mais ne voyez que ma bonne volonté et ne faites pas attention à ma vilaine écriture.

« Votre servante,
« Femme Violet. »

— Cette lettre est assez difficile à lire, en effet, se dit Edmond, et je ne sais pas trop si je l'ai bien comprise. Dans tous les cas, elle ne m'apprend absolument rien, si ce n'est que mon père a été élevé par une honnête femme du nom de Marianne Sudre, qui demeurait à Chevrigny.

« C'est égal, cette dame Violet, qui n'existe peut-être plus aujourd'hui, était aussi une brave femme.

« Voyons maintenant la lettre de Marianne. »

Il l'ouvrit et en fit lentement la lecture.

Voici ce qu'elle contenait :

« Mon cher enfant,

« Je ne me sens pas bien du tout, et quelque chose me dit que je n'ai plus longtemps à vivre. Mais je ne voudrais pas mourir sans te donner les renseignements que tu m'as souvent demandés, et à l'aide desquels tu pourras peut-être parvenir à découvrir un jour le nom de ton père. Ne t'ayant pas près de moi, et ne comptant guère sur ton retour prochain, je me décide à t'écrire. Mais comme je ne veux pas t'inquiéter ni troubler les agréments de ton voyage, je m'arrangerai de façon à ce que tu ne reçoives ma lettre que si la mort dont j'ai peur à cause de toi vient me frapper avant ton retour à Chevrigny.

« Je ne sais pas grand'chose, mon pauvre Edmond, mais, enfin, ce que je sais, je vais te le dire. Tu me pardonneras d'avoir toujours refusé de répondre à tes questions ; j'avais promis de garder le silence. Cependant, comme il faut que je te fasse connaître le nom du notaire à qui tu devras réclamer ta pension, je me dis qu'il vaut mieux que tu saches tout.

« Un jour, il y aura vingt ans, le 20 août prochain, un homme, appelé Germain, se présenta tout à coup chez moi à Chevrigny. Je l'avais connu à Paris, quand j'y étais en service ; il avait même assisté, depuis, à mon mariage, car il était camarade d'enfance de mon mari.

« Il portait quelque chose enveloppé dans un manteau noir. C'était toi, Edmond. Pauvre chéri ! tu n'avais peut-être pas encore huit jours.

« M. Germain me dit :

« — Marianne, votre mari est mort l'an passé, vous êtes pauvre et vous n'avez pas d'enfant. Je vous apporte celui-ci et en même temps la fortune. Voulez-vous vous charger d'élever ce pauvre petit ? »

« Je t'avais pris dans mes bras, je te tenais sur mes genoux, je te couvrais déjà de baisers, je répondis oui.

« — J'ai donc eu raison de compter sur vous et de venir à Chevrigny, me dit M. Germain.

« — Vous le voyez bien, » répondis-je.

« Alors je l'accablai de questions. Il secoua la tête tristement en disant :

« — Il est inutile de m'interroger, je ne peux rien vous dire ; la naissance de ce pauvre enfant est un malheur ; il ne doit jamais connaître ni son père ni sa mère. Vous le ferez baptiser et vous lui donnerez le nom d'Edmond. »

« Je regardais tes langes de fine toile et tes petites brassières ornées de riches dentelles.

« — Ses parents sont riches ? demandai-je à M. Germain.

« — Oui, très-riches ; mais, je vous le répète, vous ne devez rien savoir ; il faut même que vous me promettiez de ne jamais dire à l'enfant comment et par qui il vous a été amené. »

« Je lui fis cette promesse, peut-être un peu légèrement.

« — Maintenant, continua-t-il, voici comment j'ai arrangé les choses dans votre intérêt. Vous recevrez chaque mois une somme de soixante francs ; avant de vous quitter ce soir, je vous remettrai le premier mois, et même si l'enfant venait à mourir vous continueriez à recevoir régulièrement cette rente jusqu'à la fin de votre vie.

« Quand l'enfant aura dix ans, comme il faudra le faire instruire et que les frais de son entretien deviendront plus sérieux, il recevra personnellement, tous les trois mois, une rente de trois cents francs ; cette rente sera augmentée de cent cinquante francs, c'est-à-dire portée à quatre cent cinquante francs par trimestre, lorsqu'il aura atteint l'âge de quinze ans. De cette façon il ne sera jamais une charge pour vous, et il pourra vivre indépendant et se créer une position à son choix. Si sa famille est forcée de l'abandonner, elle ne veut pas qu'il soit déshérité de tout et cherche, autant que possible, à réparer le malheur qui le frappe fatalement.

« Je suis chargé de déposer le capital nécessaire au service des deux rentes chez M. Lamblin, notaire, rue des Vieux-Augustins, à Paris. C'est à lui que vous auriez à écrire si quelque chose arrivait à l'enfant et si vous aviez des réclamations à faire. »

« Ainsi, mon cher Edmond, c'est à M. Lamblin, notaire, que tu devras t'adresser lorsque je ne serai plus de ce monde.

« Je ne m'explique peut-être pas très-bien ; mais j'ai longuement interrogé ma mémoire, et je t'ai raconté de mon mieux ce qui s'est passé entre M. Germain et moi.

« Mais ce que je dois te dire aussi, c'est que M. Germain était à cette époque, comme il l'est encore aujourd'hui, le valet de chambre et l'homme de confiance de M. le comte de Bussières, un grand seigneur qui demeure à Paris, dans un superbe hôtel, rue Bellechasse.

« Et, pourquoi te le cacherais-je, mon cher enfant, j'ai eu souvent l'idée que tu devais appartenir de loin ou de près à cette noble famille de Bussières? »

Marianne ajoutait :

« Si tu vas à Paris, Edmond, n'oublie pas que M. Germain, tout dévoué à son maître, est bien le meilleur homme qu'il y ait au monde, et, dans ton intérêt, je te recommande de l'aller voir. »

Enfin elle terminait sa lettre par quelques paroles émues, touchantes, qui peignaient sa tendresse, nous pouvons dire son amour maternel, pour l'enfant qu'elle avait élevé.

XXXII

LE RÉCIT DE JÉROME GRELUCHE

Le jeune homme était sous le coup d'un saisissement facile à comprendre.

Il lut une seconde fois et avec une plus grande attention encore la lettre de Marianne Sudre. Il acheva de se convaincre que son père avait été un pauvre enfant repoussé et déshérité par la famille de Bussières.

Ainsi ces papiers, qu'il venait de lire, à l'aide desquels il avait espéré découvrir la famille de sa mère, le mettaient en présence d'un autre mystère, qu'il lui était également important de pénétrer. Ne semblaient-ils pas aussi lui indiquer une nouvelle voie à suivre?...

Mais que devait-il faire? ou plutôt que pouvait-il faire?

Il était dans une grande perplexité.

Les dates des deux lettres lui disaient assez que son père, ayant été assassiné quelques jours après, n'avait pu se livrer à aucune recherche. Mais depuis le jour où, sans nom comme lui, son père avait été confié à Marianne Sudre, près de quarante ans s'étaient écoulés. Or, en supposant qu'il retrouvât à Paris le notaire, le comte de Bussières et même le valet de chambre Germain, ceux-ci n'avaient-ils pas le droit de le considérer comme un étranger, — ce qu'il était pour eux, — et de lui répondre, même en présence de la lettre de Marianne :

« Nous ne savons pas ce que vous voulez nous dire ? »

Il reconnaissait lui-même le peu de valeur des documents que lui avait remis Mardoche. Il ne voyait pas la possibilité de se mettre aux lieu et place de son père, afin de revendiquer certains droits que ce dernier pouvait avoir, mais qui ne lui étaient transmis par aucun acte.

Il avait beau chercher et faire de violents efforts d'imagination, il se trouvait toujours devant les mêmes difficultés; ses meilleurs raisonnements étaient successivement détruits par ces mots d'une réalité implacable :

— Je ne suis rien, je ne peux rien!

Le malheureux jeune homme se débattait entouré de mille fils invisibles sans pouvoir en saisir aucun. A mesure qu'il avançait, il se plongeait plus avant dans les ténèbres du mystère; il s'y noyait. Il se trouvait comme enfermé au milieu d'un labyrinthe inextricable.

S'il n'eût été soutenu par son amour pour Blanche et les promesses de Mardoche, il serait immédiatement retombé dans le découragement et la désespérance.

Après avoir réfléchi longtemps, sans pouvoir même trouver l'idée d'une solution possible, il pensa qu'il serait plus sage de cesser de mettre son esprit à la torture, et que, puisqu'il devait voir Mardoche dans la journée, celui-ci lui donnerait sans doute quelque bon conseil au sujet de la nouvelle découverte qu'il venait de faire.

Le jour commençait à paraître. Il baisa pieusement le manuscrit de son père, éteignit sa bougie et se jeta tout habillé sur son lit. Dix minutes plus tard, il dormait d'un profond sommeil.

A neuf heures, plusieurs coups frappés à sa porte le réveillèrent en sursaut.

— Qui va là ? demanda-t-il.

La voix de l'aubergiste répondit :

— C'est un voyageur qui vient d'arriver et qui demande à vous voir.

Edmond sauta à bas de son lit et courut ouvrir la porte.

Jérôme Greluche tomba dans ses bras.

Edmond poussa un cri de surprise et de joie.

— Ah ! tu ne m'attendais pas si tôt, dit Jérôme ; que veux-tu? je ne peux plus me passer de toi, je m'ennuyais. Cette nuit, l'idée de te voir m'a pris, et me voilà.

LA FILLE MAUDITE 289

Edmond prit la lettre de Marianne et la tendit à Greluche. (Page 291.)

— Et ton théâtre? fit le jeune homme en riant.

— Ne m'en parle pas; on ne sait rien faire dans ces petites villes. J'ai mis trois jours pour faire comprendre seulement mon idée; maintenant ce n'est peut-être pas avant un mois que l'ouvrage sera fait.

— Est-il commencé?

— Du tout. Songe donc! il faut d'abord se procurer le bois, puis il faut calculer les épaisseurs, les longueurs, etc. Bref, le menuisier m'en a tant dit que j'ai pris le parti de me sauver; si j'étais resté là-bas un jour de plus, je serais probablement devenu fou ou enragé.

— Eh bien! mon cher Greluche, tu écriras tantôt à ton constructeur de théâtre qu'il peut se dispenser de faire ce travail.

Jérôme ouvrit de grands yeux.

— Et nos projets? fit-il.

— Tout cela est modifié. Nous allons peut-être rester ici à Saint-Irun; peut-être retournerons-nous à Paris dans quelques jours.

— Je ne demande pas mieux, mais je ne comprends pas.

— Alors, écoute et tu comprendras.

Immédiatement et aussi brièvement que possible, il lui raconta comment il avait reconnu les deux chiens de pierre, retrouvé à Frémicourt la belle jeune fille de Gray, et ce qui s'était passé entre eux. Ensuite il lui parla de Mardoche, que la Providence semblait avoir placé sur son chemin, et lui fit connaître tout ce que le vieux mendiant lui avait appris.

Ce récit fut souvent interrompu par Greluche qui l'émaillait d'exclamations, afin de manifester tour à tour son étonnement, son admiration, sa joie, sa stupéfaction, sa colère et son épouvante.

— Oui, dit-il, ce que nous avons de mieux à faire est, en effet, de retourner à Paris et d'y attendre que ce brave homme que tu appelles Mardoche se décide à t'apprendre ce qu'il croit devoir te cacher encore. Je t'approuve donc entièrement. Oui, tu te mettras au travail, et dans deux ans, que tu aies une famille ou non, tu pourras venir trouver M. Rouvenat et lui dire : Monsieur Rouvenat, voici ce que je suis; j'aime toujours votre filleule et je viens vous la demander en vous jurant que je la rendrai heureuse.

— Dans tous les cas, reprit Edmond, j'ai promis à Mardoche de ne rien faire, de ne m'arrêter à aucune détermination avant de l'avoir consulté. C'est donc suivant ce qu'il me dira tantôt que nous pourrons prendre nos dispositions, soit pour nous installer dans ce pays, soit pour reprendre à Paris mes études interrompues.

« Mardoche sait bien des choses, continua-t-il, et je le crois plus puissant qu'il ne le fait paraître : plus d'une fois déjà je me suis demandé si cet habit de mendiant qu'il porte n'était pas un déguisement sous lequel il se cache. Quoi qu'il en soit, il a une idée, un projet... Mais il est comme le sphinx antique : il ne laisse rien deviner et il reste inébranlablement muet lorsqu'il a jugé qu'il ne devait pas parler.

« Actuellement, il tient ma vie dans ses mains ; sans qu'il le veuille peut-être, je suis sous sa dépendance ; oui, car je sens que sans lui je ne peux rien être et n'ai rien à espérer.

« Vous épouserez Blanche, m'a-t-il dit ; avec ces mots, il m'a soumis à sa volonté, et aurais-je l'intention de résister, j'obéirais quand même à tel ou tel ordre qu'il me donnerait. Ce que je ferai, tu le sauras ce soir, mon bon Greluche ; c'est ce que Mardoche, le mendiant de Frémicourt, m'aura dit de faire.

— Et ces papiers, qu'il t'a remis la nuit dernière, tu ne m'as pas dit ce qu'ils contenaient ?

— C'est vrai, mais il n'y a qu'une seule pièce importante au point de vue du double mystère qui entoure ma naissance et celle de mon père ; c'est une lettre. Je ne t'ai pas dit ce que cette lettre contient, parce que j'avais l'intention de te la faire lire et ensuite de te demander ce que tu en penses.

Disant cela, Edmond prit la lettre de Marianne Sudre et la tendit à Greluche.

L'homme aux marionnettes la lut très-attentivement et sans faire aucune observation ; mais arrivé aux paragraphes où il était question du comte et de la famille de Bussières il poussa tout à coup un cri de surprise.

Edmond se rapprocha de lui brusquement.

Il vit que la lettre tremblait entre les doigts de Greluche.

— Qu'as-tu donc ? lui demanda-t-il avec inquiétude.

— Laisse-moi achever, répondit Jérôme.

Au bout d'un instant, il releva la tête.

Ses yeux brillaient d'un éclat singulier.

Le jeune homme, anxieux, l'interrogeait du regard.

— Edmond, dit-il d'une voix vibrante, ton père était le fils du comte et de la comtesse de Bussières.

— Comment sais-tu cela ? s'écria le jeune homme en proie à une vive émotion.

— Ces seuls mots vont te le dire : je connais madame la comtesse de Bussières.

— Toi, tu connais...

— Oui.

— Soit, reprit le jeune homme ; mais comment admettre que cet enfant abandonné, remis sans nom à Marianne Sudre, qui, depuis, est mort si tragiquement, que mon père, enfin, soit le propre fils du comte et de la comtesse de Bussières?

— Pourtant cela est, j'en suis sûr.

— Alors explique-toi, de grâce, explique-toi!

— Je t'ai dit que je connaissais la comtesse de Bussières, c'est vrai ; sans me flatter d'être son ami, je puis ajouter que j'ai toujours été reçu chez elle avec cette bienveillance et cette bonté exceptionnelles dont elle a le secret, et qui sont la véritable grandeur de cette très-grande dame.

« Depuis environ quarante ans, elle habite non loin de Clamecy, dans le département de la Nièvre, un grand et magnifique château qui est bien la plus belle propriété que j'aie jamais vue. La comtesse de Bussières est immensément riche, car, au dire des gens du pays, les revenus de son seul domaine d'Arfeuille suffiraient pour faire vivre les habitants de plusieurs communes.

« Te dire le bien que la comtesse fait autour d'elle me serait impossible ; il y a des choses qu'on ne saurait raconter qu'il faut voir. Elle semble avoir consacré sa vie tout entière à chercher les moyens de faire le bonheur de tous ceux qui l'approchent, de tous ceux qui l'entourent. Il n'y a pas de souffrance qu'elle ne soulage, pas de misère qu'elle ne fasse disparaître. Sa bourse est à tout le monde et est surtout la bourse des pauvres. Enfin, que te dirai-je ? la comtesse de Bussières est l'incarnation de la charité.

« Dans plusieurs communes, elle a fait bâtir des écoles où les enfants des deux sexes sont instruits gratuitement. Les enfants des pauvres sont ses privilégiés ; elle adopte même les orphelins, car dans son château même, où il y a aussi une école de filles, elle a fondé et doté un orphelinat. D'après cela, je n'ai pas besoin de te dire que la comtesse est adorée et qu'on ne peut pas faire un pas dans le canton sans entendre chanter ses louanges.

« Je courais déjà la province depuis trois ans avec mes marionnettes, lorsque je fus appelé au château, la première fois, afin de donner une représentation devant une ravissante assemblée de petits enfants de tout âge, depuis quatre jusqu'à quatorze ans. La comtesse voulut juger de mon savoir-faire. Elle assista à ma représentation, assise comme une déesse de la maternité au milieu des jolis bébés blonds et rosés.

« Je n'ai pas besoin, devant toi, de me parer de modestie ; je crois vraiment que ce soir-là je me surpassai. Aussi, juge combien je me sentis fier lorsque, après la représentation, la comtesse me fit venir dans son salon pour me complimenter. Elle me retint encore le lendemain, puis toute la semaine ; tout mon répertoire y passa.

« Le dernier jour, la noble dame, qui m'avait déjà pris en amitié, me fit l'honneur de m'inviter à sa table. Je compris que c'était afin de pouvoir m'interroger, dans l'espoir, sans doute, de trouver l'occasion de faire une bonne œuvre de plus.

« Sa première question fut de me demander si j'avais une femme et des enfants.

« Je n'avais aucune raison de lui cacher la vérité. Je lui racontai toute mon histoire dans laquelle, depuis trois ans, tu jouais un rôle si important.

« Elle m'écouta avec beaucoup d'émotion ; je remarquai même que, chaque fois que je prononçais ton nom, elle éprouvait une sorte de commotion, comme une sensation douloureuse qui se reflétait sur son pâle et beau visage.

« Quand j'eus fini, de grosses larmes jaillirent de ses yeux et tout à coup elle éclata en sanglots.

« Je t'assure qu'à ce moment, j'étais fort embarrassé ; je ne savais plus quelle contenance tenir.

« Enfin, au bout d'un instant, elle se calma.

« — Excusez-moi, me dit-elle de sa douce voix et en essayant de sourire, je n'ai pas eu la force de me contenir ; pourtant j'ai l'habitude de souffrir.

« Alors je lui exprimai mes regrets.

« — Ce n'est pas votre faute, me dit-elle vivement et avec bonté ; ce nom d'Edmond, que porte ce cher petit que vous élevez, dont vous êtes le père, m'a rappelé une des plus grandes douleurs de ma vie. J'avais un fils, continua-t-elle d'une voix saccadée, avec un accent étrange, il devait s'appeler Edmond, il aurait maintenant près de trente ans.

« — Mort ! » m'écriai-je.

« Ce mot ne fut pas plus tôt sorti de mes lèvres que je vis passer une lueur sombre dans le regard de la comtesse.

« — Est-il mort ? s'écria-t-elle d'un ton lugubre ; on me l'a dit, je n'en sais rien !

« Tu vois d'ici, mon cher Edmond, dans quelle situation difficile je me trouvais. Mais tu écoutes bien, n'est-ce pas ?

— Je bois tes paroles, répondit le jeune homme haletant.

En effet, il était comme suspendu aux lèvres de Greluche. Celui-ci continua :

— Enfin je ne savais plus que dire ; je baissai la tête.

« La comtesse s'était levée, elle marchait à grands pas, fiévreusement. J'entendis qu'elle disait, se parlant à elle-même :

— Je ne saurai jamais rien ; pauvre enfant ! qu'en ont-ils fait? Il fallait l'abandonner afin de le dépouiller au profit de l'autre, de l'autre, un indigne...

Edmond était atterré.

— Eh bien! fit Greluche, doutes-tu encore ?

— Non, non, répondit le jeune homme d'une voix étranglée ; continue, je t'écoute toujours.

— C'est tout, fit Greluche; la comtesse n'en a pas dit davantage. Ah! je ne me doutais guère alors que ces paroles contenaient une révélation de la plus haute importance pour toi. J'avais oublié tout cela, et je me suis bien gardé d'en parler jamais. Mais avant d'achever la lecture de cette lettre la scène du château m'était déjà revenue à la mémoire et je te l'ai rapportée fidèlement.

« Depuis, jusqu'à l'époque où je me fixai définitivement à Paris pour ne plus te quitter, je vis la comtesse de Bussières chaque année, j'avais toujours ma semaine de représentation au château. Elle ne manquait jamais de me demander de tes nouvelles. Je lui vantais ton intelligence, je lui parlais de tes progrès, elle paraissait enchantée et me félicitait.

« Enfin je crois bien que c'est elle qui m'a donné l'idée de te faire entrer à Sainte-Barbe. Elle te portait alors, sans te connaître autrement que par ce que je lui disais de toi, un véritable intérêt. Tu le croiras, quand je t'aurai dit qu'elle m'a plusieurs fois témoigné le désir de te voir. Je lui avais promis de t'amener un jour à Arfeuille ; je ne sais plus quelles circonstances m'ont empêché de remplir ma promesse.

« Mais madame la comtesse de Bussières n'a pas oublié Jérôme Greluche, j'en suis certain ; le moment de lui faire une visite me paraît venu. Tu n'as qu'à dire un mot, Edmond : si tu le veux, demain nous nous mettrons en route pour le château d'Arfeuille. »

Depuis un instant, le jeune homme avait son visage dans ses mains. Il releva brusquement la tête, passa la main sur son front et, soudain, son regard s'illumina.

— Je verrai madame la comtesse de Bussières, dit-il d'une voix lente et grave ; c'est à elle que je dois remettre ces papiers qui ont appartenu à son fils.

XXXIII

LA LETTRE DE BLANCHE

Mardoche passa une mauvaise nuit. Dévoré d'inquiétude, il ne put trouver le sommeil. Il se demandait avec effroi ce qui allait arriver, car il ne doutait pas que les papiers remis à Edmond ne continssent les preuves de la faute de Lucile Mellier.

Ce premier secret découvert devenait comme la clef qui allait ouvrir la porte fermée des autres. Le jeune homme devait naturellement apprendre que Blanche n'était pas la fille de Jacques Mellier et arriver, par inductions seulement ou par les aveux qui lui seraient faits, à connaître le drame épouvantable de la nuit du 24 juin.

Alors que ferait-il? Et lui-même, Mardoche, quels conseils pourrait-il lui donner?

A mesure qu'il voyait le dénouement approcher, il surgissait devant lui des difficultés qu'il n'avait pas prévues, et il trouvait dans sa conscience d'honnête homme toutes ses appréhensions, toutes ses craintes justifiées.

Il avait beau se répéter qu'il n'avait point livré le secret de Jacques Mellier, il était forcé de convenir qu'il aurait puissamment aidé Edmond à le découvrir.

Mardoche se trouvait réellement dans une situation embarrassante, et les réflexions auxquelles il se livrait ne faisaient qu'augmenter son inquiétude et le trouble de son esprit.

Il n'était pas homme à dire : Ils se tireront de là comme ils pourront. D'ailleurs n'avait-il pas sa fille adorée, dont il voulait à tout prix défendre le bonheur?

Le premier rayon de soleil le trouva devant les roches, sur cette espèce de plate-forme qu'il appelait sa terrasse.

Il s'assit sur une pierre, le visage tourné vers la vallée, et resta ainsi longtemps, les yeux fixés sur les toits de la ferme, dans une contemplation muette.

Vers huit heures, il alla faire une visite à son garde-manger, qui était encore riche d'un morceau de lard cuit, d'un demi-fromage et de quelques morceaux de pain. Il revint sur la terrasse et mit son couvert sur la pierre dont nous avons déjà parlé : un couteau à manche de buis de la fabrique de Saint-Claude et un gobelet d'étain. Il n'y avait plus d'eau dans sa cruche, il alla la remplir à une source voisine. Il déjeuna. Pour son dessert, il s'offrit une goutte d'eau-de-vie. Son regard caressait la bouteille qui contenait la liqueur forte.

— Un cadeau de ma fille, murmura-t-il.

Et un doux sourire glissa sur ses lèvres.

Un instant après, brisé, n'en pouvant plus, tombant de fatigue, il s'étendit sur l'herbe au pied d'un orme et s'endormit d'un sommeil de plomb.

Quand il se réveilla vers deux heures de l'après-midi, Edmond était devant lui.

— Est-ce assez bête de dormir comme ça ! fit-il en s'adressant un reproche.

— Vous dormiez d'un bon sommeil, Mardoche, dit le jeune homme ; je regrette d'avoir troublé votre repos.

— Cela m'arrive quelquefois de dormir quand les oiseaux sont éveillés, répondit-il, surtout lorsque je ne dors pas la nuit. Et puis, en vous attendant, je n'avais que cela à faire.

Il se leva. Ils allèrent s'asseoir à l'entrée des grottes.

Le jeune homme attendait ; Mardoche n'osait l'interroger.

Pourtant, après un moment de silence :

— Avez-vous lu ? demanda le vieillard.

— Oui.

— Eh bien ?

— Je ne suis pas plus avancé qu'hier, en ce qui concerne la famille de ma mère, Mardoche ; je n'ai point découvert le secret que les papiers, selon vous, devaient renfermer.

Mardoche crut avoir mal entendu.

— Quoi ! s'écria-t-il, ces papiers ne vous ont pas fait connaître le nom de la famille de votre mère ?

— Non. Ils m'ont appris seulement que ma mère s'appelait Lucile.

— Oui, Lucile, répéta Mardoche rêveur.

Après un court silence, il reprit :

— Mais ces papiers ne sont donc pas des lettres ?

— Il n'y en a que deux, datées l'une et l'autre de Chevrigny, village où a été

La lettre s'échappa des mains d'Edmond et tomba à ses pieds. (Page 301.)

élevé mon père, car vous l'ignorez peut-être, Mardoche, mon père, comme moi, n'a jamais connu sa famille.

— Étrange, étrange! murmura le vieillard.

« Ainsi, rien, continua-t-il; vous n'avez rien appris?

— Au sujet de ma mère, je vous l'ai dit. Je n'ai plus d'espoir qu'en vous, Mardoche, et je viens vous demander de me révéler ce secret, si important pour moi, que vous seul possédez

— Non, répliqua le vieillard, je ne vous dirai rien, quant à présent du moins ; je ne puis encore parler, l'heure n'est pas venue...

Le jeune homme baissa tristement la tête.

— Oh! depuis que je vous connais, que je sais qui vous êtes, poursuivit Mardoche avec animation, vingt fois il m'est venu sur les lèvres, ce secret fatal, que vous saurez toujours assez tôt, et vingt fois je l'ai refoulé avec terreur au fond de mon cœur... J'ai bien fait, c'est mon devoir. Non, ce n'est pas à moi à parler, d'autres doivent vous dire ce que fut votre mère, ils vous le diront.

— Et s'ils se taisent? insinua Edmond.

— S'ils se taisent, répliqua Mardoche, eh bien! s'ils se taisent... trop longtemps, je verrai, j'examinerai...

— Et vous me direz tout, n'est-ce pas, tout?

— Oh! tout, je ne sais pas; mais quelque chose encore.

— Quand, Mardoche, quand?

— Je ne puis pas savoir... dans trois mois, dans deux mois ; peut-être plus tôt.

— Eh bien! dans deux mois, dans trois, s'il le faut, j'attendrai.

— Vous ne pourrez pas rester à Saint-Irun.

— Je m'en irai. Mais Blanche, Blanche...

— Soyez tranquille, je lui parlerai de vous. Vous retournerez à Paris ?

— Oui.

— Vous travaillerez?

— Je vous le promets.

— Vous allez me donner votre adresse afin que, s'il le fallait, je puisse vous adresser une lettre.

Le jeune homme déchira un feuillet de son carnet, écrivit son adresse au crayon, et donna le papier à Mardoche, qui le plia en quatre et le glissa dans sa poche.

— D'ici à ce que nous nous revoyions, reprit-il, je ne perdrai pas mon temps, je travaillerai pour vous.

— Pour mon bonheur et celui de Blanche, Mardoche! s'écria le jeune homme.

— Oui, répondit-il, pour tous les deux.

— Merci, Mardoche, merci !

— Voyez-vous, reprit le vieillard, je croyais, j'avais pensé que les choses marcheraient plus vite... Mais les papiers ne vous ont rien appris, ce n'est pas ma faute. Cela prouve que j'ai raison en disant : L'heure n'est pas encore venue. Maintenant, je ne vous le cache pas, je suis bien aise que vous n'ayez rien trouvé dans les papiers. Oui, oui, cela vaut mieux. Oh! ne vous étonnez pas de m'entendre parler ainsi aujourd'hui; j'ai réfléchi depuis hier et j'ai eu peur, oui, peur de ce qui serait arrivé si vous aviez appris...

— C'est donc bien terrible?

— Pas pour vous. Mais, rassurez-vous, ni votre bonheur ni celui de mademoiselle Blanche ne sont en danger. Vous l'aimez, je crois qu'elle vous aime aussi, vous devez être heureux.

Edmond envoya un soupir dans la direction du Seuillon.

— Quand partirez-vous? demanda Mardoche.

— Demain.

— Oh! je ne vous chasse pas, fit le vieillard en souriant. Vous irez à Gray retrouver Jérôme Greluche?

— Mon vieil ami est à Saint-Irun depuis ce matin.

— Ah! il a dû être content de vous revoir!

— Il m'aime comme son fils, c'est tout dire.

— C'est vrai. Lui avez-vous parlé de Blanche, de moi, de ce que je vous ai dit de votre mère, de votre père?...

— Greluche m'a élevé, Greluche est mon meilleur ami, je ne lui ai rien caché.

Mardoche réfléchit un instant et dit :

— Vous avez bien fait.

— Je vais vous faire mes adieux en vous quittant, Mardoche, reprit Edmond; n'avez plus rien à me dire, aucun conseil à me donner?

— Pensez à Blanche.

— Oh! vous n'avez pas besoin de me faire cette recommandation, dit le jeune homme avec exaltation, son image chérie est dans mon cœur pour n'en sortir jamais!

— Et vos habits qui sont restés dans la maison du berger?

— Je les retrouverai quand une lettre de vous me rappellera à Frémicourt, répondit Edmond en souriant. Heureusement, j'en ai d'autres, sans quoi j'eusse été embarrassé pour venir ici avec ceux du berger, qui ne sont pas précisément ajustés à ma taille. Ils sont dans ce paquet que j'ai posé là, Mardoche; vous voudrez bien vous charger de les remettre à leur propriétaire ou tout au moins à la place où nous les avons pris hier.

— Bah! vous avez pensé à les rapporter; c'est bien, je les mettrai sous mon bras quand je descendrai dans la vallée.

— Mardoche, s'il arrivait quelque chose au Seuillon, vous m'écririez?

— Oui.

— Vous me promettez bien de dire à mademoiselle Blanche...

— Que vous l'aimez, que vous penserez à elle et que vous reviendrez.

— Au revoir, Mardoche, au revoir, à bientôt!

— Oui, à bientôt!

Ils s'embrassèrent.

Edmond reprit le chemin de Saint-Irun.

Mardoche était retombé sur sa pierre, le visage caché dans ses mains.

Il pleurait.

Edmond ne lui avait point parlé de la lettre de Marianne Sudre, ni de la révélation qu'elle contenait, complétée par les souvenirs de Jérôme Greluche.

Après y avoir sérieusement réfléchi, il avait été convenu entre Edmond et son père adoptif qu'on ne ferait point cette grave confidence à Mardoche.

En entrant chez lui, le jeune homme trouva Greluche en train de donner un coup de vergette aux costumes de ses chères marionnettes. Debout sur la cheminée, adossés au mur et l'un près de l'autre, le petit Rigolo et Polichinelle, les deux inséparables, tantôt amis, tantôt ennemis, avaient l'air de se faire des grimaces en se regardant de travers.

— Ne te dérange pas, dit Edmond.

— Quand partons-nous? demanda Greluche.

— Demain.

— Bravo! Après-demain nous serons à Arfeuille.

— Et ensuite à Paris.

— Il y a une lettre pour toi; j'oubliais de te le dire.

— Une lettre! fit Edmond avec surprise. Je n'ai écrit à personne; à l'exception de Mardoche, nul ne sait que je demeure ici; qui donc peut m'écrire?

Il prit la lettre et, d'une main impatiente, déchira l'enveloppe.

Il courut à la signature.

— Blanche ! exclama-t-il.

Transporté, fou de joie, le regard rayonnant, il bondit au milieu de la chambre.

— Oh! elle m'écrit! disait-il dans l'ivresse de son délire.

Son cœur battait à se briser. Le bonheur l'étouffait.

Enfin, devenu plus calme, il put lire.

La lettre de Blanche était ainsi conçue :

« Monsieur,

« Je vous ai promis une réponse; je vous la dois en reconnaissance des sentiments que vous m'avez exprimés.

Si j'étais heureuse, riche, si j'avais le droit d'aimer, sûre de votre cœur et de votre loyauté, pleine de confiance, j'associerais mon existence à la vôtre. Mais je ne suis ni heureuse ni riche, et je n'ai pas le droit d'aimer.

« Je ne veux rien vous cacher, monsieur, à vous j'oserai le dire : Je ne suis pas la fille de Jacques Mellier. Mon père se nomme Jean Renaud, et ce nom, que vous connaissez peut-être, nous sépare à jamais.

« Adieu, monsieur, adieu! Oubliez-moi.

« BLANCHE. »

La lettre s'échappa des mains d'Edmond et tomba à ses pieds.

Une pâleur livide couvrit son visage, ses traits se contractèrent affreusement, il poussa un cri rauque, horrible, et s'affaissa lourdement, comme une masse.

Greluche se précipita à son secours, l'enleva dans ses bras et le coucha dans un fauteuil.

Il n'avait pas perdu connaissance, mais son regard sans mouvement avait une fixité effrayante. Il semblait que son sang s'était subitement arrêté dans ses veines, que la vie allait le quitter.

Au bout d'un instant, il éclata en sanglots.

Greluche, à genoux près de lui, le caressait comme un enfant et essayait en vain de le consoler.

Le malheureux faisait entendre des gémissements à fendre l'âme, et se tordait convulsivement en roulant sa tête dans ses mains.

Greluche ramassa la lettre, et du premier coup d'œil il comprit. Un frisson passa dans tous ses membres. Il était atterré.

— Blanche, Blanche! s'écria le malheureux jeune homme en proie au plus affreux désespoir, Blanche, la fille de Jean Renaud!... Sa fille... sa fille... elle!... Oh! oh! oh!... La fille de Jean Renaud, Jean Renaud, l'assassin de mon père!... Malheur! fatalité! Perdue, perdue pour moi!...

Tout à coup il bondit sur ses jambes comme s'il eût été poussé par un ressort.

Ses yeux avaient pris une expression farouche.

— Qu'ai-je donc fait à la vie? s'écria-t-il en agitant fiévreusement ses bras. Qu'ai-je donc fait au monde? Qu'ai-je donc fait à Dieu?... Mais suis-je donc maudit? ajouta-t-il avec fureur.

Et épuisé, sans force, pantelant, il se jeta dans les bras de Jérôme Greluche en pleurant à chaudes larmes.

L'homme aux marionnettes, pleurant aussi, le pressa contre son cœur en disant :

— Je t'aime, moi; je te consolerai.

FIN DE LA DEUXIÈME PARTIE

Voir la suite dans la 39ᵉ livraison.

TABLE DES CHAPITRES

PREMIÈRE PARTIE

LE CRIME D'UN AUTRE

I.	— Au milieu de la nuit.	3
II.	— Les renseignements.	7
III.	— La lettre.	13
IV.	— Le tueur de loups.	18
V.	— Le rendez-vous.	23
VI.	— Après le crime.	28
VII.	— Sur la route.	33
VIII.	— Le père et la fille.	38
IX.	— Une visite matinale.	45
X.	— La cache.	48
XI.	— L'enquête.	53
XII.	— Le juge d'instruction.	59
XIII.	— L'arrestation.	64
XIV.	— L'interrogatoire.	69
XV.	— Les réflexions de Pierre Rouvenat.	76
XVI.	— Le serviteur et le maître.	79
XVII.	— Le condamné.	84
XVIII.	— L'orpheline.	90
XIX.	— Où l'on revoit Lucile Mellier.	95
XX.	— L'épargne de Rouvenat.	100
XXI.	— Une nuit de décembre.	106
XXII.	— Le paillasse.	110

DEUXIÈME PARTIE

LE VIEUX MARDOCHE

I. — Le remords.	116
II. — Le beau François.	120
III. — Le vieux mendiant.	125
IV. — La masure.	131
V. — Où Mardoche apprend bien des choses.	135
VI. — Le bouquet.	140
VII. — Deux vieux amis.	144
VIII. — Contre-enquête.	151
IX. — Le théâtre de Rigolo.	158
X. — L'homme aux marionnettes.	160
XI. — La foire.	167
XII. — La rencontre.	172
XIII. — Les chiens de pierre.	178
XIV. — La bonne étoile.	183
XV. — Où l'on voit Rouvenat mécontent.	190
XVI. — Le père Parisel.	194
XVII. — Le complot.	200
XVIII. — Amour.	204
XIX. — L'espoir s'en va.	210
XX. — Visite à Mardoche.	215
XXI. — L'espoir revient.	221
XXII. — Révélation.	229
XXIII. — Grande douleur.	235
XXIV. — L'expulsion.	242
XXV. — Sur une tombe.	246
XXVI. — Joie et larmes.	253
XXVII. — Espère!	259
XXVIII. — Le puits.	265
XXIX. — Le sauvetage.	271
XXX. — Dans les ruines.	276
XXXI. — Les papiers.	282
XXXII. — Le récit de Jérôme Greluche.	287
XXXIII. — La lettre de Blanche.	295

SCEAUX. — IMPRIMERIE CHARAIRE ET FILS.

LA FILLE MAUDITE

PAR

ÉMILE RICHEBOURG

— Cómment trouves-tu ce portrait? demanda Julie à sa jeune amie. (Page 309.)

F. ROY, Libraire-Éditeur, rue Saint-Antoine, 18S.

LA FILLE MAUDITE

―――

TROISIÈME PARTIE

LA COMTESSE DE BUSSIÈRES

―――

I

EN PENSION

Jeunesse, beauté, intelligence, fortune, distinction, amabilité, grâce exquise, la comtesse de Bussières avait tout pour elle. La nature s'était montrée prodigue en sa faveur en lui accordant ses dons les plus précieux. Il semblait qu'elle fût née pour connaître toutes les joies, sans qu'un seul instant le bonheur pût s'éloigner d'elle.

Mais nul ici-bas n'est exempt des dures épreuves de la vie, et, souvent, ce sont ceux qui paraissent les mieux favorisés que le malheur frappe plus cruellement. Si le système des compensations n'était pas presque toujours une absurdité, nous croirions volontiers qu'une loi suprême a décidé que les favorisés expieraient les avantages qu'ils ont sur les autres.

L'idée que nous nous sommes faite de Dieu est inséparable de l'idée de justice; mais quand nous voyons souffrir les bons, triompher les méchants, l'intrigue audacieuse prendre la place du mérite modeste, la médiocrité se substituer au talent, l'honnête homme n'être rien, la considération, les honneurs, le respect aller vers ce qui brille, éblouit, vers la fortune, l'or, ce dieu de notre époque, nous nous demandons avec un étonnement profond, que d'autres pourront appeler naïf, où se trouve la véritable justice.

A cela, les croyants répondent :

— Laissez faire, il y a une autre vie ; Dieu est éternel et l'âme immortelle.

Soit. Que cette pensée nous rassure et, s'il se peut, nous console !

Valentine-Angélique d'Arfeuille se trouva orpheline de père et de mère à l'âge de dix ans. Elle était la dernière descendante de l'illustre famille d'Arfeuille, dont le chef avait été anobli, en l'an 1216, par Philippe-Auguste, le lendemain de la célèbre bataille de Bouvines.

Depuis lors, on voit constamment les marquis d'Arfeuille, toujours fidèles à leur prince, jouer un rôle important dans l'histoire de la royauté.

Le dernier marquis d'Arfeuille laissait à sa fille unique, en mourant, une fortune en propriétés foncières évaluée à quatre millions. La plus importante de ces propriétés était le magnifique domaine d'Arfeuille, un cadeau royal fait à un des ancêtres de mademoiselle Valentine, en récompense de services rendus.

M. le baron de Bierle, un brave homme, oncle maternel de Valentine, devint son tuteur.

M. de Bierle ne possédait qu'une modeste fortune. En même temps que l'orpheline, l'opulence entra dans sa maison.

Le baron n'avait pas d'enfant, mais quelques années auparavant il avait épousé une jeune femme fort belle et surtout fort coquette, qui était restée veuve avec une fille nommée Laure. Celle-ci avait six ans de plus que la pupille du baron.

Valentine fut accueillie dans la maison de son tuteur avec les démonstrations de la joie la plus vive. Il semblait qu'elle allait devenir l'idole de la mère et de la fille. Pendant les premiers mois, on la dévora de baisers. Un si beau feu devait vite s'éteindre. La froideur ne tarda pas à succéder à l'enthousiasme. Le cœur aimant de l'enfant chercha et trouva un refuge auprès du baron qui, sans faire parade de ses sentiments, aimait sincèrement sa petite nièce.

La conduite de madame de Bierle et de sa fille s'explique aisément. La fortune venant les trouver tout à coup, au moment où elles s'y attendaient le moins, devait donner lieu à une explosion de joie et peut-être même à un sentiment de reconnaissance réelle ; mais une fois en possession d'une partie des revenus de la riche héritière elles pensèrent qu'elles avaient assez fait pour elle et qu'elles n'avaient plus qu'à jouir de cette fortune inespérée, qui leur donnait un luxe envié et leur ouvrait les cercles éblouissants du ciel parisien.

De là l'indifférence dont la jeune fille eut d'abord à souffrir.

Et pendant que madame de Bierle et Laure, non moins coquette et frivole que sa mère, se jetaient à corps perdu au milieu de tous les plaisirs, Valentine vivait isolée, délaissée, sans intimité, sans affection pour ainsi dire, à côté d'un vieillard souvent morose, qui jetait comme un souffle glacial sur sa jeunesse prête à fleurir.

Le baron avait fait la sottise d'épouser une coquette de trente ans moins âgée que lui ; à cette sottise il en avait ajouté une autre : celle d'aimer follement sa femme, ce qui n'eût été que demi-mal, si celle-ci, profitant adroitement de sa faiblesse, n'en avait fait l'esclave docile de sa volonté et de ses caprices. Or on sait ce que sont les caprices d'une mondaine et les résultats funestes qu'ils ont souvent.

Valentine, qui avait eu d'abord des maîtres dans la maison, fut placée dans un pensionnat, parce que madame la baronne le voulut.

Une petite fille est quelquefois gênante. On trouve agréable de s'en débarrasser.

Valentine ne s'en plaignit pas ; elle eut au pensionnat ce que son cœur désirait, ce qui lui manquait absolument chez son tuteur : de l'air, du mouvement, des amitiés, de l'affection.

La vie du pensionnat a cela de charmant, de bon, que les abandonnés s'y font vite une famille. A la jeunesse, il faut le rire, un échange continuel de pensées, des voix qui s'encouragent, des bras qui s'enlacent, des cœurs qui s'épanchent.

Mademoiselle d'Arfeuille rencontra tout cela dans une de ces douces amitiés dont le souvenir ne s'efface jamais, qui rappellent plus tard les premiers ravissements de la vie et qui gardent dans le cœur comme un parfum de la jeunesse.

Mademoiselle Julie de Luranne, l'amie de Valentine, était la fille d'un magistrat. Elle avait un frère qui se destinait à la magistrature, dont M. de Luranne père était un des membres distingués et honorés.

Julie de Luranne adorait son frère, ce qui est bien naturel, et parlait continuellement de lui avec une passion et un enthousiasme qui trouvèrent facilement place dans le cœur de mademoiselle d'Arfeuille.

Un jour Julie montra à sa jeune amie une charmante miniature en lui disant :

— Comment trouves-tu ce portrait ?

— Très-bien.

— C'est mon frère. N'est-ce pas qu'il est beau, mon Lucien ?

— Mais oui, il te ressemble, répondit Valentine.

Elle n'avait pas encore quinze ans.

Cependant, à partir de ce jour, chaque fois qu'on parla de Lucien et qu'on regarda la miniature, secrètement, pendant les récréations, Valentine éprouva une émotion, une sensation de plaisir dont, certainement, elle ne songeait pas à se rendre compte.

L'éclosion du premier amour se fait toujours mystérieusement.

La première fois qu'elle vit le frère de son amie, ce fut à la campagne, chez M. de Luranne, pendant les vacances.

Elle avait seize ans. Lucien venait d'être reçu docteur en droit à vingt-trois ans.

Les causeries intimes, les promenades dans les champs, sur les sentiers fleuris, le long des haies, achevèrent l'œuvre ébauchée par Julie. Valentine et Lucien s'aimèrent, sans que M. de Luranne se doutât de rien, car connaissant la fortune de la belle héritière il se serait fait un devoir d'intervenir immédiatement et de s'opposer à une intrigue amoureuse qu'il eût considérée, toute platonique qu'elle fût, comme un manquement à l'honneur.

Certes, mademoiselle de Luranne avait agi sans réflexion et sans même songer que la fortune de Valentine pouvait s'élever entre elle et son frère comme une barrière infranchissable.

Elle aimait Lucien, elle aimait Valentine ; elle désirait ardemment que la jeune fille devînt sa sœur. C'était son idée, elle ne voyait pas autre chose.

Les jeunes gens se revirent fréquemment chez M. de Luranne, chez le baron de Bierle et même au pensionnat où Lucien se rendait souvent sous le prétexte de visiter sa sœur. Enfin il y eut des lettres échangées. C'était plus grave encore.

Deux années s'écoulèrent ainsi.

En attendant le jour où il pourrait parler à son père de son amour pour mademoiselle d'Arfeuille, Lucien s'était fait inscrire sur le tableau des avocats du barreau de Paris.

Valentine avait dix-huit ans. Elle quitta le pensionnat pour revenir définitivement chez son tuteur, où elle était à peine connue des intimes de la baronne.

Parmi ceux-ci se trouvait le jeune comte de Bussières, qui avait aux yeux de madame de Bierle, entre autres avantages, celui d'être immensément riche. Elle avait jeté les yeux sur lui pour sa fille, qui touchait à sa vingt-quatrième année et que la maigreur de sa dot rendait fort difficile à caser.

Mademoiselle Laure était, il faut le dire, une très-belle personne ; malheureusement elle avait le tort de ressembler beaucoup trop à madame sa mère, dont les défauts de l'esprit remplaçaient les qualités du cœur. Non moins intelligente que la baronne, Laure comprit que le comte était le mari qu'il lui fallait et elle joua son rôle en conséquence. Mais comme, en dehors de sa fortune et de son titre, le jeune homme possédait des agréments physiques très-appréciables, elle s'offrit en même temps le luxe de deux passions : l'ambition et l'amour. En convoitant le titre de comtesse, elle s'éprit follement du jeune comte.

Celui-ci, cajolé par la mère, fasciné par les tendres regards de la séduisante demoiselle, se laissait doucement enlacer dans les mailles serrées d'une séduction bien dirigée et risquait fort de se brûler à la flamme de deux beaux yeux.

La baronne en était aux premières escarmouches qui devaient provoquer une demande en mariage, lorsque mademoiselle d'Arfeuille vint reprendre dans la maison de son tuteur la place qui lui appartenait.

Aussitôt la situation changea. Le comte, qui résistait depuis un an aux savantes attaques portées contre lui, fut vaincu du premier coup. Ce que n'avaient pu faire les grands yeux noirs pleins de provocations encourageantes de la belle Laure fut le triomphe d'un regard timide et voilé des doux yeux bleus de la blonde Valentine.

Dès le premier jour, Laure avait senti le démon de la jalousie pénétrer dans son cœur. Elle essaya de lutter afin de l'emporter sur sa rivale inconsciente, mais elle s'aperçut bientôt qu'elle n'avait plus rien à espérer.

Alors, ce fut la haine, une haine sourde, cachée, implacable, qui s'empara de tout son être.

Quelque temps après, le comte de Bussières demanda la main de Valentine à son tuteur. C'était prévu. Laure eut la force de comprimer dans son cœur déchiré et saignant sa fureur et sa rage. Cependant mademoiselle d'Arfeuille ayant répondu à son oncle qu'elle ne voulait pas se marier, Laure voulut se rattacher à l'espoir. L'illusion est si facile! Malheureusement, c'était un amour profond, ardent, nous pouvons même dire une passion, que Valentine avait inspiré au comte de Bussières. Laure ne tarda pas à comprendre qu'elle devait renoncer à ses rêves ambitieux et que le comte était à jamais perdu pour elle.

II

LES DIABLES NOIRS

Un jour, Lucien de Luranne parla à son père de son amour pour mademoiselle d'Arfeuille.

— Voilà une grande folie, dit le digne magistrat ; ne sais-tu pas que mademoiselle Valentine d'Arfeuille est une des plus riches héritières de France?

— Je le sais, mon père, répondit le jeune homme; mais mademoiselle Valentine m'aime.

— Comment le sais-tu?

— Elle me l'a dit.

Le magistrat eut un haut-le-corps et regarda fixement son fils dans les yeux.

— Lucien, reprit-il d'un ton grave, aurais-tu eu l'audace de profiter des relations d'amitié qui existent entre cette jeune fille et ta sœur, et des circonstances qui t'ont permis de la voir chez ton père, pour lui parler d'amour?

Le jeune homme rougit et baissa les yeux.

— Si tu as fait cela, continua le rigide magistrat, tu as commis une mauvaise action.

Lucien tressaillit.

— Oui, une mauvaise action, je le répète; c'est sur ma demande, pour m'être agréable et faire plaisir à ta sœur, que le baron de Bierle a consenti à laisser venir sa nièce chez moi. Il me la confiait. Lucien, je suis responsable de ce qui s'est passé dans ma maison. Or la confiance de M. de Bierle a été trahie, et tu as fait de ton père le complice d'une malhonnêteté, d'un acte odieux, que je désapprouve, que je blâme, que je flétris!...

— Oh! mon père! murmura le jeune homme.

— Maintenant, que s'est-il passé? Je veux tout savoir; parle!

Le jeune homme ne lui cacha rien.

M. de Luranne était atterré. Sa conscience d'honnête homme lui montrait cette aventure beaucoup plus grave qu'elle ne l'était réellement; elle prenait à ses yeux des proportions énormes.

Il fit appeler sa fille et lui reprocha sévèrement sa conduite, en lui montrant le vilain côté du rôle qu'elle avait joué dans cette déplorable affaire.

Julie pleura à chaudes larmes. Elle n'eut pas de peine, d'ailleurs, à prouver à son père qu'elle avait agi très-innocemment et par un entraînement irrésistible de son cœur.

C'était quelque chose pour le magistrat de constater que la conduite de ses enfants ne s'était point basée sur un calcul misérable; une pensée vénale eût fait un crime de ce qui n'était qu'une malheureuse légèreté.

Mais, le mal fait, il était urgent de le réparer.

— Je place mon honneur, qui est le vôtre, dit M. de Luranne à ses enfants, au-dessus de toutes les considérations; vous avez agi l'un et l'autre sans réflexion, sans voir sur quelle pente dangereuse vous vous engagiez; je ne doute pas de la pureté de vos intentions, mais elles peuvent être suspectées par d'autres; voilà ce

Lucien s'avança et la salua respectueusement. (Page 319.)

qui ne doit pas être ; je n'admets pas que nous puissions seulement être soupçonnés.

« La grande fortune de Mlle d'Arfeuille, Lucien, aurait dû te préserver de l'aimer et, dans tous les cas, t'empêcher d'élever ta pensée jusqu'à elle. Tu l'as aimée, tu le lui as dit, tu as troublé le cœur de cette jeune fille ; voilà en quoi tu as mal agi, voilà pourquoi tu es coupable. Quoi ! on pourrait t'accuser, accuser ta sœur et moi-même d'un manége honteux, d'un calcul infâme, d'une séduction, d'une captation!... Jamais! A cette seule pensée, mon âme se révolte, ma chair frissonne et tout mon sang bout dans mes veines!...

« Si le baron de Bierle était instruit de ceci, que penserait-il de moi, de nous tous? N'aurait-il pas le droit de me demander un compte sévère du bonheur de sa nièce? Je sais bien que je pourrais lui répondre : Vous me l'avez confiée, c'est vrai; nous avons été aveugles et imprévoyants autant l'un que l'autre. Mais cela n'adoucirait pas l'amertume des reproches que me fait ma conscience. Ah! tout cela est grave et douloureux!

« Me comprends-tu, Lucien? continua-t-il. Es-tu bien pénétré du sentiment de délicatesse et d'honneur qui me fait te parler ainsi? »

Le jeune homme répondit par un mouvement de tête.

Il était consterné.

— Tu n'as qu'un moyen de réparer dignement ta faute, reprit le père, c'est de ne plus revoir mademoiselle d'Arfeuille, c'est de cesser de penser à elle.

Lucien laissa échapper un gémissement.

— Ton amour est insensé, sans espoir... Je connais assez le baron de Bierle pour être sûr d'avance qu'il te refuserait nettement la main de sa pupille, l'unique héritière des d'Arfeuille. Tu as du mérite, du talent, tu auras peut-être un avenir plus brillant que le mien ; mais actuellement, mon ami, tu n'es rien encore qu'un avocat très obscur; ce n'est pas suffisant pour te donner la hardiesse de prétendre à la main de mademoiselle Valentine. Crois-moi, consulte ta raison, regarde mieux dans la vie réelle et tu reconnaîtras que tu as caressé une chimère, que tu t'es bercé dans un rêve.

« Enfin, renonce à l'espoir d'épouser mademoiselle d'Arfeuille : pour elle, pour toi, il le faut.

— Mais elle, mon père, mais elle! s'écria Lucien.

— Elle se mariera. Il y a quelques jours, elle a été demandée en mariage par le comte de Bussières, dont la fortune est, dit-on, supérieure à la sienne.

Lucien laissa tomber sa tête dans ses mains et sanglota.

— Le malheureux, comme il l'aime! murmura M. de Luranne.

Huit jours plus tard, Lucien, nommé substitut dans une petite ville du Midi, se rendait à son poste.

Valentine, ne voyant plus son amie de pension et s'étonnant de ne plus entendre parler de Lucien, trouva le moyen, sous le prétexte d'une visite, de se faire conduire par son tuteur chez M. de Luranne. Alors elle apprit le départ du jeune homme. Elle eut avec Julie une longue conversation où elle essaya de pénétrer la véritable cause de ce départ qu'on avait tenu à lui cacher.

Mademoiselle de Luranne, docile aux instructions qu'elle avait reçues de son père, lui dit que Lucien devait songer à se créer une position, et qu'une place de substitut lui ayant été offerte il s'était empressé de l'accepter. Elle trouva aussi le moyen de lui faire comprendre que leurs causeries intimes d'autrefois et sa petite histoire amoureuse devaient être considérées par elle comme un agréable passe-temps de pensionnaires.

Valentine quitta son amie désolée, désenchantée, mais non guérie de l'amour qu'elle avait au cœur.

Julie, croyant lui rendre service et racheter en même temps ce que M. de Luranne appelait une légèreté coupable, l'avait cruellement blessée.

Quoi ! on s'était permis de jouer avec son cœur comme avec un hochet ! On avait fait de ses pensées, de ses confidences, de ses sentiments, d'elle tout entière, des amusements de pensionnaires !... Elle trouvait cela épouvantable, monstrueux. Il y avait de quoi prendre la vie en dégoût, le monde en horreur.

Elle pleura et fit d'amères réflexions.

Cependant, pressée par M. de Bierle qui, se sentant vieillir, tenait absolument à la marier, n'ayant près d'elle personne sur qui elle pût s'appuyer, gênée et sans joie dans cette maison qu'elle avait enrichie, ayant dans l'âme la douleur profonde de sa première illusion détruite, elle consentit à épouser le comte Adolphe de Bussières.

Le comte était grand, bien fait, distingué, agréable de figure, et possédait, nous l'avons dit, d'excellentes qualités. Son plus grand défaut était d'être un peu trop sérieux pour son âge.

Valentine éprouvait pour lui de la sympathie et elle s'était dit :

— Je l'aimerai.

Cela devait venir avec l'oubli du passé et à mesure que le souvenir de Lucien se serait effacé de son cœur. La plaie était encore vive, il fallait attendre la guérison. Si un second amour est généralement plus durable que le premier, il met aussi plus de temps à naître et à s'épanouir.

Malheureusement, le comte ne comprit point le doux devoir qu'il avait à remplir. Il ne sut rien faire pour aider à la guérison. Il s'aperçut cependant que le cœur de la jeune femme ne lui appartenait point ; ce fut pour lui un immense chagrin ; mais, au lieu de mettre tout en œuvre pour le conquérir à force de prévenances, de sollicitude et de tendresse, il eut peur, niaisement, du fantôme du passé. Il devint morose, soupçonneux, ombrageux, jaloux.

N'osant point aborder franchement, hardiment la situation, il se renferma en lui-même, et, manquant de confiance, il se laissa aiguillonner par les diables noirs. Le sourire disparut totalement de ses lèvres, il devint plus sérieux encore, presque sévère, et son caractère s'aigrit. Un mot, un mouvement, un regard de la comtesse, il l'interprétait et le commentait à sa manière. Il la soumit à une surveillance offensante pour sa dignité; ses moindres actions furent contrôlées; c'est à peine s'il lui laissa la liberté de penser. Sans le vouloir, sans le savoir sans doute, il devint un tyran conjugal. Enfin il s'arrangea si bien, ou plutôt si mal, que, au lieu d'attirer sa femme à lui, il l'éloigna, la repoussa.

Onze mois après le mariage, la comtesse mit au monde un fils.

Cet heureux événement transporta le comte au septième ciel. On put croire un instant que ses diables noirs s'étaient envolés à tire-d'aile. Il se fit en lui, en effet, un changement considérable; mais la comtesse n'eut pas lieu de s'en féliciter. Il ne fit plus attention à elle.

Pris d'un amour paternel étrange, étonnant, pour ne pas dire invraisemblable, il n'eut plus qu'une pensée : son fils. Ses attentions, ses soins, ses paroles, ses regards étaient uniquement pour son fils; il ne voyait plus que lui, ne connaissait plus que lui. En dehors de son fils, il n'y avait rien, son fils était tout; il en fit son Dieu, il se fit son esclave.

Pour se consoler, sans doute, de ses chagrins imaginaires, il passait les jours et souvent les nuits en contemplation devant le berceau de l'enfant.

Certes, on a vu des pères chérir leurs fils et se montrer souvent d'une faiblesse regrettable pour eux; mais jamais peut-être on n'avait eu l'exemple d'une tendresse aussi excessive que celle de M. de Bussières. Ordinairement on laisse le fils à sa mère au moins jusqu'à l'âge de cinq ou six ans; le comte s'empara du sien dès le premier jour de sa naissance et ne le quitta plus. Cette passion inouïe du père pour l'enfant sautait aux yeux et était pour tout le monde un sujet d'étonnement.

Les intimes du comte disaient en souriant, en parlant de son affection pour son fils :

— Dans son bonheur, il y a un regret, c'est de ne pouvoir remplir auprès de son enfant tous les devoirs de la maternité.

Valentine avait témoigné le désir de nourrir elle-même son fils; le comte prétendit qu'elle était trop délicate et prit une nourrice. La mère se trouva ainsi séparée de son enfant, qu'elle ne voyait presque jamais. C'était comme une grâce que lui accordait son mari lorsqu'il permettait à la nourrice de lui amener son fils.

Il semblait que le comte voulût être seul à l'aimer. De fait, il était jaloux des caresses que la mère lui prodiguait parfois. Si elle le prenait dans ses bras :

— Prenez garde, s'écriait-il, vous allez le blesser!

Et il le lui enlevait pour le rendre à la nourrice.

Elle finit par ne plus oser l'embrasser.

Elle avait espéré trouver un refuge dans l'amour maternel, elle fut obligée de renfermer celui-ci comme l'autre dans son cœur et de se faire une vie à part, contrainte, sans expansion, qui l'eût conduite à une apathie physique et morale complète, si elle n'eût pas eu pour la secouer le tourment de ses secrètes pensées.

Nous ne dirons pas les amertumes dont son âme était abreuvée.

Son mari s'éloignait d'elle, il lui prenait son enfant, tout lui manquait. Elle devint plus libre. Atteinte dans sa dignité, froissée dans ses sentiments, elle voulut échapper à la torpeur qui s'emparait d'elle lentement; elle chercha des distractions au dehors. Les avances les plus gracieuses lui furent faites, et si elle eût eu le goût des plaisirs frivoles elle fût devenue facilement une reine des fêtes mondaines.

III

MADEMOISELLE LAURE

Laure s'était peu à peu rapprochée de la jeune femme après son mariage et lui témoignait une véritable amitié. Valentine crut à la sincérité de cette affection un peu tardive, qui venait à elle, et y répondit avec joie et reconnaissance. Pleine de confiance, ignorant le mal involontaire qu'elle avait fait à la belle-fille de son tuteur, elle ne pouvait se douter que celle-ci jouât vis-à-vis d'elle une odieuse comédie et ne la caressât que pour mieux pouvoir l'étouffer.

Laure avait juré de se venger, et, tout en comblant sa rivale de caresses dont elle eût voulu faire des morsures, elle attendait, avec la patience d'un fauve qui guette une proie, le moment où elle pourrait donner à sa haine une entière satisfaction.

Comment espérait-elle arriver à sa vengeance? Elle ne le savait pas. Mais son but était de jeter la désunion entre les deux époux, de les frapper en même temps, de les séparer, pour avoir ensuite le droit de consoler l'ingrat qui l'avait dédaignée et qu'elle aimait toujours. Elle n'était pas difficile sur le choix des moyens; elle n'aurait pas hésité un instant à devenir la maîtresse de M. de Bussières, pour se donner seulement la joie d'humilier la comtesse.

Dans tous les cas, elle pouvait frapper Valentine d'autant plus sûrement que la jeune femme, trompée par son hypocrisie, se livrait sans défiance aux coups qu'elle voulait lui porter.

Quand elle eut découvert que le comte était jaloux et la comtesse malheureuse, elle éprouva une joie intérieure très-vive, qui se traduisit aussitôt par un redoublement de fausse affection pour la jeune femme et des attaques pleines d'adresse contre les bizarreries d'humeur de M. de Bussières.

Agissant à la fois près du mari, dont elle excitait perfidement la jalousie, et de la jeune femme, dont elle semblait prendre la cause avec un touchant intérêt, elle jetait entre eux, avec une audace et une cruauté sans pareilles, son venin de discorde.

Froidement, appelant à elle toutes les ressources de la diplomatie féminine, elle calcula le parti qu'elle pouvait tirer de la situation.

Insinuante et astucieuse, elle amena peu à peu Valentine à lui faire des demi-confidences. Ce que la comtesse n'osa ou ne voulut point lui dire, elle le devina.

Ainsi la jalousie du comte était jusqu'à un certain point justifiée. Valentine avait au cœur un secret, un amour vivace encore, des regrets.

Cette nouvelle découverte lui causa un éblouissement.

Il lui restait à connaître le nom de l'homme qui occupait la pensée de la comtesse. Elle chercha et trouva sans peine. Valentine avait cessé de voir Julie de Luranne, cette amie de pension qu'elle aimait tant autrefois. Elle n'eut qu'à se demander pourquoi et la lumière jaillit.

Maintenant qu'elle connaissait le secret de la comtesse, elle examina comment elle pourrait le faire servir à sa vengeance.

L'esprit des méchants est fécond ; comme un général d'armée qui va livrer une bataille décisive, elle dressa son plan, combina les moyens d'exécution et prépara ses batteries.

Elle rechercha la société de mademoiselle de Luranne et elle fut d'autant mieux accueillie que la sœur de Lucien souffrait beaucoup de ne plus voir Valentine et désirait vivement se rapprocher d'elle.

Un jour mademoiselle de Luranne, toute joyeuse, annonça à Laure que son frère, qu'elle n'avait pas vu depuis dix-huit mois, allait venir passer un mois à Paris.

Voilà ce que Laure attendait. Elle eut de la peine à dissimuler sa joie

Un soir, en entrant dans le salon de la baronne de Bierle, où Laure avait organisé une petite sauterie intime, la comtesse de Bussières se trouva devant Lucien de Luranne.

Ils n'avaient été prévenus ni l'un ni l'autre; c'est un tableau, un coup de théâtre que Laure avait voulu s'offrir. Elle attacha sur les deux jeunes gens son regard sombre et perçant.

Lucien s'avança vers la comtesse et la salua respectueusement, tout en balbutiant quelques paroles que la jeune femme, visiblement troublée, ne put comprendre.

Valentine était devenue très-pâle. Elle lui rendit froidement son salut, et, sans prononcer un mot, elle s'empressa d'aller à la baronne près de laquelle elle s'assit.

Le jeune homme la suivit des yeux tristement et gagna l'embrasure d'une fenêtre afin de cacher son émotion.

Laure avait tout observé. Elle était satisfaite.

— Ils s'aiment toujours, se dit-elle; je n'aurai qu'à souffler sur le feu pour faire pétiller la flamme.

Au bout d'un instant, la comtesse aperçut Julie qui la regardait, les yeux humides, et paraissait hésiter à venir à elle.

Valentine se leva et lui tendit la main

La jeune fille ne fit qu'un bond pour être à son cou. Elles s'embrassèrent.

— Tu me pardonnes? murmura la voix de Julie.

— Oui.

— Je t'ai donc vraiment fait de la peine?

— Beaucoup.

— Ah! tu ne sais pas ce qui s'est passé, tu ne dois pas le savoir...

— Que veux-tu dire?

— Je te le dirai peut-être; mais plus tard, plus tard...

Et elle ajouta tout bas, à son oreille :

— Quand tu seras heureuse.

La comtesse tressaillit et regarda son amie avec surprise.

Laure s'était approchée.

— Je le savais bien, moi, que vous vous aimiez toujours, dit-elle d'une voix aimable.

Ces paroles, qui pouvaient être à double entente, eurent un écho douloureux dans le cœur de la comtesse.

— Oh! oui, toujours, répondit Julie en saisissant la main de Laure, et je ne sais comment vous remercier de m'avoir rendu ma chère Valentine.

« Nous nous reverrons, n'est-ce pas? reprit-elle en s'adressant à la comtesse; souvent, tu le voudras bien, tu me permettras d'aller te voir?...

— Oui, oui, tu viendras.

— Mon père est ici, reprit Julie; il sera aussi bien heureux de te revoir.

— Où est-il?

— M. de Luranne est avec M. de Bierle et quelques autres amis de M. le baron dans le petit salon, dit Laure; ils sont en train de faire leur partie de whist.

— Allons les déranger dans leur grave occupation, dit gaiement Julie en prenant le bras de la comtesse.

Elles entrèrent dans le petit salon.

Une jeune dame se mit au piano et joua une valse. Quelques couples de jeunes gens s'enlacèrent et la danse commença.

Laure s'approcha lentement de Lucien, qui était resté isolé, absorbé dans ses pensées, caché à demi par une tapisserie.

— Vous êtes bien songeur, monsieur de Luranne, lui dit-elle; pourquoi ne dansez-vous pas?

— Je n'ai jamais aimé beaucoup la danse, répondit-il tristement.

— Aujourd'hui presque tous les jeunes gens disent cela; vous devenez bien graves, messieurs.

— La gravité, mademoiselle, est pour moi une obligation.

— Dans l'exercice de vos fonctions, soit, répliqua-t-elle; mais quand il est sorti de son cabinet, où il devrait toujours laisser sa gravité, il me semble que le plus sévère magistrat a le droit de s'amuser comme tout le monde.

— Sans doute, fit-il en souriant, mais chacun a son caractère, son tempérament.

— Et le vôtre est d'être grave, partout et toujours.

Il s'inclina.

— Je veux pourtant vous distraire, reprit-elle. Vous avez bien voulu accepter notre invitation et je serais désolée si vous aviez le regret d'être venu.

— Oh! vous ne le pensez pas! J'ai toujours été accueilli gracieusement chez M. le baron de Bierle, j'y suis revenu aujourd'hui avec plaisir.

Elle lui prit la main.

— Vous êtes de nos anciens amis, dit-elle, et je suis vraiment contrariée de vous voir si triste. J'en connais peut-être la cause...

Les yeux du jeune homme se fixèrent ardemment sur les siens.

LA FILLE MAUDITE

Une tête se montra à la portière et une main agita un mouchoir blanc. (Page 331.)

— Tenez, reprit-elle, allons nous asseoir là-bas, à l'autre bout du salon, et, si vous le voulez, nous causerons.

Il la suivit en se disant :

— Que veut-elle me dire ?

A l'endroit où ils s'assirent, l'un près de l'autre, ils pouvaient parler sans craindre d'être entendus par des oreilles indiscrètes.

Ils restèrent un moment silencieux.

— Je croyais que nous devions causer? dit-il.

— C'est vrai, fit-elle; mais je réfléchis, j'hésite à vous parler de cela.

— De quoi?

— De ce qui vous rend triste, de ce qui vous préoccupe, vous inquiète.

— Je suis toujours ainsi, fit-il.

— Depuis quand? Depuis qu'elle est mariée?

Il sursauta sur son siége et la regarda avec effarement.

— Je lis dans vos yeux et dans votre cœur comme dans un livre ouvert, poursuivit-elle; vous l'aimez toujours.

Il lui saisit le bras et le serra fiévreusement.

— Oh! taisez-vous! taisez-vous! murmura-t-il.

— Personne ne nous écoute et elle n'est pas là; elle cause probablement avec votre sœur dans la chambre à côté.

— N'importe! si vous saviez...

— Dites, je saurai.

— Eh bien! j'ai peur, oui, j'ai peur de ne pas être maître de moi.

— Oh! il y a assez de monde ici pour vous retenir.

— Mais comment avez-vous pénétré ce secret que je voudrais me cacher à moi-même, que j'ai enseveli au plus profond de mon cœur? Est-ce elle qui vous a dit?...

— Valentine ne m'a rien dit; en la voyant souffrir, j'ai deviné.

— Elle souffre, dites-vous, elle souffre?

— Autant que vous.

— Est-ce que son mari?...

— Le comte l'adore.

Lucien poussa un soupir.

— Mais elle ne l'aime pas, ajouta Laure.

— Elle ne l'aime pas!

— Elle ne peut pas l'aimer, puisque son cœur vous appartient, puisque c'est vous qu'elle aime.

— Oh! ne me dites pas cela!

— Malheureusement, c'est la vérité. Vous n'avez donc pas remarqué sa pâleur, son trouble, quand, tout à l'heure, vous vous êtes trouvés en face l'un de l'autre?

— Non, je n'ai vu que sa froideur et le mouvement brusque qu'elle a fait pour s'éloigner de moi.

— Cela se comprend; devant tant de témoins, elle a craint...

— Quoi?

— De se trahir.

Le jeune homme était extrêmement agité; il avait la respiration haletante. Laure le dévorait du regard.

— J'aime beaucoup Valentine, reprit l'hypocrite créature; ne pas la savoir heureuse est une grande affliction pour moi. Nulle plus qu'elle, pourtant, n'avait droit au bonheur. Ah! pourquoi ne l'avez-vous pas épousée?

— Ah! oui, pourquoi? fit-il douloureusement; demandez-le à mon père. Vous le connaissez, mademoiselle, mais vous ne savez pas jusqu'où, en toute circonstance, il pousse la délicatesse des sentiments, et combien il est susceptible sur les choses qui touchent à la considération, à l'honneur. La fortune de mademoiselle d'Arfeuille a été pour lui un épouvantail. Il a craint qu'on ne l'accusât d'avoir attiré Valentine dans sa maison en vue d'une odieuse spéculation; il a craint qu'on ne l'accusât d'avoir prêté la main à une basse intrigue et de passer aux yeux du monde pour un homme peu scrupuleux, capable de tout sacrifier à son ambition. Sa volonté a pesé sur la mienne et il m'a ordonné de renoncer à Valentine, que le comte de Bussières venait de demander en mariage; je n'ai pas eu la force de me révolter contre son autorité, j'ai obéi.

— Vous avez eu grand tort et M. de Luranne aussi; si à cette époque j'avais su tout cela, aujourd'hui ma chère Valentine serait heureuse, vous l'auriez épousée.

Le jeune homme baissa la tête.

IV

CE QUE PEUT LA HAINE

— Maintenant, reprit Laure, je comprends ce qui s'est passé; M. de Luranne avec ses idées de puritain, d'homme d'un autre monde ou d'une autre époque, a fait, sans le vouloir, votre malheur et celui de Valentine. Abusé par un sentiment exagéré d'honnêteté, il vous a séparé de mademoiselle d'Arfeuille, et il a cru vous consoler en vous faisant donner une place de substitut à deux cents lieues de Paris.

« M. de Bierle voulait en effet pour sa nièce un brillant mariage ; il croyait devoir cela à la mémoire des ancêtres et considérait comme son devoir absolu de tuteur de donner à sa pupille au moins le titre de comtesse. Le baron a, lui aussi, beaucoup d'idées qui ne sont plus de notre époque. Il a dû entretenir souvent M. de Luranne de ses projets, ce qui expliquerait les scrupules de votre père lorsqu'il a connu votre amour pour Valentine.

« Mais Valentine vous aimait. Et puis nous étions là, ma mère et moi, pour la soutenir dans la lutte. M. le baron aurait eu beau dire et beau faire, nous l'aurions emporté.

« M. de Bussières avait demandé mademoiselle d'Arfeuille en mariage, c'est vrai ; je crois même que M. le baron, croyant que les choses se passent encore de nos jours comme il y a trois siècles, avait promis sa pupille au comte avant même de l'avoir consultée. Mais ce que votre père ne vous a pas dit sans doute, c'est que mademoiselle d'Arfeuille, lorsqu'on lui parla de la recherche du comte, le refusa d'abord.

« Malheureusement je n'étais pas alors dans son intimité comme aujourd'hui ; elle garda son secret. Il est évident qu'elle attendait que vous fissiez votre demande. Je me souviens maintenant de son abattement, de ses tristesses ; ses yeux rougis disaient aussi qu'elle pleurait secrètement. Enfin, c'est seulement lorsqu'elle eut appris que vous aviez quitté Paris sans la prévenir, sans lui donner aucune explication, qu'elle céda aux pressantes sollicitations de son tuteur et consentit à épouser le comte. Elle crut certainement que vous ne l'aimiez pas.

— Chère Valentine ! soupira Lucien.

— Il faut croire aussi qu'elle fut extrêmement froissée de votre oubli apparent, puisque, malgré l'amitié qui l'unissait à votre sœur, elle cessa complétement de la voir. Depuis le mariage de la comtesse, elles se sont rencontrées ce soir pour la première fois.

— Je le sais.

— Vous avez été témoin de l'accueil qu'elle a fait à mademoiselle de Luranne ; elle n'a pu résister à l'entraînement de son cœur.

— Oui ; il n'y a que pour moi qu'elle garde sa froideur. Elle me méprise peut-être.

Laure se pencha à son oreille et lui dit :

— Je ne voudrais pas affirmer qu'elle ne pensait pas à vous en embrassant votre sœur.

Il secoua la tête.

— Hélas! fit-il, elle est mariée, tout est fini. Si seulement je pouvais lui parler, lui dire...

— Que vous l'aimez toujours?

— Non, ce serait l'offenser; mais lui donner seulement l'explication de ma conduite.

— Qui vous empêche de le faire?

— Elle ne consentira pas à m'écouter.

— Aujourd'hui, oui; mais pourquoi pas un autre jour?

— Vous croyez qu'elle me recevrait?

— Oh! je ne dis pas qu'elle laissera ouvrir pour vous la porte de son boudoir; mais si vous le désiriez réellement, je pense qu'elle ne refuserait pas de se rencontrer avec vous.

— Je payerais ce bonheur de ma vie, dit-il d'une voix tremblante.

Le regard de Laure étincela.

— Eh bien! fit-elle, je lui parlerai de cela; je crois en effet qu'une franche et loyale explication est nécessaire entre vous. Elle sera pour notre chère comtesse un soulagement, pour vous une consolation. Si je réussis, comme je l'espère, je m'empresserai de vous prévenir.

— Comme vous êtes bonne!

— C'est bien, c'est bien, vous me remercierez plus tard, dit-elle en se levant.

La comtesse rentrait dans le salon.

Le regard de Lucien et celui de la jeune femme se croisèrent rapidement. Ce furent deux éclairs dont ils ressentirent l'un et l'autre la commotion.

Laure, son sourire le plus gracieux sur les lèvres, était allée au-devant de la comtesse.

— Demain j'irai vous voir, lui dit-elle.

— Je ne vous vois jamais assez, répondit Valentine d'un ton charmant.

— J'aurai beaucoup de choses à vous dire, ajouta Laure d'un air mystérieux.

La comtesse sentit le rouge monter à son front. Elle voyait le nom de Lucien sur les lèvres de Laure et dans son regard. Involontairement ses yeux cherchèrent le jeune homme. Elle le vit debout à la même place, la regardant toujours et l'enveloppant dans une sorte de rayonnement qui s'échappait de ses yeux. Son extrême pâleur la frappa, et une angoisse indéfinissable s'empara d'elle. Ses yeux se voilèrent et elle se demanda :

— Qu'est-ce que cela veut dire?

Ces paroles de Julie : « Tu ne sais pas ce qui s'est passé, tu ne dois pas le savoir », bourdonnaient encore à ses oreilles. Son trouble augmenta; elle se sentit gênée, mal à son aise et prit le parti de se retirer. Elle sortit du salon en jetant ce mot à l'oreille de Laure :

— A demain.

Le lendemain Laure arrivait à deux heures à l'hôtel de Bussières. La comtesse l'attendait.

Le comte leur tint compagnie un instant, puis les laissa seules.

— Maintenant nous pouvons causer, dit Laure en se rapprochant de la jeune femme.

— Vos paroles d'hier m'ont rendue inquiète, ma chère Laure; j'y ai pensé toute la nuit. Est-ce donc bien grave, toutes ces choses que vous avez à me dire ?

— Oh! rassurez-vous; il s'agit seulement, dans l'intérêt de votre repos que je voudrais ne voir jamais troublé, de courir au-devant d'un danger possible.

— Un danger! s'écria la comtesse effrayée.

— Vous m'avez confié une partie de vos peines, ma chère Valentine, mais par une réserve bien naturelle et que j'ai parfaitement comprise vous ne m'avez pas ouvert entièrement votre cœur. La véritable amitié qui veut se rendre utile cherche toujours les moyens de consoler; elle devient ingénieuse et a le privilége, souvent, de deviner ce qu'on n'ose pas lui confier. Vous me pardonnerez d'avoir interrogé vos pensées, lu dans vos yeux et regardé dans votre cœur. Valentine, j'ai deviné votre secret.

— Mon secret! fit la comtesse en tressaillant.

— Oui. Hier je doutais encore; votre trouble m'a prouvé que je ne m'étais pas trompée.

Valentine laissa tomber sa tête sur son sein.

— Mon Dieu! ce n'est pas là qu'est le danger dont je vous parlais tout à l'heure, continua la perfide créature; on guérit de tout, même d'un premier amour, et nous vous guérirons, il le faut; mais il vous aime, lui, il vous aime à en perdre la raison.

Un sourire effleura les lèvres de la comtesse.

— Je ne crois pas cela, dit-elle.

— Malheureusement cela est.

— Laure, il vous a donc parlé?

— Oui.

— Que vous a-t-il dit?

— Il m'a raconté, d'abord, comment son père, instruit de la demande du comte de Bussières et des projets de votre oncle, qui tenait, vous le savez, à vous marier magnifiquement, avait exigé qu'il renonçât à vous. M. de Luranne père, effrayé par votre grande fortune, a craint d'essuyer un refus et a eu peur surtout, paraît-il, qu'on ne l'accusât de vous avoir attirée dans sa maison dans le but unique de vous faire épouser son fils. Bref, il fit de cela une question d'honneur et, redoutant que Lucien désespéré ne se livrât à quelque folie, il s'empressa de l'éloigner de vous en le faisant nommer à une place de substitut.

— Ah! je comprends, je comprends! murmura la comtesse.

Et elle cacha son visage dans ses mains.

— Il m'a ensuite parlé de ses regrets, de sa douleur, reprit Laure, et longuement de son amour qu'il n'a pu arracher de son cœur et qui a pris, au contraire, de plus fortes racines.

Valentine laissa échapper un gémissement. Laure poursuivit :

— Je l'ai vu si malheureux, tellement désespéré, que, vraiment, j'ai eu pitié de lui.

La comtesse releva brusquement la tête.

— Laure, Laure, dit-elle d'une voix anxieuse, vous ne lui avez pas appris dans quel état déplorable se trouve mon cœur?

— Oh! je me suis bien gardée de commettre cette imprudence.

— Alors il croit que je ne l'aime plus?

— Ma chère comtesse, répondit Laure, la plupart des femmes savent se contenir et cacher ce qu'elles pensent ; elles possèdent admirablement l'art de la dissimulation : vous n'êtes pas de celles-là. Vos yeux, comme un miroir, reflètent toutes vos pensées. Vous vous êtes trahie, M. de Luranne a compris que vous ne l'aviez pas encore oublié.

— Oh! c'est un malheur! un grand malheur! s'écria Valentine désolée.

— Qui n'est pas irréparable, répliqua Laure. Toutefois je dois vous dire qu'il est dans un état d'exaltation qui me donne des craintes sérieuses.

— Mon Dieu! expliquez-vous !

— Hier, si je n'avais été assez heureuse pour le retenir, pour le calmer, il aurait fait quelque extravagance fort compromettante pour vous.

— Le malheureux ! le malheureux ! murmura la comtesse.

— C'est un amour terrible que le sien. A tout prix, il veut vous revoir, obtenir de vous un entretien...

— Mais c'est impossible, c'est insensé! s'écria Valentine avec effroi.

— Oui, mais son idée est fixe; pour vous voir, il est capable de tout; il forcerait la porte de votre salon, de votre chambre, je crois même qu'il ne reculerait pas devant votre mari qui lui barrerait le passage.

— Laure, vous n'avez donc pas pu lui faire comprendre sa folie?

— Il n'y a rien à dire à qui ne veut pas entendre raison.

— Que faire, mon Dieu! que faire? murmura la comtesse éperdue.

— Voilà le danger dont je vous parlais tout à l'heure et que nous devons conjurer.

— Mais comment? Je ne sais pas, moi, je ne sais pas...

— Avec un caractère singulier comme celui de M. de Bussières, si une querelle éclatait entre lui et M. de Luranne, ce serait épouvantable.

La jeune femme se sentit frissonner.

— Laure, dit-elle d'une voix suppliante, ne m'abandonnez pas! conseillez-moi!

La malheureuse se livrait elle-même à son ennemie.

Laure fit semblant de réfléchir un instant, puis soudain :

— Voulez-vous que je vous dise, Valentine, ce que je ferais si j'étais à votre place?

— Oui, dites, dites vite.

— Eh bien! pour prévenir un coup de tête de M. de Luranne, je lui accorderais ce qu'il demande : je consentirais à le voir une fois.

— Y songez-vous, Laure? Je ne peux le recevoir ici.

— Assurément, pas plus que vous ne pouvez aller chez lui. Mais Paris est grand, il y a mille moyens de s'y rencontrer; il peut aussi se trouver sur votre passage, comme par hasard, dans une allée du bois de Boulogne ou de Vincennes.

— Un rendez-vous! exclama la comtesse avec terreur; non, non, je n'oserai jamais...

Laure se mordit les lèvres, et une lueur fauve, qui s'éteignit aussitôt, passa dans son regard.

— Ma chère Valentine, reprit-elle d'une voix doucereuse, je vous ai dit ce que je ferais; mais je n'ai ni la prétention ni le droit de diriger votre conduite. Je vois votre tranquillité menacée et, inquiète, je cherche à éloigner de vous un péril dont je m'exagère peut-être la gravité. Un rendez-vous, d'ailleurs, n'est pas un si grand crime. Je ne vois pas, en vérité, comment vous feriez un acte

LA FILLE MAUDITE

Le comte fit jouer les batteries de son pistolet. (Page 338.)

répréhensible en vous rencontrant, ici ou là, avec M. de Luranne, lorsqu'il s'agit, pour vous, de prévenir un malheur réel, qui peut être la conséquence de son désespoir ou de sa folie.

La comtesse avait mis de nouveau son visage dans ses mains. Un tremblement nerveux agitait ses membres.

— Ma chère Valentine, reprit après un moment de silence la haineuse jeune fille, qui tremblait de voir sa proie lui échapper, réfléchissez bien à tout ce que je viens de vous dire. Il s'agit d'arrêter un malheureux que quelque chose de fatal semble pousser sur une pente au bas de laquelle s'ouvre un abîme et de calmer l'exaltation d'un esprit en délire. Je ne veux pas vous cacher que je me suis presque engagée pour vous ; c'est ainsi que j'ai pu éviter, hier, un scandale dont le bruit serait peut-être arrivé déjà aux oreilles du comte. M. Lucien attendra pendant quelques jours ; mais si vous lui refusez une entrevue, je vous le répète, un coup de tête de ce malheureux peut avoir pour vous les conséquences les plus funestes.

Il s'agissait pour Laure de vaincre les scrupules de la jeune femme en frappant son imagination, en la terrifiant. Pour cela, elle ne négligeait rien. Cependant, malgré le spectre menaçant qu'elle faisait passer sous les yeux de la comtesse avec une cruauté impitoyable, celle-ci restait hésitante.

Laure frappa un dernier coup.

— Savez-vous ce que je crains, Valentine? Le savez-vous? dit-elle.

La comtesse leva sur elle ses yeux craintifs mouillés de larmes.

— Dites-moi tout ; ne me cachez rien, fit-elle.

— Eh bien! je crains que le désespoir de M. Lucien d'une part et de l'autre la jalousie du comte ne les mettent en présence le fer à la main.

La comtesse poussa un cri.

— Je le verrai, dit-elle d'une voix oppressée, je le verrai ; mais où? comment?

Laure lui prit la main en disant :

— Ne suis-je pas votre amie?

— Alors vous m'aiderez?

— Oui.

— Vous serez avec moi, et, s'il le fallait, vous me protégeriez contre moi-même.

— Je vous le promets.

— Qui le préviendra?

— Moi.

— Oh! dites-lui bien que c'est pour tenir la promesse que vous lui avez faite ; sans cela, je n'aurais pas consenti...

— Je lui dirai aussi que vous voulez surtout l'empêcher de se perdre en vous perdant avec lui.

— Ah! ce serait horrible! murmura la comtesse.

« Où pourrons-nous nous rencontrer?

— J'y pense en ce moment, et je crois avoir trouvé.

— Eh bien ! que ce soit demain, dans deux jours, le plus tôt possible.

Laure passa son bras autour de la taille de sa victime, l'attira à elle et l'embrassa.

— Allons, fit-elle avec un faux sourire, nous en serons quittes pour la peur.

V

LA LETTRE ANONYME

La comtesse de Bussières sortait presque tous les jours à l'exception pourtant du vendredi, qui était le jour où elle recevait ses amies. Elle allait rarement à pied, mais bien qu'il y eût trois chevaux à l'écurie et sous la remise une calèche et un coupé, à moins que ce ne fût pour rendre certaines visites ou faire une promenade au Bois, elle préférait prendre une voiture de remise ou même de place. C'était une idée à elle, et le comte, qu'elle prévenait toujours, d'ailleurs, de ses sorties, la laissait faire comme il lui convenait.

Trois jours après la conversation qu'elle avait eue avec Laure, elle sortit à pied vers deux heures de l'après-midi. C'était un samedi. Elle portait un vêtement noir très-simple.

A vingt-cinq pas de l'hôtel, elle prit un fiacre et se fit conduire à la porte de Courcelles. Là elle mit pied à terre, paya le cocher et le renvoya.

Elle avait eu la précaution de couvrir son visage d'un voile épais.

Elle traversa la barrière, baissant la tête sous les regards curieux des employés de l'octroi, et se trouva hors de Paris.

Un peu plus loin, une voiture stationnait sur la chaussée. Une tête se montra à la portière et une main agita un mouchoir blanc. Valentine marcha rapidement vers la voiture. La portière s'ouvrit et elle prit place à côté de la personne qui occupait déjà le coupé.

C'était Laure.

— Est-ce que vous m'attendez depuis longtemps ? demanda la comtesse.

— Depuis quelques minutes seulement.

— Alors je ne suis pas en retard ?

— Non, mais nous n'avons pas de temps à perdre.

Le cocher ferma la portière. Laure lui fit un signe et il grimpa lestement sur son siége. Un coup de fouet cingla les flancs du cheval, qui partit comme un trait.

— Où allons-nous? demanda Valentine.
— Pas loin, à Asnières.
— Il nous attend?
— Non, le rendez-vous n'est pas pour aujourd'hui. Mon Dieu ! vous êtes toute tremblante; calmez-vous !

La comtesse était en effet très-agitée.

— Je ne sais ce que j'éprouve, balbutia-t-elle ; il me semble que j'ai peur.
— Peur! pourquoi? n'êtes-vous pas avec moi?
— Je ne saurais le dire ; c'est comme un pressentiment.
— Enfant que vous êtes! vous n'avez rien à craindre.
— Laure, puisqu'il ne nous attend pas, pourquoi cette promenade à Asnières ?
— Je vous le dirai tout à l'heure, quand nous serons arrivées.

Asnières, à cette époque, n'était pas à beaucoup près ce qu'il est aujourd'hui. C'était un village habité surtout par des maraîchers. Cependant les Parisiens commençaient à y acheter des terrains et à y faire construire ces délicieuses villas qui ont peu à peu métamorphosé l'ancien village en une des plus jolies villes des environs de Paris.

Le chemin de fer et les murs d'enceinte de Paris reculés ont placé la petite ville à la porte de la grande. On peut dire qu'elles ne sont plus séparées que par la Seine, avec deux ponts pour traits d'union. Asnières est devenu un lieu de plaisir, le rendez-vous des canotiers et de nombreuses petites dames à chignons jaunes ; c'est une des promenades favorites des Parisiens, qui aiment à sortir le dimanche après une semaine de retraite et de travail.

Le cheval fit le trajet en moins de trois quarts d'heure. Après avoir traversé le pont, la voiture tourna à droite, suivit un instant le bord de l'eau et s'engagea enfin dans une rue où elle s'arrêta. Quatre ou cinq maisons s'échelonnaient à gauche ; à droite, des palissades et des murs de clôture marquaient les limites des jardins et des terrains à vendre ou à louer.

Les deux jeunes femmes mirent pied à terre. Elles se trouvaient devant une petite porte peinte en vert, pratiquée dans le mur afin de servir d'entrée provisoire en attendant une grille.

Laure tira plusieurs clefs de sa poche, en choisit une et ouvrit la porte. Elles entrèrent. Au bout d'une allée assez bien entretenue, bordée de plates-bandes fleuries, la comtesse découvrit alors une jolie petite maison bâtie en briques, avec perron et marquise et girouettes sur le toit. Au rez-de-chaussée comme au premier, toutes les persiennes étaient fermées.

Valentine jeta sur Laure un regard inquiet.

— Chez qui sommes-nous donc ici? demanda-t-elle tout bas, comme si elle eût craint d'être entendue par quelque personne invisible.

— Chez moi, quant à présent, répondit Laure, puisque je puis disposer entièrement de cette maison dont j'ai les clefs. Elle appartient à une dame veuve de mes amies qui, forcée de se rendre en Italie où elle restera probablement tout l'été, nous a priées, ma mère et moi, de venir de temps à autre donner de l'air aux appartements; nous sommes même autorisées à nous y installer, s'il était agréable à M. le baron d'y passer la belle saison.

« Le jardin n'est pas très-grand; mais, comme vous pouvez le voir, il est admirablement planté et déjà couvert d'ombrages. »

Elles en firent le tour, puis elles entrèrent dans la maison, où tout était frais, gracieux, élégant et même coquet comme un nid d'amoureux.

— C'est aujourd'hui samedi, dit Laure à la comtesse; dans huit jours, c'est-à-dire samedi prochain, je passerai ici l'après-midi. Vous connaissez le chemin, vous pourrez venir seule; du reste, la voiture qui nous a amenées vous attendra rue Bellechasse à un endroit que nous désignerons au cocher. D'ici samedi, j'aurai vu M. de Luranne et il se rendra de son côté à Asnières. Je ferai en sorte qu'il arrive avant vous; nous vous attendrons à trois heures.

— Puisqu'il le faut, je viendrai, dit la comtesse d'une voix émue; mais vous serez là, près de moi, vous l'avez promis.

— Oui, soyez tranquille.

— Je n'ai plus rien de caché pour vous, Laure; ce que M. de Luranne a à me dire, ce que je lui répondrai, vous pourrez l'entendre.

— Il est heureux, vraiment, que j'aie cette maison à ma disposition; c'est un peu comme si je recevais M. de Luranne et vous dans le salon de la baronne de Bierle.

Elles rejoignirent la voiture qui reprit rapidement la route de Paris.

La semaine s'écoula.

La comtesse aurait peut-être désiré passer ce temps dans la solitude, sans voir personne; mais Laure manœuvra si bien qu'elle l'obligea à sortir tous les jours. Cela faisait partie des diverses combinaisons de son plan.

Comme on le voit, elle prenait des précautions minutieuses et ne négligeait aucun détail afin d'assurer le succès de sa vengeance.

Le samedi matin, le comte de Bussières reçut la lettre suivante :

« Monsieur le comte,

« Une personne de votre connaissance, qui tient à vous cacher son nom pour le moment, croit devoir vous informer d'un fait grave, touchant à votre honneur, et dont on commence à parler tout bas dans le cercle de vos relations.

« Depuis quelque temps, on dit un mois, madame la comtesse de Bussières voit presque tous les jours un jeune homme du monde que vous devez connaître, et qu'elle aimait, paraît-il, avant son mariage.

« C'est presque toujours à Asnières qu'ils se donnent rendez-vous, dans une petite maison bien discrète, bâtie au milieu d'un jardin et entourée d'arbres. Aujourd'hui, samedi, ils doivent s'y rencontrer dans l'après-midi.

« La rue où est située la maison ne porte pas de nom encore ; mais c'est la troisième après le pont, en descendant la Seine. De la rue, on ne peut voir la maison, qui est masquée par un mur assez élevé ; mais dans ce mur il y a une petite porte verte par laquelle on entre dans le jardin.

« Il ne tient qu'à vous, monsieur le comte, de vérifier l'exactitude des renseignements qui vous sont donnés. »

Après avoir lu ces lignes épouvantables, le comte s'affaissa sur un siége comme s'il eût été frappé de la foudre. Ses traits s'étaient contractés, ses lèvres frémissaient, il était livide, une sueur froide mouillait son front. Ses yeux arrondis, fixés sur la lettre qui tremblait au bout de ses doigts, avaient un regard de fou.

— Infamie ! dit-il d'une voix rauque, en froissant avec rage le papier dans ses mains.

Il resta un instant immobile, respirant à peine.

Puis, relevant brusquement la tête, ses lèvres pâles se crispèrent dans un sourire amer.

— Une lettre anonyme, fit-il avec dédain.

Mais aussitôt un sombre éclair s'alluma dans ses yeux. La fureur qui s'emparait de lui fit trembler tous ses membres.

— Pourquoi cette lettre serait-elle un mensonge? reprit-il d'une voix sifflante ; je n'ai pas d'ennemis... Et ces détails : Asnières, la rue, la porte verte, le jardin, la maison... C'est donc vrai ! c'est donc vrai !... Elle ne m'aime pas, elle me déteste. Malheur! Trompé, trompé par elle! Oh! la misérable! Oh! les infâmes!... Rien ne l'a retenue, la malheureuse, rien, pas même son enfant. Elle me prend mon honneur, me jette sa honte au front et en couvre le berceau de son fils ! Et je l'aimais, et je l'aime encore... Ah! j'avais raison de douter! C'est horrible !...

Il laissa tomber sa tête dans ses mains et resta un instant comme écrasé sous le poids de son malheur.

Soudain il bondit sur ses jambes et se mit à marcher, arpentant la chambre d'un pas lourd, inégal, fiévreux.

Maintenant les yeux lui sortaient de la tête et des lueurs sinistres passaient dans son regard farouche. A chaque instant, un cri rauque, semblable à un grognement, s'échappait de sa poitrine haletante. Ses bras, jetés en avant ou lancés en arrière, avaient des mouvements d'anguille.

Un instant la pensée lui vint de courir chez la comtesse et de la confondre immédiatement en lui plaçant la lettre anonyme sous les yeux.

S'il eût fait cela, la comtesse, découvrant l'horrible trame ourdie contre elle et voyant l'abîme creusé sous ses pieds par le démon de la haine, se serait facilement justifiée en lui disant toute la vérité. La conduite infâme de Laure dévoilée, il en serait résulté un rapprochement complet entre les deux époux, qui ne s'éloignaient l'un de l'autre que faute de s'entendre et de s'être compris. Laure démasquée, humiliée, chassée, aurait dévoré sa rage devenue impuissante, et le bonheur du comte et de la comtesse, son ouvrage, eût été son plus cruel châtiment.

Malheureusement le comte changea subitement d'idée.

La jalousie, qui avait fait déjà tant de ravages dans son cœur, lui fit sentir de nouveau, et avec plus de violence que jamais, ses pointes acérées. Ce fut un affreux déchirement, une douleur atroce. Les morsures de la vipère sont moins terribles que celles de la jalousie. Cette passion funeste enlève le raisonnement, atteint les âmes les plus fières, égare les meilleurs esprits.

Le comte prit la résolution de rester calme, de dissimuler, et ne songea plus qu'à tirer une vengeance terrible de l'outrage sanglant fait à son nom et à son honneur.

Laure triomphait sur toute la ligne.

VI

LE PIÈGE

Quand M. de Bussières se trouva en présence de sa femme à l'heure du déjeuner, à part un pli rebelle qui s'obstinait à rester sur son front, son visage avait repris son expression habituelle. Nul n'aurait pu se douter qu'il endurait une effroyable torture. Il eut la force de causer un peu et même de paraître gai, ce qui lui arrivait rarement.

Sans en avoir l'air, il observait la comtesse à la dérobée ; il n'eut pas de peine à s'apercevoir qu'elle était soucieuse et préoccupée.

— C'est le trouble d'une conscience tourmentée, se dit-il.

« Est-ce que vous sortirez aujourd'hui ? lui demanda-t-il en se levant de table.

— Oui, répondit-elle.

— C'est bien ; où irez-vous ?

— Chez Laure.

— Ne vous a-t-elle pas fait une visite hier ?

— Oui, mais je lui ai promis de la voir aujourd'hui.

— Comme elle ment avec audace ! pensa le comte. Si vous voulez prendre la voiture, reprit-il tout haut, je donnerai l'ordre d'atteler.

— Non, merci ; d'ici à la rue d'Anjou, il n'y a pas loin ; une promenade à pied me fera du bien.

— Comme vous voudrez ; je dois sortir aussi, mais j'aurais pris une voiture de louage.

Sur ces mots, il la quitta.

La comtesse laissa échapper un soupir. Elle sentait revenir en elle les inquiétudes des jours précédents. Mais elle s'était fatalement engagée, elle avait promis.

— Ce que je vais faire est mal aux yeux du monde, sans doute, se dit-elle tristement, mais ma conscience ne me reproche rien.

Le comte rentré chez lui sonna son valet de chambre.

Celui-ci parut aussitôt.

M. de Bussières avait levé son arme; il tira en même temps. (Page 342.)

— Germain, quelle heure est-il? demanda M. de Bussières.

Le domestique regarda son maître avec ébahissement.

— Monsieur le comte n'a qu'à regarder la pendule, dit-il; il est une heure moins cinq minutes.

Le comte eut un sourire singulier.

— Ah! c'est vrai, fit-il.

— Mon maître est bien distrait, bien sombre, se disait Germain; que se passe-t-il donc?

— Germain, reprit le comte, madame la comtesse doit sortir tout à l'heure ; je sortirai moi-même un instant après elle.

— Il faut commander les voitures?

— Non; madame la comtesse, vous le savez, aime à aller à pied. Quant à moi, je prendrai aujourd'hui une voiture de louage. Vous irez la retenir tout de suite ; vous choisirez un bon cheval et vous donnerez l'ordre au cocher d'aller attendre sur le quai au coin de la rue Bellechasse.

Le domestique s'inclina et se dirigea vers la porte.

— Germain, ajouta le comte, cela fait, vous reviendrez aussitôt, j'aurai peut-être de nouveaux ordres à vous donner.

Le valet de chambre sortit.

Le comte passa de sa chambre dans son cabinet. Il y avait là, ce qui ne se trouvait guère à cette époque chez les grands seigneurs, une magnifique bibliothèque de plus de deux mille volumes de choix.

Le comte ouvrit un autre meuble dans lequel se trouvait une précieuse collection d'objets d'art d'une grande rareté. Dans une boîte, enrichie de belles incrustations d'argent, il prit un pistolet à deux coups. Il fit jouer les batteries afin de s'assurer qu'elles étaient en bon état, puis, ayant chargé l'arme, il la glissa dans une de ses poches.

Son regard avait une expression terrible.

Il rentra dans sa chambre.

Un instant après, le valet de chambre reparut.

— J'ai fait ce que monsieur le comte m'a ordonné, dit-il, la voiture attendra monsieur le comte sur le quai.

— C'est bien, Germain, merci, dit brusquement M. de Bussières. Savez-vous si madame la comtesse est sortie?

— Pas encore, monsieur le comte.

— Alors vous allez attendre dans l'antichambre, et aussitôt qu'elle traversera la cour de l'hôtel vous viendrez me prévenir.

Germain se retira et, tout en se rendant à son poste, il grommelait entre ses dents :

— Monsieur le comte a un drôle d'air; décidément il se passe ici quelque chose d'extraordinaire.

Le comte n'attendit pas longtemps; quelques minutes après, le domestique vint lui dire que la comtesse sortait de l'hôtel.

M. de Bussières prit son chapeau et bondit hors de l'appartement.

Germain hocha tristement la tête.

Le comte ayant franchi le seuil de l'hôtel plongea avidement son regard dans la rue. Il ne vit point la comtesse. Mais, à ce moment, une voiture tourna à l'angle de la rue Saint-Dominique et descendit la rue Bellechasse au grand trot du cheval.

— Elle est dans cette voiture, murmura le comte qui, cependant, n'avait pu voir si quelqu'un occupait le coupé.

A son tour il descendit rapidement la rue. Une voiture était au repos sur le quai ; le cheval piaffait d'impatience en mordant son frein.

— C'est vous qui attendez ? dit-il au cocher qui se tenait debout près du véhicule.

— Oui.

— C'est moi que vous devez conduire.

Il ouvrit lui-même la portière et se jeta dans la voiture.

— Où allons-nous ? demanda le cocher.

— A Asnières.

— Diable ! ce n'est pas tout près. Quelle rue ?

— Je vous l'indiquerai quand nous serons là.

— A la bonne heure, car je ne connais pas beaucoup ce pays-là.

Le cocher referma la portière, monta sur son siége, secoua seulement les rênes et le cheval partit.

Ce jour-là, la maison d'Asnières avait pris un air de fête ; le soleil y entrait gaiement par toutes les fenêtres ouvertes.

Laure et Lucien de Luranne attendaient dans le salon au rez-de-chaussée.

En apparence, Laure était calme, elle s'efforçait de paraître souriante ; mais, à mesure que l'heure approchait, d'horribles angoisses étreignaient son cœur. Qu'allait-il se passer ? Elle ne pouvait le deviner, et elle se le demandait avec une sombre inquiétude. Elle sentait bien qu'il fallait peu de chose pour que tout tournât à sa confusion. Toutefois elle comptait sur la jalousie et l'emportement du comte pour brusquer le dénouement. Elle le souhaitait terrible. Du moment qu'elle se serait vengée de lui, qui l'avait dédaignée ; d'elle, qui lui avait tout pris, qu'importe ce qui arriverait ensuite ? Mais il lui fallait sa vengeance et elle pouvait encore lui échapper.

— Si elle n'allait pas venir ! pensait-elle.

Lucien, inquiet d'une autre manière, avait la même pensée.

Laure lui avait dit :

— Vous désirez la revoir, causer avec elle, elle le désire aussi ; je vous y aiderai ; pour elle et pour vous, je ferai cela.

Et il avait accepté avec reconnaissance, avec ivresse, comptant trouver dans un entretien avec Valentine le courage qui lui avait manqué souvent, l'apaisement et une joie suprême pour son cœur.

Trois heures sonnèrent.

— Elle ne viendra pas, dit tristement le jeune homme.

A chaque instant, Laure se levait, s'approchait de la fenêtre et tendait l'oreille.

Enfin un pas léger fit crier le sable de l'allée du jardin.

Laure se pencha à la fenêtre, regarda, puis se tourna vers Lucien en disant :

— C'est elle.

Le jeune homme se leva, les yeux étincelants, le front rayonnant.

Laure ouvrait la porte du salon devant la comtesse, qui entra tremblante, se soutenant à peine.

— Vous voilà, dit M. de Luranne en s'avançant. Oh! merci, merci!...

Vaincue par son émotion, la comtesse se laissa tomber dans un fauteuil.

Debout près de la porte, Laure les regardait, un sourire cruel sur les lèvres.

Le jeune homme plia le genou devant Valentine.

— Je vais m'assurer que la porte du jardin est bien fermée, dit Laure.

Et elle s'esquiva aussitôt, laissant la porte du salon entr'ouverte. Elle courut, en effet, à la porte du jardin, mais ce fut pour l'ouvrir à demi, afin qu'on pût entrer en la poussant seulement. Cela fait, elle s'éloigna de quelques pas, se blottit derrière un massif de lilas et attendit.

— Du moment que la comtesse est venue, se disait-elle, le comte va venir.

Lucien s'était emparé d'une des mains de la comtesse et la couvrait de baisers. Valentine tenait sa tête inclinée, n'osant le regarder.

— Ainsi, lui dit le jeune homme d'une voix vibrante, vous êtes venue ; et c'est pour moi : pourtant on vous a tout appris, on vous a dit que je n'avais pu cesser de vous aimer. Quelle douce consolation!... Ah! c'est un témoignage d'estime dont je suis fier. Puisque je dois vous aimer toujours, je conserverai pieusement le souvenir de cet heureux instant ; il me rappellera sans cesse que je ne vous suis pas devenu tout à fait indifférent et que vous avez eu pitié de ma douleur. Cette pensée me donnera la force de vivre.

— De grâce, répliqua Valentine d'une voix faible, oppressée, ne me dites rien qui me parle du passé.

— Alors, vous m'ordonnez de me taire?

— Monsieur de Luranne, reprit-elle, en venant ici aujourd'hui, j'ai fait une imprudence; mais je n'en aurai aucun regret si vous me dites que la raison vous est revenue, que vous ne chercherez plus jamais à me revoir, que vous ne ferez, en un mot, aucune tentative irréfléchie, qui pourrait me compromettre aux yeux du monde et attirer sur vous la colère de M. de Bussières.

— Moi, vous compromettre! s'écria-t-il avec une douloureuse surprise. Oh! est-ce donc ainsi que vous me jugez?

— Oui, n'est-ce pas, vous avez eu un moment d'égarement, de folie?

— Valentine... Oh! pardonnez!... Madame la comtesse, je ne comprends pas ce que vous voulez dire.

— Vous vouliez venir à l'hôtel de Bussières, pénétrer jusqu'à moi et même, s'il le fallait, provoquer mon mari.

Le jeune homme était stupéfié.

— Si j'avais eu de pareilles intentions, répondit-il vivement, c'eût été, en effet, une insigne folie. Quoi! continua-t-il d'un ton indigné, quand j'ai pour vous le plus profond respect, quand, pour vous épargner un chagrin, je donnerais ma vie avec joie, j'aurais pu concevoir la pensée de troubler votre repos, de briser votre bonheur!... Mais alors je serais un misérable, un lâche!

— Mon Dieu! mon Dieu! s'écria la comtesse éperdue, moi aussi, je ne comprends plus.

Et elle pressa dans ses mains sa tête brûlante.

— En vous disant cela, on vous a menti, on vous a trompée, je vous le jure, ajouta Lucien.

La comtesse se dressa avec épouvante. Elle venait d'entrevoir la vérité.

— Un piége! murmura-t-elle d'une voix étranglée, un piége! Mais pourquoi, pourquoi?

Un frisson passa dans tous ses membres.

Le jeune homme était consterné.

— Laure, Laure, où est-elle? s'écria tout à coup la comtesse.

— Dans le jardin, sans doute.

Elle bondit affolée vers la porte du salon.

A ce moment, la porte s'ouvrit brusquement et la comtesse se trouva en face de son mari.

— Trahison! infamie! exclama-t-elle d'une voix rauque.

Et elle se dressa devant le comte comme pour l'empêcher d'avancer.

VII

LA MAISON D'ASNIÈRES

Le visage de M. de Bussières, horriblement contracté, portait l'empreinte des passions violentes qui s'agitaient en lui; ses lèvres blêmes frémissaient, ses yeux injectés de sang semblaient lancer des flammes. Sa main droite tenait son pistolet armé.

Il fit un pas et son regard menaçant, terrible, s'arrêta sur M. de Luranne.

— Écoutez! écoutez! lui cria la comtesse folle d'épouvante.

Il la repoussa avec violence. Le malheureux n'avait plus sa raison.

— Monsieur le comte, commença Lucien, je vous...

Il ne put dire que cela. M. de Bussières avait levé son arme, il tira en même temps ses deux coups à bout portant.

Le malheureux jeune homme fit entendre un gémissement sourd et s'abattit aux pieds du comte.

La comtesse poussa un cri perçant, horrible, bondit en avant, recula, et, à son tour, roula sur le parquet sans connaissance.

Le comte jeta un regard sombre sur sa victime, puis, d'une voix étranglée, il murmura :

— Je me suis vengé!

Il tenait encore l'arme homicide; il la lança dans le jardin par une des fenêtres ouvertes.

Alors il se précipita vers sa femme, la souleva, l'enlaça dans ses bras et se releva, la tenant serrée contre lui. Il sortit du salon, marchant dans le sang qui s'échappait des blessures du malheureux Lucien, traversa rapidement le jardin et arriva près de sa voiture, dont le cocher causait avec animation avec un de ses camarades.

L'apparition du comte, portant dans ses bras une femme qui paraissait sans vie, coupa court à leur conversation; mais ils eurent l'un et l'autre un regard de terreur.

M. de Bussières coucha sa femme inerte dans un coin du coupé, se plaça à côté d'elle et ordonna au cocher de reprendre la route de Paris.

— Un coup de pistolet, une femme qu'on emporte, une autre qui s'est sauvée, tout cela me paraît louche, grommela le cocher en grimpant sur son siége.

Il échangea un dernier regard avec son camarade et partit.

Le cocher qui restait était celui de la voiture qui avait amené Laure avec M. de Luranne.

Laure, cachée comme nous l'avons dit, avait vu arriver M. de Bussières. Elle attendit un instant, puis, épouvantée par la double détonation de l'arme à feu, elle s'élança hors du jardin, courut à la voiture de la comtesse, dont le cocher était évidemment un homme à elle, et s'éloigna au plus vite du lieu du drame horrible dont sa haine implacable avait créé et si audacieusement conduit toutes les péripéties.

La voiture du comte n'avait pas encore franchi la barrière, lorsque la comtesse, secouée par les cahots, revint à elle et ouvrit les yeux. Elle parut d'abord très-surprise de se trouver avec son mari dans une voiture. Mais, aussitôt, son regard changea d'expression et une nouvelle tombée de neige se fit sur son visage. Elle se souvenait. Un tremblement convulsif la saisit, et elle se serra dans le coin du coupé avec un mouvement d'effroi qui n'échappa point à M. de Bussières.

— Mort, mort! murmura-t-elle d'une voix creuse.

— Eh bien! dit le comte sourdement, j'ai usé du droit qu'a tout homme de défendre et de venger son honneur; j'ai tué votre amant!

Elle se redressa et un éclair de colère jaillit de ses yeux hagards. Une protestation indignée monta de son cœur à ses lèvres. Pourtant elle garda le silence. Cruellement offensée, sa fierté dédaigna d'entreprendre une justification facile.

Un sourire étrange passa sur ses lèvres tremblantes.

— Ah! il fallait donc me tuer aussi! s'écria-t-elle.

— Vous avez un fils, répondit-il, et, malgré tout, je vous aime encore.

— Oh! fit-elle, prise d'une terreur subite.

— Valentine, je vous ai dit la vérité, reprit le comte en adoucissant le son de sa voix; oui, je vous aime encore, je tâcherai d'oublier...

— Votre crime? l'interrompit-elle.

— L'outrage sanglant que vous m'avez fait, répliqua-t-il, et, si vous le voulez, je vous pardonnerai.

Elle eut un mouvement des épaules plein de dédain.

— Ma vie est brisée, dit-elle d'un ton sec; il ne peut plus y avoir d'espérance et de bonheur pour moi; je n'ai plus que des larmes à verser. Je n'ai pas de pardon à vous demander, et je ne veux pas de votre pitié. Si cela vous est possible, oubliez, monsieur; moi, je n'oublierai pas, je me souviendrai toujours.

— Vous réfléchirez.

— Oui, au parti que je dois prendre.

Elle laissa tomber sa tête dans ses mains et se prit à sangloter.

Un instant après, la voiture s'arrêta. Le cocher, penché sur son siége, demanda où il fallait aller. Le comte lui jeta le nom de la rue Bellechasse et le numéro de son hôtel. Le cheval reprit sa course.

Le comte enveloppa sa femme d'un regard où il y avait plus de compassion que de colère et s'absorba dans ses sombres pensées.

La jalousie le mordait toujours au cœur; mais, son besoin de vengeance satisfait, la rage insensée qui avait armé sa main s'était subitement éteinte. Toutefois il n'éprouvait aucun regret du crime qu'il venait de commettre.

Quand la voiture s'arrêta enfin devant l'hôtel, il toucha légèrement la comtesse, qui était restée la figure dans ses mains, et mit pied à terre. Il voulut aider la jeune femme à descendre. Elle n'eut pas l'air de voir la main qu'il lui tendait.

Elle s'élança sur le trottoir, s'enfonça sous la porte cochère, traversa rapidement la cour comme une folle, et courut s'enfermer dans sa chambre. Elle avait hâte de se trouver seule afin de permettre à sa douleur, à son désespoir de faire explosion.

Elle ne songeait pas à elle et ne se demandait point ce qu'elle allait devenir. Cela lui était égal; elle eût voulu mourir. Elle ne sentait plus si elle souffrait, comme si déjà son cœur avait cessé de battre; elle était anéantie, son corps semblait frappé d'insensibilité; mais dans l'âme, quelle torture! C'était un épouvantable écrasement. Qu'importe! son malheur était si complet qu'elle ne voulait rien faire pour lui échapper!

Mais si elle dédaignait de s'occuper d'elle-même toutes ses pensées étaient pour ce malheureux jeune homme qui l'aimait, qu'elle avait aimé, qu'elle aimait encore, et que la main barbare d'un jaloux venait de frapper lâchement sous ses yeux.

Puis, l'image de Laure se dressant tout à coup devant le cadavre sanglant de Lucien, elle frissonna d'horreur.

— Quel monstre! s'écria-t-elle avec dégoût.

Étendue sur une causeuse, elle poussait de sourds gémissements, des cris rauques, se tordait les mains et les bras avec des mouvements fiévreux, désespérés, et haletante, le sein bondissant, roulait sa tête échevelée sur la soie du coussin.

Le serviteur s'inclina profondément et sortit à reculons, sans avoir prononcé une parole.

Pendant ce temps, le comte de Bussières, s'étant fait conduire à la préfecture de police, déclarait au préfet de police lui-même ce qui s'était passé dans la maison d'Asnières. Il offrit de se constituer prisonnier. Le préfet le connaissait. On crut pouvoir, jusqu'à nouvel ordre, lui laisser sa liberté. Il promit, d'ailleurs, de se tenir à la disposition du parquet et d'être prêt à répondre à toutes les questions qu'un juge d'instruction aurait à lui adresser.

Des ordres furent immédiatement donnés, et un commissaire de police, accompagné de deux agents, partit pour Asnières.

D'après les indications fournies par M. de Bussières, le commissaire n'eut pas de peine à trouver la maison. La petite porte sur la rue était grande ouverte. Il pénétra dans le jardin suivi de ses agents. Ils furent aussitôt entourés par une vingtaine de personnes qui étaient là, dans le jardin, discutant et se livrant à une foule de commentaires sur l'épouvantable événement de la journée.

Le commissaire de police n'adressa d'abord aucune question; il se fraya un passage et entra dans la maison où, comme nous l'avons dit, tout était ouvert. Dans le salon il vit du sang, mais le corps qu'il venait relever avait disparu.

Alors il s'informa. On lui apprit que l'homme — on ne put dire son nom — n'avait pas été tué sur le coup. Avec l'aide d'un cocher, il avait pu monter dans une voiture qui, ayant traversé le pont d'Asnières, s'était dirigée vers Paris.

Parmi les curieux, trois ou quatre seulement avaient entendu les détonations, aperçu le jeune homme blessé et vu partir la voiture. Quant à ce qui s'était passé dans la maison, ils l'ignoraient absolument.

Le commissaire de police paraissait très-soucieux du résultat insignifiant de sa mission et ne cherchait pas à dissimuler son désappointement.

S'il eût su seulement le nom de la victime! Mais le comte de Bussières n'avait pu le donner, ne le connaissant pas. Toutefois il prit divers renseignements au sujet de la maison, pensant qu'ils ne seraient pas inutiles dans l'enquête dont lui-même ou un de ses collègues serait chargé.

N'ayant plus rien à faire à Asnières, il donna l'ordre de fermer les fenêtres et les portes de la maison et fit évacuer le jardin. La porte verte fut également fermée, et le commissaire emporta les clefs abandonnées par Laure.

Disons maintenant ce qui s'était passé après le départ du comte de Bussières emmenant sa femme évanouie.

Le cocher, resté seul dans la rue avec son cheval et sa voiture, attendait en proie à une vive inquiétude. Bien qu'il eût le pressentiment d'un malheur ou d'une catastrophe quelconque, il éprouvait une certaine appréhension à aller se renseigner. Mais un quart d'heure, vingt minutes s'écoulèrent et son client ne paraissait pas. Son inquiétude n'avait fait qu'augmenter. N'y pouvant tenir plus longtemps, il se décida à entrer dans le jardin et marcha vers la maison en regardant à droite et à gauche avec anxiété. Il ne voyait personne, rien ne remuait; c'était un silence lugubre. Son cœur se serra et il se sentit frissonner. Cependant il parvint à dompter sa terreur. Il monta les cinq ou six marches de pierre et sur le seuil il cria :

— Personne! personne!...

Une plainte, une sorte de râle étouffé lui répondit.

Il pâlit affreusement. Il traversa une première pièce, puis une autre, et se trouva dans le salon, en présence du malheureux Lucien baignant dans son sang.

Il le prit sous les bras, le souleva et parvint à l'asseoir dans un fauteuil.

Le regard morne du blessé s'anima et sembla le remercier. Mais, aussitôt, sa tête tomba lourdement en arrière et d'une voix éteinte il murmura :

— A boire !

Le cocher entendit. Il regarda autour de lui, mais, ne voyant pas dans le salon ce que le blessé lui demandait il sortit précipitamment et revint au bout d'un instant avec un verre d'eau. Il l'approcha des lèvres du moribond, qui but avidement.

Cela parut lui procurer un grand soulagement. Il saisit la main du cocher et la serra en disant :

— Merci !

— Vous ne pouvez pas rester ainsi sans secours, dit le brave homme ; je vais appeler, courir chercher un médecin.

— Non, non, je ne veux pas. Restez... restez !

Il poussa un gémissement et, après un moment de silence, il demanda :

— Eux, où sont-ils ?

— Partis, répondit le cocher.

— Tous ?

— Oui. Le monsieur a emporté l'autre dame, qui était sans connaissance.

— Mon Dieu ! mon Dieu ! que va-t-il faire ? soupira Lucien. Oh ! le malheureux ! le malheureux !

Il resta encore un instant silencieux, puis il reprit d'une voix saccadée :

— Je ne veux pas mourir ici... Il faut me reconduire à Paris... chez moi... rue de la Sourdière, numéro 14... J'aurai assez de force. Non, non, je ne veux pas mourir ici. Pauvre Valentine ! perdue, perdue... à cause de moi !

Il s'accrocha aux vêtements du cocher, fit un grand effort et parvint à se dresser sur ses jambes chancelantes.

— Oui, reprit-il, j'aurai la force... partons, emmenez-moi. Vous ne direz rien, n'est-ce pas ? vous ne direz rien... D'ailleurs, vous n'avez pas vu, vous ne savez pas... Je puis marcher, allons-nous-en !

Appuyé sur le cocher, qui le soutenait encore en l'entourant d'un de ses bras, ils sortirent de la maison lentement, à petits pas, et ils parvinrent ainsi à gagner la voiture.

VIII

LA VICTIME

Comment peindre la douleur, le désespoir de M. de Luranne et de Julie en voyant arriver Lucien pâle, défait, les traits contractés par la souffrance, les habits souillés de sang, mourant? Ils remplirent la maison de leurs lamentations, de cris déchirants. C'était navrant, effroyable!

Deux hommes robustes durent prendre le blessé dans la voiture et le transporter dans l'appartement de son père. Mais, épuisé par la perte de son sang et aussi par les douleurs atroces endurées pendant le voyage, on l'eut à peine couché sur son lit qu'il s'évanouit.

Julie, folle de douleur, sanglotait, accroupie au milieu de la chambre. M. de Luranne, non moins désolé, avait cependant, au bout d'un instant, retrouvé sa présence d'esprit. Par son ordre, son domestique courait chercher son médecin ordinaire, un ami, et prévenir un des premiers chirurgiens de Paris.

Le pauvre père interrogea le cocher, qui attendait dans l'antichambre qu'on lui payât ce qui lui était dû. Celui-ci raconta ce qu'il savait. Mais tout cela était vague, difficile à expliquer. Toutefois, pour M. de Luranne, il ressortait de ce récit, qui ne nommait personne, que son fils, attiré traîtreusement dans un guet-apens, avait été frappé par un ennemi. Mais qui était l'assassin? Comment le découvrir?

Pour le moment, il n'avait pas à le chercher; il devait, avant tout, s'occuper de son fils; il fallait le sauver si, pour lui, les ressources de l'art n'étaient pas inutiles.

Il prit l'adresse du cocher, le paya et le congédia.

Il revint près de son fils, qui venait de reprendre connaissance et que sa sœur éplorée mouillait de ses larmes.

Le jeune homme avait sur les lèvres un douloureux sourire. Julie tenant une de ses mains, il tendit l'autre à son père.

M. de Luranne s'inclina et lui mit un baiser sur le front.

— Ah! je me sens bien près de vous, dit Lucien; j'ai eu peur de mourir là-bas; j'ai voulu revenir, pour vous revoir.

M. de Luranne lui mit un doigt sur les lèvres.

— Ne parle pas, dit-il, cela t'épuise, cela te fait souffrir, je le vois ; plus tard, tu me diras tout.

— Je n'ai plus longtemps à vivre, murmura Lucien.

— Ah ! tais-toi ! s'écria le père avec terreur. Nous te sauverons ! Nous te sauverons !

Le docteur arriva. Il était consterné. C'était un vieux praticien en qui M. de Luranne avait une entière confiance. Il s'approcha de Lucien et l'examina silencieusement, puis il découvrit les deux blessures sur lesquelles le sang s'était coagulé, ce qui avait arrêté l'hémorrhagie.

L'une des balles avait frappé l'épaule, près du cou ; l'autre s'était logée dans la poitrine.

M. de Luranne l'interrogea du regard. Il remua tristement la tête et murmura ces mots :

— Très-grave.

Le malheureux père soupira et baissa la tête.

— Il faudrait envoyer chercher un médecin spécial, dit le docteur.

— C'est fait, répondit M. de Luranne.

En attendant l'arrivée de son confrère, le docteur commença à donner des soins au blessé.

M. de Luranne espérait encore. Mais son illusion fut détruite par le deuxième médecin. Le savant spécialiste déclara que le jeune homme était perdu. Un organe essentiel à la vie se trouvait malheureusement atteint.

— Il peut vivre encore vingt-quatre heures, dit-il à M. de Luranne qui le suppliait de ne lui point cacher la vérité ; mais nous ne pouvons songer à extraire les projectiles, car, dans ce cas, ce serait la mort instantanée.

Ce fut pour le pauvre père un second coup peut-être plus terrible encore que le premier. Hélas ! avec son fils, que d'espérances s'évanouissaient !

On cacha avec le plus grand soin l'épouvantable vérité à mademoiselle de Luranne. Elle s'était installée au chevet de son frère, disant qu'elle ne le quitterait pas d'une minute.

Cependant, vers dix heures du soir, à la prière de Lucien, qui voulait être seul avec son père, elle consentit à se retirer dans sa chambre, mais à la condition qu'on ne tarderait pas trop à la rappeler.

— Maintenant que nous sommes seuls, mon père, dit Lucien, vous pouvez me faire connaître l'arrêt du médecin. Ne craignez pas de m'effrayer.

Le magistrat prit une des mains de son fils dans les siennes et garda un morne silence.

— Vous n'osez pas me dire la vérité, reprit le jeune homme ; mais en interrogeant le regard du docteur je l'ai devinée... Je suis condamné, la mort plane au-dessus de ma tête... Mon père, croyez-moi, je ne regrette pas la vie ; je n'aurais pu vivre heureux avec cet amour fatal, que vous connaissez, que je n'ai pu arracher de mon cœur et dont, un peu plus tôt, un peu plus tard, je devais mourir.

Ces paroles furent un trait de lumière pour M. de Luranne.

— Lucien, l'interrogea-t-il tristement, depuis l'autre soir, où tu as rencontré la comtesse de Bussières chez madame de Bierle, tu l'as revue ?

— Oui, une fois.

— Aujourd'hui, à Asnières ?

— Oui.

— Ah ! je comprends tout !

— Le comte a suivi sa femme, il nous a surpris ensemble, au moment où nous venions de découvrir qu'on nous avait attirés dans un piége...

— Un piége ! je m'en doutais, murmura sourdement M. de Luranne.

— Le comte était très-irrité, comme fou : avant que j'aie pu lui rien dire, lui rien expliquer, sans vouloir écouter Valentine, il a tiré sur moi, croyant sans doute avoir son honneur à venger. Mais je vous le jure, mon père, sur notre honneur à tous les deux, sur la mémoire chérie de ma mère, la comtesse est innocente ; elle n'a trahi aucun de ses devoirs, elle est toujours digne du respect de tous. Valentine est une noble et sainte femme.

— Mais pourquoi ce rendez-vous à Asnières ?

— Je vous l'ai dit, un piége infâme tendu à la comtesse et à moi.

— Par qui ? Par le comte ? demanda le magistrat, un éclair terrible dans le regard.

— Non, le comte est comme sa femme, comme moi, une victime.

— Il y avait avec vous une autre femme ?

— Oh ! la misérable ! murmura Lucien.

— Ainsi c'est cette femme ?...

— Oui, mon père.

— Son nom ?

Le visage de Lucien prit une expression douloureuse.

— Pourquoi vous le dire ? répondit-il. Elle a fait le mal, elle ne peut le réparer... Son nom ? Il me fait horreur, j'aurais peur de le prononcer. Ne cherchez pas à le connaître. D'ailleurs, mon père, un homme comme vous ne se venge pas d'une femme, même d'une méchante femme : il la méprise.

— Lucien, répliqua gravement M. de Luranne, la justice n'exerce pas une vengeance quand elle frappe un coupable ; elle châtie.

— C'est vrai, mon père, c'est vrai ; mais Dieu est aussi un juge, le juge suprême ; laissez-lui le soin de punir cette malheureuse.

Le jeune homme resta un moment silencieux, les yeux fixés sur son père qui paraissait livré à de sombres pensées.

Soudain ses traits s'animèrent, comme si la vie lui revenait, et son regard eut un céleste rayonnement.

— Mon père, mon père, dit-il, j'ai encore quelque chose à vous dire, une demande à vous faire.

— Je t'écoute, mon enfant, tu peux parler.

— Mon père, le comte de Bussières a été indignement trompé ; une fatale erreur...

— Le comte de Bussières a assassiné mon fils ! prononça le magistrat d'une voix creuse.

— J'étais avec sa femme, riposta vivement Lucien ; il avait le droit de me tuer.

— Le jury des assises appréciera.

— Mon père, ne me laissez pas mourir désespéré. Pas de bruit, pas de scandale autour de mon cercueil, je vous en supplie! C'est la dernière grâce que vous m'accorderez : que le comte ne soit pas poursuivi... C'est à vous que je demande de le protéger ; vous le pouvez, mon père, arrêtez le scandale, étouffez cette affaire ; ah ! c'est assez de malheur... C'est surtout pour elle, mon père, c'est pour Valentine... Pauvre femme!... Quoi! elle serait jetée comme une proie à la curiosité du monde, aux sarcasmes des méchants! Non, non, vous ne le voudrez pas. Ah! cette pensée m'épouvante. Mon père, ayez pitié de la comtesse de Bussières! Pas de scandale, c'est la dernière volonté de votre fils mourant.

M. de Luranne pleurait.

— Ah! vous pleurez, reprit Lucien, vous m'avez compris ; merci, merci ! Je mourrai le cœur satisfait, l'esprit tranquille, sans tourment, sans faire entendre une plainte. Allez, ne me plaignez pas ; je l'aime et c'est pour elle que je meurs !

Le pauvre père mit son mouchoir sur sa bouche et se roidit pour étouffer les sanglots qui montaient à sa gorge.

Une joie indéfinissable éclatait dans les yeux de Lucien, illuminait son front ; un doux sourire s'épanouissait sur ses lèvres décolorées. Son visage, tout à l'heure tourmenté par la souffrance, était devenu calme, presque radieux. On aurait dit qu'il avait subitement cessé de souffrir.

M. de Luranne le contemplait avec surprise, le regard plein d'une tendresse infinie.

— Mon Dieu! se disait-il, qu'est-ce donc que la vie, qu'est-ce donc que la mort, si l'on quitte ainsi la première pour aller à l'autre?

— Mon père, vous me promettez, reprit Lucien, vous me promettez...

— Oui, oui, je ferai ce que tu veux.

— Pas de poursuites, pas d'enquête, rien. Sur ma mort, le silence. On ne touchera pas à la réputation de Valentine, à sa pureté; elle n'aura pas, dans sa pudeur offensée, à rougir devant des étrangers; ah! c'est pour moi la suprême consolation.

Après un nouveau silence, Lucien dit :

— Mon père, je voudrais écrire.

— Hélas! tu ne le peux pas! soupira le père.

— Si, je me sens assez de force... Quelques lignes seulement.

— A qui?

— A elle, mon père, à elle!

— Que veux-tu lui dire?

— Oh! rassurez-vous, vous lirez...

M. de Luranne n'avait plus rien à refuser à son fils; il voulait adoucir ses derniers moments en donnant satisfaction à tous ses désirs. Il lui apporta sur le lit tout ce qu'il fallait pour écrire. Ensuite il le souleva et l'appuya contre sa poitrine.

Dans cette position, le papier placé sur un gros livre de droit, le blessé put écrire d'une main tremblante les lignes suivantes :

« Madame la comtesse,

« Je vais mourir; dans quelques heures je ne serai plus : mais la cause de ma mort restera cachée; il ne faut pas que le nom et l'honneur du comte de Bussières puissent recevoir une éclaboussure; il ne faut pas que la méchanceté du monde ait le droit de vous soupçonner, vous la plus noble et la plus vertueuse des femmes !

« Il vous sera facile de prouver à M. le comte que ni vous ni moi ne l'avons outragé, en lui dévoilant l'infamie d'une misérable femme qui se disait votre amie.

« M. de Bussières m'a frappé, nous croyant coupables ; il défendait son honneur. Il m'a tué... mais dites-lui, oui, dites-lui que je vous aimais trop pour ne pas vous respecter, et que je meurs en lui pardonnant.

« Mes yeux se voilent... Adieu, adieu !

« LUCIEN DE LURANNE. »

La première fois qu'elle se vit dans une glace, elle jeta un cri d'épouvante et de rage. (Page 363.)

Il tendit le papier à son père.

— Demain, dit-il, vous ferez porter ma lettre à l'hôtel de Bussières. On la remettra à Valentine, à Valentine elle-même !

Il ferma les yeux et sa tête retomba lourdement sur l'oreiller.

A partir de ce moment, il ne prononça plus que quelques paroles. Julie revint dans la chambre et resta près de son frère jusqu'à onze heures. Alors M. de Luranne usa de son autorité pour la forcer à aller prendre du repos. Il avait envoyé chercher un prêtre, et il ne voulait pas que sa fille vît ce dernier consolateur, car elle ne savait pas encore que tout espoir de sauver son frère était perdu.

Elle dormait encore le lendemain matin, à sept heures et demie, lorsque Lucien rendit le dernier soupir dans les bras de son père.

Ainsi qu'il l'avait dit, il mourut sans proférer une plainte, un sourire sur les lèvres.

M. de Luranne mit dans une enveloppe la lettre de Lucien à laquelle il joignit ces mots :

« Mon fils est mort, madame ; je remplis une de ses dernières volontés en vous envoyant cette lettre ; elle contient une déclaration qui est votre complète justification. Mon fils en mourant a pardonné à son meurtrier, son père infortuné pardonne aussi.

« Que Dieu vous fasse oublier et vous donne le bonheur que vous méritez ; c'est le dernier souhait de mon pauvre Lucien, c'est aussi le mien.

« De Luranne. »

Sur l'enveloppe cachetée, il écrivit le nom de la comtesse ; puis il appela son domestique et lui confia la lettre en lui recommandant expressément de la remettre lui-même dans les mains de madame la comtesse de Bussières.

Ce premier devoir accompli, il songea à la promesse qu'il avait faite à son fils. Il puisait dans sa douleur même le courage et la force d'agir.

En moins de deux heures, il fit toutes les démarches nécessaires pour qu'il n'y eût pas d'enquête sur le drame de la maison d'Asnières, et il avait obtenu l'assurance que le comte de Bussières ne serait l'objet d'aucune poursuite.

Grâce à ces précautions, l'événement, que les journaux appelèrent le crime d'Asnières, resta un mystère.

IX

SÉPARATION

La comtesse de Bussières se leva de bonne heure, après une longue nuit d'insomnie. Elle avait beaucoup pleuré et beaucoup réfléchi aussi. Ayant examiné sa situation, elle la trouva épouvantable.

Elle ne pouvait plus se faire aucune illusion, sa vie était brisée ; il ne devait plus y avoir de joie, de bonheur pour elle. Son cœur, elle le sentait, venait de se fermer à jamais pour son mari que, cependant, elle aurait pu aimer.

La jalousie du comte, ses bizarreries d'humeur, qui le rendaient tour à tour injuste et blessant, les avaient éloignés l'un de l'autre; le sang d'un innocent brutalement répandu les désunissait. Après cet acte abominable, qui était pour la comtesse, à côté du crime, une nouvelle injure, la vie en commun devenait impossible.

A la suite de ces réflexions, la comtesse prit une grave détermination. Elle était résolûment décidée à quitter son mari pour aller s'ensevelir dans une retraite profonde.

Son enfant seul pouvait la retenir, car elle savait d'avance qu'il ne lui serait pas permis de l'emmener. Cette pensée la tint longtemps hésitante; mais la frayeur, disons même l'épouvante que son mari lui inspirait, finit par l'emporter sur l'amour maternel. D'ailleurs son fils lui appartenait si peu!...

— C'est bien, se dit-elle ; puisqu'il n'aime que lui, je le lui laisserai.

Ce qui achèvera de peindre le caractère de madame de Bussières et dira ce qu'elle était alors, c'est qu'elle avait pris aussi la ferme résolution de ne point prouver son innocence à son mari.

Évidemment il y avait là le haut dédain d'une âme indignée, mais en même temps une exagération de fierté singulière.

Toutefois il est bon de dire que le comte en bâillonnant sa pensée, en la forçant à comprimer tous ses sentiments, avait en quelque sorte atrophié son cœur et jeté en elle un véritable désordre moral.

Non, elle ne voulait pas jeter ce cri de l'honnête femme injustement accusée :

— Je ne suis pas coupable!

Croyait-elle, en se taisant, éviter un remords au comte de Bussières? Peut-être. Mais nous pouvons affirmer que la crainte d'être retenue par son mari et de se voir condamnée à vivre près de lui était pour beaucoup dans le silence qu'elle tenait à garder.

Elle s'habilla seule, très-vite, puis sonna sa femme de chambre.

— Mariette, lui dit-elle, vous trouverez, je pense, des malles et des caisses dans l'hôtel; s'il n'y en avait pas, il faudrait en acheter ; vous les ferez apporter ici et vous les remplirez de tout ce qui m'appartient. Voici les clefs des meubles.

Mariette, qui n'avait pas été sans échanger la veille quelques paroles avec les autres domestiques, soupçonnant tous que les choses allaient de mal en pis entre monsieur et madame, fut certaine alors qu'il s'était passé quelque chose de très-grave.

Toutefois elle crut devoir prendre un air consterné.

— Eh bien! Mariette, pourquoi me regardez-vous ainsi? Est-ce que vous n'avez pas compris?

— J'ai bien compris, madame; seulement je me demande...

— Quoi?

— Si madame la comtesse va voyager.

— Oui, je vais voyager.

— Est-ce que madame la comtesse ira loin?

— Vous le saurez si vous m'accompagnez.

— Oh! madame sait combien je lui suis attachée; j'irai avec madame la comtesse partout où elle voudra m'emmener.

— En ce cas, Mariette, faites vite ce que je vous commande, car nous partirons ce soir même. Il faudra aussi aller à la poste commander une chaise, mais je prierai Germain de me rendre ce service.

Mariette se retira et courut trouver un des valets de pied, galantin d'antichambre qui lui roucoulait des madrigaux de sa façon, pour le prier de se mettre avec elle à la recherche des caisses nécessaires à l'emballage.

Cette proposition de parcourir les combles de l'hôtel avec la gentille soubrette ne pouvait déplaire au valet de pied. Il se mit avec empressement à la disposition de Mariette, espérant bien trouver l'occasion de cueillir une fleur sur ses joues roses.

Pendant ce temps, un autre valet de pied introduisait le domestique de M. de Luranne dans le boudoir de la comtesse.

Le vieux serviteur, qui était très-attaché à son maître et avait vu naître ses deux enfants, avait encore des larmes dans les yeux.

La comtesse le reconnut aussitôt. Elle se mit à trembler comme une branche que le vent secoue, et son regard inquiet l'interrogea.

Le domestique lui tendit silencieusement la lettre.

Elle déchira l'enveloppe et lut d'abord le billet de M. de Luranne.

Elle ne poussa pas un cri, ses yeux restèrent secs; mais le frémissement de ses lèvres, le battement de ses paupières et les mouvements de sa physionomie révélaient une souffrance horrible.

Elle lut ensuite la lettre de Lucien.

Cette fois, elle ne put retenir un sanglot, ses yeux trouvèrent encore deux larmes qui tremblèrent un instant comme deux perles aux franges de ses paupières, puis tombèrent sur le papier

Elle resta un moment, la tête penchée, les yeux fixés sur la lettre, comme si elle lisait toujours.

Enfin elle porta les deux écrits à ses lèvres, puis se tournant vers le vieux domestique :

— Vous direz à M. de Luranne, prononça-t-elle, que je prierai pour son fils et que je pleure avec lui.

Le serviteur s'inclina profondément et sortit à reculons sans avoir prononcé une parole.

La comtesse rentra dans sa chambre, ouvrit un petit coffret d'argent ciselé et y déposa pieusement le billet du père et la lettre du fils.

M. de Bussières ne tarda pas à apprendre que la comtesse faisait descendre des caisses dans son appartement et qu'elle avait l'intention de quitter l'hôtel le jour même. Sans le surprendre absolument, cela lui causa une très-vive émotion.

Il fit aussitôt demander à la comtesse si elle pouvait le recevoir.

— M. le comte peut venir, répondit-elle.

Un instant après, M. de Bussières entrait dans l'appartement de sa femme où tout était déjà dans un désordre annonçant un prochain départ.

— Ainsi, dit-il, c'est la vérité, vous voulez partir ?

— Aujourd'hui même.

— Sans songer que je pourrais m'opposer à votre départ ?

— J'ai pensé, au contraire, que vous ne le feriez pas.

— C'est mon droit, cependant.

— Peut-être, mais vous n'en userez pas.

— Valentine, reprit-il d'une voix vibrante, pendant qu'il en est temps encore, réfléchissez, renoncez à votre projet. Écoutez-moi, je vous aime assez pour pouvoir oublier le passé.

Elle secoua la tête et répondit :

— Monsieur le comte, il y a des choses qu'on n'oublie jamais ; c'est le sang que vous avez fait couler, c'est le cadavre que vous avez jeté entre nous qui nous sépare.

Le front du comte se rembrunit et son regard eut une lueur sombre.

— Vous êtes bien imprudente de me parler ainsi, dit-il d'une voix contenue. Si je ne vous adresse aucun reproche, si je ne vous demande pas compte de l'outrage que vous m'avez fait, vous devriez au moins imiter mon silence. On n'est pas un criminel parce qu'on venge son honneur ; j'ai tué un misérable, un lâche !...

— Monsieur le comte, n'insultez pas votre victime ! s'écria-t-elle.
— Devant moi, vous osez le défendre !
— Devant vous et devant tous, ce droit m'appartient.
— Mais c'est du cynisme ! exclama-t-il.
— Non, monsieur le comte, c'est l'indignation d'une âme révoltée.
— Vous l'aimiez avant votre mariage.
— Oui, je l'aimais, je n'ai pas à le nier.
— Pourquoi, alors, m'avez-vous épousé ?
— Ah ! pourquoi, pourquoi ?... Parce que je devais être malheureuse, parce que j'étais condamnée à souffrir éternellement... Mais puisque vous vous croyiez offensé, puisque vous vengiez votre honneur, sans même savoir s'il était en danger, pourquoi donc ne m'avez-vous pas tuée aussi, monsieur le comte ? Vous auriez bien fait... Ah ! en me délivrant de la vie, vous m'auriez rendu service !

Ces paroles troublèrent M. de Bussières, et il lui vint à l'idée que sa femme pouvait n'être pas coupable.

— Oui, répliqua-t-il avec un tremblement dans la voix, j'aurais pu vous tuer ; dans ma fureur, j'en ai même eu la pensée ; mais le souvenir de mon fils, de notre enfant, Valentine, a retenu mon bras et a subitement calmé la rage qui s'était emparée de moi. Valentine, votre fils vous défend contre moi et vous protége. C'est lui, plus encore que mon amour pour vous, qui m'ordonne d'oublier le passé et qui me crie : Pardonne ! Ah ! remerciez-le ; c'est à lui, à lui seul, que vous devez mon indulgence !

« Mais vos paroles de tout à l'heure m'ont frappé ; vous avez dit :

« — Vous vengiez votre honneur, sans même savoir s'il était en danger. »

« Valentine, que signifient ces paroles ? Avez-vous voulu me dire que vous n'aviez pas trahi vos devoirs ? »

La comtesse resta silencieuse.

— Au nom du ciel ! reprit-il avec agitation, expliquez-vous. Valentine, dites-moi la vérité : oui ou non, êtes-vous coupable ?

— Monsieur le comte, répondit-elle froidement, demandez-vous-le ; moi, je ne vous dirai rien.

Un sourire amer crispa ses lèvres.

— Fou ! fou que je suis ! murmura-t-il, je voudrais douter ; est-ce que c'est possible ? J'ai vu...

Il eut un brusque mouvement de tête ; puis, après un moment de silence, il reprit :

— Pour vous comme pour moi, ce sujet est pénible, nous n'y reviendrons pas. Ce qui m'occupe surtout, c'est la détermination que vous semblez avoir prise. Ne vous éloignez pas, restez ici ; si ce n'est pour moi, que ce soit pour votre fils, pour le monde.

— Je suis décidée à partir, monsieur le comte ; j'ai longuement réfléchi, croyez-le ; la situation est douloureuse, vous l'avez faite ainsi et vous n'y pouvez rien changer. Je m'éloigne de vous parce que nous ne pouvons plus vivre ensemble.

— Oui, dit-il d'un ton guttural, je vous fais horreur. Cela se comprend, ajouta-t-il les dents serrées ; vous ne m'avez jamais aimé, vous me haïssez, et j'ai tué votre amant !

La comtesse tressaillit et un feu sombre passa dans son regard ; mais avec sa volonté bien arrêtée de ne pas se défendre elle eut le courage de ne point protester.

— C'est vrai, répondit-elle, je ne vous aime pas ; je ne dis pas que vous me faites horreur, mais ce que j'éprouve pour vous, maintenant, ressemble à la peur. Si je ne vous aime pas, c'est votre faute ; vous avez des sentiments nobles et élevés, monsieur le comte, et je n'ai méconnu aucune de vos qualités ; mais vous ne pouvez pas savoir, vous ne saurez jamais ce que votre caractère étrange, votre jalousie m'ont fait souffrir.

« Oui, continua-t-elle avec une animation croissante, dans les premiers temps de notre mariage, j'aurais pu vous aimer ; mais qu'avez-vous fait pour cela ? Rien. Vous m'avez traitée comme une enfant, non comme une femme. Je ne savais rien de la vie, c'est vrai ; j'étais ignorante de tout, naïve, simple, stupide peut-être. Quels conseils m'avez-vous donnés ? Aucun. Avez-vous cherché à me diriger ? Non.

« Vous m'avez abandonnée à moi-même, tout en ne me laissant aucune liberté. Vous m'avez fait subir un pouvoir despotique. J'avais des aspirations, vous les avez éteintes ; des sentiments, vous en avez comprimé les élans ; en un mot, vous m'avez annihilée. C'est un crêpe que vous avez jeté sur ma gaieté et ma jeunesse ; c'était votre idée, votre fantaisie. Vous avez trouvé là votre satisfaction, soit : mais vous n'avez pas conquis le cœur de votre femme. Pourtant, monsieur le comte, c'est ce que vous deviez faire, puisque vous l'aimiez.

« Oh ! ce ne sont pas des reproches que je vous adresse ; c'est la vérité que je veux, en vous quittant, mettre sous vos yeux. Je ne vous juge pas ; mais, en examinant l'existence que vous m'avez faite, jugez-vous vous-même. »

Le comte, étonné, avait baissé la tête

La comtesse continua :

— J'ai donné le jour à un enfant ; j'avais le droit d'espérer que ce cher petit être vous rendrait moins injuste envers moi et ferait naître enfin entre nous cette intimité pleine de confiance sans laquelle aucune union ne peut être heureuse. Il n'en fut pas ainsi. A partir de ce jour, c'est presque du dédain que vous m'avez témoigné, comme si, vous ayant donné un fils, vous n'aviez plus rien à attendre de moi. Cet enfant pouvait être ma joie, devenir ma consolation ; vous me l'avez pris. Vous vous êtes montré jaloux de l'affection que je pouvais avoir pour lui, vous n'avez pas admis que j'eusse le droit d'aimer mon enfant. Et j'ai dû subir cette nouvelle épreuve, plus cruelle encore que toutes les autres.

« C'est ainsi que vous m'avez humiliée, amoindrie et froissée dans tous mes sentiments. Il fallait une secousse violente comme celle d'aujourd'hui pour réveiller ma dignité et me rendre ma fierté. Je m'inspire d'elles et je reprends possession de moi-même. C'est la première fois que je vous parle aussi longuement, monsieur le comte ; mais j'ai fini ; je n'ai plus rien à vous dire.

— Vous venez de me montrer les torts que j'ai eus, selon vous, répliqua le comte sourdement ; eh bien ! je les reconnais, puisqu'ils sont votre excuse. Mais une fois encore je vous demande de ne pas partir.

— Une fois encore je vous répète : Nous ne pouvons plus vivre ensemble.

Le comte se mordit les lèvres et un éclair de colère passa dans son regard.

— Madame, dit-il d'une voix frémissante, si vous partez, vous ne reverrez jamais votre fils.

La jeune femme eut un tressaillement douloureux ; mais elle eut la force de se contenir et resta en apparence très-calme. Elle répondit d'un ton froid :

— Je ne me suis pas fait d'illusion à ce sujet.

— Ainsi rien ne peut vous faire revenir sur votre décision ?

— Rien.

— C'est bien, vous le voulez, je n'emploierai pas la force pour vous retenir. Ai-je le droit de vous demander où vous allez ?

— A Arfeuille, au château de mes ancêtres, où je suis née et où je retrouverai les souvenirs de mon enfance, les seuls heureux. Là, dans la retraite et la prière, j'attendrai que la mort m'apporte l'oubli et tarisse la source de mes larmes en fermant mes yeux.

— Au fait, vous avez peut-être raison, dit le comte sèchement ; la solitude vous est nécessaire. Partez donc ; je souhaite même que vous n'ayez pas à vous repentir un jour d'avoir fait si peu de cas de mes observations et d'avoir repoussé la main que j'étais prêt à vous tendre pour vous relever.

Il la salua froidement et sortit en lui jetant ce mot :

M. de Bussières s'annonça comme un riche négociant voyageant pour ses affaires. (Page 372.)

— Adieu !

La comtesse resta un instant immobile. Elle suffoquait.

Elle pensait à son enfant.

Le soir, avant de partir, elle fit demander au comte la permission de l'embrasser une dernière fois. M. de Bussières le lui envoya. En le voyant, elle ne put retenir un cri : elle l'enleva des bras de sa nourrice et le pressa fiévreusement contre son cœur, en couvrant ses joues de baisers et en pleurant à chaudes larmes. Cela dura un quart d'heure. Enfin elle le rendit à la nourrice, qui l'emporta.

— Ah! voilà le sacrifice! murmura la comtesse d'une voix plaintive.

Un instant après, la chaise de poste qui allait la conduire à Arfeuille sortait de la cour de l'hôtel de Bussières.

X

TOUJOURS LES DIABLES NOIRS

Le départ subit de la comtesse fut commenté de toutes les manières et donna lieu à une foule de fausses interprétations. Interrogé par ses meilleurs amis, le comte garda un silence obstiné. Il ne confia son chagrin et son secret qu'à un seul, en qui il avait la plus grande confiance, à M. Nestor Dumoulin, jeune avocat dont les débuts avaient été fort brillants et qui jouissait déjà d'une certaine renommée.

Du reste, M. de Bussières, qui avait déjà beaucoup restreint le cercle de ses relations, cessa d'aller dans le monde et ne reçut plus personne chez lui. Il s'enfonça de plus en plus dans ses sombres pensées et vécut exclusivement pour son fils. Il en fit son idole, son dieu.

A ceux qui, de loin en loin, s'informaient encore de lui, on répondait par ces mots :

— C'est un original.

D'autres allaient plus loin et disaient :

— Il est fou!

Et les uns et les autres ne se trompaient pas; il y avait certainement quelque chose de détraqué dans son cerveau.

On avait commencé par le plaindre, on cessa bientôt de s'intéresser à lui et on finit par l'oublier tout à fait. C'est ainsi que l'isolement qu'il voulait et qui lui était si cher se fit complétement autour de lui.

La première personne à qui il ferma impitoyablement la porte de sa maison fut mademoiselle Laure. Il avait instinctivement deviné le rôle odieux joué par elle dans le drame d'Asnières. La misérable avait eu sa vengeance, mais sans atteindre entièrement son but. Le comte ne voulait pas être consolé.

Disons tout de suite, pour ne plus avoir à parler de cette affreuse créature, que, la même année, elle fut atteinte par la variole. Après deux mois d'atroces souffrances, elle guérit, mais la maladie avait emporté sa beauté, dont elle était si fière. Elle fut horriblement défigurée.

On avait craint un instant qu'elle ne devînt aveugle; on parvint à lui conserver l'œil droit. La première fois qu'elle se vit dans une glace, elle jeta un cri d'épouvante et de rage. Elle se fit peur à elle-même. Elle n'avait jamais vu rien d'aussi effroyable, d'aussi hideux que son visage.

Dieu ne lui faisait pas attendre le châtiment.

Au bout de quelque temps, étant devenue un objet de pitié et d'horreur pour tout le monde, elle entra dans un cloître.

La comtesse de Bussières éprouva un grand soulagement en se retrouvant à Arfeuille, qu'elle avait quitté depuis l'âge de dix ans pour venir à Paris chez son tuteur, et où, depuis, elle n'avait fait que de courtes apparitions.

Elle fut accueillie par de grandes démonstrations de joie. On se souvenait des services rendus par sa famille et du bien que son père et sa mère avaient fait dans la contrée.

Son installation à Arfeuille fut des plus simples : avec Mariette, elle ne prit à son service qu'une cuisinière et une jeune fille du pays. Le jardinier, sa femme, l'aide-jardinier et un autre domestique attachés au château restaient sous les ordres directs du régisseur du domaine, lequel occupait un appartement indépendant de ceux de la jeune femme, dans une aile du vieux manoir.

Si ce n'eût été la pensée de son fils, la comtesse, entourée de l'affection et du respect de tous, aurait pu se trouver relativement heureuse dans sa solitude. Mais son cœur avait souvent de douloureuses vibrations et elle tombait dans des tristesses profondes.

Soulager toutes les souffrances qui lui étaient signalées, secourir les malheureux, éteindre la misère autour d'elle, cela fut dès les premiers jours sa plus chère distraction. Elle parvenait ainsi à sortir de son abattement et à échapper au découragement qui pouvait faire naître le dégoût de la vie. Elle cherchait aussi le calme et des encouragements dans la prière, la prière qui la consolait et réconfortait son âme.

Un jour, la comtesse découvrit qu'elle allait devenir mère une seconde fois. Une joie délirante inonda son cœur. On lui avait enlevé son premier-né; Dieu, la prenant en pitié, lui donnait un autre enfant! Oh! cette fois, c'était bien la consolation!... Elle tomba à genoux et fit monter jusqu'au ciel le cri de sa reconnaissance.

Elle allait vivre d'une nouvelle vie, elle allait pouvoir exhumer de son cœur toute la tendresse, tout le dévouement, toute l'abnégation, tout l'amour, tous les sentiments exquis qui étaient enfouis sous une couche de déceptions, d'amertumes, de regrets et de désillusions.

Elle pleura. C'étaient ses premières larmes de bonheur. Quel ravissement!

— S'il venait maintenant, se dit-elle en pensant à son mari, je lui ouvrirais mon cœur, je lui dirais la vérité et... je lui tendrais mes bras.

Le lendemain, elle écrivit au comte :

« Dieu ne m'a pas abandonnée, lui disait-elle ; il nous a séparés, mais il nous donne à chacun un enfant : dans cinq mois, je serai mère encore une fois. »

Elle eut l'intention d'ajouter : Venez, je suis disposée à oublier vos torts envers moi ; je n'ai rien voulu vous dire le jour de notre séparation ; aujourd'hui, je ne vous cacherai rien ; vous saurez que je suis toujours restée digne du nom de Bussières que vous m'avez donné.

Malheureusement, retenue par ses anciennes terreurs et mal conseillée par sa fierté, elle n'écrivit pas cela.

Telle qu'elle était conçue, la lettre de la comtesse devait jeter un nouveau désordre dans les idées du comte et augmenter le délire de son esprit. C'est ce qui arriva.

La nouvelle que lui annonçait sa femme le frappa comme d'un coup de foudre.

L'effet fut si terrible que ses domestiques s'inquiétèrent sérieusement de sa santé et purent craindre un instant qu'il ne perdît entièrement la raison.

Le malheureux fit ce calcul que la comtesse était à Arfeuille depuis près de quatre mois, et que cette date et celle annoncée pour la naissance de l'enfant coïncidaient avec les rendez-vous d'Asnières.

Dès lors, pour lui, il ne pouvait y avoir un doute ; l'enfant qui allait naître était un bâtard ; c'était le fruit de l'adultère.

Cette idée s'empara de lui et ne le quitta plus.

Il laissa là la lettre de la comtesse sans réponse. Ce fut pour celle-ci un autre affront, un nouveau déchirement. Elle comprit que tout était bien fini entre elle et son mari, et qu'il n'y aurait plus rien de commun entre eux, pas même leurs enfants.

Ce qui troublait au plus haut point l'esprit du comte, c'est que l'enfant qui allait venir au monde porterait son nom et aurait le droit, un jour, de venir réclamer à son frère la moitié de ses titres, de son rang dans le monde, la moitié de son héritage.

Or, voilà ce que le comte, dans son amour insensé pour son fils, ne voulait admettre à aucun prix. Mais la loi était là, dressée devant lui, inattaquable dans sa puissance; il ne pouvait rien contre elle. Elle légitimait celui qu'il considérait comme l'enfant du crime. Les droits de ce dernier étaient déniables, absolus.

Qu'allait-il faire? Il se le demanda avec angoisse. Il y réfléchit longuement. Il avait du temps devant lui. Mais il ne se dissimulait pas les énormes difficultés à vaincre, les périls à éviter.

Il s'agissait de s'opposer aux effets d'une des plus importantes de nos lois civiles. C'était grave et d'une audace inouïe; mais le comte ne raisonnait plus. Il était arrivé à un tel état de surexcitation, à une telle aberration du sens moral, qu'il ne distinguait plus le bien du mal, le juste de l'injuste.

Dans l'intérêt de son fils, qui seul le poussait et le faisait agir, il fallait déshériter le nouveau venu, fille ou garçon, en le faisant disparaître. La difficulté, le péril étaient là.

On ne fait pas disparaître un enfant qui a été inscrit sur le registre des naissances de l'état civil. Et, quand même, l'acte lui a créé des droits qu'il lui conserve... Le faire déclarer de père et de mère inconnus? Cela se fait à Paris; mais à Arfeuille ce mensonge que la loi permet n'était pas possible.

Le comte s'arrêta à cette idée que le second enfant de sa femme ne devait pas avoir d'acte de naissance.

Il songea un instant à emmener la comtesse à l'étranger, de gré ou de force. Là il pouvait l'enfermer, la séquestrer dans une maison isolée jusqu'au jour de sa délivrance; ensuite il confierait l'enfant à quelque famille pauvre qui consentirait à s'en charger moyennant une fortune qu'il donnerait.

Après avoir caressé cette idée, il l'abandonna pour chercher autre chose.

Il trouva.

M. de Bussières avait déjà fait alors un voyage en Amérique. Le plan qu'il conçut, qui lui sourit, et qu'il résolut de mettre à exécution, était digne des Peaux-Rouges qu'il avait rencontrés dans les prairies ou les forêts vierges, et dont il avait étudié les mœurs et observé les habitudes.

Une idée aussi excentrique ne pouvait jaillir que d'un esprit malade.

Quand cette idée fut arrêtée dans sa tête, M. de Bussières fit l'acquisition d'un gros chien de montagne. Il fit coucher l'animal dans sa chambre, le traita avec beaucoup de douceur et fit son éducation avec une patience incroyable.

Le comte devenait plus que jamais un sujet d'étonnement pour ses domestiques. Ils se disaient en souriant avec ironie:

— Une nouvelle et singulière manie de M. le comte: le voilà, maintenant, instructeur d'un chien. Est-ce assez drôle?

Germain seul ne se mêlait pas aux propos de l'antichambre. Mais il était très-affecté et devenait de plus en plus soucieux. Il avait pour son maître une véritable affection, un dévouement sans bornes, quelque chose qui ressemblait à l'attachement d'un caniche. Pour le comte, Germain se serait fait couper en quatre. On comprend combien tout ce qu'il voyait lui était pénible.

— Qu'est-ce que tout cela veut dire, mon Dieu! qu'est-ce que tout cela veut dire? répétait-il à chaque instant.

Le pauvre garçon se demandait sérieusement s'il ne serait pas obligé de conduire un jour son maître dans un hospice d'aliénés.

Quatre mois s'écoulèrent. M. de Bussières avait achevé l'éducation de son chien; éducation mystérieuse, que Germain seul connaissait, sans qu'il lui eût été possible, d'ailleurs, de deviner le projet de son maître.

— Décidément, se disait-il, M. le comte devient de plus en plus bizarre, et il faut bien convenir qu'il a d'étranges fantaisies. Qu'il soit fou de son fils jusqu'à se rendre ridicule et mériter le surnom de M. Cotillon, qu'on lui donne, passe encore; mais qu'il se prenne maintenant d'une belle passion pour un chien, c'est trop fort! oui, c'est trop fort!

XI

LES PROJETS DE M. DE BUSSIÈRES

Un jour, le comte de Bussières appela dans son cabinet son fidèle serviteur.

— Germain, lui dit-il, vous m'êtes dévoué, maintes fois vous m'avez donné des preuves d'un attachement sincère, et j'y ai répondu en vous témoignant la plus grande confiance. Ce que je ne pouvais pas vous dire, vous l'avez deviné sans doute, et vous connaissez une partie de mes secrets. Aujourd'hui, Germain, j'ai une mission importante à vous confier; c'est une nouvelle preuve de ma confiance illimitée. Mais avant de vous dire ce que j'attends de votre dévouement, de votre affection pour moi, il faut que je sache si vous êtes prêt à me servir aveuglément.

— Monsieur le comte sait bien qu'il peut compter sur moi en toute circonstance, répondit le valet de chambre.

— Eh bien! Germain, je vais donc vous apprendre que la comtesse de Bussières est à la veille d'avoir un autre enfant.

— Je le sais, monsieur le comte.

— Comment ! vous savez ?...

— Un de vos valets de pied, monsieur le comte, Firmin, est fort amoureux de Mariette, la femme de chambre de madame la comtesse ; la jolie Mariette, de son côté, n'est pas restée indifférente. Ils doivent se marier le jour où ils auront quelques milliers de francs d'économie ; en attendant, ils s'écrivent souvent, et comme Firmin est assez communicatif, il me fait lire les lettres de Mariette. C'est ainsi, monsieur le comte, que je sais un peu ce qui se passe à Arfeuille. M. le comte aime beaucoup les enfants, il doit être heureux...

Un regard terrible du comte coupa la parole à Germain.

— Je n'ai qu'un fils, dit sourdement M. de Bussières ; je ne reconnais pas, je ne veux pas reconnaître l'enfant qui va venir au monde.

Germain sentit un frisson passer dans ses membres.

— Est-ce que vous n'avez pas deviné la cause qui a déterminé la comtesse à se retirer à Arfeuille ? demanda le comte en regardant fixement le domestique.

— Du moment que M. le comte m'interroge, je dois répondre. J'ai deviné.

— Alors vous savez que la comtesse a manqué à tous ses devoirs ?

Germain baissa tristement la tête.

— Oui, reprit le comte d'une voix creuse, la malheureuse a tout oublié ; elle avait un amant !

— Vous vous êtes vengé, monsieur le comte.

— Ah ! vous savez cela aussi ?

— Oui, monsieur le comte.

— Eh bien ! Germain, vous devez comprendre... Cet enfant qui va naître ne doit pas porter le nom de Bussières.

Germain regarda son maître avec étonnement.

— Cet enfant n'est pas le mien, ajouta le comte.

— Si monsieur le comte me permettait...

— Je vous permets ; dites.

— Eh bien ! monsieur le comte peut se tromper.

Un sourire amer crispa les lèvres de M. de Bussières.

— Je ne veux pas avoir un doute à ce sujet, dit-il d'un ton bref.

— Monsieur le comte m'a parlé d'une mission qu'il voulait me confier.

— Oui. J'ai besoin de vous, Germain, pour m'aider dans l'exécution d'un projet...

— Ai-je le droit de savoir de quoi il s'agit ?

— Assurément, afin de pouvoir me servir.
— Quel est le projet de monsieur le comte ?
— Je veux enlever cet enfant à la comtesse et le faire disparaître.
— Oh ! monsieur le comte !... fit Germain dont le visage prit une expression douloureuse.
— Germain, répliqua M. de Bussières fronçant les sourcils, ai-je eu tort de compter sur votre dévouement ?
— J'ai eu l'honneur de dire déjà à monsieur le comte que j'étais entièrement à sa disposition ; seulement...
— Achevez !
— Ce que monsieur le comte veut faire est tellement grave...
— Je ne l'ignore pas, Germain ; je sais aussi les difficultés que je peux rencontrer. Mais il le faut... Je ne considère que l'intérêt de Gontran, de mon fils.
— Monsieur le comte me permet-il de lui demander s'il a réfléchi aux conséquences d'un enlèvement ?
— J'y ai pensé, Germain.
— Et monsieur le comte ne craint rien ?
— Je crains seulement de ne pas réussir.
— Est-ce que monsieur le comte songe à me charger d'enlever l'enfant ?
— J'espère, comme je vous l'ai dit, que vous m'aiderez. La comtesse n'a près d'elle que des femmes, entre autres sa femme de chambre Mariette, dont nous parlerons tout à l'heure. Nous pourrions facilement nous introduire dans le château et, sans être obligés d'exercer aucune violence, nous emparer de l'enfant quelques heures après sa naissance. Mais nous serions vus et probablement reconnus, quelque précaution que nous prenions ; d'ailleurs, ne serions-nous ni vus ni reconnus, ce qui ne me semble pas admissible, la comtesse n'aurait pas à chercher longtemps le nom de l'auteur de l'enlèvement. Dans ce cas, les conséquences pourraient devenir très-graves, car la comtesse ne reculerait, sans doute, devant aucun moyen afin de se faire rendre son enfant.

« J'ai donc renoncé à agir ou à vous faire agir directement. Alors j'ai pris un troisième associé.

— Qui donc ?

Le comte étendit la main et montra au domestique ébahi son chien qui, étendu sur le tapis, tournait vers eux ses yeux intelligents.

Germain comprit alors dans quel but le comte avait fait faire au chien de nombreux exercices avec une poupée emmaillottée, et pourquoi, depuis quelque temps, une femme du peuple venait chaque jour à l'hôtel avec son jeune enfant.

L'animal avait vu l'enfant. D'un bond, il se précipita sur le lit. (Page 376.)

— Vous comprenez, n'est-ce pas? reprit le comte.

— Oui, je comprends.

— C'est lui qui pénétrera dans le château; s'il peut arriver à l'enfant, et nous allons nous occuper de ce qu'il y a à faire pour cela, je suis sûr qu'il le prendra, même dans les bras de sa mère, pour nous l'apporter, serions-nous à une lieue du château.

Germain ne savait plus que dire. Il était stupéfié.

Après un silence, le comte reprit :

— Mais, pour que mon plan réussisse, il est indispensable que nous ayons une personne à nous auprès de la comtesse. Lui envoyer quelqu'un serait la mettre en défiance. Quand vous m'avez parlé de Mariette tout à l'heure, en me faisant connaître certains faits intéressants que j'ignorais, j'ai pensé que cette jeune fille pouvait m'être très-utile. Elle aime Firmin, m'avez-vous dit ; naturellement elle désire se marier ; on peut lui offrir une dot de dix mille francs. Croyez-vous, Germain, que cette somme soit suffisante pour décider Mariette à me servir?

— Je ne connais pas assez le caractère de Mariette pour pouvoir rien préjuger, répondit Germain.

— Vous essayerez toujours, dit le comte. D'ailleurs elle aura peu de chose à faire : ouvrir les portes au chien pour qu'il puisse pénétrer jusqu'à l'enfant et veiller à ce que celui-ci soit convenablement emmaillotté, afin que l'animal ne puisse lui faire aucun mal en le prenant dans sa gueule. Voilà tout. Je tiens même à ce qu'elle ne soit pas instruite de mon projet. Elle ouvrira les portes sans savoir pour quel motif, et, l'enfant enlevé, sa complicité nous assurera sa discrétion.

« Dans tous les cas, si elle consent à me servir, je la verrai moi-même et lui donnerai des instructions pour que l'enfant puisse être saisi par le chien sans courir aucun danger; car ce n'est pas sa mort que je veux; non, non, je ne veux pas sa mort !...

— Quand vous l'aurez enlevé à sa mère, monsieur le comte, qu'en ferez-vous?

— Je vous le confierai, Germain, car c'est vous que je charge, dès aujourd'hui, du soin de le placer convenablement. Vous penserez à cela. Vous avez tout le temps nécessaire, puisque ce n'est que dans trois semaines ou un mois qu'il verra le jour. Vous trouverez aisément une famille pauvre qui l'adoptera. On donnera une forte somme à ces braves gens, et comme je ne veux pas que cet enfant soit un malheureux, on lui assurera une pension suffisante pour vivre indépendant et à l'abri de la misère. L'essentiel est qu'il ignore toujours le secret de sa naissance. En plus de la pension qu'on lui fera, et dont le capital sera versé et sérieusement garanti, à sa majorité, que ce soit une fille ou un garçon, mon intention est de lui donner cent mille francs. Ce sera pour la jeune fille une dot qui lui permettra de se marier convenablement; pour le garçon, s'il est actif et intelligent, le moyen de faire fortune.

« C'est vous, Germain, ou plutôt, ce qui vaudra mieux encore, une personne en qui vous aurez confiance, qui placera en son nom le capital mis à votre disposition afin de constituer les rentes à servir régulièrement par mois, par trimestre ou par semestre. Dans tout cela, vous le comprenez, mon nom ne doit pas être prononcé.

« Du reste, nous reparlerons plus longuement de cette partie de votre mission et nous règlerons ensemble tous les détails. Pour le moment, nous avons autre chose à faire. Vous êtes bien décidé à me servir?

— Je n'ai pas à discuter les volontés de mon maître, répondit le domestique avec émotion ; monsieur le comte peut me donner ses ordres.

— C'est bien, Germain, je n'attendais pas moins de vous ; soyez tranquille, vous aurez aussi votre récompense.

— Je n'ai qu'une ambition, monsieur le comte : rester toujours à votre service.

— Certes, j'espère bien que vous ne me quitterez jamais; mais je peux mourir, mon brave Germain, et je ne voudrais pas qu'après moi vous fussiez obligé de servir dans une autre maison.

Germain s'inclina.

— Monsieur le comte fera ce qu'il jugera convenable pour son dévoué serviteur, dit-il.

— Maintenant il faut voir Mariette et nous assurer d'elle.

— Je la verrai.

— Il faut partir le plus tôt possible.

— Quand monsieur le comte l'ordonnera.

— Demain, Germain, demain.

— Je partirai demain.

— Je n'ai pas besoin de vous recommander d'être très-circonspect, très-prudent ; je vous connais.

— Je ferai mon possible afin de justifier la confiance que monsieur le comte me témoigne.

M. de Bussières prit dans un tiroir six rouleaux de mille francs et les mit dans la main de son valet de chambre en disant :

— Si mademoiselle Mariette se montre bien disposée, vous pourrez lui compter la moitié de la somme. Le reste est pour votre voyage. Vous ne serez pas, je pense, plus de huit jours absent.

— Et si Mariette refuse, monsieur le comte?

— Elle ne refusera pas. Mais, si cela arrivait, vous trouveriez une autre personne moins difficile. Vous ferez bien, toutefois, de ne pas aller au château.

— Cela fait partie de la prudence que m'a recommandée monsieur le comte.

— Il me vient une idée : ne pourriez-vous pas faire écrire aujourd'hui même à Mariette par Firmin ? La lettre lui arriverait après-demain dans la matinée. Firmin l'inviterait à se trouver le même jour, dans la soirée, au village de Blerzy, qui n'est qu'à vingt minutes d'Arfeuille et touche au parc du château. Il préviendrait Mariette qu'un de ses amis, sans vous nommer, a une communication importante à lui faire.

— Monsieur le comte a raison, je m'entendrai avec Firmin.

— Préparez-vous donc à partir, Germain ; réussissez et revenez vite.

Le soir, Germain jetait la lettre de Firmin à Mariette dans une boîte de l'administration des postes et allait retenir, pour le lendemain matin, une place au bureau des diligences.

Nous ne suivrons pas Germain dans son voyage.

Il revint à Paris au bout de six jours. Les premières paroles qu'il dit à son maître furent celles-ci :

— Monsieur le comte ne s'était pas trompé : Mariette est prête à le servir aveuglément.

XII

L'ENLÈVEMENT

Le moment de la délivrance de la comtesse approchait.

Depuis quatre jours, M. de Bussières était à Clamecy où il avait pris une chambre dans un hôtel sous un nom bourgeois. Il s'annonça comme un riche négociant voyageant pour ses affaires.

On admit cela volontiers. Et comme un riche négociant en voyage a toujours sur lui des valeurs plus ou moins considérables, pouvant très-bien exciter la convoitise des voleurs, on considérait le molosse qui l'accompagnait comme son garde du corps.

Afin d'être plus près du château et à même d'être immédiatement renseigné, Germain s'était installé à Blerzy, dans une mauvaise chambre d'auberge.

Dans le parc même du château, le comte avait eu une entrevue avec Mariette, en présence de Germain. La femme de chambre avait promis de suivre exactement les instructions de M. de Bussières.

Elle devait ouvrir une des portes basses, au rez-de-chaussée, donnant sur les jardins, puis successivement toutes les portes intérieures jusqu'à la chambre où se trouverait le nouveau-né. On ne lui avait rien dit qui pût lui faire soupçonner la vérité, et elle ignorait complétement le rôle terrible que le comte allait faire jouer à un chien.

Cependant, en raison des précautions que prenaient le comte et Germain, en raison aussi du prix dont on payait sa complicité, elle sentait qu'elle allait commettre un acte d'une extrême gravité. Malgré cela, elle n'hésitait pas à trahir sa maîtresse.

La cupidité l'avait prise de son vertige.

En causant avec Germain, elle lui avait dit :

— Si l'enfant est une petite fille, elle s'appellera Edmonde, en souvenir du marquis d'Arfeuille, père de madame la comtesse, qui se nommait Edmond ; si c'est un petit garçon, il s'appellera Edmond.

Il avait été convenu aussi que, dès que la comtesse ressentirait les premières douleurs, Mariette s'empresserait de le faire savoir à Germain. Il fallait cela pour donner au domestique le temps d'avertir son maître.

Le jour arriva : Germain, prévenu par Mariette, courut à Clamecy et revint avec le comte suivi de son auxiliaire à quatre pattes.

A la nuit, ils pénétrèrent dans le parc par une petite porte dont Germain s'était procuré une clef et marchèrent avec précaution vers le château. On était à la fin de janvier. Après quelques jours de dégel, le froid était revenu. Il gelait très-fort.

Le comte et Germain purent entrer facilement dans une serre et s'y tenir cachés. Du reste, ils pouvaient se dispenser de prendre cette mesure de prudence ; les jardiniers étaient rentrés chez eux, les jardins se trouvaient déserts.

Le comte s'assit sur un banc ; le chien se coucha à ses pieds. Quant à Germain, debout à l'entrée de la serre, l'oreille tendue, il attendait.

A ce moment, M. de Bussières devait se livrer à d'étranges réflexions ; mais, dominé par les passions de son âme, poussé en avant par une force irrésistible, saisi par le vertige, il ne raisonnait plus ; il ne sentait pas l'odieux de sa conduite ; il semblait ne plus avoir conscience de sa dignité. Et, pourtant, cet homme n'était pas méchant. Il avait la folie de l'amour paternel.

Vers huit heures et demie, un bruit de pas se fit entendre dans une allée. Le chien dressa la tête, mais il resta silencieux. Germain sortit de la serre et s'avança au-devant de la personne qui marchait. C'était Mariette. Sans prononcer une parole, elle suivit Germain qui la conduisit dans la serre.

— Eh bien ? demanda le comte.

— C'est fini, répondit Mariette.
— Est-ce une fille ?
— Non, un garçon.
— Qui passera la nuit près de votre maîtresse ?
— La sage-femme et moi.
— Et le médecin?
— Il ne restera pas au château ; il va partir tout à l'heure.
— C'est bien. Avez-vous veillé à ce que l'enfant...
— La sage-femme est occupée à le mettre dans ses langes.
— N'oubliez aucune des recommandations que je vous ai faites.
— Cela me sera d'autant plus facile que je serai seule dans la chambre de madame la comtesse jusqu'à deux heures après minuit. La sage-femme, qui est très-fatiguée, car elle a déjà passé la dernière nuit, se couchera vers dix heures, et il est convenu que je la réveillerai à deux heures avant d'aller moi-même me reposer.
— Tout cela est pour le mieux.
— A quelle heure faudra-t-il ouvrir la porte ?
— Après onze heures ; vous n'aurez pas à nous attendre, nous serons sous les murs du château, près de la porte basse. Maintenant, Mariette, allez rejoindre votre maîtresse.

La femme de chambre sortit de la serre et s'éloigna rapidement.

— Un garçon ! c'est un garçon ! murmura le comte.

Il était extrêmement agité ; à mesure que l'heure terrible approchait, son émotion et son trouble augmentaient.

Germain employait toutes ses forces et toute son énergie à vaincre ses terreurs.

Un peu avant onze heures, ils sortirent de la serre et marchèrent vers le château, se glissant comme deux ombres à travers les massifs et les bouquets d'arbustes. Le chien les suivait pas à pas.

Le ciel était chargé de nuages sombres, le vent soufflait avec une certaine violence et faisait grand bruit dans les arbres. C'était une nuit tourmentée, noire, glaciale, une autre complice pour le comte.

Arrivés au pied du château, après avoir reconnu la porte désignée par la femme de chambre, ils se blottirent dans un angle obscur. On aurait pu passer près d'eux sans les apercevoir.

A onze heures, la comtesse s'était assoupie. L'enfant dormait dans son berceau. A l'exception de Mariette, chargée de veiller jusqu'à deux heures, tout le monde dormait au château.

— Ils attendent, se dit Mariette; c'est le moment.

Elle s'approcha du berceau et regarda l'enfant.

— Il est parfaitement arrangé comme cela, pensa-t-elle; mais pourquoi donc M. le comte tient-il tant à ce qu'il soit bien emmaillotté?

Elle jeta un regard sur sa maîtresse dont les yeux étaient fermés, puis sortit sans bruit de la chambre. Dans le corridor, elle prit un bougeoir allumé et descendit rapidement au rez-de-chaussée. Elle ouvrit la porte basse. Germain était là. Il avait entendu le grincement du verrou.

Mariette s'empressa de remonter l'escalier et de regagner la chambre de la comtesse, ayant soin, comme cela lui était recommandé, de laisser ouvertes toutes les portes derrière elle.

Le comte était venu, à son tour, se placer devant la porte basse. Le chien avait déjà ses deux pattes de devant sur le seuil. Son maître lui dit seulement ces mots :

— Va chercher !

L'animal fit frétiller sa queue; le cou allongé, le museau en l'air, il renifla bruyamment.

— Va chercher ! apporte ! dit encore le comte.

L'animal s'élança à l'intérieur du château sur les traces de la femme de chambre.

Germain pénétra aussi dans le château; il s'arrêta dans le corridor, au-dessous de l'escalier, prêt à protéger la retraite du chien contre tout danger imprévu.

Au bruit que fit Mariette en rentrant dans la chambre, la comtesse se réveilla.

— Est-ce que vous étiez sortie, Mariette? demanda-t-elle.

— Il m'avait semblé entendre du bruit et je suis allée voir...

— Il fait un grand vent, j'entends ses sifflements furieux; on aura laissé quelque fenêtre ouverte. Mariette, donnez-moi mon enfant.

La femme de chambre tremblait comme une feuille et était très-pâle; son cœur battait à se rompre. Elle prit l'enfant dans son berceau et le mit dans les bras de la comtesse. Il ne s'était pas réveillé.

La jeune mère le regarda un instant avec attendrissement, des larmes dans les yeux, puis colla ses lèvres sur son front...

A ce moment, la porte entr'ouverte s'ouvrit brusquement, comme poussée par un coup de vent, et le chien bondit au milieu de la chambre.

La comtesse et Mariette poussaient en même temps un cri d'épouvante.

L'animal avait vu l'enfant. D'un bond, il se précipita sur le lit.

Instinctivement la mère serra son enfant dans ses bras. Mais le chien ouvrit sa gueule énorme, saisit le pauvre petit par ses langes, un peu au-dessus des hanches, l'arracha des bras de sa mère, sauta à bas du lit et s'élança hors de la chambre.

La comtesse s'était dressée sur son lit, les yeux sortant de leur orbite, le regard plein d'épouvante et d'horreur. Le chien avait agi avec la rapidité de l'éclair; son enfant lui fut enlevé avant qu'elle ait eu conscience du malheur qui la menaçait. Elle jeta un second cri, rauque, effroyable, ses bras s'agitèrent convulsivement, sa tête retomba sur l'oreiller et elle resta étendue, pâle et sans mouvement comme un cadavre.

Mariette, qui s'attendait à voir entrer dans la chambre le comte ou Germain, fut terrifiée à la vue du chien. Elle s'affaissa dans un coin de la chambre et, secouée par un tremblement nerveux, livide, la tête perdue, presque folle, elle appela : « Au secours ! Au secours !... »

Le sage-femme, qui dormait dans une chambre voisine, arriva la première, réveillée par les cris.

Elle vit la comtesse évanouie, le berceau vide.

— L'enfant ! l'enfant ! sauvez l'enfant ! criait Mariette.

La sage-femme s'approcha de Mariette.

— L'enfant ! Où est-il ? lui demanda-t-elle.

— Une énorme bête noire l'a emporté.

— Oh ! la malheureuse est folle ! s'écria la sage-femme qui sentait les premières atteintes de la peur.

Elle courut au lit de la comtesse et, ne songeant point aux soins que réclamait immédiatement l'état de la pauvre mère, elle jeta l'édredon au milieu de la chambre et remua inutilement le lit de la tête aux pieds. A son tour, elle jeta des cris perçants.

Un quart d'heure après, tout le personnel du château était dans la chambre.

Le vieux régisseur interrogea Mariette.

Elle raconta d'une voix entrecoupée par les sanglots et des larmes qui peut-être n'étaient pas fausses comment un animal très-gros avait fait irruption tout à coup dans la chambre et s'était enfui, emportant l'enfant qu'il avait enlevé des bras de la comtesse !

Si extraordinaire et si invraisemblable que cela parût, il fallait bien ajouter

Le comte trembla de colère en montrant la porte à son fils. (Page 382.)

foi au récit de la femme de chambre. Une chose était malheureusement trop réelle ; l'enfant avait disparu, l'enfant avait été enlevé.

La comtesse, d'ailleurs, confirma presque aussitôt les paroles de la femme de chambre.

Grâce aux soins que lui prodiguait enfin la sage-femme, elle revint à elle. Ses yeux hagards, démesurément ouverts, semblaient chercher autour d'elle. Puis, son visage prenant une expression effrayante, elle jeta ces mots dans un cri horrible :

— La bête! la bête!

Et elle tomba immédiatement dans une nouvelle syncope.

Tout le monde était atterré.

— Le médecin! courez chercher le médecin! cria la sage-femme affolée, désespérée.

Sur un ordre du régisseur, la jeune servante partit.

Puis, à l'exception de la sage-femme et de Mariette, tout le monde sortit de la chambre.

On alluma partout les flambeaux, les lampes, on prit des lanternes, et les hommes s'étant armés de fusils et de vieilles épées, on se mit en devoir de fouiller le château dans tous les coins, des caves aux greniers.

Dans leur effarement, ni le régisseur ni les domestiques ne s'aperçurent que plusieurs portes conduisant à la chambre de la comtesse se trouvaient ouvertes. Plus tard, quand ils voulurent s'expliquer comment l'animal s'était introduit dans le château et avait pu pénétrer jusqu'à madame de Bussières, ils avaient déjà fait leurs inutiles recherches, ouvrant et fermant tour à tour toutes les portes.

Cela écartait les soupçons qui auraient pu atteindre la perfide femme de chambre et entourait l'enlèvement de l'enfant d'un voile plus mystérieux encore.

Le médecin accourut auprès de la comtesse qui, toujours sans connaissance, était en danger de mort.

Un instant après l'arrivée du médecin, une douzaine de paysans, ayant appris l'épouvantable malheur, vinrent se joindre au régisseur et aux domestiques.

On avait visité le château, les écuries, les remises, les cours. Malgré la nuit, avec les lanternes, on entreprit de faire une battue dans les jardins et le parc. Le régisseur avait lâché ses deux chiens de chasse, deux excellentes bêtes qui, par leurs mouvements, leurs aboiements et leurs allées et venues, le nez à terre, indiquèrent le passage de la bête, qu'on déclarait déjà être un loup.

Le jour vint. On put continuer la chasse dans de meilleures conditions. Le régisseur n'espérait plus retrouver l'enfant vivant, mais il aurait voulu mettre à mort la bête féroce qui, sans aucun doute, l'avait dévoré.

Sur le sable d'une allée, on découvrit les empreintes de pas d'un animal de forte taille. Les paysans et le régisseur lui-même n'hésitèrent pas à reconnaître les pas du loup. Dès lors il n'y eut plus de doute. Mais, au bout de deux heures de chasse inutile dans le parc, on fut convaincu que la bête en était sortie par une brèche ou en sautant par-dessus le mur.

Quant à expliquer comment elle avait osé s'approcher du château et trouvé, surtout, le moyen de s'y introduire, il fallait y renoncer. Le mystère commençait là.

L'événement fit grand bruit dans le pays. Pendant plusieurs jours, les chasseurs d'Arfeuille et des villages voisins se mirent en campagne. Une louve fut tuée dans un bois, à quatre lieues d'Arfeuille.

Pour tout le monde, c'était la bête qui avait enlevé l'enfant de la comtesse. On le dit, on le répéta, on le crut.

La louve fut promenée triomphalement dans tous les villages du canton. La colère des paysans se calma. Ils cessèrent d'avoir peur pour eux-mêmes et leurs enfants.

La comtesse était entre la vie et la mort. Le médecin désespérait de la sauver.

XIII

LE PÈRE ET LE FILS

En arrivant à Paris, le premier soin du comte de Bussières fut de se défaire de son chien qui ne lui était plus utile. Il fit ensuite ses préparatifs de départ.

Il avait laissé Germain et l'enfant à Montargis. Germain resta huit jours dans cette ville chez de braves gens qu'il connaissait et où on prit grand soin de l'enfant. Pour satisfaire leur curiosité, il leur raconta que ce pauvre petit était celui d'une de ses sœurs, laquelle avait été trompée et venait de mourir en lui donnant le jour dans un petit village près de Nemours.

Germain aurait pu laisser l'enfant à Montargis, chez ses amis, qui, moyennant une faible rétribution mensuelle, auraient consenti à s'en charger; mais il avait une autre idée. Ayant jugé que le pauvre petit être était assez fort pour supporter la fatigue du voyage, il prit un soir la diligence, dont il avait loué toutes les places du coupé, et se rendit à Reims par correspondance. Il ne s'arrêta dans cette ville que le temps nécessaire pour trouver une voiture qui le conduisit à Chevrigny, chez Marianne Sudre. Nous savons ce qui se passa entre celle-ci et Germain.

Le lendemain, il était de retour à Paris.

Trois jours après, ce qui avait été convenu entre lui et le comte, au sujet des rentes à servir, était exécuté. Le sort de la veuve Sudre, et autant que possible celui du petit Edmond, étaient assurés.

Le comte quitta Paris sans dire à personne où il allait, pas même au concierge de l'hôtel. Toute sa maison le suivit, à l'exception de Firmin qui renonçait à porter la livrée.

Mariette lui avait écrit que, ne pouvant plus rester à Arfeuille, elle allait revenir à Paris où ils pourraient enfin se marier si lui, Firmin, était toujours dans l'intention de l'épouser.

M. de Bussières, pour se faire oublier tout à fait, et croyant pouvoir aussi, loin de Paris, trouver la tranquillité que le trouble de sa conscience lui enlevait, avait pris la résolution de s'expatrier, sinon pour toujours, du moins pendant quelques années.

C'est en Suisse, au bord du lac de Genève, dans une maison près de Lausanne achetée depuis environ deux mois, qu'il s'installa avec son enfant, la nourrice et les trois domestiques qui l'avaient accompagné.

Le comte, dans sa solitude, ne songea plus qu'à son fils et ne vécut absolument que pour lui et par lui. L'éducation du jeune vicomte fut déplorable sous tous les rapports. Jamais enfant ne fut plus maladroitement et plus malheureusement gâté. Il y avait peut-être en lui les germes de quelques belles qualités, mais les mauvais instincts et tous les défauts de l'enfance se développèrent avec une telle rapidité qu'ils étouffèrent tous les bons sentiments qui auraient pu naître dans son cœur.

Il fallait que tout pliât sous sa volonté ; il devint pour ceux qui l'entouraient, pour son père lui-même, un véritable despote. Il était colère et affreusement méchant; il frappait quiconque osait lui résister ou lui faire seulement une observation.

Dans sa tendresse aveugle, insensée, le comte s'obstinait à ne rien voir.

Quand, bien des années plus tard, il s'aperçut des tristes résultats de sa faiblesse, il n'était plus temps, hélas! de remédier au mal. La gangrène était au cœur de son fils.

Pour ne point se séparer de lui, à dix ans il lui donna un précepteur, indépendamment de plusieurs autres maîtres. Précepteur et professeurs devinrent les souffre-douleur, les esclaves de l'élève indocile, qui ne put voir en eux que des ennemis. Ceux-ci n'avaient ni le droit de le punir, ni même celui de le réprimander. Il leur jetait ses cahiers, ses livres à la tête, leur crachait au visage, les battait, sans qu'il leur fût permis de lui administrer les corrections qu'il méritait.

Le comte dut changer plusieurs fois de précepteurs et de maîtres, si souvent qu'il finit par ne plus pouvoir en trouver. C'est évidemment ce que le jeune Gontran désirait.

Comme bien on pense, il n'apprit rien ou presque rien. Ignorant, et avec cela hautain et orgueilleux, sans compter ses autres défauts, dont un seul eût suffi à le rendre haïssable, il ne pouvait être, en atteignant l'âge d'homme, qu'un mauvais sujet de la pire espèce.

La comtesse fut sauvée. Après une douloureuse maladie de plus de sept mois, les médecins la déclarèrent hors de danger. Si la maladie avait été longue, la convalescence le fut bien davantage. Peu à peu les forces physiques lui revinrent; mais la violence du choc reçu avait occasionné un grand désordre des facultés intellectuelles. Frappé en même temps que le corps, le moral fut plus cruellement atteint. On avait guéri le premier; la maladie de l'intelligence résistait aux soins les plus éclairés, aux remèdes les plus énergiques.

La comtesse n'était pas folle, mais une lésion grave existait dans son cerveau. Elle avait complètement perdu la mémoire.

Pauvre mère! n'était-ce pas un bonheur pour elle?

Les médecins le pensèrent. Mais leur devoir est de guérir. Sans se préoccuper de ce que l'intéressante malade aurait à souffrir le jour où elle retrouverait la faculté du souvenir, ils ne perdirent point courage et appelèrent successivement à leur secours toutes les ressources de la science pour trouver la guérison.

Quand ils jugèrent que le moment était favorable, ils aidèrent eux-mêmes la mémoire de la malade; mais ils le firent progressivement et avec des précautions extrêmes, tellement ils craignaient de provoquer une commotion qui aurait pu aggraver le mal au lieu de le guérir.

Un jour, la comtesse se trouva en présence de la vérité tout entière.

Elle éclata en sanglots. Sa douleur fut immense. Mais les médecins triomphaient; leur malade était guérie.

La comtesse crut ce que tout le monde croyait.

On lui cita plusieurs faits semblables. Quelques années auparavant, un loup, s'étant introduit dans une maison d'un village de la Charente, n'avait-il pas enlevé audacieusement un enfant âgé de près d'un an, qui dormait dans son berceau?

Elle apprit que le comte de Bussières avait quitté Paris, probablement la France, et qu'on ignorait absolument dans quel pays de l'ancien ou du nouveau continent il avait fixé sa résidence.

La malheureuse femme n'avait plus d'espérance en ce monde; mais il lui restait la foi. Elle chercha la consolation, un refuge dans la prière et ouvrit son cœur à la charité. Elle résolut de consacrer tous ses revenus en bonnes œuvres.

C'est alors qu'elle commença à fonder des écoles, à faire des cadeaux à toutes les églises de la contrée et à répandre le bien-être et l'aisance autour d'elle.

Les enfants furent l'objet de toute sa sollicitude ; elle devint leur protectrice, leur mère.

Pendant que la comtesse consacrait ainsi sa vie au soulagement et au bonheur des autres, le comte voyageait à travers l'Europe en compagnie de son fils.

Le vicomte Gontran avait vingt ans lorsqu'ils revinrent à Paris où les attendait le fidèle Germain, devenu le factotum de son maître.

Le vieil hôtel, depuis si longtemps fermé, prit subitement un aspect joyeux qu'il n'avait jamais eu.

M. le vicomte Gontran, à qui son père ne savait rien refuser, eut ses appartements à lui, ses gens, ses chevaux, ses voitures.

M. de Bussières avait fait, depuis dix-huit ans, des économies forcées, — environ quinze cent mille francs ; — il eut la malheureuse idée de faire don à son fils de cette fortune.

Le vicomte, se trouvant riche et libre, échappa bien vite à la tutelle de son père ; il se lança étourdiment, follement, dans le tourbillon malsain et plein de dangers de la vie parisienne.

Il se fit bientôt remarquer par son existence bruyante, déréglée, sans frein ; il tomba dans tous les désordres et se livra à des excès honteux.

Il n'avait pour lui que son orgueil et la morgue insolente de l'homme riche et titré. Il méconnut ce qu'il devait à son père et n'eut pour lui ni la reconnaissance ni le respect que le comte avait le droit d'attendre. M. de Bussières, effrayé, crut devoir lui faire des observations un peu sévères sur sa conduite. Il était bien temps !

M. le vicomte l'écouta assez patiemment ; mais, comme pour le narguer, dès le lendemain il courut à de nouvelles extravagances, à d'autres excès : c'était un redoublement de folie. Le comte hasarda encore quelques reproches ; cette fois, le jeune homme oublia toute retenue ; audacieusement impertinent, il rit au nez de son père ; il ne craignit même pas de lui reprocher la tendresse et les ridicules faiblesses qu'il avait eues pour lui.

— J'agis à ma guise et selon ma volonté, ajouta-t-il ; si je fais mal, c'est votre faute. Je ne veux recevoir de remontrances de personne.

Le comte trembla de colère et ne put que prononcer ce mot, en montrant la porte à son fils :

— Sortez !

Le comte venait d'être frappé au cœur. Un coup de poignard ne l'aurait pas atteint plus cruellement. La plaie devait rester saignante. A mesure que sa folle tendresse pour Gontran allait diminuer, il allait sentir le remords grandir en lui, jusqu'au jour où son cœur serait impitoyablement déchiré comme par des griffes de fer.

Il avait tout sacrifié à son fils ; pour son fils, il avait fermé son cœur et son âme à tous les autres sentiments, il était descendu à jouer un rôle indigne, il n'avait même pas reculé devant une monstruosité, un crime !...

Pour le châtier, Dieu se servait de son fils.

Il s'était dévoué pour son fils, il l'avait aimé avec passion, avec frénésie, et son fils n'avait pour lui ni reconnaissance, ni affection, ni respect, son fils ne l'aimait pas !

Certes, le comte méritait une punition ; mais être flagellé par la main de son fils, quel supplice horrible !

Il y eut encore entre eux plusieurs scènes très-violentes, à la suite desquelles le vicomte quitta l'hôtel de la rue Bellechasse et s'éloigna tout à fait de son père.

Ce que le comte eut à souffrir avant d'en arriver à ne plus aimer son fils, ce qu'il souffrit après, surtout, on ne saurait le dire. Ce fut épouvantable !

Désillusionné du côté de son fils et complètement débarrassé de ses terribles diables noirs, il jeta un regard craintif sur le passé. Alors seulement il eut honte de ce qu'il avait fait ; il se fit horreur à lui-même. Il raisonna, reconnut ses torts, sa folie, et des regrets cuisants vinrent augmenter la torture infligée par les remords.

Il voulut savoir ce qui se passait à Arfeuille. Germain, admirablement renseigné, put le satisfaire. Il lui raconta l'histoire de la comtesse depuis l'enlèvement de son fils ; c'était la vie exemplaire d'une sainte et d'une martyre. Germain ne chercha pas à cacher à son maître son admiration et son enthousiasme pour la comtesse. Il savait le noble emploi qu'elle faisait de sa fortune, et il la montra au comte superbe de dévouement et de charité chrétienne, vénérée, adorée dans le pays, faisant naître partout, autour d'elle, la joie et le bonheur.

Des doutes sérieux s'élevèrent dans l'esprit du comte touchant la culpabilité de sa femme. Ces doutes devinrent son plus cruel tourment.

Alors il lui vint la pensée honnête de rendre à la comtesse l'enfant qu'il lui avait volé. Il obéissait à une des voix de sa conscience qui lui criait impérieusement :

— Si tu veux que Dieu te prenne en pitié, répare, autant que possible, tout le mal que tu as fait.

Il avait dû penser souvent à ce second fils, victime de son égarement et de sa barbarie ; mais, ayant exigé que Germain ne lui parlât jamais de lui, il ignorait absolument ce qu'il était devenu.

Un jour il interrogea le serviteur.

Dès les premiers mots, celui-ci pâlit, poussa un soupir et baissa la tête.

Le comte comprit qu'il y avait là un nouveau malheur pour lui. Il voulut tout savoir.

Germain lui apprit que Marianne Sudre, à qui il avait confié l'enfant, était morte depuis plus de deux ans, et que le fils de la comtesse avait disparu depuis cette époque.

— Je suis allé à Chevrigny, continua Germain ; malheureusement je n'ai obtenu que de mauvais renseignements. M. Edmond est parti pour faire un voyage de quelques mois, peu de temps avant la mort de Marianne, et depuis on n'a plus entendu parler de lui. L'opinion de toutes les personnes que j'ai vues à Chevrigny est que le malheureux n'existe plus. Sans cela, — disent-elles, — il serait revenu dans le pays, où il n'a que des amis. Je pense comme eux, car depuis deux ans les termes de sa pension n'ont pas été réclamés et attendent chez le notaire.

« Je voulus savoir pourquoi il avait quitté Chevrigny et où il était allé, poursuivit Germain ; on ne put me le dire. Cependant une paysanne du nom de Violet lui avait écrit pour lui annoncer la mort de Marianne, en même temps qu'elle lui envoyait une longue lettre écrite par sa mère adoptive quelques jours avant sa mort. Mais il lui fut impossible de se rappeler l'adresse que portait la lettre de Marianne et qu'elle avait copiée sur l'enveloppe de la sienne.

« Je fis chercher et je cherchai moi-même dans la maison de Marianne, espérant découvrir une lettre de M. Edmond qui, en me disant le motif de son voyage, aurait pu me conduire à des renseignements certains sur son sort. Je ne trouvai rien. Hélas ! selon toutes les probabilités, le malheureux enfant est mort ! »

Le comte était atterré. Il recevait successivement des coups également terribles.

Le poids d'une justice inexorable pesait sur lui. Cette pensée, que l'enfant qu'il avait arraché à sa mère, condamné, sacrifié, pouvait être le sien, lui revenait sans cesse ; elle remplissait son âme de terreurs lugubres et faisait passer dans tout son être des frissons d'horreur.

Après les angoisses et les atroces souffrances de la jalousie, il connaissait enfin celles du remords. Le malheureux, désespéré, en proie à des fureurs sans nom contre lui-même, se tordait comme un damné.

Il n'avait plus d'enfants, plus de famille, plus d'amis ; il se trouvait seul, sans

L'aveugle se laissa tomber sur ses genoux et se prit à sangloter. (Page 387.)

consolateur, sans soutien, livré à ses effroyables pensées qui le rongeaient et versaient goutte à goutte dans son cœur ulcéré un poison mortel. Il avait pris le monde en haine, il eut le dégoût de la vie. L'idée du suicide lui vint. La pensée de Dieu et un vague espoir d'être pardonné l'arrêtèrent au bord du dernier abîme. Alors il songea à racheter le passé. Comment? Il ne le savait pas encore.

Un jour, après avoir donné à Germain les pouvoirs nécessaires pour gérer ses biens en son absence, il quitta la France.

Il entreprenait cette série de longs voyages à travers les mondes, dont le dernier, à Cayenne, le mit en présence de Jean Renaud et d'un dévouement sublime à récompenser.

XIV

L'AVEUGLE

Un jour, une femme aveugle et un enfant d'une douzaine d'années, qui la conduisait, traversèrent le village d'Arfeuille, se dirigeant vers le château.

A en juger par son linge très-blanc et son costume de paysanne aisée, cette femme aveugle ne pouvait être une pauvresse. Son guide était aussi convenablement habillé.

Pour coiffure, la femme avait une sorte de calotte noire qui lui cachait la tête tout entière et la moitié du cou. Elle portait en outre, sur le front, un large bandeau de soie noire, lequel descendait jusque sur les yeux. Cette pièce de soie, de même que la calotte, devait cacher une cicatrice ou quelque plaie horrible. Du reste, une ligne noire, creusée au-dessus des yeux sans regard, à la place des sourcils disparus, était à ce sujet une révélation.

L'aveugle et son guide étant arrivés devant le château, l'enfant sonna à une porte de service.

Au bout d'un instant, une femme vint leur ouvrir.

— Que désirez-vous? demanda-t-elle d'un ton affable.

— Je voudrais voir madame la comtesse, répondit l'aveugle.

— Si c'est un secours que vous demandez, je vais vous conduire à la sœur Sainte-Reine; elle remplace madame la comtesse.

— Non, non, dit vivement l'aveugle, ce n'est pas un secours que je sollicite, mais une grande grâce que madame la comtesse seule peut m'accorder.

— Alors, c'est différent. Entrez et asseyez-vous là, sur ce banc ; je vais faire demander à madame la comtesse si elle peut vous recevoir.

La femme s'éloigna rapidement. Elle revint au bout de quelques minutes, disant :

— Madame la comtesse vous attend; venez!

L'aveugle et l'enfant suivirent la domestique.

Celle-ci les introduisit dans un grand salon carré tendu de noir; les canapés, les fauteuils, les chaises étaient recouverts de housses noires; dans le fond de la pièce, un grand christ d'ivoire était attaché à une croix d'ébène ; au pied du Christ, on voyait un prie-Dieu également en bois d'ébène. Debout au milieu de cette pièce lugubre, madame de Bussières, vêtue comme une veuve en grand deuil, ressemblait à une statue de marbre noir ; elle n'avait pas cessé, depuis plus de vingt ans, de porter des habits de deuil.

La figure de la comtesse, d'une pâleur mate, et l'image d'ivoire du crucifié ressortaient vigoureusement au milieu des tentures noires.

Sur un signe de la comtesse, la domestique se retira.

Alors madame de Bussières s'approcha de l'aveugle, lui prit la main et lui dit avec bonté :

— Vous êtes cruellement éprouvée; mais rassurez-vous, ne tremblez pas ainsi; tous les malheureux sont mes frères... Venez, ma sœur, venez vous asseoir près de moi, et vous me direz ce que la comtesse de Bussières peut faire pour vous.

— Quand madame la comtesse de Bussières connaîtra mon indignité, répondit l'aveugle d'une voix douloureuse, elle me repoussera avec colère et mépris, et pourtant c'est son pardon que je viens implorer.

— Mon Dieu! que signifient ces paroles?

L'aveugle se laissa tomber sur ses genoux et se prit à sangloter.

La comtesse, étonnée et vivement émue, voulut la relever.

— Non, non, s'écria-t-elle avec une sorte d'égarement, cette position est la seule qui convienne à une misérable telle que moi. Ayez pitié de moi, madame la comtesse, ayez pitié de moi! continua-t-elle en joignant les mains ; je vous implore, pardon, pardon!...

— Mais qui donc êtes-vous, pauvre femme? Qu'ai-je à vous pardonner?

— Je suis une créature infâme, et vous avez à me pardonner un crime monstrueux.

— Malheureuse! c'est du délire ; vous m'éprouvantez!... Je cherche en vain dans mes souvenirs, je ne vous connais pas.

— Madame la comtesse me reconnaîtra tout à l'heure, quand je lui dirai mon nom. Mais qu'elle sache d'abord comment Dieu l'a vengée d'une misérable qui l'a trahie... Oui, c'est Dieu, le Dieu de justice, le Dieu vengeur, qui m'a frappée et châtiée... Aveugle! aveugle!... Sa foudre est tombée sur moi, le feu du ciel a enlevé les cheveux et la peau de ma tête, a brûlé mon front et éteint pour toujours la lumière de mes yeux!... Je devais être réduite en cendres. Dieu ne l'a pas voulu, la punition eût été trop douce; il m'a condamnée à vivre avec le souvenir de mon infamie, le remords de mon crime... Une nuit sans fin m'environne; mais, au dedans de moi, je vois le mal que j'ai fait!..

La comtesse écoutait en frissonnant; elle ne savait plus que penser.

— Je demeure loin d'ici, reprit l'aveugle, aux environs de Soissons : accompagnée de cet enfant, mon fils, j'ai voulu venir jusqu'ici, madame la comtesse, afin de me jeter à vos genoux et de vous supplier de me pardonner. Oui, j'ai pensé que, me voyant dans l'état où je suis, la compassion, la pitié entreraient dans votre cœur si noble, si généreux, si grand, et que vous ne resteriez pas sourde à la prière que je vous adresse, au cri désespéré que je fais entendre et qu'une de vos douces paroles fera monter jusqu'à Dieu.

— Je ne comprends rien à ce que vous me dites, répondit la comtesse d'une voix frémissante; au nom du ciel! expliquez-vous, dites-moi qui vous êtes!

— J'ai eu l'honneur d'être autrefois au service de madame la comtesse, répondit l'aveugle; madame la comtesse m'appelait Mariette.

— Mariette, vous ! s'écria madame de Bussières ; vous êtes Mariette?

— Oui, reprit l'aveugle d'une voix entrecoupée, je suis Mariette, je suis cette fille pour laquelle vous étiez trop bonne, en qui vous aviez confiance... Pour reconnaître tout cela, madame la comtesse, la misérable Mariette vous a lâchement trahie.

— Mon Dieu! mon Dieu! qu'est-ce que tout cela signifie? Que veut-elle dire? murmura la comtesse en passant sa main sur son front mouillé d'une sueur froide.

« Vous venez me demander pardon, continua-t-elle; eh bien! ce pardon, je vous le donne; mais encore faut-il que je sache ce que j'ai à vous pardonner. Vous m'avez trahie, dites-vous. Pourquoi? Comment? Quel mal m'avez-vous fait? Je ne me rappelle rien. Allons! levez-vous, vous vous mettrez là, dans ce fauteuil; je vous écouterai, vous me direz tout.

— Non, madame la comtesse, laissez-moi ainsi. C'est à genoux devant vous et devant Dieu, le front courbé sous le poids de mon repentir, que je veux faire ma confession.

— Faites donc comme vous le voulez, dit la comtesse ; vous pouvez parler.

Alors elle raconta d'une voix faible, saccadée, sans chercher à atténuer en rien l'odieux de sa conduite, sa complicité dans l'enlèvement de l'enfant.

La comtesse écouta la première partie du récit, penchée vers l'aveugle, les yeux étincelants, la poitrine haletante.

Tout à coup elle poussa un grand cri et s'agenouilla en face de Mariette, ses mains tremblantes levées vers le ciel.

L'ancienne femme de chambre n'avait pas fini de parler, mais la comtesse venait de comprendre. Quelle révélation !

Ainsi cet enfant, qu'elle avait tant pleuré, on le lui avait volé... Qu'en avait-on fait ? Qu'était-il devenu ?

Une foule de pensées se croisaient, se heurtaient dans sa tête. Son cœur bondissait, des larmes inondaient ses joues, son regard avait un rayonnement divin.

L'aveugle s'était interrompue.

La comtesse ne chercha pas à vaincre son émotion, mais posant sa main sur l'épaule de son ancienne femme de chambre :

— Continuez, lui dit-elle doucement.

Elle savait, mais elle voulait tout entendre.

Quand l'aveugle cessa de parler, elle lui dit :

— Mariette, je vous plains, je vous plains de tout mon cœur. Votre malheur est affreux ; mais serait-il moins grand que je ne voudrais pas aujourd'hui, quand le repentir est entré en vous, vous faire des reproches. Mes propres douleurs m'ont appris à connaître celles des autres, et depuis longtemps je me suis imposé le devoir, la douce mission de consoler... Vous m'apportez une nouvelle et grande douleur, mais en même temps un radieux espoir. Relevez-vous, Mariette, relevez-vous ! vous n'êtes pas la plus grande coupable ; la comtesse de Bussières vous pardonne !

L'aveugle et son fils passèrent la nuit au château.

La comtesse n'eut pas à réfléchir longtemps pour découvrir sous l'obsession de quelle pensée son mari avait agi, et le but qu'il poursuivait en lui enlevant son enfant. Alors elle regretta amèrement de ne lui avoir point prouvé qu'elle n'était pas coupable, en lui faisant connaître l'abominable intrigue dont Lucien de Luranne et elle avaient été victimes.

Dans le coffret d'argent, elle retrouva la lettre de Lucien et le billet de M. de Luranne. Ces deux papiers aussi disaient son innocence.

Dès le lendemain, Mariette ayant repris le chemin de son pays, la comtesse partit pour Paris.

Ce n'est pas sans une profonde émotion qu'elle vit s'ouvrir devant elle la porte de ce vieil hôtel qu'elle avait volontairement quitté et dans lequel elle ne croyait pas devoir rentrer jamais.

Un homme, le portier, qui lui était inconnu, se dressa devant elle avec un air étonné qui signifiait : « Une femme ! Voilà une aventure bien surprenante. »

La comtesse avait jeté les yeux autour d'elle et compris que l'hôtel était à peu près désert.

— Est-ce que M. le comte de Bussières n'est pas à Paris ? demanda-t-elle au portier.

— M. le comte est en voyage depuis un an, répondit-il.

La comtesse devint très-pâle et chancela.

La surprise du portier augmenta.

— Ainsi, reprit la comtesse d'une voix oppressée, il n'y a personne à l'hôtel que je puisse voir ?

— Il n'y a ici que M. Germain, l'intendant de M. le comte.

— Ah ! Germain ! Germain ! fit la comtesse ; je verrai M. Germain.

— Je ne sais pas s'il vous recevra, madame ; mais vous ne m'avez pas dit encore qui vous êtes.

— Je suis la comtesse de Bussières.

Le portier faillit tomber à la renverse.

La comtesse ajouta :

— Allez, mon ami, allez demander à l'intendant de M. le comte s'il veut bien recevoir la femme de son maître.

Le portier traversa la cour en courant comme un fou, et la comtesse marcha lentement vers le perron. Elle mettait le pied sur la première marche de pierre lorsque Germain parut tête nue, le corps ployé en deux. La comtesse passa devant lui en disant :

— Venez.

Et elle entra dans le salon.

Germain la suivit, gardant son attitude humble et respectueuse.

— Germain, dit-elle d'une voix vibrante, j'ignorais que votre maître fût absent de Paris ; je venais pour le voir. Mais, si vous le voulez, vous pouvez me répondre... Germain, vous savez ce qui s'est passé au château d'Arfeuille ; vous étiez le complice du comte lorsqu'il m'a enlevé mon enfant...

Le vieux serviteur recula avec épouvante.

— Depuis deux jours seulement, je sais tout, continua la comtesse ; mais j'oublie et je pardonne, à une condition cependant : Germain, vous allez me dire, à l'instant même, ce qu'on a fait de mon fils, vous allez me dire où il est ; je veux que vous me rendiez mon fils !

Germain eut un gémissement plaintif.

— Mon Dieu! mon Dieu! murmura-t-il, vous m'avez fait vivre trop longtemps.

— J'attends, Germain, j'attends!...

— Hélas! je ne peux rien vous dire, rien!

Elle lui saisit le bras avec violence.

— Pourquoi? Répondez! pourquoi? s'écria-t-elle.

— Ah! je suis désolé, désespéré!...

— Germain, tout cela ne me dit pas où est mon fils. Je vous en supplie, et si la prière d'une mère est sans valeur pour vous je vous ordonne de me rendre mon enfant... Je ne sortirai pas d'ici sans savoir où il se trouve ; si vous vous obstinez à garder le silence, eh bien! quoi qu'il m'en coûte, je m'adresserai aux tribunaux. Je veux mon fils, je veux mon enfant, je veux mon enfant!...

— Madame la comtesse, je n'ose pas vous dire...

— Osez tout, Germain; parlez, parlez!

— M. le comte, vous ne devez pas l'ignorer, a eu beaucoup à se plaindre de M. le vicomte.

— On m'a caché bien des choses sans doute; toutefois j'ai eu la douleur d'apprendre que notre fils aîné était peu digne du nom qu'il porte ; les faiblesses de son père lui ont été funestes. Mais l'autre, Germain, l'autre?

— M. le comte a voulu vous le rendre, madame la comtesse ; il l'a voulu, je vous le jure! Oui, désolé de voir M. le vicomte répondre si mal à sa tendresse, à tout ce qu'il avait fait pour lui, il vous aurait rendu votre fils. Ah! il est bien puni, bien puni... car maintenant il doute.

— De quoi doute-t-il Germain?

— Je ne peux pas dire cela à madame la comtesse ; M. le comte a cru...

— Que je l'avais trompé et que cet enfant...

— Hélas! oui, madame la comtesse.

— Alors il doit bien souffrir.

— Comme un damné.

— Pourquoi ne m'a-t-il pas rendu mon fils?

— Hélas! il ignore ce qu'il est devenu!

La comtesse poussa un cri déchirant.

— Mort! mort! prononça-t-elle d'une voix rauque.

Et elle s'affaissa sur un fauteuil.

Germain soupira et baissa la tête.

Au bout d'un instant, la comtesse reprit d'une voix étranglée :

— Germain, voudriez-vous chercher à me tromper? Non, non, vous ne me dites pas la vérité!

— Ah! cela n'est que trop vrai! reprit-il avec des larmes dans la voix; malgré toutes mes recherches, je n'ai pu découvrir ce qu'est devenu le fils de madame la comtesse.

Madame de Bussières ne put se contenir plus longtemps; elle éclata en sanglots.

— Il me semble que je le perds une seconde fois! s'écria la pauvre mère. Germain, dites-moi tout ce que vous savez sur l'existence et la mort de mon malheureux enfant.

Le vieux serviteur obéit. Il raconta à la comtesse l'histoire de son fils depuis la nuit de l'enlèvement jusqu'au jour où, ayant quitté Chevrigny pour faire un voyage, on n'avait plus entendu parler de lui.

Quelques heures plus tard, la comtesse de Bussières quittait Paris où elle n'avait plus rien à faire. Mais avant de retourner à Arfeuille, où plus que jamais elle allait vivre dans la solitude et la douleur, elle se rendit au village de Chevrigny.

Elle vit la femme Violet et quelques autres personnes qui, toutes, lui firent les plus grands éloges de celui qu'on appelait Edmond. On lui confirma en même temps les paroles de Germain.

— Bien sûr, il est mort, lui dit-on; sans cela, il serait revenu.

XV

VISITE AU CHATEAU

De nouvelles années s'écoulèrent. La comtesse n'était plus sortie de son château; elle n'avait plus cherché à revoir son mari qui, du reste, ne faisait à Paris qu'une courte apparition, au retour de chacun de ses voyages.

De loin en loin, madame de Bussières se faisait donner des renseignements sur l'existence de plus en plus déplorable du vicomte son fils.

Toujours de nouvelles et profondes blessures faites à son âme!

LA FILLE MAUDITE

Germain s'arrêta tout interdit à la vue du comte agenouillé. (Page 398.)

Elle apprit que le malheureux, poussé par un vertige étrange, affolé de plaisirs, sacrifiait tout à ses passions, se traînait dans toutes les fanges et descendait un à un tous les degrés de la dégradation.

Souvent, poursuivi par des créanciers impitoyables, il en était réduit, pour leur échapper, à se réfugier dans un galetas. — Alors, par son ordre et sans se faire connaître, l'intendant de la comtesse venait au secours du vicomte, payait ses dettes, après quoi celui-ci reparaissait plus brillant et plus fou que jamais sur le théâtre de ses exploits, se livrant sans vergogne à des saturnales sans nom, à tout ce que l'abjection a de plus hideux.

En sept ou huit ans, la comtesse donna ainsi à son fils plus d'un million. Son immense fortune lui permettait, heureusement, de venir au secours du prodigue, sans que pour cela les malheureux dont elle était la protectrice eussent à en souffrir.

Le vicomte devina certainement le nom de cette providence mystérieuse qui venait toujours à temps le sauver d'un désastre épouvantable, dont il n'aurait pu se tirer que par le suicide, dernier acte de folie qui semblait devoir couronner les extravagances et les insanités de son horrible vie. Mais jamais le misérable n'eut seulement la pensée de remercier sa mère et de lui faire une visite.

Hélas! quand l'âme est corrompue et que les passions honteuses ont pourri le cœur, qu'est-ce que l'ingratitude à côté des autres vices?

Était-il retenu par le sentiment de son indignité, de sa honte? Non. Le vicomte n'avait plus aucun sentiment. A peine lui restait-il l'instinct de la brute. Il était devenu une curiosité physiologique, un monstre de la plus affreuse espèce. Il n'aimait pas son père, comment aurait-il pu aimer sa mère? Il s'était peut-être aimé lui-même; mais, maintenant, il n'aimait plus rien, plus rien que les sensations brutales des sens, seules capables de lui faire sentir qu'il vivait encore.

Le comte de Bussières était revenu à Paris depuis plusieurs mois. Comme il l'avait déclaré à son ami, M. Nestor Dumoulin, il renonçait à entreprendre un nouveau voyage outre mer. Fatigué, brisé, usé, n'ayant pu trouver nulle part, sinon la consolation, mais seulement un adoucissement à sa peine, il était décidé à ne plus s'éloigner de la France. Il ne voulait pas mourir sur une terre étrangère.

Un jour, la comtesse reçut une lettre. Elle était signée : *comte de Bussières*.

« Madame la comtesse, — écrivait-il, — je crois devoir vous apprendre que le vicomte de Bussières, notre malheureux fils, a cessé de vivre. Les excès l'ont tué; il est mort de sa vie, et assez tôt, comme je l'espérais, pour n'avoir pu déshonorer tout à fait le nom de ses ancêtres.

« Hélas! c'est cruel à dire, cette mort n'est pas un malheur. J'ai appris indirectement ce que vous avez fait pour lui depuis que, complètement désillusionné, j'ai dû l'abandonner à son triste sort. Ni votre main ni la mienne ne pouvaient l'empêcher de rouler jusqu'au fond de l'abîme.

« Sa mort le délivre de lui-même; c'est un exemple funeste qui profitera peut-être à d'autres, — je veux parler ici des pères plus encore que des fils; — cette mort, enfin, est à mes yeux une grâce que Dieu nous accorde. »

Après la lecture de cette lettre, la comtesse s'enferma dans son salon noir et y passa toute la journée en prières.

Le lendemain, par son ordre, les domestiques et employés du château prirent le deuil.

Quinze jours plus tard, un dimanche, un cabriolet, venant de Clamecy, s'arrêta devant le château. Deux hommes mirent pied à terre.

— Vous nous attendrez à l'auberge, dit le plus âgé des deux hommes au conducteur de la voiture; dans le cas où nous serions retenus à Arfeuille, vous retourneriez seul à Clamecy après avoir déjeuné.

— C'est compris, bourgeois.

— J'éprouve une sensation extraordinaire, qui me passe en travers du corps, dit le plus jeune des deux hommes parlant bas à son compagnon; mon cœur bat avec une telle force qu'il me semble prêt à se détacher.

— Allons! allons! fit l'autre en souriant, rassure-toi! tu n'as rien à craindre, mais au contraire beaucoup à espérer.

— Ce château est vraiment beau.

— Je t'avais prévenu. Moi, je lui trouve un aspect plus sombre et plus triste encore qu'autrefois. Il a vieilli sans doute, mais comme il est délabré! on dirait qu'il va tomber en ruines. Ce serait dommage!

— Oui, pour tous ceux qui ont encore le culte des grandes choses du passé. Mais quel silence!

— Cela ne m'étonne pas; c'était déjà ainsi autrefois.

— Quelque chose de glacial me passe maintenant dans les membres.

— Un sourire de madame la comtesse de Bussières te réchauffera. Viens!

Edmond suivit Jérôme Greluche qui alla sonner à la porte d'entrée.

Ils attendirent un instant. Un pas lourd résonna sur le pavé de la cour, puis la porte s'ouvrit et ils se trouvèrent en face d'un vieillard à cheveux blancs, vêtu de noir, ayant un crêpe autour de sa casquette de velours.

L'homme du château regarda le visiteur et s'écria tout à coup :

— C'est l'homme aux marionnettes!

— Ah! ce bon monsieur Bricard! il m'a reconnu tout de suite! fit gaiement Greluche. C'est moi, vraiment, monsieur Bricard, Jérôme Greluche, l'homme aux marionnettes en chair et en os.

— Et toujours gai?

— Toujours... comme quand je faisais rire tout le monde ici, même madame la comtesse.

— On a souvent parlé de vous au château, monsieur Greluche, et on a regretté plus d'une fois de ne plus vous y voir. Toujours de la tristesse, c'est monotone. Je ne parle pas pour moi, qui suis vieux; mais il y a les jeunes, qui ont bien le droit de rire un peu. Est-ce que vous venez avec vos marionnettes?...

— Non, mon bon monsieur Bricard; il s'est trouvé que nous passions dans le pays, et j'ai pensé que, en souvenir du bon accueil que j'ai toujours trouvé au château d'Arfeuille, je devais faire une visite à madame la comtesse.

— Ah! vous n'avez pas vos petits bonshommes? mais vous les auriez que ce serait la même chose, monsieur Greluche. On ne pense guère à la joie au château, allez! et vous n'auriez pas même le droit d'égayer les petites filles de l'école.

Greluche devint pâle comme un suaire.

— Mon Dieu! fit-il avec anxiété, vous portez le deuil, monsieur Bricard. Est-ce que madame la comtesse...?

— Oh! Dieu merci! notre chère maîtresse se porte aussi bien que possible.

— Ah! je respire! s'écria Greluche en poussant un soupir de soulagement.

Edmond écoutait silencieusement, subissant à peu près toutes les impressions de son père adoptif.

— De qui donc portez-vous le deuil? demanda Greluche.

— De M. le vicomte de Bussières, le fils unique de madame la comtesse.

— Ah! mon Dieu! fit Greluche, quelle douleur affreuse pour la bonne et digne dame!

— Heu! heu! fit le vieux domestique, entre nous, M. le vicomte n'était pas un de ces hommes qu'on doit regretter beaucoup. D'ailleurs madame la comtesse le connaissait à peine; elle ne l'avait peut-être pas vu depuis près de quarante ans... Mais c'était son fils, et c'est dur tout de même. Et puis, plus personne, pas d'héritier. Et il y a ici et ailleurs je ne sais combien de millions... A qui iront-ils? Je n'en sais rien.

— C'est triste, mon bon monsieur Bricard, c'est bien triste.

— Oui, allez! Il y a comme ça des gens riches qui sont plus à plaindre que le plus malheureux des malheureux.

— Croyez-vous, cher monsieur Bricard, que madame la comtesse, malgré sa tristesse, voudra bien nous recevoir?

— Vous ne pouvez pas voir madame la comtesse, mon pauvre Greluche.

— Ah! pourquoi cela?

— C'est vrai, je ne vous ai pas dit qu'elle n'était pas à Arfeuille.

Le visage de Greluche exprima une vive contrariété.

— Ah! elle n'est pas au château? fit-il.

— Elle est partie pas plus tard qu'hier.

— Pour longtemps?

— Je ne peux pas vous dire. Elle peut revenir dans trois jours, comme dans un mois.

— Et vous ne savez pas où elle est allée?

— Si, si ; madame la comtesse est allée à Paris.

— Dites-moi, mon bon monsieur Bricard, elle a dû donner ici son adresse dans le cas où on aurait à lui écrire?

— Certainement.

— Est-ce que vous pouvez me la donner?

— Vous voulez donc aller à Paris, monsieur Greluche?

— Nous y serons demain matin.

— En ce cas, vous pourrez voir madame la comtesse : vous la trouverez rue Bellechasse, à l'hôtel de Bussières.

— Vous êtes mille fois bon, cher monsieur Bricard! merci! Nous n'avons plus qu'à vous prier de nous excuser du dérangement que nous vous avons causé.

— Par exemple, vous n'allez pas vous en aller comme ça, sans être entré au château pour vous rafraîchir en mangeant un morceau avec le jeune monsieur qui est avec vous.

— Non, merci! mon compagnon et moi ne croyons pas devoir entrer au château en l'absence de madame la comtesse.

— Mais madame la comtesse vous connaît, et elle ne trouvera pas mal...

— N'importe, cher monsieur Bricard! pour le moment, nous n'avons besoin de rien ; ce sera pour une autre fois. Au revoir!

Greluche et Edmond déjeunèrent à l'auberge.

A une heure, ils reprenaient la route de Clamecy. Dans la soirée, ils partirent pour Montbard, et le lendemain matin ils se retrouvaient dans le petit logement de la rue Montagne-Sainte-Geneviève.

— J'ai réfléchi, dit Edmond à Greluche ; j'avais consenti à t'accompagner au château d'Arfeuille ; mais je n'irai point avec toi à l'hôtel de Bussières ; il est plus convenable, connaissant la comtesse, que tu t'y présentes seul ; d'ailleurs, si elle a désiré me voir, c'est à son château qu'elle voulait que je lui fusse présenté et non à l'hôtel du comte de Bussières. Et puis, qu'ai-je à lui dire, moi?

Rien. Son fils est mon père, diras-tu ; qui donc le prouve ? Un souvenir sur une tombe. Va ! va ! je ne suis toujours pour elle qu'un étranger. Décidément, non, il vaut mieux que je ne la voie point. Il n'y a que ces papiers à lui remettre, un souvenir pour elle ; tu rempliras mieux que moi cette mission. Et même, vois-tu, mon père, tu feras bien de ne pas parler de moi. Autrement nous aurions l'air, tous les deux, de réclamer quelque chose. Je n'ai aucun droit, je ne demande rien, je ne veux rien ! Le hasard m'a fait naître, le hasard fera de moi ce qu'il voudra. Je suis entre ses mains comme un jouet dans les mains d'un enfant ; il me brisera sans doute. Je ne peux rien contre ma destinée. « Il faut lutter, lutter sans cesse, » dit Mardoche. Et après ? La mort, le néant ! Je ne tiens pas à vivre longtemps. Plus tôt on meurt, plus tôt on oublie, plus tôt on cesse de souffrir !

« J'ai cru au bonheur un instant ; il semblait me sourire. Mensonge ! C'était une raillerie jetée à mon besoin d'espérer. Et c'est ainsi que tout s'écroule, que tout s'engloutit. Madame la comtesse de Bussières pourrait me faire riche... Allons donc ! est-ce que j'ai besoin d'être riche ? De la fortune, à moi ! pourquoi faire ? Travailler afin d'être quelque chose, pourquoi faire encore ? Je n'ai plus à la mériter, je n'ai plus à penser à elle, à elle si gracieuse, si bonne, si belle, si parfaite, à elle, la fille de Jean Renaud, l'assassin de mon père !

« Je ne veux rien ; Greluche, mon père, je ne veux rien... Crois-moi, ne nous mettons pas dans la situation d'être obligés de refuser une aumône.

— Mon fils, répondit Greluche, je ne veux rien que tu ne veuilles ; j'irai seul à l'hôtel de Bussières. Cependant, si la comtesse me parle de toi, je serai bien forcé de lui répondre.

— Soit, mais dis-lui bien, surtout, que je ne demande rien.

Après quelques heures de repos, Jérôme Greluche mit son costume le plus convenable et sortit pour se rendre à l'hôtel de Bussières.

XVI

LA COMTESSE A PARIS

Un matin, Germain, étant entré à l'improviste dans la chambre de son maître, s'arrêta tout interdit à la vue du comte agenouillé, faisant entendre de sourds gémissements.

M. de Bussières avait les coudes appuyés sur une chaise et tenait sa tête serrée dans ses mains frémissantes. Tout entier à ses regrets, à ses douleurs, à son désespoir, il n'avait pas entendu entrer le vieux serviteur.

Germain hocha tristement la tête.

— Mon pauvre maître, pensait-il, comme il souffre! Pleurer, gémir, il ne fait que cela depuis qu'il est revenu.

Le comte parla. Il disait :

— Je vais à la mort, chaque jour me rapproche de la tombe; dois-je donc mourir sans la revoir? Le courage me manque, je n'ose pas aller à elle. Non, Valentine ne peut pas avoir pitié de moi! Elle est bonne et compatissante pour tous; pour moi seul elle reste impitoyable... et elle ne sait pas tout, mon Dieu! elle ne sait pas tout! Oh! mourir sans lui avoir confessé mon crime, sans lui avoir demandé pardon!... Dieu, qui punissez si justement les coupables, condamnez-moi à des tortures plus fortes encore, mais faites que je la revoie et qu'une parole tombée de ses lèvres dise au désespéré de la terre qu'il y a pour le repentir l'espoir de l'éternité.

Germain, ne voulant pas déranger son maître, sortit doucement de la chambre.

Dans la journée, se trouvant seul avec lui, il lui dit :

— Monsieur le comte, j'aurais besoin d'un congé de deux ou trois jours; je prie monsieur le comte de me l'accorder.

— Je n'ai pas le droit de vous refuser cela, Germain; mais trois jours seulement, n'est-ce pas? Je n'ai que vous ici; les autres, je ne les connais pas.

— Vos serviteurs vous sont tous dévoués, monsieur le comte, croyez-le.

— Oui, Germain, car c'est vous qui les avez choisis; mais, quand ma douleur fait explosion, c'est devant vous seulement que je peux pleurer.

— Je partirai cette nuit et je promets à monsieur le comte d'être de retour après-demain soir.

— Où donc allez-vous, Germain?

— Dans mon pays, monsieur le comte : le besoin de passer quelques heures près de mes neveux, de mes nièces.

— Je comprends cela, fit le comte en soupirant. Allez, Germain, allez embrasser les vôtres; vous êtes bien heureux, vous : vous avez une famille.

Le lendemain, Germain était à Arfeuille en présence de la châtelaine.

— Madame la comtesse, dit-il en se jetant à ses genoux, je viens vous demander une grande grâce.

— Parlez, Germain! je vous écoute.

— Depuis que M. le comte est de retour à Paris, il est en proie à une douleur que rien ne peut adoucir ; son désespoir m'épouvante.

— Je comprends... La mort de son fils...

— Non madame la comtesse, c'est plutôt le remords qui le déchire. S'il regrette quelque chose, ce n'est pas la perte de M. le vicomte, mais celle de votre fils.

— Germain, vous avez donc dit à votre maître que je savais tout?

— Non, madame, je n'ai rien dit.

— Je ne vous avais pas défendu de parler.

— Je me suis tu devant la douleur de mon maître.

— C'est bien. Mais vous venez me demander une grâce; de quoi s'agit-il?

— Monsieur le comte n'est plus reconnaissable, tellement il est changé ; il a vieilli vite et chaque jour il se casse davantage. Il mourra bientôt, madame la comtesse; il n'a pas peur de la mort, au contraire; mais il ne voudrait pas mourir sans vous avoir revue, sans vous avoir dit ce qu'il croit que vous ignorez encore, sans avoir imploré votre pardon.

— Ah!

— Son repentir est grand, madame la comtesse, et si vous voyiez sa douleur vous auriez pitié de lui. Il n'ose pas venir vous trouver; mais c'est avec des larmes, des sanglots, des gémissements qu'il vous appelle...

— Et c'est lui qui vous envoie?

— Non, madame, il ne sait pas que je suis ici.

— Et vous venez me demander...?

— De venir à Paris, madame la comtesse. Oh! vous qui êtes la meilleure, la plus noble, la plus généreuse de toutes les femmes, vous qui faites tant de bien à tout le monde, ayez pitié de M. le comte, venez, venez!... Ne serait-ce que pour y rester une heure, venez à Paris!

La comtesse hésita un instant, mais son grand cœur l'emporta. On lui demandait un pardon ; elle oublia ses souffrances passées en pensant à Dieu qui pardonne toujours!

— Germain, dit-elle de cette voix pleine de douceur habituée à parler aux malheureux, demain je serai à Paris. Si vous arrivez avant moi et que vous le jugiez utile, vous préviendrez votre maître.

Le serviteur de M. de Bussières laissa éclater sa joie.

— M. le comte est sauvé! s'écria-t-il le front rayonnant.

— Oh! comme c'est lui! s'écria-t-il émerveillé. (Page 408.)

Voilà comment la comtesse de Bussières était partie pour Paris la veille du jour où Greluche et Edmond se présentaient au château.

Germain la devança seulement de quelques heures.

Il ne l'annonça point au comte : mais quand la comtesse fut arrivée et qu'il l'eut introduite mystérieusement dans une petite pièce à côté de la chambre de son maître, il entra chez le comte et lui dit :

— Monsieur le comte désire-t-il voir une personne qui apporte des nouvelles de madame la comtesse?

Le comte se dressa sur ses jambes.

— Des nouvelles de la comtesse! s'écria-t-il. Germain, où est cette personne?

— Là, dit le vieux serviteur en montrant une porte à son maître.

Les yeux du comte retrouvèrent un éclat joyeux.

Il allait s'élancer. Germain l'arrêta.

— C'est une grande surprise qui attend monsieur le comte, dit-il; je ne sais vraiment pas comment lui dire cela... Supposez, par exemple, monsieur le comte, supposez que madame la comtesse elle-même...

— Germain, s'écria M. de Bussières pris d'une subite agitation, que signifient vos paroles?

— Mon maître voudra bien me pardonner. Je ne suis pas allé dans ma famille; je reviens d'Arfeuille.

— Et cette personne qui est là?...

— A bien voulu entendre la prière que je lui ai adressée.

— La comtesse! fit le comte d'une voix tremblante.

— Madame la comtesse de Bussières a appris par moi que vous souffriez, que vous désiriez la voir, et aussitôt madame la comtesse est venue.

— Elle est venue! elle est là, là, près de moi!... Non, non, je ne mérite pas... je suis un misérable indigne de tout pardon, indigne d'un seul de ses regards!... Germain, continua-t-il avec égarement, je n'ai pas le droit de paraître en sa présence; elle ne peut pas me pardonner!...

A ce moment, la comtesse, qui avait tout entendu, ouvrit la porte de la chambre et s'avança sur le seuil.

Le comte la vit; il poussa un cri et se courba comme sous le poids d'une malédiction.

— Monsieur le comte de Bussières, dit-elle d'une voix vibrante, vous êtes malheureux, vous avez besoin d'être consolé... j'ai consacré ma vie tout entière à soulager ceux qui souffrent : je viens à vous!

Le comte se redressa.

— Quoi! s'écria-t-il, c'est à moi que vous parlez ainsi!... Qui donc vous donne cet admirable courage?

Elle leva sa main vers le ciel et répondit :

— Dieu!

— Dieu! répéta le comte comme un écho.

Il reprit aussitôt :

— Ah! si indulgente que vous soyez, si grande que soit votre charité, vous vous éloignerez de moi avec terreur, vous me repousserez avec horreur, quand je vous aurai dit...

— Vous n'avez rien à m'apprendre, monsieur le comte; j'ai revu Mariette, mon ancienne femme de chambre; elle m'a tout dit.

— Et vous êtes venue? Et vous êtes ici?...

— Oui, je suis venue pour vous dire que je vous pardonne, pour vous consoler si vous pouvez l'être. Vous avez été bien coupable, monsieur le comte ; vous avez vos remords et moi mes regrets. Quand je vous ai quitté, quand je me suis éloignée de vous pour toujours, j'ai eu tort de ne point vous dire la vérité.

— La vérité? fit le comte d'une voix étranglée.

— Aveuglé, trompé comme moi par une misérable créature, fou peut-être, vous vous étiez rendu coupable d'un premier crime ; mon silence vous a fait commettre le second.

— Mon Dieu! mon Dieu! murmura le comte.

La comtesse se redressa avec une majesté de reine et, d'une voix éclatante, elle dit :

— La comtesse de Bussières devait dire à son mari : Une d'Arfeuille ne faillit pas à l'honneur; une d'Arfeuille n'est pas une courtisane ; une d'Arfeuille n'est jamais coupable!

Le comte, éperdu, frappé d'épouvante, poussa un sourd gémissement; il porta ses mains à sa tête et ses doigts se crispèrent sur la peau de son crâne.

— Misérable! misérable! exclama-t-il; c'était mon fils! c'était mon fils!...

— Oui, monsieur le comte, c'était notre fils; il nous aurait consolés de l'autre ; il eût été votre orgueil, votre gloire, l'espoir de votre maison; car, je le sais, il avait la distinction, la noblesse du cœur, l'âme grande.

En achevant ces mots, la comtesse éclata en sanglots.

— Ah! maudissez-moi! maudissez-moi! exclama le comte.

— Non, dit-elle; vous êtes plus à plaindre que moi; je ne viens pas ici pour vous accabler, je viens pleurer avec vous afin de pouvoir vous consoler.

— Oh! oh! oh! fit le comte.

Et, tout en larmes, il tomba sur ses genoux, joignit les mains et prononça ces mots d'une voix suppliante :

— Pardon! pardon!

La comtesse lui tendit la main et l'aida à se relever.

Ils s'assirent en face l'un de l'autre.

— Fatale jalousie! murmura le comte; que de mal j'ai fait dans ma vie!

— Dieu vous a éclairé et il vous pardonnera, puisqu'il vous a donné le repentir, dit la comtesse.

— Comme vous il me pardonnera, mais moi je ne me pardonne pas!

— Vous souffrez, vous ne pouvez rien de plus.

— Et c'est vous, vous dont j'ai effacé la jeunesse, à qui j'ai pris le bonheur, la vie, que j'ai lâchement torturée, c'est vous qui me montrez le ciel!

— Cessez de vous accuser, monsieur le comte, nous n'avons plus à revenir sur le passé; ah! moi aussi, je me suis adressé d'amers reproches, et, bien souvent, humiliée devant Dieu, j'ai déploré, j'ai maudit ma fatale fierté d'autrefois, qui nous a été si funeste.

Le comte secoua la tête.

— Vous cherchez à vous donner des torts afin de m'excuser, dit-il; j'admire votre générosité, mais j'ai fait depuis longtemps mon examen de conscience : en voyant ce que j'ai été pour vous, ce que j'ai été comme père, l'épouvante a saisi mon âme... Ah! votre fierté, je la comprends : c'était de l'indignation! Je me suis jugé sévèrement moi-même; après vous avoir si cruellement blessée, je ne méritais que votre dédain, votre mépris! J'étais un halluciné, un fou, oui, un fou! Sans cela, qu'aurais-je donc été? Un scélérat!... Tenez, je puis vous prouver que j'ai vu clairement dans le passé et que je ne me suis fait aucune illusion sur ma conduite envers vous; je n'ai pas été seulement maladroit, absurde et injuste, j'ai été méchant, odieux!... Avant notre mariage, vous aimiez M. de Luranne, cette malheureuse victime de ma jalousie. Eh bien! je me suis souvenu de vos dernières paroles : « J'aurais pu vous aimer, » m'avez-vous dit. Oui, si après la naissance de votre fils je vous eusse parlé comme à une épouse respectée, à une mère, vous m'auriez ouvert votre cœur, vous m'auriez aimé!

— C'est vrai.

— Au lieu de cela, pris d'une nouvelle folie, je n'ai su que froisser vos sentiments et je me suis fermé votre cœur. Sans voir qu'il était près de nous, j'ai détruit votre bonheur et le mien. Je l'ai compris trop tard. Après l'épouvantable journée d'Asnières, vous vous êtes retirée à Arfeuille parce que vous ne pouviez plus voir en moi qu'un meurtrier et que j'étais devenu pour vous un objet de terreur. Ne pouvant plus m'aimer, vous deviez partir; et si vous ne m'aviez pas dit alors : Je ne suis pas coupable! c'est que vous vouliez m'enlever l'espoir de vous faire revenir.

— Et pourtant je reviens, dit la comtesse.

— Pour me consoler. Resterez-vous?

— Quelques jours.

— Quelques jours, c'est peu !

— Vous pourrez venir à Arfeuille.

— Vous me le permettrez ?

— Je vous y invite.

Le comte saisit une main de sa femme et la couvrit de baisers.

Au moment où la comtesse entrait dans la chambre de son mari, Germain s'était retiré discrètement. Le comte le rappela.

— Germain, lui dit-il, faites préparer l'appartement de madame la comtesse ; elle veut bien rester quelques jours à l'hôtel de Bussières.

— Quel bonheur ! quel bonheur ! s'écria Germain.

Et il courut exécuter l'ordre de son maître.

XVII

UN PÈRE ET UNE MÈRE

Le comte et la comtesse continuèrent à causer. Ils avaient tant de choses à se dire !

Ils parlèrent peu du vicomte Gontran ; pour lui comme pour elle, ce sujet était trop pénible.

Le comte avait toujours ignoré pourquoi, après le drame d'Asnières, bien qu'ayant déclaré qu'il était l'auteur du meurtre, il n'avait pas été poursuivi, pourquoi aussi la justice ne s'était livrée à aucune enquête.

La conversation étant revenue sur ce déplorable événement, la comtesse fit lire au comte la lettre écrite par Lucien avant sa mort et celle de M. de Luranne.

Le comte y trouva la preuve de l'innocence de sa femme, dont il ne doutait plus d'ailleurs ; mais il fut saisi d'une vive émotion en découvrant combien sa malheureuse victime s'était montrée généreuse pour lui. Il comprit tout. Ce père qu'il avait si cruellement frappé dans son fils, espoir de sa vieillesse, loin de demander vengeance, s'était servi de son influence comme magistrat pour arrêter l'action de la justice et sauver le meurtrier de son fils de la honte d'être traîné comme un vulgaire assassin devant une cour d'assises.

— Pauvre jeune homme! pauvre jeune homme! murmura-t-il.

— C'était un noble cœur, dit la comtesse.

— Ainsi, reprit le comte d'un ton douloureux, voilà mes actes : partout où j'ai passé, j'ai laissé la douleur, le deuil, le malheur. Ah! je les ai bien méritées, les souffrances que j'endure, et je trouve que le châtiment n'est pas assez grand! Vous avez eu pitié de moi; non-seulement vous me dites : Je pardonne, vous venez encore me consoler... On m'a constamment rendu le bien pour le mal. Et je ne puis plus rien faire pour vous, plus rien!

— Monsieur le comte, dit la comtesse, si notre fils Edmond existait encore!

— J'ai eu longtemps cette pensée, cet espoir, fit-il tristement.

— Eh bien?

— J'ai appris, il y a quelques mois, quel avait été son malheureux sort.

— Ainsi, vous savez?... interrogea la comtesse d'une voix tremblante.

— Oui. Notre fils, cet enfant qui serait aujourd'hui votre joie, qui vous rendrait le bonheur que je vous ai pris, notre fils Edmond n'est plus...

— Hélas! soupira la comtesse.

— Oui, reprit le comte avec un accent farouche, il est mort, mort assassiné!

La comtesse jeta un cri et sa tête tomba sur sa poitrine.

— C'est encore une sombre et épouvantable histoire, reprit le comte d'un ton guttural; et toujours, toujours d'irréparables malheurs, causés par moi... Mes deux fils, vous, la famille de Luranne, deux autres familles encore, que de victimes pour un seul coupable!

« Voulez-vous savoir comment notre fils est mort?

— Oui.

Alors le comte raconta à sa femme dans quelle circonstance on lui avait parlé, à Cayenne, d'un forçat condamné pour crime d'assassinat, pourquoi il s'était intéressé à Jean Renaud et avait conçu la pensée d'obtenir sa grâce. Il lui parla ensuite de son vieil ami Nestor Dumoulin, du voyage du célèbre avocat dans la Haute-Saône, de ses étranges découvertes, qui semblaient prouver l'innocence de Jean Renaud, et enfin comment il avait reconnu par l'enquête de l'avocat, sans pouvoir en douter, que le jeune homme assassiné était son fils.

La comtesse l'avait écouté sans l'interrompre. Elle était sous le coup d'une émotion poignante. Deux ruisseaux de larmes coulaient le long de ses joues pâles.

Le comte, tenant sa tête entre ses mains, était secoué par un tremblement convulsif. Le poids de son malheur, de ses remords, l'écrasait.

Après quelques instants de sombre silence, la comtesse prit la parole.

— Savez-vous, monsieur le comte, où notre malheureux fils a été enterré? demanda-t-elle.

— Dans le cimetière du village de Frémicourt.

La comtesse poussa un profond soupir.

— Quand j'aurai fait une visite au cimetière où repose notre fils aîné, dit-elle, j'irai à Frémicourt m'agenouiller et prier sur la tombe abandonnée de son frère.

— Si vous le voulez bien, je vous accompagnerai, dit le comte.

— Oui, nous ferons ensemble ce pèlerinage.

« Savez-vous ce qu'est devenu cet homme que vous avez fait gracier?

— Il a quitté la colonie pénitentiaire pour revenir en France.

— Et vous n'avez plus entendu parler de lui?

— Non, mais j'ai tout lieu de supposer qu'il est revenu dans son pays, où il espérait retrouver sa femme. Celle-ci n'était plus, mais sa fille, élevée par Jacques Mellier, a dû le consoler de la perte de sa compagne.

— Nous verrons Jean Renaud, monsieur le comte; il nous parlera de lui. Mais la personne que je voudrais voir surtout, c'est la fille de Mellier, cette malheureuse Lucile qui, selon toutes les apparences, aimait Edmond et en était aimée.

— Comme je vous l'ai dit, et si les renseignements donnés à Dumoulin sont exacts, elle a quitté la maison de son père le lendemain même de l'assassinat, et on n'a plus entendu parler d'elle. On la croit morte. Que de tombes creusées autour de moi !

— La pauvre fille a chèrement payé sa faute.

— Oui, murmura le comte sourdement, les innocents ont tous payé pour le premier et plus grand coupable, pour le comte de Bussières.

— Dieu conduit toutes les destinées, monsieur le comte; ses desseins sont impénétrables et rien n'arrive que par sa volonté. Ayons confiance en sa bonté infinie, et, par le bien que nous pouvons faire encore, cherchons à réparer autant que possible les malheurs que nous avons causés.

Le lendemain, vers deux heures, la comtesse était habillée, prête à sortir. Elle attendait le comte. Ils devaient se rendre au cimetière Montparnasse où le vicomte de Bussières avait été inhumé dans un caveau de famille.

Une voiture, nouvellement achetée par le comte, était dans la cour de l'hôtel; le cocher harnachait ses chevaux.

Le concierge se tenait devant sa loge, attendant le moment d'ouvrir la porte. Un homme entra dans la cour.

— Je désire voir madame la comtesse de Bussières, dit-il.

— Madame la comtesse va sortir, répondit le concierge ; je ne sais pas si elle pourra vous recevoir ; mais voilà M. Germain, adressez-vous à lui.

Greluche — nos lecteurs l'ont reconnu — se dirigea vers Germain qui semblait être en contemplation devant la voiture de son maître.

— Qu'y a-t-il pour votre service ? demanda-t-il au visiteur.

— J'ai une mission à remplir auprès de madame la comtesse de Bussières, répondit Greluche, et je pense qu'elle voudra bien me recevoir.

— Comment savez-vous que madame la comtesse est ici ? demanda Germain avec surprise.

— C'est bien simple, monsieur ; j'étais hier à Arfeuille.

— Ah ! fit Germain. Ce que vous avez à dire à madame la comtesse est donc bien important ?

— Je le crois.

— Madame la comtesse va sortir ; n'importe, venez ! je vais vous annoncer. Votre nom ?

— Jérôme Greluche, ou bien encore l'homme aux marionnettes. Madame la comtesse me connaît.

Germain fit entrer le visiteur dans le grand salon, en lui disant d'attendre un instant, puis il alla prévenir la comtesse.

Greluche, très-ému, debout au milieu du salon, son chapeau à la main, crut pouvoir se donner la satisfaction d'examiner cinq ou six vieux tableaux qui ornaient les murs.

Quand on a l'esprit ou les yeux occupés, on trouve toujours le temps moins long.

Tout à coup Greluche poussa un cri de surprise et bondit vers un portrait en pied de grandeur naturelle, représentant un jeune homme qui ne paraissait pas avoir plus de vingt ans.

— Oh ! comme c'est lui ! s'écria-t-il émerveillé. Voilà son front, ses joues, son nez légèrement busqué, sa bouche aux lèvres vermeilles, la même fossette au menton, jusqu'à sa petite moustache... Je crois voir ses yeux noirs profonds, lumineux ; c'est bien là l'arc de ses épais sourcils ; c'est son air, c'est son regard... Oh ! son regard, comme c'est bien cela !

Ne pouvant détacher ses yeux de la peinture, Greluche restait comme en extase.

— Vous êtes notre fils; à partir d'aujourd'hui, vous vous appellerez Edmond de Bussières. (Page 421.)

— Vraiment, reprit-il, si ces vêtements étaient de notre époque, je croirais que mon fils a servi de modèle au peintre qui a fait ce tableau.

La comtesse entrait dans le salon; elle put s'approcher tout près de Greluche qui, absorbé dans son examen, n'entendit point le bruit de son pas et le froufrou de sa robe sur le tapis.

— Eh bien! mon bon Greluche, dit-elle, vous vous êtes donc souvenu de moi?

Il se retourna vivement, et s'inclinant avec respect :

— Oh ! pardon, madame la comtesse, pardon ! balbutia-t-il ; je... je regardais...

— Ce portrait ?

— Ah ! c'est un portrait, un vrai portrait ?

— Celui de M. le comte de Bussières, mon mari, à l'âge de vingt ans.

— Ah ! c'est M. le comte...

— Vous paraissez bien agité, mon ami ; ce n'est pas la première fois que nous causons ensemble ; remettez-vous.

— C'est vrai, madame la comtesse, c'est vrai ! un peu d'émotion... malgré moi... C'est passé maintenant.

— Que disiez-vous donc tout à l'heure, quand je suis entrée ? Il m'a semblé que vous parliez de votre fils.

Greluche tressaillit.

— Oui, fit-il, oui, je pensais à mon fils.

— C'est Edmond qu'il se nomme, n'est-ce pas ?

— Edmond, oui, madame la comtesse.

— C'est pour lui, peut-être, que vous venez me trouver ? Vous savez combien je vous estime, Greluche ; je serais heureuse que vous vinssiez me demander quelque chose pour vous ou votre fils adoptif.

— Oh ! je sais que madame la comtesse ne se lassera jamais de faire le bien ; mais, grâce à Dieu, Jérôme Greluche n'a pas trop à se plaindre de la fortune.

— Tant mieux, mon brave Greluche ! Enfin vous êtes satisfait ?

— D'une façon, oui, madame la comtesse. Mais il faut bien prendre la vie comme elle est, avec ses contrariétés, ses tristesses, ses douleurs ; on n'est jamais complètement heureux.

La comtesse approuva par un mouvement de tête.

— Votre fils adoptif manquerait-il de reconnaissance envers vous, Greluche ? reprit-elle ; auriez-vous à vous plaindre de lui ?

— Oh ! le cher enfant, au contraire !... Pourtant, si je suis ennuyé, c'est à cause de lui.

— Comment cela ?

— Il s'est souvenu de sa mère, madame la comtesse ; il la pleure...

— Pauvre enfant ! pauvre enfant ! murmura madame de Bussières en essuyant furtivement deux larmes.

— Comme vous le savez, continua Greluche, je l'ai fait entrer au collége Sainte-Barbe; il y a fait d'excellentes études et a obtenu sans difficulté les deux diplômes de bachelier. Maintenant, avec son argent et mes petites économies à moi, il pourrait devenir quelque chose; eh bien! non, le découragement l'a pris tout d'un coup, et il s'écrie : Pourquoi travailler, pourquoi vivre? C'est comme du désespoir, madame la comtesse, et cela me brise le cœur... Je ne peux rien pour lui ! Ce qu'il faudrait lui rendre, c'est une famille, un nom. A d'autres, cela serait bien égal de ne pas avoir de mère, d'être sans famille; mais il a du cœur, lui, son âme est fière, et il souffre, il souffre beaucoup.

La comtesse soupira. Les paroles de Greluche devaient trouver facilement un écho dans son cœur.

XVIII

NOUVELLES ÉMOTIONS

L'homme aux marionnettes reprit :

— Excusez-moi, madame la comtesse, je ne sais pas, vraiment, pourquoi je vous dis toutes ces choses; j'abuse de vos instants.

— Non, je vous écoute, au contraire, avec beaucoup d'intérêt. Il faut consoler votre fils, Greluche; il ne faut pas le laisser tomber dans le découragement.

— Oh ! je ferai pour cela tout ce que je pourrai.

— Si je me souviens bien de ce que vous m'avez dit autrefois, Greluche, il n'est pas certain que sa mère ait cessé de vivre. Dieu, voyant combien il l'aime, la lui rendra peut-être. Voilà ce qu'il faut lui faire espérer, mon bon Greluche.

— Malheureusement il n'a plus l'espoir de la retrouver. Il a voulu faire des recherches lui-même, et, un matin, nous sommes partis pour Gray. Il s'est informé à l'hôpital de cette ville, il n'a rien appris. Alors il m'a laissé à Gray et il est parti seul, suivant cette route sur laquelle, comme je vous le racontai, madame la comtesse, je l'ai trouvé dans la neige à côté de sa mère engourdie par le froid.

« Le hasard l'a conduit dans un bourg de la Haute-Saône, à Saint-Irun...

— Saint-Irun? répéta la comtesse en se rapprochant de Greluche.

— Oui, madame la comtesse. Là un souvenir l'a frappé de nouveau, à la vue de deux gros chiens de pierre placés de chaque côté de la porte d'une auberge, comme deux gardiens fidèles. C'est de là que sa mère est partie un soir avec lui pour aller tomber à quelques lieues sur la route de Gray.

A ce moment, Germain ouvrit la porte du salon.

— Monsieur le comte attend madame la comtesse, dit-il.

— Je me retire, madame la comtesse, dit Greluche, mais je vais vous remettre...

— Non, non, restez! dit vivement la comtesse; je tiens à savoir...

Et se retournant vers Germain :

— Nous sortirons un peu plus tard, reprit-elle; dites à M. le comte de ne pas s'impatienter.

Germain sortit en refermant la porte du salon.

Greluche avait tiré de sa poche les papiers enfermés dans une enveloppe. Il les tendit à madame de Bussières.

— Qu'est-ce donc que cela, Greluche?

— Des papiers que vous serez heureuse sans doute de posséder, madame la comtesse; il y a un manuscrit, une sorte de poëme en prose, puis deux lettres. Ces papiers ont été remis à mon fils adoptif, madame, et il m'a chargé de vous les apporter.

— Greluche, dois-je les lire devant vous? demanda la comtesse visiblement émue.

— Non, madame la comtesse; vous les lirez plus tard, seule.

— Greluche, savez-vous ce qu'ils contiennent?

— Oui, madame la comtesse.

— Que doivent-ils m'apprendre?

— Peu de chose; mais ils vous parleront de ce fils que vous avez perdu, dont vous avez parlé un jour devant moi.

La comtesse devint blanche comme la neige, et, toute tremblante, s'appuya au marbre de la cheminée.

— Ainsi, dit-elle d'une voix hésitante, ces papiers...

— Appartenaient au fils de madame la comtesse de Bussières, celui qui portait le nom d'Edmond. Le manuscrit est écrit de sa main, et c'est pour cela que mon fils adoptif vous l'envoie...

— L'écriture de mon fils! s'écria la comtesse.

Et, d'une main fébrile, elle déchira l'enveloppe. Elle ouvrit le manuscrit et lut avidement quelques lignes ; mais, aussitôt, ses yeux se voilèrent de larmes, et elle pressa le précieux cahier sur ses lèvres.

— Mon Dieu ! mon Dieu ! murmura-t-elle, que vais-je apprendre ? Quelle joie m'envoyez-vous ?

Elle releva sur Greluche ses yeux humides ; son front paraissait illuminé.

— Greluche, reprit-elle d'une voix oppressée, les lèvres frémissantes, qui donc a remis ces papiers à votre fils ?

— Un homme qui en était le dépositaire.

— Et pourquoi cet homme les a-t-il livrés à votre fils plutôt qu'à un autre ?

— Parce que... parce que... balbutia Greluche, il a cru, il a pensé qu'ils pouvaient l'aider à retrouver la famille de sa mère.

— Mais celle de son père, Greluche, celle de son père ?

— Edmond, madame la comtesse, ne cherche pas la famille de son père.

— Ah ! tout à l'heure je vous interrogerai à ce sujet, Greluche ; mais reprenez, je vous prie, le récit que vous me faisiez quand on est venu nous interrompre. L'enfant que vous avez élevé, votre fils, Greluche, arrive à Saint-Irun par hasard ; à la vue de deux chiens de pierre placés devant une porte d'auberge, il se souvient, il découvre que sa mère l'a amené à Saint-Irun dans son enfance, et que c'est en se rendant de cette commune à Gray que la pauvre femme, saisie par le froid, est tombée dans la neige.

— Oui, madame la comtesse.

— Alors il a cherché à obtenir des renseignements ?

— Oui.

— Qu'a-t-il appris ?

— Rien.

— Quoi ! il ignore encore le nom de sa mère ?...

— Son nom de famille, madame la comtesse, qui ne se trouve pas dans les papiers que je viens de vous remettre. Il sait seulement que sa mère se nommait Lucile.

— Ah ! Lucile ! Lucile ! s'écria madame de Bussières.

Elle appuya ses deux mains sur son cœur, comme si elle eût voulu arrêter ses battements précipités, puis elle leva vers le ciel son front irradié.

Greluche la regardait avec étonnement.

— Continuez, mon ami, continuez, lui dit-elle en s'efforçant de paraître calme ; ne me cachez rien, dites-moi comment... votre fils a rencontré la personne qui lui a remis ces papiers que vous m'apportez.

— Madame la comtesse, c'est encore le hasard...

— Dites la Providence, Greluche.

— Eh bien! madame la comtesse, la Providence a placé sur le chemin d'Edmond un vieux mendiant du pays, qui se nomme Mardoche, et qui, paraît-il, a connu sa mère et aussi son père. Mais cet homme, pour des raisons qu'il a cru devoir cacher, a refusé de dire à Edmond le nom de famille de sa mère.

— C'est bien étrange!

— D'autant plus étrange, madame la comtesse, que le vieux Mardoche a fa à Edmond d'autres révélations très-importantes.

Les deux mains de madame de Bussières se posèrent sur le bras de Greluche.

— Je vous écoute, dit-elle d'une voix étouffée.

— Un soir, le mendiant conduisit Edmond dans un cimetière.

— Alors, alors?

— Il le mit en présence d'une pierre portant une inscription terrible.

— Quelle est cette inscription, Greluche?

— Deux mots et une date, madame la comtesse; voici les deux mots: *Mort assassiné*, et la date: 24 *juin* 1850.

Greluche sentit que les mains de madame de Bussières se crispaient sur son bras.

— Achevez, Greluche! achevez! dit-elle d'une voix presque éteinte.

— Le vieux mendiant dit à Edmond: Vous êtes sur la tombe de votre père!... Alors Edmond se souvint tout à coup qu'il était entré dans le cimetière de Frémicourt; il se mit à genoux et il retrouva dans sa mémoire une prière que sa mère lui avait apprise.

— Qu'a dit ensuite le mendiant?

— Il avait amené Edmond dans le cimetière pour acquérir probablement la certitude qu'il était bien le fils de l'homme assassiné. N'ayant plus de doute à ce sujet, il lui apprit que son père se nommait Edmond comme lui, que comme lui encore il ne connaissait pas le nom de sa famille et qu'un misérable du pays l'avait assassiné pour le voler.

— Je sais cela, Greluche; l'homme dont vous parlez se nomme Jean Renaud; il a été condamné aux travaux forcés à perpétuité.

— Comment! madame la comtesse savait?...

— La triste fin de mon fils, oui, Greluche; mais ce que j'ignorais, ce que vous venez de m'apprendre, c'est que ce pauvre orphelin, trouvé par vous sur une route, est aussi mon fils, mon enfant!... Ah! Dieu nous a pris en pitié! s'écria-t-elle avec exaltation ; après nous avoir si cruellement éprouvés, quand notre vieillesse était sans espoir, il nous réservait une joie suprême !... Greluche, Greluche, pourquoi ne m'avez-vous pas amené mon petit-fils ?

Greluche baissa la tête.

— Vous ne me répondez pas, reprit la comtesse ; est-il à Paris ?

— Nous sommes revenus ce matin, après avoir fait un détour pour passer à Arfeuille. Nous avons su par le bon M. Bricard que madame la comtesse était à Paris.

— Pourquoi n'est-il pas venu ici avec vous ?

— Madame la comtesse, je suis désolé d'être obligé de vous dire la vérité.

— Eh bien ?

— Eh bien ! madame la comtesse, Edmond ne se reconnaît aucun droit, et il m'a chargé de vous déclarer qu'il ne demande rien, qu'il ne veut rien.

— Ce n'est pas possible, cela ! s'écria-t-elle très-agitée ; mais il est notre fils, entendez-vous, Greluche, notre fils ?

— Il est à peu près certain que sa mère n'était pas mariée, madame la comtesse, qu'il est un enfant illégitime ; il n'y a donc aucun acte... Rien, absolument rien, ne prouve qu'il soit votre petit-fils.

— Mais tout le prouve, au contraire, Greluche, tout ; est-ce que j'ai hésité à le reconnaître, moi ? Oh ! je comprends sa fierté, la délicatesse de ses sentiments et ses susceptibilités, qui sont celles d'un grand caractère, d'une âme noble. Mais, soyez tranquille, nous saurons vaincre ses scrupules. Ah ! la bonté de Dieu est infinie ; il nous a pris deux enfants, il nous en donne un autre !

Ne pouvant se contenir plus longtemps, elle se prit à sangloter. En même temps la reconnaissance et la joie éclataient dans son regard.

— J'ai versé bien des larmes dans ma vie, reprit-elle ; aujourd'hui je pleure de joie ; j'ai rarement éprouvé ce ravissement. Je ne vous demande pas de me dire ce qui s'est passé entre Edmond et le mendiant après la visite au cimetière, continua-t-elle ; je le devine. Mardoche était le dépositaire de ces papiers que vous venez de me remettre et que je lirai avec bonheur, avec ivresse...

« J'aurais encore bien des questions à vous adresser sur le vieux mendiant et d'autres personnes, mais plus tard, plus tard. Pour l'instant, je ne veux penser qu'à Edmond, ne m'occuper que de notre fils. »

Elle agita le cordon d'une sonnette.

Germain, qui se tenait dans l'antichambre, parut aussitôt.

— Priez M. le comte de venir ici immédiatement, lui dit la comtesse.

Puis, revenant vers Greluche, elle lui prit la main.

— Que de reconnaissance nous vous devons! dit-elle; ah! nous ne pourrons jamais nous acquitter envers vous... Mais vous resterez près de lui, vous ne serez pas séparés. D'ailleurs vous avez été son père, il vous aime, autrement il serait ingrat, et il a du cœur, et il est bon... Mon Dieu! qu'il me tarde de le voir, de le serrer dans mes bras! Autrefois, quand vous veniez à Arfeuille, que vous me parliez de lui, une émotion extraordinaire s'emparait de moi; il me semblait que quelque chose de délicieux pénétrait doucement dans mon cœur. Vous le rappelez-vous, Greluche? plusieurs fois je vous ai demandé de me l'amener.

— C'est vrai, madame la comtesse.

— Sans le connaître autrement que par ce que vous me disiez de lui, je l'aimais déjà, ce cher enfant. Ah! j'étais loin de me douter... C'est la Providence qui vous a envoyé à Arfeuille, Greluche. Comme, dans tout ce qu'il fait, Dieu fait éclater sa sagesse et sa puissance! Dites-moi, mon ami, il est grand, n'est-ce pas, il est beau? Oh! il doit ressembler à son père!

— Je ne sais pas s'il ressemble à son père, madame la comtesse; mais, tout à l'heure, en contemplation devant ce portrait, je croyais le voir lui-même.

— Vous en êtes sûr, il ressemble au comte de Bussières?

— D'une façon merveilleuse, madame la comtesse.

— Et vous disiez que rien ne prouvait qu'il fût notre fils! s'écria-t-elle avec une joie indicible.

La porte s'ouvrit et le comte de Bussières entra dans le salon.

XIX

LE PETIT-FILS

La comtesse courut à son mari, le prit par la main et, l'amenant au milieu du salon :

— Monsieur le comte, s'écria-t-elle d'une voix vibrante, les yeux étincelants de joie, nous ne sommes plus seuls au monde, votre nom ne s'éteindra pas; il nous reste un enfant, un fils!

Le comte regarda sa femme avec une douloureuse surprise; il crut un instant qu'elle avait perdu la raison.

LA FILLE MAUDITE

— O ma mère, ma mère! s'écria le jeune homme prêt à se jeter dans les bras de la comtesse. (P. 428.

— Ah! vous ne pouvez pas me croire, reprit-elle; c'est un miracle que Dieu a fait pour nous, monsieur le comte.

— Au nom du ciel! expliquez-vous! dit le comte d'une voix tremblante.

— Vous allez me comprendre : lorsque la pauvre Lucile s'est enfuie de la maison de son père, elle allait être mère.

— Alors, alors?...

— Son enfant existe, monsieur le comte, il est à Paris; c'est ce brave et honnête homme qui l'a élevé. Ah! vous pouvez le remercier, car il a été à la hauteur de la mission que la Providence lui a confiée : grâce à son travail, à son dévouement, le pauvre orphelin a reçu une éducation distinguée; il en a fait un homme digne de nous.

« Vous dire comment Jérôme Greluche a recueilli l'enfant sur une route, il y a plus de treize ans, comme il a découvert qu'il était le fils d'Edmond et de Lucile, serait trop long à vous raconter en ce moment. Toutes les preuves existent, monsieur le comte, le doute n'est pas possible.

— Je vous crois, je vous crois! s'écria le comte éperdu.

— Savez-vous à qui ressemble cet enfant qui nous est rendu, le fils d'Edmond de Bussières? reprit la comtesse; à vous, monsieur le comte, à vous.

— En regardant monsieur le comte, je retrouve encore mieux la ressemblance que sur le portrait, dit Greluche, les yeux fixés sur M. de Bussières.

Le comte était sous le coup d'une émotion bien naturelle; tous ses membres tremblaient. Soudain il se redressa et sa physionomie prit une expression indéfinissable. Ses yeux semblaient jeter des étincelles.

— Un fils! un fils! s'écria-t-il avec une sorte de délire; ah! en ce moment seulement, je vois que Dieu peut me pardonner!

Puis, s'emparant des mains de la comtesse, il les embrassa avec transport.

— Je ne croyais pas que mon cœur pût encore éprouver de la joie, dit-il.

La comtesse était radieuse.

— Dieu a vu votre repentir, répliqua-t-elle; il a entendu nos sanglots, il a compté nos larmes et il a dit : « Ils ont assez souffert. »

— Qu'il soit béni! s'écria le comte.

Puis se tournant vers Greluche :

— Votre fils adoptif sait-il qu'il est le petit-fils de la comtesse et du comte de Bussières? demanda-t-il.

— Il le sait, répondit Greluche.

— Alors, pourquoi n'est-il pas avec vous?

— Monsieur le comte...

La comtesse prit vivement la parole.

— Je vais vous le dire : Edmond, — Lucile a donné à son enfant le nom de son père, — Edmond sait aussi qu'il est né en dehors du mariage. Les preuves écrites qu'il est notre fils, les seules qui existent, se trouvent dans ces papiers que Greluche vient de me remettre en son nom. Loin de vouloir s'en servir, il nous les abandonne. Il ne veut pas admettre, en cette circonstance, qu'il y ait des droits autres que ceux que donnent nos lois civiles ; enfin il croit être pour nous un étranger. Bien que pauvre, par un sentiment de délicatesse et de noble fierté que vous apprécierez comme moi, il ne veut rien nous demander.

— Il a raison, dit le comte ; il ne doit rien nous demander en effet ; c'est nous qui devons lui donner.

— Vous savez, maintenant, pourquoi il a refusé de venir ici.

— Eh bien ! dit le comte, nous irons le chercher.

— C'est la proposition que j'allais vous faire.

— Partons ! la voiture nous attend.

— Encore un mot, monsieur le comte.

— Dites.

— Puis-je vous demander ce que vous comptez faire pour l'orphelin?

— Ce qu'on fait pour un fils, répondit-il.

— Il n'est pas encore le nôtre, monsieur le comte.

— Nous l'adopterons.

— Il lui faut un nom.

— Il aura celui de Bussières ou celui d'Arfeuille. Vous choisirez.

— Le vôtre, monsieur le comte, le vôtre.

— Eh bien ! il sera comte de Bussières.

La comtesse poussa un cri de joie et tendit la main à son mari en lui disant d'une voix pleine de larmes :

— Merci !

Ensuite, s'adressant à Greluche :

— Êtes-vous content ? lui demanda-t-elle.

Le pauvre Jérôme balbutia quelques paroles inintelligibles. Incapable de se maîtriser, de grosses larmes jaillirent alors de ses yeux.

Un long discours n'eût pas été aussi éloquent.

— Ne perdons pas une minute, reprit la comtesse ; j'ai hâte de voir ce cher enfant. Ah ! comme je vais l'aimer !

Ils descendirent dans la cour. Le cocher attendait sur son siège. Le comte et la comtesse prirent place dans le coupé. Greluche grimpa à côté du cocher, et la voiture partit.

Dix minutes après, elle s'arrêtait rue de la Montagne-Sainte-Geneviève.

— Notre modeste logement est au deuxième, dit Greluche ; permettez-moi de passer devant vous pour vous montrer le chemin.

— Nous vous suivons, dit le comte.

— Mon Dieu ! pensait Greluche, comme il va être étonné. Que va-t-il dire ?

Il s'arrêta sur le palier pour attendre M. et madame de Bussières.

Comme la plupart des logements d'ouvriers, celui de Jérôme Greluche n'avait jamais connu le luxe d'une sonnette. Il frappa sur la porte trois petits coups. C'est ainsi qu'il s'annonçait d'habitude lorsqu'il revenait le soir, après avoir fermé le théâtre de Rigolo.

Edmond vint ouvrir.

— Enfin, te... commença-t-il.

Les paroles expirèrent sur ses lèvres à la vue du comte et de la comtesse. Tout en saluant, il recula jusqu'au fond de la chambre.

Greluche s'effaça pour laisser passer le comte et la comtesse, qui entrèrent les premiers.

Edmond ne comprenait pas encore ; son regard semblait interroger. Il fit un nouveau mouvement, et son jeune et beau visage se trouva tout à coup en pleine lumière.

— Eh bien ! monsieur le comte, le reconnaissez-vous ? s'écria la comtesse.

— Il porte sur sa figure son acte de naissance, répondit M. de Bussières.

— Ah ! Greluche, Greluche, dit le jeune homme avec un accent de reproche, tu m'as trahi !

— Vous l'entendez, madame la comtesse, vous l'entendez ! dit le pauvre Greluche d'un ton désolé.

Alors madame de Bussières, le front rayonnant, s'avança vers le jeune homme et lui tendit ses bras ouverts en criant :

— Edmond, mon fils !

Il restait immobile, hésitant, pâle, les yeux hagards, la poitrine oppressée.

Le comte lui prit la main en disant :

— Vous êtes notre fils ; à partir d'aujourd'hui, vous vous appelez Edmond de Bussières.

Et le poussant doucement dans les bras de la comtesse il ajouta d'une voix grave et solennelle :

— Vicomte de Bussières, embrassez votre mère !

Les bras de la comtesse se refermèrent sur lui.

Ce fut une délicieuse étreinte.

— Mais c'est un rêve ! disait Edmond, c'est un rêve!

— Non, murmura la voix de la comtesse, c'est le bonheur pour nous tous.

— Mais je ne suis rien, reprit le jeune homme éperdu, je ne suis rien !...

— Vous êtes notre fils, vous êtes aujourd'hui notre unique enfant.

— Votre fils, moi, moi !...

— Dans trois jours, dit le comte, le nom de Bussières que je vous donne vous appartiendra; vous aurez le droit de le porter... A nous deux, mon fils, continua-t-il, nous tâcherons de faire oublier à la comtesse de Bussières, la mère de votre père, tout ce qu'elle a souffert depuis quarante ans. Vous allez devenir la joie et la consolation de deux vieillards.

— Edmond, reprit la comtesse, votre père adoptif m'a raconté dans quel but vous avez quitté Paris il y a quelques jours pour vous rendre dans la Haute-Saône. Vous cherchiez la famille de votre mère, Dieu vous a fait découvrir celle de votre père. Ah! nous le remercierons tous ensemble ! Quant à la famille de votre mère, Edmond, nous la connaissons ; mais, grâce à Dieu vous n'avez plus rien à lui demander maintenant. Vous désiriez un nom, le comte de Bussières vous le donne. Ce nom, vous ne seriez pas venu nous le demander; Greluche, que vous accusiez tout à l'heure de vous avoir trahi, m'a tout dit : vous vouliez rester pauvre, inconnu, abandonné, orphelin, sans famille ; eh bien! ce nom, nous vous l'apportons. Vous ne vouliez pas venir à nous, c'est nous qui venons vous chercher.

— Me chercher?

— Oui, mon fils, dit le comte, nous vous emmenons à l'hôtel de Bussières.

— Et lui, lui? s'écria Edmond en s'élançant vers Greluche qui, retiré à l'écart, pleurait silencieusement.

— Nous emmenons aussi l'excellent homme qui vous a élevé, répondit le comte ; celui qui vous a servi de père est aussi de notre famille.

Une heure s'était à peine écoulée, lorsque le coupé de M. de Bussières rentra dans la cour de l'hôtel.

Germain accourut.

A la vue d'Edmond, il poussa un cri de surprise.

Puis il resta immobile, comme pétrifié, un bras tendu, une jambe en arrière, la bouche ouverte.

Le comte lui dit en souriant :

— Il me ressemble, n'est-ce pas, Germain ?

— Oh! monsieur le comte, il me semble vous voir tel que vous étiez autrefois, lorsque j'ai eu l'honneur d'entrer à votre service.

— Eh bien ! Germain, reprit le comte, vous allez faire préparer immédiatement les appartements de votre jeune maître, M. le vicomte de Bussières.

La comtesse, tenant Edmond par la main, le fit entrer dans le grand salon et le plaça en face du portrait de M. de Bussières.

— Croyez-vous, lui dit-elle, qu'une ressemblance aussi parfaite ne vaut pas un acte de naissance?

— O ma mère ! ma mère ! s'écria Edmond en se jetant à son cou.

— Enfin, murmura la comtesse heureuse, enivrée, je vais donc pouvoir aimer !

Le comte les surprit dans les bras l'un de l'autre.

Il les contempla un instant avec attendrissement, les yeux voilés de larmes.

— Il m'a appelée sa mère ! lui cria la comtesse folle de joie.

Le comte s'approcha.

— Valentine, dit-il, c'est vous surtout que votre fils doit aimer !

Edmond se tourna vers le comte et s'écria avec un magnifique élan de reconnaissance :

— Je vous aimerai tous les deux !

— Son cœur est sur ses lèvres, dit la comtesse.

Le père et le fils s'embrassèrent avec effusion.

Le soir même, le comte de Bussières faisait porter, par un de ses domestiques, une lettre à son ami M. Nestor Dumoulin. C'était une invitation pressante à déjeuner pour le lendemain.

XX

RAYON DE SOLEIL

Le lendemain, après le déjeuner, pendant que M. de Bussières causait avec le jurisconsulte et lui faisait part de ses intentions au sujet de son petit-fils, la comtesse et Edmond se livraient aux charmes d'une douce causerie intime.

Ils étaient assis l'un près de l'autre, sur une causeuse, les mains unies. Edmond, répondant aux questions de la comtesse, lui parla longuement de son enfance, des souvenirs retrouvés dans sa mémoire, de ses révoltes intérieures contre la destinée, de ses découragements, de ses tristesses, de ses impressions. Elle voulait tout savoir. Il lui ouvrait son cœur, elle était ravie. Elle ne pouvait se lasser de l'entendre. Suspendue à ses lèvres, elle semblait boire ses paroles. Elle était comme en extase devant lui; elle l'admirait. A chaque instant, à mesure qu'il parlait, elle découvrait en lui une qualité, un sentiment, une perfection.

Sa voix était douce, il s'exprimait avec facilité; des mots charmants, adorables pour une mère, tombaient de ses lèvres comme les notes suaves d'un hymne de reconnaissance ou d'un chant d'amour.

La comtesse l'entourait de son regard plein de tendresse et s'enivrait d'amour maternel.

Il lui raconta ce qui lui était arrivé dans le canton de Saint-Irun, mais il ne prononça point le nom de Blanche; il n'osait plus parler de son fatal amour pour la fille de Jean Renaud.

Cependant, à un moment de son récit, sa voix devint tout à coup tremblante et ses yeux se remplirent de larmes. En pensant à la blonde jeune fille qu'il avait appelée un instant « sa fée du bonheur », il ne put rester maître de son émotion.

La comtesse sentit qu'il lui cachait quelque chose.

— Mon cher enfant, lui dit-elle, quand il cessa de parler, dans tout ce que vous venez de me dire, rien n'indique que votre mère soit morte; nous pouvons toujours espérer. Nous la chercherons partout, et, si elle existe encore, Dieu, qui vous protége, nous conduira vers elle.

— Eh bien! oui, fit-il, oui, je veux espérer encore.

— Maintenant, reprit la comtesse, parlons de ce vieux mendiant Mardoche qui vous a témoigné un si vif intérêt. Ah! il sait bien des choses et sa conduite est vraiment mystérieuse. Il vous mène au cimetière de Frémicourt, sur la tombe de votre père, il vous dit comment mon fils a été assassiné par Jean Renaud, il complète ses révélations en vous livrant des papiers importants et il refuse absolument de vous faire connaître la famille de votre mère. Pourquoi? Quel scrupule, quelle crainte l'ont retenu?

— Il ne m'a pas été possible de m'expliquer la raison de son silence.

— Vous avez eu l'idée, Edmond, que cet homme singulier se cachait sous un déguisement?

— Oui, ma mère, cette pensée m'est venue plusieurs fois.

— Eh bien! vous ne vous trompiez pas, j'en ai la conviction. Savez-vous depuis combien de temps il habite à Frémicourt?

— Je ne puis le dire; je n'ai pas songé à le lui demander. Mais pour pouvoir se promener la nuit comme il le fait à travers la contrée, pour avoir pu me donner des renseignements si exacts, si complets, il y a lieu de supposer qu'il connaît parfaitement le pays et qu'il demeure aux environs de Frémicourt depuis bien des années. D'ailleurs je crois vous avoir dit que non-seulement il avait connu ma mère, mais qu'il avait vu mon père le jour même où il est tombé sous la balle de son assassin.

— Mon opinion se fait sur lui. Ah! vous l'auriez fort embarrassé, je crois, si vous lui aviez demandé par suite de quelles circonstances il était devenu le dépositaire des papiers qu'il vous a remis.

— Il ne m'aurait pas répondu, voilà tout. Lorsqu'il ne veut pas parler, Mardoche devient un homme de bronze ou de marbre.

— Oui, dit la comtesse songeuse, cet homme a une nature exceptionnelle, une volonté de fer.

Après un court silence, elle reprit :

— Edmond, vous m'avez beaucoup parlé de Frémicourt, et il m'a semblé que vous évitiez, avec intention, de nommer une très-belle ferme qui se trouve située à une faible distance de cette commune.

Une rougeur subite monta au front du jeune homme.

— J'en étais sûre! pensa la comtesse; il me cache quelque chose; il y a un mystère.

— C'est vrai, dit Edmond d'une voix qui trembla malgré lui, je ne vous ai point parlé du Seuillon; je ne croyais pas que cela pût vous intéresser.

— Quand il s'agit de vous, Edmond, et des choses que vous devez connaître, tout m'intéresse.

« Êtes-vous allé au Seuillon ?

— Non, ma mère, répondit-il vivement. Une seule fois, la nuit, je suis passé devant les bâtiments en compagnie de Mardoche.

— Probablement quand vous êtes allés chercher les papiers dans la masure de Civry ?

— Oui.

— Savez-vous le nom du propriétaire du Seuillon ?

— Jacques Mellier.

— C'est un vieillard ; l'avez-vous vu?

— Non, ma mère.

— Le vieux mendiant ne vous a rien dit de lui?

Rouvenat regarda le mendiant avec effarement. (Page 437.)

— Rien. M. Mellier est un homme considérable dans le pays, très-estimé, et il m'a semblé que Mardoche avait pour lui de la vénération.

— M. Jacques Mellier a-t-il des enfants?

— Une fille, ma mère.

— A peu près de votre âge, n'est-ce pas, et qui se nomme Blanche?

Edmond sursauta

— Quoi! s'écria-t-il avec surprise, vous savez le nom de mademoiselle Mellier?

— Je sais aussi que mademoiselle Blanche n'est pas la fille de M. Jacques Mellier.

Un gémissement s'échappa des lèvres du jeune homme et sa tête tomba sur sa poitrine.

— Qu'est-ce que cela signifie? se dit la comtesse.

Elle reprit aussitôt :

— Edmond, est-ce qu'elle est jolie, cette jeune fille que M. Jacques Mellier a élevée et qui porte son nom?

— Oh! ma mère, comme un ange! s'écria-t-il avec enthousiasme, et elle est aussi bonne, aussi pure qu'elle est belle!

Un sourire intraduisible s'épanouit sur les lèvres de la comtesse.

Sans le vouloir, sans le savoir, Edmond venait de lui livrer son secret.

— Edmond, reprit-elle de sa voix tendre et affectueuse, est-ce que vous l'avez vue plusieurs fois, cette belle jeune fille?

— Oui, plusieurs fois, répondit-il tristement.

— Et vous l'avez aimée?

— Oui, ma mère, je l'ai aimée, je l'aime, et je ne dois plus penser à elle! Ah! c'est une fatalité terrible qui m'a placé sur son chemin! Quand Dieu nous envoie un bonheur, une douleur l'escorte toujours!

— Edmond, je ne comprends pas votre chagrin.

— Ah! s'écria-t-il d'une voix pleine de larmes, je suis honteux de l'avouer, vous me prodiguez votre affection, votre tendresse, vous me comblez de vos bienfaits; hier, je n'étais rien : vous m'élevez jusqu'à vous, et pour vous récompenser je ne sais que vous montrer mon désespoir.

— Voyons, cher enfant, pourquoi cette grande douleur, pourquoi ce désespoir? Est-ce parce que je viens de vous dire que mademoiselle Blanche n'est pas la fille de M. Jacques Mellier?

— Je le savais, je le savais!

— Est-ce le vieux Mardoche qui vous l'a dit?

— Non, ma mère, non; comme la plupart des gens du pays, Mardoche croit qu'elle est la fille de M. Mellier.

— En cela, Edmond, Mardoche vous a trompé; il ne croit pas cela, il ne peut pas le croire.

— Pourquoi m'aurait-il trompé?

— Pourquoi? Est-ce qu'il vous a dit tout ce qu'il savait? Ah! il s'en est bien gardé!... Quand on vous a appris que Blanche n'était pas la fille de Jacques Mellier, on a dû vous dire le nom de son père?

— On me l'a dit, fit-il d'une voix brisée.

— Encore un mot, Edmond. Ne vous êtes-vous pas aperçu que Mardoche avait pour mademoiselle Blanche une grande affection?

— Il l'aime comme un père!

— Ainsi vous avez vu cela et vous n'avez pas compris?...

— Mon Dieu! mon Dieu! Que voulez-vous dire?

— Maintenant je ne doute plus, s'écria la comtesse avec un rayonnement dans le regard; Edmond, cet homme qui se cache sous l'habit d'un mendiant et qui sait tant de choses dont il ne révèle que la moitié, cet homme ne s'appelle pas Mardoche, il se nomme Jean Renaud.

Le jeune homme poussa un cri et bondit sur ses jambes, une lueur livide dans le regard.

— Jean Renaud! exclama-t-il, lui! lui! oh!...

— Oui, reprit la comtesse, Mardoche n'est autre que Jean Renaud.

— Et je ne l'ai pas deviné... je ne l'ai pas deviné! dit le jeune homme, les dents serrées. Ah! comme il a dû se moquer de moi! Avec quelle cruauté il a torturé mon cœur! Et pourtant Mardoche n'est pas méchant... non, il n'est pas méchant... Pardon, ma mère, pardon! je ne sais plus ce que je dis; il me semble que la raison m'échappe; mes pensées se heurtent, se confondent dans la nuit de mon cerveau... je ne comprends plus, je ne comprends plus...

Il était pâle comme un mort, et il jetait autour de lui des regards d'insensé.

La comtesse, effrayée, se leva et lui prit les deux mains.

— Calmez-vous, mon enfant, dit-elle, calmez-vous; à mon tour, je vais vous dire tout ce que je sais. Comme un rayon de soleil, un mot vous éclairera; votre âme va retrouver sa sérénité, et une joie immense va inonder votre cœur. Vous aimez Blanche, mon fils? Eh bien! vous pouvez l'aimer sans trouble, sans effroi; elle sera votre femme, car elle est digne de vous... Blanche n'est pas, comme on vous l'a dit, la fille d'un voleur et d'un assassin. Jean Renaud, son père, est innocent!

— Dieu! est-ce possible?

— Je vous dis la vérité, mon fils.

— Oh! je voudrais le croire! s'écria-t-il affolé; mais comment? comment?...

Il tira brusquement de sa poche la lettre de Blanche et la tendit à la comtesse en disant:

— Lisez, ma mère, lisez!

— Pauvre jeune fille! murmura la comtesse les yeux mouillés de larmes, elle ne sait rien encore; mon Dieu! comme elle doit souffrir!

— Mais c'est donc vrai? reprit Edmond d'une voix hésitante, saccadée.

— Oui, Jean Renaud, celui qui se fait appeler aujourd'hui Mardoche, Jean Renaud n'est pas coupable!

Le visage du jeune homme s'illumina et un sanglot s'échappa de sa poitrine gonflée.

— Edmond, reprit la comtesse, ce vieillard que vous avez vu sous l'habit d'un mendiant, qui se cache à tout le monde, même à sa fille, est un homme admirable... Il s'est fait envoyer au bagne pour un autre, il a souffert et il souffre encore pour un autre! Rien de beau, rien de grand comme sa vie! Mon fils Edmond, votre père est mort dans ses bras; il connaissait l'assassin et il s'est laissé condamner... Il a poussé le dévouement jusqu'au sublime... Cet homme est un héros!

— O ma mère, ma mère! s'écria le jeune homme.

Et ivre de joie, fou de bonheur, il se jeta dans les bras de la comtesse.

— Nous irons le chercher, reprit madame de Bussières, nous l'amènerons à Arfeuille avec sa fille; il a été gracié il y a quelques mois, mais ce n'est pas assez; nous chercherons, nous trouverons le moyen de le faire réhabiliter; il y a des difficultés sans doute; mais M. Dumoulin, qui cause en ce moment avec le comte, parviendra certainement à les surmonter. Oui, il faut que Jean Renaud soit réhabilité; il le sera; et sa fille que vous aimez, mon fils, Blanche sera votre femme! Mon Dieu! après ce qu'il a souffert, y a-t-il sur la terre une récompense assez grande pour Jean Renaud?

— Ah! la joie m'étouffe! c'est trop... c'est trop de bonheur! murmura Edmond en se laissant glisser aux genoux de la comtesse.

Madame de Bussières le regarda avec une expression de tendresse indicible.

— J'ai encore quelque chose à vous dire, reprit-elle. Vous devez tout savoir. Revenez vous asseoir près de moi.

Il obéit.

— Là, vous êtes bien ainsi, tout près de moi, comme tout à l'heure, vos yeux fixés sur les miens. Cher enfant, je ne me lasse pas de vous regarder; c'est pour mon cœur une joie sans pareille, une ivresse infinie, un bonheur que je n'ai jamais connu! C'est aujourd'hui seulement que je suis mère, ajouta-t-elle en pleurant.

Edmond l'entoura de ses bras.

— Je vous aime, ma mère, dit-il en l'embrassant; je vous aime!

— Oui, vous m'aimez, je le sens aux battements de mon cœur, au ravissement de mon âme; vous aimerez votre père aussi, vous nous aimerez tous les deux; près de vous, nous oublierons peut-être le terrible passé. Edmond, vous êtes notre dernier et unique espoir!

— Je ne serai pas ingrat, je vous le jure! Je ne ferai jamais assez pour me montrer digne de vos bienfaits.

— Edmond, c'est nous qui vous devons de la reconnaissance.

« Maintenant, continua-t-elle, écoutez-moi : c'est M. Dumoulin qui, chargé par le comte de Bussières de faire des recherches sur le crime de Frémicourt, a découvert que Jean Renaud était innocent; c'est encore par M. Dumoulin que le comte a appris ce que nous savons de l'histoire de votre malheureuse mère. Vous l'avez deviné, Edmond, votre mère a fait une faute; elle aimait... Il y a des pères qui pardonnent; le sien fut sans pitié. La colère et ce sentiment funeste qui met au cœur de l'homme la haine et le désir de la vengeance ont armé son bras; il a tué l'amant de sa fille! Le lendemain, la pauvre Lucile, folle de douleur et de désespoir, s'est sauvée de la maison paternelle. Où est-elle allée? Nul ne le sait. C'est bien loin, sans doute, entourée d'étrangers, qu'elle vous a mis au monde.

« Edmond, le meurtrier de votre père est votre père aussi; nous ne pouvons pas lui demander compte de son crime.

— C'est vrai, dit-il sourdement.

Et il poussa un long gémissement.

— Il ne me reste plus qu'à vous dire le nom de famille de votre mère, ajouta la comtesse; elle se nommait Lucile Mellier!

— Mellier, Mellier! exclama le jeune homme d'une voix frémissante; ah! maintenant, je comprends, je comprends tout!...

Et il laissa tomber sa tête dans ses mains.

La comtesse leva vers le ciel ses mains tremblantes.

— Mon Dieu, dit-elle, vous êtes juste, vous êtes bon, vous êtes grand! Faites descendre un de vos regards jusqu'à nous; acceptez toutes les douleurs de ma vie pour l'expiation des coupables, et donnez le bonheur aux enfants de ceux qui ont tant souffert!

FIN DE LA TROISIÈME PARTIE

QUATRIÈME PARTIE

LES MYSTÈRES DU SEUILLON

I

ROUVENAT VEUT ENRICHIR MARDOCHÉ.

Blanche était triste, Blanche souffrait.

Sa tête gracieuse se penchait languissante comme la corolle d'une fleur qui s'incline prête à s'effeuiller. Sa gaieté, ses joies, ses beaux rêves avaient pris leur volée ainsi qu'un essaim d'abeilles au premier coup de tonnerre qui annonce l'orage.

On lisait sa douleur dans ses yeux dont la douce clarté s'était éteinte, et sur ses lèvres décolorées, lorsque parfois, voulant rassurer son parrain, elle s'efforçait de trouver un pâle sourire.

Blanche pleurait souvent, et sur les roses de ses joues la neige était tombée.

Rouvenat l'entourait d'une sollicitude inquiète. Mais ni les bonnes paroles de Jacques Mellier, ni la tendresse touchante de son parrain ne pouvaient la consoler.

La révélation brutale de François Parisel l'avait frappée au cœur. Toutefois le souvenir d'Edmond était aussi pour beaucoup dans ses sombres tristesses. Le ressort de sa vie s'était brisé, elle se voyait condamnée à une douleur sans fin ; elle n'avait plus rien à attendre, plus rien à espérer.

Une première illusion perdue, un premier rêve de bonheur détruit causent toujours un effroyable désenchantement.

La première fois que Rouvenat la vit, marchant à pas lents, les bras pendants à ses côtés, le front courbé vers la terre, regardant tristement les fleurs qu'elle aimait tant et qu'elle ne cueillait plus, il se sentit bouleversé jusqu'au fond des entrailles.

— C'est grave, grommela-t-il entre ses dents, c'est très-grave !

Et il se sauva dans les champs et se mit à courir comme un fou le long des haies.

— C'est ma faute, s'écria-t-il, c'est ma faute ! J'avais juré de veiller sur elle, de la protéger, de la défendre, et je n'ai rien fait... Elle pleure, elle est malheureuse... Ah ! je suis un misérable !

Ses doigts se crispèrent sur sa poitrine nue et ses ongles labourèrent sa chair.

Le pauvre homme était désespéré.

— Que faire? reprit-il en pressant dans ses mains son front ruisselant de sueur, que faire?... Oh ! ce Parisel, l'infâme ! Et l'autre, que j'ai éloigné !... Elle l'aime, je le vois bien maintenant; mon Dieu ! mon Dieu ! elle en mourra ! Tonnerre ! hurla-t-il avec une énergie sauvage, si elle tombe malade, on me portera le lendemain au cimetière ; il y a assez de pierres sur le chemin pour me broyer la tête. Un gueux comme moi n'a pas besoin de vivre !

Quand il rentra à la ferme, il trouva la jeune fille dans la cour, jetant des graines à une couvée de poulets. Il la prit dans ses bras et la serra fiévreusement contre son cœur en couvrant son front de baisers.

— Tu m'aimes trop, lui dit-elle, tu m'aimes trop !

— Non, je ne t'aime pas assez, puisque je n'ai pas su te rendre heureuse.

— Mais, au contraire, tu as tout fait pour moi, répliqua-t-elle vivement. D'ailleurs je suis aussi heureuse qu'il m'est possible de l'être.

— Non, non, fit-il en secouant tristement la tête, tu n'es plus comme autrefois, tu as perdu ta gaieté, tes joues ont pâli, tu ne ris plus ; tu souffres, tu pleures... Tiens, en ce moment même, je vois des larmes dans tes yeux.

— Mais ce n'est pas ta faute, s'écria-t-elle, ce n'est pas ta faute ! Voyons, parrain, sachant ce que je sais, est-ce que je puis être gaie ? Cela me fait du bien de pleurer ! Si j'étais joyeuse, si je chantais comme autrefois, je m'en voudrais, et toi, parrain, tu dirais que je n'ai pas de cœur... je pense à mon malheureux père et à ma mère qui dort pour toujours dans le cimetière de Civry.

— Blanche, est-ce bien à eux, à eux seuls que tu penses?

— Tu veux savoir la vérité : eh bien ! je sens que j'aurais été heureuse de me marier et fière d'aimer... C'est si bon d'échanger ses pensées, de se dévouer, de marcher à deux dans la vie, la main dans la main, ou de s'appuyer, confiante, sur le bras d'un ami dont vous sentez le cœur battre à l'unisson du vôtre! Mais, quand ces folles idées me viennent, je les repousse de toutes mes forces; je veux, je dois ne penser qu'au malheur de mon père!... A toi aussi, parrain, que j'aime de tout mon cœur... Oui, pour une pauvre fille comme moi, que le moindre choc peut briser, il est doux de s'appuyer comme je le fais maintenant sur le bras d'un ami! Ah! parrain, si tu mourais, que deviendrait ta pauvre Blanche?

Rouvenat tressaillit.

— N'aie pas cette crainte, dit-il; je suis plein de santé et je n'ai nulle envie de te quitter avant d'avoir rempli ma mission jusqu'au bout. Seulement, vois-tu, je ne veux pas que tu pleures, je ne puis me faire à cette idée que ma Blanche peut souffrir. Ah! c'est ton rire joyeux, c'est le bonheur de tes jeunes années que je voudrais te rendre!

— Cela reviendra peut-être, répondit-elle tristement, si, comme on le dit, avec le temps tout s'oublie.

— Dis donc, Blanche, reprit Rouvenat jugeant utile de changer la conversation, il me semble que ton ami, le vieux Mardoche, te néglige un peu. C'est aujourd'hui, si je ne me trompe pas, le quatrième jour qu'il n'est pas venu au Seuillon. Serait-il devenu riche?

— Je l'ai vu hier.

— Ici?

— Non, je l'ai rencontré à Civry.

— C'est vrai, tu es allée hier à Civry.

— Porter une couronne sur la tombe de ma mère. C'est singulier, parrain: la personne inconnue qui entretient la tombe de fleurs avait encore apporté deux énormes bouquets le matin même, car les pétales des fleurs étaient couverts de la rosée de la nuit.

— Oui, c'est surprenant, dit Rouvenat songeur; j'ai beau chercher, je ne devine pas qui peut avoir gardé ainsi le souvenir de Geneviève. Enfin, qu'importe!

— C'est égal, parrain, je voudrais bien connaître cette personne pour la remercier.

— Je m'informerai à Civry, on me dira son nom. Mais revenons à Mardoche; j'ai besoin de le voir, je voudrais causer avec lui. T'a-t-il dit pourquoi il n'est pas venu au Seuillon?

— Il a fait, paraît-il, une longue tournée du côté de Saint-Irun.

Jean Renaud, mon cher Jean Renaud, que je t'embrasse encore! (Page 442.)

— C'est absurde, dit Rouvenat mécontent ; il n'a pas besoin de courir les chemins, du moment qu'il est sûr de trouver à la ferme, près de toi, Blanche, tout ce qui lui est nécessaire.

— C'est ce que je lui ai dit.

— Enfin, quand viendra-t-il?

— Ces jours-ci

— Ces jours-ci, ces jours-ci, c'est vague. S'il n'est pas venu aujourd'hui à deux heures, je monterai jusqu'à ses roches; il faut absolument que je le voie.

— Parrain, pourquoi tiens-tu donc tant à causer avec Mardoche?

— Blanche, ces jours derniers, Mardoche m'a rendu un grand service, et, puisqu'il faut tout te dire, il m'a sauvé la vie; je veux le remercier.

— Mardoche ne m'a pas parlé de cela. Que t'est-il donc arrivé?

— Un accident... je te dirai cela plus tard. Ah! Mardoche est décidément un homme bien étrange; il espère sans doute, en cessant de venir au Seuillon, se soustraire à ma reconnaissance. Mais il se trompe : Rouvenat sait se souvenir, Rouvenat n'oublie jamais. Je ne veux plus qu'il mendie! Chaque fois qu'il venait au Seuillon et que je le voyais, sa besace sur le dos, j'éprouvais une sensation douloureuse; il me semblait que quelque chose se déchirait en moi. De gré ou de force, je lui ferai accepter une petite rente qui le mettra à l'abri du besoin pour le reste de ses jours. Et puis, j'ai encore une idée : les maçons, Blanche, sont depuis ce matin sur la masure de Jean Renaud; quand ta maison sera rebâtie, ma mignonne, je la ferai meubler, et comme il lui faudra un locataire, j'ai pensé que Mardoche serait là très-bien. Que dis-tu de cela?

La jeune fille lui sauta au cou.

— Il n'y a que toi pour avoir de ces bonnes idées, dit-elle.

— Ainsi tu m'approuves?

— Oui, parrain, oui, et si Mardoche fait des difficultés, tu lui diras : Blanche le veut!

Ce n'était point, comme le pensait Rouvenat, pour se soustraire aux témoignages de sa reconnaissance que Mardoche s'était abstenu de venir au Seuillon. Le vieillard ne pensait déjà plus au service qu'il avait eu le bonheur de rendre au parrain de Blanche en le retirant du puits; son esprit et sa pensée avaient des préoccupations autrement sérieuses. Il n'était pas venu à la ferme uniquement dans la crainte de se trahir. Il sentait que, maintenant, un mot, un regard, une larme de sa fille, pouvait amener une explosion entre lui et Rouvenat.

Ah! s'il n'y avait eu que Blanche et Edmond, il n'aurait pas été embarrassé pour agir; mais Jacques Mellier se dressait fatalement devant lui. Il était dans une impasse : impossible d'avancer.

— Comment faire? comment faire? se demandait-il le cœur plein d'angoisses.

Il était désolé de son impuissance.

Comme il l'avait dit à Blanche le matin, Rouvenat, ne voyant pas venir Mardoche, se décida à aller le trouver.

Il le surprit, debout devant les roches, dans une attitude pensive et le regard plongé dans la vallée.

— Tiens! c'est monsieur Rouvenat! fit Mardoche sans chercher à cacher son étonnement.

— Bonjour, Mardoche! dit Rouvenat d'un ton amical, je vois à votre air que vous ne vous attendiez pas à recevoir ma visite.

— C'est vrai, monsieur Rouvenat. Est-ce donc le pauvre Mardoche que vous venez voir?

— Si je vous dérange, c'est votre faute ; voyant que vous oubliiez le chemin de la ferme, j'ai pris, moi, celui des roches.

— Soyez le bienvenu dans mon domaine, monsieur Rouvenat, et dites-moi ce que Mardoche peut faire pour vous être agréable.

— D'abord, dit Rouvenat en lui tendant la main, touchez là, Mardoche, c'est la main d'un ami. Pourquoi ne vous a-t-on pas vu au Seuillon depuis quatre jours? Est-ce parce que, ayant fait une bonne action, vous ne vouliez pas en être remercié? Mardoche, en me retirant du puits, vous ne m'avez pas sauvé la vie seulement, vous avez conservé à la demoiselle du Seuillon son meilleur ami, son plus sûr protecteur. Ce matin, en causant avec Blanche, je lui ai dit que vous m'aviez sauvé la vie, en me gardant bien, toutefois, de lui raconter comment je suis tombé dans le vieux puits ; je l'aurais inutilement effrayée.

— Oh! quelqu'un vous a bien aidé à y descendre, monsieur Rouvenat? dit Mardoche en souriant.

— Mardoche, vous savez ce qui s'est passé ; vous avez vu?

— Je n'ai rien vu, j'ai deviné. Dimanche dernier, dans le bois d'Artemont, j'ai aperçu les deux Parisel courant à travers les halliers ; ils ont peur des gendarmes.

— Ce sont les parents de mon maître, répliqua Rouvenat ; je ne dirai rien, je ne veux pas les dénoncer ; qu'ils aillent se faire pendre ailleurs!

— Je ne vous blâme pas de penser ainsi, monsieur Rouvenat, reprit Mardoche en secouant la tête ; mais, voyez-vous, il est bon de se garer des méchants en les mettant dans l'impossibilité de nuire ; j'ai bien peur que l'impunité ne les rende plus audacieux encore. Prenez garde, monsieur Rouvenat, et ne vous aventurez pas trop, la nuit, aux alentours de la ferme! Les Parisel n'ont pas quitté le pays ; comme les bêtes fauves, qui ont peur de la lumière du jour, c'est la nuit qu'ils courent les champs, prêts à se jeter sur leur proie.

— Je suivrai votre conseil, Mardoche, je me tiendrai sur mes gardes. Mais nous faisons trop d'honneur à ces gens-là en nous occupant d'eux. Parlons de vous, Mardoche.

— De moi ?

— La vie que vous menez dans ce pays n'est pas gaie, Mardoche.

— C'est vrai, monsieur Rouvenat, mais elle me plaît. J'ai plus de mauvais jours que de bons, sans doute ; mais je sais me rendre heureux ; allez ! pour cela, il me faut bien peu...

— Mendier est si pénible à tout âge !

— Je ne peux plus travailler, monsieur Rouvenat.

— C'est vrai. Mais je ne viens pas vous dire : Il faut travailler et renoncer au métier que vous faites. Mardoche, je veux faire quelque chose pour vous.

— Ah ! Et que voulez-vous faire pour moi, monsieur Rouvenat ?

— Mardoche, je travaille depuis longtemps, j'ai d'assez belles économies, et je puis faire un peu de bien à ceux que j'aime. Je voudrais vous mettre à l'abri du besoin pour toujours, Mardoche ; j'ai parlé de mon intention à Blanche, elle est entièrement de mon avis. Vous ne me refuserez pas une petite rente de six cents francs que je veux vous faire.

Deux grosses larmes roulèrent dans les yeux de Mardoche.

— Et puis, continua Rouvenat, vous ne pouvez pas demeurer toujours au milieu de ces roches, en compagnie des hiboux et des reptiles. En ce moment, je fais bâtir ou plutôt reconstruire une petite maison à Civry, qui appartient à Blanche.

— Ah ! fit Mardoche vivement ému, vous faites rebâtir...

— Oui, dans trois semaines, Mardoche, la maison en question sera prête à vous recevoir, car Blanche a décidé que vous l'habiteriez. Vous ne refuserez pas non plus, j'espère, d'être agréable à votre jeune amie. En attendant, vous aurez une chambre à la ferme. Eh bien ! est-ce entendu ? est-ce convenu ?

— Monsieur Rouvenat, répondit Mardoche d'une voix tremblante, j'accepterai peut-être votre offre et celle de mademoiselle Blanche, mais un peu plus tard.

— Pourquoi pas immédiatement, monsieur Rouvenat ?

— Cela dépendra des événements, monsieur Rouvenat.

— Que voulez-vous dire ?

— Rien. En aidant à vous retirer du puits l'autre soir, je n'ai fait que mon devoir. Vous tenez à me récompenser, je n'ai rien à dire à cela. Vous êtes généreux, monsieur Rouvenat, trop généreux même. Mais il y a une chose que vous ne savez peut-être pas ou que vous avez oubliée : ce n'est pas moi seul qui vous ai sauvé ; nous étions deux...

Rouvenat tressaillit.

— Je dois même vous dire, poursuivit Mardoche, que j'ai beaucoup moins fait en cette circonstance que le brave garçon qui m'accompagnait. Si vous tenez absolument à me récompenser aussi magnifiquement, je me demande ce que vous pourrez faire pour celui qui, au péril de sa vie, est descendu dans le puits afin de vous attacher à la corde.

Rouvenat regarda le mendiant avec effarement.

— Mardoche, dit-il brusquement, vous ne me dites pas toute votre pensée; comment ce jeune homme se trouvait-il avec vous? Il vous a parlé; que vous a-t-il dit?

— Tenez-vous réellement à le savoir?

— Oui, oui, parlez, Mardoche, parlez!

— Eh bien! un jour le hasard l'a amené ici, à l'endroit où nous sommes en ce moment. Il pleurait, il était désespéré. Je voulus savoir pourquoi. Je l'interrogeai. Il m'avoua qu'il aimait mademoiselle Blanche Mellier, et que le parrain de la demoiselle du Seuillon, M. Pierre Rouvenat, lui avait défendu de la revoir, lui avait ordonné de ne plus revenir sur les terres du Seuillon. Je l'ai écouté avec intérêt, je vous dirai même que j'ai pris part à son chagrin... Pauvre garçon! il aime réellement mademoiselle Blanche. Monsieur Rouvenat, voulez-vous que je vous dise? eh bien! je crois qu'il rendrait votre filleule heureuse.

II

JEAN RENAUD REPARAIT.

— Non, non, dit Rouvenat d'une voix altérée, je ne veux pas penser à cela.

— Pourquoi? Vous ne voulez donc pas marier mademoiselle Blanche?

Rouvenat poussa un soupir et ne répondit pas.

— Hier, reprit Mardoche après un moment de silence, j'ai rencontré mademoiselle Blanche à Civry, elle sortait du cimetière; je l'ai trouvée bien changée: ses joues ont pâli, ses yeux n'ont plus d'éclat; elle souffre, monsieur Rouvenat; vous n'êtes pas sans vous en être aperçu...

— Oui, Blanche souffre, je le sais; mais sa douleur a une autre cause que celle que vous supposez.

— C'est possible, monsieur Rouvenat, mais, croyez-moi, le jeune homme dont nous parlons n'est pas étranger à son chagrin.

— Mardoche, vous vous intéressez bien vivement à ce jeune homme?

— C'est vrai; je mentirais en disant le contraire.

— Où demeure-t-il?

— Il logeait à Saint-Irun, chez l'aubergiste Bertaux. Pour remplir la promesse qu'il vous a faite, il a quitté le pays; il est retourné à Paris.

— Il est d'une bonne famille?

— Il n'a pas de famille, répondit Mardoche en branlant la tête.

— Pas de famille! répéta Rouvenat.

— Oui. Il n'a jamais connu son père, et il avait à peine six ans lorsqu'il a eu le malheur de perdre sa mère. Celle-ci, ramassée sur une route par des saltimbanques, engourdie par le froid, mourante, — c'était au mois de décembre, par une nuit de tempête et de neige, — est morte, paraît-il, sans qu'on ait pu savoir ni son nom ni d'où elle venait.

— C'est affreux! murmura Rouvenat.

— Un des saltimbanques a recueilli l'enfant, l'a élevé, l'a fait instruire, en a fait un homme enfin; mais quand le jeune homme l'a interrogé au sujet de sa famille, comme il ne savait rien, il n'a pu lui répondre. Si je ne craignais pas de vous ennuyer, monsieur Rouvenat, je vous dirais ce que je sais de l'histoire de l'orphelin.

— Vous ne m'ennuierez pas, Mardoche; dites. dites!

— Au fait, monsieur Rouvenat, cela peut vous intéresser, fit Mardoche avec un sourire singulier.

— Ce jeune homme m'a sauvé la vie, Mardoche, et si je peux faire quelque chose pour lui...

— Vous verrez.

— Je vous écoute, Mardoche.

— D'après ce qu'il m'a dit, il était venu dans ce pays avec l'espoir de retrouver la famille de sa mère.

— Hein! sa mère était donc de la Franche-Comté?

— Il n'en sait rien. Mais c'est sur la route de Vesoul à Gray que la pauvre femme a été ramassée par les saltimbanques, comme je vous l'ai dit, et que lui-même a été trouvé.

— C'est étrange! dit Rouvenat.

— N'est-ce pas?... Imaginez-vous, monsieur Rouvenat, que l'autre jour, en arrivant à Saint-Irun, il s'est souvenu tout à coup qu'il y était déjà venu dans son enfance, à la vue des deux chiens de pierre de l'auberge, lesquels semblent souhaiter la bienvenue à tous les voyageurs.

« L'aubergiste, en effet, se rappelle très-bien qu'une jeune femme, fort belle, a logé chez lui avec son enfant pendant quelques jours ; il y a de cela treize ou quatorze ans. »

Rouvenat fit un brusque mouvement. Ses yeux brillaient comme deux tisons.

— Continuez, dit-il d'une voix oppressée, continuez !

— Est-ce que cela vous intéresse ? demanda Mardoche avec bonhomie.

— Oui, énormément.

— Voyez comme il est bon d'avoir de la mémoire, monsieur Rouvenat ! un souvenir en amène un autre ; notre jeune homme s'est encore rappelé qu'un homme était venu voir sa mère dans la chambre d'auberge ; que cet individu, dont Bertaux, malheureusement, n'a pu lui dire le nom, l'avait pris sur ses genoux et longuement embrassé.

Saisi d'un trouble extraordinaire, Rouvenat se frappa la poitrine et, chancelant, s'appuya contre un arbre.

— Décidément, continua Mardoche, je vois que ce que je vous raconte vous intéresse de plus en plus.

— Mardoche, le nom du jeune homme, dites-moi vite son nom ! s'écria Rouvenat d'une voix haletante.

— Son nom ! Est-ce que vous ne le savez pas ?

— Je ne le lui ai pas demandé. Mardoche, je vous en prie, dites-moi son nom !

— Il n'a que celui que sa mère lui donnait.

— Edmond, n'est-ce pas, Edmond ? exclama Rouvenat.

— C'est merveilleux ! fit Mardoche jouant la surprise ; vous avez deviné. C'est bien Edmond qu'il se nomme.

Les deux mains appuyées sur son cœur, Rouvenat respira bruyamment. Une joie délirante éclatait dans son regard. Il paraissait transfiguré.

Mardoche souriait, la tête légèrement inclinée.

Il reprit au bout d'un instant :

— Je dois vous dire encore, monsieur Rouvenat, qu'un des saltimbanques, un brave homme du nom de Greluche, celui qui a pris soin de l'enfance de l'orphelin, a trouvé dans un sac de cuir appartenant à la mère douze mille francs en or. Comme vous le voyez, une sorte de providence veillait sur l'enfant. Cette somme permit au pauvre bateleur de le mettre en pension à Dijon d'abord, et plus tard, quand il eut fait sa première communion, dans un collége de Paris. M. Edmond a fait toutes ses classes; il est bachelier, monsieur Rouvenat.

Le vieux paysan ne put se contenir plus longtemps; il éclata en sanglots.

— Mais vous pleurez, monsieur Rouvenat; qu'avez-vous donc? demanda Mardoche.

— Oui, je pleure : c'est drôle, n'est-ce pas? Excusez-moi, Mardoche, je n'ai pas pu me retenir.

— Oh! avec moi, vous n'avez pas besoin de vous gêner, allez!

Et, à son tour, des larmes jaillirent de ses yeux.

— Mardoche, Mardoche, s'écria Rouvenat, vous pleurez aussi!

— C'est vrai, votre émotion m'a gagné.

— Mardoche, reprit Rouvenat, M. Edmond est-il encore à Saint-Irun?

— Il est parti depuis quatre jours, je vous l'ai dit.

Un gémissement sortit de la poitrine de Rouvenat.

— Comment le retrouver maintenant? murmura-t-il.

— Êtes-vous donc contrarié qu'il soit parti, monsieur Rouvenat?

— J'en suis désolé, désespéré, Mardoche.

— Est-ce que vous avez changé d'idée?

— Oui.

— Et c'est ce que je viens de vous dire?...

— Oui, Mardoche, oui, c'est ce que vous venez de me dire qui m'a fait subitement changer d'idée; mais vous ne pouvez savoir, vous ne pouvez pas comprendre....

— Vous vous trompez, monsieur Rouvenat; je sais et je comprends très-bien.

Rouvenat secoua la tête.

— Ce n'est pas possible ! fit-il.

Mardoche se redressa le regard étincelant.

— Monsieur Rouvenat, dit-il d'une voix frémissante, vous venez de reconnaître dans ce jeune homme, qui aime votre filleule, que vous avez repoussé et qui vous a sauvé la vie, celui que vous avez fiancé à mademoiselle Blanche il y a treize ans; vous venez de reconnaître le fils de Lucile Mellier, la fille de votre maître.

Rouvenat eut un mouvement de terreur et regarda Mardoche avec effarement. Puis, soudain, lui saisissant les deux bras :

— Comment savez-vous cela? s'écria-t-il d'une voix étranglée.

Tiens, voilà Jacques qui fait une promenade dans les blés. (Page 448.)

— Je sais d'autres choses encore, répondit Mardoche d'une voix lente et grave; il y a trois hommes sur la terre qui connaissent les mystères du Seuillon : Jacques Mellier, Pierre Rouvenat et un autre.

— Mais qui donc êtes-vous, vous? exclama Rouvenat.

— Regardez-moi. Ah! je suis bien changé puisque vous ne m'avez pas encore reconnu!

Rouvenat poussa un cri rauque, fit trois pas en arrière, puis, s'élançant d'un bond sur Mardoche, il l'entoura de ses bras et le pressa à l'étouffer sur sa large poitrine.

— Jean Renaud, disait-il d'une voix coupée par les sanglots, Jean Renaud, mon cher Jean Renaud, c'est toi, cœur dévoué, pauvre victime, c'est toi que je tiens dans mes bras, toi que j'embrasse! Comment ne t'ai-je pas reconnu tout de suite, la première fois que tu es venu à la ferme?... Je m'explique maintenant la sympathie que j'éprouvais pour le pauvre mendiant... Mais pourquoi ne m'as-tu pas dit : Pierre, c'est moi, je suis Jean Renaud? Ai-je d'assez mauvais yeux! C'est cette longue barbe... Mais je te reconnais maintenant; oui, je retrouve ton bon regard si franc, si loyal. C'est égal, tu es bien changé, ta voix n'est plus la même. Ah! voilà ton sourire d'autrefois! Ah! Jean Renaud, mon cher Jean Renaud, que je t'embrasse encore!

Et les deux vieillards, enlacés dans les bras l'un de l'autre, s'embrassèrent de nouveau avec effusion.

Ils s'assirent sur une large pierre.

— Pour que tu sois changé ainsi, reprit Rouvenat, il faut que tu aies bien souffert; et c'est pour Mellier, pour moi...

— Rouvenat, vous avez largement tenu votre promesse, vous avez élevé ma fille, vous l'aimez, je ne veux plus me souvenir du passé.

— Tu es content, n'est-ce pas? Elle est belle, ta Blanche, notre fille, et douce, et affectueuse, et bonne... Vois-tu, Jean Renaud, il n'y a pas dans le monde une meilleure enfant que ta fille, ma Blanche bien-aimée.

— C'est vrai, Rouvenat, et c'est la récompense que Dieu m'accorde.

— Ainsi tu venais à la ferme et tu ne disais rien!... Ah! tu as bien joué ton rôle de mendiant.

— Je ne suis pas autre chose qu'un mendiant, Rouvenat.

— Allons donc! tu savais bien que, disant un mot, Jacques aurait mis toute sa fortune à ta disposition.

— Je ne voulais pas me faire connaître.

— Pourquoi? Ah! je comprends, tu es obligé de te cacher; tu as voulu revoir la France, Civry, ta fille... Tu t'es évadé de Cayenne. Mais sois tranquille, nous te cacherons, nous te défendrons, personne ne saura que tu es revenu.

— Je n'ai pas peur qu'on me reprenne, répliqua Jean Renaud en souriant; je ne suis plus un forçat, j'ai sur moi des papiers qui me protègent. Un jour, — il y a quelques mois de cela, — le directeur de la colonie pénitentiaire m'a fait appeler et m'a dit : Jean Renaud, vous êtes libre; un personnage puissant s'est intéressé à vous, je viens de recevoir l'ordre de vous mettre en liberté, vous êtes gracié!... Libre, libre! Pierre, vous ne savez pas l'effet que produit ce mot sur un pauvre prisonnier; c'est comme si, le tirant d'une nuit profonde et éternelle, on le mettait tout à coup en pleine lumière, en présence des splendeurs de la création. Libre! c'est le ciel qui s'ouvre, c'est le cœur qui se remet à battre, c'est la pensée qui se réveille, l'espoir qui renaît, la vie qui revient... Être libre, Pierre, c'est une résurrection!

« Je n'ai pas perdu de temps, allez; dès le lendemain, j'ai quitté Cayenne; voilà comment et pourquoi je suis revenu. En arrivant, vous devez vous le rappeler, Rouvenat, je me suis trouvé tout à coup en face de Blanche; je n'avais parlé encore à personne dans le pays. Je ne l'ai pas reconnue, je ne me suis pas même douté que j'avais ma fille devant moi. Comment une pareille idée me serait-elle venue? Je la trouvais si charmante, si belle! Elle me quitta pour vous rejoindre, vous veniez au-devant d'elle, et moi je continuai mon chemin jusqu'à Civry, me réjouissant d'avance de la surprise que j'allais causer à ma pauvre Geneviève. Je trouvai ma maison écroulée. J'interrogeai une vieille femme. Elle m'apprit que Geneviève était au cimetière.

— Et depuis, presque chaque jour, tu pares sa tombe de fleurs nouvelles?

Jean Renaud eut un doux sourire.

— On dit que les morts aiment les fleurs, répondit-il en essuyant une larme.

III

DEVANT LES ROCHES

Rouvenat avait pris une des mains de Jean Renaud et la serrait dans les siennes.

Après un moment de silence, le père de Blanche reprit :

— La vieille femme de Civry m'apprit encore qu'avant de mourir Geneviève avait mis au monde une belle petite fille ; mais elle ne voulut point me dire où je pourrais la voir.

— Pour que Blanche se crût la fille de Mellier, dit Rouvenat, à Civry et à Frémicourt, comme aux environs, j'ai recommandé qu'on gardât le silence : nos paysans, de braves gens tous, dont Blanche est adorée, se sont empressés d'obéir.

— Comme vous devez le penser, Rouvenat, je me suis bien gardé de dire à la vieille femme que j'étais ce brigand, ce scélérat de Jean Renaud, qu'on avait envoyé au bagne pour avoir assassiné un homme près de Frémicourt, et qui avait fait mourir sa femme de chagrin.

— Ah! Jean Renaud! Jean Renaud! fit Rouvenat avec un accent plaintif.

— Ce sont les expressions dont la femme s'est servie en parlant de moi. Mais passons...

« Elle ne crut pas devoir me cacher que la fille de Geneviève s'appelait Blanche et qu'elle était devenue une belle demoiselle. Or la jeune fille que j'avais rencontrée le matin, au bord de la rivière, m'ayant dit qu'elle se nommait Blanche, je fus subitement éclairé. Cette gracieuse enfant qui m'était apparue comme l'ange consolateur, cette fleur du printemps, ce rayon de soleil, cette merveille était ma fille!... Ah! m'écriai-je dans mon ravissement, Jacques Mellier et Pierre Rouvenat ne m'ont pas oublié; ils n'ont pas abandonné l'orpheline, ils ont adopté ma fille!

— Alors, reprit Rouvenat avec émotion, pourquoi n'es-tu pas accouru à la ferme en criant : Je suis Jean Renaud?

— Oui, je pouvais faire cela. Et après, que serait-il arrivé ?

— Tu as raison, dit tristement Rouvenat, je comprends ce qui t'a retenu. Ah! Jean Renaud, je ne saurais dire combien je t'admire; tu es un homme superbe!

— Je ne sais pas si je suis un homme superbe, répliqua doucement Jean Renaud ; mais ce que je sais bien, Rouvenat, c'est que s'il fallait à l'instant même donner ma vie pour le bonheur de ma fille, je n'hésiterais pas !

« Non, non, continua-t-il d'un ton animé, je ne pouvais pas me faire connaître. Blanche se croyait la fille de Jacques Mellier ; elle était tranquille, gaie, heureuse ; et je serais venu lui dire : On te trompe ; c'est moi, Jean Renaud, l'ancien forçat, qui suis ton père! Allons donc! Mais, en faisant cela, j'aurais été un mauvais père, un misérable !... D'ailleurs il eût fallu lui dire aussi que je n'étais pas un assassin, le lui prouver. Moi, accuser Jacques Mellier, quand je me suis laissé condamner pour lui, jamais !

— Noble cœur! murmura Rouvenat.

— J'ai compris autrement mon devoir, poursuivit Jean Renaud. Là-bas, à Cayenne, mes camarades les forçats m'avaient, je ne sais trop pourquoi, surnommé Mardoche ; je résolus de conserver ce nom sous lequel Jean Renaud vieilli, usé, brûlé par le soleil de la Guyane, pouvait se cacher facilement. Et, comme je ne voulais pas mourir de faim, je continuai le métier que j'avais fait en traversant la France à pied pour revenir à Civry. Voilà, Rouvenat, voilà comment Jean Renaud, qu'on appelait autrefois le tueur de loups, est devenu le vieux mendiant Mardoche.

— Et devant ta fille tu ne t'es pas trahi ! Tu n'as pas eu la tentation de la prendre dans tes bras, de la serrer sur ton cœur ?

— Plus d'une fois, Rouvenat.

— Et tu t'es retenu ! Ah ! Jean Renaud, comme tu devais souffrir !

— Non, je la savais heureuse !

— Quel courage ! quel courage ! s'écria Rouvenat.

— Aujourd'hui, reprit Jean Renaud, la situation n'est plus la même : Blanche sait qu'elle n'est pas la fille de Jacques Mellier.

— Qui donc t'a appris cela ?

— Elle. Ce jour-là, Rouvenat, quand elle m'a dit de sa voix adorable que ce n'était pas à elle à juger Jean Renaud, que son devoir était de prier pour lui afin que Dieu le prenne en pitié et lui pardonne, et que s'il revenait un jour elle se jetterait dans ses bras afin de pleurer sur son cœur, je ne fus plus maître de moi ; je la pris dans mes bras et je l'embrassai avec ivresse. C'était la première fois... Oh ! ce baiser, j'en ai encore le parfum sur les lèvres !

— Et tu as gardé le silence ? Et tu ne lui as pas crié : Je suis ton père !

— Oui, j'ai gardé le silence. Ah ! l'épreuve a été cruelle ! Il m'a semblé qu'une main de fer s'enfonçait dans mon cœur... Elle était devant moi, désolée, désespérée, toute en larmes... Un instant, je me suis senti faiblir, j'allais parler ; mais, aussitôt, je me reprochai ma défaillance comme une lâcheté, et je me roidis contre ma douleur, et j'étouffai les sanglots qui me montaient à la gorge. Rouvenat, faillir à mon âge ce serait renier ma vie tout entière, ce serait une honte !

En présence d'une si complète abnégation, de cette grandeur surhumaine, Rouvenat laissa éclater son admiration.

— Jean Renaud, s'écria-t-il avec enthousiasme, Jean Renaud, tu es plus qu'un homme, tu es un dieu !

Jean Renaud secoua la tête.

— Je vous l'ai déjà dit, Rouvenat, je ne veux pas troubler la tranquillité de Jacques Mellier. Le secret de ma force est là.

— C'est bien, c'est bien, dit Rouvenat ; nous reparlerons de cela tout à l'heure ; tu as su te dévouer, nous saurons faire notre devoir. Il faut que Blanche soit heureuse, elle le sera... Ah ! ce jour qui nous éclaire est le plus beau jour de ma vie ! Lucile est morte, sans doute ; mais Edmond, son fils, existe ; il sera le mari de Blanche, c'est mon rêve depuis treize ans, depuis le jour où je l'ai tenu dans mes bras à Saint-Irun, dans une pauvre chambre d'auberge. Le domaine du Seuillon, toute la fortune de Jacques Mellier, est pour Edmond et pour ta fille, Jean Renaud ; c'est la volonté de Jacques.

« C'est à Gray qu'ils se sont rencontrés, et tout de suite ils se sont aimés. Cela devait arriver ainsi. Comme le hasard, non, la Providence, conduit bien les choses ! Jean Renaud, il y a là l'intervention divine ; Dieu veille sur nos chers enfants.

« Et dire qu'il y a quelques jours il était devant moi, que je lui ai parlé, que je n'avais qu'à tendre les bras pour le tenir sur mon cœur, et que rien ne m'a averti !... Aucune voix ne m'a crié : « C'est lui, c'est Edmond, c'est l'enfant que « tu cherches, que tu attends depuis si longtemps !... » Il me disait : J'aime Blanche ! Et moi, brutalement, je lui ai répondu : Vous avez tort, je vous défends de l'aimer ! Et je lui ordonnai de s'éloigner, et je lui ai fait promettre qu'il ne chercherait pas à revoir Blanche, qu'il ne se montrerait plus sur les terres du Seuillon! Ah ! si j'avais su !... Quand je l'ai vu à Saint-Irun, il était jeune ; n'importe ! j'aurais dû le reconnaître... Et pourtant je ressentais pour lui une secrète sympathie ; c'est mon cœur qui parlait ; je n'ai pas compris !...

« Mais il reviendra, n'est-ce pas, Jean Renaud, il reviendra ?

— Je l'espère !

— Tu n'en es donc pas sûr ?

— Rouvenat, pour qu'il revienne, il faut qu'on l'appelle.

— Paris est grand ; où le trouver ?

— Je le sais.

— Tu as son adresse ?

— Oui.

— Ah! tu as été prévoyant ; tu sauves tout !

— Son adresse, la voici, dit Jean Renaud en tirant un papier de sa poche ; il l'a écrite lui-même sur un feuillet de son carnet de poche.

Rouvenat lut l'adresse. La joie éclatait dans son regard, rayonnait sur son front.

— Ah ! s'écria-t-il, je ne lui écrirai pas de venir, j'irai moi-même le chercher. Jean Renaud, après avoir découvert qu'il était le fils de Lucile Mellier, pourquoi ne l'as-tu pas empêché de partir ? Pourquoi n'es-tu pas venu me dire...

— Rouvenat, j'ai été retenu par les mêmes raisons qui m'ont empêché de me faire connaître. Il m'eût fallu lui dire que Blanche n'était pas la fille de Jacques Mellier, lui raconter pourquoi Lucile a quitté le Seuillon. Sachant cela, quand même on aurait voulu la lui cacher, il aurait fini par découvrir la vérité. Voilà ce que je ne voulais pas. Il sait que son père est mort assassiné ; il croit que l'assassin est Jean Renaud ; je n'ai pas voulu, je n'ai pas osé le détromper. Je ne pouvais pas lui dire, à lui, ce que je n'ai pas cru devoir révéler à ma fille.

— C'est vrai, fit Rouvenat. De sorte que si je n'étais pas venu te trouver tu aurais continué à garder le silence ?

— Oui, pendant quelque temps encore. Mais à la fin, voyant souffrir Blanche, je sens que je n'aurais pu me taire.

— Et tu lui aurais tout dit ?

— Non, Rouvenat, non, ce n'est pas moi qui dirai à Blanche que Jean Renaud n'est pas un assassin ; mais je serais allé vous trouver, je vous aurais supplié de ne pas lui cacher plus longtemps la vérité.

« Maintenant, Rouvenat, qu'allez-vous faire ? Vous voyez aussi bien que moi, mieux que moi, les difficultés, le danger de la situation. Aussi longtemps que vous le voudrez, Jean Renaud restera le mendiant Mardoche. J'ai déjà su imposer silence à mon cœur, j'en arrêterai les battements : si vous le jugez nécessaire, pendant quelque temps je cesserai de voir ma fille ; mais, Rouvenat, qu'elle ne souffre pas ; trouvez le moyen de l'empêcher de souffrir ! Vous voulez aller chercher le fils de Lucile, continua-t-il d'une voix oppressée ; prenez garde, Rouvenat, prenez garde !... Si Edmond apprend que Blanche est la fille de Jean Renaud, il sera épouvanté, il aura honte de l'amour qu'elle lui a inspiré ! Alors vous serez forcé de lui dire que Jean Renaud, condamné comme assassin, était innocent, et il vous sera bien difficile de lui cacher le nom du meurtrier de son père. Ce n'est pas tout, Rouvenat : ce que vous aurez révélé au fils de Lucile, il faudra l'apprendre à Blanche. Elle aime Edmond, j'en suis sûr ; comme je vous le disais tout à l'heure, ne croyant plus avoir le droit d'aimer, n'espérant plus pouvoir être heureuse à cause du nom flétri de son père, elle éprouve un violent chagrin auquel son amour pour Edmond n'est pas étranger.

« Soyez-en certain, Rouvenat, tant que Blanche se croira la fille d'un assassin, elle ne retrouvera ni son sourire, ni sa gaieté, ni les fraîches couleurs de ses joues. — « Je ne veux pas, je ne dois pas aimer, m'a-t-elle dit ; quand on « est la fille d'un forçat, on ne se marie pas ! Que M. Edmond ne pense plus à « moi, qu'il m'oublie ! »...

« Une grande douleur peut seule dicter de semblables paroles. Évidemment elle se croit indigne de l'affection d'un honnête homme. C'est affreux, Rouvenat, affreux qu'elle ait cette pensée !

— Oui, mais elle ne la gardera pas longtemps, dit Rouvenat en se levant ; maintenant, partons.

— Pour aller où ?

— Au Seuillon.

— Rouvenat, quelle est votre intention ?

— Jean Renaud, un proverbe dit : « Qui veut la fin veut les moyens. » Je vais voir si je saurai le mettre en pratique. Autrefois, mon cher Jean Renaud, pour Jacques Mellier et pour Lucile j'ai accepté ton dévouement sublime ; après le dévouement, le sacrifice, ce serait trop !... Le mendiant Mardoche n'existe plus.

— Quoi ! vous voulez ?...

— Que Blanche, que notre fille soit heureuse !

— Rouvenat, réfléchissez... Vous avez le droit d'attendre encore un an avant de tenir la promesse que vous m'avez faite dans la prison de Vesoul.

— Si j'attendais seulement à demain, je serais un misérable !

— C'est donc vrai, Rouvenat, vous allez dire à Blanche...

— La vérité.

— Mon Dieu ! mon Dieu ! murmura Jean Renaud les mains tendues vers le ciel.

— Ensuite, reprit Rouvenat, quand Blanche saura ce que tu as fait, quand elle connaîtra son père, je la mettrai dans tes bras.

Jean Renaud se jeta en pleurant au cou de Rouvenat.

Un instant après, les deux hommes descendaient rapidement le sentier rocailleux qui serpente au flanc du coteau.

IV

LES BONNES PAROLES.

Dans la cour du Seuillon, les deux garçons de ferme étaient en train de faire le tranchant de leurs faux sur une petite enclume plantée en terre.

— Nous entrons demain en fenaison, dit Rouvenat à Jean Renaud, mais cela ne m'empêchera pas de me mettre en route pour Paris. On prendra un ou deux faucheurs de plus, et l'ouvrage se fera tout aussi bien sans moi.

« Tiens, continua-t-il, voilà Jacques qui fait un tour de promenade dans ses blés ; cela ne lui arrive pas souvent.

— Jean Renaud, cria-t-il, viens embrasser ta fille! (Page 456.)

— On le voit vieillir, dit Jean Renaud; chaque jour il se courbe un peu plus vers la terre.

— Il court à la tombe, répondit tristement Rouvenat. Le malheureux a été impitoyable pour sa fille; le remords le ronge. Quand je lui ramènerai Edmond dans trois ou quatre jours, il éprouvera une grande joie; mais pour le consoler, pour qu'il trouve l'apaisement, c'est Lucile, c'est sa fille qu'il faudrait lui rendre.

Ils entrèrent dans la maison.

— Où est mademoiselle Blanche ? demanda Rouvenat à la servante.

— Je pense qu'elle est dans sa chambre.

— C'est bien ; merci !

Il fit un signe à Jean Renaud, qui le suivit.

Rouvenat ouvrit la porte de sa chambre et y fit entrer le père de Blanche en lui disant :

— Tu vas m'attendre ici. Ne t'impatiente pas trop ; je serai aussi bref que possible.

— Oh ! ménagez-la ! dit Jean Renaud d'une voix tremblante ; n'allez pas trop vite, ne lui dites pas cela brusquement ; elle est tellement sensible !...

— Sois tranquille, Jean Renaud, Blanche est vaillante ; d'ailleurs, ce n'est pas le bonheur qui tue.

Ils échangèrent une poignée de mains et un regard, puis Rouvenat alla frapper à la porte de Blanche.

— Est-ce toi, parrain ? demanda la jeune fille.

— Oui.

— Tu peux entrer.

Rouvenat ouvrit la porte et la referma derrière lui.

Blanche était assise près de sa fenêtre, ayant entre les mains une tapisserie à laquelle elle travaillait. Rouvenat prit une chaise et s'assit près d'elle.

— Tu as encore pleuré, lui dit-il affectueusement.

— Allons, ne me gronde pas ; je tâcherai d'être plus raisonnable pour ne pas te faire de la peine.

— Te gronder, ce n'est guère mon habitude !

— C'est vrai, parrain. Il me semble que tu as été longtemps absent ; as-tu vu le bon Mardoche ?

— Je l'ai vu ; nous avons même causé longuement ensemble.

— A-t-il accepté ?

— Oui.

— Oh ! je suis bien contente !

— Blanche, sais-tu que je pourrais être jaloux ?

— Jaloux ?

— Tu aimes tellement le vieux Mardoche !...

— C'est vrai, je l'aime beaucoup. Pourquoi cela? Probablement parce qu'il est malheureux. Chaque fois que je le vois, j'éprouve une émotion extraordinaire, que je ne puis définir.

Rouvenat souriait.

— Tu ris, reprit-elle avec mélancolie ; ah ! tu sais bien que je ne peux aimer personne autant que toi. C'est égal, c'est une satisfaction pour moi de savoir que le pauvre Mardoche ne sera plus obligé de mendier. Consent-il aussi à aller demeurer à Civry ?

— Il n'a pas dit non ; mais rien n'est encore décidé ; il peut se faire qu'il reste tout à fait à la ferme.

— Alors je n'ai rien à dire ; tu sais mieux que moi ce qui est le plus convenable.

Les yeux de la jeune fille se fixèrent sur Rouvenat, et elle fut frappée de l'éclat de son regard et de l'expression joyeuse de sa physionomie.

— Comme tu as l'air heureux ! fit-elle ; on voit que tu es enchanté de la visite que tu viens de faire au vieux Mardoche.

— Oui, Blanche, enchanté ; et je me demande si ce mot n'est pas insuffisant pour exprimer la joie qui est en moi.

La jeune fille le regarda avec surprise.

— Je ne suis pas égoïste, reprit-il en souriant ; je veux la partager avec toi.

Un peu de rouge monta au front de Blanche.

Son regard devint curieusement interrogateur.

— Blanche, tu n'es plus une enfant ; aujourd'hui je puis te confier un secret...

— Un secret !

— Oui, un secret important, terrible !

— Mon Dieu ! tu m'effrayes !

— Rassure-toi, mon enfant ! il s'agit de ton avenir, de ton bonheur. Oui, pour que ton âme soit rassérénée, pour que tu éloignes de ta pensée les sombres préoccupations, pour que la paix et l'espoir rentrent dans ton cœur et que le sourire fleurisse de nouveau sur tes lèvres, il faut que tu connaisses ce secret. Prépare-toi à éprouver une joie infinie, la plus grande des félicités ; pour toi comme pour moi, c'est le bonheur complet, inespéré !...

— Que vais-je donc apprendre ? se demanda la jeune fille palpitante d'émotion.

— Maintenant, reprit Rouvenat, écoute !

« Tu sais que Jacques Mellier avait une fille ?

— Oui, Lucile.

— Lucile était la joie et l'orgueil de Jacques. Il avait beaucoup aimé la mère, et toute sa tendresse s'était reportée sur l'enfant, restée orpheline de bonne heure. Mais Lucile fit une faute, elle se laissa séduire par un beau jeune homme de la ville, qui est toujours resté inconnu. Mellier apprit la chose ; sa colère ne fut pas moins grande que sa douleur, et il jura qu'il vengerait le déshonneur de sa fille.

« A cette époque, Blanche, il y avait dans le pays un brave et excellent homme, un cœur comme on en rencontre peu, qui se nommait Jean Renaud.

— Mon père !

— Oui, Blanche, ton père. On l'avait surnommé le Tueur de loups. Jean Renaud, infatigable, intrépide et très-bon tireur, tuait tous les ans plusieurs de ces horribles carnassiers qui font une guerre si cruelle aux troupeaux des cultivateurs et des fermiers. Sans être même obligé de payer un permis de chasse, Jean Renaud pouvait sortir avec son fusil et faire la chasse aux loups n'importe à quelle époque de l'année. Je n'ai pas besoin de te dire qu'il était connu dans tout le canton et au delà, que tout le monde l'estimait, que tout le monde l'aimait.

Les yeux de Blanche se remplirent de larmes. Elle écoutait avec une curiosité anxieuse. Les yeux fixés sur Rouvenat, interrogeant son regard, étudiant les mouvements de sa physionomie, il semblait qu'elle voulût deviner les paroles qui allaient tomber de ses lèvres.

— Il faut te dire, continua Rouvenat, que dans le temps Jacques Mellier avait sauvé la vie à Jean Renaud qui était tombé sous la glace dans l'écluse de Frémicourt. Après cela, bien que l'un fût riche et l'autre pauvre, ils étaient devenus, naturellement, les meilleurs amis du monde. Jean Renaud ne savait comment prouver sa reconnaissance à Jacques Mellier. Jean Renaud tira au sort et devint soldat.

« Quand il revint à Civry, après avoir passé quatorze ans sous les drapeaux, on l'accueillit ici, à la ferme, les bras ouverts. Il retrouva Geneviève, son amoureuse d'autrefois, qui attendait son retour ; mais elle était aussi pauvre que lui, et, faute d'un millier de francs pour se mettre en ménage, ils ne pouvaient pas se marier. Jacques Mellier sut l'embarras de Jean Renaud, il lui donna les mille francs qui lui manquaient pour être heureux, et Jean Renaud épousa Geneviève.

« Tout à l'heure, Blanche, tu sauras comment ton brave père a prouvé sa reconnaissance à Jacques Mellier. Je reviens à Lucile.

« Un jour, son amoureux lui écrivit ; il lui donnait un rendez-vous, à dix heures du soir, au bord de la Sableuse. La lettre tomba dans les mains de Jacques. Rien ne put calmer sa fureur, sa rage. Il lui vint une pensée sinistre.

« Or, dans la soirée de ce même jour, Jean Renaud passa au Seuillon et s'y arrêta un instant. Il avait son fusil. Comme il était déjà tard et qu'il devait aller à Terroise avant de revenir chez lui, à Civry, son fusil ne pouvant que l'embarrasser, il le laissa à la ferme, accroché à la cheminée de la grande salle, à côté de celui de Jacques.

« Un peu avant dix heures, la malheureuse Lucile quitta furtivement sa chambre et sortit de la maison par la petite porte qui ouvre sur le jardin. Jacques la guettait. A son tour, il sortit de sa chambre, prit sans s'en apercevoir le fusil de Jean Renaud au lieu du sien, et s'élança sur les traces de sa fille.

« Le lendemain matin, Blanche, on relevait sur la route, en face du Seuillon, le cadavre de l'amant de Lucile Mellier. »

Blanche ne put retenir un cri.

— Alors, alors ?... fit-elle d'une voix étranglée.

— Alors le juge de paix et les gendarmes de Saint-Irun accoururent à Frémicourt, et après eux les magistrats du parquet de Vesoul. Ils firent une enquête. Jean Renaud était revenu à la ferme le matin et avait repris son fusil dont un coup était déchargé. Comme on l'avait vu la veille portant son fusil en bandoulière et qu'il se trouvait encore à Frémicourt un instant avant le crime, les soupçons se portèrent sur lui.

— Oh ! oh ! oh ! fit la jeune fille sur trois tons différents.

— Les gendarmes se rendirent à Civry et l'arrêtèrent.

— Innocent ! innocent ! exclama Blanche.

— Reste calme, ma mignonne ; je t'ai promis une grande joie. Attends, attends !

« Je ne dis pas toutes les preuves qui s'accumulèrent successivement contre ton père ; j'ai le procès dans ma chambre, tu le liras. Pour ne pas accuser Jacques Mellier, son ami, son bienfaiteur, celui qui, autrefois, lui avait sauvé la vie, il refusa de répondre aux questions des juges ; il ne voulut point prouver son innocence, ce qui lui était si facile. Il s'est laissé condamner, Blanche, condamner aux travaux forcés à perpétuité. Voilà ce qu'a fait ton père, voilà comment il a témoigné sa reconnaissance à Jacques Mellier, voilà son dévouement sublime !... Ah ! tu peux être fière de ton père, Blanche ! Il n'y a pas dans le monde un homme pareil. »

La jeune fille joignit ses mains et tomba sur ses genoux en sanglotant.

— Le jour de sa condamnation, poursuivit Rouvenat, je le vis à Vesoul dans sa prison ; nous avons pleuré dans les bras l'un de l'autre. Alors il me demanda de veiller sur le sort de Geneviève et sur le tien, Blanche, car tu allais venir au monde. Je le lui promis ; je lui fis aussi la promesse solennelle que le jour où tu aurais vingt ans je te dirais la vérité tout entière. Mais un événement heureux pour toi s'est produit, Blanche, et cette vérité, j'ai dû te la dire aujourd'hui.

— Oh! merci, merci pour le bien que tu me fais!

— Ce n'est pas tout, Blanche, j'ai encore des choses meilleures à te dire.

— Je connais le cœur de mon père, je le sais innocent; que peux-tu m'apprendre encore?

— Blanche, aujourd'hui j'ai eu des nouvelles de Jean Renaud.

— Mon père vit toujours! s'écria-t-elle.

— Oui.

Le regard de Blanche eut un rayonnement divin.

— Maintenant, reprit Rouvenat, je dois te parler encore de Lucile Mellier. Le lendemain même de la mort de son amant, après de violentes paroles échangées entre elle et son père, elle s'enfuit du Seuillon. Elle s'en alla bien loin, dans les montagnes du Jura, où elle vécut malheureuse du travail de ses mains. Elle devint mère. Nous ignorions absolument ce qu'elle était devenue, lorsqu'un jour, cinq ans et demi plus tard, elle m'écrivit pour me prier de venir la voir; elle était à Saint-Irun.

« Pauvre Lucile! comme je la trouvai changée! Je voulus la faire revenir au Seuillon; mais tout ce que je pus lui dire fut inutile.

« — Je suis condamnée à souffrir, me répondit-elle; que mon triste sort s'accomplisse! Mon père m'a chassée, je suis une fille maudite!... »

« Sais-tu pourquoi elle était revenue dans le pays? Pour prier une fois sur la tombe du père de son enfant!... Je le vis, ce cher petit, je le pris dans mes bras et je l'embrassai en pleurant. Lucile lui avait donné le nom que portait son père : Edmond.

Blanche fit un mouvement qui n'échappa point à Rouvenat. Il continua :

— Ce jour-là, en regardant le pauvre innocent et en pensant à toi, Blanche, je vous ai fiancés dans mon cœur. Cette idée ne me quitta plus. Plus tard, j'en parlai à Jacques, et il fut convenu entre nous que la fille de Jean Renaud serait un jour la femme du fils de Lucile Mellier. Tu sais maintenant pourquoi tous ceux qui se sont présentés au Seuillon avec l'espoir de t'épouser ont été repoussés.

« Mais plus de treize ans s'étaient écoulés sans que nous eussions rien appris sur le sort de Lucile et de son fils. Toutes les recherches faites pour les retrouver n'avaient eu aucun résultat. Et pourtant nous conservions l'espoir que Lucile reviendrait ou que nous parviendrions à découvrir sa retraite. Hélas! elle est morte, sans doute... Mais aujourd'hui, Blanche, en même temps qu'on me donnait des nouvelles de ton père, on m'a dit où je pourrais retrouver le petit-fils de Jacques Mellier, le seul et unique héritier du domaine du Seuillon.

« Blanche, ce jeune homme que tu as vu à Gray, que tu as revu devant l'église de Frémicourt, que tu as rencontré une troisième fois au bord de la Sableuse ; ce jeune homme que tu aimes, enfin, c'est ton futur mari, c'est Edmond, le fils de Lucile Mellier. »

La jeune fille tourna vers le ciel son visage radieux ; puis elle tomba frissonnante dans les bras de Rouvenat.

Le vieillard posa ses lèvres sur son front rougissant.

V

UNE NOUVELLE FIGURE

Ils restèrent un moment silencieux.

— Ah ! ce que j'éprouve est délicieux ! s'écria Blanche ; il me semble que c'est plus que de la joie, plus que du bonheur !

— Chère mignonne ! Ainsi tu es heureuse ?

— Oui, bien heureuse.

— Maintenant, plus de sombres pensées, plus de tristesse...

Elle eut un charmant sourire.

— Je ne peux pas te promettre cela, fit-elle.

Il la regarda avec inquiétude.

— Je penserai souvent au pauvre prisonnier, ajouta-t-elle d'une voix languissante.

Puis, aussitôt, elle reprit :

— Parrain, qui donc t'a dit tout cela ?

— Qui ? tu ne l'as pas deviné ?

— Mardoche !

— Oui, ton ami Mardoche.

— Ah ! fit-elle, j'ai toujours pensé que quelque grande joie me viendrait par lui ! Il a vu plusieurs fois M. Edmond, continua-t-elle ; ils ont causé, et Mardoche a pu apprendre ainsi qu'il était le fils de Lucile ; mais comment a-t-il eu des nouvelles de mon père ?

— Quand il y a environ deux mois Mardoche est revenu dans ce pays, qu'il a habité autrefois, il arrivait de Cayenne.

— Il a vu mon père? il le connaît? s'écria la jeune fille.

— Oui.

— Que de questions je vais lui faire!

Le moment était venu de dire à Blanche que sous les haillons de Mardoche se cachait Jean Renaud; mais, craignant de causer à l'enfant une émotion trop violente, Rouvenat hésitait à parler.

— Parrain, lui dit Blanche en le regardant fixement, tu as encore quelque chose à me dire, je le vois dans tes yeux.

— C'est vrai, mais je n'ose pas...

— Pourquoi?

— J'ai peur que tu manques de force...

— Ce n'est donc pas une chose heureuse?

— Au contraire.

— Alors tu peux parler : j'ai été forte contre la douleur, je serai forte pour supporter le bonheur.

— Eh bien! Blanche, tu verras ton père.

— Je le verrai, s'écria-t-elle, je le verrai? Quand?

— Bientôt.

Elle porta vivement ses deux mains sur son cœur.

— Il doit donc revenir? demanda-t-elle d'une voix tremblante.

— Blanche, il est revenu.

Elle voulut parler; un sanglot s'échappa de sa gorge serrée.

— Oui, reprit Rouvenat; il est revenu, libre, gracié!...

— Où est-il? s'écria Blanche éperdue. Où est mon père? je veux voir mon père!

Rouvenat courut à la porte de la chambre et l'ouvrit brusquement.

— Jean Renaud, cria-t-il, Jean Renaud, viens embrasser ta fille!

Une autre porte s'ouvrit aussitôt.

Blanche, debout au milieu de sa chambre, les yeux étincelants, le teint animé, le sein palpitant, vit apparaît Mardoche dont le visage lui parut resplendissant

Le vieillard s'avançait les bras tendus.

Deux regards se croisèrent comme deux éclairs et furent suivis de deux cris :

— A mon approche, je vis une ombre noire se dresser devant moi. (Page 471.)

— Ma fille!
— Mon père!

Blanche bondit sur la poitrine de Jean Renaud et se suspendit à son cou. Les bras du père firent un cercle autour de l'enfant.

Quelle délicieuse étreinte!

Mais, soudain, la jeune fille pâlit, ses yeux se fermèrent,

Rouvenat ne s'était pas trompé, l'émotion était trop forte.

Jean Renaud poussa un cri de douleur, enleva sa fille et la porta sur un fauteuil.

Ce n'était, heureusement, qu'un moment de faiblesse. Blanche rouvrit les yeux, les couleurs revinrent à ses joues, et de nouveau ses bras entourèrent le cou de son père agenouillé devant elle.

Alors, au milieu de sanglots, d'exclamations, de petits cris étouffés, retentit un grésillement de baisers.

Rouvenat sortit de la chambre et ferma doucement la porte.

— Voilà déjà deux heureux, se dit-il en descendant rapidement l'escalier ; aux autres, maintenant !

Il trouva le vieux fermier dans la cour, revenant de sa promenade. Il était passé près du vieux puits dans lequel on avait jeté dans la journée quatre ou cinq tombereaux de pierres et de plâtras.

— Tu t'es enfin décidé à faire remplir le puits du berger? dit-il à Rouvenat.

— Ah! tu as vu cela?

— Oui. Où donc prends-tu ces matériaux qu'on amène?

— A Civry. Ce sont des décombres de la maison de Jean Renaud que je fais reconstruire.

— Tu fais reconstruire la maison de Jean Renaud? fit Mellier avec surprise.

— Dans trois semaines elle sera debout telle qu'elle était autrefois.

— Pierre, qu'est-ce que cela signifie? demanda le fermier avec agitation ; est-ce que Blanche songerait à quitter le Seuillon?

— Nullement.

— Alors, pourquoi rebâtir la maison?

— C'est le désir de l'enfant.

— Quelle est donc sa pensée?

— Elle espère que Jean Renaud reviendra.

Mellier secoua tristement la tête.

— Pauvre Blanche! murmura-t-il. Pierre, moi aussi, j'ai eu cet espoir; j'y ai renoncé depuis longtemps, comme je devrai renoncer à celui de voir revenir ma pauvre Lucile... Ah! Dieu me fait boire le calice jusqu'à la lie ; il est sans pitié pour moi !... Je ne me plains pas, Pierre, j'ai mérité mon sort. Mais n'est-ce donc pas assez de punir le coupable? Pourquoi les innocents sont-ils aussi condamnés à souffrir?

« Pierre, tout à l'heure un corbeau traversait la vallée d'un vol lourd ; en passant, juste au-dessus de ma tête, il a fait entendre un croassement plaintif, un seul. Pierre, c'est un présage sinistre !

— Ah çà ! est-ce que tu crois encore à ces bêtises-là ?

— La vieillesse ramène aux superstitions du jeune âge. Enfin, si tu n'admets pas que ce soit un présage, c'est un pressentiment... Pierre, je mourrai avant d'avoir revu ma fille, avant d'avoir posé ma main tremblante sur la tête de son fils.

— Jacques, je ne veux pas que tu aies de ces sombres pensées. Tiens, parlons d'autre chose. Es-tu satisfait de ta promenade ?

— Très-satisfait. Quelle prospérité, quelle richesse ! Je n'ai jamais vu d'aussi beaux blés dans la Combe-des-Fontaines. Je suis entré dans un champ de seigle, il est plus haut que moi, il commence à jaunir, les épis sont superbes. La prairie est de toute beauté, l'herbe est épaisse et grasse, les faux vont bien mordre ; Pierre, demain tes faucheurs s'en donneront à cœur joie ; les femmes manqueront de place pour répandre l'andain.

— Ainsi, tu es content ? dit joyeusement Rouvenat.

— Oui, Pierre, je suis content, content de toi qui as su si bien entretenir et faire prospérer ces terres et ces prairies que mon père en mourant m'a confiées. Vois-tu, la douleur ne m'a pas rendu indifférent aux choses de notre métier. Quand je jette un regard sur cette belle campagne, que je vois cette riche culture, je me sens attendri, et il me monte au cœur des bouffées d'orgueil. Pierre, en dehors de ton dévouement, tu es l'homme du travail : sous tes mains tout fructifie, tu es un grand cultivateur.

— Avec toi pour me conseiller.

— Pierre, depuis quarante ans je te vois à l'œuvre ; tu en sais plus que moi. Hélas ! après toi, en quelles mains le Seuillon tombera-t-il ?

— Jacques, répondit Rouvenat, grâce à Dieu, les hommes qui savent travailler la terre, les bons cultivateurs ne manquent pas dans notre beau pays de France, dont le sol est si fécond et si riche. La France, s'écria-t-il avec un accent plein de patriotisme, la France, pour ceux qui aiment à remuer son sol fertile, pour tous les travailleurs, qu'ils tiennent la charrue, le marteau, le rabot, le compas ou la lime, la France est et restera le premier pays du monde ! Le tonnerre peut gronder et l'orage qui vient du nord passer sur elle comme une trombe, hachant nos moissons, renversant nos maisons, saccageant tout ; le travail, réparateur de tous les désastres, est là... Les enfants de la France se remettent tous à l'œuvre, et, quand reviennent le printemps et les beaux jours, la France s'est déjà relevée, toujours forte, toujours belle, toujours grande, toujours prospère !

« Jacques, ne crains rien, le Seuillon est un petit coin de la France, il gardera sa prospérité.

— Que Dieu le veuille, Pierre, et que ceux qui l'auront se souviennent de toi!

— Jacques, pourquoi parler toujours de moi?

— Je ne peux que cela pour te récompenser.

— Si j'ai droit à une récompense, je l'aurai quand ma tâche sera remplie.

— Tu espères donc toujours, toi?

— Plus que jamais!

— Comme tu viens de dire cela! Il y a de la joie dans ton regard... Pierre, tu as donc appris quelque chose?

— Oui.

Le visage du vieux fermier s'illumina.

— Que sais-tu? demanda-t-il d'une voix émue; parle, Pierre, parle, ne me cache rien!

— Demain, Jacques, avant ton réveil, je serai sur la route de Paris.

— Ma fille est à Paris? s'écria Mellier.

— Elle, je ne sais pas... c'est lui que je vais chercher.

— Son fils?

— Edmond Mellier... Tu le vois, Jacques, le malheur se lasse enfin de t'accabler, tu auras encore des jours de joie...

— Et Lucile?

— J'ai retrouvé son fils, Jacques; pour le moment, ne pensons qu'à lui.

— Oui, tu as raison... Pierre, mets ta main sur mon cœur; sens-tu comme il bat?

— Oui.

— Il y a plus de dix ans qu'il n'a remué. Comme c'est bon, une émotion de plaisir! Ah! je me sens revivre!

Rouvenat pensa qu'il était prudent de ne point parler encore de Jean Renaud à son maître.

— Il saura toujours assez tôt que j'ai tout raconté à Blanche, s'était-il dit.

Le soir, entre lui, Blanche et Jean Renaud, il fut convenu que, jusqu'à nouvel ordre, ce dernier conserverait son nom de Mardoche et continuerait à jouer son rôle de mendiant.

— A mon retour, dit Rouvenat, nous trouverons le moyen de dire la vérité à Mellier, sans qu'il éprouve une trop violente secousse.

Il manifesta le désir que, pendant son absence, qui ne devait être que de trois ou quatre jours, cinq jours au plus, Jean Renaud s'installât dans sa chambre, afin d'être plus près de sa fille.

Jean Renaud ne fut pas de son avis.

— Non, dit-il, ce serait un sujet d'étonnement pour Jacques Mellier et pour les gens de la ferme; il ne faut pas, en provoquant leur curiosité, leur donner le droit de faire des suppositions. Je préfère coucher dans la chambre que Blanche a déjà mise à ma disposition dans la maison du berger.

— Mon cher Jean Renaud, répondit Rouvenat, je te laisse libre; tu feras comme tu voudras.

Le lendemain matin, à trois heures, après avoir embrassé Blanche et donné une poignée de main à Jacques Mellier, Rouvenat montait dans la voiture qui allait le conduire à Saint-Irun, où devait le prendre, à cinq heures, le courrier qui fait le service du canton à Vesoul.

— Reviens bientôt, lui avait dit le vieux fermier; reviens avec mon fils.

Dans la prairie, on entendait déjà le grincement des pierres à aiguiser affilant le tranchant des faux.

A l'heure du déjeuner, les domestiques de la ferme et les gens de journée savaient que Rouvenat était parti pour Paris. Il y avait lieu de s'étonner. Certes, pour que Rouvenat s'éloignât du Seuillon, le premier jour de la fenaison, il fallait qu'une affaire bien importante, bien sérieuse, l'y obligeât.

On s'interrogea toute la journée; on aurait tant voulu savoir ce que Rouvenat allait faire à Paris!

La deuxième servante de la ferme, celle qui était chargée de la laiterie, une grosse rougeaude qui sous une apparence de niaiserie cachait sa fausseté et les plus vils instincts, se montra particulièrement curieuse et ardente à questionner les autres.

Cette fille, dont la laideur physique égalait les imperfections morales, se nommait Gertrude. Elle était depuis un an au Seuillon. Bien qu'il n'eût pas absolument à se louer de ses services, Rouvenat l'avait gardée autant par compassion que parce qu'il détestait le changement.

Or, si Gertrude n'était pas douée de bons sentiments, comme toutes les autres femmes, elle avait des sens.

L'air crâne et les moustaches relevées en crocs du beau François firent sur elle une vive impression. Celui-ci s'en aperçut et trouva qu'une fille de vingt-trois ans, laide et bête, n'était pas à dédaigner et pouvait, en attendant mieux, lui servir de passe-temps. La servante crut tout ce qu'il lui dit et s'imagina sottement qu'elle était aimée. Elle se fit son esclave.

Depuis le renvoi du beau François, ils se voyaient la nuit aux environs de la ferme. Les Parisel étaient instruits par elle de tout ce qui se passait au Seuillon.

Gertrude avait toujours les oreilles et les yeux ouverts et ne se gênait pas pour écouter aux portes. Heureusement, Mellier ne disait presque rien. Quant à Rouvenat, il laissait tomber seulement les paroles qu'il voulait perdre.

Enfin Gertrude était devenue l'espionne du beau François.

VI

LA SOIRÉE

Après une journée splendide, le soleil allait se coucher dans un lit de pourpre et d'or. Il envoyait une dernière caresse, un dernier sourire à la grande et belle nature, et les arbres et les fleurs, prenant une teinte sombre et frissonnant au souffle de la brise, semblaient lui dire bonsoir.

C'était le premier instant du crépuscule, cette douce clarté qui se fond doucement dans la nuit. Déjà quelques étoiles, pressées de se faire voir et de briller à leur tour, se montraient timidement dans l'azur.

A l'est et au midi, la ligne des montagnes noircissait. Des vapeurs blanches, floconneuses, desquelles jaillissaient des lueurs phosphorescentes, ombraient l'horizon.

L'herbe coupée le matin, à demi séchée, avait été mise en petits tas symétriquement alignés. Cette partie de la prairie ressemblait à une immense toile semée de taches noires.

Les oiseaux regagnaient les arbres et les haies ; les scarabées se tapissaient dans la mousse ; les papillons faisaient chacun leur lit dans la corolle d'une fleur.

De tous côtés, on entendait des cris, des voix qui s'appelaient, des éclats de rire, des refrains joyeux. Et, quand les voix humaines se taisaient, l'oreille percevait des rumeurs lointaines : une infinité d'autres voix semblaient réclamer le droit que tous les êtres de la création ont de se faire entendre.

Aux susurrements des insectes se mêlaient les cris monotones des grillons, les *hou, hou, hou* des bufoniformes ou crapauds, dominés eux-mêmes par les coassements insupportables des rainettes et des grenouilles vertes.

Les faucheurs et les faneuses revenaient de la prairie pour prendre à la ferme le repas du soir. C'est une armée de travailleurs. Chacun a son arme ou plutôt son outil : l'homme, sa faux luisante et, accrochée à sa ceinture, une corne dans laquelle la pierre à aiguiser baigne dans l'eau ; la femme, une fourche et un râteau. Les faux furent dressées contre un des murs de la cour et les fourches et les râteaux réunis en faisceaux.

Parmi les femmes, il y en avait de jeunes et même de jolies. N'ayant plus à redouter les rayons trop ardents du soleil, elles avaient la tête et les bras nus, le cou découvert et les cheveux plus ou moins en désordre. La gorge et les épaules se dessinaient nettement sous la chemise. Des souliers légers très-découverts chaussaient leurs pieds. Leur vêtement se composait uniquement d'un jupon court à mille raies bleues, violettes ou rouges, qui flottait à la hauteur des mollets sur des bas de couleur également à raies.

Elles avaient le teint animé, les lèvres souriantes, le regard brillant. On voyait ruisseler encore sur leur front la sueur du travail. Elles portaient à leurs bras, suspendus comme un panier dont les brides nouées formaient l'anse, leurs grands chapeaux de paille ornés d'un ruban de la couleur des raies du jupon.

Habillées ainsi, de la même manière, les faneuses du Seuillon, réunies en un seul groupe, offraient à l'œil un tableau d'un effet saisissant.

Les jupons, les chapeaux, les bas, les souliers étaient un cadeau de Pierre Rouvenat. Chaque année, avant l'ouverture des grands travaux de la campagne, il offrait aux femmes qui devaient appartenir au Seuillon pendant les foins, les moissons et les regains, leur costume de travail.

Après le souper, qui fut servi dans la grande salle où une seconde table de vingt couverts avait été dressée, tout le monde se réunit dans la cour, les femmes d'un côté, les hommes de l'autre.

On parlait à voix basse, on chuchotait. Personne n'était pressé de partir. Il est vrai qu'il y avait encore un peu de jour et que Frémicourt n'est pas loin du Seuillon.

Jacques Mellier sortit de la ferme, ayant Blanche à son bras. Ils furent aussitôt entourés, et quarante voix crièrent en même temps :

— Bonsoir, monsieur Mellier ! Bonsoir, mademoiselle Blanche !

Venant du côté de Civry, Jean Renaud, sa besace au côté, son bâton à la main, entrait dans la cour.

— Les braves gens ! murmura-t-il ; ils font fête à ma fille !

Et, lentement, il s'approcha.

— Eh bien ! mes amis, disait Mellier s'adressant à tout le monde, êtes-vous contents de votre journée ?

— Si nous n'étions pas contents, nous serions bien difficiles, répondit le doyen des faucheurs qui travaillait au Seuillon depuis plus de trente ans ; de l'herbe à pleine faux, point roulée, se penchant seulement pour qu'on la coupe plus aisément, et avec cela un soleil!... Demain, monsieur Jacques, vous verrez dans la prairie de beaux tas de foin.

— Allons, c'est très-bien! dit Mellier. Je suis bien aise de vous voir tous de bonne humeur.

— Oh! la gaieté ne manque pas, monsieur Jacques, mais nous serions plus joyeux encore si nous avions avec nous ce soir Pierre Rouvenat.

— Votre ami Pierre, mes enfants, a été obligé de partir ce matin pour une affaire très-importante qui l'appelle à Paris.

— Nous le savons, monsieur Mellier, dit un second faucheur un peu plus hardi que les autres ; seulement il aurait bien pu ne partir que demain.

— Vous aviez donc quelque chose à lui demander ce soir?

— Oui, monsieur Mellier.

— Si le vieux Mellier peut le remplacer, parlez, mes amis!

— Au fait, pourquoi pas?... Eh bien! monsieur Mellier, je vas vous dire : c'est demain la Saint-Pierre, et tous les ans, à pareil jour, après le souper, Rouvenat nous régale.

— Eh! pourquoi ne m'avez-vous pas fait dire cela avant de sortir de table? Rouvenat n'est pas là, mais la cave de Jacques Mellier est toujours ouverte pour la Saint-Pierre. Blanche, va donner des ordres pour qu'on monte des paniers de mon plus vieux bourgogne.

— Vive la Saint-Pierre! Vive Jacques Mellier! cria le faucheur à pleins poumons.

Et, après lui, toutes les voix répétèrent sur tous les tons :

— Vive la Saint-Pierre! Vive Mellier! Vive Rouvenat!

— Rentrez, mes amis, rentrez! reprit le vieux fermier.

Un instant après, hommes et femmes entouraient les tables, sur lesquelles Blanche alerte, souriante, joyeuse, le front rayonnant, mettait elle-même des pots de confitures, de miel, des paquets de biscuits et de massepains.

Jean Renaud était là. Appuyé contre un meuble, il ne perdait pas un des mouvements de sa fille ; il la contemplait avec ravissement, il l'admirait avec ivresse.

Certes, la présence de son père n'était pas étrangère à la joie qui éclatait dans les yeux de la jeune fille. Elle se sentait enveloppée par le fluide du regard paternel.

Il vit l'ombre se rouler et se tordre sur la tombe. (Page 476.)

Les bouteilles ne tardèrent pas à faire leur apparition ; les tables en furent couvertes ; on fit joyeusement sauter les bouchons, et le vieux beaune coula à flots vermeils dans les verres.

Comme Jean Renaud, Jacques Mellier était resté debout. Blanche prit un verre et le tendit au fermier.

— Ma fille, dit Mellier, à Mardoche d'abord ; il ne demandera pas mieux que de trinquer avec ces braves gens et de boire à la santé de Rouvenat.

Blanche porta le verre plein à son père. Il le prit d'une main tremblante.

— Oui, certes, dit-il d'une voix vibrante, je boirai à la santé de M. Pierre Rouvenat, à la vôtre aussi, monsieur Jacques Mellier, et à l'éternelle prospérité du Seuillon, qui occupe tant de bras et donne le bien-être à de nombreuses familles.

— Vieux Mardoche, vous avez bien parlé, approuva le vieux faucheur en levant son verre. Trinquons, camarades, et buvons à la santé de M. Pierre, de M. Mellier, de mademoiselle Blanche et à la prospérité du Seuillon. Vive le Seuillon!

Et au bruit du choc des verres tout le monde répéta :

— Vive la Saint-Pierre! vive le Seuillon!

Une femme se leva.

— Il n'y a pas de fêtes sans chansons, dit-elle ; on assure que mademoiselle Blanche chante comme un vrai rossignol ; beaucoup d'entre nous ne l'ont jamais entendue, et nous serions tous bien heureux si, avec votre permission, monsieur Mellier, elle voulait nous chanter quelque chose.

La jeune fille devint rouge comme une pivoine.

— Blanche, dit Mellier, c'est la fête de ton parrain, nous sommes en famille.

Elle jeta un regard sur Jean Renaud dont les yeux étincelaient de joie. Il semblait lui dire :

— Chante! chante! ce sera pour moi un bonheur de t'entendre.

Alors, sans se faire prier, d'une voix fraîche et suave, avec un charme inexprimable, un sentiment exquis, elle chanta :

> C'est le bon Dieu qui nous donne
> Les caresses du soleil,
> Les raisins aux jours d'automne,
> L'épi d'or, le fruit vermeil.
> Au printemps, quand la verdure
> Se montre dans sa beauté,
> Nous voyons dans la nature
> Les marques de sa bonté.
>
> Quand je vois ces belles choses,
> Sur terre, dans le ciel bleu,
> Moi, j'en reconnais les causes,
> Et voilà pourquoi j'aime le bon Dieu.
>
> Chaque goutte de rosée,
> Sur la terre est un grain d'or,
> Et sur la fleur irisée,
> Le matin, brille un trésor.
> C'est Dieu qui dit aux étoiles
> De scintiller dans les cieux ;
> C'est lui qui conduit les voiles
> Des marins aux pays bleus.

> Quand je vois ces belles choses
> Sur terre, dans le ciel bleu,
> Moi, j'en reconnais les causes,
> Et voilà pourquoi j'aime le bon Dieu.
>
> C'est Dieu qui dans les feuillages
> Des oiseaux cache les nids ;
> Il éloigne les orages
> De nos champs de blé jaunis.
> En élevant sa prière,
> Le pauvre peut lui parler ;
> Quand Dieu regarde la terre,
> C'est toujours pour consoler.
>
> Quand je vois ces belles choses,
> Sur terre, dans le ciel bleu,
> Moi, j'en reconnais les causes,
> Et voilà pourquoi j'aime le bon Dieu.

Des applaudissements et des exclamations remercièrent la jeune fille de sa complaisance et du moment de plaisir qu'elle venait de procurer.

— Êtes-vous content, mon père? demanda-t-elle à Mellier.

— Tu as chanté comme un ange, répondit le vieillard.

Puis, tout bas, Blanche dit à Jean Renaud :

— C'est pour toi que j'ai chanté.

Le regard plein d'ivresse de l'heureux père la remercia.

— On dirait que mademoiselle Blanche a une flûte dans le gosier, disait un homme affligé d'un formidable enrouement.

— Mademoiselle Blanche chante comme à l'Opéra de Paris, amplifia une paysanne qui avait sur ses compagnes l'avantage d'avoir vu la capitale de la France.

La mère d'une jeune fille blonde voulut faire admirer la voix de sa fille. La mère d'une jeune fille brune en fit autant. Ensuite un jeune faucheur chanta d'une voix assez agréable une vieille chanson rustique.

Plus d'une heure s'écoula ainsi très-agréablement.

On versa le contenu des dernières bouteilles, on trinqua une dernière fois et on vida les verres.

Alors le doyen se leva et donna le signal du départ. Hommes et femmes sortirent de la maison, Jean Renaud le dernier. Comme il mettait le pied sur le seuil, il sentit la main de Blanche presser la sienne.

— Je penserai à toi toute la nuit, murmura la jeune fille à son oreille.

Il tourna lentement la tête et sa bouche effleura le front de l'enfant.

VII

LE FANTÔME

La nuit était venue. Le firmament, magnifiquement étoilé, lumineux, resplendissait de rayonnements sans nombre. L'air s'imprégnait de pénétrantes odeurs. La lune répandait sur l'agreste paysage une douce clarté.

Les travailleurs, réunis pêle-mêle au milieu de la cour, se disposaient à partir.

Tout à coup une chouette, à la poursuite de quelque oiseau, fit entendre un cri lugubre.

Les femmes se serrèrent les unes contre les autres en frissonnant.

— Eh bien! qu'est-ce qui vous prend? fit un homme en riant.

— Vous n'avez donc pas entendu?

— Quoi? le chat-huant qui jette son cri?

— Oh! si j'étais seule, dit une grosse paysanne qui tremblait de tous ses membres, je n'oserais jamais retourner à Frémicourt!

— Ma pauvre Clarisse, tu n'es guère vaillante.

— Moi, je suis comme elle, dit une autre paysanne, la mère de la jeune fille blonde; je mourrais de frayeur seulement en pensant que le fantôme pourrait se dresser devant moi.

— Vous me faites rire avec votre fantôme, répliqua un homme; depuis quelque temps, je n'entends parler que du revenant. Est-ce qu'il y a des fantômes?

— Quant à cela, c'est certain.

— J'y croirai quand les coqs pondront des œufs.

— Tu ne crois à rien, toi. Mais demande au père Martin le pêcheur; il l'a vu, lui.

— Le fils Mathieu l'a vu aussi.

— Mâtin! fit le faucheur incrédule, je serais bien aise de me trouver face à face avec lui.

— D'un souffle, le fantôme te jetterait par terre, et tu aurais attrapé la jaunisse pour toute l'année.

— Et où le rencontre-t-on, ce fantôme?

— Au fond de la rivière, du côté de la passerelle du trou Merlin. Il paraît qu'il y a longtemps, longtemps, qu'il hante la vallée. Il passe devant vos yeux comme un éclair et il laisse derrière lui une longue traînée d'étincelles. D'ailleurs il ne marche pas, il vole.

— Votre fantôme est tout simplement un feu follet.

— Le feu follet n'a pas des bras, des jambes, une tête. Le père Martin m'a affirmé qu'il était passé si près de lui qu'il aurait pu le saisir sans quelque chose qui a subitement engourdi ses bras.

— Il a eu peur, voilà tout.

— Soit, il a eu peur; mais cela prouve encore qu'il a vu et entendu le fantôme.

— Vous allez voir qu'ils ont causé et même péché ensemble, dit le faucheur en riant.

La femme haussa les épaules.

— Pour te rendre plus crédule, reprit-elle, je voudrais que le revenant, qui hante la vallée toutes les nuits, t'administrât une bonne correction.

— Je ne me laisserais pas battre si facilement.

— Tu as beau être fort, mon cher, on ne lutte pas contre un être surnaturel. Tu as de bons bras, des poignets solides; eh bien! le fantôme te les briserait comme un fétu de paille.

— Voilà un terrible fantôme, dit-il.

Et il se mit à rire aux éclats.

— Quand l'ombre a passé, reprit la paysanne en s'adressant plus directement à ses compagnes qui l'écoutaient avec une émotion croissante, on entend des cris, des sanglots, et, de tous les côtés, dans le val, de longs gémissements.

— Est-il grand, le fantôme? demanda une voix.

— Comme un peuplier.

— Bigre! on peut le voir; et comme tous les fantômes sont blancs...

— Celui du trou Merlin est noir.

— Noir! Mais, alors, c'est le diable!

Il y eut parmi les femmes quelques cris d'épouvante.

— Il n'y a pas à avoir peur, le diable se sauve dès qu'on fait le signe de la croix.

— Décidément, dit un autre, je commence à croire au fantôme.

— Vous n'avez qu'à vous trouver à minuit sur la passerelle, vous le verrez.

— C'est tentant; mais j'aime encore mieux dormir tranquillement dans mon lit. Ainsi, c'est à minuit que le fantôme se montre ?

— Au dernier coup de minuit.

— C'est l'heure des revenants et des vampires, l'heure où les sorcières se rendent au sabbat à cheval sur un manche à balai.

— Ou dans une petite carriole traînée par douze poules noires.

— Dites donc ! le fantôme en question est peut-être un vampire.

— C'est bien possible.

— Qu'est-ce que c'est qu'un vampire? demanda curieusement la jeune fille blonde.

— Le vampire, ma belle, répondit le doyen, est un monstre, ni homme ni femme, qui ne se nourrit que de sang humain. On le tue, il ressuscite ; on le met dans un cercueil, on l'enterre ; la nuit, il ouvre sa tombe, sort de son linceul et s'en va courir à travers la campagne, ou bien il rôde au clair de lune autour des maisons. Alors, malheur à la jeune fille qu'il rencontre ! il se jette sur elle, l'étreint dans ses bras de glace, l'emporte dans son tombeau, et, pour assouvir sa soif toujours renaissante, il suce tout son sang. Il choisit toujours sa proie parmi les plus jolies, les plus jeunes, et on a remarqué qu'il préférait les blondes.

— Quelle horreur! exclama la jeune fille qui sentit ses cheveux se hérisser sur sa tête.

Un faucheur qui avait écouté attentivement, sans rien dire, prit la parole à son tour.

— Je ne crois guère aux fantômes et aux revenants, dit-il d'un ton grave, et encore moins aux sorcières et aux vampires ; mais ce qu'il y a de certain, et je peux en parler, puisque je l'ai vu, c'est qu'un être extraordinaire, homme, ou femme, ou démon, erre la nuit au bord de la Sableuse comme une âme en peine.

« Il y a trois ans de cela, le jour de la Saint-Jean-Baptiste, vers onze heures de la nuit, je pêchais à l'épervier dans la Sableuse. J'allais le lendemain à la noce de mon cousin d'Artemont, et je désirais emporter quelques-unes de nos excellentes truites. Vous savez tous que pour pêcher, la truite surtout, il faut faire le moins de bruit possible, sans cela, elle n'attend pas que le filet soit lancé sur elle. Je marchais doucement le long de la rivière, lorsque soudain, non loin de moi, j'entendis des plaintes et des gémissements. Je pensai qu'il y avait là, dans le pré, quelqu'un à secourir. Je me dirigeai du côté d'où venaient les gémissements.

« A mon approche, je vis une ombre noire se dresser, comme si elle fût sortie tout à coup des entrailles de la terre. « Qui êtes-vous ? » criai-je. Alors, au lieu de me répondre, l'ombre, bondissant, fila avec une vitesse prodigieuse. Je me mis à sa poursuite ; elle passait comme le vent à travers les arbres. A un moment, je fus sur le point de l'atteindre ; j'étais assez près d'elle pour entendre son souffle haletant et voir de longs cheveux flottant sur ses épaules ; mais elle s'effaça comme une apparition, avec une telle rapidité que je ne pus voir si elle était passée à droite ou à gauche.

« Voilà ce que j'ai vu, à pareille époque, il y a trois ans, puisque c'était, comme je vous l'ai dit, le jour de la Saint-Jean.

— C'est le jour de la Saint-Jean, il y a de cela juste dix-neuf ans et quatre jours, qu'un homme a été assassiné sur la route de Civry par Jean Renaud, le tueur de loups, dit le vieux faucheur. Je me souviens de cela comme si c'était d'hier ; mâtin ! ça a-t-il fait un bruit dans le canton de Saint-Irun !

« D'ailleurs, continua-t-il, s'il ne faut pas croire tout ce qu'on raconte à propos des apparitions du fantôme du trou Merlin, il faut bien admettre cependant qu'il y a quelque chose de vrai. Ce n'est pas depuis huit jours, depuis quinze jours, depuis un mois, que la vallée est hantée. Voilà Bertrand qui a vu l'apparition il y a trois ans, le jour de la Saint-Jean. Eh bien ! je l'ai vue aussi, moi, il y a cinq ans de cela, peut-être six ans ; et voyez comme c'est étrange, c'était aussi le propre jour de la Saint-Jean. Du reste, mes enfants, poursuivit-il, on disait déjà, il y a une douzaine d'années, que toutes les nuits on entendait des plaintes et des gémissements qui semblaient sortir du trou Merlin. Comme vous le voyez, il y a longtemps qu'on a parlé pour la première fois, à Frémicourt, du fameux fantôme de la Sableuse.

— Alors il n'y a plus à en douter, reprit la grosse paysanne peureuse, c'est bien un revenant ; c'est l'âme de l'homme assassiné, qui vient, chaque année à la Saint-Jean, réclamer des prières.

— Vous lui ferez dire des messes, répliqua en ricanant le faucheur sceptique.

— Je crois que nous avons assez parlé de fantôme, de revenant et de vampire comme ça, pour empêcher ces petites filles de dormir, reprit le vieux faucheur. Dix heures ne tarderont pas à sonner à la paroisse ; mon avis est que nous allions tous nous coucher, attendu que demain, à trois heures, il fera jour. Laissons les fantômes courir la nuit dans la vallée ; ils n'ont que cela à faire. Nous, nous avons à nous reposer. C'est afin que les travailleurs puissent se délasser et dormir que le bon Dieu a fait la nuit.

Ils s'en allèrent.

La chambre de Blanche était encore éclairée ; mais, depuis un instant, l'obscurité s'était faite dans celle de Jacques Mellier. Les garçons de ferme ayant visité les écuries songèrent à leur tour à aller se coucher.

Jean Renaud resta seul dans la cour, assis sur un banc de pierre.

Il paraissait absorbé dans une profonde méditation.

Il avait écouté avec le plus vif intérêt, et sans en perdre un mot, la conversation des gens de journée. Évidemment il y avait du vrai dans ce qu'il venait d'entendre. N'était-il pas étrange que les apparitions eussent lieu à l'époque de la Saint-Jean, anniversaire de l'assassinat? Pourquoi ce jour-là plutôt qu'un autre?

Jean Renaud s'était souvenu de cette femme échevelée, qu'il n'avait fait qu'entrevoir, et dont les cris : « Au secours! » l'avaient si heureusement attiré du côté du vieux puits dans lequel Rouvenat venait d'être précipité.

Ne s'était-elle pas montrée à lui et à Edmond comme une véritable apparition? Ils avaient eu à peine le temps de la voir passer. Glissant comme une ombre, elle s'était aussitôt fondue dans la nuit. Il n'en pouvait douter, cette femme était le fantôme dont s'occupaient les gens de Frémicourt.

— On se plaît à tout exagérer, disait-il; en passant de bouche en bouche, les faits les plus plus simples, les plus ordinaires, sont toujours dénaturés et prennent peu à peu des proportions énormes. C'est l'imagination des gens qui crée les fantômes.

Il avait raison. L'ennemi le plus cruel des peureux et des esprits faibles est leur imagination; celle-ci change la forme des objets et les montre comme à travers les verres d'un télescope. Le roseau devient un chêne ; on voit un éléphant dans une souris.

Ce qu'on racontait des apparitions du trou Merlin avait, d'ailleurs, un caractère fantastique et surnaturel qui ne pouvait manquer d'impressionner vivement de braves gens pour qui les vieilles croyances sont encore une religion, et qui conservent avec une sorte de respect les superstitions de leurs pères.

Après avoir réfléchi un instant, Jean Renaud fut convaincu qu'il y avait dans le fait de ces apparitions étranges un mystère qui méritait d'être éclairci.

— Il faut que je sache à quoi m'en tenir, murmura-t-il en se levant; si le fantôme se montre cette nuit au bord de la Sableuse, je le verrai.

Il sortit de la cour de la ferme et s'engagea sur le chemin qui mène à la rivière. Il la traversa sur la passerelle et fit une centaine de pas en remontant vers Frémicourt. Il se trouvait en face de cette fosse ronde très-profonde que les habitants du pays appellent le trou Merlin.

Il choisit l'endroit le plus sombre et se coucha tout au bord de l'eau dans une touffe d'osier blanc. De là sa vue, passant sous les branches pendantes des

LA FILLE MAUDITE

— Je rencontrai le vieux Fremy, l'aveugle de Sueure. (Page 486.)

vieux saules, pouvait s'étendre à une assez grande distance et découvrait la passerelle éclairée par la lune.

— Allons, se dit-il, je suis parfaitement bien installé. Si, comme j'ai quelque raison de le supposer, le soi-disant fantôme vient de la rive gauche et passe sur la rive droite, il traversera la rivière sur la passerelle. Dans ce cas, je ne puis manquer de le voir.

Et Jean Renaud, assez mal à son aise dans son lit d'osier, attendit. Plus d'une heure s'écoula. L'horloge du clocher de Frémicourt avait sonné onze heures. Malgré la grande patience dont il était doué, Jean Renaud commençait à trouver qu'il faisait une faction un peu longue.

— Il est vrai, pensait-il, que c'est à minuit seulement que se montrent les fantômes. Attendons encore. Si à minuit je ne vois rien arriver, c'est qu'il n'y aura pas d'apparition cette nuit. Alors je m'en irai tranquillement me coucher dans la maison du berger. Et la nuit prochaine je reviendrai ici me mettre à l'affût. Je ne crois pas aux revenants, moi; mais il y a sûrement une pauvre femme, une folle sans doute, qui court la nuit par la vallée ; je tiens à savoir...

Le reste de la phrase mourut sur ses lèvres.

Une ombre venait de se dresser sur la passerelle, qu'elle traversa rapidement. Mais, frappée par un rayon de la lune, Jean Renaud avait eu le temps de reconnaître une femme.

— C'est elle, murmura-t-il, c'est la pauvre femme qui nous a appelés l'autre soir au secours de Rouvenat.

Son cœur se mit à battre très-fort.

VIII

LA POURSUITE

Jean Renaud s'était levé, prêt à s'élancer sur les traces de l'apparition ; il tendit l'oreille. Un bruit de pas se rapprochant lui annonça qu'elle venait de son côté. Ne faisant qu'un avec le tronc tordu d'un saule, il attendit, saisi d'une angoisse poignante. Son front s'était subitement couvert de sueur.

La femme passa rapidement devant lui, les cheveux emmêlés, épars, tombant en désordre sur ses épaules, agitant fiévreusement ses bras au-dessus de sa tête.

— Où va-t-elle? se demanda-t-il.

Il résolut de le savoir ; pour cela, il fallait agir prudemment et la suivre sans qu'elle s'en doutât. L'essentiel était de ne pas l'effrayer.

Quand elle fut à trente ou quarante pas de lui, il s'élança à sa poursuite. Elle allait vite, mais Jean Renaud avait de bonnes jambes aussi : il s'arrangea de façon à maintenir entre eux la même distance.

A chaque instant, il la voyait disparaître derrière un buisson ou un bouquet d'arbres; il n'en était nullement inquiété, bien certain qu'il la verrait reparaître au bout d'un instant sous la clarté de la lune.

Elle traversa une seconde fois la Sableuse sur le pont de pierre; mais, au lieu de suivre le chemin de Frémicourt, elle s'élança de nouveau à travers la prairie, comme si elle eût craint de s'approcher trop près des maisons du village.

Maintenant il n'y avait plus d'arbres, plus de buissons, plus d'accidents de terrain pour la dérober aux yeux de Jean Renaud. La lune versait toute sa lumière sur cette partie de la vallée.

Redoutant qu'elle ne l'aperçût, Jean Renaud ralentit subitement sa marche, et bientôt la distance qu'il avait maintenue entre eux fut doublée. La précaution n'était pas inutile, car elle se retourna plusieurs fois afin de s'assurer qu'elle n'était pas suivie. Elle ne vit rien, parce que Jean Renaud se trouvait en dehors du cercle que sa vue parcourait.

Elle tourna ainsi autour du village. Puis elle se jeta tout à coup dans un chemin creux et disparut.

Jean Renaud arriva à son tour dans le chemin creux. Alors il se demanda avec une mauvaise humeur évidente s'il ne s'était pas livré à une poursuite inutile.

Toutefois, après un moment de réflexion, et bien que le chemin conduisît au village, il fut convaincu que le fantôme l'avait suivi. Le courage lui revint. Et, comme il n'avait plus à craindre d'être aperçu, il reprit sa course en redoublant de vitesse.

Soudain il s'arrêta brusquement, frappé de stupeur.

Il vit, à vingt pas de lui, le fantôme ouvrir la grille du cimetière et se glisser dans l'enclos des morts. Certes, plus d'un à la place de Jean Renaud se serait enfui avec épouvante, ne doutant plus qu'il ne fût en présence d'un revenant ou d'un de ces vampires dont on avait parlé dans la soirée. Jean Renaud resta un instant paralysé par la surprise. Il était sous le coup d'une émotion extraordinaire; mais ce qu'il éprouvait ne ressemblait nullement à la peur. Pourquoi l'être qu'il poursuivait venait-il de pénétrer dans le cimetière? Il se le demanda, la main appuyée sur son front brûlant.

Une clarté soudaine se fit dans sa pensée. Un éclair de joie, de bonheur, brilla dans son regard.

— Oh! si c'était elle, si c'était elle! murmura-t-il

Il marcha précipitamment vers la porte du cimetière et y entra à son tour.

Lentement, faisant le moins de bruit possible, il se dirigea vers le coin de la nécropole où reposait le corps du jeune homme assassiné.

Un gémissement sourd arriva à son oreille et il vit l'ombre se rouler et se tordre convulsivement sur la tombe.

Il ne doutait plus. Cette femme dont la voix avait produit sur lui un effet étrange, cette malheureuse qui errait toutes les nuits dans la vallée aux environs de la ferme, que les habitants de Frémicourt prenaient pour un fantôme, c'était Lucile Mellier.

Il s'approcha encore et s'arrêta à deux pas d'elle.

Lucile se traîna sur ses genoux et ses mains jusqu'à la pierre. Elle l'étreignit dans ses bras et la couvrit de ses larmes.

Jean Renaud entendit qu'elle disait :

— Quand donc dormirai-je à mon tour du sommeil qui n'a pas de réveil? Ah! je reviendrai ici toutes les nuits, car c'est près de toi, Edmond, c'est la tête posée sur cette pierre que je veux mourir! Dieu finira par me prendre en pitié... Depuis si longtemps que j'appelle la mort, pourquoi lui défend-il de me frapper? Il trouve donc que je n'ai pas encore assez souffert? Veut-il que je me tue moi-même?

« Il me repousse, il m'a condamnée, j'appartiens à l'enfer!... Oh! l'enfer! je le connais ; il n'a pas de plus épouvantables tortures que celles que j'ai endurées sur la terre... Eh bien ! puisqu'il le faut, je me tuerai ; je veux me délivrer de la vie. Il importe peu que je meure d'une façon ou d'une autre ; je n'ai plus rien à espérer dans ce monde, rien à espérer dans l'autre : je suis maudite, maudite, maudite ! »

Elle se redressa en proie à une grande exaltation, des lueurs étranges dans le regard.

— Cette pierre est dure, reprit-elle d'un ton farouche ; un peu de courage, un choc, et je me brise la tête, et tout est fini pour moi...

Voulant joindre l'action à la parole, elle se disposa à frapper la pierre avec sa tête.

Jean Renaud n'avait plus à attendre, le moment de se montrer était venu. D'un bond, il se jeta devant elle et la saisissant par le bras :

— Malheureuse! dit-il avec un doux accent de reproche, que voulez-vous faire ?

Elle poussa un cri rauque, étranglé, et ses yeux ardents s'arrêtèrent sur Jean Renaud avec une fixité effrayante.

—Laissez-moi ! laissez-moi ! dit-elle sourdement, en cherchant à se dégager.

Un tremblement nerveux la secouait violemment.

— Vous voudriez prendre la fuite, répondit Jean Renaud d'une voix affectueuse ; vous auriez tort, car j'ai des choses très-sérieuses, très-importantes à vous dire. Quand vous m'aurez entendu, vous comprendrez que ce n'est pas pour augmenter vos jours de souffrance que Dieu éloigne de vous la mort. Malheureuse enfant ! c'est au moment où, désespérée, vous songez au suicide, que Dieu, vous prenant enfin en pitié, vous envoie la consolation, vous promet les joies les plus pures.

— Mensonge ! mensonge ! exclama-t-elle avec égarement.

— Je vous jure que je dis la vérité, répliqua tristement Jean Renaud.

— Mais qui êtes-vous donc, vous qui me parlez ainsi?

— Je suis un des meilleurs amis de Lucile Mellier.

Elle fit un brusque mouvement en arrière.

— Taisez-vous ! taisez-vous ! fit-elle d'une voix sombre ; il n'y a plus de Lucile Mellier ; je suis la maudite, entendez-vous, la maudite !

— Lucile, demain, si vous le voulez, votre père vous ouvrira ses bras paternels : le malheureux se cramponne énergiquement à la vie parce qu'il attend votre retour avec angoisse et qu'il veut vous bénir avant de mourir.

Elle le regarda comme si elle n'avait pas compris ses paroles. Puis secouant la tête :

— Vous ne m'avez pas dit votre nom, reprit-elle.

— Lucile, autrefois vous m'appeliez votre ami ; mais je comprends que vous ne me reconnaissiez pas, puisque Jacques Mellier et Pierre Rouvenat ne m'ont pas reconnu. Lucile, j'ai été malheureux aussi et je n'ai jamais désespéré. Celui qui repose sous cette terre que foulent nos pieds est mort dans mes bras en prononçant votre nom chéri. Pendant près de dix-neuf ans, pour lui, pour vous, Lucile, pour votre père, j'ai porté la casaque d'un forçat.

— Jean Renaud, vous ! s'écria-t-elle d'une voix frémissante.

— Oui, Lucile, je suis Jean Renaud ; mais j'ai changé de nom. A Frémicourt, on m'appelle le mendiant Mardoche.

— Mardoche ! pourquoi ce nom ?

— Ce serait trop long à vous expliquer, Lucile ; mais plus tard vous comprendrez, vous devinerez.

La malheureuse baissa la tête avec accablement.

— Ici, dans le cimetière de Frémicourt, prononça-t-elle d'un ton lugubre, trois victimes de Jacques Mellier : un mort et deux vivants !

— Il faut oublier le passé, Lucile, et ne plus songer qu'à l'avenir.

— Jean Renaud, répliqua-t-elle, il vous reste une fille, une fille charmante, — deux fois déjà je l'ai aperçue, — vous pouvez penser à l'avenir. Moi, je n'ai plus rien à espérer.

— Lucile, vous avez un fils.

— Perdu ! murmura-t-elle avec un accent douloureux.

Et un gémissement s'échappa de sa poitrine.

— Lucile, vous n'avez donc pas compris pourquoi je vous disais tout à l'heure que vos jours de souffrance étaient passés ? Oui, vous avez perdu votre fils, ou plutôt vous avez été séparés, le jour où vous êtes tombée mourante dans la neige sur la route de Vesoul à Gray.

— Comment savez-vous cela ? s'écria-t-elle avec agitation.

— Vous alliez mourir, continua-t-il, quand des saltimbanques, passant sur la route, vous relevèrent.

— Ah ! oui, grommela-t-elle entre ses dents serrées, les saltimbanques... des misérables ! Ils m'ont volé mon fils ! Qu'en ont-ils fait, les infâmes ?

— Lucile, l'un de ces malheureux, le plus pauvre, le plus infime, appelé Jérôme Greluche, a recueilli votre fils...

— Il me l'a volé, avec l'or de Rouvenat ! exclama-t-elle, les yeux hagards.

— Ecoutez-moi donc, Lucile : Greluche, le saltimbanque, n'a pas fait de votre fils un saltimbanque : il l'a élevé et a eu pour lui l'affection d'un père. Aujourd'hui, votre fils est un beau jeune homme, très-distingué, instruit, honnête, plein de cœur, ayant des sentiments élevés...

— Jean Renaud, Jean Renaud, prononça-t-elle d'une voix haletante, mon fils existe donc encore ?

— Oui.

— C'est bien la vérité ? vous ne me trompez pas ?

— Pourquoi vous tromperais-je, je vous le demande ?

— Ah ! je ne sais pas... Ils m'ont menti si souvent, eux !

— Qui, eux ?

— Les saltimbanques.

— Lucile, calmez-vous ! Jean Renaud vous aime et vous respecte, il ne voudrait pas vous tromper ; oui, votre fils existe ; sur la mémoire de ma pauvre Geneviève, sur le bonheur de ma fille, je vous le jure !

— Jean Renaud, je vous crois ; oui, je veux vous croire. Ah ! si dans un but quelconque vous ne me disiez pas la vérité, si vous me trompiez...

Elle se laissa tomber sur ses genoux et éclata en sanglots.

— Comme elle a dû souffrir ! pensait Jean Renaud.

Il la prit par le bras et l'obligea à se relever.

— Venez, Lucile, venez ! lui dit-il ; nous allons parler de lui.

Et il l'entraîna. Ils sortirent du cimetière. Puis, marchant lentement, l'un près de l'autre, ils suivirent le chemin creux. Pendant quelques minutes, ils gardèrent le silence. Lucile parla la première.

— J'ai la tête en feu, dit-elle, mon cœur bondit dans ma poitrine ; mais il vient de se produire en moi, tout à coup, un grand calme. Depuis cette nuit fatale où je suis tombée sur la route, je n'ai pas éprouvé un semblable bien-être : c'est comme un baume que vos paroles ont versé sur les plaies saignantes de mon cœur ! Mon fils existe !... Mon fils existe !... Ah ! il me semble que je ne sens plus peser sur moi la malédiction de mon père et celle de Dieu !... Jean Renaud, je n'ai jamais perdu la raison, mais depuis bien des années j'ai vécu dans une sorte de délire continuel, un désordre, un trouble étrange dans l'esprit ; je ne pouvais plus réfléchir ; une seule idée m'était restée, celle de mon malheur ; je n'avais plus qu'une pensée, mon fils, mon Edmond ! Le jour, la nuit, sans cesse, je me croyais poursuivie par des démons hideux, des furies aux ongles crochus, implacables tourmenteurs acharnés après moi.

« Tout à l'heure, au cimetière, j'ai ressenti une commotion violente ; il m'a semblé que mon crâne s'ouvrait ; puis quelque chose comme un voile épais s'est déchiré, et j'ai complétement repris possession de moi-même.

« Jean Renaud, parlez-moi de mon fils ! Oh ! oui, parlez-moi de lui... Je puis vous écouter, j'aurai la force de vous entendre. Comment savez-vous qu'il existe ?

— Je l'ai vu.

— Vous avez vu mon fils ?

— Oui. Mais vous aussi, Lucile, vous l'avez vu la semaine dernière.

— Que me dites-vous ?

— Lucile, vous n'avez pas oublié que Rouvenat a été précipité dans le vieux puits...

— Par le père et le fils Parisel, les misérables !...

— Vous étiez là, vous avez vu commettre le crime ?

— Je suis arrivée près du puits une minute trop tard ; mais Rouvenat a été sauvé, je le sais.

— Grâce à vous, Lucile, qui avez appelé à son secours. A vos cris, deux hommes sont accourus et se sont trouvés tout à coup devant vous.

— Oui, je me souviens.

— L'un de ces hommes, c'était moi.

— Et l'autre, Jean Renaud, l'autre ?...

— C'était Edmond, votre fils.

— Mon fils! mon fils! s'écria-t-elle ; et je ne l'ai pas reconnu!

Elle s'appuya chancelante sur l'épaule de Jean Renaud. Son regard devint rayonnant et elle leva vers le ciel son visage radieux, empreint d'une reconnaissance infinie.

IX

PAUVRE LUCILE!

Au bout d'un instant, Lucile reprit :

— Jean Renaud, le voile dont je vous parlais tout à l'heure était encore devant mes yeux ; et puis, après avoir cherché mon fils si longtemps, rien ne pouvait me faire supposer qu'il fût si près de moi. A ce moment, le danger que courait Rouvenat m'avait fait oublier toute prudence ; j'avais, je crois, complétement perdu la raison. Je n'eus pas le temps de voir le visage de mon fils, je ne vis que votre longue barbe... Que vous ai-je dit? Je ne me le rappelle pas. Mais j'étais à peu près certaine que si mon vieil ami pouvait être sauvé, il le serait par vous ; je m'éloignai rapidement dans la crainte d'être reconnue. Ainsi le vieux serviteur de mon père, le seul être au monde qui me soit resté dévoué dans mon malheur et qui ne m'a pas oubliée, le bon Pierre Rouvenat, a été sauvé par vous et par mon fils !

— En cette circonstance, Lucile, la conduite de votre fils a été admirable ; c'est à lui, surtout, que Rouvenat doit la vie.

— J'en remercie le ciel ! l'enfant paye la dette de reconnaissance de sa malheureuse mère. Maintenant, mon brave Jean, j'ai bien des questions à vous adresser et vous avez bien des choses à m'apprendre. Dites-moi, d'abord, comment mon fils est venu au Seuillon, comment il a pu se faire connaître. Pierre est bon, il a ouvert ses bras à mon enfant ; mais mon père, quel accueil lui a-t-il fait?

LA FILLE MAUDITE

— Eh bien ! demanda le père Parisel à son fils, tu as vu la servante ? (Page 495.)

depuis longtemps et n'avait pas oublié où se trouvait la porte. Elle n'eut pas à la chercher longtemps. La clef était dans la serrure. Elle la tourna avec précaution et, avec non moins de prudence, elle entr'ouvrit la porte, qui ne fit entendre qu'un grincement léger en tournant sur ses gonds. Elle se glissa dans le jardin.

Les deux rôdeurs, ne se doutant point, d'ailleurs, que quelqu'un pût les épier, n'avaient rien entendu.

Liv. 62. F. ROY, éditeur.

Lucile s'avança lentement, retenant sa respiration et posant à peine ses pieds sur le sol. Arrivée près de la haie, elle se coucha dans l'herbe.

Dans la soirée, vers onze heures, pendant que Jean Renaud, caché au bord de la Sableuse, attendait l'apparition du fantôme du trou Merlin, tout le monde dormant à la ferme, Gertrude, l'espionne du beau François, était sortie de sa chambre pour courir à son rendez-vous.

Le fils Parisel commençait à perdre patience.

— Pourquoi arrives-tu si tard? lui demanda-t-il d'un ton rude.

— Ce n'est pas ma faute, répondit-elle; on ne s'est couché qu'à dix heures.

— Ah! c'est différent. Est-ce qu'il s'est passé quelque chose d'extraordinaire au Seuillon?...

— Non. Mais il y a du nouveau.

— Parle! parle vite!

— Voici, d'abord, pourquoi on s'est couché tard : comme c'est demain la Saint-Pierre, le maître, après le souper, a fait monter du vin de sa cave, et il y a eu une petite fête.

— En l'honneur de M. Rouvenat? fit François d'une voix creuse.

— La demoiselle a chanté.

Un affreux sourire crispa les lèvres de Parisel.

— C'est bien! c'est bien! dit-il avec une sorte de fureur; je n'ai pas besoin de savoir cela. Tu viens de me dire qu'il y avait du nouveau à la ferme? Voyons.

— Hier, le vieux mendiant Mardoche est venu; Rouvenat l'a fait monter dans la chambre de la demoiselle, et il y est resté pendant plus d'une heure enfermé avec elle.

— Oh! oh! voilà qui est singulier; il faudra que je surveille ce vieux fou; j'ai déjà une forte dent contre lui; qu'il prenne garde!... S'il me force à entrer dans sa tanière, il ne descendra plus dans la vallée.

— Le pauvre homme n'est pas bien dangereux.

— Il me déplaît; d'ailleurs je sais à quoi m'en tenir sur son compte.

— Que t'a-t-il donc fait?

— Cela ne te regarde pas. As-tu pu savoir ce qui s'est passé entre lui et Blanche?

— Non. Mais, le soir, quand la demoiselle est descendue de sa chambre, elle était toute joyeuse.

— Qu'est-ce que cela veut dire? se demanda le beau François, le front assombri.

— Le maître et Rouvenat paraissaient aussi très-contents, reprit la servante.

— Leur joie avait une cause. Laquelle? Est-ce que tu n'as pas entendu quelques paroles?

— Rien. Tu sais comme ils sont : ils ne parlent jamais. Quand ils veulent causer, ils s'enferment.

— C'est vrai, grommela François en tortillant sa moustache; c'est la maison du silence et du mystère.

— Mais ce n'est pas tout. Ce matin, Rouvenat est parti pour Paris.

Le beau François se redressa, une flamme dans le regard.

— Rouvenat est allé à Paris? s'écria-t-il.

— Oui.

— Pourquoi?

— A l'exception du maître, et peut-être aussi de la demoiselle, personne ne le sait.

— Ah! voilà ce qu'il faudrait découvrir!

— Il faut croire qu'une affaire importante...

— Assurément. Rouvenat n'est pas allé à Paris pour rien. Mais il y a des affaires de toute sorte. Oh! c'est étrange!...

Et, la tête inclinée, la main sur son front, il parut réfléchir profondément. A chaque instant, une lueur sombre traversait son regard.

— Aujourd'hui, dit encore Gertrude, le maître a écrit au notaire de Saint-Irun.

— Au notaire! il a écrit au notaire! exclama le beau François abasourdi.

— J'ai vu la lettre, le facteur l'a prise en revenant de Civry.

Le paysan restait immobile, comme foudroyé, les yeux hagards, les traits horriblement contractés, la bouche grimaçante, livide.

Tout à coup sa physionomie changea d'expression. Ordinairement sournoise et dure, elle avait, maintenant, quelque chose de féroce. Ses lèvres se tordaient dans un sourire cruel. Un tremblement convulsif secouait ses membres. Ses dents grinçaient.

Ce qui se passait en lui devait être épouvantable.

— Blanche est joyeuse, murmura-t-il d'un ton guttural, Rouvenat est à Paris, Mellier a écrit à son notaire... Ah! je comprends...

— Quoi donc? demanda timidement la servante.

Il la regarda avec colère.

Elle se sentit frissonner; elle eut peur et fit trois pas en arrière.

— C'est bien, c'est très bien! reprit-il avec un accent impossible à rendre; je porterai mes félicitations à la belle fiancée!

Et un rire sec, strident, éclata entre ses lèvres frémissantes, comme un bruit de crécelle.

Gertrude, les yeux arrondis, bouche béante, plantée devant lui comme un poteau, le regardait avec stupéfaction. Elle ne comprenait pas, mais elle avait un vague pressentiment de quelque chose de terrible.

François resta un moment silencieux. Puis se rapprochant de la servante :

— La nuit prochaine, lui dit-il en baissant la voix, j'entrerai à la ferme.

— François, ton regard me fait peur. Quelle est ton idée? Pourquoi veux-tu entrer la nuit dans la ferme?

Il lui saisit le bras et le serra avec force; ses doigts crispés s'enfonçaient dans les chairs.

— Oh! tu me fais mal! s'écria-t-elle.

— Je t'ai déjà dit que je ne voulais pas être interrogé; tu es trop curieuse, il faut te corriger de ce défaut, tu entends?

— C'est bien; je ne te demanderai plus rien.

— A la bonne heure! Tu sais ce que j'attends de toi? La nuit prochaine, à minuit, tu m'ouvriras la petite porte; cela fait, tu retourneras dans ta chambre.

— Mais... balbutia-t-elle.

— Il n'y a pas de mais, répliqua-t-il d'un ton impérieux; je le veux!

Elle se mit à trembler.

— Tu m'as bien compris? reprit-il.

— Oui.

— A minuit...

— J'ouvrirai la petite porte.

— Je serai dans le jardin.

— François, tu ne veux pas me dire... il me semble pourtant que je devrais savoir...

— Rien! répondit-il brusquement.

— Prends garde, François! prends garde! Quelque chose me dit que nous sommes menacés d'un malheur!

— Je ne crains rien, répliqua-t-il sourdement; il n'y a que les femmes qui ont peur. Toi, Gertrude, tu es un oiseau de mauvais augure.

— François, si j'ai peur, c'est pour toi.

— Allons donc! tu es folle!

— Je ne sais ce qui se passe en toi, François, mais ton regard m'épouvante! Il eut un nouveau rire de démon.

— François, j'ai dans l'idée que tu as envie de faire quelque mauvais coup.

— Tais-toi! tais-toi! tu ne sais ce que tu dis.

Elle secoua la tête et le regarda fixement. On aurait dit qu'elle cherchait à deviner le secret de ses pensées.

— Maintenant, tu vas rentrer, reprit-il; nous nous verrons demain à minuit, n'oublie pas!

— Oui, à minuit.

— Bonsoir, Gertrude!

Il s'en allait déjà; elle courut après lui.

— François, lui dit-elle d'une voix hésitante, je suis tourmentée; je t'en prie, dis-moi pourquoi tu veux venir à la ferme la nuit prochaine.

— Toujours curieuse! fit-il en fronçant les sourcils.

— Ce n'est pas de la curiosité, mais de l'inquiétude.

— Eh bien! lui dit-il d'un ton bref, il faut absolument que je sache pourquoi Rouvenat est allé à Paris; je veux le demander à mademoiselle Blanche.

— Elle sera couchée, elle dormira.

— Je la réveillerai.

— Et si elle ne sait rien?

— Je suis sûr du contraire.

— François, en admettant que la demoiselle sache pourquoi son parrain est allé à Paris, elle refusera de te répondre.

— J'ai le moyen de la faire parler.

— Dans ce cas, je n'ai plus rien à dire.

— Tu es satisfaite?

— Oui.

— Te voilà tranquillisée?

— Un peu. C'est égal, François, c'est bien hardi, ce que tu veux faire!

— Je le sais aussi bien que toi. Il est tard, séparons-nous.

— Encore un mot.

— Dis vite.

— François, tu m'aimes toujours ?

— Certainement.

— Tu te souviens de ta promesse ?

— Oui, oui.

— Serai-je bientôt ta femme ?

— Quand mon père sera le maître au Seuillon, c'est convenu.

— Jure-le-moi !

Il haussa les épaules avec impatience.

— Je te le promets, je te le jure ; c'est au moins la vingtième fois, dit-il froidement.

— Ah ! François, si tu me trompais...

— Maintenant, voilà que tu dis des bêtises.

— Non, je te crois, j'ai confiance en toi : aussi, tu le vois, je fais tout ce que tu veux.

— En m'obéissant, en nous rendant service, à mon père et à moi, tu travailles aussi pour toi, Gertrude.

— C'est vrai.

— Nous voulons l'héritage du cousin Mellier ; il ne faut pas qu'il nous échappe. C'est pour cela que je ne recule devant rien.

— N'importe, François, sois prudent !

— C'est bien, je sais ce que j'ai à faire. A demain !

Et il s'éloigna rapidement.

La servante se dirigea vers la ferme à pas lents, la tête baissée.

Elle était oppressée ; il lui semblait qu'un poids énorme pesait sur sa poitrine.

Le beau François n'avait pas réussi à la rassurer complétement. Elle sentait qu'il ne lui avait pas dit la vérité. Si elle manquait d'intelligence, elle avait l'instinct de la femme qui aime. Il la prévenait d'un danger. Mais, incapable de raisonner, elle ne pouvait s'expliquer ses terreurs et moins encore découvrir le véritable mobile qui faisait agir le beau François.

Celui-ci, quelques minutes après avoir quitté Gertrude, rejoignait son père qui l'attendait derrière les écuries de la ferme, couché dans un champ de sarrasin.

XI

CAUSERIE NOCTURNE

— Eh bien! demanda le père Parisel à son fils, tu as vu la servante? que t'a-t-elle dit? Est-ce que ce cher cousin ne va pas bientôt *casser sa pipe?*

— Il n'en a pas l'idée ; il est comme Rouvenat, il a la vie dure et l'âme chevillée au corps.

— Vois-tu, je commence à être las de ce chien de métier.

— Rien ne t'oblige à le faire.

— Ingrat! Si je suis resté dans le pays après le coup manqué, c'est pour toi.

— Excellent père! Et moi qui croyais que tu attendais l'occasion de prendre une revanche.

— Je ne m'occupe plus de Rouvenat, que le diable a retiré du puits. François, la haine est une mauvaise conseillère; elle nous a fait agir comme deux imbéciles. Du moment que tu t'étais fait sottement chasser de la ferme, nous devions laisser Rouvenat tranquille; c'est Mellier qu'il fallait frapper. Il est à moitié fou ; je ne sais quelles lubies lui passent continuellement par la tête ; il a sûrement autre chose que le chagrin d'avoir perdu sa fille. Presque toujours renfermé dans sa chambre, ne recevant et ne voulant voir personne, son existence mystérieuse étonne tout le monde. Eh bien! si on l'eût trouvé un matin étranglé dans sa chambre, on aurait dit : « Jacques Mellier s'est suicidé ; il est vrai que, depuis longtemps, il donnait des signes d'aliénation mentale. » Et on aurait cru cela. Et, sans être seulement soupçonnés de lui avoir passé la corde autour du cou, nous aurions mis la main sur l'héritage, et, en ce moment, nous dormirions tranquillement dans les excellents lits du Senillon. Maintenant il est trop tard!

— Pourquoi?

— Parce que, après jeté Rouvenat dans le puits, on ne croirait plus à un suicide. La justice s'en mêlerait et... Non, il ne faut plus penser à nous débarrasser ainsi de Jacques Mellier.

— Si le diable est venu l'autre jour au secours de Rouvenat, il faut croire qu'il nous protége aussi : évidemment, le vieux coquin ne nous a pas reconnus et ne se doute point que c'est nous qui l'avons attaqué; sans cela, il se serait empressé de nous dénoncer, et les gendarmes courraient après nous.

Le père Parisel secoua la tête.

— Rouvenat est un malin, répondit-il, et ce n'est pas sans raison que je me défie de lui depuis longtemps. Il sait parfaitement que c'est nous qui l'avons précipité dans le trou ; et la preuve, c'est qu'il a fait croire aux domestiques qu'il était tombé dans le puits par suite d'un étourdissement. Il ne nous a pas dénoncés parce que nous sommes les parents de son maître.

— Nous le remercierons de sa générosité, dit ironiquement le beau François.

— Avant ton renvoi de la ferme, reprit le père, notre situation était excellente ; tu l'as compromise comme un niais. Mellier, heureusement, n'ira pas loin ; tant qu'il n'aura pas l'idée de faire un testament, rien n'est désespéré.

— Il le fera.

— Hein ? tu dis ?

— Tu as bien entendu.

— Tu prétends que Jacques fera son testament ?

— J'en suis sûr.

— Tonnerre ! si je savais cela !

— Qu'est-ce que tu ferais ?

Un éclair sinistre s'alluma dans les yeux du vieux Parisel.

— Je ne sais pas, répondit-il sourdement, mais je ne me laisserai point déshériter.

— J'ignore quelles sont exactement les intentions du cousin, reprit François, mais il pense certainement à assurer l'avenir de la fille de Jean Renaud.

— Il ne lui donnera pas tout, balbutia le père ; une étrangère !

— Le cousin n'a plus de volonté ; c'est un gâteux, une vieille guenille ; tout ce que Rouvenat lui dit est pour lui parole d'évangile ; tout ce que Rouvenat veut, il le fait.

— C'est vrai. Quelle canaille que ce Rouvenat ! S'il me fait déshériter, je le tuerai !

— Il sera bien temps, fit François en haussant dédaigneusement les épaules. Sais-tu ce que je viens d'apprendre ?

— Je le saurai quand tu me l'auras dit.

— Eh bien ! ce matin, Rouvenat est parti pour Paris.

— Voyez-vous ça ! M. Rouvenat a voulu voir la capitale !

— Et, tantôt, Mellier a écrit à son notaire, ajouta François.

— Pour le testament ?

LA FILLE MAUDITE

— Jean Renaud l'étreignit fortement et couvrit son front de baisers. (Page 504.)

— Ou pour un contrat de mariage, dit François d'une voix sombre, en serrant les poings.

— Un contrat de mariage ! répéta le père.

— Oui.

— Ah çà ! est-ce que Mellier, pour nous déshériter plus facilement, songerait à se remarier ?

François haussa les épaules.

— Tu ne comprends pas ! fit-il.

— C'est vrai. Explique-toi...

— C'est Blanche qui va se marier.

— Le cousin lui donnera une dot, peut-être cent mille francs : c'est énorme, mais c'est son droit, et nous ne pouvons l'en empêcher. Comment sais-tu cela?

— J'ai deviné.

— Qu'il s'agissait du mariage de Blanche?

— Oui.

— Cela expliquerait, en effet, la lettre du cousin à son notaire ; mais le voyage de Rouvenat à Paris ?

— A également pour cause le mariage de Blanche.

— Ah !... Eh bien ! je ne comprends toujours pas.

— Écoute, et tu comprendras.

— Va ! va ! je suis impatient de savoir...

— Il y a quelques jours, un jeune freluquet de la ville de Paris est venu dans le pays; il a rencontré Blanche plusieurs fois, il lui a parlé, et la fille de Jean Renaud, qui m'a dédaigné, qui n'a pas voulu de moi, a écouté les bêtises que lui a débitées le petit jeune homme aux mains blanches; elle l'aime, je le sais. Les filles sont toutes les mêmes ; elles se laissent prendre aux belles paroles, aux jolies manières. Il leur faut maintenant des figures de poitrinaire ; pour leur plaire, il faut qu'on roucoule.

« Le Parisien en question, une sorte d'aventurier qui n'a probablement pas un écu vaillant, a été fort mal reçu par Rouvenat qui, si je suis bien renseigné, a dû lui dire comme aux autres : « Il est inutile que vous pensiez à Blanche ; elle ne veut pas se marier. » Or, après cela, l'amoureux a vu le vieux mendiant Mardoche, il lui a fait ses confidences et l'a probablement chargé de dire ceci et cela à Blanche et à Rouvenat. Ensuite il est reparti pour Paris; je l'ai su en faisant causer le domestique de l'auberge des *Deux Chiens*.

« Enfin le mendiant, un rusé coquin, qui a trouvé le moyen de se faire le confident de Blanche, est venu à la ferme. Il est resté plus d'une heure avec Rouvenat et sa filleule. Que s'est-il passé? Qu'ont-ils dit? Gertrude n'a pu me le dire. Mais, ce matin, Rouvenat est parti pour Paris; cela explique tout : il est allé chercher l'amoureux. Blanche, qui était triste, qui pleurait, est redevenue depuis hier soir joyeuse et gaie. Il faudrait être stupide pour ne pas comprendre.

Le père Parisel s'arrêta brusquement et, regardant son fils :

— Allons! fit-il avec une sorte d'admiration, tu es décidément très-fort.

François eut un faux sourire.

— Si ce jeune homme de Paris est pauvre comme tu le crois, reprit le père, je m'étonne que Mellier et Rouvenat consentent à lui donner Blanche.

— Elle l'aime, répondit François d'une voix étranglée.

— Pour Rouvenat, qui raffole de sa filleule, c'est une raison.

— Il y en a une autre.

— Laquelle ?

— Elle a été plusieurs fois demandée en mariage, des partis excellents.

— Oui. Eh bien ?

— Aucun de ces prétendants n'a été accueilli. Pourquoi? C'est encore facile à expliquer. Ils ne savaient pas que celle qu'on appelle la demoiselle du Seuillon est la fille de l'assassin Jean Renaud. Ils ont été repoussés parce qu'il eût fallu leur dire la vérité. Cette déclaration ne pouvant manquer d'amener une rupture au dernier moment, Rouvenat, qui a le nez long, préférait répondre « non » tout de suite. De cette manière, il prévenait un scandale inévitable. On voudrait bien épouser la fille de Jacques Mellier, l'héritière du Seuillon, mais pas la fille d'un forçat !

« Blanche n'est pas si facile à marier que ça. Sachant ce qu'elle est, même avec cent mille francs de dot, je suis sûr qu'aucun de ceux qui l'ont demandée ne voudrait d'elle. Rouvenat l'a parfaitement compris. Le Parisien sera moins difficile ; s'il a des préjugés, ils se tairont devant le chiffre de la dot.

— Tu parles comme un avocat... dit le père.

— Certain, cette fois, de pouvoir dire sans danger que Blanche est la fille de Jean Renaud, Rouvenat s'est décidé à la marier, et voilà pourquoi il est allé à Paris.

Tout en marchant lentement et en causant à voix basse, car ils savaient que, même au milieu de la nuit, il peut y avoir des oreilles qui écoutent, ils étaient arrivés derrière les jardins de la maison du berger.

Ils s'assirent sur le tronc d'un vieux poirier que quinze jours auparavant le vent avait renversé et qu'on avait provisoirement rangé contre la haie, pour y attendre la scie et la hache.

— Ce que tu viens de me dire n'est pas rassurant du tout, reprit le père Parisel ; Mellier ne nous aime pas, et je suis encore à me demander pourquoi il nous a fait assez bonne figure pendant quelque temps. Je commence à avoir peur qu'il n'ait réellement l'intention de tout donner à la fille de Jean Renaud.

— Conseillé par Rouvenat, c'est ce qu'il fera.

— Alors nous sommes volés!

— Tu peux t'y attendre.

Le père Parisel fit rouler ses yeux d'une manière effrayante.

— Demain, j'irai voir Mellier, dit-il; je veux savoir à quoi m'en tenir.

— Il ne te recevra pas.

— Tonnerre! j'enfoncerais plutôt sa porte!

— Et après? Tu le connais, il ne te dira rien.

— Quand je pense qu'il y a dans sa chambre, dans son secrétaire, pour plus de deux cent mille francs de valeurs!

— Eh bien?

— Si seulement j'avais cela!

— Ce n'est pas pour toi, il faut en prendre ton parti. Ce sera la dot de la fille de Jean Renaud.

— François, reprit Parisel en baissant encore la voix, si j'avais à moi ce qu'il y a dans le secrétaire de Mellier, il me semble que j'abandonnerais volontiers le reste.

— Ce serait une fiche de consolation, répliqua le fils d'un ton goguenard.

— Quand Rouvenat revient-il?

— Je ne sais pas... dans deux ou trois jours.

— Mellier est seul, et la nuit il dort comme une bûche.

— Depuis qu'il prend de l'opium.

— On peut entrer dans sa chambre sans le réveiller.

— Je le crois.

— La clef de son secrétaire est toujours dans la poche de son gilet?

— Toujours.

— Pendant qu'il dort, on peut la prendre, ouvrir son secrétaire, et...

— Hein! tu oserais?...

— Oui.

— Et s'il se réveille?

Les yeux du misérable eurent une lueur sombre.

— S'il se réveille, répondit-il d'une voix creuse, tant pis pour lui!

— Au fait, reprit le beau François, l'aventure est à tenter. Deux cent mille francs, peut-être trois cent mille! Si on réussit, — avec de l'audace, on est toujours sûr du succès, — c'est une fortune!

— Et on file à l'étranger; nous sommes à deux pas de la frontière.
— Nous partagerons?
— Oui, à une condition.
— Laquelle?
— Il faut, d'abord, que tu trouves le moyen de voir la servante dans la journée pour que, la nuit venue, quand tout le monde dormira à la ferme, elle nous fasse entrer dans la maison.
— C'est déjà fait. La nuit prochaine, à minuit, elle ouvrira la petite porte du jardin.

Le père Parisel regarda son fils avec surprise.

Le beau François avait sur les lèvres son horrible sourire.

— Tu as donc eu la même idée que moi? interrogea le père.
— Non, répondit-il brusquement, j'en ai une autre.
— Est-ce que je peux savoir?
— Nous entrerons ensemble.
— C'est bien comme cela que je l'entends. Pendant que j'ouvrirai le secrétaire, tu te tiendras près du lit du vieux, et s'il a le sommeil trop léger, tu lui appliqueras son oreiller sur la figure pour lui fermer la bouche et les yeux.

Le beau François secoua la tête.

— Tu feras seul ton affaire, répondit-il : pendant ce temps, moi, je serai occupé de mon côté.
— Que veux-tu dire?

C'est à ce moment de la conversation que Lucile, sortie de la maison du berger, s'approchait doucement de la haie et se couchait dans l'herbe.

Les yeux du beau François brillèrent comme ceux d'un tigre et il répondit avec une expression railleuse :

— Je ferai une visite à la belle Blanche; je tiens à lui laisser un souvenir de moi. J'ai juré qu'elle m'appartiendrait, et la nuit prochaine...

— François, dit le père en hochant la tête, ta folle passion pour cette petite fille nous a déjà porté malheur; si tu n'y prends garde, elle nous perdra.

— Je ne sais ce que j'éprouve, répliqua-t-il; j'ai comme du feu dans les veines et dans la tête. Oui, je l'aimais; pour elle, j'aurais tout sacrifié...

— Même ton père?

— Même toi. Maintenant, je crois que je la hais plus encore que je ne l'aime. Je la veux, je l'aurai!

— Malheureux! elle ne t'aime pas; elle criera, elle appellera à son secours.

— Eh bien! je l'étoufferai! s'écria-t-il avec rage.

— Je te le répète, tu nous perdras.

— Je n'ai peur de rien, moi; elle me méprise, Rouvenat m'a chassé, ils m'ont poussé à bout, je veux me venger! La guillotine et le bourreau ne m'arrêteraient pas.

Le père ne put s'empêcher de frissonner en entendant prononcer ces paroles sinistres.

— D'ailleurs, ajouta le beau François avec cynisme, je désire faire mon cadeau de noces à la belle fiancée.

Sur ces mots, il se leva.

— Viens, dit-il à son père.

Ils s'éloignèrent.

XII

CE QUE JEAN RENAUD DEMANDE A SA FILLE

Quand le bruit des pas eut cessé de se faire entendre, Lucile, toute frissonnante, se dressa contre la haie.

Ses yeux étincelaient d'indignation, de colère; son visage pâle exprimait l'épouvante et l'horreur.

Elle avait entendu, sans en perdre un seul mot, les dernières paroles échangées entre le fils et le père.

— Et l'on donne à cela le nom d'hommes, murmura-t-elle avec dégoût; des hommes, eux! non, ce sont des bêtes féroces! Ce n'est pas assez d'avoir voulu assassiner Rouvenat, il faut à leur rage, à leur haine, une autre vengeance lâche et monstrueuse. Pauvre Blanche! Elle est tranquille, heureuse, sans défiance, sous la protection de mon père, et un danger terrible la menace... Chère enfant, innocente et sans force, elle serait pour ce misérable une proie facile. Ah! c'est Dieu qui m'a inspiré la pensée de me mettre à la fenêtre; il m'ordonne de défendre la fille de Jean Renaud. A ce signe, je reconnais mieux encore que son regard plein de bonté s'est abaissé sur moi! Oui, oui, je la défendrai, je la sauverai... Le misérable me trouvera entre elle et lui. Dieu ne saurait permettre une pareille infamie. Les bons, les innocents ne doivent pas être toujours victimes des méchants et des pervers.

« Ah! Rouvenat, si tu savais ce qui se trame contre Blanche, l'enfant de ton cœur, tu te repentirais amèrement de ta générosité.

« L'impunité rend les scélérats plus audacieux, elle est un encouragement au mal!... Après un crime, un autre, et toujours, toujours des victimes!... »

Elle rentra dans la maison, referma la porte et la fenêtre et se mit sur le lit. Ce n'était pas pour dormir. Elle sentait bien que le sommeil ne viendrait point; trop de pensées tumultueuses se heurtaient dans son cerveau.

Pour ne pas effrayer le père de Blanche, elle résolut de garder le silence sur ce qu'elle avait entendu. Le même sentiment qui avait empêché Rouvenat de parler après l'attentat commis contre lui la retenait; il lui répugnait de se faire l'accusatrice de ses odieux parents. Elle chercha le moyen de venir au secours de la jeune fille et de la sauver. Une idée lui vint, elle s'y arrêta.

Le jour parut, elle se leva. Avec l'alouette matinale qui s'élançait dans les airs et chantait à plein gosier, elle salua les premiers rayons du soleil. Elle entendait le bruit des faux et les voix des travailleurs dans la prairie.

Elle se souvint de sa jeunesse, de sa franche gaieté d'autrefois; elle se sentit attendrie et des larmes coulèrent le long de ses joues amaigries. Cette émotion lui parut délicieuse; elle la savourait. C'était pour elle, sans joie et sans espoir depuis tant d'années, un retour à la vie.

Elle allait revoir son fils, elle pourrait se mettre à genoux devant son père, elle n'avait rien de plus à désirer.

Cependant, en voyant les haillons dont elle était vêtue, ses jambes nues déchirées par les ronces et les épines, les mauvais souliers qui, tant bien que mal, chaussaient encore ses pieds, elle ne put se défendre d'un mouvement de répulsion. Un peu de rouge monta à son front : elle avait honte!

— Oh! je n'oserai jamais paraître ainsi devant mon fils, devant eux tous! se dit-elle.

Elle se demanda avec effroi comment elle avait pu vivre dans un tel abandon d'elle-même. Pour la première fois depuis bien des années, elle avait conscience de l'effroyable misère qu'elle avait eu le courage de supporter.

— Et c'est moi qu'on appelait la demoiselle du Seuillon! murmura-t-elle tristement; ai-je été assez malheureuse, suis-je tombée assez bas!...

Mais soudain, secouant la tête comme pour chasser ces sombres pensées, ses yeux se remplirent de clarté, son visage s'illumina.

— Dieu m'a conservé mon fils! s'écria-t-elle; je ne suis plus la fille maudite!

Pendant ce temps, Jean Renaud, croyant que Lucile dormait, était allé jusqu'à la ferme. Après s'être promené un instant dans la cour, il entra dans le jardin.

Blanche, levée plus tôt que d'habitude, faisait sa toilette du matin. S'étant approchée de la fenêtre de sa chambre, elle vit son père. Elle se hâta de fixer sur sa tête les longues tresses de ses beaux cheveux blonds, et un instant après elle était au jardin.

Elle prit la main de Jean Renaud, et, sans prononcer une parole, elle l'entraîna plus loin, sous le berceau.

Alors, d'une voix adorable, elle lui dit :

— Bonjour, papa! Ici, personne ne peut nous voir; embrasse-moi, embrasse ta fille !

Et elle jeta ses bras autour du cou du vieillard.

Jean Renaud l'étreignit fortement et couvrit son front de baisers.

— Comme je t'aime ! comme je suis heureuse ! chuchotait la voix de l'enfant.

Jean Renaud ému, incapable de prononcer un mot, se remettait à l'embrasser avec passion, avec délire. Il la sentait palpiter contre son cœur. Il voyait son regard plein d'une ineffable tendresse chercher le sien, il voyait son front et ses joues s'offrir à ses lèvres, appelant toujours de nouveaux baisers. Quelle ivresse !

Au bout d'un instant, Blanche reprit :

— C'est dans ce berceau, à cette place, que François Parisel m'a appris que j'étais ta fille; j'ai cru que j'allais mourir; je suis tombée là, sans connaissance... Ah! j'étais loin de penser que tu me tiendrais aujourd'hui dans tes bras et que tu m'embrasserais ainsi !

« Je n'ai pas dormi la nuit dernière ; tout le temps j'ai été avec toi.

— Vraiment ?

— Oui, je lisais ton procès; je l'ai dévoré trois fois de suite... je le sais par cœur. Les vieux journaux sont mouillés de mes larmes. Ah! mon père, comme c'est beau, comme c'est grand, ce que tu as fait ! Va, les autres peuvent penser de Jean Renaud ce qu'ils veulent, ta fille est fière de toi!

— Chère enfant, chère enfant!

— Je t'aimerai tant que tu ne te souviendras plus de ce que tu as souffert.

— Le jour où j'ai su que tu étais ma fille, j'ai oublié. Dieu m'a grandement récompensé; il ne pouvait faire plus pour moi. Je ne crois pas qu'il y ait un bonheur comparable au mien.

A la vue de Lucile transformée, Jean Renaud ne put retenir une exclamation. (Page 509.)

— C'est ce que je me dis aussi ; il me semble que je suis trop heureuse... C'est si bon d'aimer et de se savoir aimée !

— Si le bon Dieu refusait le bonheur à ses anges, à qui donc le donnerait-il ?

— Tu étais bon, toi, et pourtant tu as été malheureux !

— Blanche, ma chérie, ne parlons plus du passé, mais de l'avenir ; j'aurai ma part de toutes tes joies ; te voir souriante, heureuse, voilà ce que je veux. Je n'ai plus à penser à moi.

— Je me chargerai de ce soin, répondit-elle avec un gracieux sourire.

— Blanche, je voudrais te demander quelque chose.

— Tout ce que tu voudras.

— Est-ce qu'il n'y a pas à la ferme quelques effets ayant appartenu à Lucile Mellier?

— Tout ce qui était à elle est conservé précieusement dans une armoire.

— Et cette armoire se trouve?...

— Dans la chambre de mon parrain.

— Alors il y a dans l'armoire des robes, du linge...

— Oui, tout ce qui appartenait à la pauvre Lucile ; rien n'a été donné. Elle avait de très-belles dentelles ; plutôt que d'y toucher, mon parrain préférait m'en acheter d'autres.

— Eh bien ! ma chérie, je voudrais avoir une robe de Lucile Mellier, la plus simple, la moins riche, de couleur sombre autant que possible ; avec cela un châle ou un fichu, un de ces objets qu'une femme met sur ses épaules, une chemise, une paire de bas, des souliers ou des bottines, enfin un habillement complet.

La jeune fille regarda son père avec surprise.

— J'ai rencontré hier une femme bien malheureuse, qui est à peine vêtue, continua Jean Renaud répondant à l'interrogation du regard de sa fille ; c'est un cadeau que je veux lui faire.

Blanche avait baissé les yeux ; elle paraissait embarrassée.

— Mon père, dit-elle avec émotion, j'aimerais mieux te remettre une centaine de francs de ma petite bourse pour cette pauvre femme ; avec cette somme, elle s'achèterait bien des choses.

— Non, répondit vivement Jean Renaud, ce n'est pas de l'argent que je veux lui donner...

— Je crains que mon parrain ne soit pas content ; vois-tu, il conserve comme des reliques les moindres objets ayant appartenu à Lucile... Ah ! il l'aimait bien aussi !

— Tu peux être tranquille, Blanche ; quand Rouvenat saura que tu as touché aux effets de Lucile, loin de te faire un reproche, il sera enchanté.

— N'importe ! du moment que tu me demandes cela, je te le donnerai. Je préparerai le paquet, et tantôt...

— Blanche, je voudrais l'avoir tout de suite. Tu auras vite rassemblé ces divers objets. Je t'attendrai ici.

— Est-ce que je connais cette pauvre femme?

— Non, tu ne la connais pas.

— Est-elle de Frémicourt ou de Civry?

— Je ne peux pas te le dire.

— C'est donc un secret?

— Oui, un secret.

— En ce cas, monsieur le mystérieux, je ne t'interroge plus.

— Tu pourrais mettre aussi dans le paquet quelques-unes de tes épingles à cheveux, un peigne, ce qui est nécessaire à une femme pour se coiffer.

— Tu augmentes encore ma curiosité; mais du moment que c'est un secret... Attends-moi, je ne serai pas longtemps.

Et, légère comme un oiseau, elle s'élança hors du berceau. Elle reparut au bout d'un quart d'heure avec les effets enveloppés dans une serviette.

— Tu es content? lui demanda la jeune fille.

— Oui, très-content.

— Viendras-tu déjeuner à la ferme?

— Non, jusqu'au retour de Rouvenat, je prendrai mes repas dans ma chambre. Tout à l'heure, je viendrai chercher des provisions pour la journée.

— Je vais les préparer moi-même.

— Alors tu vas me gâter comme un enfant.

— Non, comme un père qu'on aime!

Rayonnante de joie, elle lui sauta au cou.

Jean Renaud revint à la maison du berger après avoir fait un assez long détour pour ne point passer à la ferme.

Il frappa doucement à la porte de la chambre de Lucile. Celle-ci ouvrit.

— Vous voilà levée? lui dit Jean Renaud; avez-vous bien dormi?

— Je n'ai pas dormi, mon ami, répondit-elle; depuis longtemps, je n'ai plus de sommeil; mais je me sens reposée.

— Tenez, Lucile, reprit Jean Renaud en posant le paquet sur une table, ceci est pour vous.

— Qu'est-ce donc?

— Regardez!

Elle dénoua les coins de la serviette. Elle vit une robe, un mantelet qu'elle reconnut. Aussitôt ses yeux se remplirent de larmes et un sanglot sortit de sa poitrine.

— Ainsi, dit-elle en proie à vive émotion, vous avez pensé à cela... Mais comment avez-vous pu?...

— J'ai vu Blanche.

— Est-ce que vous lui avez raconté?...

— Rien. Je lui ai dit que je voulais donner ces vêtements à une pauvre femme.

— Ah! vous n'avez pas menti ; je suis bien une pauvre femme. Voyez, Jean Renaud, voyez comme je suis vêtue !

— J'avais vu cela hier, voilà pourquoi ce matin...

Elle lui tendit sa main en disant :

— Merci.

— Vous allez vous habiller ? reprit Jean Renaud.

« — Oui. Vous ne savez pas le plaisir que j'éprouve, mon cher Jean Renaud, et pourtant je n'ai plus de coquetterie! Mais pouvoir me dépouiller de ces haillons de misère...

Elle se rapprocha de la table.

— Cette robe, dit-elle en la prenant d'une main tremblante, a été achetée à Vesoul par mon père ; je ne l'ai mise qu'une fois. Ce mantelet était mon vêtement préféré ; je le mettais toujours le dimanche pour aller à Frémicourt; Jean Renaud, on dirait que votre fille a deviné ce que j'aurais choisi moi-même. Ah! s'écria-t-elle avec une joie d'enfant, une chemise, un jupon, des bas, des souliers, jusqu'à un mouchoir! L. M., c'est ma marque. Blanche n'a rien oublié, l'habillement est complet.

Jean Renaud l'écoutait en souriant. Certes, il ne s'était pas attendu à lui procurer une aussi grande satisfaction.

Elle trouva dans une feuille de journal un peigne et des épingles.

— Maintenant, je puis me faire belle pour revoir mon fils! dit-elle avec un accent impossible à rendre.

Et, ne pouvant se contenir plus longtemps, elle se mit à pleurer à chaudes larmes.

— Lucile, je vous laisse, dit Jean Renaud; je vais maintenant m'occuper de notre déjeuner.

Et il sortit de la chambre.

XIII

LE RÉCIT DE LUCILE

Une heure après, Lucile était habillée. Ses cheveux démêlés, séparés au milieu de la tête, formaient deux bandeaux sur son front; puis, relevés sur le cou, elle les avait enroulés en spirale et fixés solidement au sommet de la tête malgré leur rébellion.

Jean Renaud revint de la ferme avec un panier rempli de vivres.

A la vue de Lucile transformée, et qui semblait rajeunie de quinze ans, il ne put retenir une exclamation.

— Est-ce que vous me trouvez bien ainsi? lui demanda-t-elle en souriant.

— Oh! tout à fait bien; c'est encore une métamorphose.

— Allons! je suis contente.

— Vous devez avoir faim, reprit-il; si vous le voulez, ajouta-t-il gaiement, nous allons faire la dînette, comme disent les enfants.

Dans un placard, ils trouvèrent de la vaisselle, et, dans un tiroir, des couverts d'étain. La table fut bientôt mise.

Jean Renaud avait tiré du panier une moitié de poulet, des saucisses, une superbe tranche de jambon, un fromage gras, des œufs cuits durs, un pot de confitures, du pain, du vin, des biscuits.

— Ma fille fait bien les choses, dit-il d'un ton joyeux; voilà un véritable festin.

Ils s'assirent en face l'un de l'autre, et, comme ils avaient faim tous les deux, ils firent honneur au déjeuner.

Jean Renaud désirait vivement savoir quelle avait été l'existence de Lucile depuis sa sortie de l'hôpital de Gray.

Voici ce qu'elle lui raconta :

« D'après ce qu'on m'a dit, les médecins n'avaient aucun espoir de me sauver : j'étais condamnée. Cependant, grâce aux soins intelligents qui me furent prodigués et aussi sans doute à ma constitution robuste, je fus sauvée. C'était un miracle. Je n'avais pas assez souffert, Dieu voulait me faire vivre encore.

« A la suite d'une fièvre violente qui dura quinze jours pendant lesquels j'eus constamment le délire, je repris connaissance. Je retrouvai la sensation et peu à peu je me rendis compte de la situation dans laquelle je me trouvais. Avec la faculté de réfléchir et de trouver des pensées, la mémoire me revint. Je me rappelai comment, subitement saisie par le froid, j'étais tombée sur la route tenant mon enfant dans mes bras. Que s'était-il passé ensuite? Je ne me souvenais plus de rien.

« D'ailleurs toutes mes pensées étaient confuses; il y avait dans mon esprit une sorte de lassitude qui lui enlevait la lucidité. Dès que je faisais un effort de réflexion et cherchais à coordonner des faits, mes pensées se confondaient, m'échappaient. Je fus longtemps ainsi, et je ne sais pas vraiment comment je n'ai pas perdu entièrement la raison!...

« Lorsque je réclamai mon fils à la religieuse de l'hôpital, elle fut très-étonnée. Elle m'apprit que des saltimbanques m'avaient trouvée mourante sur la route et que j'avais été apportée par eux à l'hôpital. Elle ne put rien me dire au sujet de mon enfant; mais elle me promit que le jour même elle chargerait quelqu'un de prendre des renseignements.

« Je ne vous parle pas de mes inquiétudes, de mes angoisses, de mes larmes.

« On parvint à savoir qu'un jeune enfant avait été vu avec les saltimbanques, qui, selon toutes les probabilités, l'avaient emmené en quittant la ville.

« J'avais entendu dire que, souvent, des enfants étaient volés ainsi à leurs parents par des bateleurs qui en faisaient d'abord de petits mendiants et ensuite des saltimbanques. En songeant à cette misérable existence, qui pouvait devenir celle de mon cher petit Edmond, j'éprouvai une douleur très-vive; je sentis saigner de nouveau toutes les plaies de mon cœur. Cependant j'avais la certitude qu'il vivait; c'était déjà quelque chose. Je parvins à me tranquilliser un peu et je n'eus plus qu'une pensée : me mettre à la recherche de mon enfant. Je fis le serment de ne prendre aucun repos et de marcher jour et nuit, comme le Juif-Errant, tant que je ne l'aurais pas retrouvé.

« Cette idée fixe hâta ma guérison, et je me trouvai enfin assez forte pour quitter l'hôpital. J'y étais restée six semaines.

« Pour retrouver mon fils, j'aurais pu m'adresser aux autorités de la ville de Gray, aux magistrats, au commissaire de police; la justice, en cette circonstance, ne m'aurait pas refusé son concours, sa protection. Un instant j'eus cette pensée; mais il fallait me faire connaître et peut-être révéler certains secrets que je voulais garder au plus profond de mon cœur; je la repoussai.

— Pourquoi alors ne vous êtes-vous pas adressée à votre père, à Rouvenat? demanda Jean Renaud.

— Je n'en sais rien. J'avoue que cette idée ne me vint pas. Maudite par mon père, je me voyais fatalement condamnée à souffrir toute ma vie. Retenue par une fausse honte, ou plutôt un sentiment d'orgueil que je ne m'explique pas encore aujourd'hui, je ne voulais pas demander grâce. Et puis, si j'avais fait une faute, si j'étais coupable, je trouvais mon père beaucoup plus coupable que moi. D'ailleurs, comme je vous l'ai dit, mon cher Jean Renaud, mon esprit était fort troublé, j'avais perdu une partie de mes facultés intellectuelles.

« J'avais promis à Rouvenat de lui écrire, je ne le fis point ; je voulais subir ma triste destinée, souffrir seule.

« La même raison qui m'empêcha de m'adresser aux magistrats de Gray m'avait conseillé de ne point répondre aux questions qui me furent faites à l'hôpital sur mon passé, ma famille, le lieu de ma naissance, etc. On comprit que je tenais à rester inconnue. On respecta le silence que je voulais garder, tout en me conservant le même intérêt, la même bienveillance.

« J'errai toute la journée dans les rues de la ville comme une âme en peine. Il fallait me mettre à la recherche de mon enfant, mais je ne savais où aller. Pleine d'anxiété, le cœur gros de soupirs, je me tournai sucessivement vers les quatre points cardinaux. J'interrogeai plusieurs personnes. Je compris à leur air, à leurs mouvements de tête, qu'elles me prenaient pour une folle.

« Le soir, très-fatiguée, je m'assis tristement sur une pierre au bord de la Saône. Le froid était vif, je grelottais, je devais être d'une pâleur livide. Un homme, un ouvrier qui passait, s'arrêta devant moi.

« — Vous êtes malade, me dit-il avec bonté ; pourquoi restez-vous là ?

« — Je ne connais personne dans la ville, lui répondis-je ; ce matin je suis sortie de l'hôpital et je ne sais pas où aller. »

« Il me prit le bras en disant :

« — Venez avec moi ; il y a un bon feu à la maison, vous pourrez vous chauffer, et, si vous avez faim, vous partagerez notre modeste repas. Je ne suis pas riche et j'ai quatre enfants ; mais ma femme est bonne, elle vous recevra bien. »

« Je me laissai emmener.

« En marchant, je lui parlai des saltimbanques qui étaient venus à Gray six semaines auparavant.

« — Oui, je sais, me répondit-il ; c'est la troupe de Croquefer, un drôle de pistolet, mais amusant tout de même ; il vient à Gray de loin en loin, surtout au moment de la grande foire. Excusez-moi si je vous interroge, continua-t-il ; seriez-vous, par hasard, la femme que Croquefer a trouvée sur la route ?

« — Oui, c'est moi. »

« Alors l'ouvrier me regarda attentivement.

« — En effet, je vous reconnais maintenant, dit-il; j'étais là quand on vous a couchée sur le brancard pour vous porter à l'hôpital. Ma foi! je suis bien content de vous voir vivante; vous êtes revenue de loin, on ne vous donnait pas plus d'un jour à vivre. Ma femme sera bien heureuse aussi, car, quand je lui ai raconté la chose, elle a beaucoup pleuré.

« — Dites-moi, repris-je, n'avez-vous pas vu un enfant avec les saltimbanques?

« — Un petit garçon, bien habillé et gentil à croquer. Attendez donc! je me souviens très-bien : quand il a vu qu'on vous emportait, il s'est mis à pleurer en criant : « Maman, maman! » Je comprends, cet enfant était à vous.

« — Oui. »

« Je sanglotais.

« — Ah! les gueux, s'écria-t-il, ils vous l'ont pris! Pendant qu'on vous emportait, l'un d'eux, un grand diable, maigre comme un échalas, l'a entraîné d'un autre côté et s'est promené avec lui par la ville. Voyez-vous, ils ont probablement pensé que vous alliez mourir, et ils ont gardé le pauvre petit; mais ils vous le rendront, il le faudra bien.

« — C'est ce que je veux; mais où trouver cet homme que vous appelez Croquefer?

« — Quant à ça, je n'en sais rien; un jour il est ici, le lendemain ailleurs, n'importe où, partout où il y a des foires. Toutefois je crois qu'il s'éloigne rarement de la région de l'Est.

« — Devrais-je parcourir la France entière, je retrouverai mon enfant.

« — Vous voulez entreprendre une tâche difficile pour une femme. Il serait plus simple de faire votre déclaration au commissaire de police.

« — Je le sais, j'ai eu déjà cette pensée; mais je ne veux compter que sur moi. »

« Nous arrivâmes au logis de ce brave homme; il me présenta à sa femme qui me fit un gracieux accueil. J'embrassai les enfants en versant des larmes amères. Je pensais à mon petit Edmond. Malgré moi, j'enviais le bonheur de ces honnêtes gens. Le souper était prêt, la table mise. La femme ajouta un couvert, et, cédant à leurs vives instances, je mangeai avec eux. Ils m'encouragèrent et me dirent pour me faire espérer, pour me consoler, tout ce que leur bon cœur leur inspira.

« Craignant de les gêner, voyant la soirée déjà avancée, je voulus me retirer. Ils me retinrent de force. La femme me prépara un lit dans la chambre où couchaient ses enfants. Je passai la nuit chez eux. Le lendemain, je quittai la ville pour me mettre à la recherche de Croquefer.

Croquefer, d'un air majestueux, semblait dire à la foule : « Regardez-moi bien ! » (Page 515.)

« Je possédais une soixantaine de francs. Cette somme était le reste des économies que j'avais faites pour venir à Saint-Irun. Elle était restée dans ma poche et je la retrouvai intacte quand on me rendit mon vêtement avant de sortir de l'hôpital.

« Je parcourus la Franche-Comté dans tous les sens, l'Alsace et une partie de la Lorraine. Je ne vous ferai pas le récit de toutes mes misères, ce serait trop long et trop douloureux. J'allais d'une ville à une autre, partout où il y avait une foire, une fête; Croquefer était introuvable. Quand je le cherchais à Besançon, à Belfort ou à Pontarlier, il était à Mulhouse, à Strasbourg ou à Metz. Cinq mois se passèrent ainsi en marches et contre-marches inutiles. Que de fatigues! que de cruelles déceptions! Mais rien ne pouvait affaiblir mon courage. Je pensais à mon enfant! Les difficultés qui se dressaient devant moi rendaient ma volonté plus énergique.

« Lorsque ma dernière pièce de monnaie fut dépensée, je dus vaincre ma fierté, mes répugnances, et, quoi qu'il m'en coûtât, je mendiai. Quand mes jambes ne pouvaient plus me porter, je me reposais dans une grange ou un grenier, sur un peu de paille. D'autres fois je me couchais dans un champ ou près d'un arbre sur la route, et je passais la nuit à la belle étoile.

« Le 20 juin, je me trouvais à Belfort, et la nuit du 24, anniversaire de la mort du père de mon fils, je priais sur sa tombe. Pendant trois nuits, je restai autour du Seuillon, mais sans m'approcher de trop près, dans la crainte d'être aperçue. Je m'agenouillai sur le chemin de Civry, à l'endroit où l'on a trouvé le cadavre, et je passai de longues heures me roulant dans le pré où nous nous sommes vus pour la dernière fois quelques minutes avant sa mort. Je revins ainsi plusieurs fois à Frémicourt au mois de juin ; j'éprouvais comme un âpre plaisir à me retrouver au milieu des souvenirs de mon enfance, dans le cimetière où, à quelques pas du malheureux Edmond, repose ma mère qui m'a tant aimée. C'était pour moi un pèlerinage. Du bord de la Sableuse à la route de Civry et au cimetière, je faisais mon chemin de la croix. J'évoquais les ombres du passé et, pour un instant, je me croyais avec elles! Le jour je me cachais ; c'est la nuit seulement que j'avais la hardiesse de me montrer si près de la ferme, sur les lieux du drame épouvantable qui m'avait précipitée dans un abîme insondable.

— Je savais cela déjà, dit Jean Renaud; vous avez été vue par plusieurs personnes qui vous ont prise pour un être surnaturel, une apparition. Peu à peu le bruit s'est répandu que la vallée était hantée et que toutes les nuits un fantôme apparaissait près du trou Merlin.

« Mais continuez, ma chère Lucile, continuez! je ne veux plus vous interrompre. Ah! vous avez horriblement souffert!

— On s'habitue à tout, mon ami, même à la souffrance. Souvent, aux heures de défaillance et de sombre désespoir, plongée dans mes effroyables souvenirs, j'éprouvais une sorte de volupté à torturer mon âme et mon cœur en ravivant toutes mes douleurs. Il me semblait que je trouvais un soulagement dans la contemplation de mon malheur immense.

XIV

LUCILE CHEZ CROQUEFER

« Pendant près de deux ans, continua Lucile, je cherchai vainement Croquefer. On aurait dit qu'un génie malfaisant se faisait un jeu de mes angoisses et se plaisait à diriger mes pas du côté opposé à celui où je devais aller. Enfin je finis par le trouver.

« La foire de Saint-Mammès, à Langres, dure quinze jours; c'est une des plus belles de nos départements de l'Est; elle attire un nombre considérable de petits marchands forains, de saltimbanques, etc. Je savais cela. Je me rendis à Langres. Cette fois, je fus bien inspirée : Croquefer s'y trouvait avec sa troupe. Sa baraque occupait une des plus belles places du champ de foire. De grandes affiches jaunes annonçaient un spectacle merveilleux, et la foule, éblouie par de fallacieuses promesses, se pressait à l'entrée du théâtre.

« On me montra Croquefer. Il était vêtu d'un pourpoint cerise dont les broderies crasseuses attestaient le long usage; il portait une perruque blanche et était coiffé d'un chapeau galonné, à trois cornes, sous lequel s'épanouissait sa grosse figure enluminée. Il se donnait un air majestueux et semblait dire à tout le monde : « Regardez-moi bien, je suis Croquefer ! » Il était radieux. J'ai su depuis, que sa gaieté ou sa joyeuse humeur était subordonnée à ses recettes. Ce jour-là, il était très satisfait, car la joie étincelait dans ses petits yeux gris.

« Je m'approchai de son estrade, sur laquelle paradait une partie de sa troupe, et je lui demandai de vouloir bien m'accorder un instant d'entretien.

« Il me regarda des pieds à la tête, et parut très-surpris de mon audace. Cependant il me répondit :

« — Vous choisissez mal votre moment; si vous avez quelque chose à me demander, venez demain à dix heures à l'hôtel du *Cheval blanc.* »

« Je me retirai. Je compris que, en effet, il ne pouvait pas se déranger de son travail.

« Le lendemain, à dix heures, je me présentai à l'hôtel du *Cheval blanc.* On me fit entrer dans la salle où Croquefer achevait de déjeuner. Je m'approchai de lui en tremblant. Il me paraissait fort redoutable et, instinctivement, j'avais peur de lui.

« — Ah! ah! me dit-il avec une fausse bonhomie, c'est vous que j'ai vue hier; vous voulez me parler; de quoi s'agit-il? Est-ce que vous désirez vous engager dans ma troupe? Vous avez déjà joué le drame? Voyons, quels rôles savez-vous? Vous n'êtes pas trop mal, je vous ferai débuter, je vous...

« — Est-ce que vous ne me reconnaissez pas? » l'interrompis-je.

« Ses yeux clignotèrent et se fixèrent sur les miens.

« — Votre figure ne m'est pas inconnue, me dit-il; mais je ne me rappelle pas où je vous ai rencontrée; je vois tant de monde!...

« — Monsieur Croquefer, vous m'avez rencontrée à quelques lieues de Gray, sur la route, engourdie par le froid. »

« Il fit un mouvement brusque, et écarquillant ses yeux :

« — Quoi! c'est vous! s'écria-t-il; ainsi vous n'êtes pas morte?

« — Vous devez le voir.

« — C'est vrai, fit-il, je viens de dire une bêtise; je me crois toujours en conversation avec mon jocrisse.

« — Monsieur Croquefer, depuis le jour où je suis sortie de l'hôpital de Gray, je vous cherche.

« — Hein? vous me cherchez?... Mais je ne me cache pas, et je suis assez connu... Enfin, que me voulez-vous?

« — Ai-je donc besoin de vous le dire?

« — Je ne suis pas sorcier.

« — Je viens vous réclamer mon enfant. »

« Il pâlit légèrement et se frappa le front.

« — Et c'est pour me réclamer votre enfant que vous me cherchiez? me demanda-t-il.

« — Oui, c'est pour cela. Vous n'êtes pas un méchant homme, vous ne voudriez pas me réduire au désespoir; vous allez me le rendre, n'est-ce pas? »

« Je me mis à ses genoux et je cherchai à l'émouvoir par mes larmes et les paroles qui me montaient du cœur aux lèvres.

« — Mais je ne l'ai pas, votre enfant, je ne l'ai pas! » s'écria-t-il.

« Je crus qu'il mentait. Je me redressai d'un bond et je lui dis avec colère :

« — Si vous ne me le rendez pas immédiatement, je vous dénonce comme un voleur.

« — Vous êtes folle! fit-il en haussant les épaules.

« — Oui, je suis folle, folle de douleur; mais il me reste assez de raison pour prouver que vous m'avez volé mon enfant à Gray; je trouverai des témoins... »

« Je lui dis les choses les plus dures; j'étais exaspérée, hors de moi; je ne voulais rien entendre. Je devais être terrible dans ma fureur, car je fis trembler Croquefer, un homme que rien n'épouvante et qui semble être de marbre.

« Cependant je me calmai. Alors le saltimbanque me jura qu'il n'avait point mon fils et me raconta comment un homme de sa troupe, son paillasse, était parti avec l'enfant le jour même où l'on me porta à l'hôpital.

« Il m'avoua qu'il avait eu, en effet, l'intention de garder mon fils, étant persuadé que j'allais mourir. Il n'avait jamais pu s'expliquer pourquoi son paillasse s'était sauvé avec lui; mais quand je lui eus dit que j'avais douze mille francs en or dans un sac de cuir il poussa une exclamation et se mit à frapper de grands coups de poing sur la table.

« — Ah! le brigand! s'écria-t-il; je comprends : il s'est enfui avec le magot.

« Il m'avait pris pour une pauvresse et il m'affirma qu'il ignorait absolument que j'eusse une somme aussi importante. Ni lui ni personne de sa troupe n'avait vu le sac de cuir.

« — Soyez tranquille, me dit-il; nous retrouverons le voleur; vous pouvez considérer votre argent comme perdu; mais je vous promets de vous faire rendre votre enfant. »

« Que m'importait l'argent ? Je n'y pensais pas. C'est mon fils que je cherchais, c'est mon cher petit Edmond que je voulais retrouver.

« Depuis un instant, Croquefer me regardait attentivement. Une idée lui était venue.

« Il me demanda si j'avais une famille, des parents, ce que je faisais, quelle était ma position.

« Je lui répondis que j'étais seule au monde et je lui fis connaître ma déplorable existence depuis le jour où, sortie de l'hôpital, je m'étais mise à sa recherche.

« Il feignit une émotion qu'il n'éprouvait certainement pas; il me plaignit avec un grand air de sincérité, parut s'intéresser vivement à mon malheur, me renouvela la promesse de me faire rendre mon enfant dès qu'il aurait retrouvé son ancien paillasse, et finit par me proposer de rester avec lui. Il me vit hésitante. Mais il eut raison de ma résistance en me parlant de mon fils. J'acceptai.

« — J'ai besoin d'une servante, me dit-il; vous êtes tout à fait la femme qu'il me faut. Il y a le linge de ma troupe à raccommoder, à laver, à repasser, les costumes à tenir en bon état, un peu de cuisine à faire; vous nous serez très utile. Je ne vous promets pas de gages, mais vous serez nourrie, habillée, vous n'aurez plus besoin de mendier. A votre âge, on ne peut pas être une mendiante ; je m'étonne que les gendarmes ne vous aient pas déjà arrêtée plusieurs fois comme vagabonde. »

« Le jour même, j'entrai en fonctions. Lucile Mellier devenait la domestique d'un saltimbanque. Après avoir tendu la main pour recevoir le morceau de pain de la charité, je n'avais plus le droit d'être fière.

« Je fis tout ce qui dépendait de moi pour satisfaire mon maître et mériter ses bonnes grâces. C'est un homme dur, très-exigeant et très-avare. Que vous dirai-je, mon brave Jean? il fit de moi une sorte de bête de somme.

« Très-vaniteux et bouffi d'orgueil, Croquefer se prend au sérieux et se croit un personnage. Despote et cruel souvent, lorsque les affaires ne vont pas à son gré, tous les malheureux qui vivent autour de lui tremblent sous son regard ; ils obéissent comme un troupeau d'esclaves. Ce maître terrible abuse odieusement de son autorité. Je subis sa domination comme les autres misérables qui sont sous sa dépendance. Mais la pensée de mon fils me soutenait toujours, me donnait un courage surhumain et me faisait prendre mon mal en patience. Je comptais sur la promesse qu'il m'avait faite et je ne doutais pas de sa sincérité.

« Je lui disais souvent :

« — Quand me rendrez-vous mon enfant?

« — Patience! patience! me répondait-il; je saurai bientôt ce que mon ancien paillasse est devenu. »

« Je croyais qu'il faisait des recherches; je n'avais aucune raison de penser qu'il voulût me tromper; je n'admettais pas qu'il pût me mentir. Et pourtant, j'en ai acquis plus tard la conviction, il n'a jamais fait aucune démarche pour retrouver mon fils. Il avait besoin d'une domestique, je lui étais très-utile, et, comme il ne me payait pas, il tenait à me garder longtemps.

« Il se servait de mon enfant comme d'un appât pour me retenir. Et moi, pleine de confiance, je redoublais de zèle et d'activité pour lui être agréable; je ne croyais pas pouvoir payer assez cher la joie que j'attendais de lui.

« Croquefer doit être riche; mais, comme je vous l'ai dit, il est avare. Que fait-il de l'argent qu'il gagne? Personne ne le sait. Sa troupe se compose généralement de douze à quinze individus des deux sexes. Ils sont mal payés et n'ont, la plupart du temps, que des guenilles à se mettre sur le dos. Ils n'ont un peu d'argent que les jours de fête ou de foire. Ils travaillent, ils ont le droit d'exiger une partie de la recette de chaque jour. Mais ce que le patron leur donne est vite dépensé. J'ai eu l'occasion de remarquer que plus on est misérable, moins on est prévoyant. Quand ils n'ont plus rien dans leurs poches, comment vivent-ils? C'est un problème que je n'ai pu résoudre. Évidemment, ils doivent souvent pratiquer un jeûne forcé.

« Quant à Croquefer, il ne manque jamais de rien ; il est toujours vêtu comme un bon bourgeois, et il couche et mange à l'hôtel.

« Il devait me donner la nourriture et le vêtement. J'avais du pain et encore pas tous les jours.

« Mon corps, heureusement, était depuis longtemps habitué aux privations. Pour me vêtir, je me confectionnais moi-même des habillements avec de vieilles étoffes jetées au rebut et qu'il daignait mettre à ma disposition. Il croyait se montrer ainsi très-généreux et agir avec munificence.

« Tel est le maître que, dans l'espoir de retrouver mon enfant, je m'étais condamnée à servir. Je n'avais plus de volonté, j'étais tombée dans une sorte d'apathie, et il avait fait de moi une machine, un automate.

« Malgré ma docilité et les efforts que je faisais pour ne mériter aucun reproche, il lui arrivait souvent de m'adresser des paroles brutales ; il eut même un jour l'audace de me frapper. Quand la foule n'accourait pas à ses représentations, ce qui n'était pas rare, tous ceux qui l'entouraient avaient à en souffrir. Il fallait qu'il se vengeât du mauvais temps ou de l'indifférence du public sur quelqu'un. C'est sur moi que retombait le plus souvent sa mauvaise humeur.

« Honteuse de ma servitude, prise de dégoût et voulant rompre ma chaîne, je le quittai plusieurs fois. Pendant un mois, deux mois et même plus longtemps, je m'en allais sur les chemins, à l'aventure, et de nouveau, pour ne pas mourir de faim, je tendais la main. Mais comme je n'avais aucun espoir de retrouver mon petit Edmond sans le concours de Croquefer, je me décidais à retourner vers lui et à rentrer à son service, toujours aux mêmes conditions. Je dois dire qu'il n'a jamais essayé de me décourager au sujet de mon enfant ; il me promettait, au contraire, de se livrer plus activement aux recherches qu'il faisait, soi-disant, et me jurait sur son honneur, par tout ce qu'il avait de plus sacré, que je reverrais mon fils, qu'il me le rendrait.

« Croquefer promet et jure tout ce qu'on veut ; les serments ne lui coûtent rien.

« Un jour, il découvrit que je savais écrire et très-bien compter ; dès lors il eut pour moi un peu plus de considération et me traita avec une certaine déférence. Il faut croire que, jusqu'à ce moment, il n'avait vu en moi qu'une idiote ou une brute. Nous étions alors à Épinal. Il m'acheta chez un fripier un habillement assez convenable, vendu par quelque femme de chambre. Sur son ordre, je dus travailler toute la nuit pour l'ajuster à ma taille.

« Le lendemain, lorsque commencèrent les représentations, il m'installa sur l'estrade du théâtre, assise devant une espèce de bureau. Sans transition, il m'élevait aux fonctions de caissière ; pour me donner ce poste de confiance, il fallait qu'il fût bien sûr de moi et qu'il eût reconnu que j'étais incapable de mettre dans ma poche une partie de la recette, si minime qu'elle fût.

« Il paraît que, souvent, les femmes de sa troupe, qu'il chargeait de tenir la caisse, ne se gênaient pas pour prélever un droit sur la recette à leur profit. La ladrerie de Croquefer pouvait justifier jusqu'à un certain point ces infidélités. Si ces pauvres saltimbanques ne sont pas toujours très-scrupuleux, si leur honnêteté, leur vertu, est facilement vulnérable, on ne saurait dire qu'ils manquent absolument de probité. Si triste et si misérable que soit leur existence, il y a de bons sentiments chez la plupart d'entre eux.

— Jérôme Greluche en est la preuve, dit Jean Renaud.

— Celui-là n'est peut-être pas une exception, répliqua Lucile; mais je ne veux pas comparer cet honnête et excellent homme, qui a élevé mon fils et lui a tenu lieu de père, aux saltimbanques que j'ai connus et avec lesquels il a vécu pendant plusieurs années.

« Je reviens à Croquefer. Je devins donc sa caissière, mais je restai en même temps son humble servante.

« Il lui arriva aussi d'exiger que je m'affublasse d'oripeaux afin de figurer dans ses parades grotesques et sur les planches de son théâtre. Malgré mes répugnances, mon horreur de ces exhibitions, j'obéissais. Je faisais cela pour mon fils. Pour mon Edmond, je me serais laissé martyriser sans faire entendre une plainte. D'ailleurs Croquefer me dominait complétement. J'étais son esclave comme les autres.

« Cependant il ne put jamais me faire consentir à jouer un rôle quelconque dans un de ses drames.

« Il employa tour à tour la prière, la menace, les plus séduisantes promesses; je restai inflexible.

« De fait, je ne crois pas que j'eusse été capable d'apprendre seulement vingt lignes par cœur.

« Après avoir vainement essayé de vaincre ma résistance à ce sujet, il se lassa et finit par me laisser tranquille.

« Pendant ce temps, les années s'écoulaient, et Croquefer ne me rendait pas mon fils, ainsi qu'il me le promettait sans cesse.

« Si je vous disais tout ce que j'ai enduré depuis treize ans, je n'en finirais pas. J'ai connu toutes les amertumes, toutes les angoisses, toutes les douleurs ; j'ai descendu, un à un, tous les degrés de l'échelle du malheur ; j'ai subi toutes les humiliations. Comment ai-je pu résister à tant de souffrances, à tant de misères? Je n'en sais rien. Depuis longtemps je devrais être morte.

« Une seule chose en moi n'a pu être atteinte : mon honnêteté... Ah! contre elle, la fatalité elle-même ne pouvait rien. Il ne me restait que l'estime de moi-même. Si je l'eusse perdue, je n'aurais pas survécu à cette honte! J'étais encore jeune et toujours belle ; en me donnant la beauté, la nature m'a fait un triste

LA FILLE MAUDITE

Croquefer voulut me faire manger un morceau de viande crue. (Page 523.)

don; plus d'une fois j'ai dû repousser d'odieuses tentatives. Mais pour me garder, pour me défendre contre tous les périls, il y avait dans mon cœur l'amour maternel et le souvenir des vertus de ma mère.

« Au mois de mai dernier, nous arrivâmes à Gray, quelques jours avant la foire.

« Croquefer ne manque pas d'imagination. Afin d'attirer le public dans sa salle de spectacle, il invente toujours quelque chose de nouveau ; il appelle cela trouver un *truc*. Son plus grand souci est de composer une affiche à attraction, irrésistible, *épatante* : — ce sont ses mots. — Selon lui, l'affiche est tout. Sans l'affiche, pas de succès, pas de recettes. *Fiasco*.

« Or, pour la foire de Gray, il lui vint à l'idée d'avoir une femme sauvage. Le difficile était de la trouver. Mais Croquefer n'est jamais embarrassé. Il sait que le public crédule n'y regarde jamais de trop près et qu'il peut impudemment lui montrer des femmes à barbe, des géantes et autres phénomènes qui n'en sont pas.

« Avant même de m'avoir consultée, il décida que je serais sa femme sauvage, à laquelle il crut devoir donner, dans l'intérêt de sa caisse, l'aimable qualité d'anthropophage.

« Il vint me trouver. Je lui avais vu rarement l'air aussi joyeux. Son visage vermillonné, ses petits yeux clignotants, sa bouche en cœur, tout en lui exprimait le plus vif contentement.

« — Avec de la patience, on arrive à tout, me dit-il ; je suis enfin parvenu à savoir ce qu'est devenu mon brigand de paillasse.

« — Et mon fils, m'écriai-je, existe-t-il encore ?

« — Oui. »

« Alors je fus prise d'un accès de joie délirante.

« Il me laissa le temps de me calmer, puis il reprit :

« — Votre fils est aujourd'hui un grand et beau garçon. Dans quinze jours au plus tard, vous le verrez. Mais moi seul, vous entendez, la Pâlotte ? — c'est le surnom qu'il m'avait donné, — moi seul aurai assez d'influence sur mon ancien paillasse pour lui faire dire où il se trouve actuellement. Donc, bon gré, mal gré, le coquin vous rendra votre fils. »

« Je lui pris les mains et le remerciai avec effusion.

« — Seulement, continua-t-il, si vous tenez à revoir votre fils, si vous voulez que j'agisse pour vous, il faut que vous me rendiez un service.

« — Lequel ?

« — Je veux vous donner un rôle à jouer.

« — Mais je ne peux pas ! vous savez bien que je ne peux pas !...

« — Vous pourrez, répliqua-t-il presque durement ; d'ailleurs je ne vous ferai rendre votre fils qu'à cette condition. Choisissez.

« — Oh ! vous êtes impitoyable, lui dis-je.

« — Oui ou non, acceptez-vous ?

« — Qu'est-ce que j'aurai à dire et à faire ?

« — Rien à dire. Votre rôle consistera simplement à porter un costume de circonstance. Vous paraîtrez sur le théâtre déguisée en femme sauvage. »

« Je poussai un cri d'horreur et de dégoût.

« — Il me faut une femme sauvage, poursuivit-il, je l'annonce sur mon affiche, et je n'ai que vous pour jouer ce rôle magnifique, un nouveau *truc* qui nous fera faire des recettes superbes. Savoir jeter la poudre aux yeux, tout est là. C'est le succès. »

« Il me dit bien d'autres choses encore dont je ne me souviens plus. Enfin, en employant successivement toutes les ressources de son esprit adroit et rusé et en me parlant de mon fils, il obtint de moi ce qu'il désirait. Je consentis à paraître sur ses planches en femme sauvage.

« Il s'occupa lui-même de mon déguisement. Il me peignit les jambes, les bras et me barbouilla la figure avec des couleurs. Il m'habilla ensuite je ne sais comment, me couvrit de verroteries, et c'est dans cet accoutrement, sous cette mascarade, qu'il me montra aux deux ou trois cents personnes qui remplissaient sa salle de spectacle.

« Du moment que j'avais consenti à me laisser transformer en femme sauvage, j'aurais eu le courage peut-être de jouer ce rôle ridicule jusqu'au bout. Mais tout à coup, dans la salle, parmi les spectateurs, je reconnus Rouvenat. Il y avait à côté de lui deux belles jeunes filles qui me regardaient avec une curiosité pleine de compassion ! Que se passa-t-il en moi ? Je ne saurais le dire. Mes yeux se voilèrent, le sang bourdonna dans mes oreilles. Prise par une sorte de vertige, il me sembla que tout dansait autour de moi ; je ne voyais plus que des figures grimaçantes, horribles ; j'entendais comme des hurlements.

« Croquefer voulut me faire manger un morceau de viande crue. — C'était dans mon rôle. — Je le repoussai avec épouvante. Il voulut me frapper pour me forcer à obéir. Alors, je crois me le rappeler, je poussai un grand cri et je m'enfuis.

« Une femme de la troupe qui m'avait prise en affection m'aida à me débarrasser du costume dont j'étais affublée.

« — Croquefer est un menteur, il vous a trompée, me dit-elle ; il n'a jamais cherché à savoir ce qu'était devenu votre enfant ; il vous a promis de vous le faire retrouver bientôt : c'est faux. Je vous le répète, il ne sait rien. Il vous a menti pour vous faire consentir à jouer le rôle de la femme sauvage.

« — Oh ! le misérable ! m'écriai-je désespérée. Mais est-ce bien vrai ce que vous me dites ?

« — Je n'ai aucune raison de vous tromper, moi, me répondit-elle ; Croquefer s'est moqué de vous. Si je n'avais pas de la sympathie pour vous, je ne vous aurais rien dit; mais je suis bien aise que vous sachiez la vérité et à quoi vous en tenir sur toutes les belles promesses du patron. »

« Je repris à la hâte mon vêtement, et, sans avoir seulement pensé à me laver la figure, je me glissai hors de la tente et me sauvai à toutes jambes. Je fuyais Croquefer, avec l'idée bien arrêtée, cette fois, de me soustraire pour toujours à mon esclavage.

« Mais, hélas! je n'avais plus d'espoir. En admettant que mon fils existât, je me voyais séparée de lui pour toujours; il était à jamais perdu pour moi.

« Je courus pendant deux ou trois heures à travers champs, sans même me demander de quel côté je me dirigeais. J'étais presque folle, je sentais plus vivement toutes mes douleurs, j'avais la mort dans l'âme. La pensée de mon fils ne me soutenait plus. Ce jour-là, je songeai au suicide. Si je me fusse trouvée au bord de la Saône, je me serais probablement jetée dans l'eau pour mettre fin à ma misérable vie.

« Un peu avant le coucher du soleil, je m'arrêtai près d'une fontaine à l'entrée d'un petit village. J'avais complétement oublié le travail du pinceau de Croquefer. J'avais encore sur la figure, les bras et les jambes des dessins bizarres, cherchant à imiter le tatouage de certains sauvages.

« Je m'empressai de me débarbouiller et je parvins, non sans peine, à faire reprendre à ma peau sa couleur naturelle. Il ne me restait plus que le pénible souvenir d'avoir été un instant la grande reine de Okanda.

« Pour une reprise, un raccommodage quelconque ou tout autre petit service que je leur rendais volontiers, les saltimbanques me donnaient quelques sous de loin en loin, quand ils le pouvaient, c'est-à-dire quand ils avaient de l'argent. Grâce à ces libéralités, j'étais parvenue à amasser une quarantaine de francs.

« Comme je vous l'ai dit, mon cher Jean Renaud, cette somme m'a permis de vivre près du Seuillon, depuis bientôt deux mois, sans que je fusse obligée de mendier, ce que je n'aurais pu faire, dans la crainte d'être reconnue. Ainsi, si je n'avais pas eu cet argent, qui provient de mes économies de plusieurs années, ou je serais morte de faim ou j'aurais été forcée de m'éloigner du Seuillon. Je ne vous aurais pas rencontré, mon ami; au lieu de la lumière qui m'environne, je serais encore plongée dans les ténèbres, mon cœur ne se serait pas ouvert à l'allégresse et je ne verrais point s'avancer vers moi la radieuse espérance!

« Où serais-je en ce moment? Je n'ose me le demander.

« Ah! Jean Renaud, il faudrait être aveugle et je serais bien ingrate envers Dieu si je ne reconnaissais pas l'œuvre de sa divine Providence!

« Je ne suis plus maudite! je ne suis plus maudite! »

XV

LA PORTE DE LA CAVE

Jean Renaud resta presque toute la journée avec Lucile pour lui tenir compagnie.

Ils parlèrent longuement du passé et formèrent de magnifiques projets dans l'avenir, non pour eux : ils s'oubliaient complétement pour ne penser qu'à leurs chers enfants.

Cependant Lucile ne perdait point de vue les paroles menaçantes du fils Parisel, l'épouvantable danger que courait Blanche si le misérable parvenait à s'introduire dans la ferme comme il en avait l'intention.

Elle pouvait faire prévenir la jeune fille d'avoir à se tenir sur ses gardes ; mais c'était l'effrayer sans la soustraire à la vengeance du beau François. Si elle avertissait Jean Renaud, celui-ci voudrait défendre sa fille, et elle ne songeait pas sans terreur à ce qui arriverait si le père de Blanche et le fils Parisel se trouvaient en présence. Un meurtre était à redouter.

Ayant résolu de garder le silence sur ce qu'elle avait entendu derrière la haie du jardin du berger, et voulant à tout prix défendre la jeune fille contre son féroce ennemi, nous avons dit qu'une inspiration lui était venue. Toutefois elle ne pouvait rien faire sans le secours de Jean Renaud.

Après avoir causé de leurs enfants, de leur mariage et de leur bonheur, dont ils seraient les témoins, Lucile dit à Jean Renaud :

— Quand la nuit sera venue et que tout le monde dormira à la ferme, je voudrais y entrer sans que personne le sût.

Jean Renaud la regarda avec surprise.

— C'est une idée qui m'est venue, reprit-elle ; je désire passer cette nuit près de mon père, dans la chambre de Rouvenat.

— Du moment que vous avez ce désir, Lucile, et que c'est votre volonté, je n'ai pas d'objections à faire ; je ne vous demande même pas pourquoi cette idée vous est venue. Dès hier, si vous l'aviez voulu, vous seriez installée à la ferme, vous auriez repris la place qui vous y appartient. Maintenant il faut trouver le moyen de vous faire entrer dans la maison, ce qui est assez difficile quand toutes les portes ont été fermées.

— C'est vrai; aussi ai-je compté sur vous. Autrefois, si j'ai bonne mémoire, la porte d'entrée sur la cour avait deux clefs; il faudrait pouvoir s'en procurer une.

— Le plus simple serait de prévenir Blanche, de la mettre dans le secret.

— Non, répliqua vivement Lucile, je tiens plus que jamais à ce que Blanche et mon père ne sachent rien avant l'arrivée de Rouvenat et de mon fils au Seuillon. Je veux également que ma présence cette nuit dans la maison de mon père soit absolument ignorée.

« Ma conduite doit vous étonner, mon ami, je le comprends. Je ne saurais pas moi-même vous bien expliquer les raisons qui me font agir. J'obéis en ce moment à une inspiration, à une voix intérieure qui me conseille. Assurément il serait naturel que j'allasse immédiatement trouver mon père pour lui dire : Votre fille n'est pas morte; je sais que vous l'appelez, que vous l'attendez, me voici... Vous m'avez maudite, mais Dieu s'est lassé de me faire souffrir, je reviens, bénissez-moi! Oui, je pourrais faire cela; mais cette voix dont je viens de vous parler me crie impérieusement que l'heure n'est pas encore venue. Elle me retient, m'arrête, je l'écoute. Il me semble que c'est à Dieu que j'obéis, que Dieu veut cela.

— Oui, fit Jean Renaud, il y a de ces voix auxquelles on obéit; c'est comme une volonté mystérieuse qui s'impose à nous.

Puis, après un moment de silence :

— C'est bien décidé, dit-il, vous voulez coucher cette nuit dans la chambre de Rouvenat?

— J'y tiens absolument.

Il se leva, mit son chapeau de paille sur sa tête et dit :

— Je vais à la ferme.

— Quand reviendrez-vous?

— Aussitôt que j'aurai trouvé le moyen de vous faire entrer dans la maison à l'insu de tout le monde.

— Vous réussirez, j'en suis sûre.

— Je l'espère.

— Allez donc, mon brave Jean Renaud! je vous attendrai avec une vive impatience.

Jean Renaud sortit. Un instant après, il entrait à la ferme et s'asseyait près de la cheminée, son bâton entre les jambes.

De temps à autre, il échangeait quelques paroles avec la cuisinière qui allait et venait fort affairée, surveillant son feu, ses pots et ses marmites. Il était déjà tard, l'heure du retour des champs approchait, et la servante savait que les travailleurs aiment à se mettre à table tout en arrivant. Préparer le repas de quarante personnes n'est pas une petite besogne.

Jean Renaud, pour ne pas rester inactif, alimentait le feu en jetant sur le brasier un ou deux morceaux de bois aussitôt que la flamme devenait moins vive.

Pendant ce temps, la servante mettait sur les tables les assiettes et les couverts.

— Vous avez bien de l'ouvrage, lui dit Jean Renaud.

— Je vous en réponds. Je n'ai pas une seconde à perdre. Il faut que le souper soit prêt quand ils vont arriver. On entre, on se met à table, on mange. Ils sont fatigués, ils ont faim, il ne faut pas qu'ils attendent. Et puis, vous savez, Mardoche, ventre affamé n'a point d'oreille.

— Est-ce que l'autre servante ne vous aide pas?

— Chacun ici a sa besogne. Gertrude a assez de traire ses vaches et de soigner sa laiterie. Les jours comme ceux-ci, mademoiselle Blanche me donne un coup de main; elle m'a aidée tantôt. Mais M. Mellier l'a appelée il y a une heure, et elle n'est pas redescendue.

— Est-ce que M. Mellier serait indisposé?

— Non, pas précisément, mais il a quelque chose; il paraît très-agité.

— L'absence de M. Rouvenat, peut-être.

— Ce doit être cela; il est parti hier, il voudrait déjà qu'il fût revenu. Il lui semble que, du moment que M. Rouvenat n'est pas là, rien ne peut marcher. Tout de même M. Rouvenat est la cheville ouvrière de tout.

« Bon ! il va encore falloir que j'aille à la cave tirer le vin. »

Jean Renaud fit un brusque mouvement.

— Est-ce que mademoiselle Blanche ne peut pas y aller? demanda-t-il.

— Si, certainement; mais elle n'en a pas l'habitude, et puis je ne me permettrais pas de la déranger. D'ordinaire, c'est toujours M. Rouvenat qui monte le vin.

— Si cela peut vous être agréable, reprit Jean Renaud qui avait son idée, je vous rendrai le petit service d'aller à la cave tirer le vin.

— Ma foi! ce n'est pas de refus, car en ce moment je ne puis guère quitter mes casseroles. J'avais prié Jean, le premier garçon, de revenir du pré un quart d'heure avant les autres, mais il a probablement oublié. Ils ont déjà rentré six grosses voitures de foin et ils vont sans doute revenir avec deux autres.

Jean Renaud s'était levé.

— Eh bien! je vais à la cave, dit-il; vous n'avez qu'à m'indiquer où se trouve la futaille dans laquelle on tire et à me dire le nombre de bouteilles qu'il faut remplir.

— Hier j'ai fait monter seize litres, les deux paniers pleins, il y en a eu assez; je ne pense pas qu'ils soient plus gourmands aujourd'hui. Quant au muid, il n'y a que celui-là en perce... Du reste, je vais descendre à la cave avec vous; je prendrai en même temps le vin pour les maîtres.

La servante était loin de se douter que le vieux mendiant, si bien disposé à lui rendre service, était là, près d'elle, depuis une demi-heure, attendant justement le moment de s'offrir pour aller à la cave.

Elle alluma une lanterne. Jean Renaud la suivit. Il aurait pu parfaitement descendre à la cave seul, car il la connaissait depuis longtemps.

Dans une espèce de cellier où se trouve l'escalier du sous-sol, Jean Renaud prit les deux paniers à huit compartiments chacun dans lesquels se trouvaient les litres vides. Ils descendirent.

— Voilà le muid, dit la servante en le montrant à Jean Renaud; il ne sonne pas creux, il y a quatre jours seulement que M. Rouvenat y a mis la cannelle.

Elle prit deux bouteilles pleines sur une pile et remonta aussitôt, laissant Jean Renaud seul dans la cave.

— Tout va bien, se dit-il; je ne comptais pas réussir aussi facilement; mais ne perdons pas une minute.

Pour l'entrée des vins, la cave a une porte à deux battants, épaisse et solide, qui ouvre sur la cour. Elle n'a pas de clef, mais elle se ferme à l'intérieur au moyen d'une barre de fer maintenue par deux forts crochets fixés à chacun des battants.

Jean Renaud enleva la barre de fer. L'entrée de la maison était ainsi ouverte à Lucile.

Cela fait, Jean Renaud se mit en devoir de remplir les bouteilles vides. Il monta ensuite le vin à la servante qui le remercia de sa complaisance.

Il n'avait plus rien à faire à la ferme pour le moment. Il retourna à la maison du berger pour dire à Lucile comment, la nuit venue, elle pourrait pénétrer dans la maison de son père.

A neuf heures et demie, les gens de journée avaient quitté la ferme. Les garçons revinrent des écuries, fermèrent les portes et allèrent se coucher. La première servante dormait déjà. Gertrude était dans sa chambre; elle avait éteint sa lumière, mais elle ne songeait pas à prendre le repos dont elle avait besoin comme les autres. L'inquiétude la dévorait. Assise près de son lit, la tête appuyée sur la couverture, elle réfléchissait autant que cela lui était permis. Elle sentait

— Oh! le fantôme! le fantôme! prononça-t-il d'une voix étranglée. (Page 536.)

bien que ce qu'elle allait faire était mal ; mais le beau François le voulait, elle devait obéir.

— Que va-t-il se passer? répétait-elle à chaque instant.

Puis elle reprenait :

— Si demain on apprend que j'ai ouvert la porte, je serai chassée. Pourquoi veut-il savoir ce que Rouvenat est allé faire à Paris? Mais est-ce bien pour cela qu'il veut entrer cette nuit dans la ferme? Ah! si j'avais su, je ne lui aurais rien dit. Oui, il y a là-dessous quelque chose que je ne devine pas, que je ne veux pas comprendre.

Le moindre bruit l'effrayait, la faisait frissonner. Une sueur froide mouillait son front. Ne pouvant rien s'expliquer, elle redoutait tout. Elle avait peur.

Après être restée une demi-heure avec Mellier, qu'elle n'avait presque pas quitté de la journée, — il voulait l'avoir constamment près de lui, — Blanche s'était retirée dans sa chambre. Elle resta un instant rêveuse à sa fenêtre, écoutant les bruits de la nuit. Elle pensait à son père, à Rouvenat et à celui qu'elle aimait; mais elle songeait moins au bonheur et aux joies qui lui étaient promis qu'aux devoirs et au dévouement qu'elle voulait s'imposer. Il lui semblait que son cœur n'aurait jamais assez d'affection, de tendresse et d'amour à prodiguer à ceux pour qui elle allait vivre désormais.

Elle sentit la fraîcheur de la nuit tomber sur ses épaules demi-nues ; elle ferma sa fenêtre.

Elle se mit à genoux et fit sa prière du soir.

Ensuite elle se déshabilla, souffla sa bougie et se mit au lit. Cependant elle ne s'endormit pas immédiatement : tant de pensées l'agitaient!

Elle était couchée depuis une demi-heure et rêvait tout éveillée, lorsqu'elle entendit un bruit de pas légers dans le corridor.

Dans la journée, bien qu'il n'eût pas voulu en convenir, Jacques Mellier lui avait paru souffrant, tourmenté par quelque sombre pensée ; elle craignait qu'il ne fût réellement indisposé.

Elle sauta à bas de son lit et courut ouvrir sa porte. Un rayon de la lune, passant à travers les grands arbres du jardin, éclairait le corridor. Elle regarda, elle ne vit personne. Elle écouta, la maison était silencieuse.

— Mon père, est-ce vous? demanda-t-elle.

Aucune voix ne répondit.

— Je me suis trompée, se dit-elle.

Elle referma sa porte. Un quart d'heure plus tard, elle dormait d'un profond sommeil.

Un peu avant minuit, Gertrude, tremblant de tous ses membres, sortit de sa chambre sans bruit et alla ouvrir la petite porte, comme le beau François lui en avait donné l'ordre.

Aussitôt deux hommes se dressèrent à quelques pas d'elle, sortant de derrière un rosier en buisson où ils se tenaient cachés. Ils entrèrent dans la maison.

— Mon père a voulu m'accompagner, dit le beau François à Gertrude ébahie. Nous sommes dans la place, ton travail est fait ; nous n'avons plus besoin de toi.

Tu vas donc, ma fille, nous faire le plaisir de rentrer dans ta chambre; je te conseille même de te coucher et de dormir. Tu as entendu? Laisse-nous!

Et, la prenant par les épaules, le fils Parisel la poussa assez rudement jusqu'à l'extrémité du couloir.

XVI

SCÈNES DE NUIT.

Gertrude se hâta de regagner sa chambre en répétant encore :

— Dieu Seigneur! que va-t-il se passer?

Les deux Parisel restèrent un instant au milieu du couloir dans une obscurité complète. François avait eu la précaution de refermer la porte basse et de pousser le verrou.

Ils tremblaient tous les deux ; ils pouvaient entendre leur respiration haletante.

Au moment de commettre un crime prémédité, les plus grands scélérats ne sont pas toujours sans émotion. Il y a la crainte d'être surpris, de ne pas réussir, et celle aussi de la justice, qui, tôt ou tard, atteint et frappe le criminel.

— Il fait jour de bonne heure, dit le père à voix basse; nous n'avons pas de temps à perdre ; le moment est venu, il faut agir.

— Tu es bien décidé?

— Oui. Et toi?

— Moi, je suis ici pour me venger.

— Pendant qu'il en est temps encore, réfléchis; tu devrais renoncer à ton projet.

— Tu ne renonces pas au tien, toi?

— Je veux être riche.

— Et moi je veux ma vengeance. Mellier dort. Il ne se réveillera pas, tu peux être sans crainte; Blanche seule pourrait te déranger; je me charge de l'empêcher de sortir de sa chambre.

Il fit éclater une allumette et alluma un rat-de-cave.

Ils se regardèrent. Ils étaient d'une pâleur livide; mais le feu de leurs regards aux lueurs sombres indiquait la résolution et l'audace.

— Marchons! dit le père.

Ils sortirent du couloir et s'arrêtèrent à l'entrée de la grande salle, tendant l'oreille.

Le silence profond qui régnait autour d'eux les rassura.

— On est ici comme chez soi, chuchota le beau François affectant un calme qu'il n'avait certainement pas.

Ils traversèrent la salle à pas de loup et montèrent l'escalier lentement, marchant l'un derrière l'autre, le père le premier, posant avec précaution les pieds sur les marches, s'arrêtant à chaque craquement du bois.

Ils atteignirent le palier et s'arrêtèrent devant la porte de la chambre du fermier, contre laquelle le père Parisel colla son oreille.

— Je n'entends rien, dit-il.

— Cela prouve qu'il ne ronfle pas.

Le père Parisel, plus pâle encore, la sueur au front, restait immobile, hésitant.

— Est-ce que tu as peur? lui demanda François.

— Non, mais je respire à peine. C'est l'émotion ; ça va se passer.

— Quand tu auras ouvert la caisse.

Les yeux du père étincelèrent.

François tourna doucement le bouton de cuivre. La porte était ouverte. Il avança la tête et son regard plongea dans la chambre faiblement éclairée.

Jacques Mellier n'avait pas fait un mouvement. Il dormait.

— Il a pris son opium, dit François ; tu peux entrer.

Le père Parisel se glissa dans la chambre.

François y entra à son tour et plaça le rat-de-cave sur le parquet à côté de la caisse, de telle façon que sa lumière, arrêtée par les rideaux de serge du lit, ne pouvait arriver jusqu'au fermier.

Accroupi derrière un fauteuil sur lequel Jacques Mellier avait jeté ses habits avant de se coucher, le père Parisel cherchait les clefs du coffre-fort.

Les fenêtres de la chambre étaient garnies de grands rideaux de velours vert; François les rapprocha l'un de l'autre afin d'augmenter encore l'obscurité. Cela fait, il sortit de la chambre, laissant la porte entr'ouverte.

Joseph Parisel venait de s'emparer du trousseau de clefs du fermier.

Marchant, ou plutôt se traînant sur ses genoux et sur ses mains, les yeux étincelants, croyant tenir déjà le trésor qu'il convoitait, il se dirigea sans bruit vers la caisse. Il la voyait au milieu d'un éblouissement, et, l'ayant déjà ouverte par la pensée, il croyait voir l'or, aux reflets brillants, ruisseler sous ses yeux, et s'imaginait entendre entre ses doigts bruire les billets de banque.

A ce moment, Jacques Mellier s'agita sur son lit et deux fois de suite murmura :

— Rouvenat ! Rouvenat !

Il rêvait.

Parisel s'arrêta, retenant sa respiration, et, frissonnant, se coucha à plat ventre sur le parquet. Il avait eu peur. Malgré leur audace, les plus grands misérables ne sont pas exempts de faiblesse.

Convaincu bientôt que Jacques Mellier ne s'était pas réveillé, il retrouva son sang-froid. Il franchit la distance qui le séparait encore du coffre-fort en rampant comme un reptile. Alors il se dressa sur ses genoux, jeta un regard farouche sur le lit et chercha parmi les cinq ou six clefs du trousseau celle qui, selon lui, devait ouvrir la caisse. Il ne put l'introduire dans la serrure. Il en essaya une autre sans plus de succès. La troisième entra.

Sa main tremblait, son cœur bondissait dans sa poitrine, son sang battait violemment ses tempes.

Il regarda encore du côté du lit, puis, certain que Mellier dormait toujours, il fit faire à la clef deux tours dans la serrure. Celle-ci rendit un bruit métallique assez fort; un ressort venait de jouer à l'intérieur, la porte de la caisse s'ouvrit d'elle-même.

Les yeux du voleur s'arrondirent en s'ouvrant démesurément, et il se pencha avec avidité pour se donner la satisfaction de contempler les valeurs dont le coffre-fort était rempli.

Sur une tablette de métal, il y avait un monceau de titres de rente, des actions et des obligations au porteur à côté de grosses liasses de billets de banque. Sur une autre tablette étaient entassés une quantité de rouleaux d'or. Au-dessous, dans le fond du coffre, se trouvaient les sacs d'argent.

Parisel était ébloui, il avait le vertige. Ses lèvres grimacèrent; il riait sans bruit. A ce moment, il ne voyait que le coffre-fort ouvert, une fortune à prendre. Il oubliait complétement le dormeur qui ne dormait plus.

Jacques Mellier venait de se réveiller. En ouvrant les yeux, il entendit le craquement du ressort de la caisse, un bruit qui lui était familier. Il se souleva sur son lit et, doucement, écarta le rideau.

Dans la pénombre, devant son coffre-fort, il vit un homme. Le voleur lui tournant le dos, il ne put le reconnaître. Malgré le saisissement qui s'empara de lui, le vieux fermier ne s'effraya point. Il sortit ses jambes du lit l'une après l'autre et se trouva debout.

— Je ne pourrai jamais emporter tout cela, se disait Parisel; commençons toujours par mettre l'or et les billets de banque dans mes poches.

Et ses deux mains, aux doigts crochus, plongeant ensemble dans le coffre-fort, s'abattirent sur les rouleaux d'or comme des serres d'oiseau de proie.

Au même instant, Jacques Mellier, en chemise, les jambes et les pieds nus, le saisit par les deux épaules et le tira violemment en arrière en criant d'une voix sourde :

— Voleur! voleur!

Surexcité par ses appétits sensuels et plus encore par la jalousie et la haine qui s'étaient emparées de lui, le beau François, comptant sur le sommeil de l'opium, avait quitté son père, persuadé qu'il pouvait agir seul, sans danger, et que Jacques Mellier ne se réveillerait pas.

Si le misérable voulait à tout prix donner satisfaction à ses désirs infâmes, assouvir son horrible passion, il ne tenait pas moins à se venger des dédains de l'innocente jeune fille et du mépris et du dégoût qu'elle lui avait témoignés.

D'un autre côté, Jacques Mellier et Rouvenat l'avaient humilié et chassé de la ferme comme un chien; or, Blanche devenant sa victime, il se vengeait en même temps des deux autres, de Rouvenat surtout qu'il n'avait pas réussi à assassiner.

Il ne s'était pas arrêté devant un premier crime, il ne devait pas hésiter à en commettre un second.

Le beau François était devenu facilement et en peu de temps un monstre à face humaine.

Il entra dans la chambre de Blanche l'œil en feu, ayant sur les lèvres un sourire atroce et décidé à tout, même à lui enfoncer son couteau dans la gorge s'il ne pouvait pas se venger autrement.

Sans trembler, la tête haute, les mains tendues, prêtes à saisir la jeune fille pour lui serrer le cou ou la bâillonner afin de l'empêcher de crier, il marcha hardiment vers le lit.

Il entendit la respiration lente et régulière de la jeune fille.

En ce moment, elle faisait sans doute un joli voyage au pays bleu des rêves.

Le beau François éprouva une sensation étrange, quelque chose comme un enivrement subit. Un frémissement passa sur son corps et il lui sembla qu'au lieu de sang du métal en fusion coulait dans ses veines.

Son sourire satanique s'accentua encore et sa bouche eut une affreuse contraction.

Comme le tigre qui lèche ses babines à la vue de la proie qu'il guette dans l'ombre, il semblait jouir d'avance des souffrances de sa victime.

Comme le tigre encore, et non moins féroce que ce fauve sanguinaire, il allait d'un bond se précipiter sur la pauvre enfant.

Tout à coup la porte d'un cabinet de toilette s'ouvrit brusquement, et la chambre de Blanche se trouva subitement éclairée.

Le misérable fit deux pas en arrière.

Une femme s'élança hors du cabinet et se dressa devant lui, le regard fulminant.

C'était Lucile.

Cette apparition étrange, inattendue, produisit sur le beau François l'effet de la tête de Méduse. Il resta cloué au parquet, immobile, sans voix, le buste en arrière, les bras ballants, inertes, bouche béante, les yeux hagards.

La lumière, qui sortait du cabinet de toilette, éclairait en plein le visage de Lucile dont elle faisait ressortir vigoureusement l'extrême blancheur.

Certes, en présence de cette femme qui, en ce moment, ressemblait plus à un spectre sorti de son tombeau qu'à une créature vivante, de plus hardis que le beau François auraient été épouvantés.

— Lâche! dit-elle d'une voix sépulcrale en tendant son bras vers lui, que viens-tu faire ici? Est-ce Pierre Rouvenat que tu cherches pour l'assassiner? François Parisel, tu t'es trompé de porte. Cette chambre est celle de Blanche Mellier; comme tu le vois, elle n'est pas seule, je suis là pour la protéger. Ta mère était une brave et honnête femme. Ah! elle ne se doutait guère, en te mettant au monde, du triste cadeau qu'elle faisait à l'humanité! François Parisel, tu n'as de l'homme que l'enveloppe : tu es un monstre, tu es une bête féroce!

« Si je ne consultais que mon indignation et ma colère, je réveillerais tout le monde de la maison et tu ne sortirais d'ici que tantôt entre deux gendarmes; mais tu es jeune, tu peux encore te repentir et revenir au bien, s'il te reste quelque chose de bon dans l'âme.

« Écoute le conseil que je vais te donner; si tu tiens à la liberté, si tu ne veux pas être livré à la justice et traîné sur le banc des criminels, il faut que dans deux heures tu sois déjà loin du Seuillon. Fuis! fuis! va te cacher le plus loin que tu le pourras, et surtout ne viens plus rôder la nuit autour de la ferme comme un voleur ou un loup affamé, car il y a dans le vieux puits une voix qui crie sans cesse : « François Parisel est un assassin!... »

« Maintenant, va-t'en !... Après avoir violé cet asile de l'innocence et de la pureté, qui devait t'être sacré, tu ne dois pas le souiller plus longtemps par ton odieuse présence. »

François restait dans son immobilité, comme pétrifié. Cependant son corps tremblait convulsivement : la peur avait pour un instant paralysé ses membres.

Le regard étincelant et les lèvres frémissantes, Lucile marcha vers lui et répéta d'une voix menaçante :

— Va-t'en ! va-t'en !

En même temps, d'un geste impérieux, elle lui montra la porte.

Elle était tout près de lui, il recula en frissonnant. Sa figure avait pris une teinte verdâtre; son regard fixe était celui d'un fou.

— Oh ! le fantôme ! le fantôme ! prononça-t-il d'une voix étranglée en reculant encore.

Puis un cri rauque sortit de sa gorge serrée. Aiguillonné par l'épouvante, croyant sentir les premières atteintes de la folie, il se courba sous le regard terrible qui pesait sur lui, bondit hors de la chambre et s'élança dans l'escalier, dont il descendit les marches quatre à quatre. Il avait complétement oublié son père : il n'avait plus de pensée.

Lucile s'était arrêtée un instant sur le seuil de la chambre. Le bruit que fit le beau François en dégringolant l'escalier l'empêcha d'entendre celui d'une lutte dans la chambre de son père.

Quand elle se retourna, elle vit Blanche, pâle, tremblante, échevelée, la frayeur dans le regard, debout au milieu de la chambre.

XVII

LUCILE ET BLANCHE

Blanche était sous le coup d'une agitation extraordinaire. Les soulèvements de sa poitrine oppressée, haletante, trahissaient la violence de son émotion. Elle regardait avec stupeur cette femme inconnue qui se trouvait près d'elle sans qu'elle sût comment et qui venait de la sauver d'un effroyable danger.

Après un moment d'indécision, pendant lequel elle se demanda si elle devait rester ou se retirer, Lucile s'avança vers la jeune fille.

A la vue de son père, qu'elle crut d'abord assassiné, Lucile chancela. (Page 540.)

Elles se trouvèrent en face l'une de l'autre.

— Qu'elle est belle! L'adorable enfant! pensait Lucile.

— Comme elle a l'air bon! se disait Blanche.

Elles restèrent un moment silencieuses, croisant leurs regards. Puis, tendant la main à Lucile

— Un homme est entré dans cette chambre, dit Blanche.

— Oui, un misérable, un infâme!

— Je l'ai vu, je l'ai reconnu... Il me hait, je le sais; est-ce qu'il voulait me tuer? Mais vous étiez là pour me défendre contre sa fureur... Vous l'avez empêché de s'approcher de mon lit; je l'ai vu trembler, écrasé sous votre regard : vous l'avez chassé. Ce que vous lui avez dit, je l'ai entendu.

— Ah! votre sommeil n'a pas été assez profond, répliqua Lucile; j'eusse voulu vous laisser ignorer ce qui s'est passé.

— J'aime mieux le savoir, reprit vivement la jeune fille; au moins je peux vous remercier du service que vous m'avez rendu. Mais qui êtes-vous, madame, qui êtes-vous?

— Votre amie et aussi celle du bon Mardoche.

Blanche l'examina plus attentivement.

— Vous connaissez Mardoche? fit-elle.

— Beaucoup.

— Depuis longtemps?

— Oui, depuis longtemps, répondit Lucile avec un doux sourire.

— C'est lui qui vous a fait entrer dans la maison?

— Oui, mais je ne lui ai point dit que vous étiez menacée d'un épouvantable danger.

— Ah! vous avez bien fait... Mais vous, comment avez-vous su?

— La nuit dernière, le fils causait avec son père; j'ai entendu ses paroles.

— Je comprends : par amitié pour Mardoche, vous êtes venue pour me protéger.

— Par amitié pour Mardoche, par affection pour vous.

— Vous m'aimiez donc sans me connaître?

— Est-ce que tout le monde ne vous aime pas?...

— Ainsi vous êtes entrée dans ma chambre, vous vous êtes cachée dans ce cabinet; vous saviez qu'il existait; vous connaissez donc bien la maison?

Lucile tressaillit.

— Oui, répondit-elle d'une voix émue, oui, je connais la maison.

— Dites-moi votre nom.

— Je ne peux pas.

— Vous ne pouvez pas?... Pourquoi?

— Vous le saurez quand Pierre Rouvenat sera revenu au Seuillon avec votre fiancé.

— Quoi ! s'écria Blanche, Mardoche vous a dit cela ?...

Puis, baissant la voix :

— Vous m'avez dit tout à l'heure, continua-t-elle, que vous le connaissiez depuis longtemps ; vous devez savoir que le pauvre mendiant Mardoche a un autre nom.

Lucile répondit à voix basse :

— Je sais qu'il se nomme Jean Renaud et qu'il est votre père.

— C'est étrange ! c'est étrange ! murmura la jeune fille.

Puis, tout à coup :

— Cette robe, dit-elle, cette robe que vous portez, je la reconnais; c'est moi qui l'ai donnée ce matin à mon père.

— C'est vrai.

— Cette robe appartenait à Lucile Mellier, ajouta Blanche.

Ce nom de Lucile Mellier, qu'elle venait de prononcer, éclaira sa pensée d'une clarté soudaine.

Saisissant le bras de Lucile, elle l'entraîna doucement dans le rayon lumineux projeté par la lumière de la lampe allumée dans le cabinet de toilette.

Comme quand elle s'était dressée en face du beau François, la figure de Lucile se trouva en pleine lumière.

Blanche l'enveloppa de son regard ardent.

Aussitôt ses traits s'animèrent et sa physionomie prit une expression indéfinissable. La joie pétillait dans ses yeux, rayonnait sur son front.

Ses bras nus s'arrondirent comme un collier d'albâtre autour du cou de Lucile.

— Eh bien ! eh bien ! à quoi pensez-vous ? que faites-vous ? murmura Lucile vivement impressionnée.

Blanche répondit d'une voix vibrante :

— Dans la chambre de mon parrain, il y a un portrait de Lucile Mellier que j'ai souvent regardé... Vous avez bien vieilli, mais je vous reconnais; vous êtes Lucile Mellier !

— Taisez-vous ! taisez-vous ! dit Lucile frémissante.

— Ah ! s'écria Blanche avec exaltation, Dieu nous réservait à tous ce bonheur suprême !

Lucile la serra doucement dans ses bras pendant que ses lèvres se posaient sur son front.

A ce moment, elles entendirent un cri qui ressemblait à un râle, et aussitôt le bruit de pas lourds dans l'escalier.

— C'est lui! c'est François! il revient! s'écria Blanche.

Et elle se serra effrayée contre Lucile.

Celle-ci s'était redressée, une flamme dans le regard, prête à lutter avec énergie contre n'importe quel ennemi.

Mais au lieu de se rapprocher le bruit des pas s'éloigna et cessa tout à coup.

Lucile s'élança vers la fenêtre qu'elle ouvrit précipitamment. Elle regarda en bas. Elle vit un homme sortir de la maison et fuir à toutes jambes à travers le jardin.

Elle eut, soudain, une horrible pensée. Elle poussa un cri perçant, courut prendre la lampe dans le cabinet et bondit hors de la chambre. La porte de l'appartement de son père était grande ouverte : elle s'y précipita folle d'épouvante, la respiration coupée par les angoisses.

Le vieillard était étendu sans mouvement sur le parquet, en travers du coffre-fort ouvert, que son corps inerte semblait défendre encore.

A la vue de son père, qu'elle crut d'abord assassiné, Lucile chancela et elle sentit son sang se figer dans ses veines. Un cri rauque, affreux, sortit de sa gorge, et, de toutes ses forces, elle cria :

— Au secours! au secours!

Puis, tombant à genoux, elle entoura son père de ses bras, le souleva et parvint à lui appuyer la tête contre sa poitrine.

Blanche accourut. Elle avait à peine pris le temps de mettre ses pieds dans des pantoufles et de s'envelopper d'un peignoir.

Elle vit Lucile qui couvrait de baisers le front et les joues du vieillard. A son tour, elle devina en partie ce qui s'était passé.

— Mon Dieu! mon Dieu! gémit-elle.

Et s'agenouillant à côté de Lucile elle éclata en sanglots.

Lucile n'avait eu qu'un moment de faiblesse.

Elle avait déjà retrouvé sa présence d'esprit et toute son énergie.

— Il n'est pas mort, dit-elle. J'ai appelé, personne ne vient, ma voix n'a pas été entendue; tâchons, à nous deux, de le porter sur le lit

Réunissant leurs forces et leurs efforts, elles parvinrent à enlever le vieillard et à le mettre sur son lit.

Blanche pleurait toujours.

— Mon enfant, dit Lucile, il faut renfoncer vos larmes; ce n'est pas le moment de pleurer. Avant de nous désoler, faisons d'abord ce qui dépend de nous pour le sauver. Je ne vois sur lui aucune blessure; il n'a donc pas été frappé... Mais il faut appeler un médecin en toute hâte. Vous allez prendre une lumière et vous irez réveiller tout le monde.

« Autrefois il y avait un médecin à Frémicourt; y en a-t-il un encore?
— Oui.

— Tant mieux! Un des garçons, sur votre ordre, mettra un cheval à la voiture et ira chercher le médecin sans perdre une seconde. Les autres serviteurs de Jacques Mellier se tiendront prêts à recevoir les ordres que vous pourrez avoir à leur donner.

— Les vôtres, Lucile.

— Silence, Blanche! Ne prononcez pas mon nom; jusqu'à ce qu'il me plaise de me faire connaître moi-même, personne ne doit savoir qui je suis. Blanche, en l'absence de votre parrain, quand la mort va peut-être frapper mon père, vous êtes la seule maîtresse au Seuillon, vous êtes Blanche Mellier. Vous garderez aussi le silence sur les terribles événements de cette nuit. Il ne faut pas que les gens de justice entrent à la ferme sans y être appelés par Jacques Mellier. S'il vit, c'est lui qui décidera du sort des coupables; s'il meurt, ajouta-t-elle en frissonnant, nous laisserons à Pierre Rouvenat le soin de le venger.

« Maintenant, mon enfant, allez donner vos ordres. Le médecin, n'est-ce pas, le médecin! »

La jeune fille alluma une bougie et descendit.

Un instant après, Lucile entendit le bruit des portes qui s'ouvraient et se fermaient.

Les domestiques, réveillés en sursaut, étaient tous debout. Blanche ordonnait à Jean d'atteler un cheval au cabriolet et de courir chercher le médecin de Frémicourt.

Lucile s'éloigna un instant du lit pour fermer le coffre-fort. Elle enleva le trousseau de clefs suspendu à la serrure et le glissa sous le traversin du lit.

Tout en entrant dans la chambre et voyant son père étendu devant le coffre-fort ouvert, elle avait deviné la tentative de vol.

Qui était le voleur? Elle n'avait pas reconnu l'homme qu'elle avait vu sortir de la maison et s'enfuir, mais, sans hésiter, elle nomma tout bas Joseph Parisel. Il n'y avait pas en douter : comme pour précipiter Rouvenat dans le puits, les deux misérables, comptant sur la faiblesse d'une enfant et d'un vieillard, s'étaient associés de nouveau pour commettre un double crime à la faveur des ténèbres.

Quand Blanche rentra dans la chambre, elle trouva Lucile tout en larmes, debout près du lit, tenant une des mains du vieillard serrée dans les siennes.

— Eh bien? interrogea Blanche.

— Toujours la même chose, répondit Lucile d'un ton douloureux; il respire, ses mains sont brûlantes... Je voulais ne pas pleurer, continua-t-elle, mais malgré moi les larmes ont jailli de mes yeux. Il y a dix-neuf ans que je ne l'ai vu, et je le retrouve ainsi, sans regard, sans voix, sans pensée,.. Oh! c'est horrible! horrible!

— Pauvre Lucile! pauvre Lucile! murmura Blanche avec compassion.

— Non, non, reprit la malheureuse avec véhémence, je ne suis plus maudite, puisque Dieu m'a prise en pitié; il ne m'a pas ramenée au Seuillon, il ne m'a pas fait rentrer sous le toit de mon père pour le faire mourir ainsi sous mes yeux, sans m'avoir revue. Non, non, Dieu ne fera pas cela! Dieu ne peut pas faire cela!

Elle se mit à genoux, et, le front appuyé sur ses mains jointes, elle fit monter vers le ciel sa prière ardente.

Blanche pleurait silencieusement, la figure cachée dans ses mains.

Vingt minutes environ s'écoulèrent.

Lucile était toujours agenouillée. A chaque instant, un sanglot s'échappait de sa poitrine gonflée.

Tout à coup Jacques Mellier poussa un long soupir, s'agita convulsivement, étendit ses bras et presque aussitôt rouvrit les yeux.

Blanche eut un cri de joie.

— Mon père! mon père! s'écria-t-elle.

D'un seul mouvement, Lucile se dressa sur ses jambes.

Blanche aidait le vieillard à se soulever sur son lit.

Lucile resta immobile, les yeux fixés sur son père. Son visage s'était subitement illuminé d'une joie immense.

XVIII

LE COFFRE-FORT

Jacques Mellier jeta d'abord autour de lui des regards effarés. Comme un malade qui sort d'un long délire, il cherchait à se souvenir, à ressaisir sa pensée.

— Mon père, murmura doucement la voix de Blanche, est-ce que vous ne me voyez pas? Est-ce que vous ne me reconnaissez pas? C'est moi, Blanche, votre fille.

L'effet produit fut merveilleux. Les traits du vieillard s'animèrent et une lueur jaillit de son regard.

— Je me souviens, je me souviens, prononça-t-il d'une voix oppressée; là, là, dans l'ombre, ma caisse ouverte, un voleur... Volé, on m'a volé!...

— Mon père, calmez-vous, reprit la jeune fille; c'est moi, Blanche, qui suis près de vous, qui vous embrasse.

— Oui, oui, c'est toi, mon enfant, c'est bien toi; j'entends ta voix, je te vois maintenant. Pierre, ton parrain, où est-il?

— Il n'est pas encore revenu; vous savez qu'il est allé à Paris.

— Ah! oui, à Paris, chercher le fils de Lucile, ton mari...

Puis, revenant au souvenir de la lutte qu'il avait soutenue pour empêcher le vol :

— Mais je n'ai pas rêvé, non ce n'était pas un rêve, continua-t-il d'une voix saccadée; un homme, un voleur est entré dans ma chambre, il a ouvert ma caisse... Volé, volé!... on m'a volé la fortune de mes enfants!...

Blanche restait silencieuse, elle ne savait quoi dire. Lucile, retirée à l'écart, tremblante, n'osait faire entendre sa voix.

— Blanche, reprit le vieillard, donne-moi mon pantalon ; je veux me lever, je veux voir...

La jeune fille obéit.

— Dans mon gilet, mes clefs... prends-les, Blanche.

Lucile se pencha vers la jeune fille et lui dit tout bas :

— Elles sont sous le traversin.

Jacques Mellier eut assez de force pour mettre seul son pantalon; mais quand il fut debout ses jambes fléchirent sous le poids de son corps et il serait tombé si Blanche ne l'eût pas soutenu. Appuyé sur la jeune fille, il put se traîner jusqu'au coffre-fort. Blanche lui mit le trousseau de clefs dans la main. En s'abaissant pour ouvrir la caisse, il s'affaissa comme une masse.

Lucile, effrayée, s'élança pour le secourir. Mais elle s'arrêta brusquement.

Faisant un suprême effort, le vieillard venait de se mettre sur ses genoux avec le secours de Blanche. Il ouvrit la caisse.

— Blanche, dit-il, de la lumière!

La jeune fille prit la lampe pour l'éclairer. Il lui suffit d'un coup d'œil pour reconnaître que les valeurs contenues dans le coffre-fort étaient intactes. Le voleur n'avait pu mettre la main ni sur une liasse de billets de banque ni sur un rouleau d'or.

Jacques Mellier porta la main à son front et resta un moment silencieux, sans mouvement ; un travail se faisait dans sa pensée.

— Non, murmura-t-il comme se parlant à lui-même, non, je n'ai pas rêvé ; j'ai vu le voleur ; j'ai vu ses mains fouiller dans le coffre-fort... J'ai posé mes mains sur ses épaules et je l'ai renversé... Je voulais voir son visage, je voulais le reconnaître... je n'ai pu... il a éteint rapidement sa lumière.

Le rat-de-cave, sur lequel le père Parisel avait dû appuyer sa main pour l'éteindre, était encore à l'endroit où le beau François l'avait placé.

Mellier le vit, le ramassa, et le montrant à Blanche :

— Vois cela, vois ! reprit-il ; c'est la bougie du voleur... Ah ! je savais bien que ce n'était pas un rêve !... Je n'ai pas vu sa figure, je ne le connais pas... C'est un homme fort, plus fort que moi, maintenant que je suis vieux. Pour ne pas te réveiller en sursaut, Blanche, pour ne pas t'effrayer, je n'ai pas voulu appeler au secours ; je pensais pouvoir, seul, me rendre maître du voleur. Il était étendu tout de son long et je le tenais sous mes genoux. Mais il parvint à se dégager et à se relever. Son intention était de prendre la fuite. Seulement je le tenais solidement et ne voulais point le lâcher. Il tremblait très-fort. Naturellement, il avait eu peur en me voyant tout à coup derrière lui, alors qu'il me croyait profondément endormi.

« Il y eut entre nous une lutte acharnée, terrible... Combien de temps cela dura-t-il? Je ne saurais le dire. Je cherchais à le pousser dans le cabinet qui sépare ma chambre de celle de Rouvenat, afin de l'y enfermer. Tout à coup il eut en même temps ses deux bras libres et je sentis autour de mon cou comme une tenaille de fer... Là, Blanche, regarde, regarde !...

La jeune fille se baissa.

— Oui, dit-elle, je vois des taches bleuâtres, noires.

— Ses doigts crispés s'enfonçaient dans ma gorge, poursuivit le vieillard. J'essayai de lui faire lâcher prise en le frappant au visage. Impossible ! Il serrait toujours plus fort, il m'étranglait. La respiration me manqua subitement, je sentis que tout mon sang me montait à la tête, se portait au cœur... Je crois me rappeler que j'ai jeté un cri et aussitôt je suis tombé... J'ignore ce qui s'est passé ensuite. Le misérable a sans doute été épouvanté, il a craint d'être surpris et il s'est sauvé sans avoir le courage de commettre le vol.

« Ah ! j'ai eu peur, oui, j'ai eu peur de trouver ma caisse vide ; car vois-tu, Blanche, c'est ta dot, tout cela, c'est ta dot ! »

Il avait refermé le coffre-fort.

LA FILLE MAUDITE

— Blanche, Blanche! s'écria-t-il, qui est là? Quelle est cette femme? (Page 546.)

Blanche le soutenant par un bras, et s'appuyant de l'autre à un meuble il se releva.

Sa peau était brûlante et cependant il tremblait comme sous l'action du froid.

— Mon père, vous avez le frisson, dit Blanche; il faut vite vous coucher.

— Non, fit-il ; aide-moi à m'approcher de la fenêtre; je serai mieux là, dans mon fauteuil. Du côté de la Lorraine, l'horizon blanchit ; voici l'aurore.

Il continua, tout en se dirigeant lentement vers la fenêtre :

— J'ai dans la tête des battements étranges; il me semble que j'ai du feu sur le corps et à l'intérieur quelque chose qui me glace.

Il se laissa tomber sur le fauteuil.

— Blanche, reprit-il, ouvre la fenêtre; le grand air qui vient de notre belle vallée me fera du bien.

La jeune fille s'empressa d'obéir. Il respira bruyamment, à pleins poumons.

— J'ai une grande oppression, dit-il, mais cela va se passer. Blanche, je veux voir le soleil se lever.

Ses yeux vitreux avaient un éclat singulier.

— Blanche, reprit-il après un moment de silence, je voudrais bien que Pierre revînt aujourd'hui. J'ai hâte de serrer mon petit-fils dans mes bras... Hier, j'ai écrit à mon notaire pour le prévenir. J'ai peur de mourir. Blanche, je veux vous marier tout de suite. Et puis il faut que je reconnaisse pour mon héritier, pour mon fils, l'enfant de ma pauvre Lucile.

En entendant ces paroles, Lucile, malgré elle, laissa échapper un sanglot.

Le vieillard fit un soubresaut et tourna vivement la tête. Il vit Lucile qui tenait sa tête baissée cachée dans ses mains.

Saisissant le bras de la jeune fille :

— Blanche ! Blanche ! s'écria-t-il avec agitation, qui est là ? Quelle est cette femme ?

— Mon père... mon père... balbutia Blanche.

Lucile releva la tête. Son visage était inondé de larmes. Elle parut hésiter un instant; puis, prenant une résolution subite, son front se courba de nouveau et elle vint s'agenouiller devant le vieillard.

— Mon père, dit-elle d'une voix altérée et pleine de larmes, Lucile Mellier, votre fille repentante, est à vos genoux.

Jacques Mellier resta un moment sans voix, le regard fixe, éperdu, frémissant.

Mais soudain ses yeux étincelèrent, son front parut rayonner. Il prit la tête de sa fille dans ses mains tremblantes et l'obligea ainsi à lui montrer son visage. Pendant quelques secondes, sous le coup d'une émotion et d'une joie indicibles, il contempla cette figure pâle, amaigrie par les souffrances et la misère, mais toujours belle. Puis tout à coup, dans une sorte de délire, il s'écria :

— Ma fille! ma fille!

Lucile ne cherchait plus à retenir ses larmes ; elle pleurait abondamment.

— Ah! laisse-moi te regarder encore, reprit le vieillard... Il y a si longtemps que je t'attends!... Quelle ivresse je sens en moi! Oui, c'est bien toi, poursuivit-il avec un accent qui indiquait le ravissement de son âme, oui, je reconnais tes traits chéris, ton doux regard... Ma fille, ma Lucile m'est rendue!... Blanche, Blanche, tu le savais et tu ne me le disais pas!...

La jeune fille se pencha vers lui et l'embrassa au front.

Il tenait toujours dans ses mains la tête de sa fille. Il reprit :

— Blanche, Lucile est ta sœur aînée, et bientôt elle sera ta mère!

Puis, s'inclinant vers sa fille :

— Nous t'avons longtemps cherchée; où donc te cachais-tu? lui demanda-t-il. Tu as beaucoup souffert, je le sens; pourquoi n'es-tu pas revenue ?

— Vous m'aviez maudite, mon père.

— Tais-toi, tais-toi !

— Aujourd'hui, je vous demande pardon, mon père. Je vous prie, si vous me croyez assez punie, de retirer votre malédiction.

Le vieillard se prit à sangloter.

— Viens dans mes bras, mon enfant, dit-il; viens, viens, que je te sente sur mon cœur !

Il l'embrassa fiévreusement.

Après un court silence, il reprit d'une voix entrecoupée :

— Ta faute était légère et tu l'as cruellement expiée... Il n'y a ici qu'un coupable; c'est moi, Jacques Mellier !...

« Lucile, continua-t-il d'un ton solennel, ton père a été impitoyable pour toi, ne le sois pas pour lui... Lucile, le vieux Jacques Mellier, prêt à descendre dans la tombe, ton père te demande pardon

— Oh! mon père, mon père! s'écria-t-elle.

Et, l'entourant de ses bras, elle l'embrassa avec transport.

Le vieillard pleurait à chaudes larmes.

— Lucile, mon enfant, s'écria-t-il d'une voix vibrante, autrefois je t'ai maudite; aujourd'hui sois bénie, sois bénie!

Elle leva vers le ciel ses yeux reconnaissants.

— Mon Dieu, murmura Jacques Mellier, avant de m'enlever de ce monde, accordez-moi encore la joie de voir mon petit-fils!

Il ne s'était soutenu jusque-là que par un suprême effort de volonté. Ses forces l'abandonnèrent subitement. Sa tête se renversa sur le dossier du fauteuil. De grosses gouttes de sueur perlaient à son front; l'éclat de son regard s'éteignit; son visage prenait une teinte jaunâtre.

— Mon père, est-ce que vous vous trouvez plus mal? lui demanda Lucile effrayée.

— Non, répondit-il; j'éprouve une grande lassitude; l'émotion... le bonheur... mais je ne souffre point.

— Mon père, Blanche et moi nous allons vous aider à vous recoucher.

— Laissez-moi dans mon fauteuil; je me trouve si bien entre vous deux !

Il tendit une de ses mains à Lucile, l'autre à Blanche.

Un sourire effleura ses lèvres.

— Regardez, mes enfants, dit-il, là-bas, au-dessus des roches : c'est le soleil qui se lève; ses premiers rayons caressent mon front. Lucile, Blanche, ce jour, qui vient de paraître, est pour nous tous un bien beau jour. Mon Dieu, comme elle est grande et belle, l'œuvre de votre création !

Il poussa un profond soupir.

— Lucile, je voudrais bien que Rouvenat et ton fils arrivent en ce moment.

Le roulement d'une voiture se fit entendre.

Jacques Mellier tressaillit et se redressa.

Blanche, penchée à la fenêtre, regardait dans la cour.

— C'est le docteur, dit-elle.

Un instant après, le médecin du village entrait.

Lucile s'était précipitamment retirée à l'autre bout de la chambre.

XIX

LA CONFESSION DE JACQUES MELLIER

Le médecin examina longuement le vieillard; il lui trouva une grande faiblesse et une fièvre violente. Bien qu'il voulût paraître calme, on lisait dans ses yeux une vague inquiétude. Il soupçonnait quelque grave désordre dans les organes vitaux, mais l'auscultation ne lui faisait rien découvrir.

Lucile, dans l'ombre, immobile sur un siège, attendait avec anxiété.

Blanche interrogeait le médecin du regard.

— Je ne puis rien dire encore, répondit-il; attendons !

— C'est donc grave, monsieur?

Le médecin garda le silence sur cette interrogation directe.

— Vous avez dû éprouver quelque forte commotion, dit-il au vieillard.

Celui-ci répondit affirmativement par un mouvement de tête.

— Il y a évidemment congestion des poumons et épanchement du sang, reprit le docteur en continuant à examiner le malade.

Il vit alors les traces de strangulation que Jacques Mellier portait au cou, et qu'il n'avait pas encore aperçues.

— Qu'est-ce que c'est que cela? demanda-t-il vivement.

Jacques Mellier dut lui dire qu'un individu, qu'il n'était pas parvenu à connaître, s'était introduit dans sa chambre, au milieu de la nuit, pour le voler, et il lui raconta la lutte qu'il avait soutenue contre le voleur.

— Cela m'explique tout, dit le médecin; ce misérable a tout simplement tenté de vous assassiner. Vous pouviez être étouffé à l'instant même où vous êtes tombé.

« Tout cela est très-grave, monsieur Mellier; il faut prévenir la gendarmerie, il faut qu'il y ait une enquête sur cette double tentative criminelle. Il est impossible que la justice ne mette pas la main sur cet audacieux coquin. Il a su trouver la clef de votre caisse dans la poche où vous la mettez toujours, il savait que vous avez chez vous des valeurs importantes, il a l'air de connaître parfaitement vos habitudes. Le misérable ne sera probablement pas difficile à découvrir. Mais comment a-t-il pu pénétrer dans la ferme? A moins qu'il n'appartienne à **votre maison**...

« Monsieur Mellier, êtes-vous sûr de vos serviteurs?

— Ils sont tous choisis par Rouvenat, répondit le vieux fermier; leur fidélité est éprouvée, et je ne voudrais pas même qu'on les soupçonnât.

Après avoir donné au malade les soins urgents que réclamait son état, le médecin se retira, disant qu'il reviendrait avant midi.

Jacques Mellier avait voulu rester dans son fauteuil, près de la fenêtre ouverte. Le médecin n'y avait pas vu d'inconvénient.

Le docteur parti, Lucile revint s'agenouiller près de son père.

Le vieillard s'affaiblissait graduellement, et à chaque instant sa respiration devenait plus difficile.

— Je n'ai pas voulu contrarier ce bon docteur, dit Mellier en souriant tristement; mais je sens bien que je vais m'en aller.

Sur ces mots, Lucile et Blanche sanglotèrent.

Le vieillard les entoura de ses bras et approcha les deux têtes de sa poitrine.

— Mes enfants, dit-il, ne pleurez pas; il faut bien qu'on meure... Vous êtes mes deux filles, oui, mes deux filles.... Je sens la mort venir; mais, en vous voyant près de moi, je n'éprouve aucun effroi. Il me semble, au contraire, que mon cœur se remplit d'allégresse. Ah! si seulement Rouvenat revenait vite avec mon petit-fils!

Les yeux à demi fermés, il parut réfléchir pendant quelques minutes.

Puis, se parlant à lui-même, il murmura :

— Non, je ne veux pas mourir avant d'avoir rempli mon dernier devoir; pour cela, je ne veux pas attendre le retour de Rouvenat. Oh! si je mourais avant d'avoir parlé!... Cette pensée m'épouvante.

— Mon père, lui demanda Blanche, est-ce un prêtre que vous désirez?

Pendant un instant, il regarda avec attendrissement la tête charmante de l'enfant.

Puis, les yeux et une main levés vers le ciel :

— Oui, Blanche, dit-il, je suis chrétien, et tu peux faire appeler M. le curé de Frémicourt, que j'estime et que j'aime : je le verrai avec plaisir, si je ne suis pas mort avant qu'il arrive.

« Blanche, reprit-il brusquement, il me semble que j'entends des voix d'homme parler en bas; va voir qui cause ainsi, mon enfant, et tu reviendras me le dire. »

La jeune fille s'élança hors de la chambre.

Elle reparut au bout d'un instant.

— Eh bien? l'interrogea le vieillard.

— Mon père, répondit-elle, il y a en bas Jean, Séraphine, la servante, quatre de nos faucheurs et le vieux Mardoche.

— Que font-ils dans la grande salle?

— Ils parlent de vous, mon père; ils savent que vous êtes malade et ils sont consternés.

— Dis-moi les noms des faucheurs.

— Le vieux Mathias, Andral, Brunet et Simonin.

Le visage du vieillard parut s'illuminer.

— Les quatre faucheurs que tu viens de nommer sont des amis de Rouvenat et de Jacques Mellier, Blanche; va dire à Mathias, à Simonin, à Brunet et à Andral que je les attends ici, dans ma chambre; tu diras cela aussi à mon garçon Jean et au vieux mendiant Mardoche.

La jeune fille le regarda avec étonnement.

— Va, ma fille, va! ajouta le vieux fermier vivement ému; tu entendras ce que je vais leur dire.

— Je vous obéis, mon père, répondit Blanche.

Et elle sortit de la chambre.

— Mon père, dit Lucile en se relevant, je devine votre pensée.

— Puisque tu as deviné ma pensée, Lucile, dis à ton père si tu l'approuves.

— Oui, mon père, je vous approuve; c'est bien, ce que vous allez faire. Il n'appartient qu'à vous de proclamer l'innocence de Jean Renaud. Mais permettez-moi de ne pas être témoin de votre confession.

— Oui, ma fille, ma Lucile, tu as raison, tu ne dois pas entendre cela... Passe dans le cabinet et retire-toi dans la chambre de Rouvenat. Approche ton front, que je te donne encore un baiser.

Pendant ce temps, Blanche avait interrompu une seconde fois la conversation des faucheurs que Jean Renaud écoutait sans rien dire, assis, les coudes appuyés sur la table et la tête dans ses mains.

— Mes amis, dit Blanche s'adressant aux faucheurs, mon père vous prie de monter dans sa chambre; il a quelque chose à vous dire.

— A nous quatre? demanda Mathias.

— Oui, il désire vous voir tous les quatre. Et vous aussi, Jean.

Les cinq hommes échangèrent des regards de surprise.

Blanche s'approcha de Jean Renaud et lui dit tout bas :

— Jacques Mellier m'a dit de te faire monter avec eux.

— Moi! fit Jean Renaud tressaillant.

— Oui. Tu as l'air contrarié, mécontent. Qu'as-tu?

— Blanche, je ne veux pas te le cacher, je suis inquiet, tourmenté; je voudrais savoir quelque chose...

— Je devine peut-être ce qui te préoccupe.

Jean Renaud plongea son regard scrutateur dans les yeux de sa fille.

— A la ferme, cette nuit, il s'est passé des événements graves, reprit la jeune fille.

— Eh bien? eh bien? l'interrogea-t-il avec anxiété.

— Un homme a pénétré dans la chambre de Jacques Mellier et a tenté de le voler et de l'assassiner.

— Parisel !

— Le père, je le crois.

— Alors ?

— Jacques Mellier ne l'a pas reconnu.

— Qui donc l'a défendu contre l'assassin? Blanche, est-ce que tu n'as pas vu une femme?...

— Si. Écoute : au moment où son père, probablement, cherchait à voler la caisse de Jacques Mellier, François Parisel est entré dans ma chambre pendant que je dormais.

Jean Renaud blêmit et deux sombres éclairs jaillirent de ses yeux.

— L'infâme ! murmura-t-il sourdement.

— Mon père, ajouta la jeune fille, ta Blanche doit peut-être plus que la vie à Lucile Mellier.

— Tu sais donc?...

— Oui : mais ce n'est pas le moment de te raconter tout ce qui s'est passé. Viens ! viens !...

Ils suivirent les faucheurs et le domestique qui grimpaient l'escalier.

Jean Renaud et Blanche n'étaient pas encore arrivés sur le palier, lorsque la porte de la ferme s'ouvrit et livra passage à un homme d'un certain âge, richement vêtu. Il avait les cheveux gris et ne portait pas de barbe. Son regard était vif et perçant. Sa physionomie froide et austère exprimait néanmoins la bienveillance et la bonté. Tout en lui révélait l'homme du monde intelligent, instruit, distingué.

Séraphine venait d'aller au jardin pour couper et arracher des légumes.

L'inconnu ne trouva personne dans la grande salle.

— Ils sont probablement dans les écuries, se dit-il.

Il se disposait à sortir de la maison, lorsqu'il entendit, au-dessus de sa tête, un bruit de pas et de voix.

L'escalier était devant lui.

Après un moment d'hésitation, il se décida à monter au premier étage.

La porte de la chambre de Jacques Mellier était entre-bâillée. Il la poussa. Mais il s'arrêta sur le seuil en présence du spectacle touchant et imposant tout à la fois qui s'offrit à sa vue.

Ah ! ah ! bégaya-t-il, la voix de Jean Renaud, la voix de Jean Renaud !... (Page 557.)

A côté de Jacques Mellier se tenait Blanche, légèrement appuyée sur le dossier du fauteuil. Derrière la jeune fille se trouvait Jean Renaud avec sa longue barbe et ses longs cheveux gris, dans son costume pittoresque de mendiant, moins cependant la besace et le bâton. En face du vieux fermier, le garçon de ferme et les quatre faucheurs formaient un demi-cercle.

Mellier n'avait pas encore parlé.

L'inconnu fit un pas dans la chambre, ferma doucement la porte et resta immobile.

Personne ne s'aperçut de sa présence.

Après avoir salué par un mouvement de tête et deux signes de la main, le vieux fermier prit la parole. D'une voix faible, lente, oppressée, à laquelle il donna un accent grave, presque solennel, il dit :

— Mes amis, je suis bien aise de vous voir, car je sais que vous avez tous de l'amitié pour moi. Je me sens bien faible, je crois que je vais mourir...

— Mais non, monsieur Mellier, mais non, ça ne sera rien, dirent ensemble plusieurs voix.

— Écoutez-moi, écoutez-moi ! reprit-il ; les instants sont précieux, laissez-moi parler... Je voudrais que tout le monde de Frémicourt et de Civry fût ici en ce moment pour écouter mes paroles ; vous n'êtes que six, n'importe ! écoutez-moi... C'est la confession du vieux Jacques Mellier que vous allez entendre.

Jean Renaud tressaillit.

Les autres se regardèrent avec ébahissement.

Blanche fit un mouvement, comme si elle eût eu l'intention de mettre sa main sur la bouche du vieillard. Ses lèvres remuèrent; mais elle resta silencieuse.

Mellier continua :

— Vous vous souvenez de ma fille...

— Oui, oui, mademoiselle Lucile, la belle demoiselle du Seuillon.

— Eh bien ! j'ai été sans pitié pour elle... Pour une faute que j'aurais dû lui pardonner, je l'ai chassée de ma maison... oui, dans un moment de folle exaspération, sans doute, j'ai chassé ma fille, mon unique enfant, en lui jetant ma malédiction.

Les auditeurs baissèrent la tête.

— Vous savez maintenant pourquoi Lucile Mellier a disparu tout à coup. Mais ce n'est pas tout; écoutez toujours : il y a dix-neuf ans, le 24 de ce mois, jour de la Saint-Jean, un tout jeune homme, inconnu dans le pays, a été tué d'un coup de fusil sur la route de Frémicourt à Civry, presque en face du Seuillon.

— Je me souviens de cela comme si la chose était d'hier, dit le vieux Mathias.

— L'événement a fait assez de bruit pour qu'on s'en souvienne, ajouta Simonin.

— Ce jeune homme, poursuivit le vieillard d'une voix chevrotante, cet inconnu, cet étranger, donnait la nuit des rendez-vous à Lucile Mellier; il était l'amant de ma fille!...

L'étonnement se peignit sur tous les visages.

— La justice chercha l'assassin : on arrêta un brave homme de Civry... Vous l'avez tous connu, Jean Renaud, le tueur de loups... Jean Renaud a été jugé et condamné à perpétuité... Où est-il maintenant? A Cayenne, mort peut-être... Eh bien! Jean Renaud, le tueur de loups, était innocent!...

Ces paroles furent suivies d'un murmure.

— Tout semblait l'accuser, continua Mellier en faisant un nouvel effort pour raffermir sa voix; il pouvait se défendre et prouver facilement qu'il n'était pas coupable, il ne l'a pas fait... Jean Renaud s'est laissé condamner... Vous ne savez pas pourquoi? je vais vous le dire : Jean Renaud connaissait le véritable coupable; il s'est laissé condamner pour le sauver!...

« Blanche, Blanche, tu as entendu? ton père est innocent!... S'il existe encore, la liberté lui sera rendue et tu le reverras! »

La jeune fille se laissa tomber sur ses genoux. Elle pleurait à chaudes larmes.

— Le véritable coupable, continua le vieillard d'une voix presque éclatante, celui qui a tué le jeune homme inconnu sur la route de Civry, c'est moi, Jacques Mellier!

Les hommes présents, moins Jean Renaud et peut-être aussi l'étranger que le hasard avait amené dans la chambre, étaient frappés de stupeur.

— Vous m'avez bien entendu tous? reprit le vieux fermier; souvenez-vous de mes paroles afin de pouvoir les répéter quand, pour le bonheur de cette enfant que vous aimez tous, Pierre Rouvenat vous fera paraître devant les magistrats pour dire la vérité.

« Pauvre Jean Renaud, cœur trop dévoué, pourvu que tu vives encore! »

Il cessa de parler et sa tête lourde tomba dans ses mains.

Les spectateurs de cette scène émouvante restaient immobiles, comme s'ils eussent été cloués au parquet.

XX

M. NESTOR DUMOULIN

Il y eut un silence de quelques minutes, pendant lequel, après s'être consultés du regard, le garçon de ferme et les faucheurs sortirent lentement l'un après l'autre.

Blanche restait à genoux près du vieillard. Jean Renaud s'était rapproché du fauteuil. L'inconnu, immobile à la même place, regardait le vieux mendiant avec plus d'intérêt encore que de curiosité.

Tout à coup Jacques Mellier s'agita convulsivement, ses yeux parurent se dilater, les traits de son visage livide se décomposèrent. Il se roidit, étendit les bras et les jambes, et, brusquement, comme s'il eût reçu le choc d'une pile électrique, il se dressa debout.

Tout son corps tremblait.

— Mes yeux se voilent, dit-il d'une voix presque éteinte; je ne vois plus, je ne vois plus...

Il porta la main à sa poitrine, sur laquelle ses doigts se crispèrent.

— Là, là, reprit-il, je sens comme un morceau de glace... Je vais mourir, je vais mourir!... Rouvenat, Rouvenat!... Ah! il ne revient pas, il arrivera trop tard... Edmond... je ne verrai pas l'enfant de ma fille... Ma tête tourne, mes membres s'engourdissent... mes pensées se brouillent, elles fuient... Blanche, es-tu près de moi?

La jeune fille s'était levée.

— Oui, mon père, répondit-elle, je suis près de vous.

Il lui saisit le bras...

— Je ne te vois plus, mais je t'entends, je te sens... Ne me quitte pas... Et Lucile?... Blanche, appelle Lucile, appelle ma fille!...

— Lucile, Lucile! cria Blanche.

La jeune femme entendit et accourut aussitôt.

A la vue de son père qui avait déjà les empreintes de la mort sur la figure, elle poussa un cri déchirant et l'étreignit fiévreusement dans ses bras

Le vieillard retomba lourdement dans son fauteuil.

— Lucile, Blanche, dit-il, vous me pardonnez, n'est-ce pas, vous me pardonnez?...

Des sanglots lui répondirent. Il continua :

— Vous vous aimerez, vous ne vous quitterez jamais... vous serez heureuses... oui, heureuses!... Blanche, ton père a souffert et souffre pour moi; c'est aussi pour moi que Geneviève, ta mère, est morte!... J'ai causé de grands malheurs... Si Dieu est juste, il est bon aussi... il connaît mon repentir... il ne sera pas inexorable... il ne fermera pas à mon âme la porte du ciel!...

« Lucile, je vais rejoindre ta mère... je lui dirai que tu m'as pardonné... »

Il resta un moment silencieux, les bras tendus, prêtant l'oreille, comme s'il entendait un bruit lointain.

— Rouvenat revient, je l'entends, il accourt, reprit-il moins distinctement, car sa langue commençait à se paralyser... Si je pouvais vivre encore deux heures, une heure seulement!... Si Rouvenat était là, près de moi, si j'avais embrassé mon petit-fils, si quelqu'un venait me dire : « Jean Renaud vit encore, » je mourrais satisfait... Hélas! je n'aurai pas cette dernière consolation!...

— Jacques Mellier, prononça Jean Renaud d'une voix vibrante d'émotion, je peux vous donner un peu de cette consolation que vous attendez : Jean Renaud existe encore.

Le vieux fermier eut un tressaillement.

— Qui donc vient de parler? balbutia-t-il.

— Celui qu'on appelle Mardoche, un ancien ami de Jacques Mellier, qui se cache sous l'habit d'un mendiant.

Le moribond essaya de se lever.

— Ah! ah! bégaya-t-il, la voix de Jean Renaud, la voix de Jean Renaud!...

— Jacques Mellier, Jean Renaud n'est plus à Cayenne, Jean Renaud est libre; il est près de vous, il vous parle... Jacques, je vous remercie de ce que vous avez fait pour ma fille... Si votre dernière heure est venue, mourez en paix.

Le visage du vieux fermier exprima soudain une joie infinie. Son regard eut une dernière clarté.

— Mardoche, Jean Renaud, je te vois, murmura Jacques Mellier... Ah! mon Dieu! ah! mon Dieu!... La lumière me revient... je ne veux pas mourir encore... Enfants, regardez... Ah! le beau jour, le beau soleil!

Il eut successivement trois haut-le-corps; il appuya ses deux mains sur sa poitrine, un râle s'arrêta dans sa gorge et son corps tomba en arrière.

Jean Renaud se pencha vers lui, le regarda un instant, puis se redressa en prononçant ce mot :

— Mort !

Lucile et Blanche laissèrent échapper un cri douloureux et se prosternèrent.

— Pauvre Jacques ! murmura Jean Renaud ; il était écrit qu'il ne verrait pas le fils de Lucile.

Derrière lui, la voix de l'étranger répondit :

— Dieu n'a pas voulu mettre le fils en présence de l'homme qui a tué son père !

Jean Renaud se retourna brusquement et se trouva en face de l'inconnu.

— Qui êtes-vous ? lui demanda-t-il.

— Je vous le dirai. Laissons pleurer ces deux jeunes femmes. Venez ! c'est vous que je cherchais ici ; j'ai à vous parler.

Les deux hommes sortirent de la chambre.

Quand ils furent dans la cour de la ferme :

— Puis-je savoir ?... commença Jean Renaud.

— Mon nom ?

— Oui.

— Je me nomme Nestor Dumoulin ; je suis avocat et j'habite Paris.

— Je n'ai pas l'honneur de vous connaître, monsieur

— Je sais que vous ne me connaissez pas ; mais je vous connais, moi, bien que je vous voie aujourd'hui pour la première fois ; il y a environ huit mois, je suis déjà venu dans ce pays pour vous.

— Je n'y étais pas. Mais est-ce Jean Renaud ou le mendiant Mardoche que vous veniez chercher au Scuillon ?

— Sur les indications qu'un faucheur m'a données, je venais demander à la ferme le mendiant Mardoche ; mais je savais que sous le nom de Mardoche se cachait Jean Renaud, le gracié de Cayenne.

— Comment savez-vous ces choses ? s'écria Jean Renaud avec surprise.

— Le hasard m'a fait entendre tout à l'heure les paroles du vieux Jacques Mellier ; mais je n'ai rien appris que je ne susse déjà.

— Ainsi vous saviez ?...

— Je savais que Jacques Mellier, vengeant son honneur, a assassiné l'amant de sa fille ! Je savais que Lucile Mellier, le lendemain même du meurtre, avait quitté la maison de son père ! Je savais que Geneviève est morte, que Blanche, la nouvelle demoiselle du Seuillon, est la fille de Jean Renaud, le tueur de loups, et que Jean Renaud, alors forçat, était innocent !

Jean Renaud était stupéfié.

— Mais comment donc avez-vous découvert le mystère du Seuillon? demanda-t-il.

L'avocat sourit.

— En lisant avec soin, à Vesoul, toutes les pièces que j'ai trouvées dans le dossier de votre procès, répondit-il.

— Est-ce possible? s'écria Jean Renaud.

— Une conversation que j'ai eue avec l'ancien juge de paix de Saint-Irun acheva de m'éclairer. Je pus alors rétablir exactement les faits. Je devinai facilement qu'ayant fait la chasse au loup dans la journée vous étiez passé à la ferme, avant de vous rendre à Terroise où vous aviez affaire, et y aviez laissé votre fusil, dont Jacques Mellier s'empara, croyant prendre le sien. Je devinai aussi que, sortant de Frémicourt, un instant après le crime, vous vous étiez trouvé devant la victime respirant encore, et que le malheureux jeune homme vous avait chargé d'aller prendre dans sa chambre, chez l'aubergiste Bertaux, à Saint-Irun, des papiers qui étaient de nature à compromettre gravement Jacques Mellier.

Jean Renaud était émerveillé.

— En ce qui concerne les papiers, continua M. Dumoulin, je pus supposer que vous les aviez détruits; mais j'ai su depuis que, mieux inspiré, vous les aviez cachés à Civry, sous le plancher de votre maison.

Cette fois, Jean Renaud ne savait plus que penser. Il fit un pas en arrière et regarda l'avocat avec effarement.

M. Dumoulin avait un sourire bienveillant sur les lèvres.

— Si je croyais à la magie, dit Jean Renaud, je dirais que vous êtes un sorcier.

— Heureusement, vous n'y croyez pas.

Jean Renaud se frappa le front.

— Ah! s'écria-t-il, pour savoir que j'avais caché les papiers dans ma maison, il faut que vous ayez vu Edmond; vous connaissez le fils de Lucile Mellier?

— Oui, Jean Renaud, je le connais.

Après avoir réfléchi un instant, Jean Renaud reprit :

— Vous m'avez dit tout à l'heure, monsieur, que vous étiez venu dans ce pays à mon intention, il y a huit mois; j'étais à Cayenne, alors, et je ne connaissais pas M. Edmond.

— A cette époque, je ne le connaissais pas non plus, et j'ignorais même son existence.

— Est-ce il y a huit mois que vous avez découvert la vérité sur le drame du Seuillon?

— Oui.

— Je vous questionne, monsieur, excusez-moi; mais je ne comprends pas encore dans quel but vous avez voulu pénétrer ce secret si bien caché

— Dans votre intérêt seul, Jean Renaud. Mon voyage dans ce pays a précédé de quelques jours seulement la grâce qui a été demandée pour vous.

— Quoi! s'écria Jean Renaud en saisissant les deux mains de l'avocat, c'est à vous que je dois la liberté, c'est à vous que je dois le bonheur de voir ma fille chérie!

— Non, Jean Renaud, c'est à un de mes amis que vous devez votre grâce, pas à moi... Cet ami, vous l'avez vu, il vous a parlé, à Cayenne.

— Ah! je n'ai pas oublié... Oui, un jour, à Cayenne, un homme d'un grand air, et qui, lui aussi, paraissait avoir beaucoup souffert, me fit venir devant lui. Il m'a parlé avec bonté, il m'a interrogé... Que lui ai-je répondu? Je ne me le rappelle plus... Ainsi, monsieur, c'est lui qui m'a fait revenir en France, près de mon enfant?

— Oui, Jean Renaud, c'est grâce à lui que vous êtes libre aujourd'hui.

— Oh! je vous en prie, monsieur, dites-moi son nom! Serait-il à cinq cents lieues d'ici, je veux aller le trouver, je veux m'agenouiller devant lui pour le remercier.

— Je ne puis encore vous dire son nom, Jean Renaud, mais vous le saurez bientôt. Vous le reverrez aussi, et alors vous pourrez le remercier.

« Comme je crois vous l'avoir dit, Jean Renaud, poursuivit M. Dumoulin, c'est encore dans votre intérêt et dans l'intérêt de mademoiselle Blanche, votre fille, que je suis revenu dans la Haute-Saône, envoyé par votre protecteur inconnu.

— Que peut-il donc faire encore pour moi, pour ma fille?

— Il veut achever ce qu'il n'a fait qu'ébaucher, Jean Renaud : Edmond, le fils de Lucile Mellier, et Blanche se sont rencontrés, ils s'aiment, vous le savez?

— Oui, ils s'aiment.

— Eh bien! mon ami, pour que Blanche et Edmond soient unis, heureux, il faut que Jean Renaud soit réhabilité.

— Que me dites-vous, monsieur? s'écria Jean Renaud.

— Ce qui doit être, ce qui sera!

— Et vous, la grosse fille, lui dit-il, est-ce que vous ne pouvez pas nous mieux renseigner? (Page 564.)

— Non, non, c'est impossible. La réhabilitation de Jean Renaud flétrirait le nom de Mellier que doit porter le fils de l'homme assassiné!

— Edmond ne peut pas s'appeler Mellier, quand il a le nom de son père.

— Le nom de son père!

— Oui, mais ce nom, Jean Renaud, je ne puis vous le faire connaître encore. La mort de Jacques Mellier, à laquelle je m'attendais si peu, rend ma mission infiniment plus facile; d'un autre côté, sa confession, en présence de plusieurs personnes, simplifie singulièrement les choses. Je vais me rendre immédiatement à Vesoul et agir. Toutefois, Jean Renaud, je tiens à vous rassurer : il ne se fera pas de bruit autour de la tombe du vieux Mellier; je m'arrangerai de manière à ce que le voile qui couvre le drame terrible du 24 juin ne soit pas soulevé trop violemment. Jacques Mellier n'est plus, nous le laisserons dormir en paix. En dehors de nous, cinq hommes ont entendu la confession du vieux fermier ; priez-les de garder le silence, d'être muets. Ils parleront seulement en présence du magistrat devant lequel ils seront appelés dans deux ou trois jours.

« Maintenant, Jean Renaud, continua M. Dumoulin, vous devez connaître ces cinq hommes : il me reste à vous demander leurs noms et prénoms, et où ils demeurent.

— Il y a, d'abord, Jean Roblot, le garçon de ferme.

L'avocat avait tiré un carnet de sa poche. Il écrivit sous la dictée de Jean Renaud.

— Ensuite, Isidore Mathias, André Brunet, Joseph Andral et Alexandre Simonin. Ils demeurent tous les quatre à Frémicourt.

M. Dumoulin tendit sa main à Jean Renaud.

— Je n'ai plus rien à faire au Seuillon, dit-il ; je vous quitte, mais nous nous reverrons. A bientôt !

Sur ces mots, il s'éloigna rapidement.

XXI

LES GENDARMES

Le corps de Jacques Mellier s'était à peine refroidi qu'on savait déjà à Frémicourt que le vieux fermier avait cessé de vivre. Et comme le médecin avait cru devoir prévenir le maire de ce qui s'était passé au milieu de la nuit dans la chambre de Jacques Mellier, on ne doutait pas que la lutte qu'il avait soutenue contre le voleur, et la révolution qui devait s'être faite en lui, ne fussent cause de sa mort.

Vers dix heures, le brigadier de gendarmerie de Saint-Irun et un de ses gendarmes, faisant leur tournée, passèrent à Frémicourt.

Ils entrèrent chez le maire afin de lui demander, comme d'habitude, s'il n'avait rien à leur signaler.

— Si, vraiment, répondit le magistrat municipal.

Et il leur apprit comment, dans la nuit, Jacques Mellier, le fermier du Seuillon, s'était défendu contre un voleur qu'il avait surpris les mains dans son coffre-fort et qui avait failli l'étrangler...

— Oh! oh! fit le brigadier, voilà une grave affaire.

— D'autant plus grave, messieurs, que le vieux Mellier est mort ce matin probablement des suites des coups qu'il a reçus.

Les deux gendarmes se regardèrent.

— Je ne vous attendais pas aujourd'hui, reprit le maire, et j'allais écrire à M. le juge de paix de Saint-Irun pour lui faire connaître les faits.

— Sait-on le nom de cet audacieux malfaiteur? demanda le brigadier.

— Non, malheureusement; comme je viens de vous le dire, la chose s'est passée au milieu de la nuit; Jacques Mellier n'a pas pu voir le visage du voleur.

— C'est peut-être un des domestiques de la ferme?

— Jacques Mellier a dit ce matin au médecin de Frémicourt que l'homme qui s'est introduit dans sa chambre pour le voler n'est pas un de ses serviteurs.

— Eh bien! monsieur le maire, dit le brigadier, nous allons aller au Seuillon afin de recueillir nous-mêmes des renseignements aussi exacts que possible.

A l'exception de Gertrude, les domestiques du Seuillon ignoraient encore que deux hommes s'étaient introduits nuitamment dans la maison, et que l'un d'eux avait tenté de voler leur maître.

S'étant retirée dans sa chambre sur l'injonction du beau François, Gertrude ne savait absolument rien de ce qui s'était passé au premier étage de l'habitation. Mais la mort subite de Jacques Mellier avait mis en elle un grand trouble. Elle se disait avec terreur que le père et le fils Parisel n'étaient pas étrangers à ce malheur inattendu.

Elle traversait la cour, venant des écuries, lorsqu'elle vit les gendarmes sur le chemin de la ferme. La peur la saisit et elle se précipita dans la maison en criant :

— Voici les gendarmes! Voici les gendarmes!

Heureusement pour elle, il n'y avait alors dans la salle que Séraphine. Celle-ci ne remarqua ni la pâleur ni le trouble de Gertrude.

Un instant après, les gendarmes mettaient pied à terre dans la cour de la ferme. Ils passèrent la bride de leurs chevaux dans un anneau de fer fixé à la muraille, et ils entrèrent.

Gertrude s'était affaissée sur un banc.

Séraphine s'avança à la rencontre des gendarmes.

— Qu'est-ce que vous désirez, messieurs les gendarmes? demanda-t-elle.

— Est-il vrai que M. Jacques Mellier soit mort? interrogea le brigadier.

— Hélas! oui; il est mort ce matin à huit heures.

— Pouvez-vous nous donner des renseignements précis sur ce qui s'est passé à la ferme la nuit dernière?

— Je sais peu de chose. Il paraît que le maître s'est trouvé indisposé tout à coup et qu'il a appelé. Mademoiselle Blanche a entendu, elle est accourue aussitôt. M. Mellier était sans connaissance. Alors elle est descendue pour réveiller tout le monde. Jean a vite attelé un cheval au cabriolet et est allé à Frémicourt chercher le médecin. Voilà tout ce que je peux vous dire, monsieur le brigadier.

— Comment! fit le gendarme en fronçant les sourcils, vous ne savez pas autre chose?

— Je ne sais que cela, et je ne suppose pas que d'autres puissent vous en apprendre davantage.

Le brigadier se tourna vers Gertrude.

— Et vous, la grosse fille, lui dit-il, est-ce que vous ne pouvez pas nous mieux renseigner?

Son regard hébété se fixa sur lui.

— Je n'ai rien entendu, répondit-elle avec un roulement d'yeux de carpe qui se pâme; je dormais comme un sabot dans mon lit. Moi, quand je dors, toute la maison pourrait bien s'écrouler sans que je l'entende.

— Vous avez le sommeil dur, fit le brigadier.

Et il lui tourna le dos.

— Je voudrais voir M. Rouvenat, reprit-il en s'adressant de nouveau à Séraphine.

— M. Rouvenat est parti avant-hier pour Paris et n'est pas encore de retour.

— Ah!... Où sont les autres domestiques?

— Les garçons sont allés porter à manger aux gens de journée. Le vacher vient de faire rentrer ses bêtes; il doit être dans les écuries. Quant au berger, il est venu tout à l'heure prendre sa nourriture pour la journée, et il est retourné à son parc.

— Est-ce que nous ne pouvons pas voir mademoiselle Blanche?

— Elle est près de son père. Mais si vous tenez absolument à la voir je vais aller l'appeler.

— Oui; la chose est assez grave pour que je ne craigne pas de la déranger dans un semblable moment; priez-la de vouloir bien descendre.

Séraphine monta l'escalier et frappa doucement à la porte de la chambre mortuaire.

Sur le désir exprimé par Lucile, dont la présence dans la maison n'était connue que de Jean Renaud et de Blanche, celle-ci avait défendu l'entrée de la chambre d'une façon absolue. Grâce à cette précaution, Lucile pouvait rester près du corps de son père sans craindre d'être surprise.

En entendant frapper, la jeune femme s'enveloppa dans un rideau du lit. Blanche alla entr'ouvrir la porte.

— Mademoiselle, dit Séraphine, les gendarmes sont en bas; je ne sais pas ce qu'ils ont à vous demander, mais ils veulent absolument vous voir.

— C'est bien, Séraphine ; dites-leur que je suis à eux dans un instant.

Elle revint précipitamment près de Lucile et lui dit d'une voix émue :

— Le médecin a parlé, les gendarmes sont ici.

— J'ai entendu, répondit Lucile.

— Que dois-je faire? S'ils m'interrogent, que répondrai-je?

— Blanche, il est inutile d'apprendre à des étrangers que François Parisel a eu l'audace de pénétrer dans votre chambre pendant votre sommeil. Quant à ce qui s'est passé dans celle-ci, rien ne s'oppose à ce que vous racontiez aux gendarmes ce que mon pauvre père a dit lui-même au médecin; il n'a pas reconnu le voleur, le misérable qui est cause de sa mort ; nous n'avons pas le droit de nommer l'homme que nous soupçonnons.

— J'ai compris, dit Blanche.

Elle essuya vivement ses yeux et sortit de la chambre.

Quand elle parut devant eux, les gendarmes la saluèrent respectueusement.

Gertrude était assise à la même place, Séraphine se tenait debout devant la cheminée.

— Mademoiselle, dit le brigadier, nous avons appris la mort de M. Mellier par M. le maire de Frémicourt. Si M. le maire est bien informé, un voleur se serait introduit la nuit dernière dans la chambre de votre père pour le voler; il y aurait eu même, entre M. Mellier et le voleur, une lutte. Enfin, après avoir tenté d'étrangler M. Mellier, le malfaiteur se serait enfui sans avoir commis le vol qu'il avait prémédité. Tout cela est-il exact, mademoiselle?

— Oui, monsieur, tout cela est vrai, répondit Blanche.

— C'est un crime épouvantable, mademoiselle, et notre devoir est de nous mettre à la recherche du criminel. Avant de mourir, M. Mellier ne l'a-t-il pas nommé?

Gertrude écoutait, les yeux hagards et tremblant de tous ses membres.

— C'était la nuit, monsieur, répondit Blanche; mon père n'a pu le voir, il ne l'a pas reconnu.

— Il n'a soupçonné personne?

— Personne.

— Et vous, mademoiselle, n'avez-vous pas un soupçon sur quelqu'un?

— Non, monsieur.

— Savez-vous comment le voleur est entré dans la maison?

— Je l'ignore, monsieur. Peut-être avait-on négligé de fermer une porte.

— Hier soir, toutes les portes ont été fermées comme d'habitude, dit Séraphine.

— Et les fenêtres? fit le gendarme.

— Les fenêtres aussi.

— Il faut bien, cependant, que le voleur ait trouvé une ouverture pour entrer. Ne pensez-vous pas, mademoiselle, que le coupable puisse être un de vos domestiques?

La jeune fille secoua la tête.

— Je vous répondrai par ces paroles de mon père avant sa mort, dit-elle : « Leur fidélité est éprouvée, et je ne voudrais pas même qu'on les soupçonnât. »

— Tout cela est bien singulier, bien mystérieux, murmura le brigadier.

Puis, tout haut :

— Vous voudrez bien nous excuser, mademoiselle, de vous avoir dérangée aujourd'hui, quand vous êtes tout entière à votre douleur ; mais nous sommes forcés de faire notre devoir et nous devions vous interroger. Je regrette que vous ne puissiez pas nous mettre sur la trace de ce dangereux malfaiteur qui, n'y a pas à en douter, est cause de la mort de M. Mellier ; mais nous le chercherons activement, et il faut espérer qu'il n'échappera pas à la justice et au châtiment qu'il mérite. Nous nous retirons, mademoiselle ; nous reviendrons au Seuillon dans un moment plus opportun.

Les gendarmes sortirent de la ferme, remontèrent à cheval et partirent à franc-étrier.

Blanche rentra dans la chambre mortuaire.

Lucile l'interrogea du regard.

— Ils sont partis, répondit la jeune fille ; j'ai répondu aux questions qu'ils m'ont adressées ainsi que vous le désiriez.

— C'est bien, dit Lucile.

Après un moment de silence :

— Blanche, reprit tout à coup la jeune femme, savez-vous quelles sont les heures du passage des trains à Vesoul ?

— Venant de Paris ? Le matin, cinq heures et huit heures ; le soir, une heure et six heures.

— Si Rouvenat et mon fils sont arrivés à Vesoul ce matin à cinq heures, ils ne tarderont pas à être ici.

— Oui, surtout si mon parrain trouve une voiture à louer à Saint-Irun.

— Ils peuvent aussi passer par Gray.

— Mon parrain a pris le chemin de fer à Vesoul, il est plus que probable que c'est par Vesoul qu'ils viendront. Il n'y a pas à Gray de correspondance directe pour Saint-Irun.

— Attendons, soupira Lucile.

Après le départ des gendarmes, Gertrude se sentit à peu près rassurée. Elle croyait savoir enfin la véritable raison de l'excursion nocturne du beau François.

— Voilà, se dit-elle ; voyant que le maître ne mourait pas assez vite, il a voulu lui prendre son or ; mais le maître ne l'a pas reconnu, on ne saura point que c'est lui... Il n'y a que moi qui pourrais dire... mais, moi, je l'aime, mon beau François, il n'y a pas de danger que je le trahisse. On ne saura pas non plus comment il est entré ; ce matin, tout en me levant, quand la demoiselle nous a réveillés tous, j'ai eu soin de pousser le verrou de la porte du jardin. Le maître est mort, mais il était vieux, il avait fait son temps...

« François va hériter, à son tour il va devenir le maître à la ferme, nous nous marierons... Je serai la femme de François, on m'appellera madame Parisel, la fermière du Seuillon ! »

La joie faisait palpiter son cœur. Elle se grisait d'espoir et d'orgueil.

— Il faudra que je le voie ce soir, reprit-elle, que je lui dise que le maître ne l'a pas reconnu, que personne ne peut savoir que c'est lui... S'il ne vient pas dans l'oseraie, j'ai de bonnes jambes, j'irai jusqu'à Artemont.

Puis, se redressant, les poings sur les hanches, les yeux brillants, un sourire intraduisible sur les lèvres, elle s'écria :

— On m'appellera madame Parisel, je serai la fermière du Seuillon!

XXII

LA CHAMBRE DU MORT

Il était deux heures de l'après-midi. Une voiture de louage entra dans la cour de la ferme. Elle ramenait Pierre Rouvenat.

Le vieillard ne savait pas encore qu'il allait trouver le corps de son maître, de son ami, étendu sans vie sur son lit; et pourtant il avait les yeux mornes, le front assombri, et on pouvait lire sur son visage pâle une profonde tristesse.

Rouvenat était seul, Rouvenat n'amenait pas avec lui celui qu'il était allé chercher.

Il descendit de la voiture et dit au conducteur, en lui mettant 12 francs dans la main :

— Le prix convenu est dix francs, les deux francs sont pour vous. Mais la chaleur est étouffante, vous devez avoir besoin de vous rafraîchir ; venez !

Le conducteur ne se fit pas prier. Il sauta à bas de son siège et suivit Rouvenat.

Séraphine était seule.

— Bonjour, monsieur Pierre, dit-elle ; enfin, vous voilà de retour. Mademoiselle Blanche vous attend avec une vive impatience.

— Séraphine, dit-il, vous allez donner à boire et quelque chose à manger à ce brave garçon.

— Tout de suite, monsieur Pierre.

Et elle fit signe à l'homme de s'asseoir près de la table.

A ce moment, Rouvenat regarda la servante et son air triste le frappa ; il vit aussi qu'elle avait les yeux rouges.

M. Edmond avant de partir a embrassé la vieille concierge. (Page 572.)

— Que vous est-il donc arrivé? lui demanda-t-il d'un ton bienveillant ; on dirait que vous avez pleuré.

— Vous ne savez donc rien, monsieur Rouvenat? On ne vous a donc pas dit...

— Quoi?

— Ah! un grand malheur!

— Un malheur! s'écria-t-il d'une voix anxieuse.
— M. Mellier...
— Malade?
— Hélas! monsieur Pierre, il est mort!

Il porta vivement la main à son cœur et poussa un cri rauque. Puis il bondit dans l'escalier et se précipita comme un fou dans la chambre de Jacques Mellier.

Sa brusque apparition fut suivie de deux exclamations.

Près du lit, il vit Blanche et Lucile qu'il ne reconnut pas.

Blanche lui sauta au cou en pleurant. Il l'étreignit fortement contre son cœur, lui mit un baiser sur le front, puis, la repoussant doucement, il se jeta sur le cadavre du vieux fermier.

— Mort, mort! murmura-t-il d'une voix étranglée; tout est fini... Je l'ai quitté bien portant, presque joyeux, et le voilà roide, glacé... plus rien... Malheur! malheur!... Si seulement j'avais été là, j'aurais entendu ses dernières paroles, il m'aurait dit sa dernière volonté, j'aurais recueilli son dernier soupir... Trop tard, trop tard!... Ah! Dieu est terrible pour nous! Il nous frappe, il nous accable sans pitié! Rien n'a pu le fléchir, sa justice est inexorable...

Il fit quelques pas en arrière, chancelant, et s'affaissa sur un siége, sa figure dans ses mains.

Rouvenat pleurait. L'homme de fer devenait faible comme un enfant; devant la mort, son courage paraissait vaincu.

Lucile et Blanche le regardaient silencieusement; elles n'osaient l'interroger, elles respectaient sa douleur.

Au bout d'un instant, il releva la tête et tendit ses bras à Blanche.

Mais soudain ses yeux s'ouvrirent démesurément et, étincelants, se fixèrent sur le visage de Lucile.

D'un seul mouvement, il se dressa sur ses jambes en criant:

— Lucile! Lucile!

La jeune femme s'approcha de lui et lui prit la main.

— Oui, Pierre, dit-elle, c'est moi. Mon père m'a vue, mon père m'a pardonné; il a retiré sa malédiction, il m'a bénie!... Pierre, il ne voulait pas mourir avant votre retour, il vous a appelé plusieurs fois. Je vous répéterai ses dernières paroles, je vous dirai ses dernières volontés. Il s'est éteint sans souffrir, là, près de la fenêtre, dans son fauteuil, entre Blanche et moi, les yeux au ciel, regardant le soleil... Son âme est près de Dieu et nous prions pour lui.

«Maintenant, Pierre, continua-t-elle d'une voix tremblante, dites-moi où est mon fils.

Rouvenat baissa tristement la tête.

— Pierre, vous ne me répondez pas. Mon Dieu! qu'avez-vous?

— Lucile, ma chère maîtresse, je suis revenu seul, je suis désolé...

— Mon fils! un nouveau malheur! s'écria Lucile effrayée.

Blanche arrêta un cri dans sa gorge.

— Non, non, rassurez-vous, reprit vivement Rouvenat; il n'est rien arrivé de fâcheux à Edmond, je le sais. Seulement, à peine de retour à Paris, il est parti de nouveau avec Jérôme Greluche. Où sont-ils allés? On n'a pu me l'apprendre. Mais nous le retrouverons, je vous le promets, nous le retrouverons.

Lucile fit entendre un long gémissement.

Blanche l'entoura de ses bras en disant:

— Espérons, espérons!

— Il faut toujours espérer, prononça derrière elles la voix de Jean Renaud.

Il était entré pendant que Rouvenat parlait, et s'était avancé sans bruit, la tête découverte.

Rouvenat lui tendit la main.

— Hélas! murmura Lucile d'une voix éteinte, la colère du ciel n'est pas encore apaisée!

— Ainsi, dit Jean Renaud à Rouvenat, vous ne l'avez pas trouvé?

— Il était parti depuis deux jours.

— Avec Greluche?

— Oui.

— C'est singulier! fit Jean Renaud qui réfléchissait.

— Tout de suite, en arrivant à Paris, reprit Rouvenat, je me suis fait conduire à l'adresse que vous m'avez donnée, Jean Renaud, rue de la Montagne-Sainte-Geneviève. Je m'adressai à la concierge de la maison, une brave femme, qui me répondit avec beaucoup de complaisance et de politesse.

« — C'est bien ici, me dit-elle, qu'habitent M. Edmond et son père adoptif, Jérôme Greluche, qui s'appelle aussi le père Rigolo, parce que c'est un homme qui a toujours quelque bonne drôlerie à dire, et qu'il a, aux Champs-Élysées, un petit théâtre de marionnettes auquel il a donné le nom de théâtre de Rigolo. Malheureusement, mon bon monsieur, vous ne pourrez pas les voir. Le père Rigolo a fermé son théâtre il y a une quinzaine, et je ne crois pas qu'il le rouvrira de longtemps.

« Bref, après un voyage qui a duré plus d'une semaine, mes deux locataires sont revenus; mais il paraît qu'ils vont passer comme ça leur vie à voyager, car ils sont partis avant-hier pour trois mois, peut-être plus, d'après ce que m'a dit le papa Greluche.

« — Et vous ne savez pas où ils sont allés? lui demandai-je.

« — Point du tout. Dame! ils ne disent pas comme ça leurs affaires. Le père Rigolo est un bon homme, mais cachottier en diable. Quant à M. Edmond, c'est bien pire encore : il faudrait être sorcière pour savoir ce qu'il pense. Il est très-doux, très-gentil, très-poli, mais un peu fier, un peu sauvage. Après tout, il ne peut pas être comme ça familier avec tout le monde. A Paris, voyez-vous, chacun doit savoir tenir son rang; c'est mon avis, faut de la dignité. M. Edmond est très-savant; le papa Rigolo, qui a dû faire sa pelote, lui a fait donner une belle *inducation*.

« Bref, il sait ce qu'il vaut, il tient son rang, il a raison... faut de la dignité.

« Moi, je l'aime comme ça, le cher mignon, car, voyez-vous, monsieur, il y a sept ans qu'ils demeurent dans la maison; c'est vous dire que je l'ai connu jeune, attendu qu'il ne doit pas encore avoir vingt ans. Il était au collége Sainte-Barbe, tout à côté, et il m'est arrivé plus d'une fois de lui porter des friandises que lui envoyait le bon papa Greluche. M. Edmond n'est pas ingrat, et, sans me vanter, je peux bien dire qu'il m'aime aussi.

« Tenez, monsieur, vous pouvez me croire, vu que je ne mens jamais quand il s'agit de choses sérieuses ; eh bien ! avant de partir, M. Edmond m'a embrassée, oui, monsieur, il m'a embrassée, moi, la vieille concierge !... Ah ! dame, ce n'est pas un petit crevé comme il y en a tant; il a du cœur, lui ! Et en sortant de la loge il m'a dit : « Si bientôt, comme je l'espère, je suis heureux, vous serez une des premières à le savoir. »

— Cher enfant, cher enfant! murmura Lucile violemment émue.

Les yeux fixés sur Rouvenat, la bouche entr'ouverte, retenant sa respiration, elle écoutait avec ravissement.

Jean Renaud, la tête inclinée sur sa poitrine, réfléchissait toujours.

— Malgré ma vive contrariété et la déception que je venais d'éprouver, reprit Rouvenat, j'écoutais la brave femme avec un plaisir infini.

Elle continua :

— Comme je vous l'ai dit, monsieur, ils ne m'ont pas raconté leurs affaires, et je me suis bien gardée de leur adresser des questions indiscrètes ; mais, voyez-vous, rien ne m'ôtera de l'idée que M. Edmond a retrouvé son père et sa mère. »

Jean Renaud releva brusquement la tête.

Lucile ne put retenir un cri d'étonnement.

— Ma surprise fut grande aussi, dit Rouvenat. Enfin, voici à peu près les paroles de la concierge :

« — Le jour même de leur retour à Paris, Greluche sortit. Il revint au bout de deux heures dans une belle voiture armoriée, attelée de deux chevaux superbes, accompagné d'un monsieur âgé et d'une dame âgée aussi, habillée tout en noir. Le monsieur, le cocher et un autre domestique avaient un crêpe de deuil à leurs chapeaux.

« Le monsieur et la dame mirent pied à terre, et j'entendis le papa Greluche qui les appelait M. le comte, madame la comtesse. Ils montèrent tous les trois au logement de Greluche et de M. Edmond. Que s'y est-il passé? Je ne le sais pas. Toujours est-il qu'ils redescendirent au bout de vingt minutes, et que la vieille dame, paraissant très-heureuse, s'appuyait sur le bras de M. Edmond. Ils montèrent tous les quatre dans la calèche. Le cocher fit tourner ses chevaux, et la voiture fila comme le vent.

« Moi, debout sur le seuil de la porte, toute ahurie, éblouie, n'en pouvant croire mes yeux, je suivis la belle calèche jusqu'à ce qu'elle eût disparu au tournant de la rue.

« Bref, monsieur, je n'ai revu le père Greluche et M. Edmond qu'avant-hier, quand ils sont venus prendre leurs malles pour partir en voyage, comme j'ai eu l'honneur de vous le dire. »

Lucile restait immobile, comme pétrifiée.

Blanche était devenue très-pâle.

Jean Renaud prit la parole.

— La concierge ne s'est pas trompée, dit-il ; ce matin, il est venu ici à la ferme un avocat de Paris qui se nomme M. Nestor Dumoulin. Il m'a dit : « Edmond, le fils de Lucile Mellier, ne s'appellera pas Mellier, il portera le nom de son père. » Ces paroles disent que le fils de Lucile Mellier a retrouvé la famille de son père et que celle-ci l'a reconnu.

— Ah! je comprends! s'écria Lucile. Dans les papiers que vous aviez cachés dans votre maison, Jean Renaud, et que vous avez remis à mon fils, il y avait des lettres... Oui, oui, je me souviens... Une de ces lettres, écrites par la nourrice du père de mon enfant, lui donnait des renseignements sur sa famille, qui, jusqu'alors, lui était restée inconnue ; elle parlait d'un homme riche, puissant, d'un comte... Mon fils s'est servi de cette lettre.

Blanche soupira. Et, laissant tomber sa jolie tête sur l'épaule de Jean Renaud :

— Ah! mon père, mon père! dit-elle avec un accent impossible à rendre.

— Blanche, ma fille, mon enfant, qu'as-tu?

— Comte, il est comte! murmura la jeune fille.

Jean Renaud devina la pensée de sa fille.

Il l'entoura de ses bras et dit :

— J'ai causé assez longuement avec l'homme qui est venu au Seuillon ce matin; je suis sûr qu'il a été envoyé par la famille du père d'Edmond. Voici encore ce qu'il m'a dit : Edmond, le fils de Lucile Mellier, et Blanche se sont rencontrés, ils s'aiment ; ces deux enfants seront heureux, Blanche sera la femme d'Edmond!

XXIII

OU EST LE BEAU FRANÇOIS

Blanche avait défendu la porte de la chambre du mort, afin que Lucile pût rester près de son père. Rouvenat, au contraire, décida que toutes les personnes qui viendraient à la ferme et qui désireraient voir Jacques Mellier seraient admises à lui jeter de l'eau bénite.

Séraphine reçut des ordres en conséquence.

Lucile, persistant dans sa volonté de ne pas se faire reconnaître encore, s'installa provisoirement dans la chambre de Rouvenat où elle se tint cachée.

Ni Séraphine ni les autres domestiques ne soupçonnaient la présence d'une femme inconnue dans la maison.

Quand on eut appris à Rouvenat ce qui s'était passé dans la nuit, et qu'on lui eut dit que les gendarmes étaient venus demander des renseignements sur l'un des faits connus, la tentative de vol, des éclairs terribles sillonnèrent son regard.

— L'homme qui a voulu voler Jacques, dit-il, et qui l'a tué, n'est autre que Joseph Parisel; mais ne songeons pour le moment qu'à notre douleur et aux funérailles de Jacques Mellier ; nous examinerons ensuite si nous devons, oui ou non, livrer les deux misérables à la justice.

Il se rendit à Frémicourt pour faire la déclaration du décès et s'entendre avec le curé au sujet de la cérémonie des obsèques, qui fut fixée au lendemain à dix heures du matin.

Le soir, quand les gens de journée se trouvèrent tous réunis dans la grande salle, Rouvenat leur dit :

— Mes amis, demain aura lieu l'enterrement de Jacques Mellier ; le travail restera suspendu toute la journée, mais la journée sera portée sur les comptes comme si vous aviez travaillé. J'espère vous voir tous, demain, derrière le cercueil de Jacques Mellier.

Immédiatement après le souper, pendant que les garçons étaient dans les écuries, Gertrude mit ses souliers et sortit furtivement de la ferme sans être vue. Elle n'avait pas voulu attendre que les portes fussent fermées. Elle s'était dit que, cette nuit-là, Rouvenat, Séraphine et peut-être aussi les garçons ne se coucheraient pas, et que, dans ce cas, il lui serait difficile de sortir.

D'un pas rapide, elle traversa le jardin en suivant le mur de clôture qu'elle franchit par une brèche, et alla se cacher dans l'oseraie, lieu ordinaire de ses rendez-vous avec le beau François.

Elle attendit jusqu'à onze heures et demie. Alors, perdant patience, et à peu près certaine que le fils Parisel ne viendrait pas, elle sortit de l'oseraie et s'élança à travers champs pour gagner la route qui conduit à Artemont.

Elle marcha ou plutôt elle courut pendant près de deux heures. Elle haletait, elle était tout en nage. Mais elle n'était plus qu'à une faible distance d'Artemont.

Tout à coup elle entrevit sur la route une ombre noire qui disparut aussitôt, soit en s'effaçant derrière un arbre, soit en se couchant dans le fossé.

Le cœur de Gertrude se mit à battre : cependant elle n'avait pas peur. Elle s'arrêta un instant, autant pour observer que pour reprendre haleine, puis elle se remit en marche, mais d'un pas moins rapide.

Arrivée à l'endroit où elle avait vu l'ombre disparaître, elle jeta à droite et à gauche un regard inquiet.

Soudain une voix prononça son nom, et un homme, sortant de derrière un buisson, bondit sur la route.

C'était le père Parisel.

Gertrude le reconnut aussitôt.

— J'ai attendu François jusqu'à près de minuit, lui dit-elle ; voyant qu'il ne venait pas, je me suis décidée à aller à Artemont. Où est-il ? Il faut absolument que je le voie.

— Où il est ? répondit Parisel, je n'en sais rien. Il n'est pas venu à Artemont hier ; je l'ai attendu en vain toute la journée.

— Mon Dieu ! mon Dieu ! où peut-il être allé ?

— Nous le saurons plus tard. Vous aviez quelque chose à lui dire ?

— Oui.

— Est-ce important?

— Je le crois bien !

Elle ne s'aperçut pas que Parisel tremblait, que ses dents claquaient.

— Venez, lui dit-il en lui prenant la main ; il n'est pas prudent de causer sur une route.

Il l'entraîna. Après avoir fait deux cents pas dans les champs, ils s'arrêtèrent.

— Maintenant, nous pouvons causer, dit Parisel; pourquoi teniez-vous tant à voir François cette nuit? Qu'aviez-vous à lui dire? Que se passe-t-il à la ferme?

— Monsieur Parisel, répondit Gertrude, Jacques Mellier est mort.

— Mort ! répéta Parisel d'une voix étranglée.

— Oui, hier matin, entre sept et huit heures ; on l'enterre aujourd'hui à dix heures.

— Ensuite, ensuite? fit Parisel haletant.

— Pendant que François voulait prendre l'or qui est dans la caisse, il paraît que le maître s'est réveillé. Alors François s'est jeté sur lui et a essayé de l'étrangler...

— Tiens ! tiens ! pensa Parisel, elle croit que c'est François.

— Le médecin, qui est venu, continua la servante, a dit que le cou avait été serré très-fort, et il paraît que c'est de ça que le maître est mort.

Parisel, de livide qu'il était, devint vert.

— Mais ce qui est heureux, reprit Gertrude, c'est que Jacques Mellier n'a pas reconnu François. On ne sait rien, on ne saura rien.

— Hein ! vous dites qu'on ne sait rien?

— Oui, François peut être tranquille, on ne le soupçonne même pas. On ne saura rien. Dès le matin, j'ai eu soin de pousser le verrou de la porte, de sorte qu'on ne peut même pas dire comment on a pu entrer dans la ferme. Avant de mourir, Jacques Mellier a raconté qu'un homme était entré dans sa chambre et avait voulu le voler ; mais il n'a pas pu dire qui c'était.

— Et Blanche? Et Blanche?

— La demoiselle dormait. Elle s'est réveillée en entendant jeter un cri; mais, pendant qu'elle mettait quelque chose sur elle et qu'elle allumait sa lampe, François a eu le temps de se sauver ; elle n'a rien vu.

— C'est drôle! se dit Parisel ; est-ce que François... Allons, il a eu peur, il n'a pas osé... Il a entendu le bruit de la lutte dans la chambre de Mellier et il

LA FILLE MAUDITE 577

Le beau François tomba comme un homme qui plonge, la tête en avant. Ce fut horrible. (Page 582.)

s'est enfui au lieu de venir à mon aide. Au fait, il a peut-être eu raison... Il croit que je me suis laissé pincer; cela explique pourquoi il n'est pas revenu à Artemont; il se cache.

Gertrude poursuivit :

— C'est la demoiselle qui a répondu aux gendarmes...

— Les gendarmes! s'écria Parisel avec terreur.

— Oui, ils ont su par le maire de Frémicourt ce qui s'est passé à la ferme et ils sont venus faire une enquête.

— Alors?

— Du moment que la demoiselle ne sait rien, elle n'a pu leur rien dire; ils s'en sont retournés comme ils étaient venus. Ils peuvent chercher tant qu'ils voudront, ils ne trouveront pas. Il n'y a que moi qui sais, et ce n'est pas Gertrude qui dénoncera François. Monsieur Parisel, le maître n'a pas eu le temps de faire son testament : vous êtes l'héritier du Seuillon.

Parisel éprouva un vif saisissement de joie, ses yeux pétillèrent, il se redressa en respirant bruyamment.

Le misérable, tout étourdi, semblait avoir déjà oublié ses crimes.

— Jacques Mellier est mort! s'écria-t-il d'une voix frémissante; à moi le Seuillon! à moi sa fortune!

Après avoir réfléchi un instant, il reprit :

— Rien à craindre, non, rien à craindre; Blanche ne sait rien, Mellier n'a accusé personne... tout va bien... Décidément, François avait raison, le diable nous protége! Ah! il y a Rouvenat! Est-il revenu?

— Oui.

— Il devinera, lui, mais il sera forcé de se taire ; d'ailleurs, quand même il nous accuserait, il faut des preuves, il n'y en a pas, il n'y en a pas... Le Seuillon est à moi!

Et un rire sec, nerveux, éclata entre ses lèvres.

Il avait dans le regard l'orgueil du triomphe...

— Vous direz tout cela à François, n'est-ce pas, monsieur Parisel? reprit la servante.

— Je n'y manquerai pas.

— Maintenant que vous voilà tranquillisés tous les deux, je suis contente.

— Vous êtes une bonne fille, Gertrude ; je n'oublierai pas votre dévouement.

La servante baissa la tête d'un air modeste, et, tout en chiffonnant la frange de son fichu :

— Monsieur Parisel, fit-elle, vous savez ce que François m'a promis?

— Non, je ne sais pas; qu'est-ce qu'il vous a promis, ma chère Gertrude?

— Que je serais sa femme, monsieur Parisel.

Parisel eut un sourire plein d'ironie. Mais il se garda bien d'enlever à l'espionne de son fils sa douce illusion.

— Ça, dit-il, c'est une affaire entre vous et François; vous vous entendrez ensemble.

— Monsieur Parisel, vous ne mettrez pas empêchement?...

— A quoi?

— A notre mariage.

— Par exemple! moi, contrarier mon fils! Allons donc! vous n'y pensez pas, Gertrude!

— Ah! monsieur Parisel! ah! monsieur Parisel! balbutia la servante qui suffoquait.

— Voilà le jour qui commence à poindre, reprit Parisel; ma chère Gertrude, vous allez vite retourner au Seuillon, car il ne faut pas qu'on sache que vous avez été absente une partie de la nuit. Vous vous mettrez à l'ouvrage comme à l'ordinaire, et comme toujours vous écouterez ce qu'on dira sans souffler mot. Gertrude, je vous recommande une extrême prudence.

— Soyez tranquille, monsieur Parisel, je suis plus fine qu'on ne le croit.

— Vous nous en avez donné plus d'une preuve, Gertrude. Je vais me préparer pour assister à l'enterrement de mon cher cousin Jacques Mellier : tantôt, Gertrude, nous nous reverrons au Seuillon.

Le jour venait, en effet, du côté du levant; le ciel prenait une teinte d'opale.

Parisel et Gertrude se séparèrent.

— Je n'ai que le temps juste de faire le chemin, se dit cette dernière; mais j'ai eu la précaution, hier soir, de porter mes *sapines* (sorte de récipient en bois ou en zinc) dans l'écurie; je pourrai tout en arrivant, et sans avoir besoin d'entrer à la ferme, me mettre à traire mes vaches.

Comme on le voit, Gertrude savait réfléchir à certaines heures et raisonnait même avec justesse.

C'est encore après avoir justement raisonné que, au lieu de suivre la route, sur laquelle elle pouvait rencontrer des personnes de connaissance, elle résolut, prudemment, de retourner au Seuillon en suivant une ligne diagonale que son œil traça au milieu des terres ensemencées et des prairies. De cette façon, la distance à parcourir était peut-être diminuée, mais cet avantage disparaissait en raison des difficultés que la marche de Gertrude devait forcément rencontrer.

N'importe! elle n'hésita pas. Pleine de courage, se souciant peu de la fatigue, elle bondit en avant.

Le jour vint tout à fait. Comme les jours précédents, le soleil s'était levé étincelant, dans un ciel sans nuage.

Gertrude n'était plus qu'à un kilomètre du Seuillon. Maintenant elle suivait une sorte de chemin rural, frayé dans les terres, qui conduisait à une carrière de pierres.

Pourquoi, arrivée près de la carrière, s'arrêta-t-elle?

Pour respirer, sans doute, et essuyer la sueur qui mouillait son front et ses tempes.

Le trou de la carrière était large et assez profond.

Sans penser à rien et même sans curiosité, Gertrude se pencha au bord du trou et regarda en bas.

Aussitôt elle se rejeta en arrière en poussant un cri horrible

Son visage s'était couvert d'une pâleur livide, son regard exprimait l'épouvante.

Qu'avait-elle vu?

XXIV

DANS LA CARRIÈRE

Le spectacle qui venait de s'offrir aux yeux de Gertrude était de nature à terrifier et justifiait le cri d'horreur qu'elle avait fait entendre.

Au fond de la carrière, un homme, couché sur le ventre, la face contre terre, gisait dans une mare de sang.

Cet homme respirait-il encore? N'était-il déjà plus qu'un cadavre?

Gertrude se fit ces deux questions lorsque, revenue un peu de sa frayeur, elle put réfléchir. Elle était pressée, mais elle oublia complètement combien il était important pour elle de rentrer au Seuillon avant qu'on ne se fût aperçu de son absence.

Quelque chose d'irrésistible, une force attractive, puissante, l'arrêtait au bord de cette excavation, de cet abîme creusé par la main des hommes.

Maintenant la curiosité s'était emparée d'elle; elle avait vu, elle voulait voir encore de plus près. Peut-être connaissait-elle ce malheureux. Une sorte de fascination étrange l'attirait dans la carrière.

Et puis, les êtres les moins bons, les plus dégradés, les plus pervers, peuvent être parfois saisis par un sentiment de pitié.

Si l'individu existait encore, ne devait-elle pas essayer de le secourir?

Elle tourna autour de la carrière et arriva à son entrée, dont elle descendit la pente douce sillonnée de profondes ornières. Elle se trouva bientôt en présence de l'homme. Sur la partie visible de sa tête, on voyait l'extrémité d'une horrible blessure.

Il était sans mouvement. Sa casquette avait roulé à quelques pas de lui. Il était vêtu d'un pantalon de treillis et d'un veston d'étoffe légère.

Gertrude vit tout cela. Aussitôt ses traits se décomposèrent et elle sentit passer en elle comme une barre de fer. Elle eut une sorte de rugissement et elle se précipita sur le corps immobile en criant :

— François ! François !

Elle lui souleva la tête. Le contact du froid la fit frissonner. Elle ne put d'abord voir les traits du visage souillé de terre que le sang avait délayée. Le corps était roide. Elle eut l'extrême courage de le tourner sur le dos. Puis, avec son mouchoir, elle essuya la figure.

Alors le doute ne fut plus possible. C'était bien François Parisel, son amant, un cadavre maintenant.

Elle le contempla un instant avec un regard de folle. Ses cheveux se hérissèrent, un tremblement nerveux secouait tous ses membres, sa bouche s'était horriblement contractée, ses yeux mornes, fixes comme ceux d'une figure de cire, restaient secs.

Enfin elle poussa un cri affreux, quelque chose qui ressemblait à un hurlement de bête fauve, et elle se roula sur le cadavre, en s'arrachant les cheveux, en poussant des plaintes et d'effroyables gémissements.

C'était une douleur sombre, farouche, sauvage !

Gertrude, rugissante, ne ressemblait plus à une femme, mais à une furie.

La fin tragique du beau François devait-elle être attribuée à un crime, au suicide ou à un accident ?

Pour croire au suicide, il eût fallu admettre que le fils Parisel, saisi soudain par le remords et se faisant horreur à lui-même, aurait eu le courage de juger ses actes, de se condamner et d'exécuter sa propre sentence en mettant un terme à son existence déplorable.

Mais non, le beau François n'était pas homme à se repentir, à avoir des regrets, si ce n'est celui d'avoir vu échouer sa tentative criminelle. D'ailleurs, comme la plupart des scélérats, il était lâche.

Non, le beau François ne s'était pas fait justice lui-même.

Ainsi que l'enquête et l'examen des lieux le firent constater plus tard, il avait trouvé la mort sans la chercher, au moment où il s'y attendait le moins.

Il devait finir ainsi.

Poursuivi par le regard terrible de Lucile, il s'était enfui épouvanté.

Étourdi par le sang qui était monté à son cerveau et bourdonnait dans ses oreilles, aveuglé par la sueur qui coulait de son front, il ne vit point quelle direction il prenait dans sa course vertigineuse. Aiguillonné par la peur, il courait comme un insensé, sautant les fossés, bondissant par-dessus les haies et autres obstacles qui se trouvaient devant lui.

Il ne vit point le trou béant. Un demi-mètre carré de terre s'écroula sous le poids de son corps et il se trouva lancé dans le vide.

Il dut alors pousser un cri effroyable.

Il tomba comme un homme qui plonge, la tête en avant. Ce fut horrible. La tête heurta l'angle d'une pierre, qui enfonça l'os frontal à partir de l'œil gauche et fendit le crâne jusqu'au sommet de la tête, laissant la cervelle à découvert : le sang coula à flots et forma une mare autour du corps.

Cependant la mort ne fut pas instantanée.

Les observations qui furent faites permirent de supposer que le beau François avait vécu encore pendant deux heures environ, endurant d'atroces souffrances, et que son agonie avait dû être épouvantable.

Il avait certainement fait des efforts inouïs pour se relever. On le voyait à des rigoles creusées par le bout de ses souliers, dans lesquelles le sang avait coulé, et par les empreintes de ses mains, qui s'étaient enfoncées dans le sol humide.

Il avait essayé de s'accrocher à la pierre fatale, contre les aspérités de laquelle ses ongles s'étaient brisés et ses doigts déchirés, ensanglantés.

Rien ne saurait rendre l'expression effrayante que son visage avait conservée dans la mort, et celle de ses yeux restés grands ouverts et sortant de leur orbite... C'était repoussant, hideux !

Rien n'indiquait qu'il avait eu la force de crier, d'appeler à son secours ; mais on ne pouvait douter qu'il eût eu un terrible accès de rage et qu'il se fût tordu longtemps dans d'horribles convulsions.

Quand on lui desserra les dents et qu'on lui ouvrit la bouche, on la trouva pleine de sable, ce qui attestait que, pendant son agonie, il avait mordu la terre...

Pendant l'enquête qui, d'ailleurs, ne fut pas de longue durée, on chercha à savoir si le beau François n'avait pas été précipité dans la carrière par une main criminelle ; mais, comme nous l'avons dit, l'examen des lieux démontra bientôt que la mort devait être simplement attribuée à une chute involontaire.

Gertrude ne crut pas au suicide; elle n'admit pas davantage que le beau François fût tombé accidentellement dans la carrière.

Après être restée pendant près de deux heures accroupie auprès du cadavre, elle se redressa tout à coup, une énergie farouche dans le regard.

Une idée insensée venait de jaillir de son cerveau.

Dans sa pensée, le beau François avait été violemment jeté dans la carrière; le père Parisel avait assassiné son fils pour ne pas avoir à lui donner la moitié de sa part de l'héritage de Jacques Mellier.

— Ah! le brigand! s'écria-t-elle; je vengerai François! je vengerai François!

Et abandonnant le cadavre aux grosses mouches qui bourdonnaient, prêtes à s'abattre sur lui, elle gravit la pente au pas de course et sortit de la carrière.

Alors elle regarda le ciel.

Pendant qu'elle était près du corps sanglant du beau François, le soleil avait monté.

Avec l'habitude qu'ont les paysans de connaître, à quelque chose près, les heures du jour par la position qu'occupe le roi des astres, Gertrude jugea qu'il était au moins huit heures et demie.

Or, son absence de la ferme ayant été forcément remarquée, on avait dû découvrir qu'elle n'y avait point passé la nuit.

Cette réflexion l'arrêta net.

Elle ne se souciait nullement de s'exposer aux reproches et peut-être à la colère de Rouvenat. Elle comprit aussi que sa disparition, non justifiée, avait dû faire naître des soupçons graves.

Sans aucun doute, on voyait déjà en elle la complice du voleur inconnu qui avait tenté d'étrangler le vieux fermier.

— En ne me voyant pas à l'ouvrage ce matin, se dit-elle, ils ont deviné, bien sûr, que c'est moi qui ai ouvert la porte l'avant-dernière nuit.

Sans se rendre exactement compte de ce qu'il y avait de terrible pour elle dans sa complicité avec les Parisel, elle sentit un frisson courir dans ses membres.

Son instinct suffisait pour la prévenir d'un danger.

— Puisque j'ai quitté la ferme, pensa-t-elle, maintenant que François est mort, je n'y veux plus rentrer.

Mais quel parti prendre? Où allait-elle aller? Elle ne le savait vraiment point.

L'esprit fort troublé, ayant au cœur une douleur profonde, elle était dans une situation affreuse.

Elle se mit à errer dans la campagne, allant à droite, allant à gauche, revenant constamment sur ses pas et toujours dans le même périmètre.

Plusieurs fois, épuisée, toute en sueur, elle s'affaissa à l'ombre d'un arbre ou d'un buisson, mais, au bout d'un instant, elle se relevait et se remettait à marcher avec une agitation fébrile.

Elle poussait des plaintes sourdes, des cris rauques, des exclamations de fureur.

A la ferme, quand, à six heures et demie, on ne la vit point à l'étable, occupée à traire les vaches avant qu'on les menât à la pâture, on la chercha, on l'appela.

Rouvenat n'eut qu'à entrer dans sa chambre pour être certain qu'elle n'avait pas passé la nuit à la ferme. Il devina la vérité.

— C'est elle, c'est cette misérable fille qui a ouvert une des portes de la maison aux deux Parisel, se dit-il. Elle a eu peur et elle a pris la fuite. Elle est probablement allée rejoindre les deux scélérats à qui elle a servi d'instrument, car elle est trop bête pour qu'ils en aient fait autrement leur complice. Bien certainement elle ne savait rien de leurs projets et n'a pu deviner que les deux infâmes avaient prémédité un double crime.

Deux femmes de Frémicourt étant alors arrivées à la ferme, Rouvenat les pria de faire l'ouvrage de Gertrude, ce à quoi elles consentirent avec empressement.

De leur côté, Séraphine et les autres domestiques étaient convaincus que Gertrude avait ouvert la porte à l'individu qui s'était introduit dans l'habitation afin de voler l'argent de leur maître. Seulement, ne sachant pas, comme Rouvenat, que les deux Parisel étaient restés dans le pays et rôdaient continuellement autour du Seuillon, ils ne pouvaient soupçonner que les cousins de Jacques Mellier fussent les coupables.

Gertrude était encore au milieu des champs à une heure de l'après-midi. Elle n'avait pas eu le courage de retourner à la carrière.

Sa longue course de nuit, ses marches et contre-marches de la matinée avaient amené la faim. A sa douleur se joignit la souffrance physique d'affreux tiraillements d'estomac.

Elle avait entendu les cloches de Frémicourt sonner à plusieurs reprises le glas des morts, ce qui indiquait les différentes phases de la cérémonie funèbre. Puis, plus tard, une des cloches sonna midi.

A partir de ce moment, insensiblement et peut-être à son insu, elle se rapprocha du chemin de la ferme.

LA FILLE MAUDITE

Elle s'élança vers les agents en criant de toutes ses forces : « Arrêtez ! arrêtez ! » (Page 586.)

Persuadée que le père Parisel avait tué son fils, et surexcitée par son désespoir et l'anéantissement de tous ses rêves de bonheur et d'ambition, elle avait cherché longuement, sans pouvoir le trouver, le moyen de venger le beau François.

Tout à coup, sur le chemin, à une distance à peu près égale du village et de la ferme, elle aperçut deux gendarmes.

Ceux-ci étaient à la recherche du voleur. N'ayant rien appris à Frémicourt, ils se rendaient au Seuillon, espérant sans doute être plus heureux.

Des lueurs sombres passèrent dans le regard de Gertrude. Elle avait la fièvre, elle ne raisonnait plus.

Elle s'élança vers les agents de la force publique en criant de toutes ses forces :

— Arrêtez! arrêtez!

Les gendarmes, voyant cette femme échevelée qui accourait, arrêtèrent leurs chevaux.

XXV

L'ENTERREMENT

Le matin, à neuf heures et demie, le curé de Frémicourt arrivait au Seuillon pour faire la levée du corps. Il était précédé de la croix et accompagné de ses servants et des chantres. Puis venaient à la suite une centaine de personnes, hommes et femmes.

Suivant l'usage du pays, pendant les prières du prêtre et le chant du *De profundis*, psalmodié d'un ton lugubre, on fit la distribution des cierges. Chaque homme présent en reçut un. Ils furent ensuite allumés, car on doit, autant que possible, les porter allumés derrière la bière jusqu'à l'église, où ils servent alors à entourer le cercueil et à illuminer l'autel où le prêtre va dire la messe des morts.

Les cierges, distribués ainsi par la famille du mort, restent à l'église; ils appartiennent au curé et non à la fabrique; ils font partie de son casuel.

A l'enterrement d'une femme, ce sont les femmes qui portent les cierges; à l'enterrement d'une jeune fille, les demoiselles du village; à celui d'un garçon, les jeunes gens.

Porter un cierge aux obsèques d'un mort est un honneur, comme c'en est un de porter la bière. Ne pas être invité à porter un cierge, quand on appartient par un lien quelconque à la famille du défunt ou qu'on est simplement son ami, est considéré comme une impolitesse, comme une injure.

Comme le convoi funèbre se formait dans la cour de la ferme et que les porteurs plaçaient le cercueil sur deux tréteaux afin de pouvoir l'enlever à six sur trois bâtons, Joseph Parisel fit tout à coup son apparition et vint se placer immédiatement derrière la bière, tenant dans sa main gauche son chapeau orné d'un large crêpe aux deux extrémités flottantes. De son autre main, l'hypocrite faisait semblant d'essuyer ses yeux avec son mouchoir.

A sa vue, Rouvenat recula comme si une bête monstrueuse se fût dressée en face de lui.

L'incroyable audace du misérable le stupéfiait.

Presque aussitôt, son regard eut un éclair terrible. Sa colère faillit éclater comme un coup de tonnerre. Mais, réfléchissant que ce n'était ni le moment ni le lieu de se livrer à son emportement, à son indignation, si légitimes qu'ils fussent, il eut la force de se contenir.

Il obligea sa fureur à se calmer et comprima les soulèvements de son cœur.

En présence de ce cercueil qui contenait les restes de son maître, en présence du prêtre et de cette nombreuse assistance, il devait éviter le scandale.

Toutefois il resta très-agité et conserva sur son large front les plis qui s'y étaient creusés.

Jean Renaud, s'étant approché, lui prit la main en disant à voix basse :

— Rouvenat, j'admire votre courage.

— N'est-ce pas que c'est épouvantable ?

— C'est monstrueux !

— On n'a pas l'idée d'une semblable hardiesse.

— C'est l'audace d'un scélérat.

— Qui ne croit pas que le châtiment peut l'atteindre. Il a certainement vu Gertrude cette nuit, et elle lui a dit que Jacques, n'ayant pas reconnu l'homme qui s'est introduit dans sa chambre pour le voler, n'avait pu l'accuser.

— Soit, mais il doit bien supposer que vos soupçons se porteront sur lui.

— Assurément; mais il s'est dit qu'en l'absence de preuves matérielles je n'oserais pas l'accuser, et que, quand même, il échapperait facilement à l'action de la justice. Oh! c'est un homme qui raisonne et qui calcule juste! Il est évident qu'il ignore encore ce qui s'est passé dans la chambre de Blanche, soit qu'il n'ait pas vu son fils ou que celui-ci ait jugé à propos de ne lui rien dire.

— Je crois, en effet, que vous avez raison, Rouvenat.

— C'est égal, mon cher Jean Renaud, je suis curieux de voir jusqu'où ira l'audace sans nom de ce misérable.

— En vérité, c'est un habile comédien; on croirait volontiers qu'il est désolé et que ses yeux versent de vraies larmes.

Le cortége se mit en marche. Joseph Parisel était en tête, derrière le mort. Proche parent de Jacques Mellier, il n'oubliait pas qu'il lui appartenait de conduire le deuil.

— Tiens, disaient aux autres ceux qui avaient le triste avantage de connaître Parisel, voilà le cousin de M. Mellier, le père du beau François ; il habite dans les Vosges à plus de trente lieues d'ici ; on l'a prévenu ; il n'a pas perdu de temps pour arriver.

— Il paraît bien affligé.

— Heu! heu! si, comme je l'ai entendu dire, Jacques Mellier n'a pas fait de testament, le vieux Parisel doit rire en dedans, car il est héritier. Une belle journée pour lui!

— Moi, je ne puis croire que Jacques Mellier, qui se sentait partir depuis longtemps, n'ait pas pris certaines dispositions afin d'assurer le sort de mademoiselle Blanche. L'enfant de Geneviève Renaud est comme la fille de M. Mellier... Voyez-vous des héritiers la chassant du Seuillon!...

— Vous comptez sans Rouvenat.

— Quoi? Rouvenat? Il est le parrain de Blanche, il était l'ami du vieux fermier ; mais, maintenant que Mellier n'est plus, il redevient un simple domestique.

— Ah çà! depuis le temps qu'il travaille, est-ce que vous croyez que Rouvenat n'a pas amassé de quoi vivre bien à son aise?

— Certainement, Rouvenat a gagné gros ; mais je sais qu'il n'a jamais compté avec le maître. Si, aujourd'hui pour demain, il était forcé de quitter la ferme avec sa filleule, ils seraient obligés de demander asile à leurs amis de Frémicourt et de Civry.

— Par exemple, si une chose pareille arrivait, tout le canton serait en révolution, mais ça n'est pas possible.

— On ne sait pas!

Voilà, avec bien d'autres choses encore, ce qu'on disait tout bas derrière le cercueil de Jacques Mellier.

La cérémonie se fit à l'église au milieu d'un profond silence et d'un grand recueillement.

Quand on sortit du cimetière, après les aspersions d'eau bénite sur la fosse, Rouvenat chercha des yeux Joseph Parisel. Il avait disparu.

— Il est parti, lui dit Jean Renaud.

— Oui, mais nous le reverrons bientôt.

— Il n'osera pas.

— Parisel ose tout.

Rouvenat appela son premier garçon.

— Jean, lui dit-il, il faut penser à tout; le temps me semble lourd; s'il y avait de l'orage ce soir, il faudrait vite charrier, nous ne devons pas être pris au dépourvu : tu vas dire à Mathias, à Brunet et à Simonin que je les prie de venir passer le reste de la journée à la ferme. Simonin amènera sa femme et sa fille.

Le garçon de ferme s'acquitta promptement de sa commission. Les ouvriers répondirent :

— Le temps de prendre notre vêtement de travail, de faire le chemin et nous serons tous au Seuillon.

Rouvenat et Jean Renaud rentrèrent ensemble à la ferme. Ils s'empressèrent de rejoindre Lucile et Blanche qui étaient restées enfermées dans la chambre de Rouvenat.

Vingt minutes plus tard, Joseph Parisel arriva à la ferme. Séraphine se trouvait seule dans la grande salle. Il était pâle, mais il avait le front haut, le regard étincelant.

Il dit à la servante :

— Je vais m'installer dans la chambre de Jacques Mellier, où j'écrirai à ses autres parents que notre pauvre cousin Jacques est mort.

Séraphine se plaça devant lui pour lui interdire l'entrée de l'escalier.

— Hein ! qu'est-ce à dire? fit Parisel en toisant la servante des pieds à la tête.

— Monsieur Parisel, on n'a pas le droit de monter ainsi dans la chambre du maître.

— Jacques Mellier n'est plus. Allons! laissez-moi passer. Ici, maintenant, j'ai le droit de parler en maître.

— Je ne sais pas quel droit vous avez, répliqua Séraphine; mais il me semble que vous pouvez bien attendre que j'aie prévenu M. Rouvenat.

Joseph Parisel eut une crispation des lèvres.

— Vous n'avez pas d'ordre à recevoir de M. Rouvenat, dit-il d'une voix creuse.

— Je vous demande bien pardon, monsieur Parisel, mais je ne reconnais qu'à M. Rouvenat seul le droit de m'en donner.

Les sourcils de Parisel se froncèrent et une flamme jaillit de ses yeux.

— C'est bien, reprit-il en haussant les épaules, je n'ai pas de discussion à avoir avec vous ; mais vous ne tarderez pas à comprendre que vous venez de parler sottement. Je ne m'oppose pas, d'ailleurs, à ce que vous préveniez M. Pierre Rouvenat; j'ai besoin, de le voir, j'ai à lui parler.

Il repoussa la servante afin de s'ouvrir le passage. Mais elle revint sur lui en criant :

— Vous ne monterez pas ! vous ne monterez pas !

A ce moment, Rouvenat, qui, ayant entendu parler haut, était sorti de sa chambre, se montra au-dessus de l'escalier.

Il vit Joseph Parisel aux prises avec Séraphine.

— Je me doutais que c'était lui, murmura-t-il.

Puis, élevant la voix :

— Séraphine, dit-il, laissez monter M. Parisel.

La servante s'éloigna en grommelant. Parisel grimpa l'escalier.

Rouvenat, s'attendant à cette visite, s'était préparé à recevoir le misérable. Malgré la grande agitation qui était en lui, il eut assez d'empire sur lui-même pour paraître très-calme.

— C'est moi que vous voulez voir? dit-il à Parisel ; vous désirez me parler? Qu'avez-vous à me dire?

En parlant, il avait ouvert la porte de la chambre de Jacques Mellier. Ils y entrèrent.

— Vous n'ignorez pas, répondit Parisel, que je suis un des héritiers, le principal héritier de mon cousin Mellier... que Dieu veuille avoir son âme !.. Moi seul ai pu être prévenu à temps de la mort de notre cher parent; il faut que j'avertisse immédiatement les autres parents. Nous sommes trois têtes, en tout onze héritiers ; mais moi seul je suis une tête.

— Monsieur Parisel, répliqua Rouvenat d'une voix qui trembla malgré lui, je ne vois pas qu'il soit bien utile, quant à présent du moins, de déranger vos parents, qui demeurent tous très-loin d'ici.

— Il le faut, pourtant.

— Je vous répète que je n'en vois pas la nécessité. Si, cependant, c'est votre volonté, vous êtes libre d'agir comme vous l'entendez ; je n'ai pas à m'immiscer dans vos affaires.

— En attendant l'arrivée des parents, reprit Parisel, mon intention est de faire poser les scellés.

— Je ne crois pas que vous ayez ce droit, monsieur Parisel.

— Mon titre d'héritier me le donne, monsieur Rouvenat.

— Monsieur Parisel, une question : Êtes-vous bien sûr d'être héritier de Jacques Mellier?

Parisel parut visiblement troublé, mais il reprit vite son assurance.

— La dernière fois que j'ai vu le cousin Mellier, dit-il, — il n'y a pas longtemps...

— L'avant-dernière nuit, murmura Rouvenat.

— Vous dites?

— Rien. Continuez, monsieur Parisel.

— Il m'a assuré qu'il n'avait pas fait de testament, qu'il n'en ferait point.

— En effet, monsieur Parisel, Jacques Mellier n'a pas fait de testament, bien que ces jours derniers il en ait eu l'intention bien arrêtée. La mort l'a surpris.

L'héritier ne put retenir un cri de joie.

— Je puis vous dire aussi, monsieur Parisel, si cela peut vous être agréable, continua Rouvenat, que je me suis toujours opposé à ce que Jacques Mellier fît un testament en faveur de Blanche Renaud, ma filleule.

— Hein! vous avez fait cela, vous! s'écria Parisel abasourdi.

— Mon Dieu, oui, monsieur Parisel, j'ai fait cela.

— Ah! monsieur Rouvenat, vous êtes un honnête homme, oui, un bien honnête homme!

Et il eut l'audace de tendre la main à Rouvenat, qui n'y fit pas attention et garda les siennes derrière son dos.

— Voyez-vous, monsieur Parisel, reprit le parrain de Blanche, j'ai toujours été convaincu que Jacques Mellier, dont j'étais l'ami, le confident, le bras, et je peux même dire aussi un peu la volonté, n'avait pas besoin de faire son testament.

— Monsieur Rouvenat, s'écria Parisel que la joie rendait expansif, mon intention est de conserver le domaine du Seuillon; vous y finirez vos jours.

— Je l'espère bien.

— Quant à mademoiselle Blanche...

— Ah! oui, Blanche!

— François l'aime véritablement comme un fou, elle réfléchira, elle reviendra sur ses préventions d'autrefois et... nous les marierons.

Rouvenat avait un sourire ironique sur les lèvres.

— Enfin, enfin! s'écria Parisel, je suis riche. Le Seuillon est à moi, à moi!

La porte du cabinet, qui était restée entr'ouverte, s'ouvrit brusquement. Lucile, les yeux étincelants, la physionomie calme et sévère, entra lentement dans la chambre.

— Monsieur Joseph Parisel, dit-elle d'une voix frémissante, je voudrais bien savoir comment il se fait que le Seuillon soit à vous!

XXVI

JUSTICE EST FAITE

A la vue de cette femme, qui lui apparaissait comme la statue du commandeur à don Juan, Parisel fit un bond en arrière. Puis, effaré, se tournant vers Rouvenat :

— Quelle est cette femme? demanda-t-il d'une voix étranglée

— Demandez-le-lui à elle-même, monsieur Parisel, répondit Rouvenat.

Lucile s'était avancée jusqu'au milieu de la chambre.

— Joseph Parisel, dit-elle, tu demandes qui je suis? Regarde-moi bien : je me nomme Lucile Mellier.

L'effet fut terrible. Parisel recula encore; il devint livide, la respiration lui manquait.

— Lucile, Lucile! murmura-t-il sourdement, son regard éperdu fixé sur la jeune femme.

Mais retrouvant vite son sang-froid et son audace :

— Je ne crois pas cela, exclama-t-il. Lucile Mellier a disparu, Lucile Mellier est morte!

La jeune femme prit une résolution subite.

— Pierre Rouvenat, dit-elle d'une voix vibrante, je ne resterai pas cachée jusqu'à l'arrivée de mon fils au Seuillon. Vous pouvez appeler ici tous nos serviteurs; ils n'ignoreront pas plus longtemps que la fille de Jacques Mellier est revenue dans la maison de son père!

Rouvenat s'élança hors de la chambre. Mathias et les autres venaient d'arriver.

— Joseph Parisel, regarde-moi bien : je me nomme Lucile Mellier. (Page 592.)

Rouvenat se pencha sur l'escalier et cria :

— Mathias, Simonin, Brunet, Jean, montez tous, les femmes aussi!

Lucile, ayant repris la parole, disait :

— Joseph Parisel, vous ne me reconnaissez pas, qu'importe!... Je vous ai dit qui je suis, je vais vous dire maintenant ce que vous êtes.

Les serviteurs du Seuillon entraient dans la chambre silencieusement, l'un après l'autre...

— Joseph Parisel, continua Lucile les bras tendus vers lui, vous êtes un misérable, un lâche, un infâme !...

Au lieu de se courber sous ces mots, Parisel leva plus haut la tête. Son regard enflammé semblait défier tout le monde.

— Il y a quelques jours, poursuivit Lucile, la nuit, vous et votre fils François, vous avez voulu assassiner Pierre Rouvenat.

— C'est faux, c'est faux ! exclama le misérable.

— J'étais là, je vous ai vus, reprit Lucile avec violence. Je suis arrivée à temps, heureusement, pour appeler au secours, et c'est moi qui, près du vieux puits, vous ai jeté ce mot, que je répète aujourd'hui : Assassin ! Assassin !

La figure de Parisel changea encore de couleur et ses traits se contractèrent horriblement.

— Je nie cela, je le nie ! cria-t-il d'une voix sifflante.

Lucile haussa les épaules.

— Joseph Parisel, reprit-elle, vous êtes encore un voleur ! L'avant-dernière nuit, un homme s'est introduit dans la chambre de Jacques Mellier pour le voler... Joseph Parisel, cet homme, c'est vous !

— C'est faux, c'est faux !

— Joseph Parisel, ce n'est pas tout : surpris par Jacques Mellier les mains dans son coffre-fort, vous vous êtes jeté sur lui et vous avez tenté de l'étrangler. Joseph Parisel, vous avez tué mon père !... Assassin ! Assassin !

— C'est faux, c'est faux ! répéta-t-il encore.

Les hommes présents allaient se précipiter sur le misérable. Lucile les arrêta d'un geste.

— Joseph Parisel, reprit-elle d'une voix éclatante, je n'étais pas là pendant la lutte épouvantable que mon père a soutenue contre vous ; à ce moment, je défendais Blanche, la demoiselle du Seuillon, contre votre fils, non moins infâme que vous !... Mais je vous ai vu, Joseph Parisel, je vous ai vu sortir de la maison et vous enfuir à travers le jardin !

Tout cela devait confondre le misérable, l'écraser, l'anéantir. Eh bien ! non, il gardait son assurance, son audace, et sur ses lèvres un sourire de démon.

— Je vois ce que c'est, dit-il d'un ton menaçant. Rouvenat nous hait, François et moi : c'est lui qui a imaginé toutes ces calomnies pour se venger... Ah ! il voudrait bien nous envoyer au bagne ; mais tout cela n'est pas vrai, entendez-vous ? Tout cela est faux ! faux ! faux !

Lucile secoua tristement la tête.

— Joseph Parisel, dit-elle, votre langage n'indique pas que vous ayez un regret et moins encore que vous songiez à vous repentir. Et pourtant, comme le brave Pierre Rouvenat, que vous ne craignez pas d'accuser d'une infamie, j'ai pitié de vous et de votre fils... Vous êtes mes parents, je ne veux pas vous livrer à la justice, je ne veux pas troubler dans sa tombe à peine fermée le repos de mon père. Joseph Parisel, allez-vous-en, allez-vous-en!... Lucile Mellier et ses serviteurs, ses amis, garderont le silence sur vos forfaits... Moi, je ferai plus, je demanderai à Dieu qu'il vous donne le repentir et vous pardonne!

Et d'une voix pleine de larmes elle répéta :

— Allez-vous-en! allez-vous-en!

Parisel promena autour de lui ses yeux hagards; il ne vit que des regards sombres et des visages hostiles. Il comprit que ce qu'il avait de mieux à faire était de partir.

Il marcha lentement vers la porte, mais toujours le front haut.

Il allait sortir lorsque, tout à coup, Gertrude, pâle, échevelée, l'œil en feu, les habits souillés de sang et de boue, se dressa devant lui et le repoussa violemment jusqu'au milieu de la chambre.

— Ah! le voilà, le voilà! cria-t-elle d'une voix rauque : c'est Parisel, le père de François; il a tué son fils! Assassin!

Tout le monde était terrifié.

— Ah çà! grogna le père Parisel, est-ce que cette fille est folle?

— Ah! tu crois que je suis folle! reprit Gertrude en s'approchant de lui la bouche écumante et lui montrant ses poings; tu vas bien voir le contraire tout à l'heure. Oui, pour ne pas partager avec François l'héritage de Jacques Mellier, tu l'as tué, tu l'as assassiné!

Les yeux de Parisel parurent lui sortir de la tête.

— Que dit-elle? que dit-elle? murmura-t-il.

Et, pressant sa tête dans ses mains, il ajouta :

— Est-ce que je deviens fou?...

— Tiens! tiens! continua Gertrude d'une voix éraillée, regarde mon jupon, regarde mes mains, regarde mes manches... vois-tu ces taches rouges? C'est du sang, c'est le sang de François, à qui tu as fendu le crâne et que tu as jeté dans une carrière, à une demi-lieue d'ici, sur le territoire de Civry.

Cette fois, saisi d'horreur et d'épouvante, le père Parisel baissa la tête. Ses bras tombèrent à ses côtés. Il tremblait.

— Je l'ai vu, je l'ai vu, poursuivit Gertrude avec le même égarement, mais il ne m'a pas parlé, il était mort, mort, mort !... roide, froid comme un glaçon. J'ai vu sa tête ouverte et tout autour de lui des flaques de sang

« Je l'ai laissé dans la carrière, il y est encore... les fourmis courent sur son corps, les gros taons lui mangent les yeux... Le père Parisel a tué François, c'est un assassin !...

— Gertrude, malheureuse ! s'écria le misérable, tu es folle, n'est-ce pas ? Ce que tu viens de dire n'est pas vrai : dis-moi que tu racontes ça pour m'épouvanter !

Gertrude partit d'un éclat de rire lugubre.

— Ah ! ah ! ah ! il a peur ! il a peur, fit-elle. Le père Parisel a tué son fils !...

Parisel eut tout à coup un transport de fureur et de rage.

Il saisit Gertrude par les épaules, et, d'une voix effrayante, la secouant violemment :

— Mais que veux-tu donc, misérable fille ? hurla-t-il ; qui donc te pousse ainsi à m'accuser d'avoir tué mon fils ?

— J'aimais François, je devais être sa femme, répliqua-t-elle avec véhémence ; mais va, brigand, tu n'hériteras pas, tu ne seras pas, comme tu l'espérais, le maître du Seuillon... Tu iras en prison, oui, en prison, tu seras condamné et la machine te coupera la tête.

« Ah ! ah ! ah ! continua-t-elle riant toujours, il verra le bourreau, il verra le bourreau ! »

Puis, avec une force et une énergie extraordinaires, elle le saisit par le bras et le traîna vers une des fenêtres de la chambre en criant :

— Viens voir les gendarmes, ils sont en bas, ils viennent pour te prendre ; c'est moi qui les ai amenés, je leur ai tout dit, tout !

Parisel jeta les yeux dans la cour et vit les chevaux des deux gendarmes.

Saisi d'un tremblement nerveux, il bondit en arrière en poussant un cri.

Les spectateurs de cette scène épouvantable restaient immobiles, comme pétrifiés.

Depuis un instant, Jean Renaud et Blanche étaient entrés aussi dans la chambre.

Un bruit de pas lourds, auquel se mêlait le sonnement des éperons d'acier et des fourreaux des sabres, retentit dans l'escalier.

Gertrude s'élança vers la porte, qu'elle ouvrit toute grande. Puis elle se retourna en criant avec une joie sauvage :

— Les voilà, les voilà ! voici les gendarmes !

Les deux agents de la force publique se montrèrent sur le palier, le sabre au côté, le fusil en bandoulière.

Gertrude leur montra Parisel en disant :

— Voilà l'assassin !

Le misérable, courbé, frissonnant, jetait de tous les côtés des regards de bête fauve.

Il se voyait perdu. La fausse accusation de la servante l'avait terrifié. Si, innocent de ce crime, l'accusation ne lui paraissait pas redoutable, il savait que, une fois entre les mains de la justice, ayant Gertrude contre lui, il aurait à rendre des comptes terribles.

La peur s'empara de lui et il songea à échapper par la fuite au châtiment qui l'attendait.

Les gendarmes entrèrent dans la chambre.

— Au nom de la loi... commença le brigadier.

Parisel avait vu devant lui la porte ouverte, le passage libre.

Il prit son élan, et avant que les gendarmes eussent pu deviner son intention, il bondit hors de la chambre et se précipita dans l'escalier qu'il descendit quatre à quatre.

Les gendarmes laissèrent échapper un cri de surprise et de colère. Mais, aussitôt, ils débouclèrent leur ceinturon, qui tomba sur le parquet avec le sabre, et ils s'élancèrent à la poursuite du fuyard.

Celui-ci était sorti par la petite porte du jardin, qu'il traversa rapidement.

Son intention était de gagner le bois du Seuillon, où il espérait pouvoir se tenir caché jusqu'à la nuit.

Mais il n'avait que très-peu d'avance sur les gendarmes, et bientôt il entendit la voix du brigadier qui lui criait :

— Au nom de la loi, arrêtez ! je vous somme de vous arrêter !

Il se garda bien d'obéir. Il rassembla toutes ses forces pour redoubler de vitesse.

Les gendarmes étaient, heureusement, deux hommes forts, courageux, pleins d'énergie et tenant à remplir leur devoir. La poursuite continua, acharnée. Peu à peu ils gagnèrent du terrain et se trouvèrent bientôt sur les talons du fuyard. Deux fois ils furent au moment de le saisir, et deux fois il leur échappa, par un crochet la première, la seconde en sautant par-dessus une clôture.

Toutefois, au bout d'un instant, Parisel sentit tout à coup ses forces s'épuiser ; il n'était plus qu'à une faible distance du bois.

— Si je pouvais l'atteindre, se dit-il, je serais sauvé.

Mais les gendarmes le serraient de près. Il prit un parti extrême. Il fit brusquement volte-face et les six canons d'un revolver menacèrent les poitrines des gendarmes.

Ceux-ci s'arrêtèrent,

— Si vous faites un pas de plus, leur dit Parisel, je tire.

Les gendarmes se regardèrent; mais leur indécision dura peu. Ensemble ils bondirent en avant.

Parisel n'avait pas fait une vaine menace.

Une détonation suivie immédiatement d'une autre se fit entendre. Un des gendarmes poussa un cri et s'affaissa sur le sol. Une balle l'avait frappé au-dessus du genou. La seconde balle, destinée au brigadier, ne l'avait pas atteint

Parisel reprit sa course, prêt à se retourner encore et à faire feu de nouveau si le brigadier continuait à le poursuivre.

Celui-ci, voyant son gendarme blessé, ne fut plus maître de sa colère. Parisel n'avait plus que quelques pas à faire pour disparaître dans le bois. Rapide comme l'éclair, le brigadier saisit son fusil, l'épaula, ajusta Parisel et fit feu.

Le misérable tomba foudroyé, la face contre terre.

La balle l'avait frappé à la nuque et, broyant tout sur son passage, s'était logée dans une cavité du cerveaux.

La mort fut instantanée.

XXVII

AU CHATEAU D'ARFEUILLE

On releva le corps du père Parisel deux heures plus tard, en présence du juge de paix de Saint-Irun qui, prévenu la veille par les gendarmes, avait jugé nécessaire de se rendre à Frémicourt.

Le cadavre du beau François ayant été transporté à Civry, le juge de paix donna l'ordre d'y conduire celui du père Parisel.

Le lendemain soir, à la brune de la nuit, ils furent enfouis l'un à côté de l'autre dans une large fosse creusée dans un coin non bénit du cimetière du village.

Inutile de parler de l'enquête qui eut lieu au sujet de la mort du beau François; nous en avons fait connaître d'avance le résultat.

Rouvenat avait mis une voiture à la disposition du brigadier, qui put ainsi emmener le soir même son gendarme blessé, en même temps que Gertrude, mise en état d'arrestation à la suite des aveux que le juge de paix lui fit faire.

Au bout d'un mois, la blessure du gendarme fut guérie, et il put reprendre son service.

A la même époque, la servante infidèle du Seuillon comparut devant le tribunal de police correctionnelle, qui la condamna à deux ans d'emprisonnement.

Mais, avant cela, d'autres événements beaucoup plus intéressants s'étaient accomplis...

Trois jours après la mort de Jacques Mellier, Jean Roblot et les quatre faucheurs de Frémicourt, dont M. Nestor Dumoulin avait pris les noms, reçurent chacun une lettre les invitant à se rendre le lendemain au parquet de Vesoul.

Ils partirent ensemble et se trouvèrent à l'heure indiquée au palais de justice. Ils étaient attendus. Un huissier les introduisit l'un après l'autre dans le cabinet du procureur impérial.

En présence de ce magistrat, du juge d'instruction, du président du tribunal civil, d'un juge du même tribunal et d'un greffier qui écrivait leurs déclarations après avoir juré de dire la vérité, ils rapportèrent à peu près dans les mêmes termes les paroles prononcées par Jacques Mellier, un instant avant sa mort.

Le soir même, M. Nestor Dumoulin quittait la ville de Vesoul pour se rendre à Paris.

Il emportait les déclarations des cinq hommes de Frémicourt, signées par chacun d'eux, au-dessous desquelles les quatre magistrats et le greffier du parquet avaient également apposé leurs signatures, certifiant qu'ils les avaient entendues.

. . . .

Le comte et la comtesse de Bussières, Edmond et Jérôme Greluche étaient au château d'Arfenille.

Edmond pensait continuellement à Blanche, sa douce fée de l'espérance, à son ami Mardoche, ou plutôt à Jean Renaud, puisque, maintenant, il savait son nom, et aussi à Pierre Rouvenat, le terrible parrain de la jolie demoiselle du Seuillon.

Impatient comme tous les amoureux, et sentant, au milieu même de son bonheur, que ses amis du Seuillon avaient besoin d'être consolés, il voulut leur écrire. Ne devait-il pas une réponse à la lettre de Blanche?

Cependant, avant de le faire, il crut devoir consulter le comte et la comtesse.

— Mon fils, lui répondit M. de Bussières, je comprends votre sentiment et votre légitime impatience; mais vous ne devez pas écrire. Mon vieil ami Dumoulin est parti pour Vesoul et pour Frémicourt, laissons-le agir; sachons d'abord ce qu'il aura fait, ce qu'il pourra faire. Ce que nous voulons, mon cher enfant, madame la comtesse et moi, c'est votre bonheur et celui de Blanche; mais le vicomte de Bussières ne peut pas encore épouser la fille de Jean Renaud. Attendons.

« D'ailleurs, tranquillisez-vous; bien que j'aie recommandé à M. Dumoulin de garder le secret sur votre nouvelle position, il trouvera le moyen de dire à votre ami Mardoche que vous aimez toujours Blanche, que vous pensez à elle sans cesse et que vous reviendrez bientôt à Frémicourt. »

La comtesse partagea complétement l'avis du comte et Edmond se laissa convaincre.

Par exemple, un homme véritablement heureux, c'était Jérôme Greluche.

Il n'avait eu garde de laisser à Paris ses chères marionnettes. Avec l'aide du menuisier et du charron d'Arfeuille, en vingt-quatre heures il avait construit un petit théâtre à peu près présentable, et, tous les soirs, gratuitement, dans la cour du château, il offrait des représentations aux habitants de la commune, petits et grands.

Jamais le petit Rigolo, le gamin de Paris, ne s'était montré plus gai, plus espiègle, plus drôle, plus spirituel, plus amusant. Jamais il n'avait eu autant de malice pour faire enrager son ami Polichinelle.

Lejour, le bon Greluche, rêveur, pensif, se promenait dans les jardins et dans le parc au milieu des allées ombreuses.

— Mon répertoire a vieilli, disait-il à Edmond qui le raillait affectueusement je compose de nouvelles pièces.

Alors Edmond riait. Un jour il lui dit :

— Mais, mon cher Greluche, tu n'as plus besoin, maintenant, de travailler.

A cela, Greluche répondit :

— Mon fils, on doit toujours travailler. D'ailleurs j'ai mon idée.

— Ah! voyons l'idée ?

— Voilà : je veux avoir quatre ou cinq pièces bien troussées, bien drôles, pour amuser et faire rire, dans quelques années, les enfants de M. le vicomte et de madame la vicomtesse de Bussières.

Edmond lui serra la main et s'éloigna avec des larmes dans les yeux.

Un matin, le comte de Bussières reçut une lettre de son ami Dumoulin. Elle était datée de Vesoul.

Après l'avoir lue, il courut à l'appartement de la comtesse. Il la trouva causant avec Edmond. La joie éclatait dans le regard du comte.

— J'ai l'honneur de vous demander la main de mademoiselle Blanche Renaud, votre fille. (Page 607.)

— M. Dumoulin a réussi ! s'écria la comtesse.

Edmond s'était levé et son regard anxieux interrogeait son grand-père.

— Ah ! mon cher Edmond dit le comte, pouvant à peine résister à son émotion, cette lettre vous apporte plus d'une joie. Elle nous apprend, il est vrai, la mort de Jacques Mellier, mais elle nous dit que votre mère existe, que la malheureuse Lucile est revenue au Seuillon.

Le jeune homme pâlit; il porta ses deux mains à son cœur, se laissa tomber sur le canapé à côté de la comtesse et se mit à sangloter.

— Ah ! excusez-moi, dit-il en joignant les mains, mais le saisissement, la joie, le bonheur... Comme c'est bon de pouvoir pleurer !...

— Cher enfant, cher enfant ! murmura la comtesse en l'entourant de ses bras.

Au bout d'un instant il se releva. Alors le comte lut à haute voix la lettre de M. Dumoulin.

Voici ce qu'elle contenait :

« Mon cher Adolphe,

« Dans une heure je partirai de Vesoul et, demain matin, je serai à Paris, avec des pièces qui m'assurent le succès. Toutes les difficultés se sont aplanies devant moi comme par enchantement. La plus redoutable était le vieux fermier : Jacques Mellier n'est plus. Dans cette grave affaire, mon cher comte, il semble que la Providence est intervenue en votre faveur.

« C'est elle qui ramène au Seuillon Lucile Mellier. C'est elle qui dit à la mort de frapper le vieux fermier, parce qu'elle trouve monstrueux de mettre Edmond en présence de Jacques Mellier.

« Oui, mon cher comte, Lucile Mellier est revenue au Seuillon ; le vicomte de Bussières reverra sa mère... Quelle joie pour lui ! Aussi je m'empresse de la lui préparer.

« J'ai vu Lucile dans les bras de son père agonisant. Malgré la pâleur mate et la maigreur de son visage, ses traits flétris et l'expression douloureuse de sa physionomie, j'ai pu admirer encore les restes d'une grande beauté. Je me suis senti profondément ému, et des larmes ont jailli de mes yeux en pensant au bonheur qui attend cette pauvre femme, après les épouvantables souffrances qu'elle a dû supporter.

« Enfin elle existe, et j'ai quelque raison de croire que sa présence à la ferme n'est encore connue que de Blanche et de Jean Renaud.

« Je n'ai pas vu Pierre Rouvenat, parti l'avant-veille pour Paris. Jean Renaud s'est décidé à parler, et le vieux serviteur du Seuillon s'est mis en route immédiatement avec l'espoir de trouver à Paris le fils de Lucile et de le ramener au Seuillon.

« Mon cher Adolphe, je suis arrivé à la ferme, où l'on m'avait dit que je trouverais Mardoche, — on ignore encore dans le pays le vrai nom du vieux mendiant, — entre sept et huit heures du matin.

« Jean Renaud était à la ferme en effet : mais le vieux fermier venait de l'appeler dans sa chambre avec cinq des employés du Seuillon. J'entrai moi-même dans la chambre de Jacques Mellier, sans songer que j'étais un étranger et que je me montrais aussi audacieux qu'inconvenant. Il faut supposer qu'un de ces bons génies, auxquels croient les Orientaux, m'avait enlevé momentanément la faculté de réfléchir et me conduisait par la main.

« J'entrai donc dans la chambre de Jacques Mellier, sans qu'on me vît, et je me tins immobile dans un coin. Le vieillard était étendu dans un grand fauteuil, ayant Blanche à côté de lui, puis, formant une espèce de demi-cercle, Jean Renaud et les cinq hommes.

« Le vieux fermier, sentant sa fin prochaine, avait appelé ses serviteurs et Mardoche, qui se trouvait là, pour faire devant eux une sorte de confession.

« Juge de ma surprise, je puis dire de ma satisfaction, en l'entendant déclarer que Jean Renaud était innocent et que c'était lui, Jacques Mellier, qui avait commis le meurtre du 24 juin 1850.

« Après cela, les cinq hommes sortirent de la chambre, où il ne resta plus que Blanche, Jean Renaud et moi, auprès du vieillard.

« Tout à coup il dit à Blanche : « Où est Lucile ? Appelle ma fille. » Ce fut pour moi un nouveau sujet d'étonnement, car je ne savais pas que la jeune femme fût revenue chez son père.

« Une porte s'ouvrit et je la vis paraître.

Elle s'élança vers son père, qui la prit dans ses bras. Alors le vieillard parla de Rouvenat, de son petit-fils qu'il aurait voulu voir avant de mourir, et de Jean Renaud qu'il croyait encore à Cayenne.

« Jean Renaud crut devoir donner au mourant une satisfaction qu'il désirait : il se fit connaître.

« Quelques minutes plus tard, Jacques Mellier mourut en appelant encore Edmond et Rouvenat, et en regardant le ciel.

« Je sortis de la chambre avec Jean Renaud, et nous causâmes assez longuement en marchant sur le chemin de la ferme.

« Sachant que Rouvenat ne trouverait pas à Paris le fils de Lucile, j'ai dit à Jean Renaud quelques paroles qui lui ont permis de tranquilliser la pauvre mère, en lui donnant l'espoir de revoir bientôt son fils.

« Je pris le nom des cinq hommes qui venaient d'entendre la confession de Jacques Mellier, et je me mis aussitôt en route pour Vesoul. Aujourd'hui les dépositaires du secret du vieux fermier ont été appelés au parquet de Vesoul et ont été entendus.

« La confession de Jacques Mellier, répétée par les cinq témoins, vient de m'être remise par le procureur impérial. Comme je te le dis en commençant ma lettre, je vais prendre le premier train et demain je serai à Paris. Je ne perdrai pas une minute et je mettrai tous mes soins à hâter la conclusion de cette très-importante affaire, dont le succès n'est plus douteux.

« Mes hommages respectueux à madame de Bussières, mes amitiés à Edmond, un bon souvenir à Jérôme Greluche. A toi de cœur.

« NESTOR DUMOULIN. »

Le front d'Edmond s'était irradié. Rien ne saurait rendre ce qu'il y avait de joie, de reconnaissance et d'amour dans l'éclat de son regard, dans l'expression de sa physionomie.

— O ma mère, s'écria-t-il avec un accent de tendresse infinie, tu as beaucoup souffert ; mais comme je vais t'aimer !...

— Mon fils, dit la comtesse en lui prenant la main, nous l'aimerons tous.

— Nous l'aimerons tous, répéta le comte de Bussières.

XXVIII

LE VICOMTE DE BUSSIÈRES

La violente émotion produite par les événements dramatiques que nous avons racontés, à Frémicourt, à Civry et plus loin, à Sueure, à Terroise, à Saint-Irun, à Artemont, commençait à se calmer.

Pendant quelques jours, tous les habitants de la contrée avaient été dans la consternation. La nuit, leur sommeil était troublé par d'effroyables cauchemars.

Mais, enfin, tout s'oublie, tout s'efface.

Après quinze jours écoulés, la belle vallée de la Sableuse avait repris son aspect paisible et riant.

On avait terminé les foins et on préparait les faucilles pour couper les seigles. C'est le commencement des moissons.

On avait appris avec un grand étonnement que Lucile Mellier, disparue depuis tant d'années sans qu'on n'eût plus entendu parler d'elle, était revenue au Seuillon.

La curiosité des paysans fut vivement excitée ; mais ils ne purent pénétrer un secret connu seulement des personnes intéressées à le garder. Ils ne surent jamais pourquoi Lucile avait quitté la ferme, quelle avait été son existence depuis dix-neuf ans, ni comment elle était rentrée chez son père.

D'autre part, les hommes qui avaient entendu la confession de Jacques Mellier gardèrent sur ce fait un silence absolu. Pour tous les autres, les événements de l'année 1850 et une partie de ceux de 1869 restèrent les mystères du Seuillon.

Jean Roblot, le vieux Mathias et les autres faucheurs avaient fait à Rouvenat le récit de ce qui s'était passé à Vesoul dans le cabinet du procureur impérial. Du reste, déjà prévenu par Jean Renaud, Rouvenat savait qu'un avocat de Paris du nom de Dumoulin s'était mis à l'œuvre pour obtenir la réhabilitation de l'ancien condamné.

Pour Lucile et Blanche, ces quinze jours qui suivirent la mort de Jacques Mellier furent tristes et leur parurent longs comme des siècles.

Elles ne se quittaient plus ; constamment ensemble, elles parlaient sans cesse d'Edmond et s'encourageaient à prendre patience.

Jean Renaud, confiant dans les paroles de l'avocat, avait dit : « Il reviendra. » Elles attendaient.

Mais, pour toutes deux, comme il tardait à venir.

Lucile avait ses inquiétudes, ses craintes; la jeune fille avait aussi les siennes.

— Mon Dieu ! se disait la mère, si on me trompait, si on ne voulait pas me rendre mon fils !

— S'il a un grand nom, comme Lucile le croit, pensait la jeune fille, il a peut-être déjà oublié la pauvre Blanche : et je l'aime, moi, je l'aime !

Un jour, Rouvenat voulut parler à sa maîtresse de sa fortune, faire des comptes avec elle.

— Plus tard, mon ami, plus tard, lui répondit-elle ; j'attends mon fils ; tant que je ne l'aurai pas serré dans mes bras, contre mon cœur, je ne veux penser qu'à lui.

— Il est bon pourtant, ma chère Lucile, insista Rouvenat, que vous sachiez exactement la somme qui se trouve dans la caisse.

— Je vous ai fait connaître les dernières volontés de mon père, mon ami ; vous compterez cette somme vous-même ; c'est la dot de votre filleule, la fortune de Blanche et de Jean Renaud.

Rouvenat avait compté et trouvé dans la caisse du vieux fermier, en valeurs diverses, deux cent quatre-vingt mille francs.

C'était un samedi. Les deux vieillards et les deux jeunes femmes venaient de déjeuner. Ils n'étaient pas encore sortis de la salle à manger, ils causaient d'Edmond, sujet ordinaire de toutes leurs conversations.

— Je compte les jours, dit Lucile tristement ; c'est aujourd'hui le seizième depuis votre retour de Paris, mon bon Rouvenat.

— Oui, répondit le vieux serviteur, et nous ne savons toujours rien.

Blanche poussa un soupir.

— Le moment de son retour est proche, dit Jean Renaud en regardant sa fille avec tendresse.

— Il me croit morte, reprit Lucile. Il ne sait pas que je suis ici, que je l'attends, que je meurs d'anxiété ; sans cela, il serait déjà venu, aucune puissance au monde n'aurait pu le retenir.

— S'il ne m'a pas oubliée, si on lui a appris que mon père n'est pas le meurtrier du sien, pourquoi ne m'a-t-il pas écrit ? se demandait Blanche

Or, pendant qu'ils causaient, deux hommes venant de Frémicourt entraient à la ferme.

L'un d'eux, s'adressant à Séraphine, lui demanda si Mardoche était au Seuillon.

Elle répondit affirmativement.

— En ce cas, nous pouvons le voir ?

— Les maîtres viennent de déjeuner ; ils sont encore là, dans la salle à manger.

— Eh bien ! mon enfant, voulez-vous dire à Mardoche que l'avocat de Paris, M. Dumoulin, désire lui parler.

— Ah ! monsieur, s'écria la servante, soyez le bienvenu, on vous attend avec impatience !

Et, ouvrant la porte de la salle à manger, elle dit :

— Monsieur Rouvenat, monsieur Jean Renaud, madame Lucile, c'est M. Dumoulin qui demande à vous parler.

Les quatre personnages se levèrent en même temps.

— Séraphine, priez M. Dumoulin d'entrer, dit Lucile.

Le célèbre avocat entendit ces paroles.

— J'entre le premier, n'est-ce pas ? dit-il vivement à son compagnon.

— Oui, oui.

M. Nestor Dumoulin entra dans la salle à manger et salua gravement.

De la main, Rouvenat lui indiqua un siège.

— Merci, dit-il en souriant, je n'ai que quelques mots à dire à M. Jean Renaud.

Le père de Blanche s'approcha de l'avocat.

La jeune fille, tremblante, s'appuyait sur Lucile non moins émue qu'elle.

— Jean Renaud, reprit M. Dumoulin, je vous avais promis que vous me reverriez bientôt ; me voici.

Il tira un papier de sa poche et, le tendant au vieillard, il ajouta :

— Jean Renaud, condamné au bagne à perpétuité pour un crime que vous n'avez pas commis, vous avez été gracié il y a quelques mois ; aujourd'hui, Jean Renaud, vous êtes réhabilité ! Ce papier, que j'ai l'honneur de vous remettre, en est la confirmation officielle.

Jean Renaud voulut parler, l'émotion lui coupa la parole.

Blanche, poussant un cri de joie, s'était jetée dans ses bras.

M. Dumoulin se tourna vers Lucile et Rouvenat :

— Madame Lucile Mellier, monsieur Rouvenat, dit-il, je ne suis pas venu seul au Seuillon : voulez-vous me permettre d'appeler la personne qui m'accompagne ?

— Oui, monsieur, répondit Lucile.

L'avocat ouvrit la porte et fit un signe.

Son compagnon parut aussitôt.

— Mon bienfaiteur ! exclama Jean Renaud.

Et, se précipitant aux genoux du comte de Bussières, il saisit une de ses mains et la porta à ses lèvres.

— Monsieur Jean Renaud, dit le comte d'une voix vibrante d'émotion en l'aidant à se relever, avec le précieux concours de mon ami, M. Nestor Dumoulin, j'ai eu le bonheur d'obtenir votre grâce et de vous faire revenir en France. Je viens aujourd'hui vous demander quelque chose.

— Ah ! monsieur, dites-moi ce que je puis faire pour vous témoigner ma reconnaissance.

— Monsieur Jean Renaud, j'ai l'honneur de vous demander la main de mademoiselle Blanche Renaud, votre fille, pour mon petit-fils Edmond, vicomte de Bussières.

Puis, se tournant vers Lucile, le comte ajouta en lui tendant la main :

— Votre enfant, madame.

— Monsieur le comte ! monsieur le comte ! balbutia-t-elle.

Des sanglots l'empêchèrent de continuer.

Blanche pleurait silencieusement, la tête appuyée sur l'épaule de Rouvenat.

— Lucile, reprit le comte, votre fils vous aime, il vous aime, nous vous aimons tous. Le vicomte de Bussières vous aime bien aussi, mademoiselle Blanche : venez, mon enfant, venez et permettez-moi de mettre un baiser sur votre front.

Pour tous, c'était la joie, le bonheur suprême!

Il semblait qu'un rayon du ciel, éblouissant, merveilleux, fût entré tout à coup dans la maison.

Les regards étaient illuminés, les fronts radieux, les visages resplendissants.

Cependant, au bout d'un instant, Lucile parvint à vaincre son émotion.

— Monsieur le comte, demanda-t-elle d'une voix entrecoupée, où est-il? Quand aurai-je le bonheur de le revoir?

— Il va venir, répondit le comte.

Lucile se laissa tomber sur un siége et mit sa main sur son cœur comme pour en arrêter les battements précipités.

Pendant que le comte de Bussières et M. Nestor Dumoulin, aussitôt descendus de la voiture qui les avait amenés de Vesoul à Frémicourt, prenaient à pied le chemin de la ferme, la comtesse de Bussières et Edmond se dirigeaient lentement vers le cimetière.

Ils y entrèrent.

La comtesse s'appuyait sur le bras d'Edmond.

Au bout d'un instant, ils s'arrêtèrent.

Edmond, montrant une pierre à la comtesse, prononça ces deux mots :

— C'est là!

La grande dame se mit à genoux, le jeune homme s'agenouilla près d'elle.

Pendant quelques minutes, silencieux, recueillis, le front courbé vers la terre, ils prièrent tous deux.

Quand ils se relevèrent, Mme de Bussières avait mouillé son mouchoir de larmes.

Pour sortir, ils marchèrent de nouveau au milieu des tombes et des croix.

Soudain, pressant doucement le bras de la comtesse, Edmond s'arrêta en disant :

— Regardez!

Ils étaient devant un petit monticule de terre fraîchement remuée.

Sur cette terre, on avait planté provisoirement une croix de bois peinte en noir. Elle portait ce prénom et ce nom écrits au pinceau avec de la couleur blanche :

Jacques Mellier.

LA FILLE MAUDITE

Edmond sauta lestement à terre et tomba dans les bras de sa mère. (Page 610.)

Pendant une minute, Edmond resta pensif.

Puis, relevant la tête, il dit d'une voix triste :

— Là, dans ce coin du cimetière, repose mon père; ici mon grand-père maternel : — Edmond de Bussières, Jacques Mellier, la victime, le meurtrier!

La comtesse répondit :

— Il s'est repenti, Dieu lui a pardonné!

Elle ajouta :

— Laissons dormir les morts. Venez, mon fils, venez; nous allons, maintenant, embrasser votre mère.

Ils rejoignirent la voiture qui les attendait devant l'auberge du village. Ils y prirent place. Edmond dit un mot au conducteur, qui lança son attelage dans la direction du Seuillon.

Le comte de Bussières avait à peine répondu aux questions de Lucile par ces mots : « Il va venir, » qu'on entendit le roulement d'une voiture.

M. Dumoulin se pencha à la fenêtre.

— C'est madame la comtesse, c'est M. le vicomte, dit-il.

Lucile bondit hors de la salle à manger en criant :

— Mon fils! mon fils! mon fils!

Rouvenat, Jean Renaud, M. Dumoulin la suivirent.

Blanche restait immobile, appuyée contre un meuble.

— Ma chère enfant, lui dit le comte, à mon bras vous pouvez venir au-devant de votre fiancé.

Lucile, éperdue, folle de joie, les bras ouverts, se précipitait vers la voiture qui venait de s'arrêter dans la cour.

Edmond sauta lestement à terre et tomba dans les bras de sa mère.

Ce fut une étreinte délicieuse, passionnée, un instant de joie délirante.

Rouvenat, s'étant avancé, tendit sa main à la comtesse pour l'aider à descendre.

— Merci, monsieur, lui dit-elle avec un gracieux sourire; monsieur Pierre Rouvenat, n'est-ce pas?

— Oui, madame la comtesse, Pierre Rouvenat, le vieux serviteur du Seuillon.

Des bras de sa mère, Edmond passa dans ceux de Jean Renaud, à qui il dit :

— Vous êtes aussi mon père!

Rouvenat s'approcha.

— Mon jeune maître, à qui je dois la vie, dit-il, permet-il au vieux domestique de sa famille de lui baiser la main.

Edmond l'entoura de ses bras et lui répondit en l'embrassant :

— Je vous rends les baisers que vous avez donnés au petit Edmond, il y a plus de treize ans, dans la chambre d'auberge de Saint-Irùn.

La comtesse disait à Lucile :

— Vous ne quitterez plus votre fils, c'est convenu; vous aurez votre appartement à Arfeuille comme à Paris, à l'hôtel de Bussières.

— Je remercie de tout mon cœur madame la comtesse, répondit Lucile; mon intention est de vivre dans une retraite absolue; cette retraite est ici, au Seuillon Mon fils vous appartient maintenant plus qu'à moi, madame; je ne le retiendrai pas, il vous suivra. Je le verrai partir sans faiblesse. Pour le bonheur de mon enfant, j'aurai du courage pour tous les sacrifices. Mais le Seuillon est à lui, madame, il y reviendra quelquefois, je l'espère, pour embrasser sa mère.

— Ma chère Lucile, répliqua la comtesse, je ne veux point contrarier votre volonté. Mais sans quitter complétement cette belle vallée où j'aimerais aussi à passer quelques jours, vous pourrez venir voir notre Edmond et sa jeune femme à Arfeuille. Nous sommes deux mères qui avons souffert, nous nous comprendrons, nous nous aimerons, et ensemble nous parlerons du passé.

Sur ces mots, la comtesse ouvrit ses bras et elles s'embrassèrent avec effusion.

Pendant ce temps, Edmond, quittant Rouvenat, s'était avancé à la rencontre de Blanche.

La jeune fille, émue et rougissante, baissait timidement les yeux.

— Edmond, dit le comte, votre fiancée est au bras de votre grand-père; devant moi, mon fils, vous pouvez lui donner le premier baiser.

Blanche tendit son front candide sur lequel Edmond, non moins ému qu'elle, posa ses lèvres.

Et tout bas il murmura :

— Vous êtes et serez toujours ma douce fée de l'espérance !

La voix de Jean Renaud dit derrière lui

— La bonne étoile est au ciel.

— Oh ! l'adorable enfant ! disait la comtesse à l'oreille de Lucile; comme nous allons la chérir !

XXIX

ÉPILOGUE

Au mois de septembre suivant, nos principaux personnages se trouvaient tous à Arfeuille.

Rouvenat lui-même s'était décidé à quitter le Seuillon. Il avait confié pour quelques jours la direction de la ferme à Jean Roblot, lequel était désigné d'avance comme son successeur.

Le brave Rouvenat n'avait pas cru pouvoir se dispenser d'assister au mariage de sa chère filleule.

Après le mariage civil, la bénédiction nuptiale fut donnée aux jeunes époux dans la chapelle du château.

La belle Blanche, la fille de Geneviève et de Jean Renaud le tueur de loups était vicomtesse de Bussières.

Le village d'Arfeuille était en fête, et de tous les villages voisins on était venu en foule pour prendre part aux réjouissances offertes par la bonne comtesse à l'occasion du mariage de son petit-fils.

Blanche fut acclamée par la population. Sa merveilleuse beauté provoqua toutes les admirations. Jamais on ne vit pareil enthousiasme.

Pour se rendre du château à la mairie, le cortége passa sous douze arcs de triomphe dressés par les habitants d'Arfeuille, et marcha sur un tapis de fleurs.

De tous côtés retentissaient ces exclamations :

— Comme elle est belle! Quelle grâce! le joli sourire! Comme elle a l'air doux et bon! Quel adorable regard!

Et tout le monde répétait, admirant le jeune couple :

— Oh! les beaux enfants, les beaux enfants!

Rouvenat rayonnait dans son habit vert pomme.

Le bon Greluche, accroché à son bras, ne voulait plus se séparer de lui.

Jean Renaud, rajeuni de vingt ans depuis qu'il avait fait couper sa longue barbe, tailler ses cheveux et qu'il s'était dépouillé de son costume de mendiant, Jean Renaud était ivre de bonheur.

Et cependant, à chaque instant, de grosses larmes roulaient dans ses yeux.

Il pensait à Geneviève et il se disait :

— Si elle était là! si elle était là!

Lucile ravie disait à la comtesse

— Après tant de jours sombres et désolés, je ne pouvais m'attendre à une semblable félicité. Je suis trop heureuse!

— Ma chère Lucile, répondit Mme de Bussières, c'est dans le bonheur de leurs enfants que Dieu récompense les mères malheureuses.

Après la cérémonie religieuse, toutes les jeunes filles du village, vêtues de blanc, entrèrent dans la cour du château. Elles offrirent un magnifique bouquet à la belle vicomtesse et l'une d'elles lui adressa un petit discours, appris par cœur sans doute, mais fort bien tourné, lequel émut vivement les auditeurs.

Blanche répondit par quelques paroles gracieuses, et embrassa la jeune fille, ce qui amena une nouvelle explosion d'enthousiasme.

En même temps, autour du château, les jeunes gens faisaient parler la poudre, comme disent les Arabes.

Toute la jeunesse d'Arfeuille et des environs avait été conviée à un banquet splendide, qui dura depuis quatre heures jusqu'à huit heures du soir.

Alors des artificiers, appelés de Nevers, tirèrent un superbe feu d'artifice, dont la pièce principale représentait deux immenses majuscules entrelacées : E. B.

Aussitôt après le feu d'artifice, les jardins et une partie du parc se trouvèrent subitement illuminés par de nombreuses lanternes vénitiennes et des flammes de bengale de toutes les couleurs.

L'orchestre était en place. Le bruit des instruments se fit entendre. Les danses commencèrent.

On fêtait le bonheur des mariés, mais le bonheur était pour tous et la joie générale.

Edmond, tenant les mains mignonnes de sa jeune femme dans les siennes, lui dit d'une voix émue et pleine de tendresse :

— Y a-t-il sur la terre un bonheur comparable au mien? Je ne le crois pas. Ah! je n'oublierai jamais cette chambre d'auberge, à Gray, où je vous ai rencontrée alors que j'étais désespéré, où vous m'avez dit : « Dieu ne vous abandonnera pas! » Je me souviendrai toujours aussi du portail de l'église de Frémicourt et du joli sentier fleuri, au bord de la Sableuse. Blanche, ma bien-aimée Blanche, le sentier de la Sableuse est sur le domaine du Seuillon, il appartient à notre mère; nous y reviendrons bientôt, n'est-ce pas?

Blanche lui répondit :

— Oui, nous repasserons bientôt, souvent, sur ce sentier où vous m'avez dit que j'étais pour vous la fée de l'espérance... C'est là, Edmond, c'est là que j'ai senti les premiers battements de mon cœur.

— Et vous m'avez aimé?

— Et je vous ai aimé! Edmond, si vous n'étiez pas revenu, je serais morte!

— Oh! ma Blanche, ma Blanche adorée!

Il l'entoura de ses bras et il l'attira à lui.

Elle laissa tomber languissamment sa tête sur la poitrine d'Edmond, puis le regardant :

— Mon parrain a fait rebâtir et meubler la petite maison où je suis née à

Civry, lui dit-elle; Edmond, je voudrais bien y passer quelques jours seule avec vous.

— Blanche, votre désir sera satisfait. Dans quelques jours, nous accompagnerons au Seuillon ma mère et notre ami Pierre Rouvenat; nous passerons, si vous le voulez, un mois dans votre petite maison de Civry.

A quelques pas d'eux, Rouvenat et Greluche causaient.

— C'était votre fils, dit Rouvenat.

— C'était votre fille, dit Greluche.

Ils baissèrent la tête, restèrent un moment silencieux, et tous deux se mirent à pleurer.

— Il me semble que vous pleurez, dit Rouvenat...

— Je crois voir des larmes sur vos joues, dit Greluche.

— Jérôme Greluche, qu'allez-vous faire maintenant?

— A vrai dire, monsieur Rouvenat, je n'en sais rien.

— Eh bien! mon cher Greluche, venez avec moi au Seuillon.

Après avoir réfléchi un instant, Greluche laissa tomber sa main dans celle de Rouvenat.

— C'est convenu, dit-il, je vous accompagne au Seuillon. Seulement...

— Seulement?

— J'emporterai mes marionnettes.

FIN.

AVIS. — Engagés par l'immense succès obtenu par la **Fille maudite**, nous croyons être agréables à nos lecteurs en publiant à sa suite un roman de leur auteur favori, les **Deux Berceaux**, également d'ÉMILE RICHEBOURG. Ce nouveau roman est plutôt une histoire dramatique d'un intérêt extrêmement palpitant, et à ce titre il obtiendra certainement le succès de la *Fille maudite*.

Cette dernière Livraison contient aussi la première des **Deux Berceaux**, *que nous offrons en prime à nos trente mille lecteurs*; ils ne devront payer ces *deux livraisons* que 10 centimes.

TABLE DES CHAPITRES

TROISIÈME PARTIE

LA COMTESSE DE BUSSIÈRES

I. — En pension	307
II. — Les diables noirs	311
III. — Mademoiselle Laure	317
IV. — Ce que peut la haine.	323
V. — La lettre anonyme.	331
VI. — Le piége	336
VII. — La maison d'Asnières.	342
VIII. — La victime	348
IX. — Séparation.	354
X. — Toujours les diables noirs.	362
XI. — Les projets de M. de Bussières.	366
XII. — L'enlèvement	372
XIII. — Le père et le fils.	379
XIV. — L'aveugle	386
XV. — Visite au château.	392
XVI. — La comtesse à Paris.	398
XVII. — Un père et une mère.	405
XVIII. — Nouvelles émotions.	411
XIX. — Le petit-fils	416
XX. — Rayon de soleil.	422

QUATRIÈME PARTIE

LES MYSTÈRES DU SEUILLON

I.	— Rouvenat veut enrichir Mardoche	430
II.	— Jean Renaud reparaît	437
III.	— Devant les roches	443
IV.	— Les bonnes paroles	448
V.	— Une nouvelle figure	455
VI.	— La soirée	462
VII.	— Le fantôme	468
VIII.	— La poursuite	474
IX.	— Pauvre Lucile !	480
X.	— L'espionne	490
XI.	— Causerie nocturne	496
XII.	— Ce que Jean Renaud demande à sa fille	502
XIII.	— Le récit de Lucile	509
XIV.	— Lucile chez Croquefer	515
XV.	— La porte de la cave	525
XVI.	— Scènes de nuit	531
XVII.	— Lucile et Blanche	536
XVIII.	— Le coffre-fort	542
XIX.	— La confession de Jacques Mellier	548
XX.	— M. Nestor Dumoulin	556
XXI.	— Les gendarmes	562
XXII.	— La chambre du mort	568
XXIII.	— Où est le beau François	574
XXIV.	— Dans la carrière	580
XXV.	— L'enterrement	586
XXVI.	— Justice est faite	592
XXVII.	— Au château d'Arfeuille	598
XXVIII.	— Le vicomte de Bussières	604
XXIX.	— Épilogue	605

SCEAUX. — IMPRIMERIE CHARAIRE ET FILS.

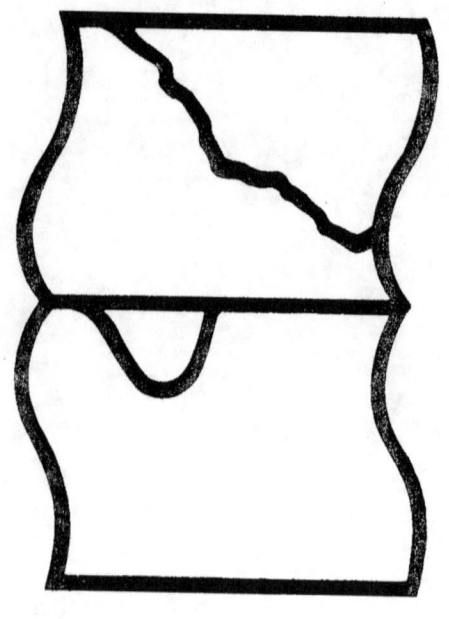

Texte détérioré — reliure défectueuse

NF Z 43-120-11

www.ingramcontent.com/pod-product-compliance
Lightning Source LLC
Chambersburg PA
CBHW060412230426
43663CB00008B/1463